CHIAVENATO

Gestão de Pessoas

O novo papel da **Gestão do Talento Humano**

Grupo
Editorial
Nacional

O GEN | Grupo Editorial Nacional – maior plataforma editorial brasileira no segmento científico, técnico e profissional – publica conteúdos nas áreas de ciências sociais aplicadas, exatas, humanas, jurídicas e da saúde, além de prover serviços direcionados à educação continuada e à preparação para concursos.

As editoras que integram o GEN, das mais respeitadas no mercado editorial, construíram catálogos inigualáveis, com obras decisivas para a formação acadêmica e o aperfeiçoamento de várias gerações de profissionais e estudantes, tendo se tornado sinônimo de qualidade e seriedade.

A missão do GEN e dos núcleos de conteúdo que o compõem é prover a melhor informação científica e distribuí-la de maneira flexível e conveniente, a preços justos, gerando benefícios e servindo a autores, docentes, livreiros, funcionários, colaboradores e acionistas.

Nosso comportamento ético incondicional e nossa responsabilidade social e ambiental são reforçados pela natureza educacional de nossa atividade e dão sustentabilidade ao crescimento contínuo e à rentabilidade do grupo.

CHIAVENATO

Idalberto Chiavenato | Lucas Chiavenato | Celso Bazzola

6ª ed.

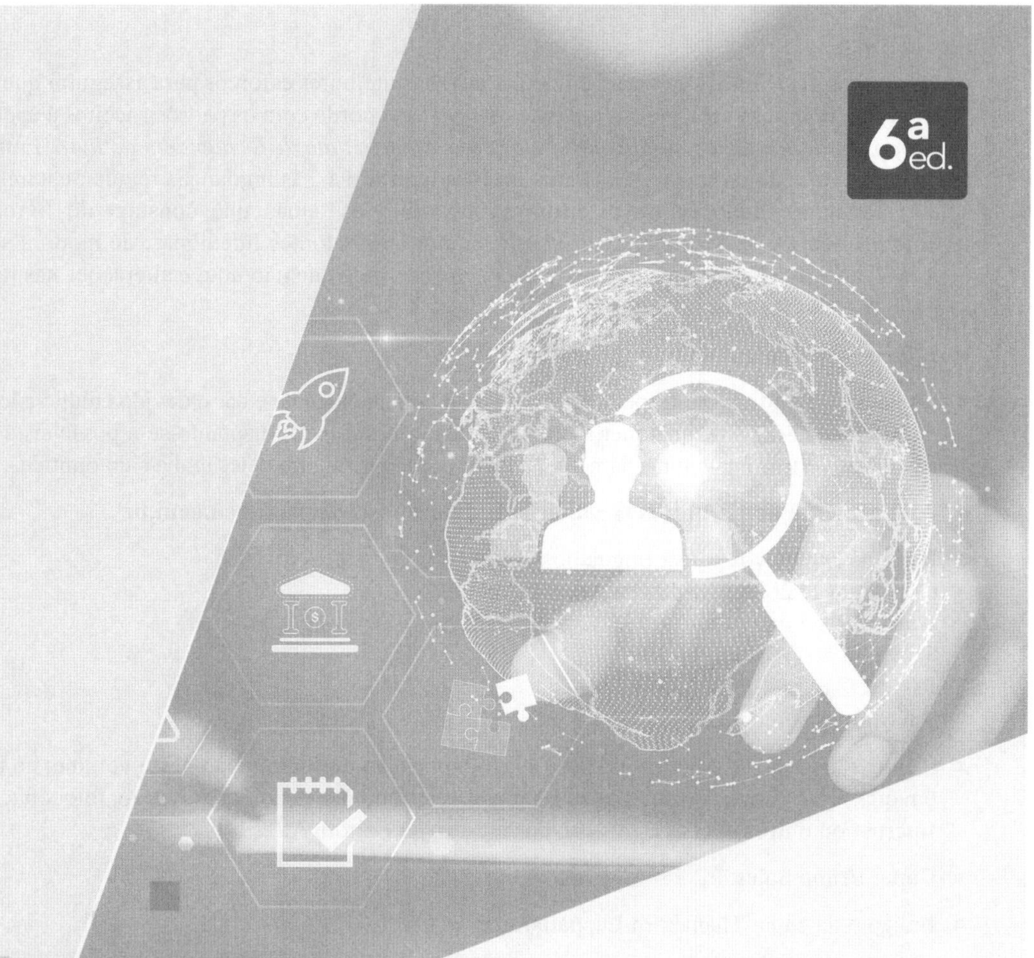

Gestão de Pessoas

O novo papel da **Gestão do Talento Humano**

gen | atlas

- Os autores deste livro e a editora empenharam seus melhores esforços para assegurar que as informações e os procedimentos apresentados no texto estejam em acordo com os padrões aceitos à época da publicação, *e todos os dados foram atualizados pelos autores até a data de fechamento do livro*. Entretanto, tendo em conta a evolução das ciências, as atualizações legislativas, as mudanças regulamentares governamentais e o constante fluxo de novas informações sobre os temas que constam do livro, recomendamos enfaticamente que os leitores consultem sempre outras fontes fidedignas, de modo a se certificarem de que as informações contidas no texto estão corretas e de que não houve alterações nas recomendações ou na legislação regulamentadora.
- Data do fechamento do livro: 09/07/2025
- Os autores e a editora se empenharam para citar adequadamente e dar o devido crédito a todos os detentores de direitos autorais de qualquer material utilizado neste livro, dispondo-se a possíveis acertos posteriores caso, inadvertida e involuntariamente, a identificação de algum deles tenha sido omitida.
- **Atendimento ao cliente: (11) 5080-0751 | faleconosco@grupogen.com.br**

  Uma editora integrante do GEN | Grupo Editorial Nacional
  Travessa do Ouvidor, 11
  Rio de Janeiro – RJ – 20040-040
  www.grupogen.com.br

- Capa: Bruno Sales
- Imagem da capa: Thanakorn Lappattaranan
- Editoração eletrônica: Sílaba Produção Editorial
- Ficha catalográfica

CIP-BRASIL. CATALOGAÇÃO NA PUBLICAÇÃO
SINDICATO NACIONAL DOS EDITORES DE LIVROS, RJ

C458g
6. ed.

Chiavenato, Idalberto, 1936-
Gestão de pessoas : o novo papel da gestão do talento humano / Idalberto Chiavenato, Lucas Chiavenato, Celso Bazzola. – 6. ed. – Barueri [SP]: Atlas, 2025.

Inclui bibliografia e índice
ISBN 978-65-5977-750-1

1. Administração de pessoal. 2. Padrões de desempenho. 3. Pessoal – Avaliação. I. Chiavenato, Lucas. II. Bazzola, Celso. III. Título.

CDD: 658.3125
25-98536.0 CDU: 005.962.131

Carla Rosa Martins Gonçalves – Bibliotecária – CRB-7/4782

À Rita.

Ao longo de décadas dedicadas ao estudo da Gestão de Pessoas, aprendi que o verdadeiro talento humano não se encontra apenas nas organizações que pesquisamos, mas principalmente naqueles que nos cercam e nos inspiram a cada dia. Descobri que a gestão mais complexa e gratificante não é a de recursos corporativos, mas a delicada arte de cultivar e nutrir os laços que nos tornam verdadeiramente humanos.

Você, minha querida Rita, tem sido a mais brilhante gestora de talentos que já conheci. Soube desenvolver em nossa família um ambiente em que cada um floresce em sua plenitude: nossos filhos Luciana, Ricardo e Rinaldo cresceram sob sua liderança amorosa; nossos netos Daniela, Camila, Lucas e Pedro encontram em você a mentora que os guia com sabedoria; e a pequena Nicole, nossa bisneta, experimenta o calor de seu cuidado especial.

Se este livro fala sobre o novo papel da Gestão do Talento Humano, é porque aprendi com você que o verdadeiro talento não se administra – ele se ama, se cultiva, se celebra. Você transformou nossa casa no mais eficiente centro de desenvolvimento humano que já existiu, onde cada conquista é compartilhada, cada desafio é enfrentado em equipe e cada momento é uma oportunidade de crescimento conjunto.

A você, minha querida esposa, e a toda nossa preciosa família – meu laboratório vivo de gestão de pessoas, minha fonte inesgotável de inspiração, meu porto seguro e minha maior realização – dedico esta nova edição com todo o amor e gratidão que um coração pode conter.

Idalberto Chiavenato

SOBRE OS AUTORES

IDALBERTO CHIAVENATO

É Doutor e Mestre em Administração pela City University of Los Angeles (CULA®), Califórnia, EUA. É especialista em Administração de Empresas pela Escola de Administração de Empresas de São Paulo da Fundação Getulio Vargas (FGV EAESP) e tem graduação em Filosofia e Pedagogia, com especialização em Psicologia Educacional, pela Universidade de São Paulo (USP). Também é graduado em Direito pela Universidade Presbiteriana Mackenzie.

Em 2024, foi eleito Administrador Emérito e ocupa a Cadeira Imortal número 48 da Academia Brasileira de Ciência da Administração (ABCA). Idalberto Chiavenato é uma das principais referências nas áreas de Administração e Gestão de Pessoas, reconhecido por sua vasta contribuição ao longo das últimas décadas. Com mais de 53 livros publicados e reconhecimento internacional, desempenhou papel fundamental na evolução do conhecimento administrativo.

Professor honorário em centenas de universidades em 23 países e renomado palestrante em todo o mundo, Chiavenato lecionou em importantes instituições de ensino superior, como a FGV EAESP, e fundou o Instituto Chiavenato, que oferece diversas soluções educacionais e grupos de estudos abrangendo Administração geral e seus subsistemas.

Recebeu quatro títulos de Doutor *Honoris Causa* por universidades no Brasil, na América Latina e na África, além da comenda de Recursos Humanos pela Associação Brasileira de Recursos Humanos (ABRH Brasil).

O Professor Chiavenato tem promovido significativa mudança na maneira como as pessoas aprendem sobre Administração, sendo mentor e referência para diversas gerações de profissionais.

LUCAS CHIAVENATO

É administrador de empresas, especializado em Inteligência de Mercado e Análise de Dados, Planejamento Estratégico e Gestão de Pessoas. Com mais de 15 anos de experiência executiva e de liderança, gerenciou equipes de alto desempenho em multinacionais de Tecnologia, Saúde e Educação. Atualmente, como CEO do Instituto Chiavenato de Educação, atua globalmente como autor, educador corporativo, consultor organizacional e mentor de executivos.

Sua *expertise* reside em estratégias de negócios que unem pessoas, cultura e tecnologia, resolvendo problemas e impulsionando o crescimento de empresas, com atuação na América Latina, Europa e África. Ao lado do Professor Chiavenato, Lucas aperfeiçoou a metodologia de ensino-aprendizagem do Instituto. Essa abordagem inovadora não apenas incorpora as tendências emergentes da Gestão de Pessoas, mas também capacita líderes e equipes a liberar seu potencial máximo, transformando o capital humano no verdadeiro motor de inovação e sucesso nas organizações.

CELSO BAZZOLA

É administrador de empresas, pós-graduado em Gestão de Pessoas pela Faculdade Brasileira de Recursos Humanos (FBRH - Hoyler), executivo e *personal coach* pelo Instituto Brasileiro de Coaching (IBC), especialista em remuneração, relações trabalhistas e sindicais, além de Psicologia Organizacional. É professor de graduação e MBA em Administração, Gestão Empresarial e Gestão do Talento Humano, coautor de obras e artigos em parceria com Idalberto Chiavenato e outros profissionais de mercado, palestrante, CEO da BAZZ RH, com atuação em todo o território nacional, realizando consultoria e mentoria especializada em Recursos Humanos e Talentos Humanos, com ampla experiência em projetos realizados em diferentes segmentos, aprimorando e implementando estratégias para o fortalecimento da cultura organizacional e foco nos resultados.

Tem mais de 40 anos de experiência desenvolvendo empresas e pessoas, por meio de suas mentorias e projetos direcionados à Gestão do Talento Humano, que visam direcionar e apoiar organizações de diversos portes e segmentos de atuação, desde indústria, tecnologia, agronegócio, instituições religiosas, comércio, farmácia e indústria química até instituições esportivas e clubes de futebol.

Sua visão busca valorizar os talentos que cada profissional traz consigo, além da valorização pelo resultado obtido, seja por meio de projetos de Incentivos de Curto Prazo (ICP) e Incentivos de Longo Prazo (ILP) - abrangendo todos os subsistemas de Recursos Humanos e Gestão do Talento Humano, inspirando jovens e profissionais de mercado a transformarem suas ações em resultados de modo sustentável e primando pela qualidade de vida –, seja para si, equipes ou pessoas que cercam esses profissionais, sem perder o foco nas ações que levam a organização ao crescimento e ao sucesso em um mercado altamente competitivo.

PREFÁCIO

Falar sobre Gestão do Talento Humano é, antes de tudo, falar sobre a essência da atividade humana nas organizações: os indivíduos que as compõem, suas interações, suas culturas e a inteligência que reside em cada um deles. Vivemos em uma era de transformações rápidas e significativas, na qual a evolução tecnológica e as mudanças sociais redefinem o que significa gerenciar pessoas. O conceito de GTH, portanto, torna-se fundamental para entender como os talentos podem ser aproveitados não apenas como recursos, mas como verdadeiros agentes de inovação e mudança.

Desde a redefinição de "Recursos Humanos" para "Gestão de Pessoas", temos assistido a uma metamorfose fascinante nesse campo. As organizações perceberam que a verdadeira vantagem competitiva reside nas habilidades, na criatividade e no potencial inovador de suas pessoas. Em meio a esse contexto, a crescente influência da inteligência artificial e das ferramentas digitais não apenas potencializa as operações, mas também redefine os papéis e as interações no local de trabalho. Agora mais do que nunca, as empresas necessitam de colaboradores que não apenas executem suas funções, mas que também conduzam iniciativas inovadoras, assumam a liderança e se tornem empreendedores dentro da própria organização.

Esta nova edição de *Gestão de Pessoas: o novo papel da Gestão do Talento Humano* visa capturar essa transformação e oferecer uma visão ampla e contemporânea da Gestão do Talento Humano. O foco vai além da mera execução de processos de "recursos humanos"; adentra o universo da inovação, do engajamento e do empoderamento. Nesse sentido, as métricas de desempenho, a cultura organizacional e a capacitação contínua surgem como pilares para garantir que os colaboradores prosperem. A ideia de que os talentos são protagonistas da organização e, ao mesmo tempo, elementos que geram sinergia com as estratégias de negócios é o que nos impulsiona a explorar novos horizontes na gestão de pessoas.

Estamos, portanto, em uma nova era da GTH, em que o objetivo é cuidar do capital humano de maneira holística. Engajá-lo, desenvolvê-lo e alavancá-lo é crucial para assegurar que as organizações não apenas sobrevivam, mas prosperem em um futuro que se desenha exponencial. Nesse cenário, a Gestão do Talento Humano se torna um campo vital para a construção de relações significativas e sustentáveis, onde cada colaborador tem a oportunidade de brilhar e contribuir, fazendo diferença não só para si mesmo, mas para a coletividade. A jornada começa aqui, e convido você a explorá-la comigo e os meus coautores.

Idalberto Chiavenato

Parte I	**Novos desafios da Gestão do Talento Humano** Novo mundo do trabalho – reinventando o RH	1. Introdução à moderna Gestão do Talento Humano 2. Gestão do Talento Humano em um ambiente dinâmico e competitivo 3. Planejamento estratégico da Gestão do Talento Humano
Parte II	**A atração estratégica de talentos** A busca do perfil ideal para estratégia da organização	4. Recrutamento de talentos interno e externo 5. Seleção de talentos e competências
Parte III	**Engajamento de talentos e cultura organizacional** Direcionando e integrando talentos para a cultura estratégica organizacional	6. Socialização organizacional 7. Qualidade de vida no trabalho e humanização das relações
Parte IV	**Aplicando e valorizando talentos e suas competências** Estratégias para aplicar, definir as atividades e as responsabilidades do talento humano e o ganho pelo resultado	8. Estrutura e modelagem do trabalho 9. Gestão do Desempenho Humano
Parte V	**Recompensando estrategicamente talentos e equipes**	10. Remuneração 11. Programas de incentivos pelo resultado 12. Benefícios sociais e suas tendências
Parte VI	**Desenvolvendo talentos, equipes e organizações** Proporcionando vantagens competitivas a todos os *stakeholders*	13. Treinamento 14. Desenvolvimento de talentos, equipes e organizações
Parte VII	**Monitorando talentos e equipes** Criando plataformas e redes conectadas	15. Banco de dados e *People Analytics* 16. Avaliação da Gestão do Talento Humano
Parte VIII	**O futuro da Gestão do Talento Humano** Os novos caminhos da Gestão Humana	17. Para onde vai a Gestão do Talento Humano?

Figura 01 Estrutura do livro.

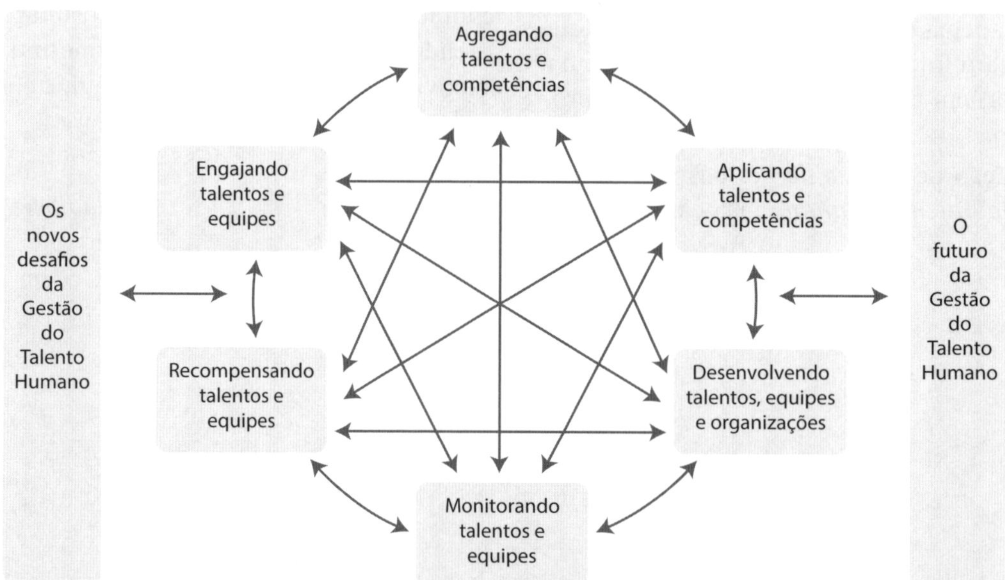

Figura 02 Encadeamento básico do livro: A plataforma da Gestão do Talento Humano.

MATERIAL SUPLEMENTAR

Este livro conta com o seguinte material suplementar:

- QR Codes com diversos conteúdos adicionais.

  Para acessá-los, é necessário posicionar a câmera do *smartphone* ou *tablet* sobre o código.

SUMÁRIO

Capítulo 3

PLANEJAMENTO ESTRATÉGICO DA GESTÃO DO TALENTO HUMANO, 55

PARTE II – A ATRAÇÃO ESTRATÉGICA DE TALENTOS

A busca do perfil ideal para a estratégia da organização, 77

Capítulo 4

RECRUTAMENTO DE TALENTOS INTERNO E EXTERNO, 85

Capítulo 5

SELEÇÃO DE TALENTOS E COMPETÊNCIAS, 101

PARTE V – RECOMPENSANDO ESTRATEGICAMENTE TALENTOS E EQUIPES, 229

Capítulo 10
REMUNERAÇÃO, 233

Capítulo 11
PROGRAMAS DE INCENTIVOS PELO RESULTADO, 251

Capítulo 12

BENEFÍCIOS SOCIAIS E SUAS TENDÊNCIAS, 267

PARTE VI - DESENVOLVENDO TALENTOS, EQUIPES E ORGANIZAÇÕES Proporcionando vantagens competitivas a todos os *stakeholders*, 275

Capítulo 13

TREINAMENTO, 285

Capítulo 14

DESENVOLVIMENTO DE TALENTOS, EQUIPES E ORGANIZAÇÕES, 305

PARTE I

NOVOS DESAFIOS DA GESTÃO DO TALENTO HUMANO

Novo mundo do trabalho – reinventando o RH

O relacionamento entre indivíduos e organizações tem uma trajetória marcada por ênfase na previsibilidade e em controles típicos de modelos burocráticos, nos quais a abordagem do comportamento humano muitas vezes apresenta um descompasso significativo em relação às necessidades e aos desafios contemporâneos das organizações. Entretanto, novos conceitos e paradigmas estão emergindo de maneira acelerada, moldando um futuro caracterizado por dinâmicas exponenciais.

Vivemos em uma era de mudanças vertiginosas. A velocidade, a intensidade e a amplitude dessas transformações estão crescendo a um ritmo sem precedentes. Embora a mudança sempre tenha sido uma constante na história da humanidade, o impacto e a profundidade das alterações que estamos vivenciando atualmente são verdadeiramente singulares. Uma confluência massiva de fatores – econômicos, tecnológicos, sociais, culturais, legais, políticos, demográficos e ecológicos – atua de forma interconectada e sistêmica, gerando um ambiente dinâmico de forças que propicia resultados antes inimagináveis, trazendo consigo transformações radicais, incertezas e imprevisibilidades para as organizações. O que ocorre no panorama externo exerce um impacto profundo sobre o que se desenrola internamente nas organizações. Assim, é imprescindível adotar uma visão holística do contexto externo para alinhar o comportamento organizacional e seu direcionamento futuro, que, sem dúvidas, será substancialmente diferente do que conhecemos hoje. O mundo deixou de ser linear – agora é exponencial. Mudanças, transformações e disrupturas se tornaram a norma em um novo cenário que exige nossa adaptação urgente, à medida que essas evoluções ocorrem em um ritmo cada vez mais acelerado.

Nesse ambiente dinâmico e em constante transformação, a Gestão do Talento Humano é uma das áreas empresariais que mais sentem os efeitos dessas mudanças. As transformações são tão profundas que até a nomenclatura dessa disciplina está se alterando. Em muitas organizações, a tradicional designação "Recursos Humanos" (RH) está sendo paulatinamente substituída por terminologias como Gestão de Pessoas, Gestão com Pessoas, Gestão do Talento Humano, Gestão de Parceiros ou Colaboradores, Gestão de Competências, Gestão do Capital Humano e até Gestão do Capital Intelectual. Essas diferentes denominações refletem novos espaços, configurações e propósitos que a área vem assumindo. Preferiremos utilizar o termo Gestão do Talento Humano (GTH) ao longo deste texto. Para facilitar a comunicação, eventualmente, ainda recorreremos à designação tradicional de RH, reconhecida em diversos contextos internacionais. Nesta primeira parte, teremos a oportunidade de explorar as inovações que estão moldando as organizações bem-sucedidas, o mundo do trabalho e suas respectivas áreas de Gestão do Talento Humano.

PESSOAS COMO RECURSOS OU COMO PARCEIRAS DA ORGANIZAÇÃO?

Nesse contexto, a questão básica é a escolha entre tratar as pessoas como recursos ou como parceiras da organização. Os colaboradores podem ser tratados como recursos produtivos das organizações: os chamados recursos humanos. Como recursos, eles são considerados padronizados, uniformes, inertes e precisam ser administrados, o que envolve planejamento, organização, direção e controle de suas atividades, já que são considerados sujeitos passivos da ação organizacional. Daí a necessidade de administrar os recursos humanos para obter deles o máximo rendimento possível. Nesse sentido, as pessoas constituem parte do patrimônio físico na contabilidade organizacional. São consideradas recursos da organização, o que significa "coisificar" as pessoas e tratá-las pela média ou mediana, como se fossem todas iguais e uniformes, desprezando todas as suas diferenças individuais.

A outra escolha é visualizar as pessoas como parceiras ativas e proativas das organizações. Como tais, elas são fornecedoras de conhecimentos, habilidades, competências e, sobretudo, o mais importante aporte para as organizações: a inteligência que proporciona decisões racionais e que imprime significado e rumo aos objetivos do negócio. Nesse sentido, as pessoas constituem o capital humano e intelectual da organização. Organizações bem-sucedidas tratam os seus talentos como parceiros do negócio e fornecedores de competências, e não como simples empregados contratados. São talentos que merecem programas permanentes de investimento em desenvolvimento e capacitação, reconhecimento e incentivos pelas contribuições e resultados que oferecem ao negócio da organização. Representam a inteligência que ativa e põe os demais recursos da organização em pleno funcionamento e em direção aos objetivos organizacionais desejados.

ARH	Gestão de pessoas		Gestão de talento humano
Pessoas como recursos produtivos	Pessoas como seres humanos		Pessoas como provedoras de competências
Tratamento padronizado e uniforme	Tratamento individualizado e personalizado		Tratamento individualizado e personalizado
Busca de atividade física ou intelectual	Busca de atividade física e mental		Busca de atividade intelectual
Era industrial	Era da informação	→	Era do conhecimento e digital
Ênfase operacional	Ênfase tática		Ênfase estratégica
Tipo de trabalho	Trabalho mental		Trabalho intelectual
Manutenção do *status quo*	Criatividade		Inovação
Trabalho isolado	Colaboração		Participação ativa e proativa

Figura I.1 Os saltos gradativos da área de GTH.

Pessoas como recursos		Pessoas como parceiras
• Empregados isolados nos cargos • Horário rigidamente estabelecido • Preocupação com normas e regras • Subordinação ao chefe • Fidelidade à organização • Dependência da chefia • Alienação à organização • Ênfase na especialização • Executoras de tarefas • Ênfase nas destrezas manuais • Mão de obra	→	• Colaboradores agrupados em equipes • Metas negociadas e compartilhadas • Preocupação com resultados • Atendimento e satisfação do cliente • Vinculação à missão e à visão • Interdependência com colegas e equipe • Participação e comprometimento • Ênfase na ética e responsabilidade • Fornecedoras de atividades • Ênfase no conhecimento • Inteligência e talento

Figura I.2 As pessoas são recursos ou parceiros da organização?

SAIBA MAIS

Sobre a carreira desenvolvida no negócio e o trânsito na Gestão Humana

Muitos executivos de diferentes setores organizacionais têm redirecionado suas carreiras para a Gestão do Talento Humano (GTH). As oportunidades surgem frequentemente ao longo do processo de sucessão, e a integração de profissionais de fora dessas áreas contribui significativamente para a implementação de um modelo de *business partnership*, com uma percepção clara e aprofundada das dinâmicas e necessidades de cada setor da organização. A compreensão abrangente do negócio amplia o impacto das iniciativas de GTH e eleva a qualidade dos resultados alcançados. Ter a capacidade de "falar a mesma língua" do negócio é um diferencial significativo e, atualmente, essa competência é altamente valorizada no mercado. Tal visão sistêmica e integrada permite que os profissionais de GTH orquestrem e gerenciem de forma eficaz as demandas e necessidades de toda a organização, sustentando uma abordagem estratégica que considera o todo.

Para os economistas, o desenvolvimento econômico e social de cada nação depende de três fatores essenciais: a taxa de investimento para aumentar a competitividade, a incorporação do trabalhador ao processo produtivo e o aumento da produtividade. A GTH atua diretamente nos dois últimos fatores no sentido de preparar e engajar pessoas e torná-las cada vez mais produtivas e capacitadas em todos os aspectos possíveis. E, com isso, atua indiretamente no desenvolvimento econômico e social, ao transformar as organizações em elementos vitais para o progresso, no intuito de elevar a nação a um alto patamar de desenvolvimento e competitividade no mundo moderno.

O objetivo principal desta primeira parte é introduzir o leitor no campo da moderna gestão do componente humano, seus talentos e suas competências e o seu extraordinário potencial de desenvolvimento, criatividade e inovação. Discutiremos o moderno conceito de gestão com e por meio das pessoas e suas várias abordagens desenvolvidas nas últimas décadas e os contornos que ela está assumindo atualmente. Também discutiremos as características da GTH em um ambiente dinâmico e competitivo, bem como o planejamento estratégico de GTH e o seu importante papel na moderna e dinâmica estratégia empresarial em um mundo globalizado e extraordinariamente mutável e competitivo.

Sem dúvida alguma, a GTH cuida da alma e da inteligência do negócio da organização. E, por esse motivo, ela deve estar intimamente conectada e focada no negócio. Pensaremos inicialmente no negócio, para então estruturar e dimensionar o que fazer com a GTH, para que ela não somente adicione valor ao negócio, mas também crie as vantagens competitivas para que ele seja competitivo e sustentável ao longo do tempo. E que melhore cada vez mais a vida das pessoas.

Cada talento vive um ciclo de vida dentro da organização, que pode ser mais longo ou mais curto, dependendo da maneira como ela os trata.

O desafio é fazer com que os talentos completem todo esse longo ciclo de vida dentro da organização. Por isso, fala-se muito em reter talentos. O mais correto seria engajar talentos, atraí-los, encantá-los e conquistá-los constantemente, para que se sintam satisfeitos, engajados e decididos a permanecer na organização.

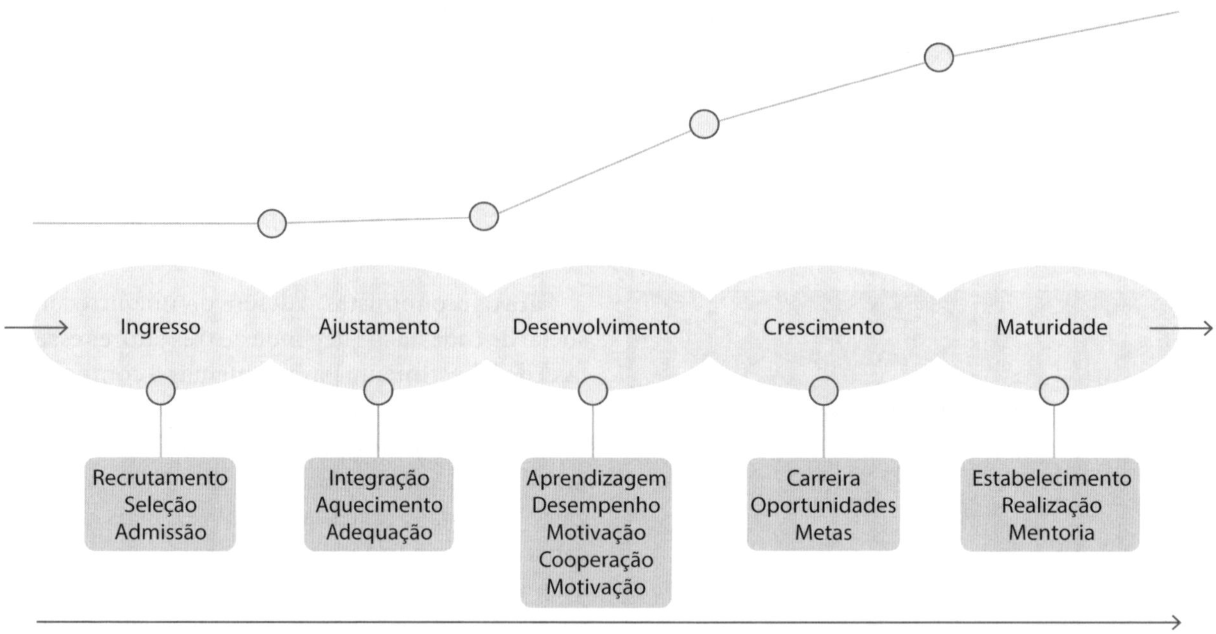

Figura I.3 O ciclo de vida de cada talento dentro da organização.

Capítulo

1 Introdução à moderna Gestão do Talento Humano

Objetivos de aprendizagem

Após estudar este capítulo, você deverá estar capacitado para:

- Definir os principais conceitos e terminologias que envolvem a Gestão do Talento Humano (GTH), diferenciando-a do tradicional Recursos Humanos (RH).
- Descrever o contexto em que funciona a GTH.
- Compreender os processos de GTH.
- Entender os objetivos da moderna GTH.
- Avaliar o que as organizações bem-sucedidas estão fazendo.

O que veremos adiante

- Contexto da GTH.
- Conceito de GTH.
- Processos de GTH.
- Estrutura do órgão de GTH.
- GTH como responsabilidade de linha e função de *staff*.
- Objetivos da GTH.

Na vanguarda da teoria administrativa contemporânea, há um conceito que ecoa com clareza: recursos são geridos, enquanto pessoas são inspiradas e guiadas. Assim como sistemas de inteligência artificial são projetados para processar informações de maneira rápida e eficiente, os recursos humanos tradicionais eram vistos como meras linhas de código – itens padronizados e inertes, tratados como ferramentas a serem manipuladas. Contudo, as pessoas são muito mais do que algoritmos; são seres dinâmicos, dotados de singularidade e criatividade que transcendem qualquer programação.

Se no século 21 ainda falamos em "Administração de Pessoas" ou "Administração de Recursos Humanos", nos privamos de reconhecer a verdadeira essência de quem são os colaboradores. As pessoas são a energia vital que alimenta a inovação e a adaptabilidade, capacitadas por aprendizados contínuos que as tornam cada vez mais resilientes e proativas.

Dessa forma, não se trata mais de administrar recursos; trata-se de liderar talentos. Enquanto as máquinas podem otimizar processos, são os seres humanos que trazem empatia, intuição e a capacidade de adaptação a um mundo em constante mudança. Em vez de serem tratadas como números em um balanço contábil, as pessoas devem ser orientadas por meio de *coaching* e *mentoring*, como se alimentássemos uma planta que cresce e se diversifica com cada gota de conhecimento recebido.

A verdadeira Gestão do Talento Humano (GTH) distingue-se nesse cenário, pois se concentra na aplicação prática dos conceitos de Gestão Humana que realmente potencializam o capital humano. É a transição de uma administração gerencial para uma gestão que empodera. Aqui, as diferenças entre administração e gestão são cruciais: a administração pode ser paralela a uma biblioteca que guarda livros, enquanto a gestão é como um regente de orquestra que traz todos os instrumentos a uma harmonia perfeita.

À medida que as organizações evoluem, estão cada vez mais direcionando seu foco para as pessoas que geram valor, investindo nelas não apenas como funcionárias, mas também como criadoras e desenvolvedoras de produtos e serviços. Em vez de concentrar esforços unicamente nas ofertas, as empresas estão priorizando aqueles que sabem como compreender, desenhar e otimizar essas ofertas. Assim, ao cultivar o potencial humano, elas colherão não apenas o sucesso econômico, mas a verdadeira essência do que significa ser uma organização inovadora e sustentável.

No cenário empresarial contemporâneo, marcado por rápidas transformações e desafios complexos, as organizações reconhecem cada vez mais a importância de uma GTH que vá além dos paradigmas tradicionais. A disrupção tecnológica, impulsionada pela inteligência artificial e pela digitalização, está reformulando as dinâmicas de trabalho e elevando as expectativas em relação ao desempenho e à satisfação dos colaboradores. Nesse ambiente em constante mudança, as empresas bem-sucedidas estão se adaptando ao novo normal, priorizando o desenvolvimento individual e o engajamento coletivo. Assim, surgem tendências inovadoras que buscam alinhar os talentos humanos às necessidades estratégicas do negócio, combinando a inteligência humana com soluções tecnológicas para fomentar um ecossistema organizacional mais colaborativo, diversificado e resiliente. Essas tendências não apenas transformam a maneira como as empresas se relacionam com seus colaboradores, mas também são fundamentais para impulsionar a competitividade e a sustentabilidade no mercado.

TENDÊNCIAS EM GESTÃO DO TALENTO HUMANO (GTH)

Talentos e lideranças

A premissa fundamental da GTH é reconhecer que toda pessoa possui talentos e conjuntos de competências que podem contribuir significativamente para o sucesso da organização. Independentemente da posição ocupada, cada indivíduo carrega consigo um patrimônio único de habilidades e conhecimentos. Assim, o foco na GTH não deve ser apenas na gestão de pessoas, mas também na identificação, no desenvolvimento e na maximização dos talentos e competências que elas possuem.

Integrando a tecnologia e a inteligência artificial

Nos dias atuais, várias tendências emergentes estão moldando a prática da GTH, especialmente pela influência da tecnologia e da inteligência artificial (IA). Entre essas tendências, destacam-se:

- **Recrutamento baseado em dados**: o uso de ferramentas de IA para análise de currículos e perfis profissionais permite que as empresas identifiquem talentos com precisão e eficiência, reduzindo vieses humanos e melhorando a qualidade das contratações. Plataformas de recrutamento que utilizam algoritmos para combinar habilidades e experiências com as necessidades organizacionais estão se tornando cada vez mais populares.
- **Desenvolvimento personalizado**: a tecnologia permite abordagens de aprendizado adaptativo, onde o desenvolvimento profissional é personalizado para atender às necessidades específicas de cada colaborador. *Softwares* de gestão de aprendizagem (LMS) utilizam IA para oferecer trilhas de aprendizado sob medida, baseadas nas competências que o funcionário já possui e nas lacunas que precisam ser preenchidas.
- ***Feedback* contínuo e avaliação do desempenho**: em vez de avaliações anuais, as empresas bem-sucedidas estão adotando ciclos de *feedback* contínuo, nos quais os líderes utilizam plataformas digitais para monitorar e discutir o desempenho em tempo real. Ferramentas baseadas em IA também são capazes de analisar interações e dinâmicas de equipe, proporcionando *insights* valiosos sobre a colaboração e a eficácia organizacional.
- **Experiência do colaborador (*employee experience*):** as organizações estão cada vez mais focadas em criar um ambiente de trabalho que prioriza a experiência do colaborador. Soluções tecnológicas, como *chatbots* e aplicativos móveis, são utilizadas para facilitar a comunicação, o acesso a recursos e a coleta de *feedback*, proporcionando uma experiência mais fluida e engajadora.
- **Diversidade e inclusão**: o uso de *analytics* para medir e promover a diversidade está em ascensão. Empresas estão aplicando IA para avaliar suas práticas de contratação e desenvolver estratégias que garantam um local de trabalho mais inclusivo, abrangendo também a análise de dados para identificar padrões, lacunas e oportunidades de melhoria nas iniciativas de diversidade.
- ***Wellness* e saúde mental**: a saúde e o bem-estar dos colaboradores tornaram-se cruciais, e a tecnologia desempenha um papel importante nesse aspecto. Aplicativos de

bem-estar e plataformas de suporte à saúde mental são integrados nas práticas diárias das organizações, permitindo que os funcionários monitorem seu próprio bem-estar e acessem recursos rapidamente.

- **Flexibilidade e trabalho híbrido**: com a aceleração da transformação digital, as empresas estão promovendo modelos de trabalho híbrido que combinam o trabalho remoto e o presencial. Ferramentas digitais facilitam a colaboração entre equipes distribuídas e ajudam a manter a cultura organizacional, independentemente da localização física dos colaboradores.

A GTH está em rápida evolução, impulsionada pelas necessidades contemporâneas das organizações e pela capacidade transformadora da tecnologia. Ao encarar a GTH por meio dessa nova lente, as empresas não apenas maximizam o potencial de seus colaboradores, mas também se posicionam como líderes no ambiente de negócios em constante mudança. O futuro da GTH não reside apenas na administração de recursos, mas também na liderança apaixonada e empoderada de talentos, na qual a aliança entre a inteligência humana e a inteligência artificial cria um ecossistema de trabalho mais inovador e eficaz.

Neste livro, nos aprofundaremos nas tendências emergentes que estão moldando essa nova abordagem, explorando práticas e ferramentas que possibilitam uma gestão mais dinâmica e alinhada às demandas do mercado, além de discutir como essas inovações podem ser efetivamente implementadas nas organizações.

1.1 O CONTEXTO DA GESTÃO DO TALENTO HUMANO

O contexto geral da GTH é formado por pessoas e organizações em uma incrível e duradoura interconexão e interdependência. De um lado, as pessoas passam boa parte de suas vidas trabalhando dentro de organizações. E estas dependem daquelas para poderem funcionar e alcançar sucesso. De um lado, o trabalho toma considerável tempo das vidas e dos esforços das pessoas, que dele dependem para a subsistência e o sucesso pessoal. Separar o trabalho da existência das pessoas é muito difícil, senão quase impossível, face à importância e ao impacto que provoca nelas. Assim, as pessoas dependem das organizações onde trabalham para atingir seus objetivos pessoais e individuais. Crescer na vida e ser bem-sucedido depende quase sempre de crescer dentro delas.

De outro lado, as organizações também dependem direta e irremediavelmente das pessoas para operar, produzir seus bens e serviços, atender seus clientes, competir nos mercados e atingir seus objetivos globais e estratégicos. As organizações jamais existiriam sem as pessoas que lhes dão vida, dinâmica, energia, inteligência, criatividade e racionalidade. Na verdade, cada uma das duas partes depende da outra, em uma relação de mútua dependência na qual há benefícios recíprocos. Uma relação de duradoura simbiose entre elas.

PARA REFLEXÃO

Quais são o papel e a importância das pessoas em uma organização?

É difícil separar o comportamento das pessoas e das organizações. As organizações funcionam por meio das pessoas que delas fazem parte e que decidem e agem em seu nome. Vários termos são utilizados para retratar as pessoas que trabalham nas organizações e definem como as organizações encaram e valorizam essas pessoas. Elas são chamadas de funcionários, empregados, pessoal, trabalhadores, operários quando as organizações as tratam como tal. Ou podem ser chamadas de recursos humanos, colaboradores, associados, se elas as tratam dessa maneira. Ou ainda talento humano, capital humano, capital intelectual se as pessoas têm um valor maior. A denominação dada às pessoas reflete o grau da importância que elas têm para as organizações. Muitas ainda classificam seus colaboradores em mensalistas e horistas para separar as pessoas que trabalham nos escritórios e nas fábricas. Outras ainda cometem o absurdo de chamá-las de mão de obra direta ou indireta. E outras vão mais além: chamam-nas de pessoal produtivo e improdutivo. O modo como as organizações denominam as pessoas que nelas trabalham tem um significado importante para elas: essa denominação sinaliza claramente quais são o papel e o valor que as organizações atribuem às pessoas. Afinal, a maneira como você chama uma pessoa é a maneira como você a considera e valoriza. O que acha disso? Tratar as pessoas como recursos é realmente desalentador. Coisa do passado que já se foi.

1.1.1 As diferenças individuais e as diferenças organizacionais

Se as pessoas se caracterizam pelas suas diferenças individuais, também as organizações se caracterizam por uma incrível diversidade e heterogeneidade. Estas também apresentam uma enorme variedade e podem ser indústrias, comércio, bancos, financeiras, hospitais, universidades, *shopping centers*, lojas, prestadoras de serviços etc. Podem ser mundiais, internacionais, grandes, médias ou pequenas quanto ao seu tamanho. Podem ser públicas, privadas ou mistas quanto à sua propriedade. Quase tudo de que a sociedade necessita é produzido por organizações. Vivemos em uma sociedade de organizações, pois nascemos nelas, aprendemos nelas, servimo-nos delas, trabalhamos nelas e passamos a maior parte de nossas vidas dentro delas. E até morremos nelas.

AVALIAÇÃO CRÍTICA

Qual é o papel das pessoas na organização?

Cada organização tem a sua missão, visão de futuro, seus valores e uma filosofia própria a respeito do papel das pessoas na tarefa organizacional. A denominação dada às pessoas reflete qual o papel que a organização confere a elas e o tratamento que dedica a elas. Veja a seguir as possíveis denominações e escreva ao lado o que cada denominação sugere a você sobre qual é o papel que a organização dá às pessoas:

Denominação:	Papel sugerido pela denominação:
Mão de obra	________________
Operário	________________
Trabalhador	________________
Empregado	________________
Funcionário	________________
Recurso Humano	________________
Colaborador	________________
Parceiro	________________
Talento Humano	________________
Capital Humano	________________
Capital Intelectual	________________

Outras denominações que você sugere:

____

____

____

Contudo, organizações e pessoas buscam objetivos próprios e diferentes, que nem sempre coincidem e se ajustam mutuamente.

Objetivos organizacionais	↔	Objetivos individuais
• Sustentabilidade		• Melhores salários e ganhos
• Crescimento sustentável		• Melhores benefícios
• Lucratividade		• Estabilidade no emprego
• Produtividade		• Segurança no trabalho
• Qualidade nos produtos/serviços		• Qualidade de vida no trabalho
• Redução de custos		• Satisfação no trabalho
• Maior participação no mercado		• Consideração e respeito
• Conquista de novos mercados		• Oportunidades de crescimento
• Conquista de novos clientes		• Autonomia para trabalhar
• Competitividade		• Liderança liberal
• Imagem e reputação no mercado		• Orgulho da organização

Figura 1.1 Objetivos organizacionais e objetivos individuais das pessoas.

> **SAIBA MAIS**
> **Sobre a solução do tipo ganhar-ganhar**
>
> No passado, o relacionamento entre pessoas e organizações era considerado antagônico e conflitivo. Era o velho conflito entre capital e trabalho. Acreditava-se que os objetivos das organizações - como lucro, eficácia, produtividade, redução de custos - eram incompatíveis com os objetivos individuais das pessoas - como melhores salários e benefícios, conforto no trabalho, lazer, segurança, desenvolvimento e progresso pessoal. A solução usada era do tipo ganhar-perder: se uma parte leva tudo, a outra fica sem nada. Se uma parte ganha mais, ela o faz às custas da outra. Era uma solução limitada, estreita e míope. Verificou-se que, para a organização alcançar seus objetivos da melhor maneira, ela precisa saber canalizar os esforços das pessoas para que também elas atinjam seus objetivos individuais e para que ambas as partes saiam ganhando. Modernamente, a solução do tipo ganhar-ganhar no jogo de interesses envolvidos é a preferida. Trata-se de uma solução que requer negociação, participação, empatia e sinergia de esforços. Cada parte precisa ajudar a outra para que ambas saiam ganhando. Esse ganho é até multiplicado pela sinergia dos esforços das partes.

Assim, o contexto em que se situa a GTH é representado pelas organizações e pelas pessoas. Sem organizações e sem pessoas jamais haveria a GTH. Em resumo, as organizações são criadas por pessoas, para pessoas e com pessoas. Elas são constituídas de pessoas e dependem delas para atingir seus objetivos e cumprir suas missões. E, para as pessoas, as organizações constituem o meio mais importante pelo qual elas podem alcançar vários objetivos pessoais, com um mínimo de custo de tempo, esforço e conflito. Muitos dos objetivos pessoais jamais poderiam ser alcançados apenas por meio do esforço pessoal isolado. As organizações surgem como meio de aproveitar a sinergia dos esforços de várias pessoas que trabalham em conjunto.[1] Sem organizações e sem pessoas certamente não haveria a GTH. Termos como empregabilidade[2] e empresabilidade[3] são usados para indicar a capacidade das pessoas em conquistar e manter seus empregos de um lado e, de outro, a capacidade das organizações em desenvolver e utilizar as competências individuais dos seus talentos. E não importa o nível de cada pessoa: desde a mais simples – aquela que trabalha na base da organização – até a mais elevada – aquela que trabalha na cúpula da organização –, todas elas possuem talentos específicos e importantes, não importa a sua complexidade ou abrangência, para que no conjunto a organização seja inovadora, competitiva e sustentável ao longo do tempo. Uma só andorinha não faz o verão.

1.2 CONCEITO DE GESTÃO DO TALENTO HUMANO

A GTH é uma área muito sensível quanto a missão, visão de futuro, mentalidade, cultura corporativa e valores que predominam em cada organização. Ela é extremamente contingencial e situacional, pois depende de vários aspectos organizacionais, como arquitetura, cultura corporativa, características do seu mercado e do negócio, tecnologia utilizada, processos internos, estilo de gestão e uma infinidade de outras variáveis. E, principalmente, depende das características das pessoas que a constituem. Tudo isso compõem um complexo *mix*, que torna única cada organização.

1.2.1 As pessoas como parceiras da organização

Nos tempos atuais, as organizações estão ampliando a sua visão e atuação estratégica. Todo processo produtivo somente se realiza com a participação conjunta de diversos parceiros articulados, cada qual contribuindo ou investindo com algum recurso com a intenção de receber um retorno em troca. Os proprietários, acionistas e investidores (*shareholders*) contribuem com capital de risco e investimentos que permitem o aporte financeiro para a aquisição de recursos. Os fornecedores contribuem com matérias-primas, insumos básicos, serviços e tecnologias. Administradores contribuem com suas competências e proporcionam decisões e ações que dinamizam a organização. Os colaboradores oferecem seu trabalho e garantem as operações do negócio. Clientes e consumidores contribuem adquirindo bens ou serviços oferecidos e incrementando o faturamento. Cada um desses parceiros internos ou externos investe com algo na expectativa de retornos do seu investimento. Todos esses parceiros são denominados *stakeholders* (do inglês *stake* = interesse e *holder* = aquele que possui). Muitas organizações utilizam meios para conseguir a inclusão de novos e diferentes *stakeholders* para consolidar e fortificar seus negócios e expandir suas fronteiras por meio de alianças estratégicas.

Os *stakeholders* estão dispostos a continuar contribuindo e investindo seus recursos (dinheiro, investimentos, gestão, trabalho, aquisição de produtos, fornecimento de insumos) na medida em que obtêm retornos e resultados satisfatórios desses investimentos. Graças ao emergente sistêmico – que é o efeito sinérgico –, a organização consegue reunir e juntar todos os recursos oferecidos pelos *stakeholders* e ampliar seus resultados. Com esses resultados, ela pode proporcionar um retorno maior aos *stakeholders*, manter os seus investimentos e garantir a continuidade do negócio. As organizações procuram privilegiar os *stakeholders* que consideram mais importantes. Os acionistas e investidores – os *shareholders* – sempre foram os mais privilegiados na apropriação e distribuição dos resultados organizacionais. Essa assimetria está sendo substituída por uma visão sistêmica e integrada de todos os *stakeholders*, já que todos eles são indispensáveis para o sucesso da organização. Acontece que o *stakeholder* mais íntimo da organização é o colaborador: aquele que está dentro dela, que lhe dá vida e dinamismo e o que faz as coisas acontecerem. No Capítulo 2, bateremos novamente nessa mesma tecla.

Quadro 1.1 Os principais *stakeholders* da organização[4]

Stakeholders	**Contribuem com:**	**Esperam retorno de:**
Acionistas e investidores	Capital de risco, investimentos	Lucros e dividendos, valor agregado, responsabilidade financeira
Administradores	Competências, tomadas de decisões, alcance de resultados	Participação nos resultados, reconhecimento e carreira
Colaboradores	Trabalho, esforço, competências, alcance de metas e objetivos	Salários, benefícios, satisfação e recompensas
Clientes e consumidores	Aquisição e uso de bens e serviços	Valor agregado, qualidade, preço, satisfação com o atendimento e com o uso
Fornecedores	Matérias-primas, serviços, insumos básicos, tecnologias	Lucros e expansão com novos negócios
Sindicatos e agências reguladoras	Contratos coletivos e regulamentações no mercado	Atendimento aos contratos e regulamentações
Comunidade	População, natureza, espaço físico, facilidade, proximidade	Benefícios à população, responsabilidade social e ecológica
Sociedade	Confiança, admiração, reputação, consenso social	Ética e responsabilidade social, honestidade, transparência
Governo	Infraestrutura, serviços, educação, saúde, segurança, regulação	Impostos, taxas, responsabilidade financeira, social e ecológica

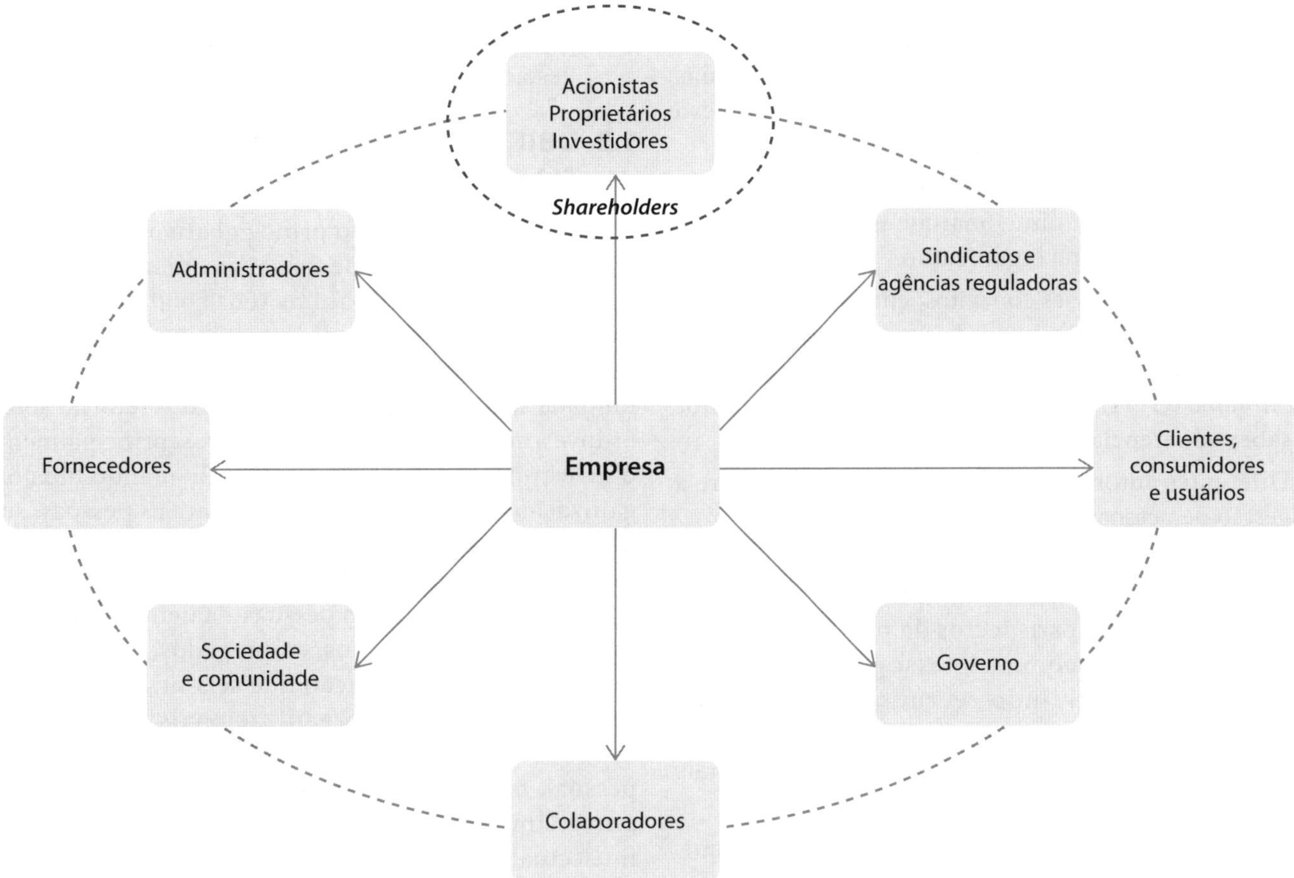

Figura 1.2 Os *stakeholders*: os vários grupos de interesses na organização.

1.2.2 Aspectos fundamentais da moderna GTH

A GTH se baseia em alguns aspectos fundamentais:[5]

1. **Pessoas como seres humanos:** dotadas de personalidade própria, inteligência e profundamente diferentes entre si, com uma história pessoal particular e diferenciada, possuidoras de conhecimentos, habilidades e competências indispensáveis à adequada gestão dos demais recursos organizacionais. Pessoas como pessoas e não como meros recursos da organização. Não se trata mais de administrar recursos, mas de gerir o talento humano que as pessoas oferecem à organização.
2. **Pessoas como ativadoras de recursos organizacionais:** como impulsionadoras da organização e capazes de dotá-la do talento indispensável à sua constante renovação e competitividade em um mundo cheio de mudanças e desafios. As pessoas como fonte de impulso próprio que dinamiza a organização e não como agentes passivos, inertes e estáticos. Não existem organizações sem pessoas até hoje.
3. **Pessoas como parceiras da organização:** capazes de conduzir a organização à excelência e ao sucesso. Como parceiras, as pessoas fazem investimentos na organização – como esforço, dedicação, responsabilidade, comprometimento, riscos etc. – na expectativa de colherem retornos desses investimentos – por meio de salários, incentivos financeiros, crescimento profissional, satisfação, carreira etc. Todo investimento só se justifica quando traz um retorno razoável. Na medida em que o retorno é bom e sustentável, a tendência será manter ou aumentar o investimento. Daí o caráter de reciprocidade na interação entre pessoas e organizações. E também de autonomia e ação e não mais de passividade, inércia e dependência. Pessoas como parceiras ativas e não como sujeitos passivos.
4. **Pessoas como talentos fornecedores de competências:** como elementos vivos e portadores de competências essenciais ao sucesso organizacional.

Qualquer organização pode comprar máquinas ou equipamentos, comprar tecnologias para se equiparar aos concorrentes. Isso é relativamente fácil, mas construir competências é extremamente difícil, leva tempo, aprendizado e maturação.

5. **Pessoas como o capital humano do negócio:** como o principal ativo organizacional que agrega inteligência e foco ao negócio da organização.

   De acordo com esses conceitos, embora tenham características tão diferentes, doravante, ao longo deste livro, utilizaremos a expressão *Gestão do Talento Humano* (GTH) ou *Recursos Humanos* (RH). O leitor saberá diferenciar ambas.

6. Diferentes autores têm diferentes conceitos sobre a gestão de pessoas:
   - **Administração de recursos humanos (ARH):** é o conjunto de políticas e práticas necessárias para conduzir os aspectos da posição gerencial relacionados com as "pessoas" ou recursos humanos, incluindo recrutamento, seleção, treinamento, recompensas e avaliação do desempenho.[6] Hoje se fala em liderar talentos e não mais administrar pessoas.
   - **ARH:** é a função administrativa devotada à aquisição, treinamento, avaliação e remuneração dos empregados. Todos os gerentes são, em certo sentido, gerentes de pessoas, porque todos eles estão envolvidos em atividades como recrutamento, entrevistas, seleção e treinamento.[7]
   - **ARH:** é o conjunto de decisões integradas sobre as relações de emprego que influenciam a eficácia dos funcionários e das organizações.[8]
   - **ARH:** é a função na organização que está relacionada com provisão, treinamento, desenvolvimento, motivação e manutenção dos empregados.[9]
   - **Gestão de pessoas (GP):** é o conjunto integrado de atividades de especialistas de *staff* e de gestores de linha – como agregar, aplicar, recompensar, desenvolver, manter e monitorar pessoas – no sentido de proporcionar competências e competitividade à organização, garantindo sua sustentabilidade financeira, social e ecológica.
   - **Gestão do Talento Humano (GTH):** é a área que agrega e constrói talentos por meio de um conjunto integrado de processos e cuida do aumento do capital humano das organizações: o elemento fundamental do seu capital intelectual e a base do seu sucesso pelas vantagens competitivas que oferecem ao seu negócio. Trata-se aqui de gestão do talento que cada pessoa possui e não mais da gestão da pessoa em si.

1.3 OBJETIVOS DA GESTÃO DO TALENTO HUMANO

As pessoas constituem o principal ativo da organização. Daí a necessidade de tornar as organizações mais conscientes e atentas para os seus colaboradores. As organizações bem-sucedidas estão percebendo que somente podem crescer, prosperar e manter sua continuidade se forem capazes de otimizar o retorno sobre os investimentos de todos os parceiros, principalmente o investimento dos colaboradores. E quando uma organização está realmente voltada para as pessoas, sua filosofia global e sua cultura organizacional passam a refletir essa crença. A GTH é a função que permite a colaboração eficaz das pessoas – talentos, colaboradores, recursos humanos, empregados, funcionários ou qualquer denominação que seja utilizada – para alcançar os objetivos organizacionais e individuais de todos. As denominações – como departamento de pessoal, relações industriais, recursos humanos, desenvolvimento de talentos, capital humano ou capital intelectual – são utilizadas para descrever a unidade, o departamento ou a equipe relacionada com a gestão das pessoas. Cada qual delas reflete uma maneira de lidar com as pessoas. O termo *Recursos Humanos* (RH) ainda é o mais frequente de todos eles. Mas peca por tratar as pessoas como recursos. Pessoas são pessoas e não recursos. Pode? As pessoas podem aumentar ou reduzir as forças ou fraquezas de uma organização, dependendo da maneira como são tratadas. Elas podem ser a fonte de sucesso como podem ser a fonte de problemas. É melhor tratá-las como fonte de sucesso. Para que os objetivos da GTH sejam plenamente alcançados, é necessário que as pessoas sejam tratadas como talentos indispensáveis para a eficácia organizacional.

1.4 OBJETIVOS DA GESTÃO DO TALENTO HUMANO NA REALIDADE ATUAL

Os objetivos da GTH são complexos e multifacetados, refletindo a necessidade de adaptação às novas realidades e tendências do ambiente de negócios de acordo com a dinâmica atual. A GTH deve contribuir para a eficiência e eficácia organizacional por meio das seguintes diretrizes:

1. **Alinhamento com a missão e os objetivos organizacionais:** a GTH precisa ser um componente

estratégico que ajude a organização a cumprir sua missão e alcançar seus objetivos no contexto atual, marcado pela transformação digital e pela necessidade de inovação constante. Em vez de priorizar apenas a execução correta das operações, o foco agora está na eficácia, permitindo que os colaboradores se tornem agentes de mudança que compreendem profundamente o negócio e o mercado em que atuam.

2. **Competitividade e sustentabilidade:** o papel da GTH é crucial na criação e no desenvolvimento das habilidades necessárias para garantir que a organização se mantenha competitiva a longo prazo. Em um ambiente no qual a adaptabilidade é fundamental, a GTH deve capacitar os colaboradores a se tornarem mais produtivos e eficazes, reduzindo custos e melhorando a qualidade. A adesão à sustentabilidade também se reflete na forma como a GTH identifica e promove talentos, alinhando-se às expectativas sociais e ambientais emergentes.
3. **Capacitação e motivação contínuas:** para construir seu maior ativo – o capital humano –, a GTH deve focar na capacitação contínua dos colaboradores, oferecendo oportunidades de aprendizado que vão além do treinamento formal. O reconhecimento do talento deve incluir não apenas recompensas financeiras, mas também reconhecimento público, desenvolvimento de carreira e *feedback* construtivo. A transparência nas avaliações de desempenho é crucial para que os colaboradores sintam que seus esforços são valorizados.
4. **Satisfação e engajamento:** no cenário atual, o engajamento dos colaboradores está intrinsecamente ligado à satisfação no trabalho. A GTH precisa criar condições em que os colaboradores se sintam valorizados e nas quais suas competências sejam reconhecidas. Em um mundo onde o trabalho pode muitas vezes representar a maior parte da identidade pessoal, é essencial que as organizações cultivem um ambiente no qual as pessoas possam expressar suas capacidades e paixões.
5. **Qualidade de vida no trabalho (QVT):** o conceito tradicional de QVT evoluiu para incluir fatores que impactam diretamente a experiência do colaborador no trabalho. Gestão do estresse, promoção de um ambiente inclusivo, estilos de liderança que incentivam a autonomia e a camaradagem e a segurança psicológica são todos elementos que a GTH deve promover. Um ambiente de trabalho positivo é essencial para a atração e retenção de talentos em um momento em que as expectativas dos colaboradores estão em constante evolução.
6. **Gestão da mudança:** diante da incessante turbulência das mudanças sociais, tecnológicas e econômicas, os profissionais de GTH devem ser agentes de transformação dentro da organização. Eles devem não apenas gerenciar mudanças, mas também liderar iniciativas que preparem a força de trabalho para um futuro cujo ritmo de evolução é cada vez mais acelerado. As soluções devem ser inovadoras e flexíveis, promovendo um ambiente de adaptação contínua.
7. **Ética e responsabilidade social:** a GTH deve ser conduzida com integridade, transparência e justiça, promovendo um ambiente em que todos os colaboradores são respeitados e tratados igualmente. A responsabilidade social deve ser parte integrante da cultura organizacional, refletindo um compromisso com práticas éticas que vão além da conformidade legal, envolvendo também o bem-estar emocional e físico dos colaboradores.
8. **Construção de equipes de alto desempenho:** a GTH deve não apenas cuidar dos colaboradores individualmente, mas também se concentrar em criar uma cultura organizacional forte e colaborativa. Isso envolve cuidar do contexto organizacional, promovendo uma cultura que valoriza a inclusão, a diversidade e o trabalho em equipe. O resultado é uma equipe coesa que impulsiona a inovação e o sucesso organizacional.

Em suma, a GTH na atualidade deve ser uma prática estratégica, focada em maximizar as capacidades dos colaboradores em um ambiente que preza pela inovação, pelo aprendizado contínuo e pela ética. Essa abordagem não só equipa as organizações para enfrentar os desafios contemporâneos, como também as posiciona para prosperar em um futuro em constante evolução.

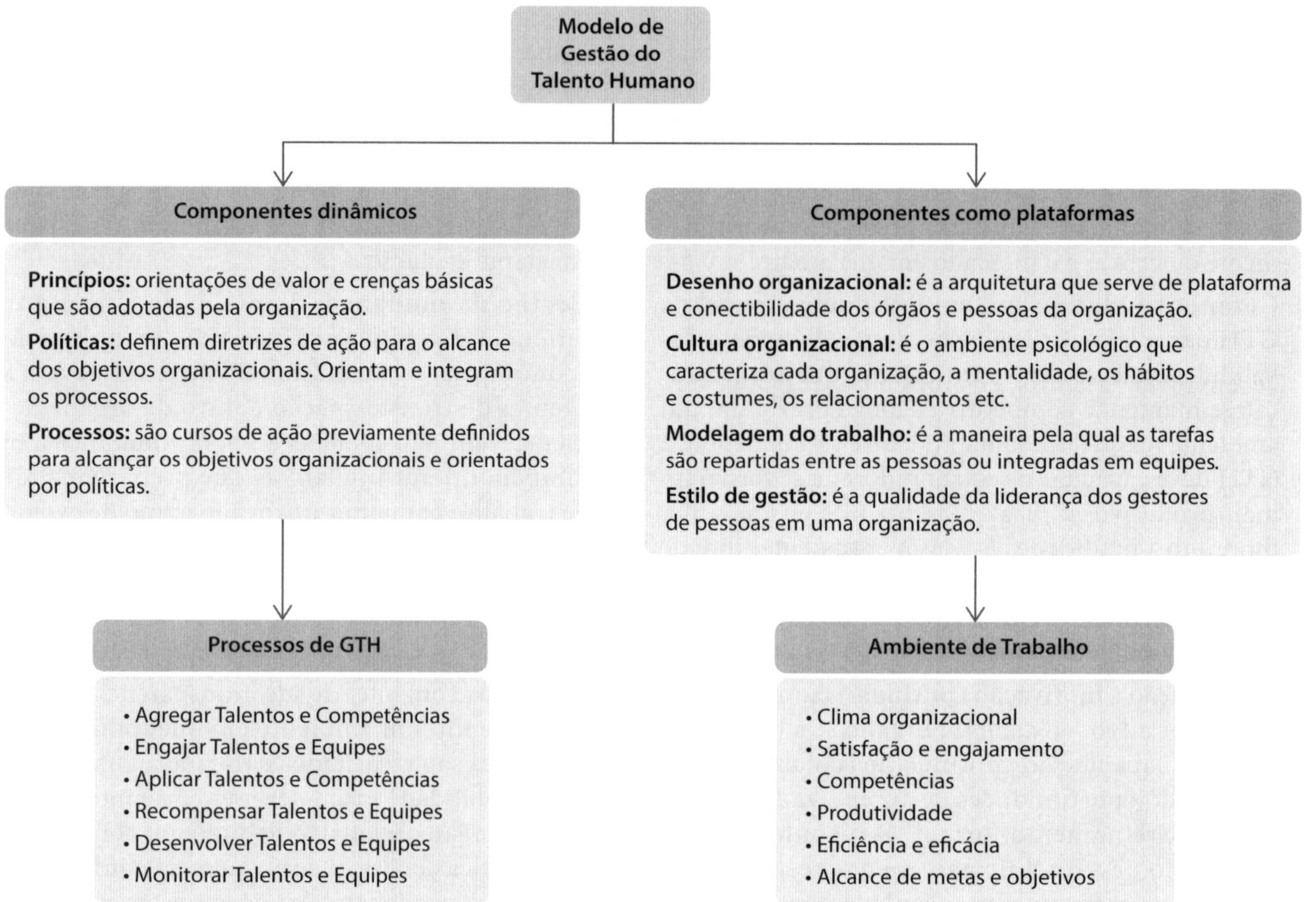

Figura 1.3 Elementos componentes do modelo de GTH.

1.5 PROCESSOS DE GESTÃO DO TALENTO HUMANO

A Gestão do Talento Humano abrange um amplo espectro de processos relacionados à aquisição e à gestão de talentos ao longo do ciclo de vida do colaborador. Para facilitar a compreensão, podemos dividir esse espectro em seis aspectos fundamentais.

1.5.1 Modelo de seis processos básicos da GTH

Processo é uma sequência programada de atividades que se completam em direção ao alcance de um objetivo final. Para tanto, é necessário desenvolver formas de mensurar e avaliar cada processo no sentido de melhorá-lo e alinhá-lo aos objetivos estratégicos da organização. Afinal, todo processo deve ter a finalidade de criar e agregar valor. A GTH é um conjunto integrado de processos dinâmicos e interativos. Os seis processos básicos da GTH são:

1. **Agregar talentos e competências:** este aspecto se refere à identificação e à captação de talentos que não apenas preencham vagas, mas que também possuam as competências alinhadas às necessidades da organização. A estratégia de aquisição deve ser proativa, promovendo a busca por indivíduos que possam agregar valor à empresa desde o início de sua jornada.
2. **Engajar talentos e equipes:** uma vez que os talentos são recrutados, o foco deve estar na criação de um ambiente que promova o engajamento e a colaboração. Isso envolve cultivar uma cultura organizacional que valorize a inclusão e a comunicação aberta, garantindo que todos os colaboradores se sintam parte integrante do time.
3. **Aplicar talentos e competências:** é essencial alocar os talentos de forma estratégica dentro da organização, posicionando-os em funções que permitam o uso pleno de suas habilidades. Isso não só maximiza

a eficiência, mas também promove a satisfação profissional, uma vez que os colaboradores podem contribuir em áreas que realmente dominam.

4. **Recompensar talentos e equipes:** o reconhecimento adequado é crucial para manter o moral elevado e incentivar a produtividade. As organizações devem estabelecer sistemas de compensação que recompensem de forma justa e transparente os contribuintes individuais e coletivos, promovendo um ciclo positivo de motivação e desempenho.
5. **Desenvolver talentos, equipes e organizações:** o desenvolvimento contínuo deve ser parte integrante da estratégia de GTH, com oportunidades de aprendizagem e crescimento disponíveis para todos os colaboradores. Isso inclui treinamentos, programas de mentoria e planos de desenvolvimento de carreira que visem não apenas ao crescimento individual, mas também ao fortalecimento das equipes e da organização como um todo.
6. **Monitorar talentos e equipes:** a avaliação contínua do desempenho e das competências é vital para o sucesso da GTH. As organizações devem implementar métricas e ferramentas que permitam o monitoramento regular do progresso dos colaboradores, assegurando que os objetivos estejam sendo alcançados e que haja espaço para ajustes nas estratégias quando necessário.

Assim, ao abranger esses seis aspectos *core*, a GTH torna-se uma abordagem estratégica que não só atende às demandas do presente, mas também prepara a organização para o futuro, criando um ambiente dinâmico e adaptável.

PARA REFLEXÃO

Qual dos processos de Gestão Humana (GH) deve ser priorizado em um contexto organizacional específico?

A resposta não é simples e exige uma análise profunda. A relevância de cada processo pode mudar drasticamente dependendo do momento estratégico que a organização está vivenciando. Por exemplo, se a empresa está em uma fase de expansão e crescimento, os processos de atração e agregação de novos talentos se tornam cruciais. Por outro lado, em um cenário no qual a organização está implementando novas tecnologias, o foco deve se voltar para o desenvolvimento contínuo das habilidades de sua força de trabalho.

Ademais, se o objetivo da empresa é a retenção de talentos, as práticas voltadas para a manutenção e o engajamento das pessoas ganham destaque. Essa dinâmica mostra que não devemos adotar uma visão isolada ou superficial; cada processo de GH possui seu lugar no ecossistema organizacional e deve ser considerado em relação aos outros.

A verdadeira eficácia da Gestão Humana reside na compreensão de que todos os processos estão interconectados. A falha em um aspecto pode criar uma cadeia de repercussões que afeta os demais,

Figura 1.4 Processos básicos de GTH.

gerando um impacto sistêmico negativo. Portanto, a abordagem precisa ser holística. Precisamos de líderes estratégicos que compreendam essa rede dinâmica e complexa, em vez de meros especialistas que operem em silos.

O desafio é promover uma gestão que contemple a totalidade, reconhecendo as interdependências e a importância de alinhar os processos de GH às necessidades em constante evolução da organização. É a conectividade, a colaboração e o pensamento sistêmico que farão a diferença em um mundo empresarial em rápida transformação. De que maneira você, como líder ou participante dessas mudanças, irá adaptar sua abordagem de gestão humana para não apenas responder às demandas do presente, mas também se preparar para o futuro emergente? Todos os processos devem ser tratados em conjunto como um sistema integrado de GTH.

Todos esses processos de GTH estão interconectados de tal forma que se influenciam mutuamente. Cada processo pode potencializar ou comprometer os demais; por exemplo, um modelo ineficiente de agregação de talentos pode gerar a necessidade de um intenso desenvolvimento de habilidades para corrigir falhas. Da mesma forma, uma abordagem falha de recompensas pode levar a esforços excessivos para reter pessoas. Assim, o equilíbrio na gestão de todos esses processos é fundamental para o sucesso organizacional.

A integração desses processos pode ser otimizada por meio de um *Balanced Scorecard*, que proporciona uma visão holística e interligada das métricas essenciais de desempenho. Ao alinhar essa abordagem com os modernos conceitos de gestão baseada em desempenho, como *Objectives and Key Results* (OKRs) e *Key Performance Indicators* (KPIs), a organização equipa-se para monitorar continuamente e ajustar suas iniciativas de GTH.

Os OKRs facilitam a definição clara de objetivos ambiciosos e mensuráveis, enquanto os KPIs permitem a mensuração do progresso em direção a esses objetivos. Juntos, esses *frameworks* ajudam a garantir que todos os processos de gestão do talento estejam alinhados com a estratégia organizacional, criando uma sinergia que potencializa os resultados.

Portanto, ao considerar esses processos como um sistema aberto e interativo, e utilizando o *Balanced Scorecard* como ferramenta de diagnóstico, a organização pode garantir que suas iniciativas de GTH não só respondam às demandas do ambiente externo, mas também se integrem perfeitamente à cultura e às necessidades internas. Essa abordagem integrada é essencial para atingir um desempenho de excelência em Gestão do Talento Humano.

1.5.2 Que é um processo?[10]

Processo é a sequência de um conjunto de atividades estruturadas e destinadas a chegar a um resultado especificado para determinado cliente. É uma ordenação específica das atividades de trabalho no tempo e no espaço, com começo e fim e entradas e saídas claramente identificadas.[11] O processo envolve uma série de atividades que criam, agregam e fornecem valor a um cliente. O cliente pode estar fora ou dentro da empresa. Quando está dentro da empresa, é chamado cliente interno.

1.6 NOVA ESTRUTURA DE GTH

A estrutura tradicional dos departamentos de Recursos Humanos operava sob o paradigma de departamentalização funcional, em que a especialização e a cooperação interna eram priorizadas. Embora esse modelo tenha cumprido suas funções durante um tempo, trouxe consigo consequências que limitaram a eficácia organizacional. A subobjetivação, na qual as metas departamentais se tornaram mais relevantes do que os objetivos

Figura 1.5 Sistema integrado de GTH.

globais da empresa, e a falta de cooperação interdepartamental, resultante do isolamento funcional, inibiram uma visão integrada e a busca por sinergias.

Atualmente, uma nova tendência tem emergido nas estruturas organizacionais, especialmente em grandes empresas: a adoção de modelos de GTH baseados em equipes multidisciplinares e uma abordagem ágil. Essa nova estrutura prioriza não apenas a especialização funcional, mas também a colaboração entre diferentes áreas, promovendo um ambiente mais flexível, adaptável e centrado no cliente.

1. **Equipes multifuncionais:** em vez de serem rigidamente segmentados, os departamentos de GTH estão agora organizados em equipes multifuncionais que unem talentos de várias áreas, como recrutamento, desenvolvimento e engajamento, para trabalhar em projetos específicos. Essa colaboração transversal promove um fluxo de informações mais rápido, melhora a tomada de decisões e enriquece a cultura organizacional.
2. **Foco em projetos e resultados:** as equipes são formadas em torno de objetivos específicos e resultados mensuráveis, alinhando-se diretamente com as metas estratégicas da organização. Isso não apenas aumenta a relevância do GTH, mas também promove um senso de propósito compartilhado.
3. **Agilidade e adaptação:** a estrutura ágil permite que as empresas respondam rapidamente a mudanças no mercado e nas necessidades dos colaboradores. Por meio de *feedback* contínuo e avaliação adaptativa, as equipes podem ajustar suas abordagens e processos rapidamente, garantindo que a GTH permaneça alinhada às dinâmicas do setor.
4. **Integração tecnológica:** a adoção de tecnologias de colaboração, *analytics* e inteligência artificial potencializa ainda mais essa nova estrutura. Ferramentas de gestão de desempenho baseadas em dados permitem uma visão em tempo real das atividades das equipes e seus resultados, facilitando decisões informadas e estratégias proativas.
5. **Cultura de aprendizado contínuo:** nesse novo modelo, a promoção do aprendizado contínuo se torna uma prioridade. Programas de desenvolvimento e treinamentos são criados de maneira colaborativa, envolvendo a contribuição de várias áreas e o compartilhamento de conhecimentos, o que resulta em uma força de trabalho mais engajada e preparada para enfrentar os desafios.

Com essa nova estrutura organizacional, o órgão de GTH não apenas se alinha mais de perto com os objetivos da empresa, mas também se transforma em um verdadeiro parceiro estratégico na criação de valor. Essa abordagem integrada e colaborativa é fundamental para que as empresas modernas possam prosperar em um ambiente de negócios cada vez mais dinâmico e competitivo.

> **TENDÊNCIAS EM GTH**
>
> Um organograma eficaz para a área de Gestão do Talento Humano (GTH) de uma grande corporação deve ser projetado para promover a colaboração, a agilidade e a adaptabilidade às necessidades organizacionais. Na Figura 1.6 é apresentada uma proposta de organograma que pode ser adaptada a diferentes contextos e realidades organizacionais.

Na Figura 1.6, cada divisão envolve profissionais especializados em várias funções específicas. Aparentemente, essa especialização traz vantagens pela concentração e integração de profissionais. Mas essas vantagens são toldadas pela orientação focada nos objetivos específicos de cada função. O resultado é uma tremenda subobjetivação, pois os objetivos divisionais ou departamentais são privilegiados, enquanto os objetivos globais do negócio vão para o espaço. Além disso, embora a estrutura funcional favoreça a coordenação intradepartamental, dificulta enormemente a coordenação interdepartamental. Torna-se difícil obter a cooperação e colaboração dos diversos departamentos em assuntos mais amplos. E, por cima, cada órgão funciona como uma entidade organizacional definitiva, permanente, separada das demais, em uma rígida divisão do trabalho global. Uma verdadeira coleção de feudos e de silos que pouco se entendem.

Na verdade, a GTH está utilizando formatos organizacionais mais integrados e que variam de acordo com as características organizacionais.

Quase sempre, o papel de consultoria de GTH – seja individual ou em equipe – atua em determinada área da organização dando apoio e suporte aos gestores. Para isso, a equipe de GTH tanto deve ser multifuncional e agrupar as competências necessárias para atuar com propriedade em vários processos de GTH, como pode se especializar em determinada tarefa, dependendo do caso.

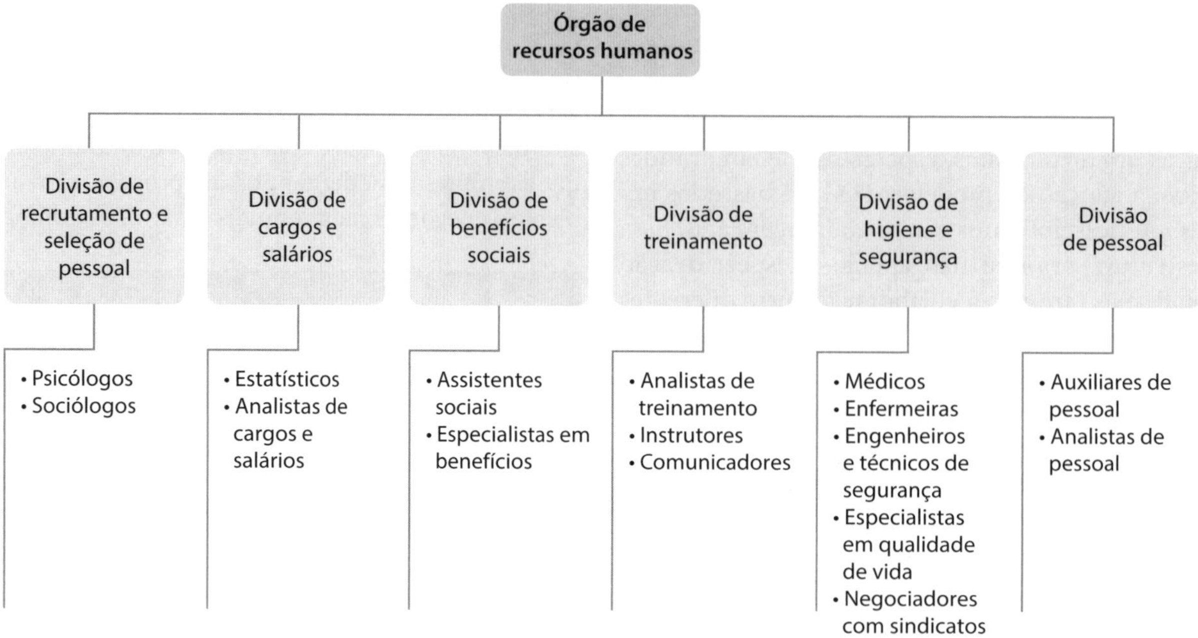

Figura 1.6 Organização funcional tradicional do órgão de RH.

Na Figura 1.7, temos um organograma eficaz para a área de GTH de uma grande corporação, que deve ser projetado para promover a colaboração, a agilidade e a adaptabilidade às necessidades organizacionais. É uma proposta de organograma que pode ser adaptada a diferentes contextos e realidades organizacionais.

Descrição dos papéis:

1. **Diretor de Gestão do Talento Humano (VP de GTH):** responsável pela estratégia global de GTH, alinhando as iniciativas de talento com a visão e os objetivos da organização.
2. **Gerente de desenvolvimento e capacitação:** supervisiona programas de treinamento e desenvolvimento e lidera iniciativas de aprendizado contínuo.
3. **Coordenador de treinamento e aprendizado:** foca na implementação de programas de treinamento (presenciais e *online*) e iniciativas de *e-learning*.
4. **Coordenador de desenvolvimento organizacional:** trabalha com equipes para identificar necessidades de desenvolvimento e implementar soluções.
5. **Analista de desenvolvimento de talentos e carreira:** apoia o planejamento de carreiras e o desenvolvimento de talentos individuais.
6. **Gerente de recrutamento e aquisição:** supervisiona a estratégia de aquisição de talentos e o recrutamento de novas contratações.
7. **Especialista em recrutamento:** responsável por identificar, atrair e selecionar talentos adequados às necessidades da organização.
8. **Especialista em *employer branding*:** trabalha na construção da marca empregadora e na comunicação dos valores da empresa para atrair candidatos.
9. **Especialista em *onboarding*:** garante uma integração suave e eficaz dos novos colaboradores.
10. **Analista de *performance*:** avalia e mede o desempenho dos colaboradores, fornecendo *feedback* e *insights* para desenvolvimento contínuo.
11. **Especialista em retenção de talentos:** foca em estratégias para manter talentos na organização, desenvolvendo programas de reconhecimento e engajamento.

A seguir, as Figuras 1.8 e 1.9, que representam as ações e os processos fundamentais dos subsistemas de GTH, importantes para o desenvolvimento de cada talento dentro da estrutura e qual o objeto final da busca dos resultados para a organização.

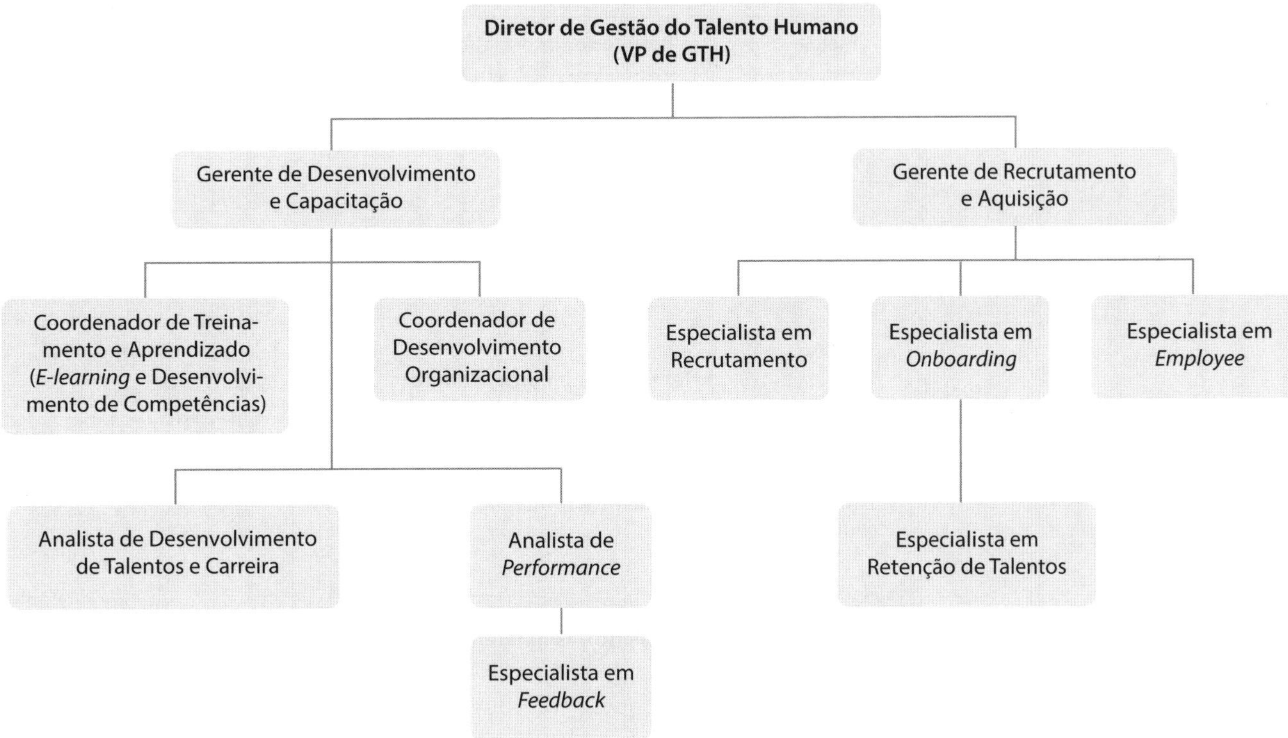

Figura 1.7 Tendência da nova estrutura GTH.

Figura 1.8 Processos básicos da GTH.

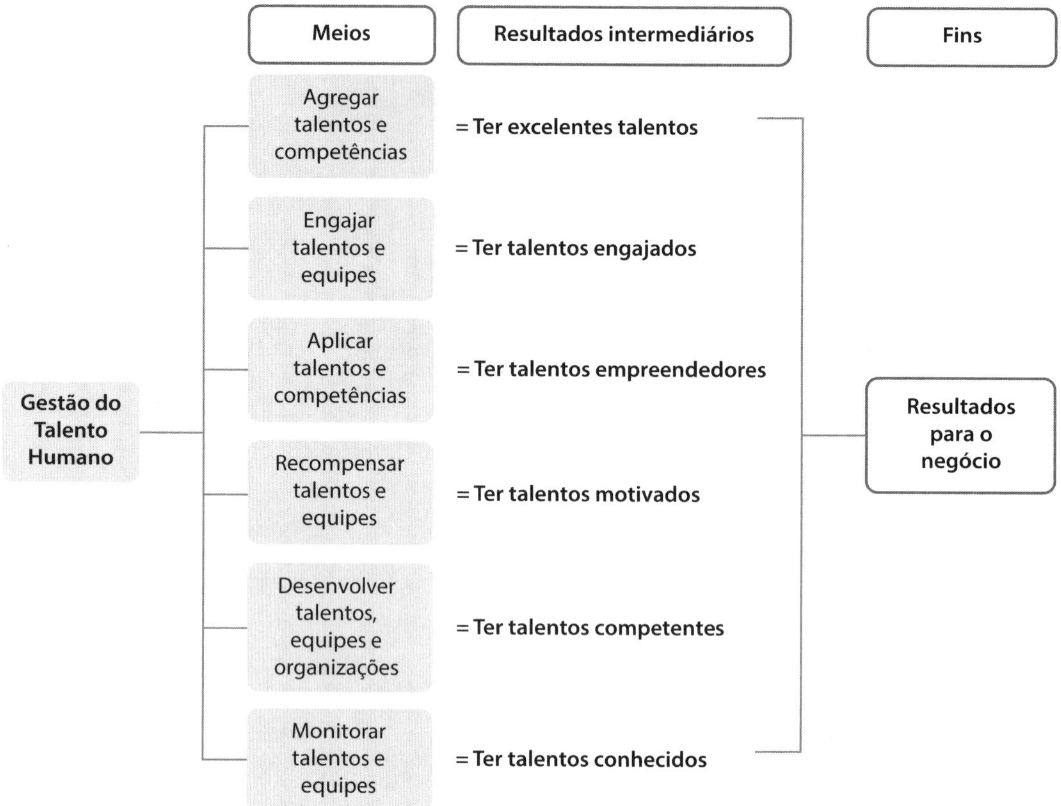

Figura 1.9 GTH como fonte de resultados para o negócio da organização.

1.7 GTH COMO RESPONSABILIDADE DE LINHA E FUNÇÃO DE *STAFF*

Toda organização apresenta uma hierarquia de posições por meio da qual se desdobram as atividades e responsabilidades. Uma liderança de lideranças.

Para exemplificar, na Figura 1.10, o presidente da organização é responsável pela sua equipe de diretores que se reportam diretamente a ele; cada diretor é responsável pela sua equipe de gerentes que se reportam diretamente a ele; cada gerente é responsável pela sua equipe de supervisores que se reportam diretamente a ele, e assim por diante. Essa responsabilidade de linha é indelegável e compete a cada executivo de linha em toda a organização.

> **SAIBA MAIS**
> **Sobre o princípio básico em GTH**
>
> Há um princípio básico em GTH: gerir pessoas é uma responsabilidade indelegável de linha e uma função de *staff*. Quem deve gerir pessoas ou equipes é o próprio gestor ou líder que tem a responsabilidade de lidar diretamente com seus colaboradores, tomar decisões a respeito deles, definir seus objetivos individuais ou grupais, padrões de desempenho, liderá-los, orientá-los e engajá-los na organização, cuidar de seu treinamento e desenvolvimento, remuneração e incentivos, enfim, proporcionar a todos de sua equipe todas as condições para que possam contribuir para o sucesso da organização. Tudo isso é uma responsabilidade linear e direta de cada gestor pela condução das pessoas ou equipes sob sua liderança. A contrapartida desse princípio é que cada gestor é o único gestor de sua equipe.

Para que cada gestor assuma com plena autonomia essa responsabilidade de gerir seu pessoal, ele precisa receber assessoria e consultoria do órgão de GTH, que lhe proporciona os meios e serviços de apoio, bem como as políticas e os procedimentos adotados pela

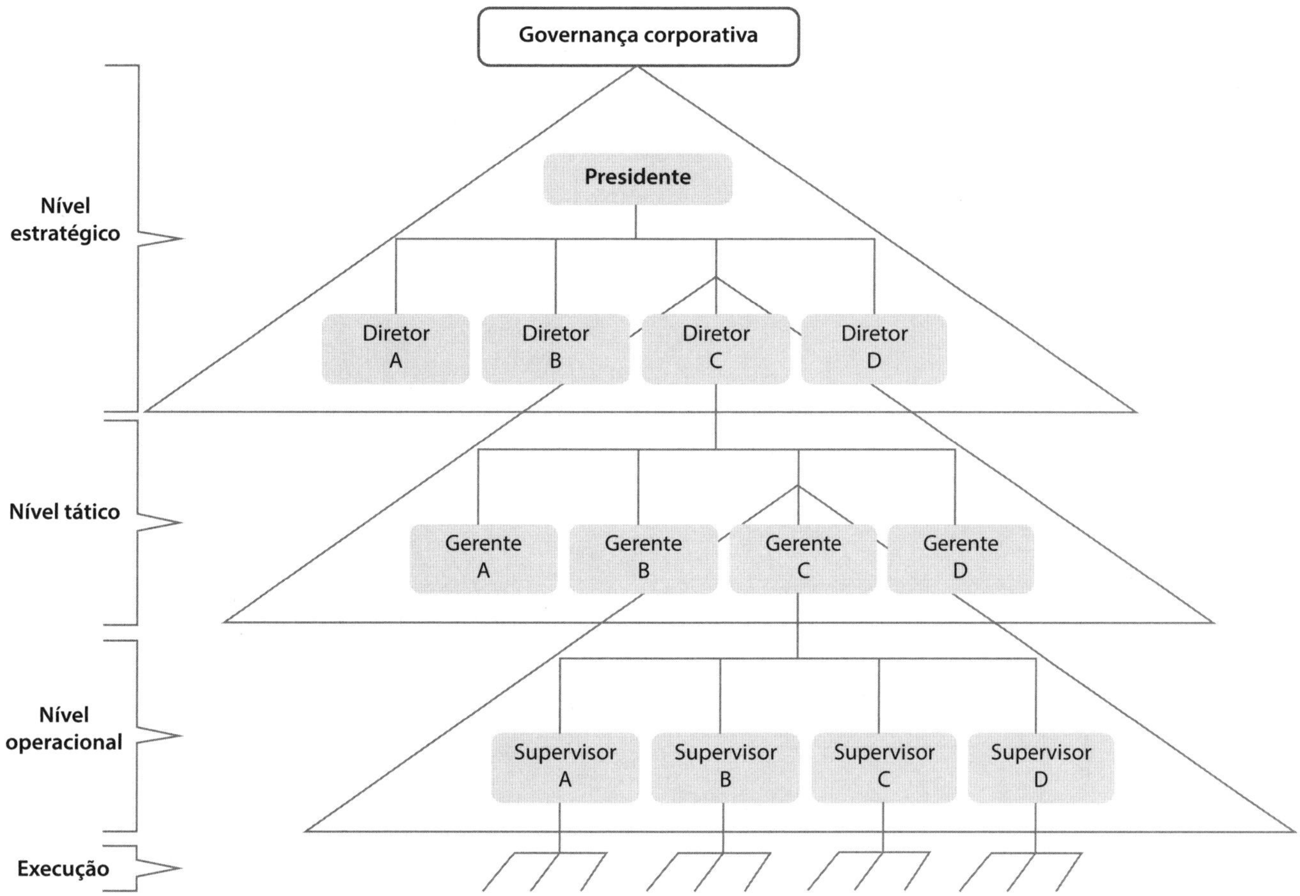

Figura 1.10 Liderança de lideranças em uma organização.

organização. Isso faz com que a GTH seja cada vez mais uma área de consultoria interna em relação aos gestores de linha. Assim, a conclusão é de que o elemento central da GTH é a atividade integrada e equilibrada de uma tríade constituída por três componentes básicos:

1. **Executivo como gestor de talentos:** presidente, diretor, gerente, supervisor como líderes de equipes e de talentos.
2. **Especialista em GTH:** profissional da área de GTH, generalista ou especialista, que fornece serviços ou consultoria interna a todos os executivos da organização.
3. **Talentos:** todas as pessoas que compõem o quadro da organização, sem exceção de nível hierárquico – presidência, diretoria, gerência, executivos e todos os colaboradores – ou área de atualização – como finanças, marketing, produção/operações, tecnologia e GTH. As pessoas estão integradas em equipes sob a condução de um executivo ou líder que recebe consultoria interna de executivos da GTH.

Dessa forma, cada executivo ou líder é responsável pela gestão de pessoas ou equipes, os profissionais de GTH são responsáveis pela consultoria e apoio aos gestores e os talentos são responsáveis pelo alcance dos objetivos e da autogestão de suas carreiras. A perfeita sintonia fina dessa tríade é a base do sucesso da GTH, a qual é demonstrada na Figura 1.11, que apresenta o papel estratégico e operacional de lideranças e GTH que desenvolve e direciona gestores e equipes para o resultado da organização e evolução da carreira dos envolvidos.

Para que se tenha clareza das atividades e das responsabilidades que compõem a estrutura das funções e cargos, apresentamos no Quadro 1.2 um exemplo deste detalhamento e definição no documento de Descrição de Cargos ou *Job Description*, que define e dá clareza de estrutura e o peso de cada cargo dentro da estrutura.

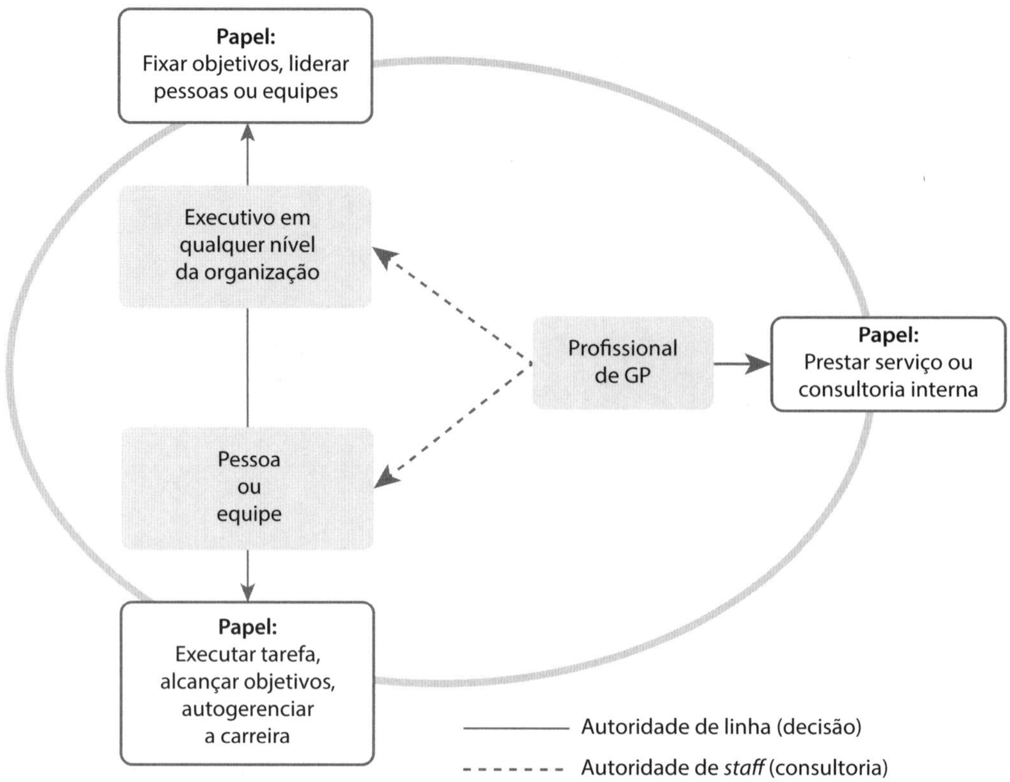

Figura 1.11 Tríade de talentos que integra a Gestão do Talento Humano.

Quadro 1.2 Descrição de cargo de Diretor de Gestão Humana de empresa farmacêutica

Título do Cargo: Diretor de Gestão do Talento Humano
Família do Cargo: Gestão de Talento Humano
Empresa: Ramo Farmacêutico

Descrição dos cargos:

- **Diretor de Gestão do Talento Humano:** assume a responsabilidade estratégica pela gestão de talentos na organização, reconhecendo a importância de alinhar a GTH às novas tendências e necessidades do mercado. Esse profissional lidera uma equipe focada em atrair, engajar e desenvolver talentos, garantindo que a empresa não apenas opere de forma eficaz, mas também se posicione como um empregador de escolha no setor farmacêutico.
- **Consultoria e estratégia:** oferece consultoria a todos os gestores e líderes, desenvolvendo e implementando estratégias inovadoras de GTH que suportem a transformação organizacional e promovam uma cultura de aprendizado e desenvolvimento contínuo.
- **Alinhamento estratégico:** assegura o alinhamento das iniciativas de GTH com as diretrizes corporativas, priorizando uma visão integrada que combine a experiência do colaborador com os objetivos estratégicos da empresa.
- **Gestão integrada de talentos:** supervisiona a oferta e a integração de serviços de múltiplas disciplinas de GTH, incluindo recrutamento, desenvolvimento, engajamento e recompensas, sempre com uma abordagem centrada no colaborador.
- **Liderança e consultoria interna:** proporciona liderança ativa e consultoria interna sobre temas-chave como engajamento, arquitetura organizacional, diversidade e inclusão, cultura corporativa e estilos de gestão colaborativos.
- **Relações com talentos:** dirige as relações com talentos e o suporte de recrutamento e seleção, utilizando técnicas de ***employer branding*** para atrair e reter talentos valiosos, promovendo práticas inclusivas e representativas.
- **Análise de dados e metas:** utiliza métricas e KPIs para monitorar o desempenho da GTH e a satisfação dos colaboradores, ajustando as estratégias conforme necessário para garantir a eficácia das operações e o alinhamento contínuo aos objetivos empresariais.
- **Engajamento no comitê estratégico:** como parte integrante do comitê estratégico, colabora no desenvolvimento de iniciativas que promovam a inovação, a agilidade e a adaptabilidade da força de trabalho.

(continua)

(continuação)

Competências/requisitos de experiência:

- Compreensão profunda das operações farmacêuticas e de pesquisa e desenvolvimento biológico, com mais de dez anos de experiência progressiva em liderança na GTH.
- Experiência sólida em gestão de múltiplas disciplinas, incluindo recrutamento, desenvolvimento de liderança, engajamento e diversidade.
- Capacidade demonstrada de negociar de forma eficaz com gestores de linha, equilibrando objetivos de GTH com metas organizacionais.
- Habilidades de liderança transformacional, com foco em promover um ambiente de trabalho colaborativo e inclusivo.
- Visão estratégica com um forte empreendedorismo, combinada com a capacidade de gerenciar projetos complexos e de alta visibilidade.

Requisitos educacionais:

- Graduação em Recursos Humanos, Psicologia, Administração ou áreas relacionadas é indispensável.
- Pós-graduação em Gestão de Talentos, MBA ou áreas afins é preferencial. Cursos ou certificações em metodologias ágeis, gestão de projetos ou gestão da diversidade serão considerados um diferencial.
- Essa descrição de cargo reflete as novas tendências na Gestão do Talento Humano, enfatizando a importância de abordagens estratégicas, integrativas e centradas no colaborador para um desempenho eficaz em um ambiente de negócios dinâmico e competitivo.

TENDÊNCIAS EM GTH

Gestão Humana como componente estratégico da organização

Gerir talentos e competências humanas representa hoje uma questão estratégica para as empresas. Uma atividade importante demais para ficar limitada a apenas um órgão da empresa. Não é mais possível que apenas uma única área da empresa consiga centralizar e enfeixar a gestão do universo de competências e talentos da organização. Em épocas passadas, quando havia estabilidade, certeza e permanência, em que pouca coisa mudava e as pessoas trabalhavam de maneira rotineira e bitolada, sem acréscimos de novos conhecimentos e competências, o RH funcionava como o único responsável pela gestão de todos os recursos humanos da empresa. Cuidava da manutenção do *status quo* e da socialização organizacional, tendo em vista o passado e as tradições da empresa. Agora, em plena Era Digital, em que mudança, disrupção, incerteza, imprevisibilidade e competitividade são os desafios básicos da empresa, esse antigo sistema centralizador, hermético e fechado não funciona. O monopólio do RH desapareceu. E também seu antigo isolamento e distanciamento das principais decisões e ações estratégicas do negócio da empresa. Um mundo novo e diferente está se abrindo para a gestão humana. E nunca ela foi tão necessária neste momento de mudanças e profundas transformações. Só que o seu papel está se tornando diferente, amplo, dinâmico e inovador. Sobretudo estratégico e focado no negócio da empresa.

1.7.1 Centralização/descentralização das atividades de GTH

O conceito básico de que gerir pessoas é uma responsabilidade de linha e uma função de *staff* é fundamental. Acontece que as empresas sempre se defrontaram com o desafio: quanto centralizar ou descentralizar sua área de gestão humana, na qual sempre predominou forte tendência para centralização e concentração na prestação de serviços para as demais áreas. A tal ponto que, em muitas empresas, as atividades como recrutamento e seleção, admissão, integração, treinamento e desenvolvimento, gestão de salários e remuneração, gestão de benefícios, higiene e segurança, gestão do desempenho ficavam estreitamente concentradas na área de RH, com pouca participação gerencial das demais áreas. E nisso, a área de RH era exclusivista e, até certo ponto, fechada e hermética, mantendo a sete-chaves os segredos de suas decisões e atividades. A atividade prestadora e executora de serviços do *staff* prevalecia sobre a responsabilidade de linha dos gestores da empresa. De tal modo que o *staff* é quem tomava as decisões peculiares da linha. A centralização preponderava sobre a descentralização. E nem sempre os gestores acreditavam ou confiavam no RH.

TENDÊNCIAS EM GTH

Gestão Humana como responsabilidade de linha e função de *staff*

Agora, o nosso conceito central - responsabilidade de linha e função de *staff* - está se tornando uma necessidade imperiosa para a sobrevivência das empresas. A balança está se inclinando rapidamente para o lado da descentralização e desmonopolização das decisões e ações a respeito das pessoas. A Gestão Humana está abandonando suas operações burocráticas e se transformando cada vez mais em uma área de consultoria interna para preparar e orientar os gestores de linha para a nova realidade. Esses são os gestores de pessoas, o que significa que as decisões e ações a respeito das pessoas passam a ser de alçada dos gestores e não mais uma exclusividade do RH.

1.7.2 Interação entre linha e *staff* e seus possíveis conflitos

Quando os dois lados - executivos de linha e executivos de GTH - tomam decisões sobre as mesmas pessoas, geralmente ocorrem conflitos. O conflito ocorre porque os gestores de linha e os executivos do *staff* de GTH discordam sobre quem tem a autoridade para tomar decisões sobre pessoas ou porque têm diferentes orientações a respeito. Os conflitos entre linha e *staff* são tradicionais e bem conhecidos. O executivo de *staff* está preocupado com suas funções básicas de proporcionar consultoria, aconselhamento e informação sobre sua especialidade. Não tem autoridade direta sobre o gestor de linha, enquanto este tem plena autoridade para tomar as decisões relacionadas com suas operações e sua equipe de talentos. Ocorre que nem sempre existe uma distinção clara entre o papel de linha e o *staff* nas organizações. O conflito entre executivos de GTH e gestores de linha é mais crítico quando as decisões exigem um trabalho conjunto em assuntos como disciplina, condições de trabalho, transferências, promoções e planejamento da força de trabalho.

Existem três maneiras para reduzir o conflito entre linha e *staff*:

1. Demonstrar aos gestores de linha os benefícios de usar os programas de GTH.
2. Separar e atribuir responsabilidades por certas decisões de GTH exclusivamente aos gestores de linha e outras exclusivamente aos executivos de GTH.
3. Treinar ambos os lados - gestores de linha e executivos de GTH - em como trabalhar juntos e tomar decisões conjuntas. Essa alternativa é mais eficaz se a organização tem um padrão de carreiras que proporciona o rodízio entre posições de linha e de *staff*. A rotação de cargos entre linha e *staff* envolvendo a GTH ajuda cada grupo a compreender melhor os problemas do outro lado e melhora resultados.

O importante é que entre executivos de linha e executivos de GTH haja a maior colaboração, cooperação e integração possível para que ambas as partes contribuam conjuntamente para a eficiência, eficácia e excelência da GTH.

1.7.3 Responsabilidades de GTH dos gestores de linha

Lidar com talentos corresponde à responsabilidade de linha de cada gestor, desde o presidente no topo até o supervisor na base. Organizações bem-sucedidas definem responsabilidades de linha para seus gestores:[12]

1. Colocar a pessoa certa no lugar certo, isto é, recrutar e selecionar.
2. Integrar e orientar os novos colaboradores na equipe.
3. Treinar e preparar as pessoas para o trabalho e para o futuro.
4. Gerir e melhorar o desempenho de cada pessoa no seu trabalho de equipe.
5. Desenvolver relações agradáveis de trabalho e ganhar cooperação.
6. Interpretar e aplicar as políticas e procedimentos da organização.
7. Controlar o nível dos custos trabalhistas.
8. Desenvolver habilidades e competências em cada pessoa e em sua equipe.
9. Criar e manter elevado moral e motivação na equipe.
10. Proteger a saúde e proporcionar condições adequadas de trabalho.
11. Criar um entorno físico e social agradável e salutar nas condições de trabalho.

Em organizações de pequeno porte, os gestores de linha assumem todas essas responsabilidades sem qualquer assistência interna ou externa. Na medida em que a organização cresce, o trabalho dos gestores de linha se divide e se especializa, e eles requerem assistência por meio da consultoria do *staff* de GTH.[13] A partir daí, a GTH torna-se uma função especializada de *staff*.

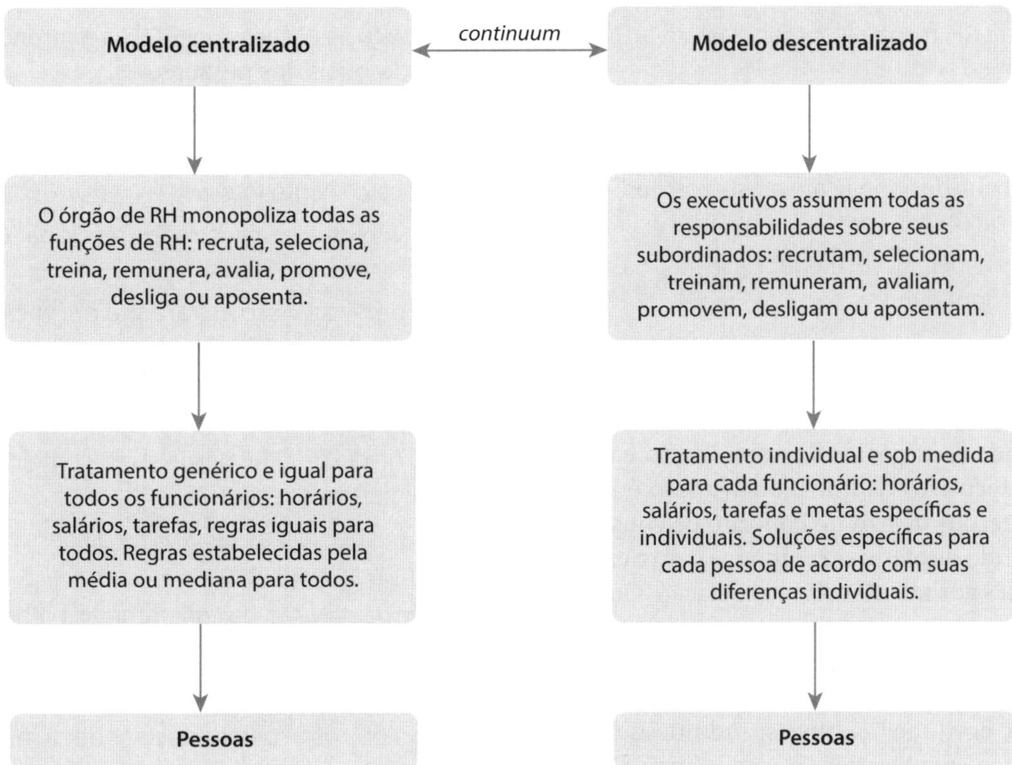

Figura 1.12 Modelos centralizado e descentralizado de GTH.

Com o princípio da responsabilidade de linha e função de *staff* em vista, deve-se descentralizar a GTH ao nível dos gestores de linha, de um lado, enquanto de outro mantém-se a função de assessoria e consultoria interna por meio do órgão de GTH. Cada qual no seu papel para proporcionar o melhor em termos de condução dos talentos em direção aos objetivos da organização, permitindo simultaneamente o alcance dos objetivos individuais.

PRÓS E CONTRAS: Centralização da GTH

No passado, as decisões e ações de RH eram totalmente centralizadas no órgão de RH. Os gestores de linha não tinham nenhuma inclusão nesses aspectos. Quando o RH é centralizado, existem os seguintes prós e contras:

Prós:

- Reúne os especialistas de GTH em um só órgão.
- Incentiva a sua especialização.
- Proporciona elevada integração intradepartamental.
- A área de GTH é perfeitamente delimitada e autônoma.
- Focaliza a função e as tarefas e atividades de GTH em um conjunto único e integrado.
- Modelo ideal para pequenas organizações.

Contras:

- Excessiva concentração das decisões e ações no *staff* de RH.
- Monopólio e exclusividade das decisões e ações de RH no *staff*.
- Homogeneização e padronização das práticas de RH.
- Manutenção e conservação do *status quo*.
- Distanciamento do foco de ação no negócio da empresa.

- O órgão de RH torna-se operacional e burocrático.
- Proporciona administração autoritária e autocrática.
- Os executivos de linha ficam afastados dos assuntos de RH.

Quais outros aspectos você poderia incluir na relação mencionada?

No modelo descentralizado, a área de GTH passa a ser uma unidade de negócios da organização e oferece serviços aos executivos de linha. Sua função é atender aos clientes internos dentro do conceito de consultoria interna no sentido de oferecer resultados para a empresa e oportunidades aos talentos da organização. Contudo, essa linha de conduta está sendo atropelada por outra mais ampla: para deixar de ser apenas tática e passar a ser estratégica, a área precisa agir em um espectro maior e: atuar em todos os níveis, indo desde a base da organização, envolvendo direção e presidência e chegando à governança corporativa no Conselho de Administração; ao mesmo tempo, expandindo-se para fora das fronteiras organizacionais, e chegar à cadeia de intermediários – fornecedores de um lado e atacadistas e varejistas de outro no mercado – para prestar serviços e consultorias externas.

PRÓS E CONTRAS: Descentralização da GTH

A tendência moderna é descentralizar as decisões e ações de GTH rumo aos gerentes, que se tornam os gestores de pessoas. Quando a GTH é descentralizada existem os seguintes prós e contras:

Prós:

- Descentraliza todas as decisões e ações de GTH nos gestores de linha.
- Desmonopoliza as decisões e ações de GTH.
- Ajusta as práticas de GTH às diferenças individuais das pessoas.
- Órgão de GTH torna-se consultor interno dos gestores de linha.
- Foca o cliente interno.
- Favorece a administração participativa dos gestores e equipes.
- Promove a visão estratégica por meio das unidades de GTH.

Contras:

- O órgão de GTH perde suas fronteiras e torna-se aberto e receptivo.
- Os especialistas de GTH se dispersam entre as unidades estratégicas.
- Perda da visão de conjunto das práticas de GTH.
- Necessidade de terceirização de tarefas burocráticas e não essenciais.

Quais outros aspectos você poderia incluir nessa relação?

A escolha pela descentralização do modelo de GTH constitui a via preferida das organizações modernas. Na realidade, as atividades de GTH mudaram com os tempos. Como já vimos, hoje elas são desempenhadas nas organizações pela tríade composta de executivos de GTH que atuam como consultores internos; os gestores de linha (diretores, gerentes, executivos, supervisores) estão envolvidos diretamente nas atividades de GTH por serem responsáveis pela condução de suas equipes e pelo terceiro grupo constituído pelos colaboradores. Os gestores de linha passam um tempo considerável em atividades de GTH, em reuniões, conversas individuais ou grupais, contatos, *e-mails*, solução de problemas e definição de planos futuros. Todo gestor é responsável se a produção cai ou se a máquina falha e prejudica a produção. Similarmente, ele deve cuidar da capacitação, satisfação e desempenho de sua equipe de talentos.[14] Isso também não pode cair.

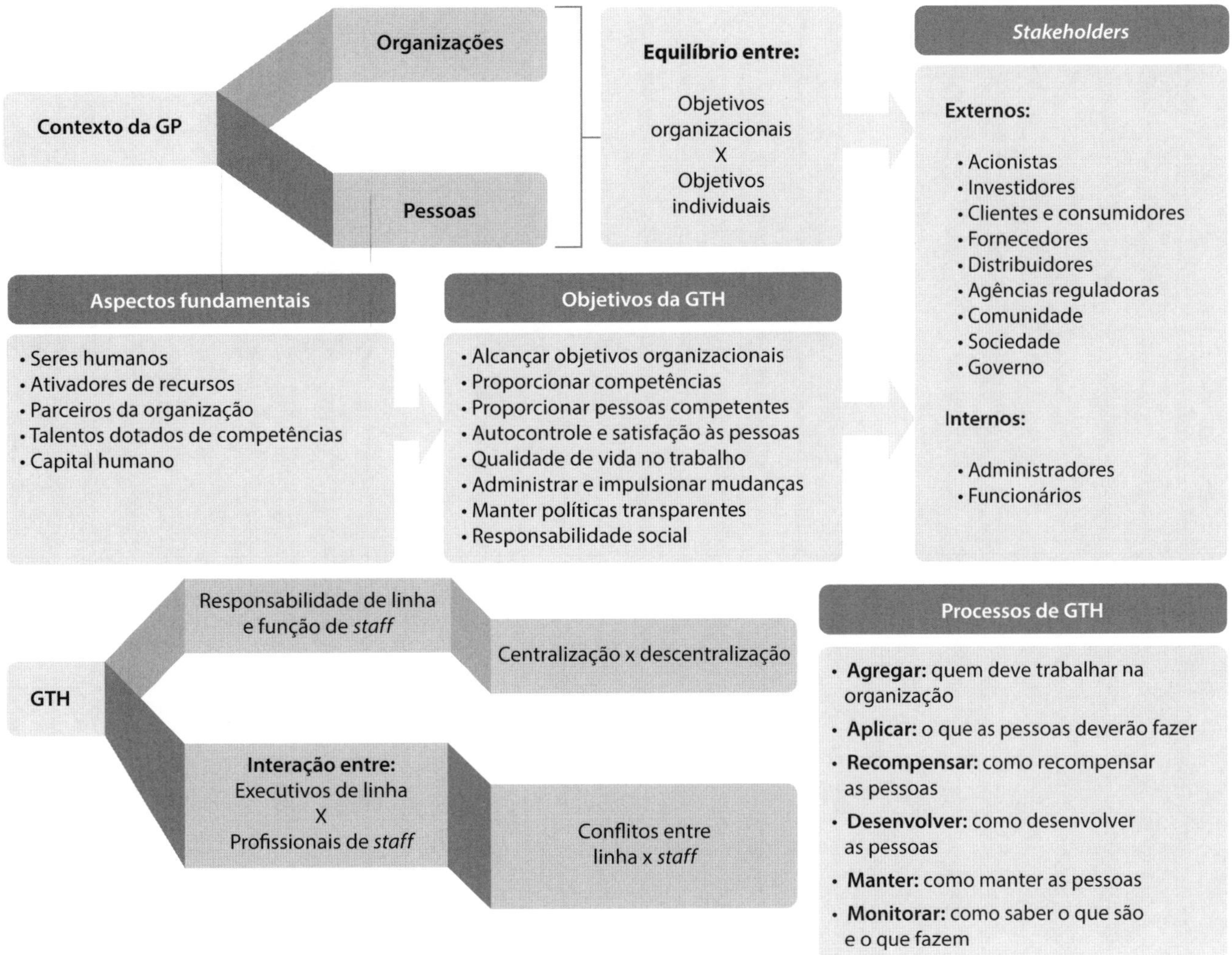

Figura 1.13 Mapa mental do Capítulo 1: Introdução à moderna Gestão do Talento Humano.

REFERÊNCIAS

1. CHIAVENATO, I. *Recursos humanos*: o capital humano das organizações. Rio de Janeiro: Elsevier, 2015. p. 17-18.
2. CHIAVENATO, I. *Carreira:* você é aquilo que faz. Barueri: Manole, 2008.
3. SAVIANI, J. R. *Empresabilidade*. São Paulo: Makron Books, 1997.
4. Adaptado de: CHIAVENATO, I. *Recursos humanos*: o capital humano das organizações, *op. cit.*, p. 382.
5. CHIAVENATO, I. *Recursos humanos:* o capital humano das organizações, *op. cit.*, p. 19.
6. DESSLER, Gary. *Human Resource Management*. Upper Saddle River, NJ: Prentice Hall, 1997. p. 2.
7. DESSLER, G. *Management*: leading people and organizations in the 21st. century. Upper Saddle River, NJ: Prentice-Hall, 1998. p. 282.
8. MILKOVICH, G. T.; BOUDREAU, J. W. *Human resource management*. Burr Ridge, Ill.: Irwin, 1994. p. 3.
9. CENZO, D. A. De; ROBBINS, S. P. *Human resource management*. Nova York: John Wiley & Sons, 1996. p. 8.
10. CHIAVENATO, Idalberto. *Introdução à teoria geral da administração*. Barueri: Manole, 2015. p. 218.
11. CHIAVENATO, I. *Manual de reengenharia*: um guia para reinventar a sua empresa com a ajuda das pessoas. São Paulo: Makron Books, 1995. p. 123.
12. SALTONSTALL, Robert. Who's who in personnel administration. *Harvard Business Review*, v. 33, July/Aug. 1983. p. 75-83.
13. SALTONSTALL, R. Who's who in personnel administration, *op. cit.*, p. 63.
14. MINTZBERG, H. *The nature of management work*. Englewood Cliff s, NJ: Prentice-Hall, 1980. p. 52.

Capítulo 2

Gestão do Talento Humano em um ambiente dinâmico e competitivo

Objetivos de aprendizagem

Após estudar este capítulo, você deverá estar capacitado para:

- Analisar as características e diferenças nas eras da Industrialização, da Informação e da Revolução Industrial 4.0: compreender como a transição para a Era Digital está reconfigurando os paradigmas de trabalho e as expectativas em relação aos colaboradores.
- Identificar soluções inovadoras para gerenciar talentos e capital humano nas organizações contemporâneas: explorar como a tecnologia, a exemplo da inteligência artificial e da análise de dados, está sendo aplicada para aprimorar processos de recrutamento, desenvolvimento e retenção de talentos.
- Definir as características da Gestão do Talento Humano nas organizações bem-sucedidas na Era Digital: reconhecer as práticas e as abordagens que facilitam ambientes de trabalho ágeis, inclusivos e colaborativos, preparando as organizações para se adaptarem rapidamente a mudanças de mercado.
- Avaliar estratégias modernas para a administração de talentos e o engajamento do capital humano em um cenário de constante evolução: discutir como as organizações podem criar uma cultura de aprendizado contínuo, inovação e adaptação para maximizar o desempenho e a satisfação dos colaboradores.

O que veremos adiante

- As mudanças e transformações no cenário mundial.
- As mudanças e transformações na função de GP.
- Os desafios da Era Digital e Indústria 4.0.
- Os novos papéis da função de GP neste cenário.
- A gestão de talentos, do capital humano e do capital intelectual.

2.1 GESTÃO DO TALENTO HUMANO EM UM AMBIENTE DINÂMICO E COMPETITIVO

A Gestão do Talento Humano (GTH) é uma das áreas mais impactadas pelas intensas e rápidas mudanças que caracterizam o ambiente moderno. As organizações passaram a reconhecer que as pessoas são o elemento essencial do seu "sistema nervoso", trazendo inteligência, racionalidade nas decisões e criatividade nas inovações – competências fundamentais que delineiam suas vantagens competitivas. Tratar os colaboradores como meros recursos organizacionais representa um desperdício significativo de talento e potencial criativo. A terminologia evoluiu para "gerir o talento", refletindo uma nova perspectiva que vê as pessoas não apenas como funcionários com contratos de trabalho, mas também como agentes de mudança e cocriadores do negócio – as partes interessadas mais valiosas da organização.

As empresas são organismos em constante evolução, operando em um ambiente que é mutável, turbulento e muitas vezes ambíguo. Esse cenário impacta diretamente a longevidade organizacional, que está se tornando cada vez mais curta. Assim, as organizações nascem, crescem e até morrem em ciclos de vida acelerados, impulsionados pelas rápidas transformações do mercado. Esse fenômeno ecoa a teoria da evolução das espécies de Charles Darwin, que nos ensina que não são necessariamente as espécies mais fortes ou mais inteligentes que sobrevivem, mas aquelas que conseguem se adaptar efetivamente às mudanças. O "darwinismo organizacional" ressalta a urgência de um processo constante de renovação e atualização, não apenas em termos de estrutura física, mas também, de maneira mais crucial, na mentalidade das pessoas, promovendo uma cultura de aprendizado contínuo e inovação.

SAIBA MAIS
Sobre crescimento organizacional e complexidade

O crescimento organizacional traz maior complexidade à gestão dos recursos necessários para suas operações. O aumento de capital, tecnologia e infraestrutura, aliado ao crescimento da equipe, exige intensificação da aplicação de conhecimentos, habilidades e novas competências essenciais para a manutenção da competitividade. É vital garantir que os recursos materiais, financeiros e tecnológicos sejam utilizados de maneira eficiente e eficaz pelos talentos disponíveis. Nesse contexto, os talentos tornam-se o diferencial competitivo que sustenta e promove o sucesso organizacional, constituindo a competência básica que distingue a empresa em um mercado globalizado e altamente competitivo.

2.2 MUDANÇAS E TRANSFORMAÇÕES NO CENÁRIO MUNDIAL

Desde os primórdios da civilização, quando o nosso ancestral Adão desafiou as orientações do Criador e foi destinado ao trabalho, essa atividade tornou-se uma constante na experiência humana. A história do trabalho é marcada por desdobramentos variados: quem serve a quem, quem faz a guerra, quem é dominador e quem é subordinado. Essas relações têm evoluído ao longo do tempo, refletindo diversas formas e interpretações do trabalho. Contudo, foi somente com a Revolução Industrial que surgiram os fundamentos do conceito contemporâneo de trabalho, que começou a ganhar identidade, significado e produtividade ao longo do século 20.

O século 20 foi um período de profundas mudanças e transformações que moldaram as organizações, sua administração e seu comportamento. Foi, de fato, o "século das burocracias" e "das fábricas", embora as mudanças tenham se acelerado nas últimas décadas. As revoluções sociais, os movimentos operários e a ênfase na gestão das pessoas alteraram irreversivelmente a forma como as organizações lidavam com seus colaboradores. À medida que avançamos para a década de 2020 e além, estamos imersos em uma nova era – a da Revolução Industrial 4.0 – que está redefinindo o panorama do trabalho mais uma vez.

No contexto da Revolução 4.0, caracteriza-se a integração de tecnologias avançadas, como inteligência artificial, Internet das Coisas (IoT), *big data* e automação, que estão transformando radicalmente as dinâmicas laborais e os modelos de negócio. A presença crescente dessas tecnologias não só está modificando os processos produtivos, mas também está alterando as expectativas sobre o trabalho e as competências necessárias. As organizações agora enfrentam a pressão de se tornarem mais ágeis, colaborativas e adaptáveis, focando em habilidades interpessoais e criativas que complementem a automação.

Agora, mais do que nunca, as empresas reconhecem que os colaboradores são seus recursos mais valiosos, representando a inteligência emocional e a criatividade que as máquinas não conseguem replicar. A GTH evoluiu para se tornar uma disciplina estratégica, em que a atração, a retenção e o desenvolvimento de talentos são cruciais para a competitividade organizacional em um ambiente de constante mudança.

À medida que avançamos para o futuro, os próximos passos da Era Digital exigem que as organizações se reavaliem constantemente. É imperativo cultivar uma cultura de aprendizado contínuo, inovação e diversidade, permitindo que os colaboradores prosperem em um espaço que valoriza suas vozes e contribuições. O alinhamento de estratégias de GTH com as necessidades emergentes do mercado será vital para garantir que as empresas não apenas sobrevivam, mas também prosperem em um mundo marcado pela volatilidade e pela complexidade.

Esse cenário exige uma visão holística da gestão das pessoas, que considere não apenas as exigências imediatas, mas também as forças externas que moldam o futuro do trabalho. A Figura 2.1 ilustra a evolução da área de Recursos Humanos e reflete uma resposta contínua às mudanças nas necessidades das organizações e do ambiente de trabalho. Cada fase representa um estágio progressivo de maturação e adaptação, desde o enfoque mais burocrático e operacional até uma abordagem estratégica e orientada para os negócios.

- **RH Burocrático**: focado em processos e conformidade, predominando a administração de tarefas.
- **RH Operacional**: centrado na eficiência e na execução de tarefas relacionadas à gestão de pessoal.
- **RH Descentralizador**: começando a promover a autonomia das equipes e a colaboração entre departamentos.
- **RH Tático**: focado na implementação de políticas e planos que alinham pessoas aos objetivos da organização.
- **Gestão do Talento Humano (GTH) Estratégica**: integrando as práticas de gestão de talentos diretamente nas estratégias empresariais para promover o crescimento e a inovação.
- **Gestão Humana (GH) Negocial**: aprofundando o foco na criação de valor por meio da gestão de talentos, adaptando-se a um ambiente de negócios dinâmico.

Considerando as tendências atuais, tais como digitalização, diversidade e inclusão, trabalho híbrido, aprendizado contínuo e liderança colaborativa, a próxima fase poderia ser chamada de Gestão Estratégica do Talento (GET), que salienta a importância de alinhar a gestão de talentos diretamente às metas e estratégias de negócio, refletindo um papel ativo na criação de valor para a organização.

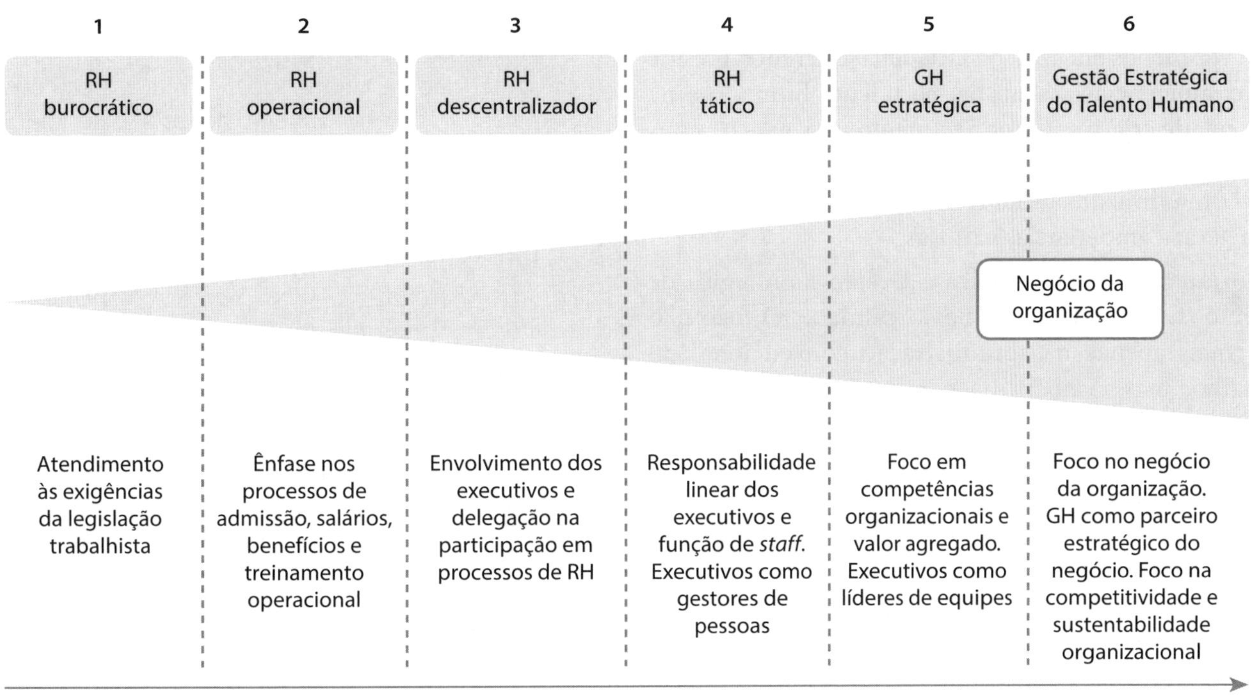

Figura 2.1 Seis níveis de maturidade da gestão humana e suas faces históricas.[1]

Primeiro, surgiram as áreas de Relações Industriais, que funcionavam como intermediárias e conciliadoras entre a organização e seus colaboradores – o capital e o trabalho – com o objetivo de resolver conflitos trabalhistas. Nessa configuração, ambas as partes eram vistas como compartimentos estanques, muitas vezes até adversárias. Com o passar do tempo, à medida que o contexto organizacional se tornava gradativamente mais dinâmico e mutável, as áreas de Recursos Humanos emergiram, evidenciando a importância das pessoas como o recurso organizacional mais valioso.

Com a evolução acelerada das mudanças, impulsionadas pela Tecnologia da Informação (TI), o mundo transformou-se em uma verdadeira aldeia global. Em um ambiente em que informações são acessíveis em tempo real, as organizações que conseguem usar esses dados para transformar oportunidades se destacam. A capacidade de agir rapidamente sobre novas informações e desenvolvê-las em inovações competitivas tornou-se essencial, resultando em um ciclo de inovação contínua.

Nesse novo cenário, o capital financeiro perdeu sua primazia, dando lugar ao capital intelectual. O que realmente importa agora são o conhecimento e as competências que permitem a aplicação eficaz desse conhecimento. Em um contexto no qual os fatores tradicionais de produção – natureza, trabalho e capital – tornam-se cada vez menos eficazes, o verdadeiro diferencial reside nas competências essenciais, no talento humano e na capacidade criativa. O conhecimento passou a ser considerado um ativo básico, e o maior desafio gerencial atual é maximizar a produtividade desse conhecimento para gerar competências valiosas.

Portanto, a transição para a Gestão Estratégica de Talento (GET) reflete essa nova realidade. O foco não está mais apenas na administração convencional do trabalho, mas também na construção de ambientes que potencializam a criatividade e o conhecimento, tornando o aprendizado contínuo uma prioridade. O trabalho manual foi amplamente substituído pelo trabalho intelectual e pela colaboração entre seres humanos, pela inteligência artificial e pelas máquinas inteligentes. Nesse contexto, os líderes organizacionais devem se tornar facilitadores de um ambiente que estimula a inovação, promove o aprendizado constante e abraça as mudanças como motor para o crescimento sustentável e a competitividade no século 21.

TENDÊNCIAS EM GTH

Talentos e Lideranças

A premissa fundamental da Gestão do Talento Humano (GTH) é reconhecer que toda pessoa possui talentos e conjuntos de competências que podem contribuir significativamente para o sucesso da organização. Independentemente da posição ocupada, cada indivíduo carrega consigo um patrimônio único de habilidades e conhecimentos. Assim, o foco na GTH não deve ser apenas na gestão de pessoas, mas também na identificação, no desenvolvimento e na maximização dos talentos e competências que elas possuem.

Passo a Passo para Endereçar a Tendência "Talentos e Lideranças" na Gestão do Talento Humano (GTH)

Avaliação inicial das competências: realize uma análise abrangente das competências existentes na organização. Utilize ferramentas de avaliação, como entrevistas, questionários e *feedback* 360 graus, para identificar as habilidades e talentos dos colaboradores.

Criação de perfis de talento: elabore perfis de talento para cada colaborador, destacando suas habilidades, experiências, interesses e aspirações. Isso ajudará a entender como cada indivíduo pode contribuir para os objetivos da organização.

Definição de metas e objetivos: com base nas competências identificadas, defina metas e objetivos claros para o desenvolvimento de cada colaborador. As metas devem ser específicas, mensuráveis, alcançáveis, relevantes e temporais (SMART).

Desenvolvimento personalizado: proporcione oportunidades de desenvolvimento sob medida, como treinamentos, *workshops*, cursos *online*, *mentoring* e *coaching*. As iniciativas devem ser adaptadas às necessidades individuais, ajudando os colaboradores a aprimorarem suas habilidades e seu potencial.

Promoção de uma cultura de *feedback*: estabeleça um ambiente onde o *feedback* é encorajado e valorizado. Incentive líderes e colegas a oferecerem *feedback* regular e construtivo, promovendo um aprendizado contínuo e permitindo que os colaboradores ajustem suas abordagens e melhorem seu desempenho.

Reconhecimento e recompensa: desenvolva um sistema de reconhecimento que valorize o desenvolvimento e a utilização dos talentos. Reconhecer publicamente as conquistas e os progressos dos colaboradores ajuda a mantê-los motivados e engajados.

Oportunidades de liderança: identifique os potenciais líderes dentro da equipe e ofereça oportunidades para que eles assumam responsabilidades maiores. Isso pode incluir a participação em projetos especiais, a liderança de grupos de trabalho ou a condução de sessões de treinamento.

Criação de programas de mentoria: estabeleça programas de mentoria que conectem colaboradores menos experientes com aqueles que possuem mais experiência. A troca de conhecimento e experiência pode acelerar o desenvolvimento de talentos e fortalecer a cultura organizacional.

Monitoramento e avaliação contínua: realize avaliações regulares do progresso dos colaboradores em relação às metas e aos objetivos definidos. Use essas avaliações para ajustar as estratégias de desenvolvimento e garantir que as necessidades de talentos sejam atendidas.

***Feedback* dos colaboradores:** crie canais para que os colaboradores compartilhem suas experiências e sugestões sobre as iniciativas de desenvolvimento de talentos. Isso não só melhorará os programas existentes, mas também reforçará o compromisso organizacional com o crescimento e bem-estar dos colaboradores.

Kiernan[2] destaca que as organizações estão imersas em uma era de volatilidade e turbulência contínuas, impulsionadas pelo impacto das megatendências globais que estão desafiando e desconstruindo velhos paradigmas. Entre essas transformações, podemos observar as seguintes:

- **Influência das tecnologias da informação:** as tecnologias digitais estão eliminando fronteiras políticas e organizacionais, promovendo um mundo e organizações sem limites. A Era Digital permite uma troca de informações em tempo real, facilitando a colaboração e a interação global.
- **Globalização dos mercados:** a competição, o capital financeiro e a inovação gerencial tornaram-se globais, resultando em uma visão cosmopolita que transcende as fronteiras nacionais e culturais.
- **Transição para uma economia baseada no conhecimento:** a antiga economia, centrada na manufatura e na exploração de recursos naturais, foi substituída por uma economia que valoriza conhecimento, informação e inovação como suas principais moedas.
- **Ambiente global virtual:** o comércio global está cada vez mais caracterizado por transações digitais e pelo uso de instrumentos financeiros sintéticos, criando uma rede de interações que desafia as formas tradicionais de operação.
- **Convergência setorial e industrial:** o crescimento do "terceiro setor", que incorpora a sociedade civil e um amplo espectro de cidadãos, leva a uma intersecção das atividades econômicas, tornando difíceis as distinções entre setores de atuação.
- **Novas estruturas organizacionais:** as empresas estão adotando formas inovadoras de estrutura, como equipes interdisciplinares e não hierárquicas, alianças estratégicas e organizações virtuais. Isso gera um ambiente de megaconcorrência entre alianças rivais em diversas indústrias.
- **Mudança no centro de gravidade econômico:** o foco está se deslocando de grandes multinacionais para empresas menores, mais ágeis e empreendedoras. A agilidade organizacional e a capacidade de integrar rapidamente a inovação são agora as verdadeiras vantagens competitivas no panorama atual.
- **Importância crescente da sustentabilidade:** tanto nos aspectos comerciais quanto políticos e sociais, há uma crescente conscientização e preocupação com questões ecológicas, refletindo uma nova responsabilidade das organizações em relação ao meio ambiente.
- **Valorização do conhecimento, talento e competências:** esses elementos são reconhecidos como os novos valores fundamentais das organizações, essenciais para a adaptação e o sucesso em um ambiente em constante mudança.

Essa nova perspectiva reflete um mundo empresarial em que a adaptabilidade, a inovação e a colaboração se tornaram cruciais, permitindo que as organizações naveguem com sucesso nas complexidades do cenário contemporâneo. Isso apresenta claramente uma mudança da mentalidade convencional e lenta para uma visão ampla e ágil, adaptando as novas perspectivas do mercado e direcionando GTH a desenvolver pessoas para esta realidade, novos conhecimentos e habilidades, como apresentadas na Figura 2.2.

Mentalidade convencional	→	*Mindset* ágil
Estruturas hierárquicas	→	Plataformas
Órgãos	→	Redes colaborativas
Fronteiras organizacionais	→	Organizações abertas
Sigilo	→	Transparência
Prescritibilidade	→	Adaptabilidade
Retenção de talentos	→	Engajamento
Rotina	→	Inspiração
Obrigação	→	Ambição
Recompensas extrínsecas	→	Motivação intrínseca
Trabalho	→	Diversão

Figura 2.2 Mudança do *mindset*.

Para Kiernan, essas megatendências criaram a transformação mais drástica e intensa de todas: a elevação exponencial na velocidade, complexidade e imprevisibilidade da mudança. Muita incerteza pela frente. E jogo de cintura para todas as organizações. Mas, por trás disso tudo, há uma verdadeira mudança de mentalidade nas organizações, trazendo a necessidade de uma gestão humana mais humana.

2.3 NOVOS E MUTÁVEIS DESAFIOS DO MUNDO MODERNO

O futuro será marcado por transformações velozes e intensas no ambiente organizacional e nas relações interpessoais.

Tendências emergentes:

- **Globalização:** a integração dos mercados mundiais e o aumento da concorrência internacional.
- **Tecnologia:** avanços rápidos em ferramentas e plataformas digitais que alteram a forma como trabalhamos.
- **Informação:** acesso em tempo real a dados, necessitando habilidades de análise e interpretação.
- **Conhecimento:** valorização contínua do aprendizado e desenvolvimento de competências.
- **Serviços:** crescimento no setor de serviços, exigindo experiência e satisfação do cliente.
- **Ênfase no cliente:** foco nas necessidades e preferências dos clientes como diferencial competitivo.
- **Qualidade e produtividade:** expectativas elevadas em relação à eficiência e à qualidade das entregas.
- **Competitividade:** necessidade de ser mais ágil e inovador para se destacar no mercado.

Impacto das novas tecnologias:

- **Inteligência artificial:** introdução de sistemas inteligentes para automatização e análise.
- **Robotização:** automação de processos para aumentar a eficiência.
- **Aprendizado de máquina:** ferramentas que melhoram com o tempo, ajudando na tomada de decisões.
- **Impressão 3D:** inovações na produção de bens e protótipos.
- **Algoritmos e abordagens analíticas preditivas:** ferramentas que antecipam tendências e comportamentos.

Mudanças no mundo dos negócios:

- O ambiente de trabalho tornou-se mais exigente, dinâmico e competitivo.
- A incerteza é uma constante no mercado contemporâneo.

Necessidades de apoio:

- **Talentos:** sentem o impacto dessas mudanças e clamam por apoio e orientação de seus líderes.
- **Líderes e executivos:** precisam de suporte da Gestão do Talento Humano (GTH) para lidar com essas novas demandas.

2.4 NOVOS PAPÉIS DA GESTÃO HUMANA

Com todas essas mudanças e transformações no mundo todo, a área de gestão humana está passando por profundas modificações. E nem poderia ser diferente.

Nos últimos tempos, a área tem passado por fortes transições. A Figura 2.3 dá uma ideia simplificada e resumida a respeito dessas mudanças na gestão humana.

Os profissionais da área de gestão humana são múltiplos: eles devem desempenhar papéis operacionais, táticos e estratégicos simultaneamente. Para que a GTH agregue valor à organização, sirva aos seus objetivos e crie vantagens competitivas, ela precisa desempenhar papéis cada vez mais múltiplos e complexos. Observe a Figura 2.4.

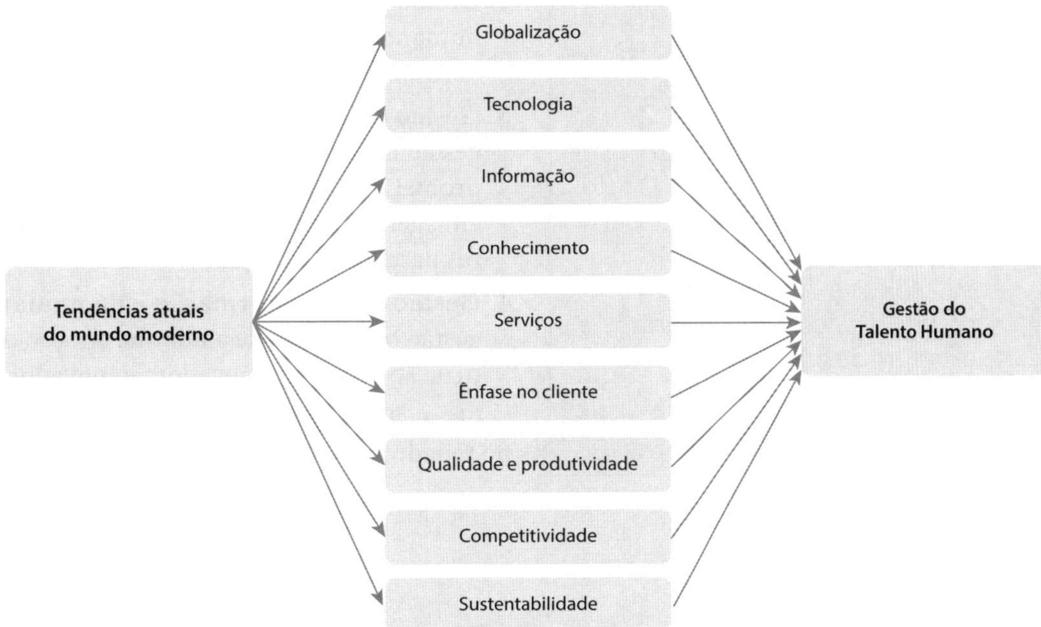

Figura 2.3 Novos e mutáveis desafios que envolvem a gestão humana.

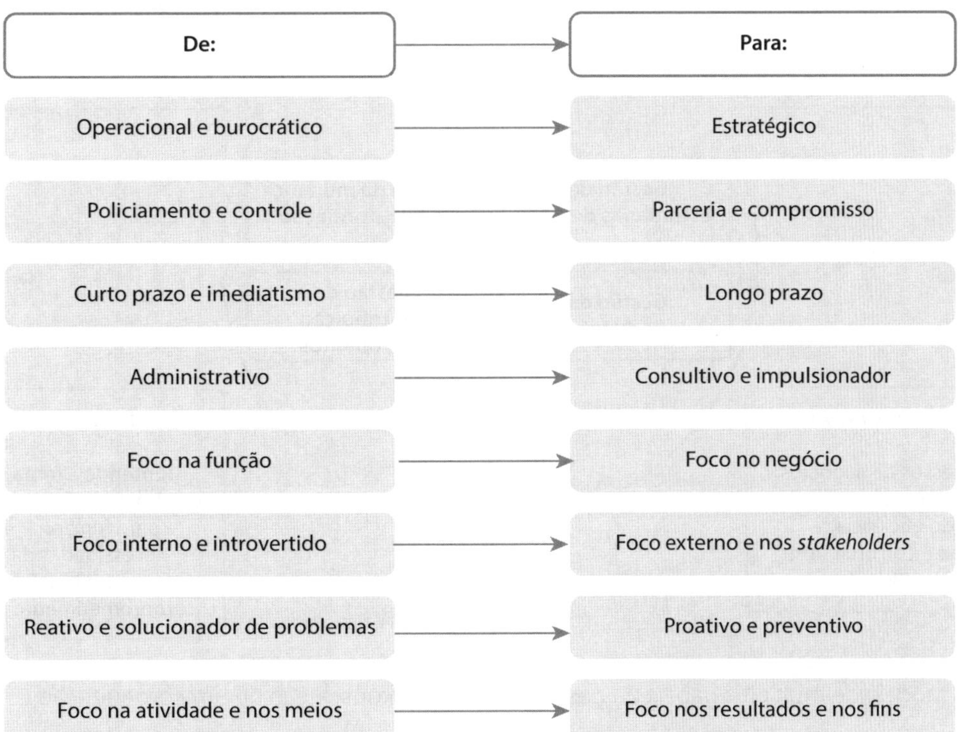

Figura 2.4 Novos papéis da função de GTH.

TENDÊNCIAS EM GTH

Os novos papéis da GTH

Ulrich[3] salienta que, para criar valor e obter resultados, a área de gestão humana deve focalizar não apenas as atividades ou o trabalho a ser feito, mas também as metas e resultados esperados, para então estabelecer os papéis e atividades dos parceiros da organização. Na Figura 2.5, o eixo vertical representa o foco e o horizontal representa as atividades de GTH. O foco vai do estratégico de longo prazo ao operacional de curto prazo. Os profissionais de RH devem aprender a ser estratégicos e operacionais ao mesmo tempo, focando o longo e o curto prazos. As atividades se espraiam da administração de processos (ferramentas e sistemas de GTH) à GTH nas organizações.

Os dois eixos da Figura 2.5 definem quatro papéis principais da gestão humana, a saber:[4]

1. **Gestão de estratégias de gestão humana:** como ela pode ajudar a impulsionar a estratégia organizacional.
2. **Gestão da infraestrutura da empresa:** como a gestão humana oferece uma base de serviços à organização para ajudá-la a ser eficiente e eficaz.
3. **Gestão da contribuição dos colaboradores:** como a gestão humana pode ajudar no envolvimento e comprometimento dos funcionários, transformando-os em agentes empreendedores, parceiros e fornecedores para a organização.
4. **Gestão da transformação e da mudança:** como a gestão humana pode ajudar na criação de uma organização criativa, renovadora e inovadora.

Os quatro papéis da gestão humana são explicados no Quadro 2.1.

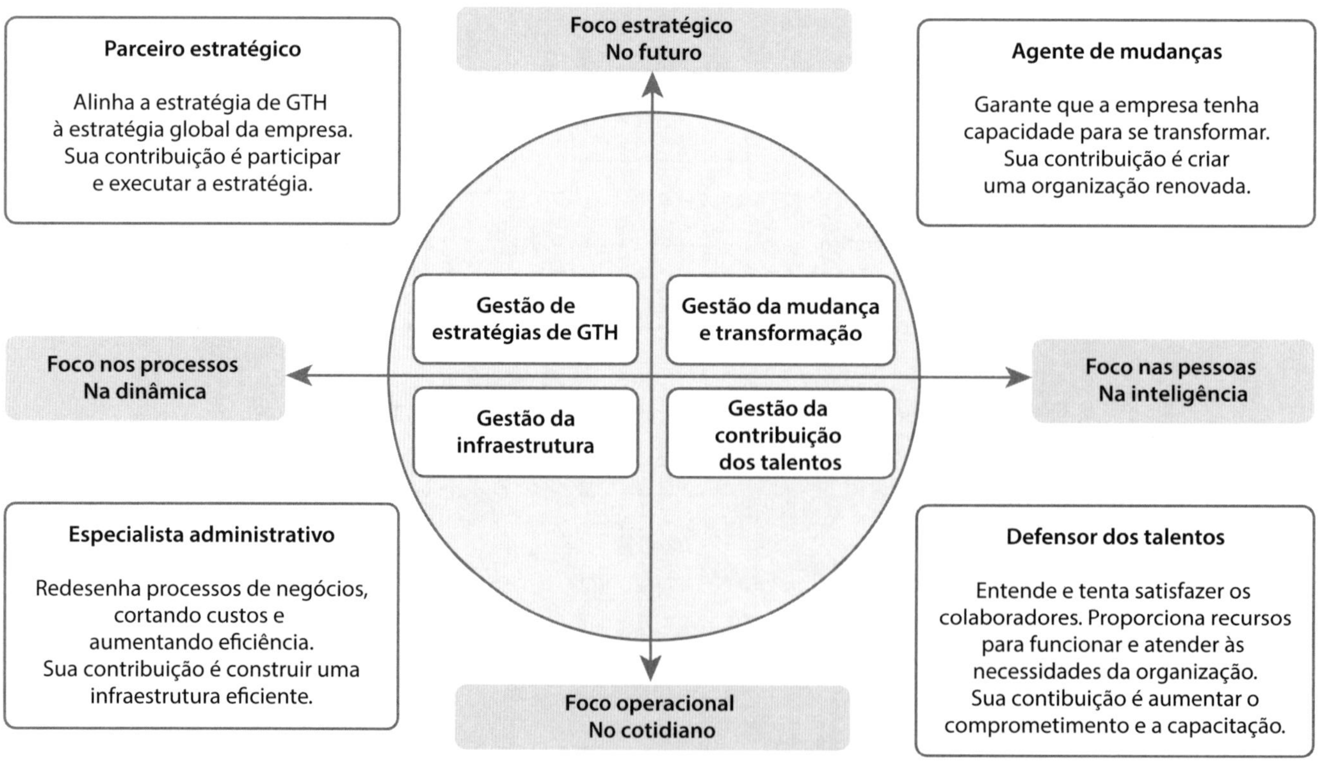

Figura 2.5 Modelo de múltiplos papéis da gestão humana na construção de uma organização competitiva.[5]

Quadro 2.1 Definição de papéis da gestão humana[6]

Papel da gestão humana	Resultado	Característica principal	Atividade
Gestão de estratégias e gestão humana	Execução da estratégia	Parceiro estratégico: para ajudar a alcançar objetivos organizacionais	Ajuste das estratégias de gestão humana à estratégia empresarial: diagnóstico organizacional para detectar forças e fraquezas da organização
Gestão da infraestrutura da empresa	Construção de uma infraestrutura eficiente	Especialista administrativo: para reduzir custos e aumentar valor	Reengenharia dos processos da organização: serviços em comum para a melhoria contínua
Gestão da contribuição dos talentos	Aumento do envolvimento e capacidade dos talentos	Defensor dos talentos: para treinar e incentivar as pessoas	Ouvir e responder aos talentos: prover recursos aos colaboradores para incentivar contribuições
Gestão da transformação e da mudança	Criação de uma organização renovada e renovadora	Agente de mudança e inovação: para melhorar a capacidade de mudar	Gerir a transformação e a mudança: assegurar capacidade para a mudança e identificação e a solução de problemas

Esses quatro papéis exigem um novo posicionamento e uma nova mentalidade do profissional de gestão humana, como veremos adiante.

2.5 GESTÃO HUMANA E DO CAPITAL INTELECTUAL

No mundo atual – em que já estamos aprendendo a viver –, as mudanças que ocorrem nas organizações não são somente estruturais ou físicas. São acima de tudo mudanças culturais e comportamentais, transformando o papel dos talentos que delas participam. Essas mudanças não podem passar despercebidas. Aliás, elas também estão ocorrendo inclusive na área da gestão humana e provocando profunda transformação nas suas características, como mostra o Quadro 2.2.

Para que essa transformação ocorra de forma efetiva e que a Gestão do Talento Humano (GTH) possa assumir um papel proativo, ao invés de simplesmente seguir, é fundamental que reestruture suas práticas e adote novas posturas. Essa mudança é necessária para maximizar suas potencialidades e contribuir de maneira significativa para o sucesso do negócio. Portanto, ao pensar em GTH, é essencial considerar o negócio a que ela deve servir e oferecer resultados concretos; caso contrário, sua atuação se tornará irrelevante e desprovida de impacto.

Quadro 2.2 Novas características da gestão humana[7]

Antes	Agora
Concentração na função de RH	Integração estratégica da Gestão do Talento Humano
Especialização das funções	Colaboração interdisciplinar
Vários níveis hierárquicos	Estruturas organizacionais mais ágeis e horizontais
Introversão e isolamento	Extroversão e *networking* proativo
Rotina operacional e burocrática	Enfoque em inovação e agilidade
Preservação da cultura organizacional	Promoção de cultura adaptativa e inclusiva
Ênfase nos meios e procedimentos	Ênfase em resultado e impacto social
Busca da eficiência interna	Busca pela eficácia organizacional e competitividade
Visão voltada para o presente e passado	Visão proativa voltada para o futuro e a inovação
Administração dos recursos humanos	Gestão estratégica de talentos
Fazer tudo sozinha	Parceria e co-criação com líderes e equipes
Ênfase nos controles operacionais	Ênfase em *coaching*, mentoria e desenvolvimento

SAIBA MAIS
Sobre a nova GTH

A constatação é clara: a GTH está deixando para trás seu contexto industrial, que deu origem ao movimento das relações industriais, para se estabelecer em um novo cenário que representa seu futuro. A GTH não deve mais se limitar a uma visão voltada para o passado – centrada em tradições e práticas históricas –, mas deve se posicionar como uma área preparada para o futuro, focada na sustentabilidade e na inovação organizacional. Isso significa uma mudança de paradigma: passar de uma postura que privilegia a tradição e a rotina para uma que se concentra em objetivos futuros e na adaptação às rápidas transformações do mercado. A GTH agora está se voltando para o amanhã, direcionando suas estratégias para as demandas emergentes e as oportunidades que o futuro oferece. Essa nova abordagem não é apenas sobre reagir ao que vem, mas também sobre antecipar-se, moldar e criar o futuro que se aproxima a passos largos.[8] Essa será a Gestão do Talento Humano de hoje e de amanhã: uma área estratégica, ágil e conectada, que desempenha papel crucial na formação de organizações resilientes e preparadas para os desafios futuros.

Quadro 2.4 Nova orientação no mundo moderno[10]

Aspectos Organizacionais e Estruturais	Aspectos Organizacionais e Comportamentais
Redes integradas de equipes multidisciplinares	Participação ativa e colaborativa
Células de inovação e desenvolvimento	Comprometimento e engajamento individual
Unidades estratégicas de negócios ágeis	Foco na experiência do cliente em todas as interações
Simplicidade e eficiência operacionais	Orientação para resultados e impacto
Estruturas organizacionais flexíveis	Cultura de aprendizado contínuo e adaptação
Adoção de plataformas digitais colaborativas	Comportamento ágil e *mindset* de inovação
Ênfase na competitividade baseada em dados	Mentalidade proativa e soluções orientadas a problemas
Alinhamento com a missão e os valores organizacionais	Visão global com ações locais e contextualizadas
Integração de tecnologias emergentes	Proximidade e relacionamento próximo com o cliente
Promoção de diversidade e inclusão nas equipes	Mudança cultural e adaptabilidade comportamental
Aprimoramento contínuo de processos e serviços	Resiliência e capacidade de enfrentar a mudança

Quadro 2.3 Algumas características da gestão humana: antes e depois[9]

Antes	Agora
Cúpula da Gestão Humana	Orientada operacionalmente: ênfase nas regras e procedimentos
Função da Diretoria	Definir a missão, visão e objetivos para os gerentes
Função da Média Gerência	Acompanhamento e prestação de serviços aos gerentes de nível médio
Função da Gerência Inferior	Funcionário. Mero seguidor das normas internas
Sistemas de Remuneração	Salário fixo baseado na faixa do cargo ocupado
Função Principal	Prestar serviços especializados a todos os órgãos da empresa
Foco Principal	Foco nos produtos e serviços oferecidos pela área de RH. Objetivos departamentais e táticos. Prestação de serviços internos

PARA REFLEXÃO

O real valor de uma empresa

O importante é que a empresa não precisa ser grande para ser valiosa. O valor de uma organização não depende mais do seu tamanho. Por que razão a Ford Motor vale quase um quarto do seu faturamento anual? E por que a Microsoft vale mais que 20 vezes o que fatura em um ano? Afinal, quem nasceu primeiro: o ovo ou a galinha? Por que as empresas mais valiosas do mercado ficaram tão valiosas? É por que elas também são campeãs em gestão humana? Afinal, o que hoje dá valor de mercado a uma empresa?

No futuro, a crescente importância dos bens humanos transformará as empresas em redes de grupos de projetos por meio de plataformas, um tipo de condomínio empresarial ou conjuntos de habitantes temporários aglomerados para conveniência mútua por certo período de tempo. Isso acarretará boas e más notícias: manterá indivíduos e organizações em alerta, a criatividade e inovação serão essenciais, as pessoas desejarão investir em seu futuro e não mais deixá-lo nas mãos de seus chefes.

Por outro lado, impérios empresariais se fragmentarão juntamente com estruturas de carreiras, regras básicas e velhas tradições. As pessoas passarão a ser membros de uma entusiasmada equipe de projeto, que talvez não esteja lá no ano seguinte. E surgirá uma dúvida: como saberão os investidores quanto valem realmente suas ações, quando o seu valor de mercado dependerá de uma mistura mutável de projetos em andamento e equipada com cérebros móveis? São os dilemas que o capital intelectual tem trazido.

2.5.1 Talento humano

Saber gerir talento humano está se tornando indispensável para o sucesso das organizações. Ter pessoas não significa necessariamente ter talentos. E qual a diferença entre pessoas e talentos? Um talento é sempre um tipo especial de pessoa: aquela que possui competências. E nem sempre toda pessoa é um talento. Para ser talento, a pessoa precisa possuir algum diferencial competitivo que a valorize. Hoje, o talento envolve quatro aspectos essenciais para construir uma competência individual:

1. **Conhecimento:** é o saber. Constitui o resultado de aprender a aprender, aprender continuamente e aumentar continuamente o conhecimento. O conhecimento é a moeda mais valiosa de hoje.
2. **Habilidade:** é o saber fazer. Significa utilizar e aplicar o conhecimento, seja para resolver problemas ou situações ou criar e inovar. Em outras palavras, habilidade é a transformação do conhecimento em resultado.
3. **Julgamento:** é o saber analisar a situação e o contexto. Significa saber obter dados e informação, ter espírito crítico, julgar os fatos, ponderar com equilíbrio, definir prioridades e tomar decisões.
4. **Atitude:** é o saber fazer acontecer. A atitude empreendedora permite alcançar e superar metas, assumir riscos, agir como agente de mudança, agregar valor, obter excelência e focar resultados. É o que leva a pessoa a assumir a iniciativa e alcançar autorrealização do seu potencial.

Talento era o nome dado a uma moeda valiosa na antiguidade. Hoje, é preciso saber atrair, aplicar, desenvolver, recompensar, reter e monitorar esse ativo precioso para as organizações. E quem deve fazê-lo? Esse é um desafio para toda a organização e não apenas para a área de GP. Trata-se de um ativo importante demais para ficar restrito a uma única e exclusiva área da organização. Talento é uma pessoa dotada de competências.

Figura 2.6 Bases estruturais do talento humano.[11]

2.5.2 Capital humano

O conceito de talento conduz necessariamente ao conceito de capital humano – o patrimônio inestimável e inimitável que a organização constrói para alcançar sucesso e competitividade. O capital humano envolve os seguintes elementos:

1. **Talentos:** dotados de conhecimentos, habilidades e competências, que são constantemente reforçados, atualizados e recompensados. Contudo, não se pode abordar o talento isoladamente como um sistema fechado ou isolado. Sozinho ele não vai longe, pois precisa existir e coexistir em um contexto que lhe permita liberdade, autonomia e retaguarda para poder se expandir.
2. **Contexto organizacional:** é o ambiente interno adequado para que os talentos floresçam e cresçam. Talento é como uma semente delicada. Se ela é plantada em um solo desfavorável, certamente fenecerá ou morrerá. Sem esse terreno favorável e impulsionador, o talento murcha ou foge. O contexto organizacional é determinado por aspectos como:
3. **Arquitetura organizacional:** com um desenho flexível e integrador capaz de alta conectibilidade para coordenar pessoas e fluxo dos processos e das atividades de maneira integrada. A organização do trabalho deve ser a plataforma que facilita o contato, a comunicação e a colaboração.
4. **Cultura organizacional:** democrática e participativa, que inspire pertença, confiança, comprometimento, satisfação e espírito de equipe. Uma cultura baseada em solidariedade e camaradagem entre as pessoas.
5. **Estilo de gestão:** baseado na liderança inspiradora e renovadora e no *coaching*, com descentralização do poder, delegação e *empowerment*.

Todo esse contexto organizacional deve funcionar como um colchão ou plataforma capaz de incentivar e impulsionar os talentos rumo à excelência.

Assim, não basta ter apenas talentos para possuir capital humano. É preciso ter talentos que estejam envolvidos e integrados em um contexto organizacional realmente acolhedor e impulsionador. Tal como uma semente e o solo onde será plantada, se o contexto é favorável e incentivador, os talentos podem se desenvolver e crescer. Se o contexto não é adequado, os talentos ficam isolados e amarrados ou fogem. A integração de ambos – continente e conteúdo – proporciona o conceito de capital humano. Isso tem um significado importante para a GTH: não se trata mais de apenas lidar com pessoas e transformá-las em talentos, mas também cuidar do contexto organizacional onde elas trabalham. Este é o novo papel da GTH: lidar com pessoas, com a organização do seu trabalho, com a cultura organizacional que as envolve e com o estilo de gestão utilizado pelos gerentes como gestores de pessoas. E, principalmente, lembrando o fato de que o conceito de capital humano conduz ao conceito de capital intelectual. Aliás, o capital humano constitui a parte mais importante do capital intelectual.

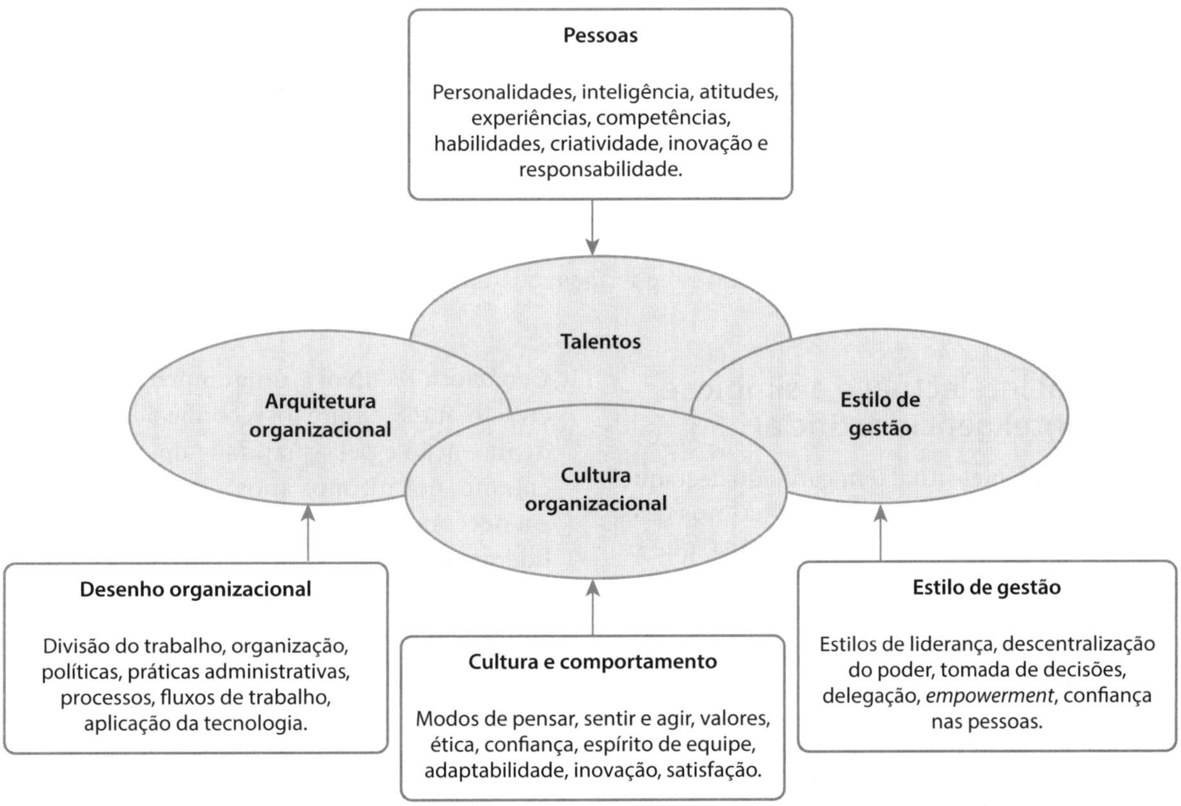

Figura 2.7 Componentes do Capital Humano.

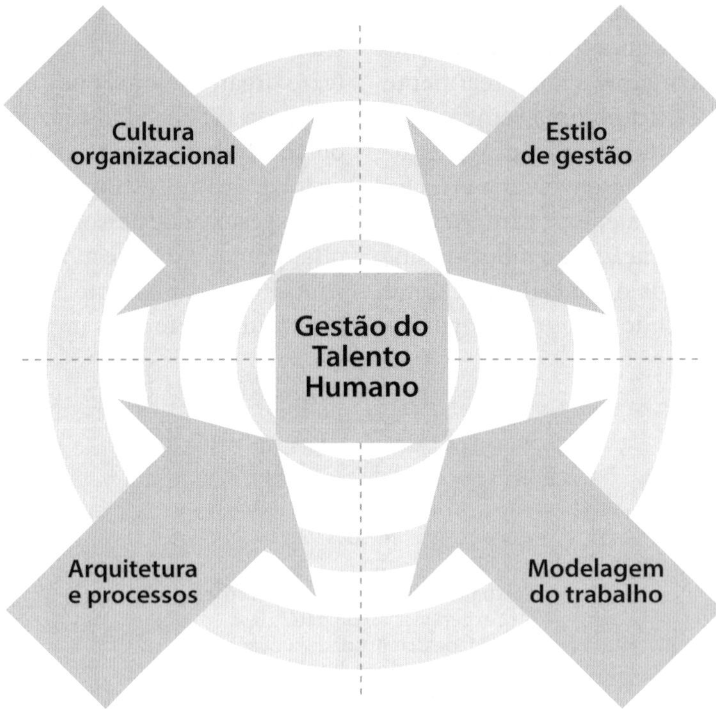

Figura 2.8 Convergência da arquitetura organizacional, cultura corporativa, estilo de gestão e modelagem do trabalho na GTH.

2.5.3 O capital intelectual e a simbiose com a inteligência artificial

O conceito de capital intelectual tem ganhado destaque nas discussões sobre gestão organizacional nos dias de hoje. Diferentemente do capital financeiro, que se manifesta de forma quantitativa e está atrelado a ativos tangíveis, o capital intelectual é invisível e intangível. Ele abrange o conjunto de conhecimentos, habilidades, experiências, inovações e relacionamentos que os membros de uma organização trazem consigo. Esse patrimônio intelectual é fundamental para o sucesso e a competitividade de uma empresa, uma vez que é o motor da inovação e da melhoria contínua.

A Gestão do Talento Humano (GTH), portanto, deve concentrar-se não apenas em "suas pessoas", mas também em como esse capital humano se traduz em capital intelectual que beneficia a organização e os clientes. A GTH precisa adotar uma perspectiva abrangente e visionária. Nesse contexto, a inteligência artificial (IA) surge como uma aliada poderosa, capaz de potencializar o capital intelectual e transformar a maneira como as organizações operam.

A história de uma organização: sinfonia entre capital intelectual e IA.

1. **Cenário:** a TechNova, uma empresa de tecnologia em crescimento, sempre foi reconhecida por sua cultura de inovação e pela qualidade de seus produtos. No entanto, nos últimos anos, a competição aumentou e a necessidade de se reinventar tornou-se clara. A liderança da TechNova decidiu implementar inteligência artificial em seus processos, mas a verdadeira transformação ocorrerá quando a IA se integrar ao capital intelectual dos colaboradores.
2. **Ação:** Ana, a nova diretora de GTH, foi encarregada de liderar essa transformação. Ela iniciou um programa de capacitação para ajudar os colaboradores a entenderem como utilizar a IA como uma ferramenta que complementa suas capacidades intelectuais, e não como um substituto. Primeiramente, Ana promoveu sessões de treinamentos em que especialistas em IA e colaboradores seniores compartilharam suas experiências sobre como a tecnologia pode ser usada para otimizar processos, analisar dados e prever tendências de mercado.
3. **Um projeto emblemático surgiu:** uma equipe multidisciplinar foi formada, composta por especialistas em IA, desenvolvedores de *software*, atendentes ao cliente e profissionais de marketing. Juntos, trabalharam na

criação de um assistente virtual que não apenas solucionava problemas comuns dos usuários, mas também aprendia com os hábitos dos clientes. Essa IA estava conectada ao rico capital intelectual da equipe, permitindo que as interações fossem mais personalizadas e contextuais.

4. **Os resultados:** com o tempo, a equipe percebeu que a IA não estava apenas melhorando a eficiência do atendimento ao cliente, mas também capacitando cada membro a aprender e evoluir. Os colaboradores começaram a compartilhar *insights* sobre as interações com a tecnologia, o que levou a sugestões valiosas para melhorar o produto. A combinação da IA com o capital intelectual dos colaboradores resultou não apenas em maiores níveis de satisfação do cliente, mas também em um ambiente de aprendizado colaborativo.

Reflexões finais

A história da TechNova ilustra como a inteligência artificial pode atuar como um catalisador do capital intelectual. Com a abordagem certa, as organizações podem criar uma sinergia na qual a IA amplifica as capacidades humanas, potencializando o conhecimento e as habilidades dos colaboradores.

O capital intelectual não é apenas um recurso a ser gerido, mas uma fonte de inovação que pode ser infinitamente aprimorada quando combinada com as conquistas da tecnologia. A GTH, portanto, deve abraçar essa mudança, reconhecendo que seu papel é, em última análise, facilitar a colaboração entre o capital humano e a inteligência artificial. É uma jornada que requer percepção, adaptação e visão para o futuro, onde o verdadeiro valor das organizações reside na combinação das mentes humanas e das máquinas inteligentes.

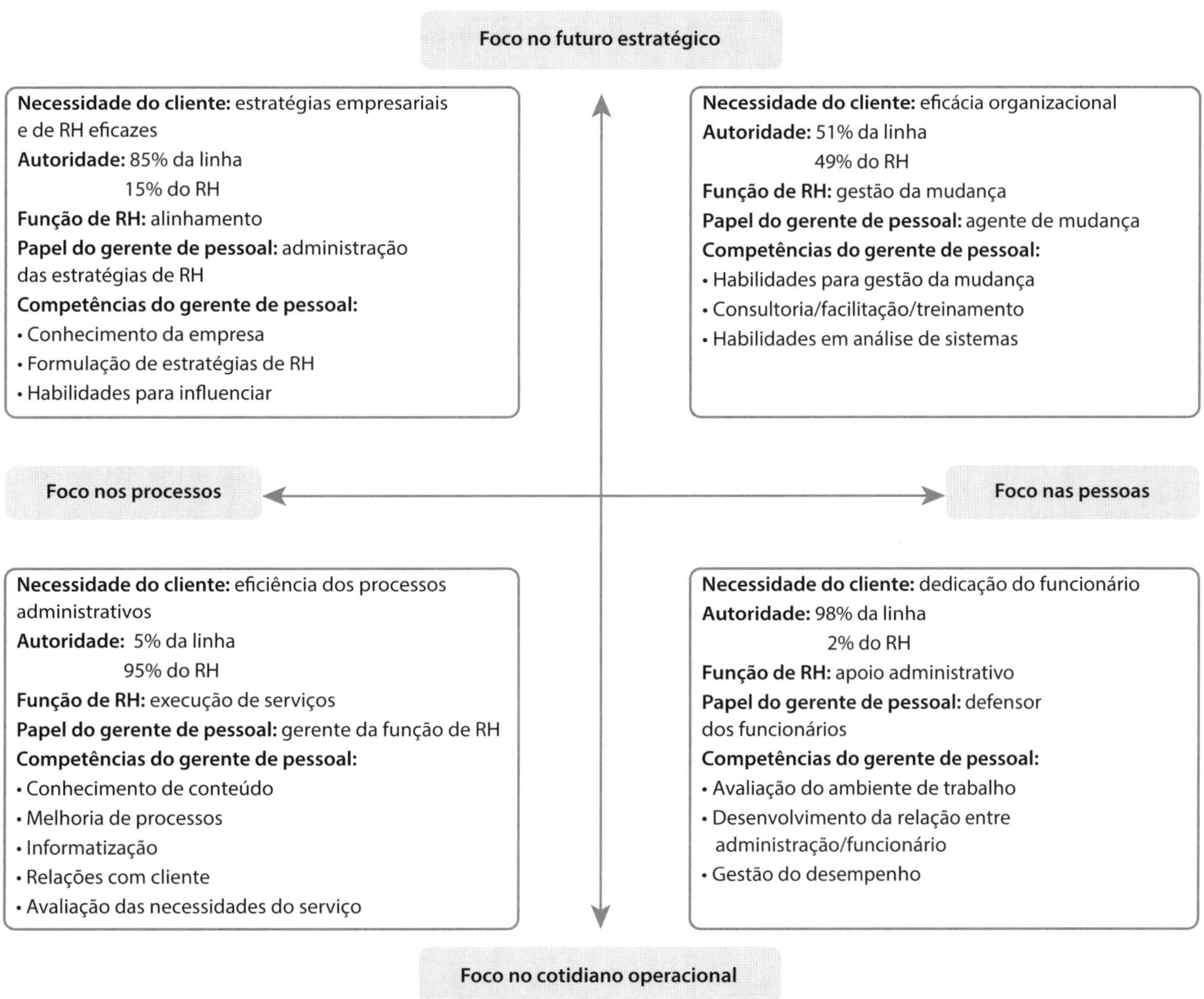

Figura 2.9 Aplicação dos papéis da GH.[12]

Foco no futuro estratégico

Administração de estratégias de GH

GH participa da estratégia empresarial:

- Concebe estratégias de RH ligadas aos objetivos empresariais
- Delibera valores, missão e planejamento empresarial
- É membro da equipe e contribui nas decisões globais
- Participa do processo Hoshin: conduz esforços no hoshin do pessoal da direção
- Participa em forças-tarefas da empresa (ISO 9000)
- Gerencia o planejamento da força de trabalho, avaliação de habilidades, plano de carreira, diversidade, requalificação
- Promove pensamento sistêmico/foco na qualidade

Administração da Mudança

GH se associa aos gerentes de linha para conduzir e facilitar a mudança:

- Facilitação da administração da mudança
- Assessora para aumentar a eficácia da organização (análise e diagnóstico, contratação, planejamento da ação, avaliação, acompanhamento)
- Desenho da organização
- Redefinição de sistemas / processos
- Reorganização / reengenharia
- Análise de competência
- Equipe de longo alcance de desenvolvimento gerencial

Foco nos processos ⟷ **Foco nas pessoas**

Prestação de serviços de GH

GH fornece mais serviço, melhor qualidade e maior acessibilidade, o que resulta em custo mais baixo e aumento da satisfação do cliente:

- Análise salarial
- Rastreamento de requisição
- Recrutamento/entrevista de candidatos
- Programação/liberação de benefícios
- Reclassifiicação/promoções
- Manutenção de cadastro e de acordos
- Relatórios e análise de dados
- Treinamento e desenvolvimento
- Estratégia de entrevistas

Envolvimento dos colaboradores

GH facilita, dimensiona e melhora a qualidade da administração e do trabalho em equipe:

- Assumir e defender método da HP
- Facilitar pesquisas junto aos funcionários
- Promover ambiente acolhedor
- Promover equilíbrio trabalho/vida pessoal
- Treinamento gerencial
- Comunicação com os funcionários
- Investigação de questões de acesso
- Análise de avaliação do desempenho
- Ações corretivas com funcionários e gerentes

Foco no cotidiano operacional

Figura 2.10 Atividades relacionadas com os papéis da GH na HP.[13]

2.6 PARA QUEM A GH DEVE TRABALHAR?

Vimos no início deste capítulo que, no passado, o velho RH trabalhava para os patrões e investidores e cuidava das chamadas relações industriais. Depois, concentrou-se nos trabalhadores do chão da fábrica e, posteriormente, nos funcionários dos escritórios. Mais adiante, passou a preocupar-se com toda a força de trabalho da organização. A seguir, passou a delegar parte dos seus processos para os gerentes – como gestores de pessoas – e logo percebeu que deveria desenvolver as competências comportamentais dessas lideranças – os gestores como líderes de equipes. Até então, o foco do RH residia no interior da organização. Mais adiante, passou a considerar o atendimento ao cliente ou consumidor e a sua plena satisfação.

Hoje, o propósito da GH é extremamente amplo, complexo, dinâmico e permeável. Ela deve estar diretamente relacionada com o negócio da organização e, portanto, deve trabalhar para oferecer resultados a todos os públicos estratégicos (*stakeholders*), direta ou indiretamente relacionados com o negócio da organização, de acordo com seus investimentos, contribuições e suas expectativas de retornos. Não se trata apenas de oferecer retornos satisfatórios aos executivos, líderes e colaboradores que internamente tocam o negócio. Eles são apenas parte dos *stakeholders* internos diretamente relacionados com o negócio da organização. E nem apenas aos *shareholders*, como os proprietários, acionistas ou investidores, que proporcionam o capital de risco do negócio. A GH deve também mirar fora da caixa e atender aos demais *stakeholders* externos ou, pelo menos, impulsionar e ajudar a organização a atendê-los da melhor maneira possível.

Atualmente, o espectro da GHE se situa dentro da organização e a 360 graus ao redor dela. Esse é o seu cenário atual de atividade e onde reside o seu propósito fundamental. Como já vimos no capítulo anterior, cada *stakeholder* investe à sua maneira para obter retornos também à sua maneira, como na Figura 2.11.

SAIBA MAIS
Sobre *stakeholders* e sustentabilidade organizacional

A sustentabilidade de uma organização ocorre quando ela consegue repartir os ganhos do negócio de forma equilibrada e adequada entre os diferentes *stakeholders* e mantê-los engajados no negócio. Para que o processo virtuoso de capitalização continue, é preciso que todos eles se beneficiem de maneira proporcional aos seus investimentos no negócio. O crescimento constitui a chave da melhoria do negócio, pois permite ampliar a extensa e ampla rede de *stakeholders* e garantir os seus retornos. E aí surgem várias questões: a GH de sua empresa é conhecida pelos seus *stakeholders*? Provavelmente, muitos deles a ignoram e nem sabem que ela existe. O contato direto com alguns deles mais próximos – como membros do Conselho de Administração, acionistas, investidores, fornecedores, clientes ou consumidores, sindicatos, opinião pública, comunidade – é sempre desejável e necessário para buscar ideias, sugestões, opiniões, expectativas e criar um relacionamento satisfatório, que poderá ser muito útil para dar e receber retornos relevantes a todos eles. Assim, ela estará ajudando direta ou indiretamente o negócio da organização. Ou mesmo prestando consultoria ou serviços especializados a muitos deles. A GH precisa mostrar a sua cara.

Stakeholders	Investem e contribuem com:	Esperam retornos e satisfações em:
• Acionistas • Proprietários *shareholders* • Investidores	Capital de risco e investimentos	Lucros, dividendos e sustentabilidade no longo prazo
• Clientes • Consumidores • Usuários	Aquisição de bens e serviços	Produtos e serviços com qualidade, preço, atendimento e satisfação
• Fornecedores • Prestadores de serviços • Concessionários	Insumos em geral, matérias-primas, serviços e tecnologias	Atividade econômica, novos negócios e lucros
• Presidente • Diretores • Gestores	Competências e administração dos negócios	Participação nos resultados do negócio
• Colaboradores	Competências, dedicação e tarefas operacionais	Salários, benefícios, retribuições, satisfação, desenvolvimento, segurança e bem-estar
• Comunidade • Vizinhança	Espaço físico e social e infraestutura imediata	Sustentabilidade econômica, social, cultural e ambiental
• Sociedade • Mercado de organizações • Agências reguladoras	Ambiente salutar de negócios	Satisfação de necessidades sociais, econômicas, culturais e ambientais
• Governo	Infraestrutura de apoio, saúde, educação, segurança etc.	Impostos, contribuições, desenvolvimento econômico, competitividade global

Figura 2.11 *Stakeholders* da organização: os grupos de interesses.[14]

2.7 QUAL É O NEGÓCIO DA GH?

É fundamental que a GH tenha uma clara e objetiva identidade do seu papel e do que ela pode e deve fazer para o negócio da organização. Basicamente, o negócio da GH é lidar com o capital humano da organização – a sua mais importante riqueza – e criar e agregar valor a ele e, com isso, enriquecer o capital intelectual aplicável ao negócio.

E isso envolve necessariamente saber criar e construir um amplo e poderoso ecossistema organizacional dessa comunidade colaborativa de talentos dotada de lideranças, equipes e um contexto físico, psicológico, social e virtual de trabalho inclusivo e capaz de proporcionar engajamento, envolvimento, dinamismo, vitalidade, espírito empreendedor, criatividade e inovação. E, de lambuja, proporcionar uma incrível e salutar satisfação e motivação a todos os *stakeholders* envolvidos no negócio. Essa é a química, a cola, que produz um negócio de excelência para todos os envolvidos direta ou indiretamente nele.

2.7.1 Ecossistema organizacional ao redor da comunidade colaborativa de talentos

Como construir um ecossistema organizacional adequado à GH? Pense em tudo o que está ao redor dos talentos e como todo esse contexto poderia ser construído para ajudar a GH a ser mais eficiente, eficaz, excelente, focada em objetivos estratégicos e capaz de oferecer resultados extraordinários. Assim, é preciso pensar em um complexo e dinâmico ecossistema composto de:

1. **Arquitetura organizacional:** criar e desenvolver uma estrutura organizacional flexível e adaptável, baseada em equipes e capaz de oferecer conectibilidade, participação e trabalho coletivo em equipes de elevado desempenho. Arquitetura como uma plataforma integradora dos esforços humanos.
2. **Cultura corporativa:** desenvolver um contexto social envolvente e agradável, integrador e impulsionador, capaz de oferecer entusiasmo, *empowerment* e espírito empreendedor e inovador a talentos e equipes.
3. **Estilo de gestão:** privilegiar a liderança democrática apoiadora, servidora, impulsionadora, participativa e empreendedora, capaz de oferecer *coaching* e *mentoring* aos talentos e equipes, com foco na criação de valor e resultados a entregar.
4. **Modelagem de trabalho:** oferecer um trabalho flexível, dinâmico, em equipe, agradável, alegre, divertido e significativo. Uma nova abordagem de GH com foco no negócio da organização, desenvolvendo formas inovadoras e flexíveis de trabalho, apontando objetivos e métricas com base nos resultados e impactos que devem oferecer ao negócio da organização. Aqui se cuida da maneira como o desempenho organizacional será o conjunto dos desempenhos em equipes integradas e de desempenhos individuais ágeis, dinâmicos, eficazes e proativos.
5. **Políticas e práticas de GH:** amplas, abertas, inovadoras, incentivadoras e dotadas de flexibilidade suficiente para oferecer ampla dose de meritocracia para atender à diversidade e à inclusão dos talentos.

A GH precisa urgentemente criar todas essas condições organizacionais para dotar a empresa de um adequado e dinâmico ecossistema que envolva agradavelmente a sua comunidade colaborativa de talentos.

Figura 2.12 Ecossistema organizacional adequado e indispensável à comunidade colaborativa de talentos.

SAIBA MAIS
Sobre capital humano

Ao lidar com o capital humano, a GH está lidando com o principal ativo inteligente, ativo e proativo da organização. Toda a inteligência organizacional depende diretamente desses valiosos ativos intelectual e intangível. A principal função da GH é investir pesadamente no capital humano, a fim de fortalecer a competitividade e a sustentabilidade do negócio. Esse é o principal impacto que a GH deve provocar no negócio da organização.

2.8 QUAL É A PROPOSTA DE VALOR DA GTH?

Toda organização existe para atender a uma necessidade real ou potencial do mercado e, assim, oferecer valor para alguém. Mas onde uma organização deveria investir mais pesadamente para criar e agregar valor? A consultoria americana McKinsey recomenda que o investimento feito em ativos intangíveis representa a nova fonte de vantagem competitiva de uma empresa. Para ela, os principais ativos intangíveis que merecem mais investimentos são:[15]

1. **Marca e reputação:**
   - Proposta de valor distintiva com ajustes de acordo com as diferenças específicas dos vários *stakeholders*.
   - A personalidade da marca deve focar em um grupo-alvo de *stakeholders* e ser reforçada continuamente em todos os pontos de relacionamento com ele.
   - Total visibilidade da marca envolvendo todos os canais apropriados de comunicação.
2. **Tecnologia, TI e habilidades digitais:**
   - Investindo no acesso ao consumidor e ao colaborador, bem como no acesso deles às informações da organização, abrindo um caminho de duas vias.
   - Melhorando os níveis de excelência na prestação de serviços.
   - Aumentando a eficiência e eficácia do negócio.
3. **Pessoas e talentos:**
   - Investindo pesadamente nos talentos que compõem as principais competências do negócio.
   - Construindo um *pool* de talentos como base de futuras contratações.
   - Investindo nos gestores como líderes e *coaches* de equipes. A escassez de gestores qualificados está desafiando as políticas da GTH.

Em cada organização, tudo deve atender a uma estreita relação entre custo e benefício de cada atividade, na qual o benefício deve ser superior ao seu custo, para que valha a pena a sua adoção. E tal benefício deve ficar evidente desde a sua proposta de valor inicial. Tudo é uma questão de oferta de valor para todos os *stakeholders* envolvidos.

Os três principais ingredientes de uma proposta de valor são:

1. Oferecer um valor quantificável ou mensurável ao *stakeholder.*
2. Que o valor ofertado seja relevante e interessante para quem o recebe.
3. Que o valor seja único e altamente diferenciador e que faça uma diferença única e distintiva em relação aos concorrentes.

Nesse contexto, também a GH deve oferecer um benefício mensurável, relevante diferenciador que satisfaça todos os seus públicos internos e externos e compense largamente o seu custo por meio de uma valiosa proposta de valor.

Ulrich e Brockbank propõem uma proposta de valor que a GH deve oferecer à organização e aos seus *stakeholders* e que pode ser resumida nos seguintes aspectos:[16]

1. **O trabalho da GH não começa com ela, mas sim com o negócio da organização.** A razão de ser e de existir da GH é o negócio da organização. Sem ele, a GH nem sequer existiria e também não existiriam as outras áreas da empresa. Estrategicamente, o negócio da organização envolve um todo do qual a GH faz parte integrante. Assim, a GH existe para possibilitar a competitividade do negócio. Por essa razão, o negócio vem antes de tudo e a GH vem depois. O papel da GH é o de promover a competitividade do negócio da organização, oferecendo as competências para assegurar continuamente a sua vantagem competitiva.
2. **Os últimos recebedores do negócio residem fora da organização, isto é, no mercado a que a organização serve.** Os mercados incluem consumidores, que compram produtos e serviços, e os *shareholders*,

que proporcionam capital. Se o profissional de GH quer ser parceiro do negócio, e como o negócio começa pelas demandas do mercado, ele precisa começar com uma linha focada no mercado. Isso coloca o profissional da GH em uma situação complexa. Ele deve criar uma linha de ação para as demandas múltiplas e frequentemente conflitivas dos *stakeholders*, vindo desde os clientes internos, como gestores e colaboradores, até os *stakeholders* externos, como consumidores e investidores. No fundo, a GH deve focar suas atividades nos interesses e expectativas dos *stakeholders*-chave para atender às suas múltiplas, crescentes e conflitivas demandas e criar valor para todos eles por meio da criação de habilidades humanas e competências organizacionais capazes de gerar produtos, serviços e resultados que o mercado consumidor e de capitais demanda. Daí a necessidade dos profissionais de GH conhecerem as realidades externas do mercado antes de criarem as suas agendas básicas de trabalho.

A proposta de valor da Gestão do Talento Humano é multifacetada, com foco na criação de um ambiente de trabalho produtivo, inovador e alinhado com os objetivos organizacionais. Ao investir nos colaboradores e adotar uma abordagem estratégica, a GTH posiciona-se como um fator crítico de sucesso para enfrentar os desafios do futuro e garantir a sustentabilidade das organizações. Compreender e comunicar essa proposta de valor é essencial para todas as partes interessadas, desde a alta administração até os colaboradores, garantindo um alinhamento completo para o crescimento mútuo.

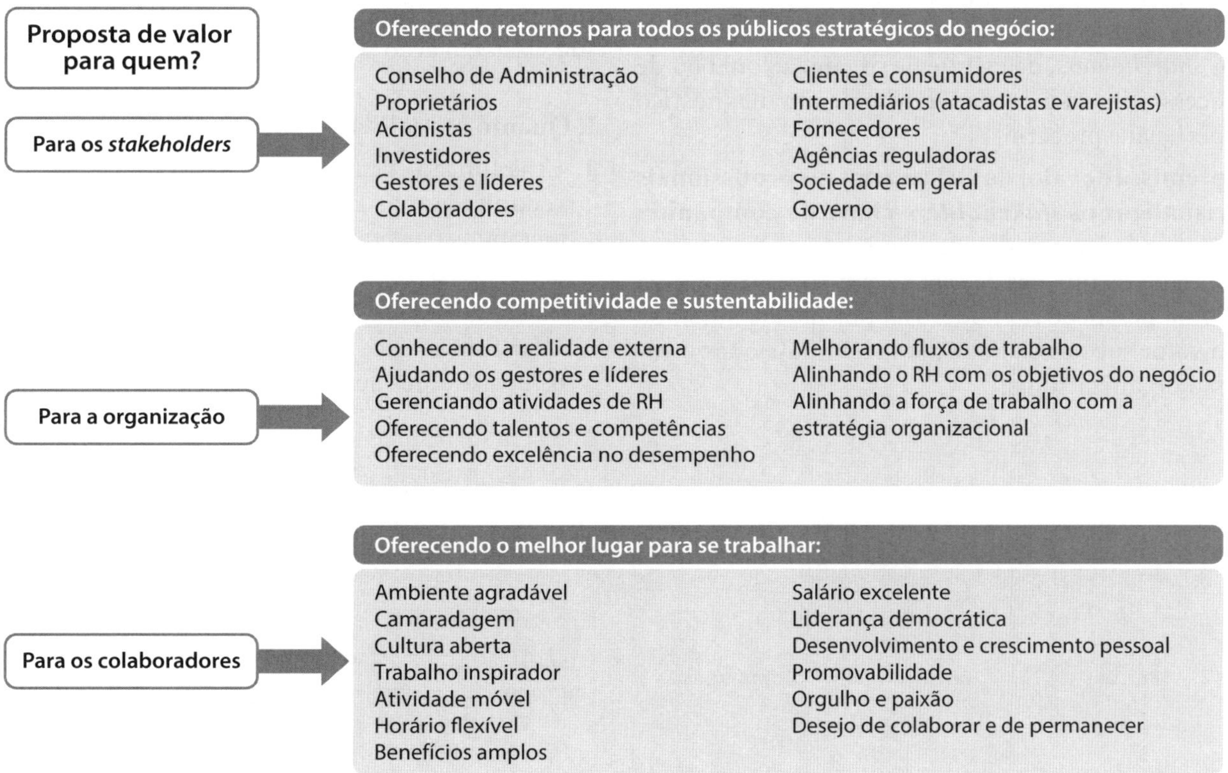

Figura 2.13 Dilemas na construção de uma proposta de valor da GH.

3. **A GH é uma importante fonte de vantagem competitiva:** esta existe quando uma organização é hábil em fazer algo único e especial que os concorrentes não conseguem copiar com facilidade. E que faz melhor que seus concorrentes mais altamente valorizados pelos consumidores, proprietários ou gestores. Isso acontece graças às competências da comunidade colaborativa de talentos, à força de trabalho dos tempos atuais. E essa é a praia da GH.
4. **A GH deve alinhar suas práticas com os requisitos dos *stakeholders* internos e externos.** Para tanto, deve obter da cúpula da organização as percepções acuradas a respeito dos últimos recebedores para poder criar valor para todos eles.
5. **A GH deve direcionar seus profissionais para adquirir o conhecimento pessoal e as habilidades necessárias para vincular a atividade de RH com o valor para os *stakeholders*.** Quando a GH não o consegue, ocorre um ruído entre as suas práticas e as demandas dos *stakeholders*. Esse ruído pode ser uma falta de conhecimento dos consumidores externos e dos *shareholders*, da estratégia organizacional ou de processos inovadores da GH. Ou de um diagnóstico superficial e precário.
6. **A premissa de valor da GH leva os seus profissionais a visualizar os *stakeholders*-chave da companhia sob uma única e poderosa perspectiva.** Única, porque todas as funções da GH devem compartilhar da mesma perspectiva. Poderosa, porque ela adiciona um valor substancial que ajuda a impulsionar o sucesso organizacional.

> **SAIBA MAIS**
> **Sobre investimento e retorno**
>
> É preciso que a GH realmente ofereça algo que compense de sobra todo e qualquer investimento feito nela. Mas sua proposta de valor precisa ser claramente entendida por todos os *stakeholders*. Isso envolve muita comunicação em mão dupla e muito bom relacionamento com todos eles. E a GH deve entregar tudo aquilo que promete ou muito mais ainda. Afinal, promessa é dívida!

Assim, o sucesso da GH acontece na medida em que os *stakeholders* avaliam e percebem que ela também produz valor para todos eles.

Assim, para Ulrich e Brockbank, os principais critérios para que a função de GH seja eficaz e transforme a sua visão em ação são os seguintes:[17]

I. Quanto às realidades externas do negócio:

1. Uma função eficaz de GH deve ter profissionais que reconhecem as realidades externas do negócio e adaptam suas práticas e alocam seus recursos a elas.

II. Quanto aos *stakeholders*:

2. Uma função eficaz da GH cria valor de mercado para os investidores ao incrementar os ativos intangíveis.

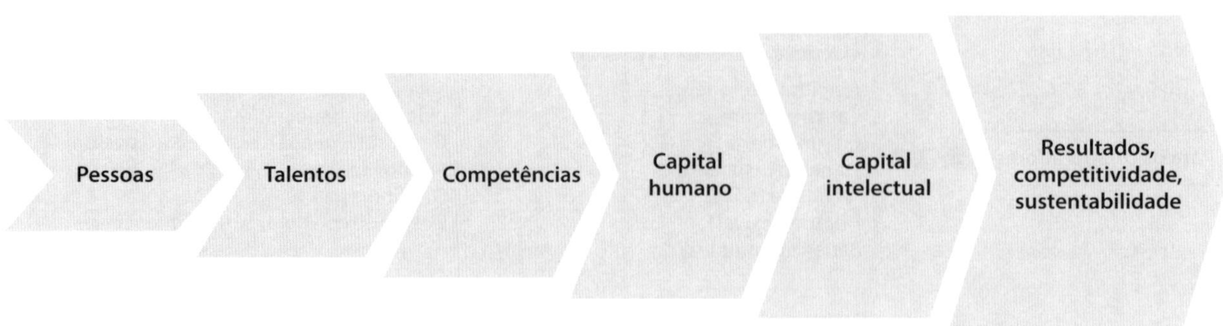

Figura 2.14 Cadeia de valor a partir das pessoas.

Figura 2.15 Proposta de valor da GH.[18]

3. Ela aumenta a participação do consumidor ao conectá-lo com os consumidores-alvo.
4. Ela ajuda os gestores de linha a entregarem estratégia ao construir competências para a organização.
5. Ela esclarece e estabelece uma proposta de valor ao colaborador e incrementa as suas habilidades individuais.

III. Quanto às práticas de GH:

6. Uma função eficaz de GH gerencia seus processos e práticas por meios que geram e adicionam valor.
7. Ela gerencia o desempenho dos processos e práticas de gestão por meios que adicionam valor.
8. Ela gerencia os processos e práticas de informação por meios que adicionam valor.
9. Ela gerencia o desenho e o processo do fluxo de trabalho por meios que adicionam valor.

IV. Quanto aos recursos de GH:

10. Uma função eficaz de GH tem um claro processo de planejamento estratégico por meio do alinhamento de seus investimentos com os objetivos do negócio.
11. Ela alinha a sua organização com a estratégia do negócio.

V. Quanto ao profissionalismo da GH:

12. Uma função eficaz de GH deve ter profissionais que jogam em papéis claros e apropriados e com toda a transparência.
13. Ela constrói profissionais de GH que demonstram competências específicas da área de GH.

VI. Quanto ao desenvolvimento da área de GH:

14. Uma função eficaz de GH deve investir em profissionais de GH por meio de experiências inovadoras de treinamento e desenvolvimento.

DICAS

Checklist para uma proposta de valor:

A proposta de valor é clara e simples?

Seus benefícios são explícitos, específicos e claramente definidos?

Seus custos estão claramente definidos?

Os recebedores-alvo estão claramente identificados?

Está claro que a proposta de valor é superior ao segmento-alvo?

O valor da proposta é apoiado pela evidência ou demanda adequada?

O valor da proposta é apoiado pela evidência de retornos adequados?

O valor da proposta é viável frente às propostas dos concorrentes?

O valor da proposta é viável e alcançável?

A proposta de valor requer mudanças viáveis no atual sistema de negócios?

É a melhor das várias propostas de valor consideradas pela organização?

Além disso tudo, a GH deve refletir em todos os momentos a missão organizacional e a sua visão de futuro e privilegiar os valores organizacionais.

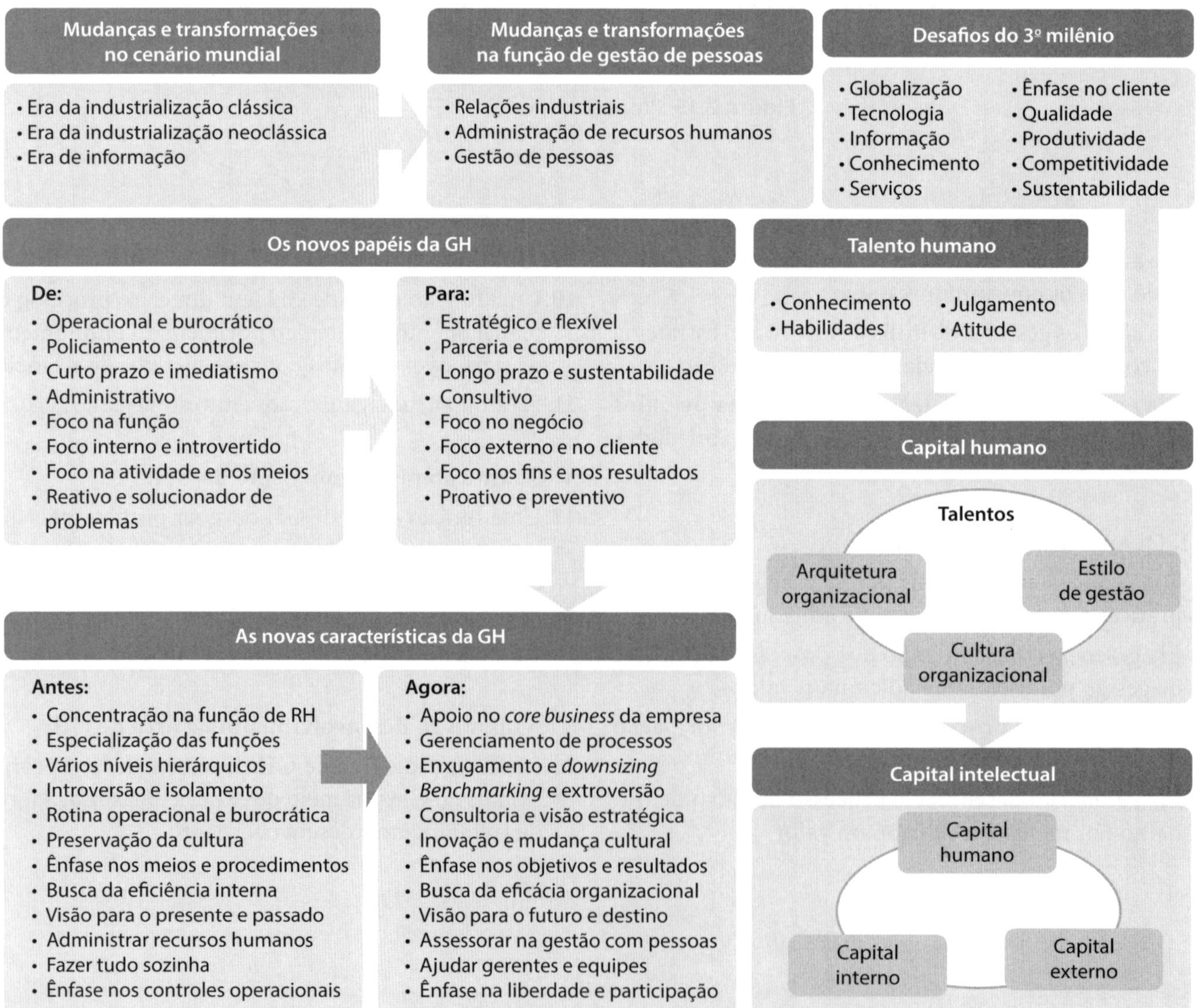

Figura 2.16 Mapa mental do Capítulo 2: GTH em um ambiente dinâmico e competitivo.

REFERÊNCIAS

1. Extraído da palestra de Idalberto Chiavenato sobre *O que está acontecendo com o RH*. Fórum da Revolução Digital da SAP em São Paulo realizado em 13 jul. 2016.
2. KIERNAN, M. J. *11 mandamentos da administração do século XXI*: o que as empresas de ponta estão fazendo para sobreviver e prosperar no turbulento mundo dos negócios da atualidade. São Paulo: Makron Books, 1998. p. 1-7.
3. ULRICH, D. *Human resource champions*. Harvard Business School Press, 1997. p. 39-40.
4. ULRICH, D. *Human resource champions, op. cit.*, p. 42-48.
5. Adaptado de: ULRICH, D. *Human resources champions*: the next agenda for adding value and delivering results. Boston: Harvard Business School Press, 1997. p. 23-25.
6. ULRICH, D. Human resource champions, *op. cit.*, p. 48.
7. CHIAVENATO, I. *Como transformar RH (de um centro de despesa) em um centro de lucro*. São Paulo: Makron Books, 1996. p. 69.
8. LEVY, A. R. *Competitividade organizacional*: decisões empresariais para uma nova ordem econômica mundial. São Paulo: Makron Books, 1992.
9. CHIAVENATO, I. *Como transformar RH, op. cit.*, p. 70-71.
10. CHIAVENATO, I. *Administração nos novos tempos*: os novos horizontes em administração. Barueri: Manole, 2015.
11. CHIAVENATO, I. *Introdução à teoria geral da administração*. Barueri: Manole, 2015. p. 5.
12. Extraído de: ULRICH, D. *Human resource champions, op. cit.*, p. 48-53.
13. Extraído de: ULRICH, D. *Human resource champions,op. cit.*, p. 48-53.
14. Extraído de: CHIAVENATO, I. *Fundamentos da administração*: planejamento, organização, direção e controle para incrementar competitividade e sustentabilidade. Rio de Janeiro: Elsevier, 2016. p. 386.
15. *Vide*: www.mckinsey.com.
16. ULRICH, D.; BROCKBANK, W. *The HR value proposition*. Boston, MA: Harvard Business School Press, 2005. p. 6-9.
17. ULRICH, D.; BROCKBANK, W. *The HR value proposition, op. cit.*, p. 11-19.
18. Extraído de: ULRICH, D.; BROCKBANK, W. *The HR value proposition, op. cit.*, p. 10.

Capítulo

3 Planejamento estratégico da Gestão do Talento Humano

Objetivos de aprendizagem

Após estudar este capítulo, você deverá estar capacitado para:

- Compreender a importância e analisar as tendências do planejamento estratégico na GTH.
- Integrar o planejamento de talentos com a estratégia empresarial.
- Desenvolver modelos de planejamento estratégico e engajar *stakeholders* na gestão de talentos.
- Explorar tecnologias de GTH.
- Refletir sobre a ética e sustentabilidade.

O que veremos adiante

- Missão organizacional.
- Visão de futuro.
- Estratégia organizacional.
- Planejamento estratégico da organização.
- Planejamento estratégico de GTH.
- Fatores que intervêm no planejamento estratégico de GTH.
- Apreciação crítica do planejamento de GTH.
- Os níveis de atuação e de maturidade da GTH.

As organizações operam em um ecossistema dinâmico e interconectado, no qual nenhum movimento acontece isoladamente. Elas não existem no vácuo; cada ação é influenciada por uma rede complexa de outras organizações, clientes, fornecedores e concorrentes. Nesse contexto, o planejamento estratégico torna-se essencial não apenas para a definição de metas, mas também para o alinhamento das atividades organizacionais em direção a esses objetivos. As organizações são sistemas sociais abertos que interagem com seu ambiente por meio de colaboração e competição, onde cada uma busca se destacar e criar valor.

À medida que as mudanças na economia global se aceleram e as tecnologias emergentes transformam radicalmente o modo como operamos, o planejamento estratégico da Gestão do Talento Humano (GTH) deve ser mais do que uma formalidade. Ele deve integrar a visão e os valores da organização, estando completamente alinhado à sua estratégia geral. Com a crescente importância do capital intelectual, a capacidade de atrair, desenvolver e reter talentos não é apenas crucial para o sucesso organizacional, mas também se tornou um diferencial competitivo em um mercado global cheio de incertezas.

Além disso, o planejamento estratégico deve cobrir uma gama de aspectos comportamentais e culturais, desde suas formulações e implementações até a sua execução e avaliação dos resultados ao longo do tempo. O uso de tecnologia, como análise de dados e inteligência artificial, também desempenha papel vital nesse processo, permitindo que as organizações façam previsões mais precisas e tomem decisões informadas com base nas necessidades futuras de talentos.

Dessa forma, compreender a estratégia organizacional e seu impacto na gestão de pessoas é fundamental. É necessário não apenas olhar para o presente e o passado, mas também ter uma visão proativa do futuro. O planejamento estratégico da GTH deve, portanto, ser uma prática dinâmica e adaptativa, preparada para responder a um ambiente em constante mudança e capaz de aproveitar as oportunidades que surgem nessa nova era. Tal abordagem permitirá que as organizações não apenas sobrevivam, mas também prosperem em um mundo em que a agilidade e a inovação são imperativas.

3.1 ESTRATÉGIA ORGANIZACIONAL

A estratégia organizacional constitui o mecanismo por meio do qual toda organização interage com seu contexto ambiental para realizar sua missão e visão de futuro, atingir seus objetivos de longo prazo e garantir sua competitividade e sustentabilidade. Assim, ela realiza o seu negócio e atende aos requisitos de todos os seus públicos estratégicos (*stakeholders*). A estratégia define o comportamento da organização e do seu negócio em um mundo mutável, volátil, dinâmico, complexo, ambíguo e competitivo.

Peter Drucker[1] sugere que uma boa estratégia organizacional deve responder a quatro perguntas básicas:

1. Em que negócio a organização está? (qual é o segmento de mercado).
2. O que ela realmente vende? (qual é o produto ou serviço).
3. Qual é o seu público-alvo? (qual é o foco).
4. Qual é o seu diferencial competitivo? (qual é a vantagem competitiva).

A estratégia organizacional constitui a maneira pela qual a organização define sua missão organizacional e sua visão de futuro. A visão futurística é desdobrada em objetivos de longo, médio e curto prazos a serem alcançados pelas operações do negócio da organização. Para alcançar tais objetivos, a estratégia fixa prioridades e planos – o planejamento estratégico – para sua consecução. Para tanto, a organização precisa saber exatamente o que ela possui em termos de recursos e competências (os pontos fortes de que dispõe e os pontos fracos) e também saber o que existe no ambiente externo que a envolve (oportunidades de negócios e ameaças e restrições) para abastecer o seu conhecimento estratégico. Como a estratégia organizacional se estende no longo prazo, é importante saber nesse horizonte futuro como ela própria e seu ambiente de negócios vão se desdobrar e se projetar ao longo do tempo. Daí a necessidade de cenários futuros capazes de visualizar como as coisas internas e externas se comportarão mais adiante. Com base nesse envoltório, é tomada a decisão sobre as várias alternativas estratégicas de futuro: qual será a escolhida. Uma espécie de aposta em um cenário futuro esperado. A partir dessa escolha, é feito o planejamento estratégico – o plano mestre da organização que está acima de todos os planos –, para alcançar da melhor maneira possível os objetivos de longo e médio prazos. Assim, o plano mestre precisa ser implementado e complementado por uma complexa armação de providências sobre adequação da arquitetura organizacional e da cultura, preparação de todos os meios necessários para o alcance dos múltiplos objetivos estratégicos, táticos e operacionais ao longo do percurso temporal, envolvendo toda a organização e suas unidades funcionais (marketing, finanças, produção, operações, GTH). Após tudo preparado, o passo seguinte é a execução da estratégia organizacional e seu acompanhamento e avaliação dos resultados em comparação com os objetivos pretendidos.

A estratégia organizacional refere-se ao comportamento global e integrado da organização em relação ao ambiente que a circunda. Ela significa uma mudança organizada: um padrão de comportamento holístico e sistêmico em relação ao mundo de negócios que a circunda e onde opera. A estratégia organizacional envolve os seguintes aspectos fundamentais:[2]

- **É definida pelo nível institucional da organização** por meio da participação de todos os níveis e negociação quanto aos interesses e objetivos envolvidos.
- **É projetada no longo prazo: define o futuro e o destino da organização.** Ela atende à missão e à visão e enfatiza objetivos organizacionais de longo prazo.
- **Envolve a organização como uma totalidade para obter efeitos sinérgicos.** A estratégia é um imenso mutirão de esforços convergentes, coordenados e integrados para proporcionar resultados alavancados e globais. Ela é desdobrada em uma cascata de táticas, cada qual desdobrada em uma cascata de operações. A estratégia não é a soma das táticas departamentais ou de suas operações. Ela é mais do que isso. Para obter sinergia, a estratégia precisa ser global e total, e não apenas um conjunto de ações isoladas e fragmentadas.
- **É um mecanismo de aprendizagem organizacional** por meio do qual a empresa aprende com a retroação decorrente dos erros e acertos nas suas decisões e ações globais. Não é a organização que aprende, mas as pessoas que dela participam e que utilizam sua bagagem de conhecimentos e competências.

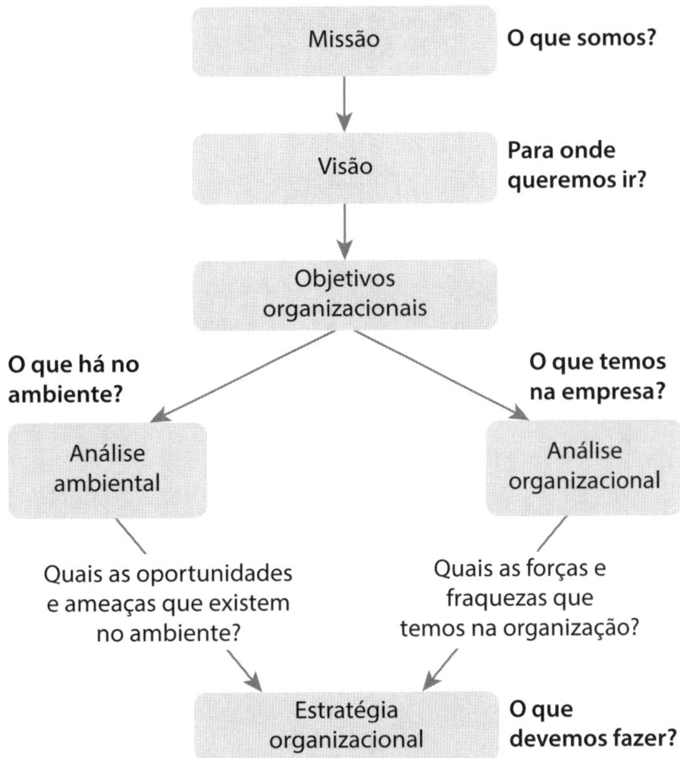

Figura 3.1 Formulação da estratégia organizacional.[3]

Todavia, o mundo dos negócios não fica parado aguardando a organização tomar suas providências estratégicas. Como lá fora tudo muda – e muda com uma rapidez incrível –, o planejamento estratégico (que envolve um período em geral de um a cinco anos, dependendo do negócio de cada organização e do seu propósito e objetivos) precisa ter flexibilidade e adaptabilidade suficientes para se adequar a todas as mudanças e transformações que ocorrem tanto externa como internamente. Isso significa que deve ser constantemente reavaliado, ajustado e reajustado às novas demandas que surgem intempestivamente no mutável cenário em que opera.

A estratégia organizacional representa a maneira pela qual a empresa se comporta frente ao ambiente que a circunda, aproveitando as oportunidades potenciais do ambiente e neutralizando as ameaças potenciais que rondam os seus negócios. É puro jogo de cintura e manobras rápidas e ágeis. Além disso, a estratégia organizacional tem os seus desdobramentos: ela reflete a maneira pela qual a empresa procura maximizar suas forças reais e potenciais da melhor maneira possível e minimizar suas fraquezas reais e potenciais.

Como o planejamento estratégico envolve a organização como uma totalidade sistêmica e holística, cada área funcional da empresa – marketing, finanças, produção, operações, GH – e/ou cada unidade estratégica de negócios precisa montar o seu próprio planejamento estratégico como parte integrante do processo, para consolidar o alcance dos objetivos organizacionais prioritários. Assim, os objetivos de cada área funcional deverão ser solidários e subordinados aos objetivos organizacionais. Cada plano estratégico de GH ou de qualquer outra área deve estar subordinado ao plano estratégico organizacional.

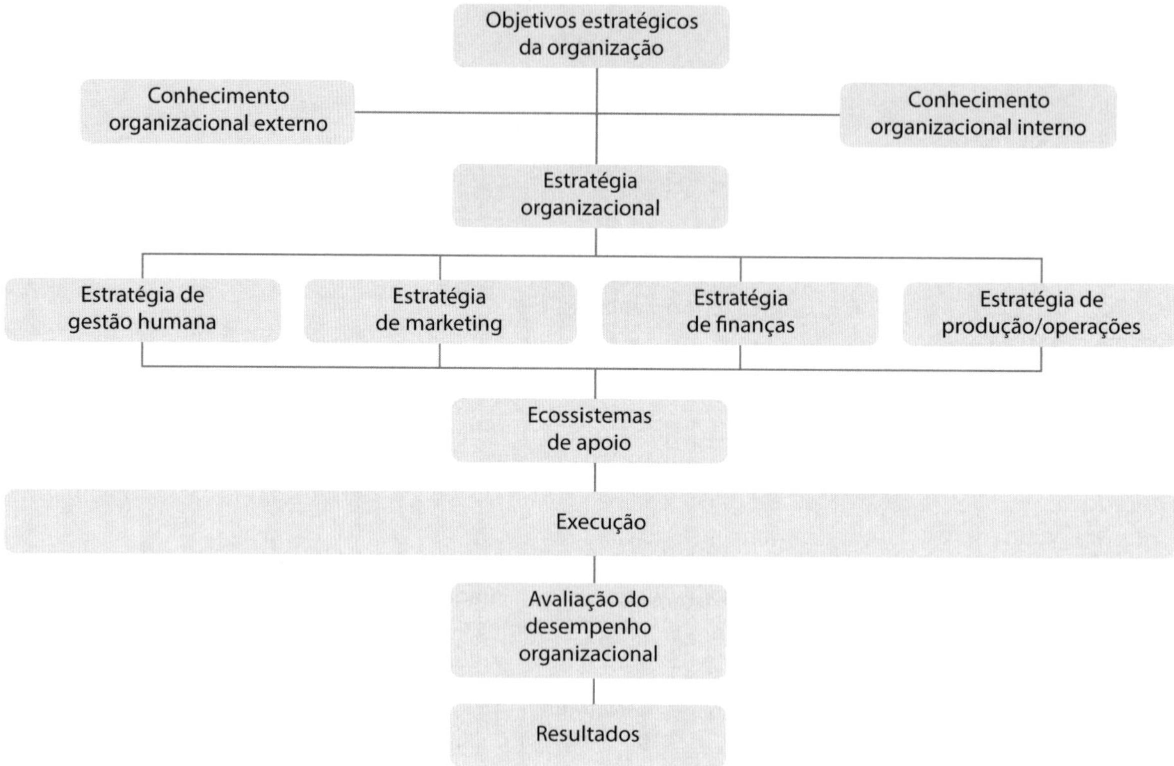

Figura 3.2 Fundamentos básicos da estratégia organizacional.

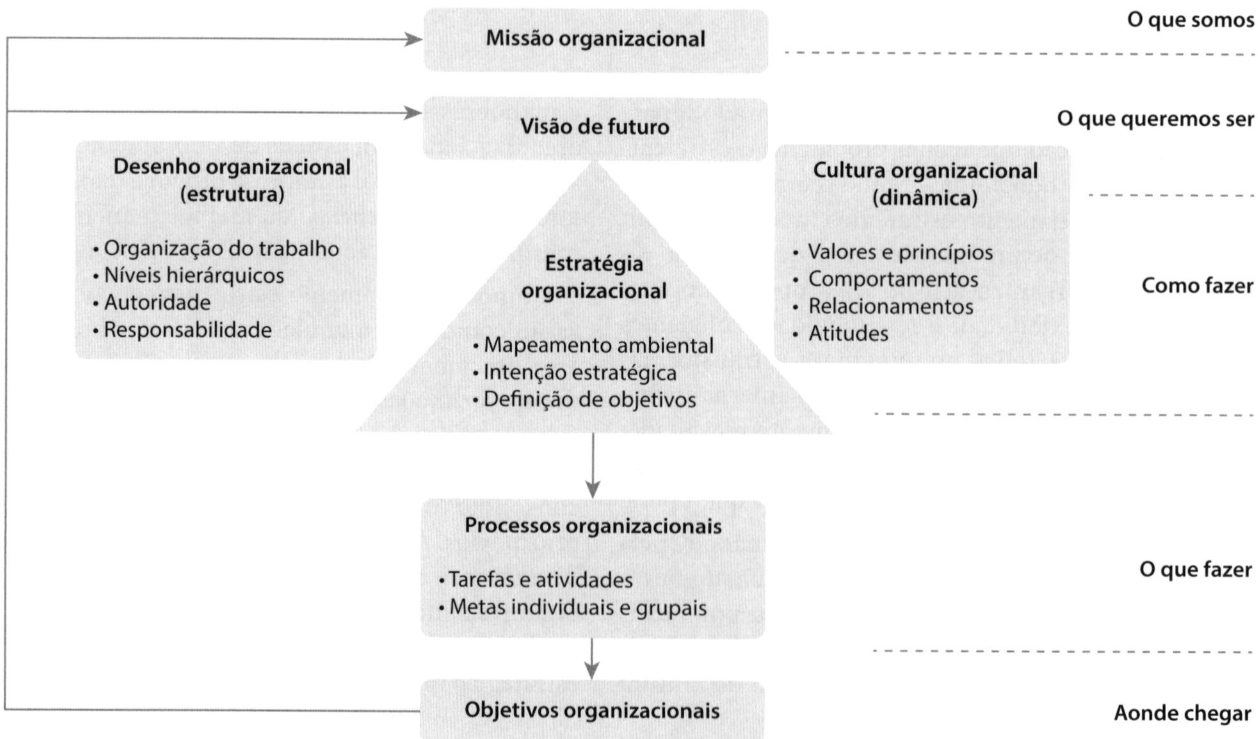

Figura 3.3 Ecossistema da estratégia empresarial.[4]

3.1.1 Os desdobramentos da estratégia[5]

A estratégia precisa ser planejada com antecipação e deve ser estendida no longo prazo. Ela é uma janela para o futuro do negócio. E requer um cuidadoso planejamento estratégico para que possa ser colocada em ação. O planejamento estratégico é desdobrado em planos táticos e estes em planos operacionais.

3.2 PLANEJAMENTO ESTRATÉGICO DA GESTÃO HUMANA

O planejamento estratégico da Gestão do Talento Humano (GTH) evoluiu significativamente, transcendendo a mera necessidade de determinar a quantidade de colaboradores para as operações da empresa. Hoje, ele se configura como um processo holístico que começa com a missão e a visão organizacional, definindo objetivos estratégicos claros e conectando-os às competências disponíveis e às que são essenciais para o sucesso a longo prazo.

Em um ambiente empresarial cada vez mais dinâmico e competitivo, o planejamento estratégico da GTH deve considerar a criação de uma cultura organizacional que favoreça a inovação, o engajamento e a colaboração. Isso inclui a adoção de uma arquitetura organizacional ágil que permita respostas rápidas às mudanças de mercado, bem como um estilo de gestão que promova a autonomia e a responsabilidade entre os colaboradores.

Além disso, é fundamental que o planejamento incorpore sistemas de incentivo pelo alcance de metas, proporcionando reconhecimento e recompensas que motivem os colaboradores a se engajarem ativamente no cumprimento dos objetivos da organização. A utilização de plataformas digitais e tecnologias de gestão torna-se crucial nesse contexto, permitindo que os líderes trabalhem de forma eficaz com suas equipes, otimizando a comunicação e facilitando o acesso a informações relevantes.

A estratégia de GH faz parte integrante da estratégia organizacional e deve atender a uma multiplicidade de objetivos de ordem estratégica, tática (envolvendo políticas e diretrizes) e operacional (envolvendo as melhores práticas), devidamente integrados entre si, como na Figura 3.4.

Quadro 3.1 Composição de uma estratégia de Gestão Humana

Conselho de administração Interesse dos *stakeholders* Estratégia organizacional			Negócio da organização Objetivos organizacionais Missão e visão organizacional			
Estratégia de Gestão Humana						
Agregar talentos	**Engajar talentos**	**Aplicar talentos**	**Desenvolver talentos**	**Recompensar talentos**	**Monitorar talentos**	
Estratégias de:						
Atração Preferência Marca Imagem Reputação	Melhor lugar de trabalho Encantamento Vestir a camisa Engajamento	Solidariedade Carreira Produtividade Eficácia Produtividade	Conhecimento Habilidades Atitudes Competências Liderança	Participação Engajamento Motivação Entusiasmo Emoção	Processos decisórios Dados e Informação Análises preditivas Indicadores e métricas	**Estratégico**
Táticas e Políticas de:						
Atratividade *Pipeline* de talentos Propostas de valor Jornada do candidato	Cultura organizacional *Empowerment* Clima organizacional Jornada do colaborador	Arquitetura organizacional Equipes Gestão do desempenho Orientação *Feedback*	Aprendizagem organizacional Gestão do conhecimento Universidade corporativa *Coaching* *Mentoring*	Participação nos resultados Participação no negócio Bônus de curto prazo Bônus de longo prazo	Sistema de informações Sistemas de apoio a decisões Tecnologia da informação Transformação digital *Feedback contínuo*	**Tático**
Melhores Práticas de:						
Recrutamento Seleção Integração/ *Onboarding*	Experiência do colaborador Qualidade de vida	Moldagem do trabalho OKRs e KPIs (objetivos estratégicos e indicadores de desempenho)	Treinamento Desenvolvimento Gestão de aprendizagem	Remuneração fixa e variável Incentivos Benefícios flexíveis Benefícios sociais	Banco de dados Banco de competências *People Analytics* Sistemas de informação Sistemas de apoio	**Tático**
Tecnologia e automação de processos com inteligência artificial						
Resultados: competitividade e sustentabilidade da organização						

Para que a GH contribua direta ou indiretamente para o negócio da organização, ela precisa ter seu plano estratégico intrinsecamente ajustado ao plano estratégico da organização. Dessa maneira, o planejamento estratégico da GH deve estar subordinado ao planejamento estratégico da organização e faz parte de um conjunto integrado de providências de longo prazo para a sua consecução. E precisa também levar em conta os planos estratégicos das demais outras áreas funcionais da empresa para contribuir com ações que as ajudem a alcançar seus próprios objetivos específicos, além de contribuir com o alcance dos objetivos estratégicos da organização.

O planejamento estratégico da GH requer um conjunto integrado de etapas:

- **Foco em uma abordagem abrangente do negócio da organização:** quais os seus objetivos prioritários (estratégicos, táticos e operacionais), as diretrizes básicas, as vantagens competitivas que farão a diferença competitiva da organização e como oferecer competências e desempenho humano, bem como oferecer valor a todos os públicos estratégicos envolvidos direta ou indiretamente no negócio da organização.
- **Definir a intenção estratégica da área de GH:** tendo em vista a missão organizacional, a visão de futuro da empresa, valores e prioridades do negócio, que são os aspectos fundamentais que irão direcionar os objetivos e esforços da GH. Qual será a contribuição da GH ao negócio da organização.
- **Desenvolver uma análise SWOT:** para analisar as forças (*strenghts*) e fragilidades (*weaknesses*) internas da organização, bem como as oportunidades (*opportunities*) e ameaças (*threats*) do ambiente externo e da própria organização. Todo plano estratégico deve abordar tanto o sistema como um todo – a organização como um todo – como também todo o contexto – mercado e públicos estratégicos – que o envolve externamente, para analisar todos os aspectos positivos e negativos para a ação futura. É preciso ter uma clara ideia do impacto do mercado e do ambiente externo em que a empresa está envolvida.
- **Elaborar cenários futuros:** considerar os desdobramentos futuros de longo prazo do negócio da organização, dos impactos futuros do mercado, das novas tecnologias que estão surgindo, para previsões de mudanças e transformações que virão e que deverão afetar a estratégia adotada. Trata-se de projetar a situação presente para o futuro em um cone expansivo e definir alternativas de expectativas (cenário otimista, mediano ou pessimista) e escolher a mais provável, depois de considerar seus impactos e consequências futuras.
- **Analisar as competências organizacionais necessárias para a consecução da estratégia organizacional:** aqui vem a parte mais íntima da estratégia de GH: do que a organização dispõe e deverá dispor em termos de talentos e de competências. Isso requer uma ampla e profunda avaliação da comunidade colaborativa de talentos atual e futura da organização. Ou seja, o *status* atual e aonde a organização pretende chegar no seu futuro estratégico. E os *gaps* entre a realidade de hoje e o sonho do amanhã. Esse é o conteúdo e, além disso, quais as providências a respeito de adequação do continente para o futuro: arquitetura, cultura, modelagem do trabalho e estilo de gestão, dentre outros. Aqui reside no trabalho central da GH.

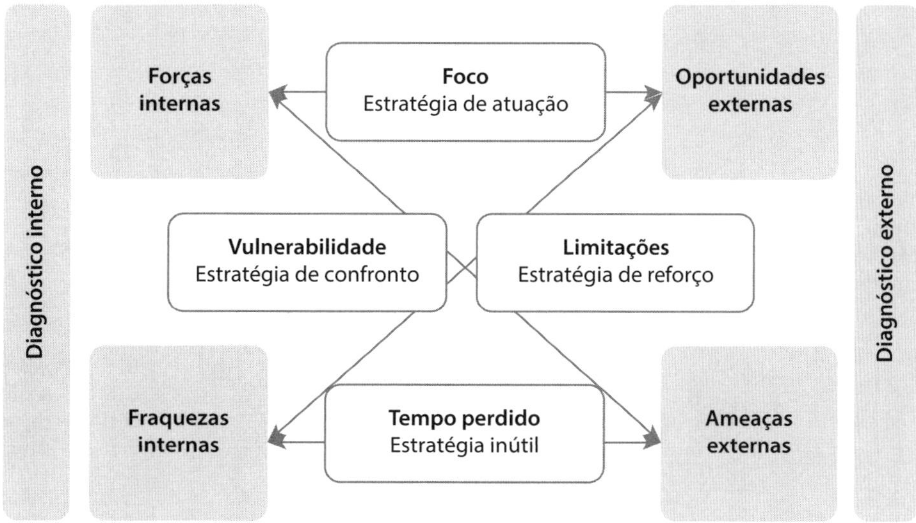

Figura 3.4 Possíveis conclusões da análise SWOT.

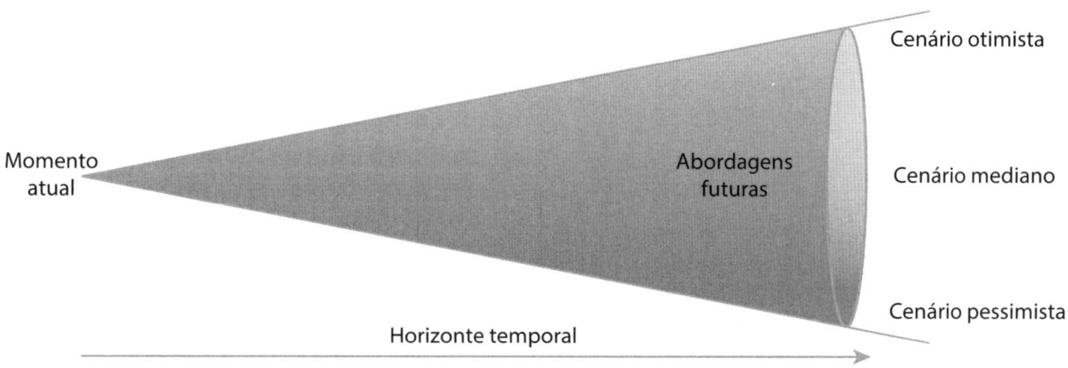

Figura 3.5 Cone do cenário futurista.

- **Analisar os recursos críticos necessários à execução da estratégia de GH:** toda estratégia constitui um mecanismo de mudança e transformação organizacional. Trata-se de uma forma de aprendizagem organizacional. E isso requer recursos orçamentários para a sua implementação e execução. A estratégia tem um custo, um resultado a alcançar, além do valor a ser criado e agregado ao negócio da organização e repartido entre todos os *stakeholders*.
- **Implementação do planejamento estratégico de GH:** constitui a etapa de construção e montagem de todos os aspectos acima, principalmente de comunicação extensiva e treinamento da equipe de GH. É a preparação da área para pôr em prática todo o plano.
- **Execução do planejamento estratégico de GH:** é a principal etapa do plano, que traduz tudo o que foi feito acima em ações específicas para o alcance dos objetivos estratégicos, táticos e operacionais dentro dos prazos previstos. A capacidade de executar o plano estratégico é mais importante do que a qualidade da estratégia em si. A maioria dos fracassos nas estratégias decorre da má execução, e não da qualidade da estratégia. Isso é decorrente do fato de que quem executa muitas vezes não participou da construção da estratégia. Por isso, é a etapa mais crítica de todo o processo.
- **Avaliação do desempenho e dos resultados:** é a etapa de *feedback* constante e ágil para medição do que foi planejado e realizado, bem como das alterações e ajustes necessários à adaptação às mudanças e transformações que ocorrem no meio do caminho. Tudo para assegurar que todos os objetivos sejam alcançados.

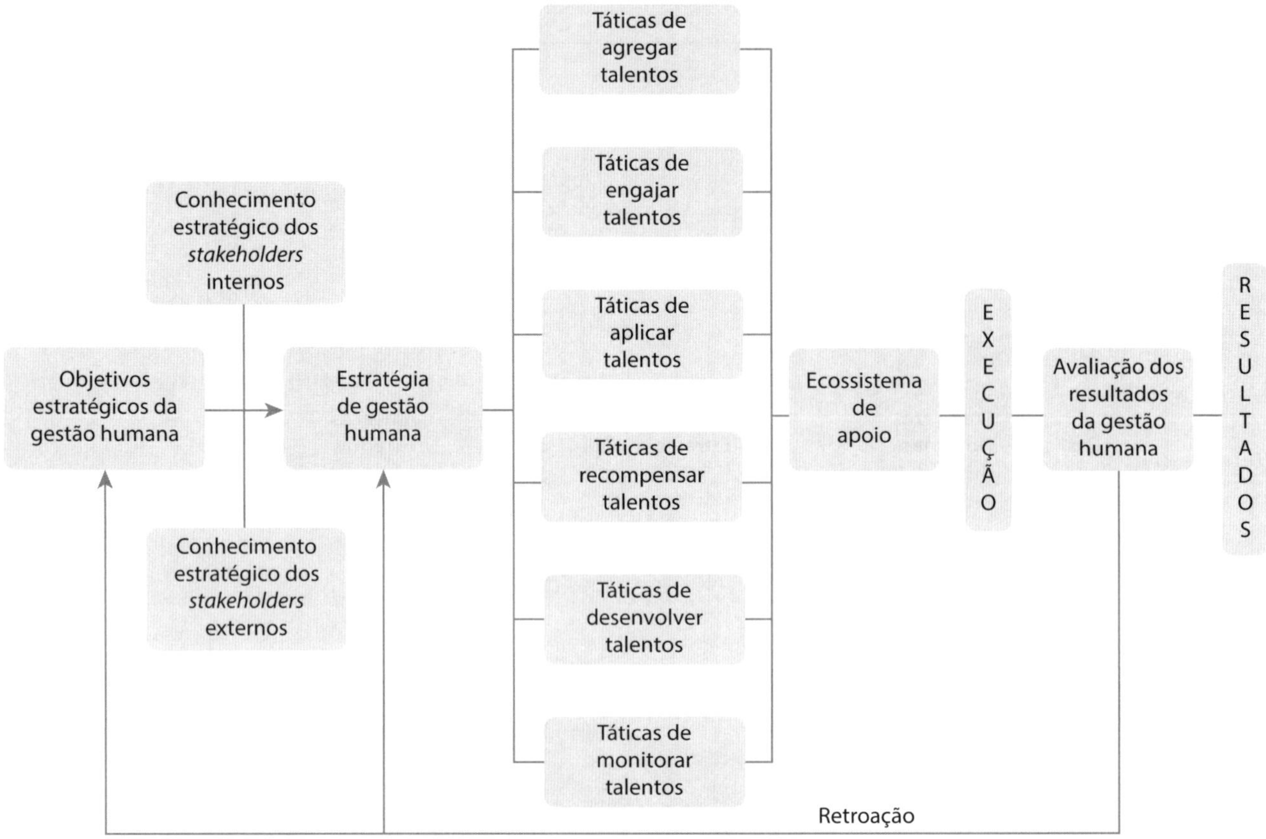

Figura 3.6 Montagem do planejamento estratégico de GH.

> **SAIBA MAIS**
> **Sobre as características do planejamento estratégico de GH**
>
> O planejamento estratégico de GH deve subordinar-se ao planejamento estratégico organizacional, que está acima dele, e estar alinhado às prioridades estratégicas da organização.
> Fala-se muito hoje em dia que o primeiro passo de uma organização é conhecer profundamente o seu cliente e suas necessidades e carências, para então definir o produto ou serviço que se alinhe exatamente com esses requisitos do cliente.
> Isso significa não começar a utilizar as melhores práticas do mercado sem antes se certificar se elas estão alinhadas aos requisitos do cliente.
> E como cada área da organização – marketing, finanças, produção, operações – se move em diferentes direções e em diferentes velocidades, a flexibilidade e o dinamismo do plano devem basear-se em modelos de múltiplas direções e velocidades. Isso requer compreender diferentes objetivos e diferentes implicações dessas diferentes áreas nas características da força de trabalho. Assim, os fatores do negócio devem ser cêntricos, para alinhar todas as atividades da organização e de suas áreas funcionais aos seus objetivos estratégicos.
> Esse é o *insight* estratégico.

3.3 PLANEJAMENTO ESTRATÉGICO DA GTH COM BASE EM COMPETÊNCIAS

O planejamento estratégico da Gestão do Talento Humano (GTH) com base em competências é uma tendência fundamental no ambiente empresarial contemporâneo. Esse modelo mais integrado permite que a GTH esteja alinhada às necessidades organizacionais mais amplas, contribuindo ativamente para a construção de vantagens competitivas sustentáveis. Ao se concentrar nas competências essenciais dos colaboradores, a GTH posiciona-se como um ativo estratégico, apoiando diretamente os objetivos de negócios da empresa.

O planejamento da GTH orientado por competências envolve um processo sistemático composto por várias etapas que garantem que a organização esteja preparada para enfrentar os desafios futuros.

Um passo a passo para o planejamento da GTH com base em competências é o seguinte:

1. **Definição da visão de futuro e dos objetivos organizacionais:** estabelecer uma visão clara de onde a organização deseja estar em determinado período. Exemplo: uma empresa de tecnologia pode decidir tornar-se líder em inovação em seu setor nos próximos cinco anos.
2. **Definição das competências organizacionais necessárias:** identificar as competências que são fundamentais para alcançar os objetivos. Exemplo: para a inovação, a organização pode precisar de competências em análise de dados, desenvolvimento ágil de produtos e *design* centrado no usuário.
3. **Avaliação das competências atuais:** realizar um mapeamento das competências já existentes na equipe. Exemplo: avaliar as habilidades em análise de dados entre os colaboradores atuais.
4. **Estimativa da lacuna (*gap*) entre competências requeridas e atuais:** identificar as diferenças entre as competências necessárias e as que estão disponíveis. Exemplo: a empresa pode descobrir que possui poucas pessoas com habilidades avançadas em informações baseadas em dados.
5. **Desdobramento da lacuna em competências organizacionais:** planejar como preencher essa lacuna, seja através de treinamentos internos ou recrutamento. Exemplo: implementar um programa de treinamento em análise de dados ou contratar novos especialistas.
6. **Desdobramento da lacuna em competências funcionais:** analisar as competências específicas necessárias para cada área. Exemplo: o departamento de marketing pode precisar de habilidades em marketing digital, enquanto a equipe de operações pode precisar de *expertise* em gestão da cadeia de suprimentos.
7. **Desdobramento da lacuna em competências gerenciais:** identificar habilidades gerenciais necessárias para sustentar os objetivos. Exemplo: os gerentes devem ter competências em liderança adaptativa para conduzir equipes em um ambiente em mudança.
8. **Desdobramento da lacuna em competências individuais:** definir quais competências cada colaborador deve desenvolver. Exemplo: um analista financeiro pode precisar aprimorar suas habilidades em *software* de análise de dados.
9. **Programas de treinamento e desenvolvimento (T&D), desenvolvimento organizacional (DO) e *coaching*:** implementar iniciativas de capacitação para construir as competências desejadas. Exemplo: criar um programa de *mentoring* ou *workshops* para o desenvolvimento de habilidades específicas.
10. **Programas de recrutamento e seleção:** estruturar processos para atrair novos talentos que possuam as competências necessárias. Exemplo: utilizar avaliações específicas durante a seleção para identificar candidatos com habilidades em inovação.
11. **Avaliação constante dos resultados:** monitorar continuamente os resultados das iniciativas de GTH e o impacto no desempenho organizacional, ajustando estratégias conforme necessário. Exemplo: realizar revisões anuais para avaliar o progresso em relação às competências desenvolvidas.

O planejamento de GTH por meio de competências permite uma visão mais integrada das necessidades próximas e futuras da organização em relação ao seu negócio e ao seu futuro.

As competências organizacionais são múltiplas e complexas, constituindo muito mais um sistema integrado do que um simples conjunto de blocos de construção. Elas se organizam em uma hierarquia cujo desdobramento começa pelas competências organizacionais da organização como um todo, vindo a seguir as competências funcionais de cada uma de suas áreas (como marketing, finanças, produção/operações, RH, tecnologia), depois as competências gerenciais ou administrativas de cada executivo como gestor de pessoas – indo desde o presidente até o supervisor mais elementar – e na base as competências individuais de cada funcionário. Um sistema integrado cujo dinâmico arcabouço reúne um complexo elenco de conhecimentos, habilidades e competências sempre prontas e disponíveis para aproveitar as oportunidades que surgem no mundo dos negócios antes que os concorrentes o façam.

Missão e visão organizacional	• O que somos • Aonde queremos chegar
Objetivos organizacionais	• Financeiros • Não financeiros
Análise situacional	• Análise ambiental externa • Análise organizacional interna • SWOTs
Estratégia organizacional	• Maior eficiência/redução de custos • Crescimento e expansão • Diversificação • Inovação
Competências necessárias	• Competências organizacionais • Competências funcionais • Competências gerenciais • Competências individuais • Aumento do capital humano
Recursos necessários	• Recursos financeiros • Recursos físicos • Recursos tecnológicos • Sistemas
Avaliação financeira e riscos contingenciais	• Vendas/produtos • Fluxo de caixa • Retorno sobre o capital • Aumento do capital financeiro
Planos táticos e operacionais	• O que • Quando • Quem • Onde

Figura 3.7 Etapas do processo de planejamento estratégico por competências.[6]

O desafio está em diagnosticar quais as competências necessárias à estratégia de cada organização, para então identificar e avaliar sua presença.

No entanto, as competências não estão soltas por aí. Elas não podem ser trabalhadas isoladamente, como feudos ou habilidades separadas. Precisam ser tratadas em conjuntos sinérgicos. E quase sempre estão nas pessoas, e não apenas na tecnologia ou nos artefatos ou arquivos da empresa. Elas envolvem um extenso portfólio de talentos e requerem um envoltório que as cerca e dinamiza, como arquitetura organizacional, cultura corporativa, estilo de gestão e modelagem do trabalho. Sem esses elementos, que constituem o seu ambiente de trabalho, o talento se torna impotente para realizar qualquer coisa que acrescente valor à organização. Não basta buscar e reter talentos, é preciso proporcionar a eles o contexto básico para que possam se desenvolver, crescer e produzir resultados conjuntos que agreguem valor ao negócio da organização.

Em função do *gap* existente entre as competências atuais possuídas e as competências necessárias, temos dois tipos de decisão a tomar:

1. Criar e construir as competências requeridas de que a organização ainda não dispõe. Ou seja, desenvolver internamente as competências com os talentos atuais. Nesse caso, os processos de desenvolver pessoas ocupam o pódio e passam a ser estratégicos para os objetivos da organização.
2. Adquirir externamente as competências requeridas de que a organização ainda não dispõe. Trata-se de uma questão de agregar competências, isto é, buscar lá fora e agregar os talentos que disponham de tais competências. Nesse caso, os processos de agregar talentos e competências ocupam o pódio e passam a ser estratégicos para os objetivos da organização. Isso mostra o caráter contingencial da GTH. As competências sempre dependem da criação e do desenvolvimento de talentos.

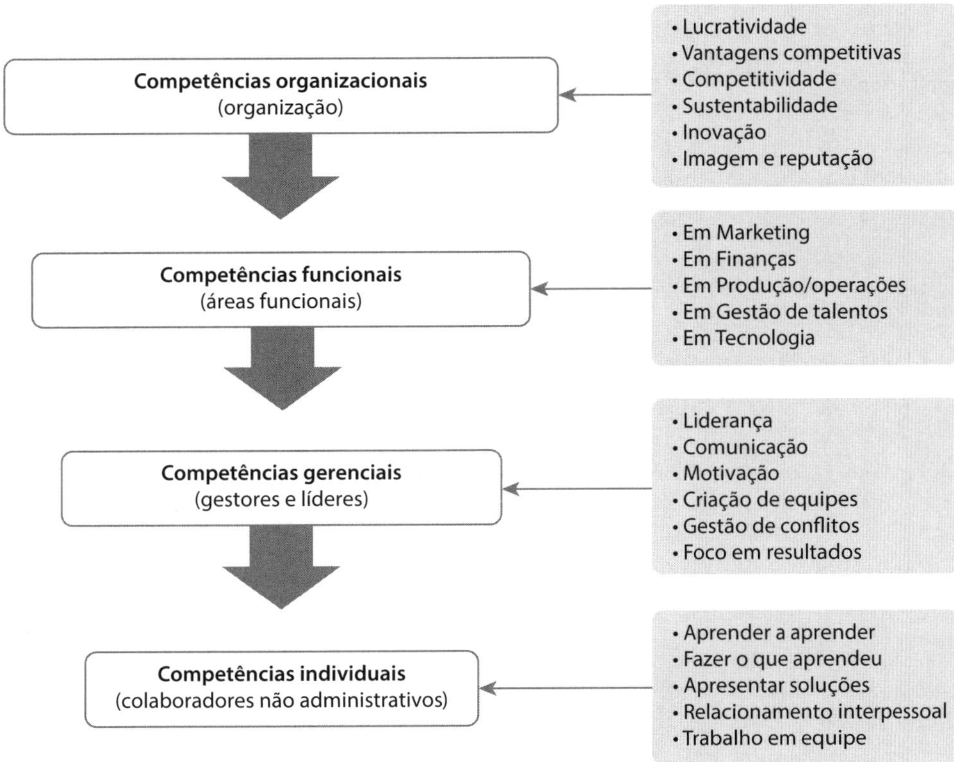

Figura 3.8 Construção da cascata das competências organizacionais.

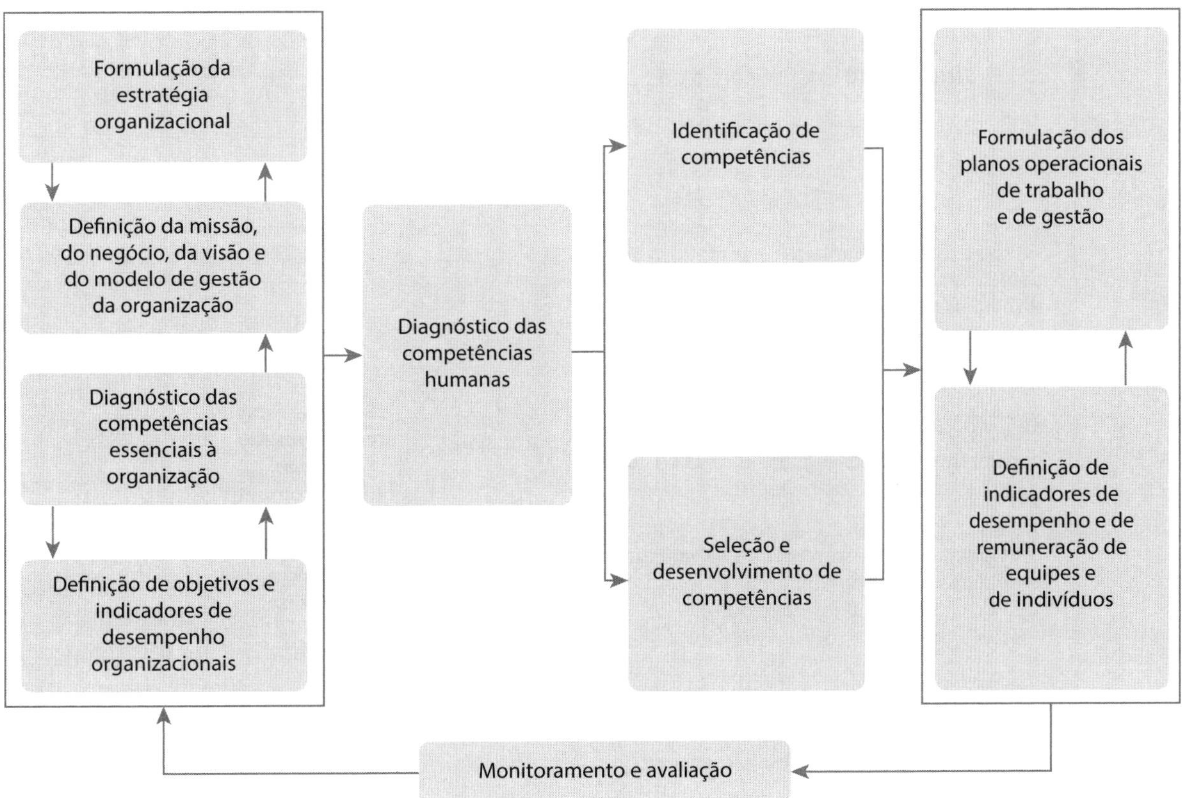

Figura 3.9 Diagnóstico das competências organizacionais.

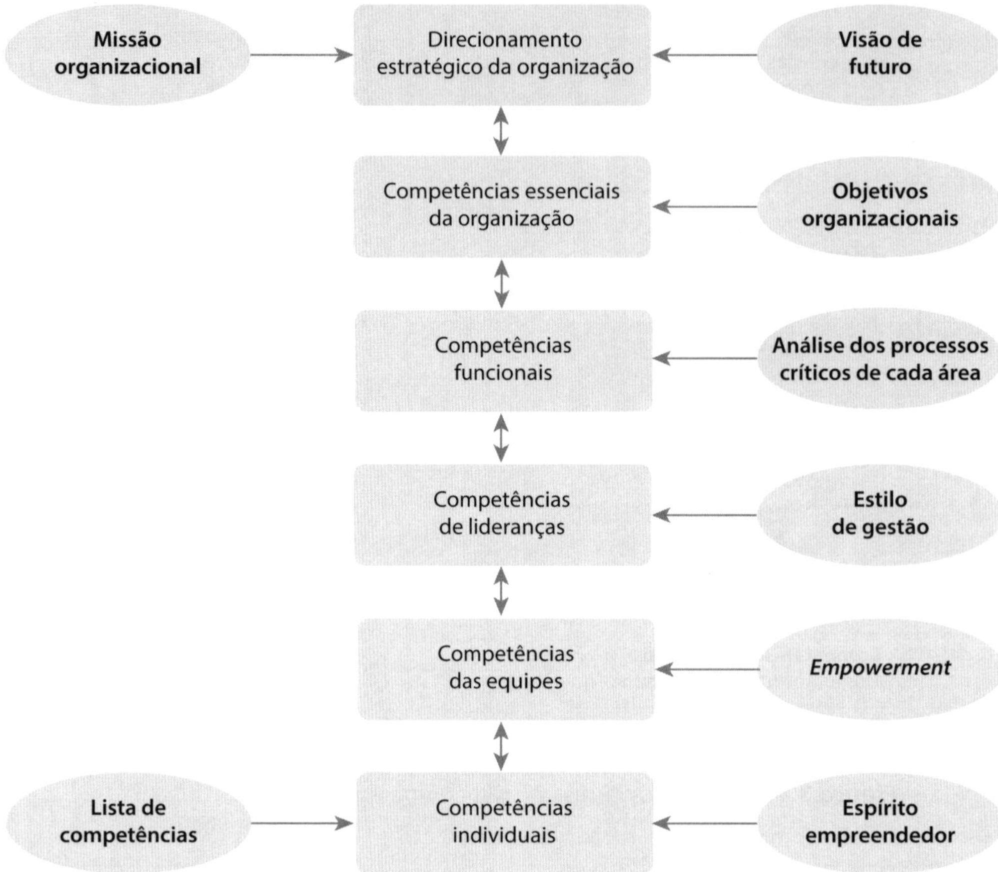

Figura 3.10 Identificação das competências de uma organização.

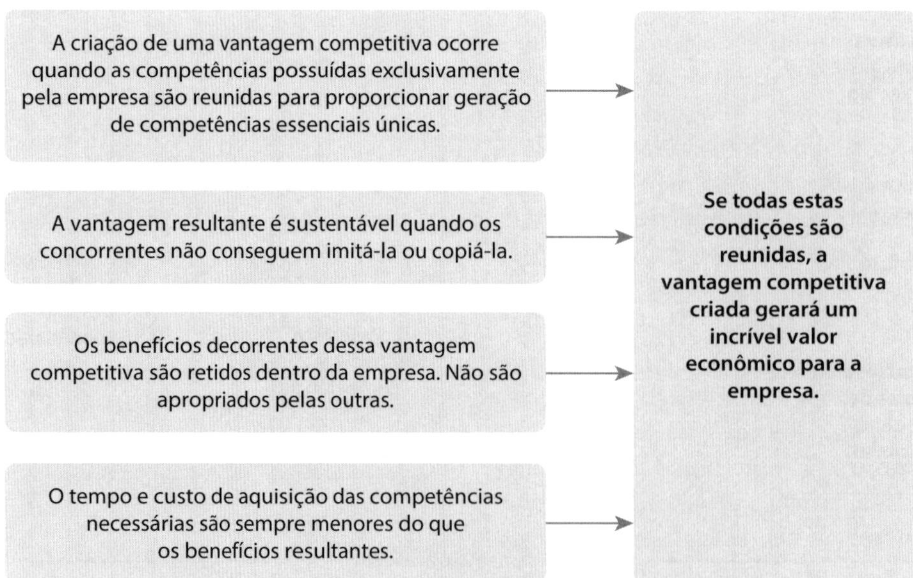

Figura 3.11 Poder da vantagem competitiva de uma organização.

Em seu conjunto, as competências organizacionais proporcionam vantagens competitivas para a organização. Elas são imprescindíveis para o sucesso organizacional, pois constituem a base da competitividade da organização.

Em resumo, as competências, quando agrupadas sistemicamente, produzem a competitividade da organização. E esse é o valor maior gerado pela GH.

> **ATENÇÃO**
>
> **Importância do planejamento estratégico de GTH**
>
> Um dos aspectos mais importantes do planejamento estratégico de GTH é o seu alinhamento com a estratégia organizacional. O planejamento estratégico de GTH deve contribuir para o alcance dos objetivos organizacionais e, simultaneamente, favorecer e incentivar o alcance dos objetivos estratégicos das várias áreas funcionais, incluindo os objetivos individuais dos colaboradores. Trata-se de alinhar talentos e competências com as necessidades do negócio da organização.

3.4 MISSÃO, VISÃO E VALORES ORGANIZACIONAIS NO CONTEXTO DO PLANEJAMENTO ESTRATÉGICO DA GESTÃO DO TALENTO HUMANO

As organizações surgem com a finalidade de atender a necessidades específicas da sociedade e, portanto, possuem uma missão a cumprir. A missão representa a razão de ser de uma organização, definindo seu propósito essencial e orientando suas atividades. Para que a missão seja efetiva, deve responder a perguntas fundamentais: Quem somos nós? O que fazemos? Por que fazemos o que fazemos?

A missão não apenas delineia os objetivos organizacionais, mas também direciona os esforços dos colaboradores. Quando os colaboradores compreendem e se identificam com a missão, torna-se mais fácil para eles alinhar suas ações aos objetivos da organização, evitando desvios de foco. Assim, a missão deve ser clara, objetiva e inspiradora, servindo como um lembrete constante do propósito que guia a empresa.

Além da missão, a visão estabelece uma imagem do futuro desejado pela organização, delineando onde ela pretende estar em determinado tempo. Por sua vez, os valores organizacionais representam os princípios fundamentais que orientam a conduta ética e a responsabilidade social da empresa. Esses valores devem considerar todas as partes interessadas – colaboradores, clientes, investidores e a comunidade – e formar a base para decisões estratégicas.

A combinação de missão, visão e valores cria um alinhamento estratégico vital para a Gestão do Talento Humano. Essa estrutura proporciona um contexto claro em que a GTH pode operar, permitindo que os talentos sejam desenvolvidos de forma a refletir e promover esses princípios. Portanto, a GTH deve ser vista como uma parceira fundamental na execução da missão organizacional, garantindo que todos os colaboradores estejam engajados e capacitados para contribuir com o futuro desejado da empresa.

A missão, a visão e os valores não apenas fundamentam a identidade organizacional, mas também orientam o planejamento estratégico da GTH, impulsionando a criação de uma cultura forte e coesa que favorece o desempenho e a excelência.

> **TENDÊNCIAS EM GTH**
>
> **Nova geração: trabalhar por uma causa em vez de apenas uma organização**
>
> Nos dias de hoje, especialmente entre a Geração Y (pessoas nascidas entre 1985 e 1999) e a Z (pessoas nascidas entre 2000 e 2010), a noção de trabalhar por uma causa ressoa profundamente. Para essas gerações, a missão de uma organização vai além de simplesmente existir; é essencial que a missão esteja alinhada a valores e propósitos que realmente importem. As pessoas, especialmente os jovens talentos, buscam se conectar com organizações que têm um impacto positivo, que promovem mudanças sociais e que defendem causas em que eles acreditam. Portanto, trabalhar para uma causa tem um significado muito mais profundo do que apenas contribuir para o lucro de uma empresa.
>
> Ademais, com a chegada da Geração Alfa – aqueles nascidos a partir de 2010, que em breve ingressarão no mercado de trabalho –, essa abordagem se tornará ainda mais relevante. Crescendo em um mundo hiperconectado e caracterizado por rápidas inovações tecnológicas e a conscientização social, essa nova geração valoriza

ainda mais o propósito e a autenticidade nas organizações. Assim, trabalhar para uma causa não é apenas uma preferência, mas uma expectativa, tornando-se essencial para atrair e reter os talentos do futuro. Portanto, o significado de contribuir para um trabalho vai muito além do lucro; trata-se de participar de uma missão que pode gerar um impacto positivo e duradouro na sociedade.

É fundamental reconhecer que as missões organizacionais não são imutáveis. Organizações bem-sucedidas adaptam e expandem continuamente sua missão para refletir as tendências e valores que importam para sua força de trabalho e para a sociedade. Embora a missão possa parecer estável e fixa em sua essência, ela deve evoluir para acompanhar as mudanças nas expectativas da sociedade e nas dinâmicas do mercado. Por exemplo, enquanto no passado uma empresa podia ter como missão apenas fabricar relógios de ponto, atualmente suas metas podem incluir a promoção da eficiência e da produtividade no local de trabalho, por meio de soluções tecnológicas modernas.

Um exemplo contemporâneo é a IBM, cuja missão evoluiu de simplesmente fabricar computadores para "oferecer soluções criativas de informação que agregam valor aos clientes". Essa evolução ilustra um compromisso em entregar não apenas produtos, mas também soluções inovadoras que atendem às necessidades reais dos consumidores.

Da mesma forma, as empresas de transporte, como as ferrovias modernas, não se limitam a fornecer trens e estações. Sua missão concentra-se em oferecer experiências de transporte rápidas, confortáveis e seguras para seus usuários, conectando-se assim com um propósito maior.

Tal como a HP, que sempre enfatizou que o verdadeiro motivo de sua existência é fornecer algo único ao cliente – não apenas produtos –, muitas empresas estão reformulando sua abordagem para colocar a experiência do cliente e a contribuição social no centro de suas operações. A Philips, com seu lema "fazendo sempre melhor" (*"let's make things better"*), reflete essa busca por melhorias contínuas que ressoam com um impacto positivo.

Para as gerações mais atuais, é essa conexão com uma causa, um propósito e um impacto social que molda suas escolhas de trabalho. As organizações que conseguem se alinhar com tais expectativas não apenas atraem e engajam talentos dessa geração, mas também se posicionam como líderes que contribuem para um mundo melhor. Envolver-se com um propósito faz com que o trabalho se torne mais do que uma ocupação; torna-se uma jornada significativa em busca de mudança e impacto.

SAIBA MAIS
Sobre a importância da cultura organizacional

A cultura organizacional é o coração que pulsa nas veias da empresa, moldando os valores que guiam cada ação e cada decisão. Líderes têm um papel crucial em criar e cultivar essa cultura, definindo com suas palavras e ações o ambiente de trabalho. A Gestão do Talento Humano deve estar alinhada à missão da organização, pois são as pessoas que dão vida a essa missão e a transformam em realidade. Portanto, é vital que tanto dirigentes quanto colaboradores adotem um comprometimento missionário, colaborando de forma harmoniosa para alcançar os objetivos coletivos.

3.5 VISÃO DE FUTURO

Visão é a imagem que a organização tem a respeito de si mesma e do seu futuro. É o ato de ver a si própria projetada no tempo futuro. Toda organização deve ter uma visão adequada de si mesma, dos recursos necessários, do tipo de relacionamento que deseja manter com seus *stakeholders* e mercados, de como irá atingir seus objetivos organizacionais, das oportunidades e desafios que enfrenta, quais as forças que a impelem e em que condições ela opera. A visão está mais voltada para aquilo que a organização pretende ser do que com aquilo que ela realmente é. Nessa perspectiva, muitas organizações colocam a visão como o projeto que elas gostariam de ser dentro de certo prazo de tempo e o caminho futuro que pretendem adotar para chegar até lá.

A visão é como a bússola de uma organização, guiando-a rumo ao futuro que ela almeja construir. É a representação do que a empresa deseja ser e de como pretende se situar no cenário dinâmico dos negócios em constante transformação. Em um mundo moldado por tecnologias disruptivas como inteligência artificial, *machine learning*, *big data* e *blockchain*, ter uma visão clara torna-se ainda mais crucial.

Toda organização precisa entender não apenas sua posição atual, mas também os recursos de que irá precisar, os relacionamentos que deseja cultivar com seus *stakeholders* e o mercado, e os caminhos para alcançar seus objetivos. A visão deve refletir as oportunidades e os desafios que a organização enfrenta e as forças que a impulsionam. Mais do que um retrato do presente, a visão deve ser um projeto inspirador do que a organização aspira se tornar.

Além de estabelecer esse destino desejado, a visão é vital porque, nas empresas modernas, o controle não se dá mais por meio de regras rígidas ou hierarquias. Em um ambiente colaborativo e inovador, o que realmente mantém os colaboradores engajados é o compromisso compartilhado com essa visão e os valores que a sustentam. Quando todos na organização conhecem e abraçam essa visão, eles sabem exatamente para onde estão indo e como contribuir, atuando como verdadeiros embaixadores da missão.

A visão oferece uma identidade comum, unindo as equipes em torno de propósitos claros para o futuro. Em um mundo globalizado, onde as culturas, linguagens e contextos geográficos são variados, essa visão atua como a "cola" que proporciona coesão e consistência interna. Ao invés de verdades conservadoras, a visão deve refletir uma postura não conformista e desafiadora em relação aos resultados atuais, incentivando a inovação e a melhoria contínua.

Esse inconformismo em relação ao *status quo* é o que dá vida à visão organizacional – a ambição de se tornar algo maior, utilizando o talento e a criatividade das pessoas. Assim, é vital que essa definição de futuro seja não apenas objetiva e clara, mas também inspiradora e motivadora, impulsionando a organização a alcançar novos patamares de sucesso em um cenário em constante evolução.

3.6 OBJETIVOS ORGANIZACIONAIS

Objetivo é um resultado futuro desejado que se busca alcançar dentro de determinado período de tempo. A visão organizacional se refere a um conjunto de objetivos desejados pela organização. Ela proporciona foco no futuro e oferece as bases para a definição dos objetivos organizacionais a serem alcançados.

Os objetivos devem atender simultaneamente a seis critérios, a saber:[7]

1. **Ser focalizados em um resultado comum:** a atingir e não em uma atividade.
2. **Ser consistentes:** precisam estar amarrados coerentemente a outros objetivos e demais metas da organização para criar sinergia.
3. **Ser específicos:** circunscritos, claros e bem definidos.
4. **Ser mensuráveis:** ou seja, quantitativos por meio de indicadores e métricas.
5. **Ser definidos em um período de tempo:** como dia, semana, mês, ano ou cinco anos.
6. **Ser alcançáveis:** devem ser perfeitamente possíveis, mas sempre desafiadores.

Existem três tipos de objetivos: rotineiros, de aperfeiçoamento e inovadores.[8]

1. **Objetivos rotineiros:** são os objetivos do cotidiano que servem como padrões de desempenho do dia a dia.
2. **Objetivos de aperfeiçoamento:** são os objetivos que servem para melhorar e alavancar os atuais resultados da organização no sentido de aperfeiçoar e incrementar aquilo que já existe. Tratam de melhorias nos produtos, serviços e processos do negócio.
3. **Objetivos inovadores:** são os objetivos que incorporam ou agregam algo totalmente novo à organização. São eles que trazem imaginação, criatividade e inovação.

Mas não basta ter objetivos rotineiros e de aperfeiçoamento. Isso é o mínimo. É preciso emplacar objetivos inovadores ajustados a um mundo em constante mudança. A definição dos objetivos globais da organização conduz à formulação da estratégia organizacional necessária para alcançá-los. Essa foi a razão pela qual falamos de missão, visão de futuro e objetivos organizacionais.

DICAS

O êxito de uma organização bem-sucedida depende de:

- **Lucratividade:** ela produz valor e oferece riqueza.
- **Longevidade:** ela dura muito tempo e se torna sustentável.

- **Saúde organizacional:** ela é salutar e não tem conflitos internos duradouros.
- **Inovação:** tem ideias e muita imaginação.
- **Flexibilidade:** tem elevada adaptabilidade e jogo de cintura.
- **Admiração:** porque inspira e serve de modelo para outras organizações.
- **Identidade própria:** tem uma cultura toda especial.
- **Produtos e serviços:** são incomparáveis.
- **Retornos:** proporcionados para todos os *stakeholders*.
- Ser o melhor lugar para trabalhar.

Mas tudo isso depende de:

- Competitividade.
- Produtos e serviços invejáveis.
- Fidelização do cliente.
- Competências organizacionais.
- Talentos + Talentos + Talentos.

Moral da história: as pessoas fazem toda a diferença em qualquer organização. Uma organização é excelente somente quando possui pessoas excelentes.

Sobre a importância de predizer futuras demandas de talentos

Muitas organizações ainda enfrentam desafios significativos na previsão das futuras demandas de talentos, operando muitas vezes com uma visão limitada do que está por vir. Essa falta de planejamento estratégico leva a uma abordagem reativa, onde decisões são tomadas com base em necessidades imediatas, sem considerar o panorama mais amplo do mercado de trabalho. Dados de pesquisas indicam que apenas 21% das empresas adotam uma estratégia proativa em suas práticas de planejamento da força de trabalho. A realidade é que, para a maioria, o foco permanece restrito à força de trabalho atual, ignorando as implicações cruciais de uma abordagem futura. Essa miopia torna-se ainda mais preocupante quando os planos de talentos são relegados a uma função específica dos Recursos Humanos, em vez de serem reconhecidos como um elemento essencial da estratégia organizacional. Esse descompasso impede que as empresas se preparem adequadamente para as mudanças contínuas no mercado, como a evolução tecnológica, as mudanças nas expectativas dos colaboradores e a dinâmica global de talentos.

3.6.1 Aporte do *Balanced Scorecard* (BSC) à estratégia organizacional

Kaplan e Norton destacaram que a capacidade de executar uma estratégia é muitas vezes mais crítica do que a qualidade da estratégia em si. Pesquisas indicam que cerca de 70% dos fracassos na implementação estratégica estão relacionados à má execução, não ao conteúdo da estratégia. Nesse novo cenário, as oportunidades para criar valor estão se deslocando rapidamente da gestão de ativos tangíveis para estratégias que valorizam o conhecimento e os ativos intangíveis da organização, incluindo o relacionamento com clientes, a inovação de produtos e serviços, a adoção de tecnologias da informação, bancos de dados e abordagens analíticas, além das competências e da motivação dos colaboradores.

Para lidar com esses ativos intangíveis e implementar estratégias que criam valor, o *Balanced Scorecard* (BSC) aparece como uma ferramenta gerencial fundamental. O BSC fornece foco e alinhamento à estratégia organizacional, permitindo mensurar resultados de forma eficaz. Ele opera por meio de quatro perspectivas interligadas que envolvem os principais *stakeholders* do negócio:

1. **Perspectiva financeira:** analisa a saúde financeira da organização através de indicadores financeiros, como lucratividade, retorno sobre investimentos e valor agregado. Essa perspectiva é essencial para entender a viabilidade econômica das iniciativas de GTH e seu impacto no desempenho geral da empresa.
2. **Perspectiva dos clientes:** foca na experiência do cliente, medindo aspectos como satisfação, participação no mercado, aquisição e retenção de clientes. Essa dimensão ajuda a GTH a entender como o desenvolvimento e a gestão do talento estão diretamente ligados à capacidade de conquistar e manter clientes.
3. **Perspectiva dos processos internos:** avalia a eficiência e a qualidade dos processos organizacionais, incluindo inovação, produção, logística e comunicação interna. Essa visão é crucial para identificar

oportunidades de melhoria nas operações e garantir que os colaboradores estejam alinhados com os objetivos da organização.

4. **Perspectiva de aprendizado e crescimento:** examina os fatores que sustentam o sucesso futuro da organização, como desenvolvimento de competências, motivação e estrutura organizacional. Essa perspectiva enfatiza a importância do investimento no capital humano e na criação de um ambiente que fomente o aprendizado contínuo.

Integração com OKRs e KPIs

Além do BSC, a integração de OKRs (*Objectives and Key Results*) e KPIs (*Key Performance Indicators*) é essencial para um planejamento estratégico eficaz. Enquanto os OKRs ajudam a definir objetivos ambiciosos e mensuráveis, alinhando as iniciativas da GTH com a visão e os valores da organização, os KPIs fornecem métricas quantificáveis para avaliar o desempenho e o progresso em relação a esses objetivos.

A conexão entre competências e resultados

As organizações estão em busca de resultados globais, como crescimento, participação no mercado e rentabilidade. Para atingirem essas metas, elas não apenas precisam entender o perfil de seus clientes, mas também depender de processos internos eficientes e inovadores. Esses processos, por sua vez, são impulsionados pelas competências do capital humano, que incluem habilidades, atitudes, comprometimento e adaptabilidade.

Portanto, para alcançar e sustentar essas competências, processos de gestão humana que englobam agregar, engajar, aplicar, recompensar, desenvolver e monitorar os colaboradores são indispensáveis. É uma verdadeira cadeia de criação de valor que começa com a GTH e que, ao longo do tempo, se reflete em resultados positivos e sustentáveis para toda a organização. Assim, o planejamento estratégico da GTH, fundamentado em BSC, OKRs e KPIs, torna-se um pilar essencial para a excelência organizacional na Era Digital.

DICAS

Princípios para focar a estratégia

Na era moderna da gestão de desempenho, o uso de *Objectives and Key Results* (OKRs) e *Key Performance Indicators* (KPIs) se tornou essencial para direcionar e monitorar a eficácia das estratégias organizacionais. Esses métodos oferecem princípios fundamentais para focar a estratégia da seguinte maneira:

1. **Traduzir a estratégia em termos operacionais:** a utilização de OKRs permite que as organizações comuniquem e traduzam sua estratégia em objetivos claros e mensuráveis que ressoam em todos os níveis da equipe, garantindo que todos compreendam como suas contribuições individuais se ligam aos objetivos globais.
2. **Alinhar a organização com a estratégia:** a adoção de KPIs ajuda a garantir que todas as unidades organizacionais estejam sincronizadas com a estratégia. As métricas proporcionam uma visão interligada do desempenho que permite que as equipes identifiquem sinergias e colaborem efetivamente, eliminando barreiras departamentais.
3. **Fazer da estratégia a tarefa diária de cada pessoa:** a implementação de OKRs faz com que cada colaborador possa visualizar como suas tarefas diárias contribuem para objetivos maiores. Isso promove uma cultura de responsabilidade e alinhamento, onde todos estão cientes do impacto de suas ações no sucesso organizacional.
4. **Fazer da estratégia um processo contínuo:** o ciclo de avaliação e ajuste dos KPIs, juntamente com a revisão regular dos OKRs, garante que a estratégia esteja sempre em evolução e adaptada às mudanças do ambiente de negócios. Isso introduz um processo contínuo de aprendizado coletivo e melhoria.
5. **Mobilizar a mudança por meio da liderança:** líderes que utilizam OKRs e KPIs promovem uma visão clara e um espírito colaborativo, mobilizando suas equipes em torno da estratégia. A participação ativa da liderança é crucial para coordenar e sustentar iniciativas de mudança, garantindo que toda a organização esteja comprometida com os objetivos.

Esses princípios contemporâneos fornecem um guia prático para a implementação e manutenção de uma estratégia eficaz, adaptando-se às condições mutáveis do mercado e às expectativas das partes interessadas.

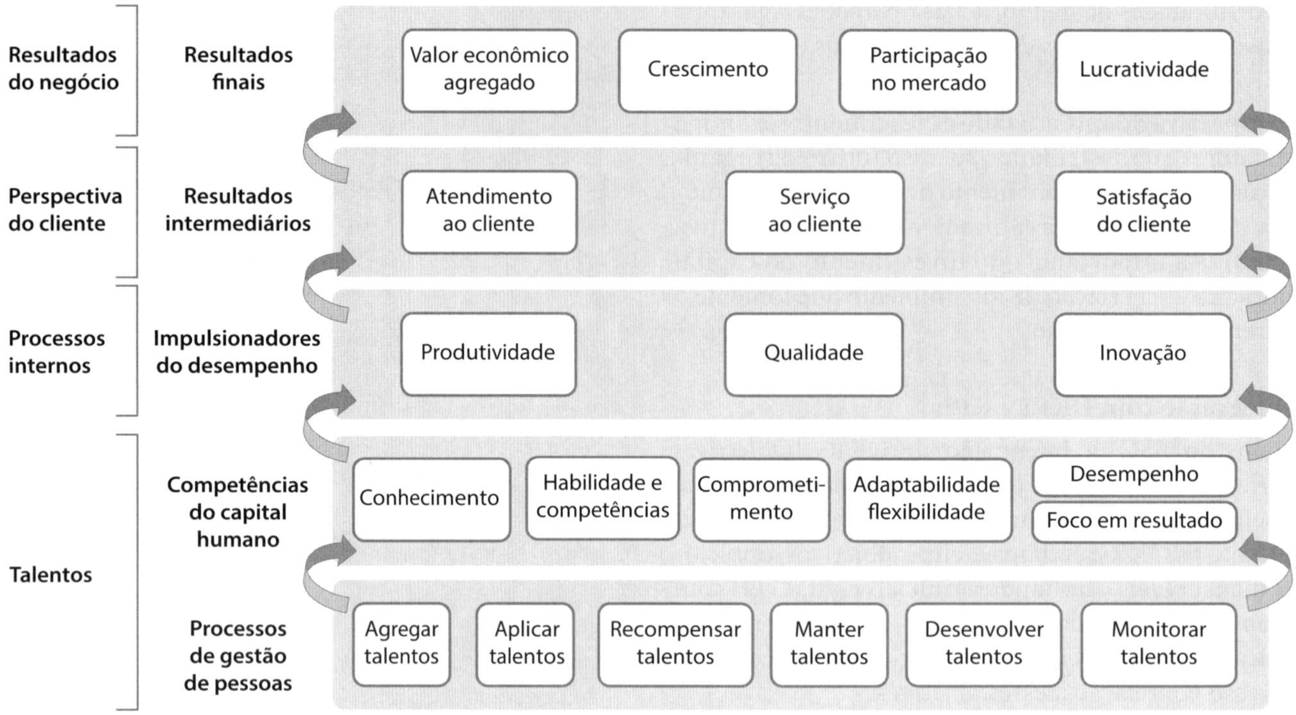

Figura 3.12 *Balanced Scorecard* da GH.

3.7 MODELOS DE PLANEJAMENTO TÁTICO DE GTH

Os modelos de planejamento tático da Gestão do Talento Humano (GTH) concentram-se no nível gerencial da organização, envolvendo os executivos como gestores de pessoas. Eles também atuam em áreas funcionais ou unidades estratégicas para garantir o alcance de metas e objetivos táticos. Nesse contexto, a GTH transforma os executivos em verdadeiros gestores de talentos, indo além do papel técnico para abraçar o desenvolvimento humano e a liderança eficaz.

Com a crescente adoção de metodologias ágeis, os modelos de planejamento tático agora incorporam práticas que permitem maior flexibilidade e adaptação às mudanças rápidas do ambiente organizacional. As equipes são organizadas em *squads*, que são grupos multidisciplinares que trabalham de forma autônoma para resolver problemas específicos, facilitando a colaboração e a inovação. Essas estruturas não apenas aumentam a eficiência, mas também promovem um ambiente que valoriza a criatividade e a iniciativa dos colaboradores.

Além disso, o uso de plataformas de gestão de tarefas e projetos permite que os gerentes coordenem tarefas de forma eficaz e mantenham a transparência em relação ao progresso das metas. Ferramentas que implementam práticas de *feedback* em tempo real e que facilitam a comunicação ágil tornam-se essenciais para manter todos alinhados e motivados.

O aprendizado em práticas como seleção, entrevistas, treinamento e tomada de decisões sobre pessoas torna-se fundamental para aprimorar o estilo de gestão dos executivos. Eles devem evoluir de meros gestores para líderes inspiradores, promovendo valores como formação de equipes, comunicação efetiva e motivação.

Não obstante, as expectativas sobre os colaboradores também mudam. Eles são incentivados a adotar posturas de aprendizado autônomo, assumir riscos calculados e inovar continuamente. A construção de novas habilidades e competências, a disposição para colaborar em equipe e o engajamento em papéis mais criativos e proativos são cada vez mais valorizados. O foco não está apenas nas métricas, mas também na criação de um ambiente positivo e de aprendizado, essencial para o sucesso em um mundo que valoriza a agilidade e a adaptação rápida às mudanças.

3.8 MODELOS DE PLANEJAMENTO OPERACIONAL DE GTH

Apesar de sua importância, o planejamento operacional da GTH nem sempre fica sob a responsabilidade exclusiva do departamento de GTH da organização. Em geral, as bases principais do planejamento operacional envolvem a demanda de trabalho e a disponibilidade de colaboradores. É crucial entender o que é necessário em termos de talentos e competências e o que é viável dentro do contexto organizacional.

Os modelos operacionais tradicionais de planejamento da GTH costumam ser quantitativos e com base em dados históricos, focando na experiência passada. No entanto, essas abordagens estão evoluindo. Com a introdução de metodologias ágeis de trabalho, o planejamento operacional agora se torna mais dinâmico e responsivo às mudanças.

As principais tendências para uma gestão operacional mais eficiente incluem:

1. **Metodologias ágeis:** utilização de *frameworks* ágeis, como *Scrum* e *Kanban*, para permitir que as equipes se adaptem rapidamente às mudanças nas demandas operacionais. Isso promove ciclos de *feedback* contínuos e ajustes frequentes na carga de trabalho.
2. **Priorização de tarefas:** implementação de ferramentas de priorização, como a Matriz de Eisenhower ou o método MoSCoW, que ajudam a equipe a focar nas tarefas mais impactantes e urgentes, alinhando-se rapidamente às necessidades do negócio.
3. **Colaboração:** fomento a um ambiente colaborativo por meio de plataformas digitais que facilitam a comunicação e a troca de informações em tempo real. Ferramentas de colaboração como Slack, Microsoft Teams e Trello permitem que as equipes trabalhem de forma integrada, independentemente da localização.
4. **Comunicação transparente:** estabelecimento de canais de comunicação claros e abertos, onde todos os membros da equipe podem expressar ideias, sugestões e preocupações. A transparência fortalece a confiança e otimiza a eficiência nas atividades diárias.

3.8.1 Modelos operacionais modernizados

Os modelos operacionais de planejamento da GTH agora são mais variados e adaptativos. Além de serem mais robustos do que os modelos tradicionais, eles incorporam a necessidade de considerar o contexto em constante mudança. Aqui estão alguns exemplos:

1. **Modelo baseado na demanda estimada:** embora esse modelo ainda considere a necessidade de pessoal com base na demanda estimada de produtos ou serviços, agora também inclui fatores de adaptação rápida, como *feedback* de clientes e tendências de mercado emergentes.
2. **Modelo integrado de talentos:** esse modelo não apenas relaciona as necessidades de pessoal com a demanda, mas também considera a formação de equipes multifuncionais e a necessidade de habilidades específicas. Ele leva em conta as capacidades dos colaboradores e promove a alocação dinâmica de talentos em projetos conforme necessário.
3. **Flexibilidade nas previsões:** com um foco em planejamento contínuo e revisões frequentes, esse modelo permite que as organizações respondam a imprevistos, como mudanças nas condições do mercado, flutuações na demanda ou novidades tecnológicas.

Essa transformação na abordagem do planejamento operacional da GTH representa uma evolução significativa, alavancando não apenas aspectos quantitativos, mas também qualitativos. A GTH agora, mais do que nunca, deve ser um componente estratégico que prioriza a agilidade, a colaboração e a melhoria contínua, garantindo que a organização esteja sempre preparada para se adaptar e prosperar em um ambiente de negócios em constante transformação.

3.9 FATORES INTERVENIENTES NO PLANEJAMENTO OPERACIONAL DE GTH

O planejamento estratégico da Gestão do Talento Humano (GTH) está intrinsecamente ligado a uma série de fatores intervenientes que influenciam sua implementação e eficácia. Primeiramente, o **contexto organizacional** desempenha um papel crucial; diferentes culturas e estruturas organizacionais podem impactar como as estratégias são formuladas e executadas. Uma empresa com uma cultura de inovação, por exemplo, pode adotar práticas mais flexíveis e colaborativas, enquanto uma organização mais tradicional pode seguir roteiros mais rígidos e com base em hierarquias. Portanto, entender profundamente a cultura e a dinâmica interna da organização é fundamental para moldar um planejamento eficaz.

Em segundo lugar, as **tendências do mercado** e as **exigências externas** são fatores que não podem ser ignorados. A rápida evolução das tecnologias, a globalização e as mudanças nas expectativas dos colaboradores exigem que as organizações se adaptem continuamente. O planejamento deve considerar fatores como a escassez de talentos em determinadas áreas, a necessidade de diversidade e inclusão e a importância da experiência do colaborador. Estar atento a essas variáveis permite que a GTH antecipe necessidades futuras e crie estratégias que não apenas respondam a essas demandas, mas também as abracem proativamente.

Além disso, a capacidade de **medir e avaliar o desempenho** é fundamental. As organizações precisam de indicadores claros para entender o impacto das iniciativas de GTH e, assim, conduzir melhorias contínuas. Isso envolve não apenas métricas financeiras, mas também índices de satisfação dos colaboradores, engajamento e desenvolvimento de competências. A coleta de dados e a análise contínua garantirão que as decisões sejam embasadas em evidências e que as estratégias possam ser ajustadas conforme necessário.

Por último, a **liderança** desempenha papel central no sucesso do planejamento estratégico. O comprometimento dos líderes com a visão e a estratégia da GTH é essencial para mobilizar a equipe e garantir um alinhamento entre os objetivos da organização e as aspirações dos colaboradores. A comunicação clara e a promoção de uma cultura de *feedback* são ferramentas indispensáveis nesse processo, ajudando a construir um ambiente em que todos se sintam motivados a contribuir para alcançar os objetivos comuns.

3.9.1 Próximos passos para implementar a estratégia de GTH

Para implementar eficazmente a estratégia de GTH, um passo a passo pode ser muito útil.

1. **O primeiro passo** deve ser a definição clara dos objetivos estratégicos, alinhando-os com a missão da organização. Esse alinhamento garante que todos na empresa compreendam a direção e o propósito do planejamento.
2. **Em seguida,** deve-se realizar uma análise das competências atuais em relação às necessárias, identificando lacunas e oportunidades de desenvolvimento. Esse mapeamento ajudará a priorizar onde os esforços devem ser concentrados.
3. **O terceiro passo** consiste em desenvolver e implementar programas de treinamento e desenvolvimento que atendam às lacunas identificadas nas competências. Isso pode incluir criação de *workshops*, sessões de mentoria ou até mesmo programas de formação em parceria com instituições educacionais.
4. **O quarto passo** é a criação de um sistema de monitoramento e avaliação que utilize KPIs para medir o progresso rumo aos objetivos estabelecidos. Esse sistema deve permitir ajustes rápidos nas estratégias conforme as circunstâncias mudam.

Um fator essencial no processo é garantir o engajamento dos *stakeholders*, tanto internos quanto externos. A comunicação aberta e a colaboração contínua são fundamentais para que todos os envolvidos se sintam parte do processo e estejam comprometidos com o sucesso da estratégia.

Por fim, as empresas devem promover um ambiente que valorize a adaptabilidade e a inovação, criando uma cultura organizacional propensa ao aprendizado contínuo e à melhoria.

3.9.2 Exemplo de *Balanced Scorecard* com OKRs e KPIs para GTH

Para garantir que a GTH esteja alinhada e contribuindo para a estratégia organizacional, vimos que a implementação de um *Balanced Scorecard* (BSC), que integre *Objectives and Key Results* (OKRs) e *Key Performance Indicators* (KPIs), é altamente recomendável.

No nível de perspectiva financeira, um objetivo poderia ser "aumentar o valor agregado por colaborador em 10% no próximo ano", com KPIs relacionados à produtividade e à eficiência.

Na perspectiva dos clientes, um exemplo de OKR poderia ser "melhorar a satisfação do colaborador em 20%", acompanhado por KPIs que medem a rotatividade e o engajamento.

Para a perspectiva dos processos internos, um objetivo poderia ser "reduzir o tempo de recrutamento em 30%", com KPIs que monitoram o intervalo entre a abertura de uma vaga e a contratação efetiva.

Na perspectiva de aprendizado e crescimento, anotar um OKR como "implementar três programas de desenvolvimento de liderança" pode ser seguido por KPIs que avaliam a eficácia dos treinamentos e o avanço nas carreiras.

Por exemplo:

Perspectiva financeira:

OKR: "Aumentar o valor agregado por colaborador em 10% no próximo ano."

KPIs: Monitorar métricas como produtividade por colaborador, redução de custos operacionais relacionados à gestão de pessoas e Retorno sobre Investimento (ROI) de iniciativas de desenvolvimento.

Perspectiva dos clientes (Colaboradores):

OKR: "Melhorar a satisfação do colaborador em 20%."

KPIs: Medir taxas de rotatividade, resultados de pesquisas de engajamento e índices de satisfação em *feedbacks* regulares.

Perspectiva dos processos internos:

OKR: "Reduzir o tempo de recrutamento em 30%."

KPIs: Analisar o tempo médio entre a abertura de uma vaga e a contratação, a eficácia das entrevistas e a qualidade dos novos contratados, medida pelo desempenho nos primeiros meses.

Perspectiva de aprendizado e crescimento:

OKR: "Implementar três programas de desenvolvimento de liderança durante o ano."

KPIs: Avaliar o número de colaboradores que concluíram os programas, medir o avanço nas carreiras desses líderes e coletar *feedback* sobre a eficácia dos treinamentos.

Concluímos que a implementação de um *Balanced Scorecard* que incorpore OKRs e KPIs não apenas fornece uma estrutura sólida para o planejamento e a gestão de talentos, mas também assegura que a Gestão do Talento Humano esteja integrada na visão e nos objetivos da organização. Ao adotar essas abordagens modernas, as empresas podem não apenas garantir que estejam preparadas para os desafios que o futuro apresenta, mas também maximizar o potencial de suas equipes de forma colaborativa e inovadora. A GTH deixa de ser uma função isolada para se tornar uma força motriz que impulsiona resultados positivos e sustentáveis, formando uma base robusta para o sucesso organizacional em um ambiente empresarial em constante evolução.

***Objectives and key results* (OKRs)**

OKRs a serem alcançados por	Equipe de marketing	Estado geral	●	Resultados médios	0.5

Objetivo 1 – Aumentar os gastos com marketing em 20%, mantendo nosso ROAS	Prazo	*Status*	Resultados
KR1: Aumentar os gastos com anúncios do Google em 25%, mantendo o ROAS acima de 2,2	Q2	Feito	1
KR2: Aumentar os gastos com anúncios do Facebook em 18%, mantendo o ROAS acima de 1,8	Q2	Em processo	0.5
KR3: Aumentar os gastos com anúncios do LinkedIn em 20%, mantendo o ROAS acima de 2	Q2	Movido para o próximo trimestre	0
			Média: 0.5

Objetivo 2 – Insira seu próprio objetivo	Prazo	*Status*	Resultados
Insira seu próprio KR	Q1	Feito	1
Insira seu próprio KR	Q1	Em processo	0.5
Insira seu próprio KR	Q1	Movido para o próximo trimestre	0
			Média: 0.5

Objetivo 3 – Insira seu próprio objetivo	Prazo	*Status*	Resultados
Insira seu próprio KR	Q1	Feito	1
Insira seu próprio KR	Q1	Interrompido	0.5
Insira seu próprio KR	Q1	Movido para o próximo trimestre	0
			Média: 0.5

Figura 3.13 Exemplo de acompanhamento de OKRs e KPIs por colaborador.

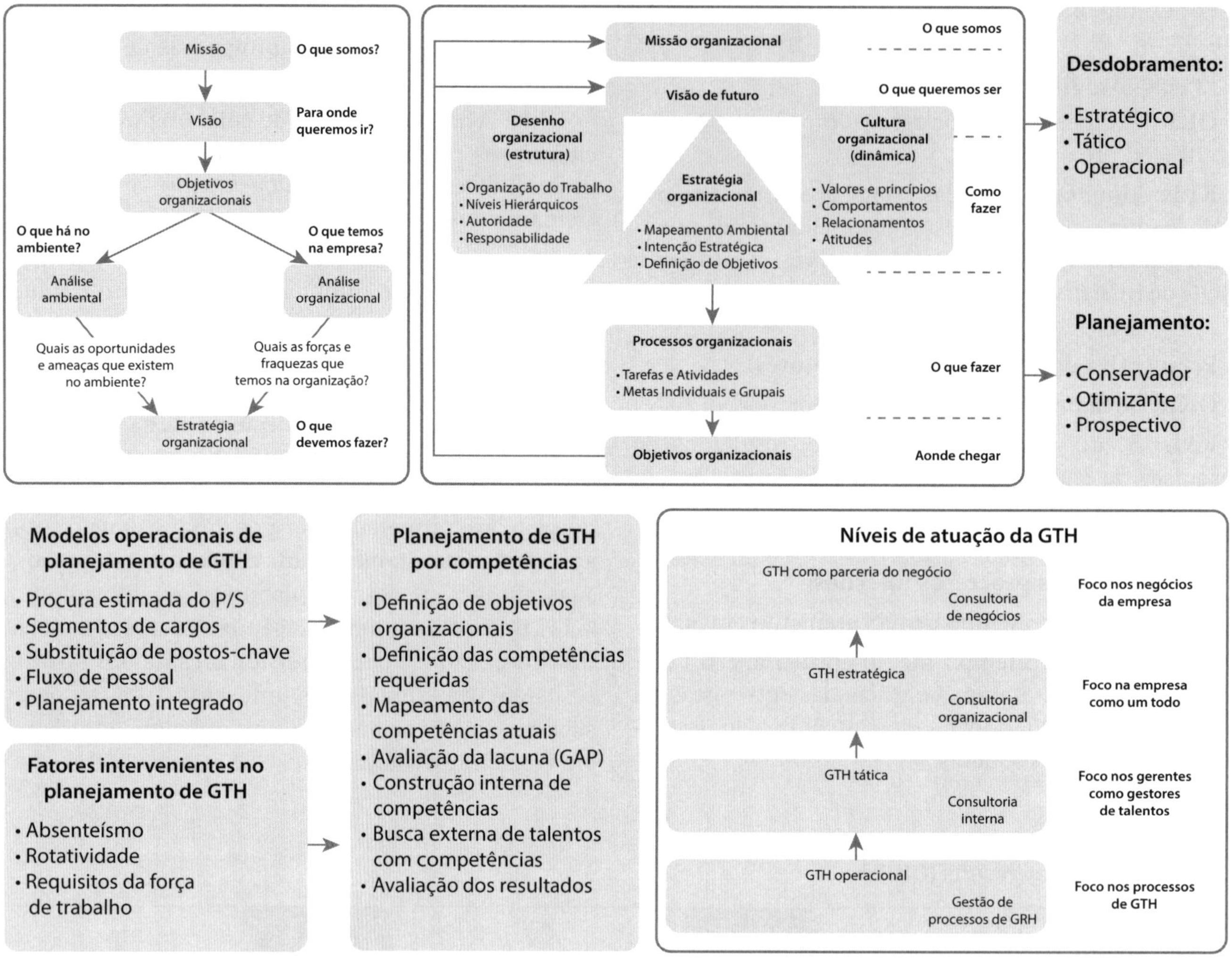

Figura 3.14 Mapa mental do Capítulo 3: Planejamento estratégico da GTH.

REFERÊNCIAS

1. DRUCKER, P. F. *Uma era de descontinuidade:* orientações para uma sociedade em mudança. Rio de Janeiro: Zahar, 1970.
2. CHIAVENATO, I. *Administração nos novos tempos*. Barueri: Manole, 2015.
3. Fonte: CHIAVENATO, I. *Comportamento organizacional*. Barueri: Manole, 2015.
4. CHIAVENATO, I. *Comportamento organizacional, op. cit.*
5. CHIAVENATO, I.; SAPIRO, A. *Planejamento estratégico:* da intenção ao resultado. Rio de Janeiro: Elsevier/Campus, 2016.
6. CHIAVENATO, I. *Comportamento organizacional, op. cit.*
7. CHIAVENATO, I. *Introdução à teoria geral da administração*. Barueri: Manole, 2016.
8. CHIAVENATO, I.; SAPIRO, A. *Planejamento estratégico:* da intenção ao resultado, *op. cit.*

PARTE II

A ATRAÇÃO ESTRATÉGICA DE TALENTOS
A busca do perfil ideal para a estratégia da organização

As organizações vêm se aprimorando cada vez mais para identificar e suprir as demandas competitivas de mercado na atração e retenção de talentos, alinhadas à cultura organizacional. A busca do perfil ideal dos profissionais qualificados está se tornando prioritária no processo seletivo. A identificação das habilidades técnicas e comportamentais necessárias para atender o perfil da organização são desafios constantes, pois as organizações visam atingir seus resultados com maior velocidade, através da capacidade dos talentos disponibilizados pelo mercado. Para essa atração, as organizações oferecem ao candidato estrutura transparente em relação à carreira, evolução financeira pela entrega e um projeto de qualidade de vida, entre outros, sendo uma estratégia para buscar os melhores. A nova ordem é identificar os potenciais e as habilidades que os profissionais possuem, para desenvolver tarefas, inovar e atingir resultados propostos, em que as empresas hoje devem focar na gestão dos talentos que as pessoas possuem e não simplesmente gerir estas pessoas. Os critérios para identificação dos perfis ideais exigem ainda mais da área de Gestão de Talentos Humanos (GTH), na questão estratégica e de ferramenta a ser utilizada para busca e identificação de novos talentos. O processo para agregar talentos e competências nada mais é que uma forma de enquadrar as características e competências humanas e de conhecimento do candidato aos requisitos e necessidades da organização, atendendo plenamente os requisitos exigidos. Lembrando que as características consideradas fundamentais devem estar inseridas dentro da cultura organizacional para o alcance dos objetivos estabelecidos pela organização, ou seja, identificar os reais potenciais de cada candidato analisando aqueles que estejam no perfil ou próximos do desejado. Tudo isso representa o novo estilo de atuação no processo de gerenciamento de contratação dos talentos humanos.

Devemos ter em mente que os profissionais nos dias de hoje têm maior autonomia e conhecimento para definirem o ambiente ideal para se trabalhar, não sendo uma prerrogativa apenas da empresa, como acontecia anteriormente. Portanto, a escolha é recíproca: as organizações escolhem os profissionais com perfil ideal para engajá-los e os profissionais escolhem as organizações que melhor atendem seus objetivos de carreira e projeto de vida.

O processo de agregar talentos e suas competências sofre mudanças de acordo com as estratégias definidas pelas organizações para atingir seus resultados. Mesmo não sendo critérios lógicos, geralmente as organizações de pequeno ou médio porte tendem a utilizar o processo de recrutamento e seleção de modo tradicional que, embora seja considerado um método ultrapassado, torna-se a realidade dessas empresas. Por não terem uma estrutura efetiva da área de RH ou GTH, há um movimento para tentar mudar esse cenário, em que podemos citar as startups, que apesar da pequena estrutura, já trazem em sua essência o processo bem definido de recrutamento e seleção, estando prontas para o crescimento. Por outro lado, da mesma maneira, as organizações de médio a grande porte tendem a utilizar com maior frequência o processo mais detalhado, utilizando-se como apoio as inovações tecnológicas como Inteligência Artificial (IA), entre outros métodos modernos e estratégicos que visam identificar, selecionar e integrar talentos de modo mais preciso na organização. A Figura II.2 mostra as duas posições: a abordagem tradicional e a abordagem moderna nos processos de agregar pessoas.

Figura II.1 Os seis processos da Gestão do Talento Humano.

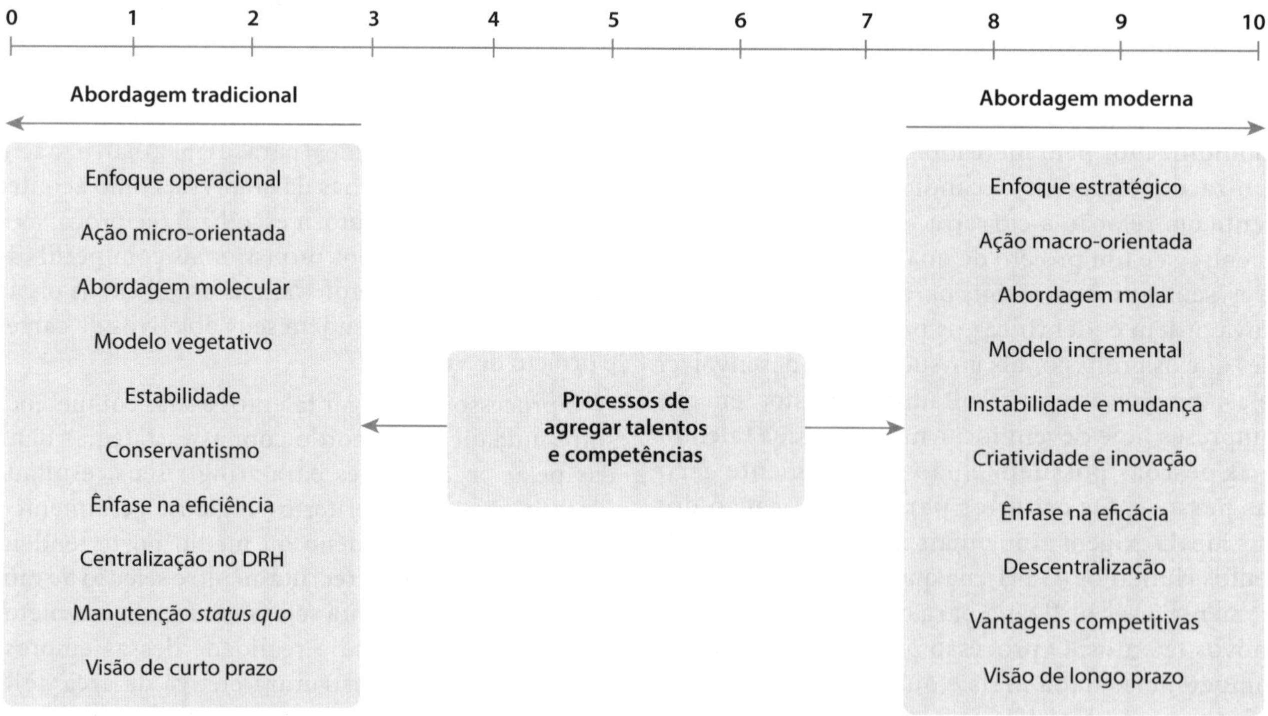

Figura II.2 Que nota você daria para os processos de agregar talentos e competências em sua organização?[1]

No método tradicional, é predominante o processo operacional e burocrático: as formas de recrutar e selecionar pessoas seguem um conjunto de rotinas e procedimentos executados de maneira sequencial, padronizada e uniforme, o que os torna focados apenas no seu específico preenchimento, pelo fato de buscar a simples ocupação da vaga e manter inalterado o *status quo* da organização. Há ênfase na eficiência da execução correta dos procedimentos, sendo o processo mais importante que o resultado final da organização. Isso faz com que o processo de agregar pessoas se concentre na área de GTH, tirando seu foco estratégico, que é gerir pessoas, afastando, assim, a participação dos gestores de área/linha na gestão de pessoas, indo no caminho contrário das ações atuais e modernas, nas quais o gestor de área deve ser o gestor de pessoas.

Em contrapartida, o método moderno tem uma ação estratégica: o processo de agregar pessoas atende diretamente às necessidades do negócio da organização "core business", seja no curto ou no médio prazo. A ação é macro-orientada, pois envolve a organização em todos os níveis l, sendo que o modelo busca a melhoria contínua das ações dos talentos humanos, agregando esses profissionais a novos valores por meio da inclusão do conhecimento dos novos talentos e suas competências que têm a capacidade de criar e inovar sempre que a estratégia e o planejamento sofrerem ajustes, por existir forte ênfase de agregar talentos com suas habilidades e competências, permitindo que a organização confirme sua missão e alcance objetivos em um mercado em constante transformação, promovendo e garantindo a competitividade e a sustentabilidade da organização.

O processo de agregar talentos e competências é de responsabilidade dos gestores das áreas com apoio de suas equipes, os quais absorvem totalmente o processo com acompanhamento do especialista de RH o BP (*Business Partner*) e das equipes de GTH, que têm seu papel de *staff*. Os gestores das áreas ou linha com apoio de suas equipes assumem o papel de agregar e integrar talentos. Com isso, cria-se uma cultura em que todos, de forma igualitária, assumem o papel de donos da organização e podem no futuro assumir posições estratégicas, como importantes *stakeholders* para a empresa. Isso pode acontecer em curto, médio e longo prazo de acordo com a política, o desempenho e se o processo for bem planejado e executado. Dimensionar a necessidade da organização para o futuro torna-se fundamental para que ela se mantenha em alto nível no mercado em que atua. Portanto, agregar talentos é a maneira pela qual a organização visualiza, direciona seu destino e se prepara para que os objetivos sejam alcançados como planejado. Como o desenvolvimento e a capacitação das pessoas é um processo lento, faz-se necessário que as organizações agreguem talentos com potencial de desenvolvimento, capaz de fazê-los crescer na mesma velocidade e ritmo do crescimento organizacional. Estamos falando do portal de entrada de todos aqueles que iniciam sua jornada na organização.

O processo de recrutar, selecionar e inserir os talentos e suas competências constitui uma importante plataforma para a estratégia da organização. Assim, se a organização define uma estratégia de renovação organizacional, ela deve buscar e atrair talentos que tenham o perfil e potencial adequado para atingir um nível de conhecimento, criatividade e inovação que agregue valor para esta mudança e para os negócios da empresa. Importante salientar que cada organização tem sua estratégia, portanto, o perfil dos novos contratados deve se adequar ao que a organização acredita, seja ela com processo tradicional ou moderno, pois são talentos com competências diferentes. Assim, no processo de recrutamento de talentos, é preciso identificar o perfil que a organização deseja ter dos candidatos de acordo com suas necessidades, estratégias e cultura.

MARKETING DE RECRUTAMENTO

Assim como uma organização e seus produtos ou serviços, o marketing de recrutamento deve ter ações que aumentem a atratividade e a visibilidade de sua marca como empregadora, propondo aos candidatos os pacotes de remuneração e benefícios possíveis de atender dentro de sua realidade e os atrativos, que se estenderão em todo o ciclo de sua carreira na organização, caso sejam contratados e se tornem novos colaboradores.

Os principais desafios desse processo são:

1. Buscar estratégias para atualizar a atratividade para os candidatos.
2. Oferecer proposta de pacotes de remuneração e benefícios aos candidatos e perspectivas de médio e longo prazo de carreira.
3. Apresentar ao candidato agradável experiência durante a fase do processo de recrutamento e no decorrer da jornada como já pertencente à organização, conhecida como "*Employee Experience*".

4. Adequar o perfil do candidato aos requisitos exigidos no cargo e na função da organização.
5. Manter o candidato informado sobre o andamento do início ao fim do processo, eliminando qualquer possibilidade de dúvidas e falta de transparência.
6. Focar em uma visão de carreira, desenvolvimento e valorização, partindo da posição inicial na organização e aonde se pode chegar.

No mercado, podemos encontrar organizações com marcas sólidas, reputações reconhecidas e bem-sucedidas e consolidadas, o que reduz seus esforços para atrair e engajar talentos com competências adequadas. Isso faz com que tenham maior possibilidade de atrair talentos, o que garante regularidade em seu "*turnover*" e volume de candidatos interessados em trabalhar na empresa. É importante seguir os fundamentos de tais organizações, porém levando em conta sua capacidade econômica. Assim, todas as organizações devem compor um conjunto de pacotes de atratividade, oferecendo, para todos, melhores expectativas de futuro, crescimento profissional e financeiro, sem deixar de impor o seu limite econômico e sua estratégia.

Os principais fatores de atratividade de uma organização são:

a) Intrínsecos:

- oferta de composição de remuneração total "*Total Compensation*";
- pacotes de benefícios (fixos ou flexíveis);
- política de desenvolvimento profissional e de carreira na organização ou mesmo fora dela.

b) Extrínsecos:

- *employer branding*, isto é, a marca, a imagem e a reputação da empresa;
- qualidade de vida e boas práticas de gestão;
- produtos e serviços exemplares;
- nível de satisfação do cliente e da opinião pública.
- gestão de inclusão e diversidade.

c) Eventuais:

- programas de estágios;
- programa de jovem aprendiz;
- ações promocionais;
- incentivos de quem indica;
- relacionamentos;
- localização e acessibilidade;
- nível de atendimento e retroação;
- sucesso nos produtos ou serviços.

A área de Gestão do Talento Humano (GTH) deve repensar suas ações e ter visão como um especialista em marketing para construir a imagem da empresa, considerando o candidato como se fosse um cliente, atraindo assim o maior número de candidatos e aumentando a probabilidade de ter os melhores talentos.

A marca da organização e o marketing de recrutamento são conceitos intimamente conectados. O potencial da marca, sua imagem e credibilidade são as imagens que o candidato tem em mente sobre a organização, e isso faz diferença na atração de talentos. Podemos correlacionar o marketing de recrutamento ao início de um processo de venda de uma vaga ao candidato, desde que seja verdadeiro: ao prestar informação (mídias escolhidas para comunicar oportunidades de emprego), consideração (maneira de apresentar a proposta de valor que a organização oferece aos candidatos), atração (buscar a atenção do candidato) e interesse (modo de despertar o interesse pela oportunidade de emprego). Esses itens provocam o interesse dos candidatos na apresentação física ou virtual para concorrer ao processo seletivo, portanto o marketing de recrutamento e a marca do empregador caminham juntos, pois a proposta de valor que a organização oferece ao candidato é fundamental para a tomada de decisão dele.

As empresas de alto desempenho que operam em segmentos dominantes sabem exatamente o que buscam no mercado de talentos. Entre essas empresas, podemos citar: Google, Amazon, Tesla e Meta, que buscam constantemente talentos inovadores e criativos, com habilidades para trabalhar em equipe.

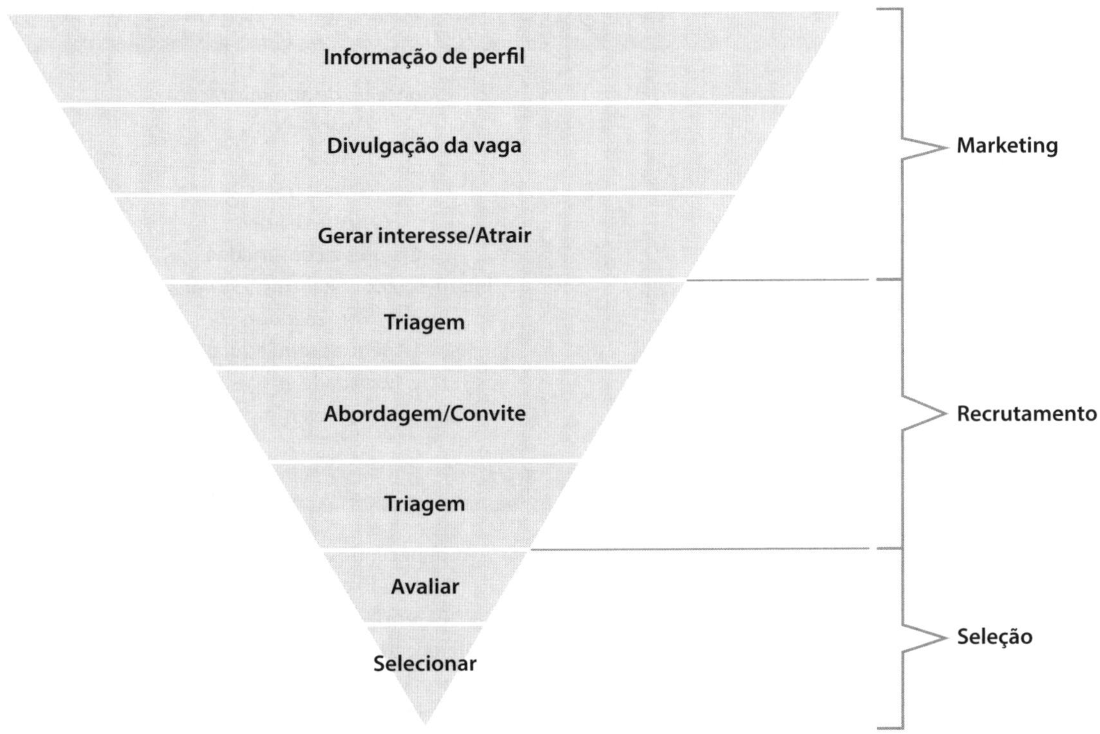

Figura II.3 O funil do recrutamento.

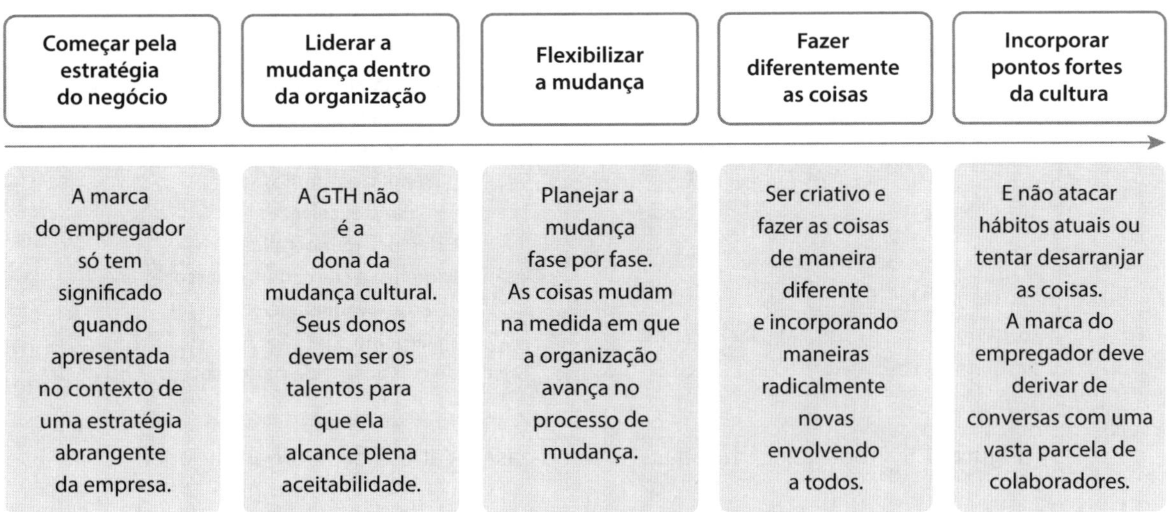

Figura II.4 Como criar a marca do empregador.

Proposta de valor para quem?

Para os *stakeholders* →

Oferecendo retornos para todos os públicos estratégicos do negócio:

Conselho de administração
Proprietário
Acionistas
Investidores
Gestores e líderes
Clientes e consumidores
Intermediários (atacadistas e varejistas)
Fornecedores
Agências reguladoras
Sociedade em geral
Governo

Para a organização →

Oferecendo competitividade e sustentabilidade:

Conhecendo a realidade externa
Ajudando os gestores e líderes
Gerenciando atividades de RH
Oferecendo talentos e competências
Oferecendo excelência no desempenho
Melhorando fluxos de trabalho
Alinhando o RH com os objetivos do negócio
Alinhando a força de trabalho com a estratégia organizacional

Para os colaboradores →

Oferecendo o melhor lugar para se trabalhar:

Ambiente agradável
Comprometimento ou Lealdade
Cultura aberta
Estrutura flexível
Trabalho inspirador
Atividade móvel
Horário flexível
Benefícios amplos
Salário excelente
Liderança democrática
Desenvolvimento e crescimento pessoal
Promovabilidade
Orgulho e paixão
Desejo de colaborar e de permanecer

Figura II.5 Proposta de valor da GTH como base da atratividade organizacional.

A JORNADA DE EXPERIÊNCIA DO CANDIDATO E DO FUTURO COLABORADOR: "*EMPLOYEE EXPERIENCE*"

Desde o primeiro contato, na experiência inicial de relacionamento, é imprescindível que o candidato receba excelente tratamento e isso continue durante toda a sua jornada na organização. Trata-se de criar um vínculo emocional forte, que o faça identificar-se plenamente com a organização e engajar-se nela, como se ela fosse feita para ele. Deve acontecer durante todo o processo de recrutamento e seleção, estendendo-se por toda a jornada do profissional ou candidato como futuro colaborador dentro da organização. Cabe alinhar propósito, marca e cultura, para criar uma experiência extremamente agradável para o candidato e, posteriormente, caso aprovado, ao novo colaborador.

A busca em criar um ambiente de igualdade nas oportunidades e foco na gestão e na ação sobre a diversidade, além de políticas para a inclusão, são fatores reais para os dias de hoje, quando há uma exigência por parte dos talentos para acesso e aceitação de estar na organização e pertencer a ela.

As decisões e as ações dos gestores influenciam diretamente no clima e nas atitudes de sua equipe, impactando nos candidatos recrutados e nos novos colaboradores que ingressam na organização. O uso de linguagem inclusiva e clareza nas descrições do trabalho a ser realizado atrai candidatos "talentos", portanto diversificar as equipes, além de oferecer oportunidades inclusivas com o compromisso de igualdade de oportunidades são requisitos indispensáveis para se criar uma equipe de sucesso, seja nos resultados ou na construção de um ambiente de respeito, pois não basta apenas dizer. É preciso agir e dar acessibilidades para que todos possam ser e estar na organização.

Atrair talentos e avaliar competências envolve não somente recrutar e selecionar candidatos, mas também oferecer oportunidades para que todos possam se desenvolver e aprimorar suas competências em troca de retornos significativos nos resultados da organização, proporcionando uma experiência de respeito, aprendizado, foco nos resultados e evolução de carreira ao longo de toda jornada na organização.

REFERÊNCIA

1. Adaptado de: CHIAVENATO, I. *Recursos Humanos:* o capital humano das organizações. Rio de Janeiro: Elsevier/Campus, 2015. p. 131.

Capítulo

4 Recrutamento de talentos interno e externo

Objetivos de aprendizagem

Após estudar este capítulo, você deverá estar capacitado para:

- Entender a necessidade do mercado de trabalho.
- Descrever como a área de GTH deve atuar para atrair talentos.
- Ter uma definição clara dos conceitos de recrutamento de pessoas.
- Conhecer as estratégias e os tipos de recrutamento interno e externo.
- Desenvolver as técnicas de recrutamento externo.
- Saber buscar recursos externos para captação de currículos (recrutamento).
- Avaliar os resultados do recrutamento.

O que veremos adiante

- Como se comporta o mercado de trabalho.
- O que é mercado de talentos humanos.
- Qual é a definição e o conceito de recrutamento.
- Qual é o foco do recrutamento nos dias de hoje.
- Quais são as técnicas de recrutamento externo.
- Como é feita a avaliação dos resultados do recrutamento.

As pessoas e as organizações, em algum momento, necessitam unir o talento disponível e a necessidade de se ter um talento, pois estão ligados por interesses comuns, nos quais as organizações buscam o melhor perfil para contratar e assumir postos de trabalho dentro de sua cultura, enquanto as pessoas escolhem as organizações em que desejam trabalhar e colocar em prática seus conhecimentos, seus esforços e suas competências, havendo trocas que geram oportunidades de conquistas e crescimentos. Essa relação inicia-se a partir do momento em que as organizações passam a comunicar suas necessidades e oportunidades de trabalho ao mercado de trabalho e aos talentos disponíveis nele, prontos para se recolocarem em postos de trabalho. É nesse momento que o processo de recrutamento é acionado para divulgar as oportunidades aos profissionais que tenham o perfil e talento por ela definido. Por meio do recrutamento, a organização – que também faz parte integrante do mercado de trabalho – sinaliza ao mercado de talentos a oferta e oportunidades de emprego, sendo o recrutamento a ligação entre o mercado de trabalho e o mercado de talentos humanos.

4.1 DINÂMICA DO MERCADO DE TRABALHO (MT)

É no mercado que ocorrem as transações, as negociações e os relacionamentos, sendo um espaço de transações, trocas e intercâmbios entre quem oferece um produto ou serviço e aqueles que procuram um produto ou serviço, que é a regra da oferta e procura, característica principal do mercado. O mercado de trabalho (MT) é composto pelas ofertas de oportunidades de trabalho pelas diversas organizações, o que as coloca como parte integrante do MT.

O mercado de trabalho, por ser dinâmico, sofre constantes mudanças, o que influencia na prática e na estratégia de GTH das empresas. Quando o MT está em situação de oferta, tende a aumentar a procura, o que impacta na escassez de recursos humanos disponíveis para preencher as vagas de trabalho em aberto. Porém, quando o MT está em situação de procura, tende a reduzir as oportunidades e as organizações se veem diante de aumento dos recursos humanos, no qual são as pessoas que disputam empregos no mercado.

Outra característica do MT é sua influência no comportamento dos candidatos a emprego. Quando o MT está em situação de oferta, há excesso de vagas e oportunidades de emprego para os candidatos, e esses podem escolher e selecionar as organizações que oferecem as melhores oportunidades de carreira, pacotes de remuneração e qualidade de vida. Nessa situação de MT aquecido, os colaboradores ficam encorajados a deixar seus atuais empregos na busca de melhores oportunidades em outras organizações. O processo inverte-se quando o MT está em situação de procura, como mostra o Quadro 4.1.

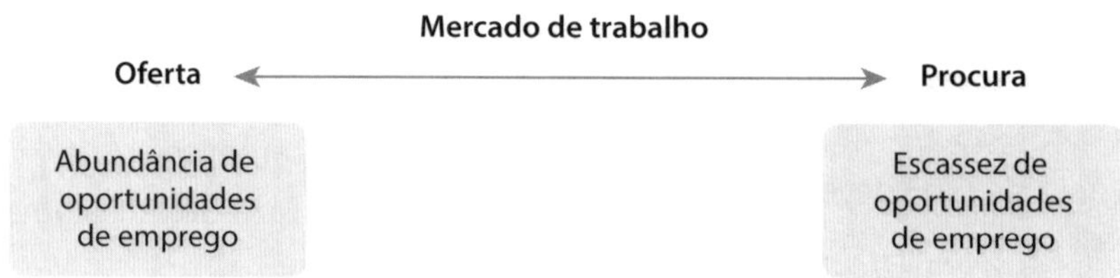

Figura 4.1 Situações do mercado de trabalho.

Quadro 4.1 Impacto do MT sobre as práticas de GTH das organizações

Mercado de trabalho em oferta	Mercado de trabalho em procura
■ Fortes investimentos em recrutamento para atrair candidatos. ■ Critérios de seleção mais flexíveis e menos rigorosos. ■ Investimentos em treinamento para compensar a inadequação dos candidatos. ■ Ofertas salariais estimulantes para atrair candidatos. ■ Investimentos em benefícios sociais para atrair candidatos e reter funcionários. ■ Ênfase no recrutamento interno, como meio de reter os funcionários atuais e dinamizar os planos de carreiras.	■ Baixos investimentos em recrutamento devido à oferta de candidatos. ■ Critérios de seleção mais rígidos e rigorosos para aproveitar a abundância de candidatos. ■ Poucos investimentos em treinamento para aproveitar candidatos já treinados. ■ Ofertas salariais mais baixas para aproveitar a competição entre candidatos. ■ Poucos investimentos em benefícios sociais, pois não há necessidade de mecanismo de fixação do pessoal. ■ Ênfase no recrutamento externo, como meio de melhorar o potencial humano, substituindo funcionários por candidatos de melhor qualificação.

Quadro 4.2 Impacto do MT sobre os candidatos

Mercado de trabalho em oferta	Mercado de trabalho em procura
■ Excesso de vagas e de oportunidade de emprego no mercado de trabalho. ■ Os candidatos escolhem e selecionam as organizações que ofereçam melhores oportunidades, salários, benefícios e ambiente. ■ As pessoas predispõem-se a deixar seus empregos atuais para tentar melhores oportunidades em outras organizações, aumentando a rotatividade de pessoal (*turnover*). ■ Os funcionários sentem-se donos da situação, às vezes impondo o ganho de melhores salários, benefícios e tornam-se mais indisciplinados, aumentando o absenteísmo.	■ Escassez de vagas e de oportunidade de emprego no mercado de trabalho. ■ Os candidatos concorrem entre si para conseguir as poucas vagas que surgem, apresentando propostas salariais mais baixas ou candidatando-se a cargos inferiores às suas qualificações. ■ As pessoas procuram fixar nos atuais empregos, inseguros devido ao desemprego. ■ Os funcionários passam a não criar atritos em seus empregos, nem a propiciar possíveis desligamentos, tornam-se mais disciplinados, procuram não faltar e nem atrasar ao serviço.

4.1.1 Fatores condicionantes do MT

O MT é condicionado a algumas variáveis, como: momento econômico do país, natureza e qualidade dos postos de trabalho, aumento ou não de produtividade, inserção das empresas no mercado internacional. O primeiro tem a ver com a escala do emprego (crescimento do emprego), enquanto as demais variáveis, com a intensidade do emprego (qualidade e produtividade do emprego). Em uma economia aberta, quanto maior a intensidade, maior a escala de transações. Na Era Industrial, a composição do emprego era estável e permanente. Na Era da Informação, a mobilidade dos colaboradores cresceu devido à migração do emprego da indústria para o setor de serviços, da relação legal e formal para o ilegal e informal, do emprego industrial metropolitano para o não metropolitano e a expansão do trabalho autônomo e do remoto ou móvel, o que aumentou e vem aumentando a exigência de qualificação profissional em todos os setores, o que exige atualizações dos trabalhadores, como ter um perfil mais autônomo na execução dos trabalhos. O mercado vem mudando em suas exigências quanto ao conceito na GTH, deixando de fazer gestão das pessoas, para gerir os talentos que elas possuem, adequando as ações para acompanhar a velocidade nos processos de transição dos trabalhadores para uma nova realidade. A Era Digital vem oferecendo várias opções para a evolução tecnológica, da automação produtiva à inteligência artificial, sendo que nas etapas do processo de recrutamento exige-se qualificação dos profissionais para essas novas tendências, como, por exemplo, ter, no mínimo, noções sobre o tema. Trata-se da conexão perfeita entre humanos, máquinas e ambiente virtual trabalhando juntos para aumentar a produtividade e a qualidade de entrega.

Aponte a câmera de seu celular para o QR Code e tenha acesso ao texto **Para além dos muros da organização.**

> uqr.to/20r2d

1. **Mudanças constantes no emprego I:**
   - Maior produtividade com menos pessoas, por meio do avanço tecnológico, ligando o mundo físico ao virtual.
   - Oferta de emprego em expansão no setor de serviços.
   - Redistribuição do emprego do setor industrial para o emprego terciários.
2. **Modernização nos modelos do emprego:**
   - Trabalho com a necessidade maior mental e intelectual.
   - Ênfase da TI nas organizações.
   - Automatização e robotização dos processos organizacionais.
   - Maior autonomia para equipes para trabalhos a distância.
3. **Conhecimento como o recurso mais importante:**
   - O capital financeiro é importante, mas ainda mais importante é o conhecimento de como aplicá-lo e rentabilizá-lo, por meio do capital Intelectual.
   - O conhecimento gera novidade, inovação, criatividade, sendo a mola mestra para as mudanças e novas ideias.
4. **Globalização:**
   - Globalização da economia e das transações mundiais.
   - Globalização do mercado de trabalho, cada vez mais global e menos local.

Conclui-se que a tecnologia e as contínuas inovações nas organizações proporcionam maior produtividade e qualidade no trabalho, permitindo fazer cada vez mais e melhor com menos recursos, sejam eles financeiros ou humanos. Essa mudança impacta a competitividade, pois possibilita oferecer produtos e serviços melhores com menor custo ao consumidor final. Podemos analisar alguns contrapontos: de um lado, a redução da mão de obra e a diminuição da oferta de empregos; de outro, o aumento do mercado e a criação de oportunidades para um maior número de organizações e empregos em uma economia dinâmica e competitiva – cenário um tanto paradoxal, mas real.

4.2 DEFINIÇÃO DO MERCADO DE TALENTOS HUMANOS NOS DIAS DE HOJE - MTH

Enquanto o mercado de trabalho se refere às oportunidades de emprego e às vagas existentes nas empresas, o mercado de talentos humanos diz respeito ao conjunto de candidatos e talentos que buscam novas oportunidades de emprego – ou seja, o contingente de pessoas dispostas a trabalhar ou que já estão trabalhando e buscam novos desafios. São profissionais experientes ou iniciantes que oferecem suas habilidades, seus conhecimentos e suas competências ao mercado. Em alguns momentos, há um desencontro: candidatos em busca de trabalho e organizações procurando por profissionais qualificados. Daí é que surge a necessidade do marketing de recrutamento, no qual o MT e o MTH estão inseridos no mesmo contexto, embora, por vezes, de forma desconexa.

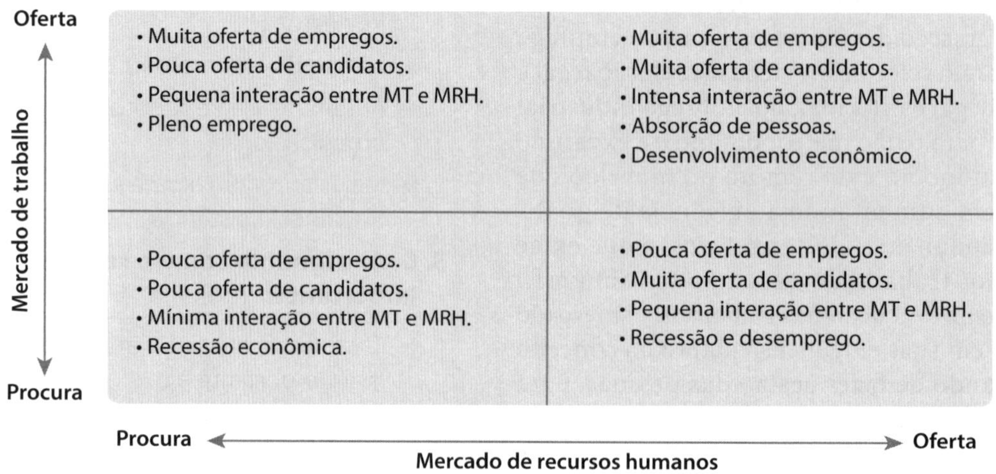

Figura 4.2 Interação entre MT e MRH.[1]

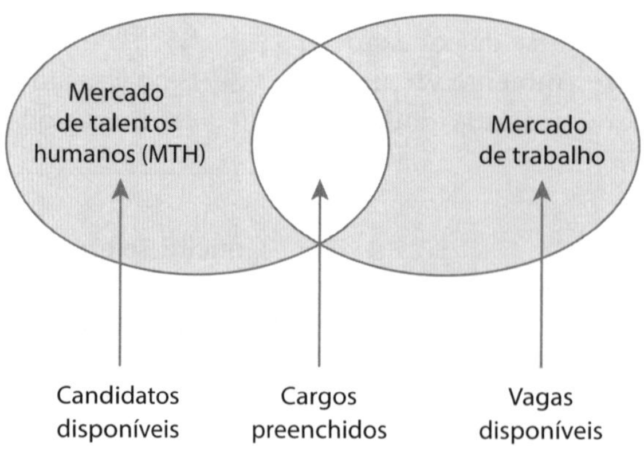

Figura 4.3 O dinâmico intercâmbio entre o mercado de talentos e o MRH.

O MTH apresenta-se em situações de oferta (abundância de candidatos) ou de procura (escassez de candidatos), o que influencia diretamente nas práticas e nas estratégias de GTH, inseridas no MT, como mostra o Quadro 4.3.

Por outro lado, além de influenciar o comportamento das organizações, as características do MTH influenciam no comportamento dos candidatos, como mostra o Quadro 4.4.

O MTH é dinâmico e apresenta flexibilidade devido à rotatividade e às constantes trocas de emprego, entre admissões e demissões. O índice de *turnover* tem variações de acordo com a estrutura da empresa, o ramo de atividade e o macroambiente em que está inserida, tanto em nível nacional quanto internacional. Índices de *turnover* elevados são preocupantes; no entanto, um índice próximo de zero também pode indicar problemas, como a falta de renovação, conforme veremos adiante.

4.3 DEFINIÇÃO E CONCEITO DE RECRUTAMENTO

O recrutamento nada mais é que o processo pelo qual a organização atrai candidatos potencialmente qualificados no mercado de talentos humanos, por meio de técnicas e procedimentos que proporcionam mais opções ao seu processo seletivo, alinhado ao perfil definido e à sua cultura organizacional. O recrutamento funciona como um processo de comunicação: a organização divulga e oferece oportunidades de trabalho ao mercado de talentos humanos, comunicando e divulgando essas oportunidades, ao mesmo tempo em que atrai candidatos para participarem do processo seletivo. Portanto, é fundamental que o recrutamento atraia e traga para a seleção candidatos talentosos e mais próximos do perfil exigido, de forma inclusiva e igualitária, podendo a busca ser realizada tanto externamente quanto internamente.

Quadro 4.3 Comportamento das organizações em função do MT

Mercado de trabalho em oferta	Mercado de trabalho em procura
▪ Excessiva quantidade de vagas. ▪ Competição entre empresas para obter candidatos. ▪ Intensificação dos investimentos em recrutamento. ▪ Redução das exigências aos candidatos. ▪ Intensificação dos investimentos em treinamento. ▪ Ênfase no recrutamento interno. ▪ Políticas de fixação do pessoal (retenção do capital humano). ▪ Orientação para as pessoas e para seu bem-estar. ▪ Intensificação dos investimentos em benefícios sociais.	▪ Insuficiente quantidade de ofertas de vagas. ▪ Falta de competição entre as empresas para obter candidatos. ▪ Redução dos investimentos em recrutamento. ▪ Aumento das exigências aos candidatos. ▪ Redução dos investimentos em treinamentos. ▪ Ênfase no recrutamento externo. ▪ Políticas de substituição do pessoal (melhoria do capital humano). ▪ Orientação para o trabalho e para a eficiência. ▪ Redução ou congelamento dos investimentos em benefícios sociais.

Quadro 4.4 Comportamento dos candidatos no mercado de talentos

Mercado de GTH em oferta	Mercado de GTH em procura
▪ Excessiva quantidade de candidatos. ▪ Competição entre candidatos para obter emprego. ▪ Rebaixamento das pretensões salariais. ▪ Dificuldade em conseguir emprego. ▪ Temor de perder o atual emprego e maior fixação ao emprego. ▪ Baixo absenteísmo. ▪ O candidato aceita qualquer oportunidade desde que ela apareça. ▪ Orientação para a sobrevivência.	▪ Insuficiente quantidade de candidatos. ▪ Falta de competição entre os candidatos. ▪ Elevação das pretensões salariais. ▪ Facilidade em conseguir emprego. ▪ Vontade de perder o atual emprego e menor fixação ao emprego. ▪ Elevado absenteísmo. ▪ O candidato seleciona as múltiplas oportunidades que tem pela frente. ▪ Orientação para a melhoria e desenvolvimento profissional.

Para garantir um amplo *pool* de candidatos, recomenda-se que as organizações invistam e utilizem as mais novas tecnologias, mantenham diálogos constantes com o mercado e utilizem a criatividade. O uso do *People Analytics*, com o apoio do *big data* e da inteligência artificial, que coletam e processam informações, vem sendo um importante aliado nos avanços e na agilidade na busca por talentos.

4.3.1 Recrutamento interno e externo

A definição certa para contratação de um talento no processo seletivo depende diretamente da estratégia de como e onde recrutar. Portanto, o recrutamento pode ser interno ou externo.

O recrutamento interno é uma abordagem voltada para os candidatos que já fazem parte do quadro de colaboradores da organização, o que possibilita a valorização do profissional e de sua carreira, promovendo-o e transferindo-o para novas atividades, normalmente mais complexas ou motivadoras. Essa abordagem foca na busca de talentos e competências já existentes na organização.

Já o recrutamento externo é uma abordagem direcionada a candidatos que estão disponíveis no mercado de talentos humanos, fora da organização, e que devem ser atraídos para participarem do processo de seleção de pessoal. Esse tipo de recrutamento é considerado uma forma de aquisição de competências externas.

Um privilegia os atuais colaboradores, oferecendo-lhes melhores oportunidades na organização, fazendo valer a estrutura de carreira, enquanto o outro busca candidatos que tragam experiências e competências muitas vezes inexistentes dentro da organização.

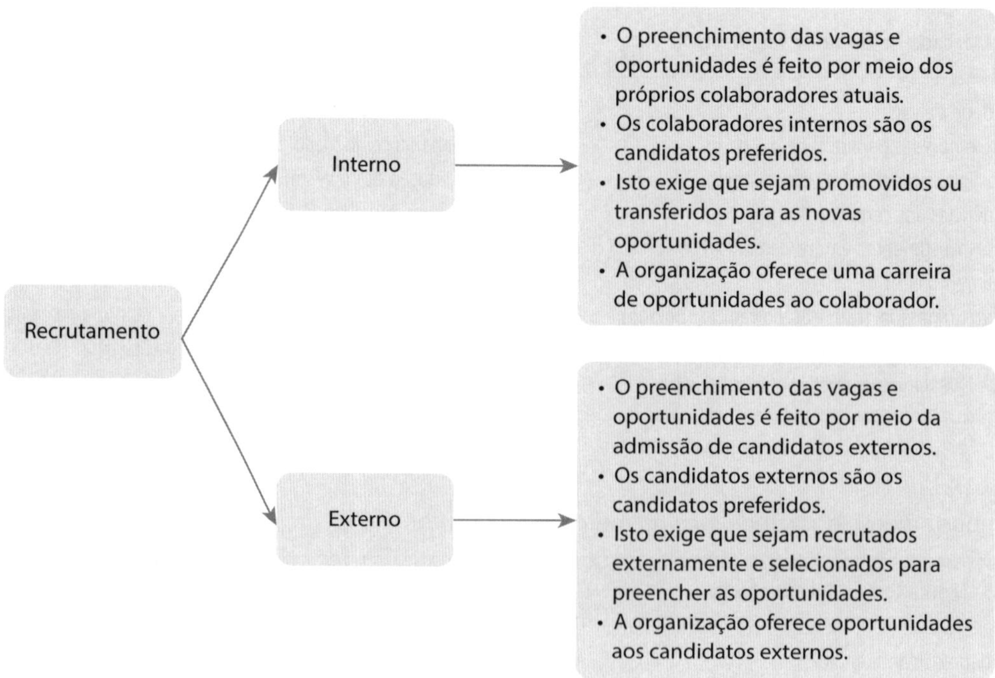

Figura 4.4 Recrutamento interno e recrutamento externo.

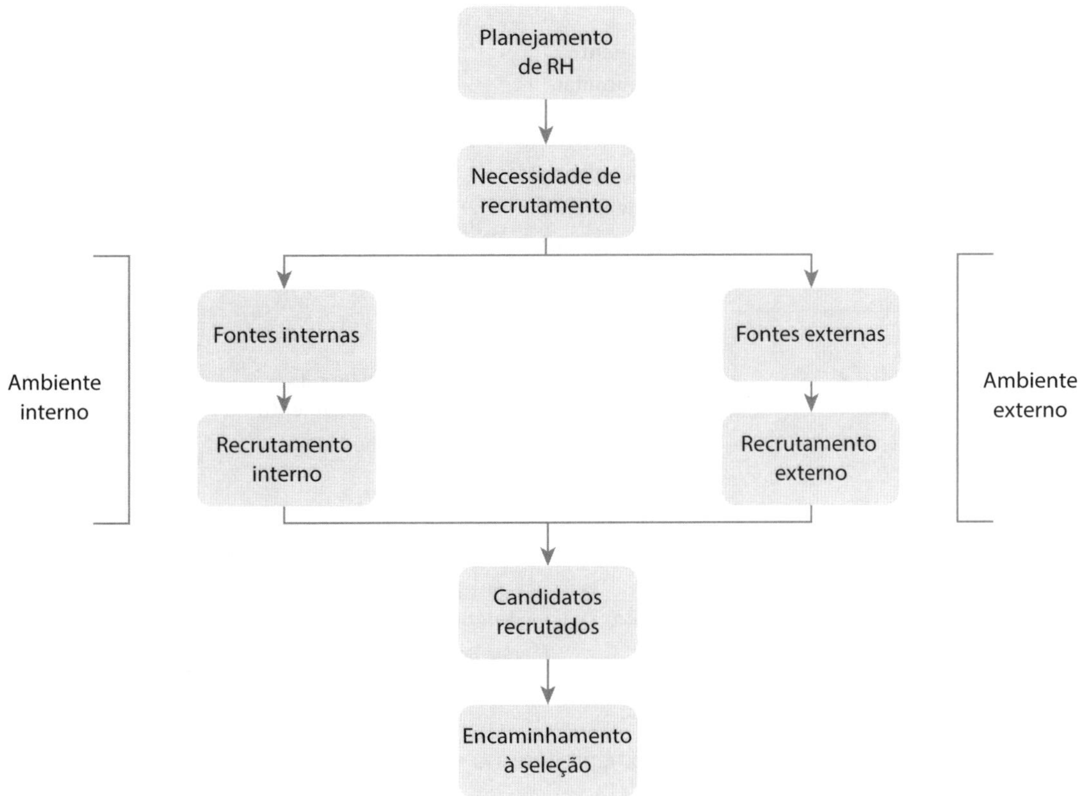

Figura 4.5 As alternativas de recrutamento de pessoas.

O recrutamento interno funciona por meio de promoções para cargos e funções dentro da área de atuação do colaborador, ou até em outras áreas de maior relevância e complexidade. Também pode ocorrer por transferências para novos cargos e funções fora de sua área de atuação, que envolvam novos conhecimentos e habilidades. Esse processo dinamiza a carreira dos profissionais e é muito comum na expansão dos negócios em decorrência da saída de colaboradores por motivos diversos.

O recrutamento externo aborda o mercado de talentos humanos, com o objetivo de alcançar e atrair os candidatos que tenham o perfil desejado. Além disso, busca novas experiências de mercado que possam ser aproveitadas internamente, promovendo o que se chama de oxigenação de ideias.

Ambas as estratégias – recrutamento interno ou externo – contribuem para a contínua atualização do banco de talentos, que serve de fonte para suprir processos de recrutamento futuros. Essa ação é essencial para que a organização consiga atender de forma precisa e veloz ao seu fluxo de talentos. A escolha do tipo de recrutamento se dará de acordo com as necessidades e características específicas de cada organização.

SAIBA MAIS

Sobre como tratar o candidato como se fosse o cliente

O recrutamento, seja ele interno ou externo à organização, deve contar com uma estratégia e ações de marketing. Para tanto, a organização deve ter postura ambiciosa e competitiva no mercado, a fim de atrair as melhores opções de talentos. O segredo está em tratar esses talentos como se fossem verdadeiros clientes. Se, durante o processo, a empresa adota um sistema desgastante, com longos intervalos de espera, poucos *feedbacks* e falta de informação, esse cliente, chamado candidato, provavelmente não vai esperar por muito tempo e pode não mais voltar. Nesse caso, há um risco de que um concorrente o identifique e o conquiste no mercado. Isso vale tanto para o recrutamento como para a seleção de pessoas. Isto é, em todos os processos de GTH é fundamental fortalecer o *Employer Branding* no plano de atração de talentos.

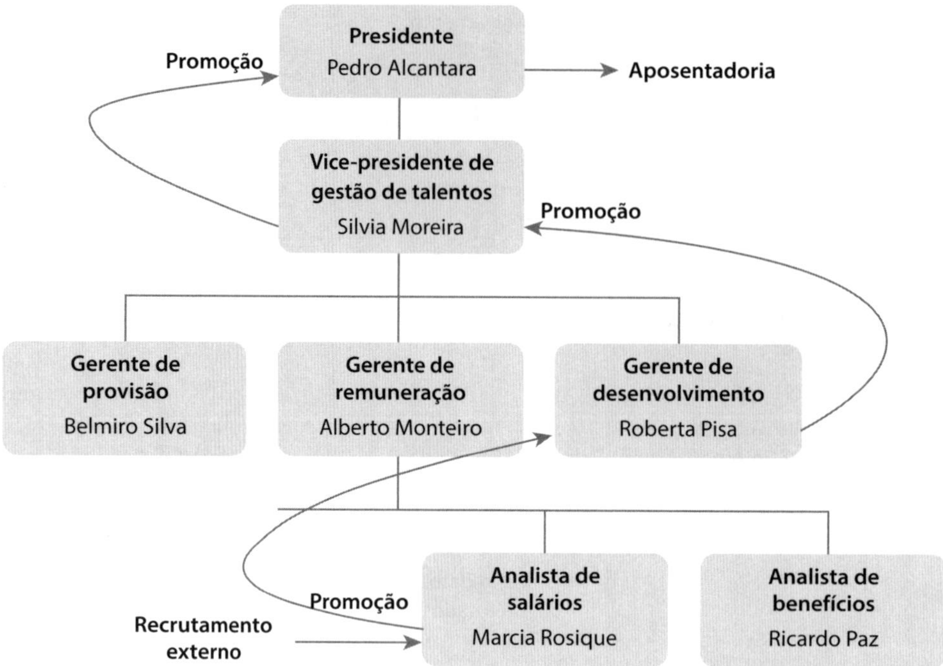

Figura 4.6 O tradicional recrutamento interno e a promovabilidade dos talentos.

PRÓS E CONTRAS

Recrutamento interno

O recrutamento interno tem vantagens e desvantagens:

Prós:

- Aproveita melhor o potencial do capital humano da organização.
- Encoraja o desenvolvimento contínuo dos atuais colaboradores.
- Incentiva a retenção e a fidelidade dos colaboradores na organização.
- Cria um ambiente estável e seguro devido a pouca mudança ambiental.
- Não requer socialização organizacional de novos membros, pois já conhece o ambiente e sua cultura
- Probabilidade de maior assertividade na seleção, pois os candidatos são adaptados e conhecidos.
- Há economia de recursos, com menor impacto de custo na realização do recrutamento externo.

Contras:

- Pode bloquear a entrada de novas ideias, inovação, experiências e expectativas.
- Facilita o conservadorismo e favorece a permanência da rotina atual sem mudanças.
- Limita a diversidade de ideias e experiências de mercado.
- Neutraliza possibilidades de desburocratização de processos já existentes.
- Mantém a cultura organizacional existente, lentidão em mudanças culturais.
- Pode causar disputas e conflitos por oportunidades, pois nem sempre se encontram candidatos internos com as habilidades necessárias.

Recrutamento externo

O recrutamento externo tem suas vantagens e desvantagens.

Prós:

- Introduz a diversidade de ideias na organização: conhecimento, habilidades e competências.
- Enriquece o capital humano, pela inclusão de novos talentos com habilidades específicas.
- Amplia a rede de relacionamentos e interação com o mercado de talentos humanos externo.
- Renova a cultura organizacional e a enriquece com as novas aspirações.
- Indicado para inovar a forma de pensar e fazer, enriquecendo o capital intelectual.

Contras:

- Afeta negativamente a motivação dos atuais funcionários, pela falta de oportunidade.
- Reduz a fidelidade dos funcionários, o que pode causar um aumento no índice de *turnover*.
- Requer aplicação de técnicas seletivas para busca externa, aumento de custos operacionais.
- Há um dispêndio de tempo maior para socialização e adaptação dos novos contratados.
- Elevação do tempo médio para contratação, o que impacta na disponibilização do recurso para área solicitante.

4.4 QUAL É O FOCO DO RECRUTAMENTO NA ATRAÇÃO DE TALENTOS?

O foco do processo de recrutamento está ligado diretamente ao objetivo organizacional proposto nesse processo. Na estratégia organizacional, pode-se focar na busca de candidatos internos para preencher posições vagas, mantendo inalterado o seu *status quo* da organização. Ou, alternativamente, pode-se concentrar a busca na aquisição de novas habilidades e competências necessárias para evolução dos negócios da organização.

Quando o recrutamento está baseado na atração de talentos para preencher posições vagas com foco em inovação, vale a pena atrair talentos que tragam novas competências e agreguem valor à organização.

O recrutamento com base em competências pode ser aplicado tanto internamente como externamente. Basta à organização definir o que necessita e quais competências devem ser consideradas, como segue na Figura 4.7.

4.5 DEFINIR ENTRE UTILIZAR O RECRUTAMENTO INTERNO E EXTERNO

Após conceituarmos e discorrermos sobre o tema recrutamento, é importante analisar quais destas formas de abordagem sobre o recrutamento seria viável para organizações. Importante salientar que não há uma fórmula mágica, nem a melhor ou pior estratégia, mas, sim, opções que devem ser utilizadas de acordo com a estratégia, a necessidade e a natureza da posição da vaga, isto é, o perfil ideal. Portanto as organizações não necessitam seguir apenas um dos caminhos, mas,

Quadro 4.5 Diferenças entre recrutamento interno e externo[2]

Recrutamento interno	Recrutamento externo
▪ As posições vagas são preenchidas por colaboradores, que são selecionados e promovidos dentro da organização. ▪ Os candidatos são recrutados internamente dentro dos quadros da própria organização. ▪ Os candidatos já são conhecidos pela organização, passaram por testes de seleção, passaram por programas de treinamento e foram avaliados quanto ao seu desempenho. ▪ As oportunidades de melhores empregos são oferecidas aos próprios colaboradores, que podem subir a postos melhores e desenvolver sua carreira profissional dentro da organização.	▪ As posições vagas são preenchidas por candidatos externos que são selecionados e ingressam na organização. ▪ Os candidatos são recrutados externamente no mercado de recursos humanos. ▪ Os candidatos são desconhecidos pela organização e precisam ser testados e avaliados pelo processo seletivo. ▪ As oportunidades de emprego são oferecidas ao mercado, cujos candidatos podem disputá-las.

Baseado em cargos	Recrutamento	Baseado em competências
Atrair candidatos para cargos vagos	Objetivo primário	Atrair candidatos com competências
Abastecer o processo seletivo com candidatos a cargos vagos	Objetivo final	Abastecer o processo seletivo com candidatos com as competências necessárias à organização
Rapidez na atração de candidatos	Eficiência	Rapidez na atratividade de competências necessárias
Candidatos disponíveis no banco de candidatos	Eficácia	Competências disponíveis no banco de candidatos
Grau de atratividade de candidatos	Indicador	Grau de atratividade de competências
Banco de candidatos internos ou externos/custos de recrutamento	Retorno sobre o investimento	Banco de competências internas ou externas/custos de recrutamento

Figura 4.7 Recrutamento com base em cargos x recrutamento com base em competências.

sim, aquele que atrairá o melhor talento. Para avaliar o melhor modelo, algumas variáveis devem ser analisadas criteriosamente, conforme a seguir:

- Entender as habilidades, as experiências e as qualificações exigidas para o processo.
- Avaliar se o perfil pode ser identificado no mercado de talento humano interno ou externo.
- Analisar se há colaboradores internos para serem desenvolvidos que atendam à posição.
- Estudar o ambiente para ver se haverá impactos na motivação interna e na diversidade das equipes.

É importante que todo o processo seja realizado de forma transparente e igualitária, em que todos podem participar e ter a mesma oportunidade. Umas das possibilidades é utilizar a forma mista para busca de talentos (interna e externa) simultaneamente, a fim de obter o melhor das duas características: valorização da expertise interna e valorização da diversidade externa.

4.6 TÉCNICAS DE RECRUTAMENTO EXTERNO

O recrutamento externo tem uma abrangência maior no contingente de candidatos espalhados em diversos locais do mercado de talentos humanos. Sabe-se que as informações sobre a vaga nem sempre são recebidas pelos candidatos, com isso, o recrutamento externo utiliza diferentes técnicas para influenciar e atrair candidatos, por meios mais adequados para identificar o candidato ideal e atraí-lo para a organização.

O processo de recrutamento externo inicia com a empresa definindo o perfil da vaga (experiência, função, formação, região de atuação, conhecimentos técnicos e habilidades comportamentais). Após essa etapa, definem-se os atrativos oferecidos e os meios de comunicação de divulgação da vaga a serem adotados, para que se atinja o interesse dos talentos disponíveis no MT. O uso da tecnologia é fundamental para aumentar a velocidade e a precisão da comunicação no processo de recrutamento. Entre os recursos utilizados, podemos citar: redes sociais; *e-mail* marketing; ferramentas *online* e inteligência artificial. O recrutamento deve ser um processo contínuo. Mesmo que não haja vagas ou oportunidades na organização, é fundamental manter o banco de currículos atualizado, para que no momento de contratar talentos, haja opções.

O *curriculum vitae* (CV) tem enorme importância no processo de recrutamento externo, pois é um documento de resposta ao anúncio ou chamado divulgado ao mercado de talentos humanos pela organização, para que sejam analisados seu enquadramento e a continuidade no processo. Funciona como um catálogo ou portfólio do candidato interessado, que resume suas qualificações, experiências profissionais, nível de formação, conhecimento, empresas em que trabalhou, entre outros.

SAIBA MAIS

Sobre os riscos de uma admissão errada

Todo processo de recrutamento, principalmente o externo, envolve diversos riscos, como danos à imagem da organização, desperdício de tempo e perdas financeiras. Substituir um colaborador envolve altos custos, diretos e indiretos, cujo retorno sobre os investimentos será abordado neste capítulo. Portanto, contratar pessoas erradas pode provocar prejuízos à organização. Jeff Bezos, fundador da Amazon e exemplo de um empreendedor extremamente bem-sucedido, dizia que, se contratasse tubarões, não poderia esperar que eles agissem como golfinhos. O processo de recrutamento precisa ser coerente com a cultura da organização. Ele enfatizava que era preferível entrevistar 50 pessoas e não contratar ninguém, a contratar alguém com o perfil errado. Isso evitaria um enorme retrabalho com a recontratação de um substituto, além de perdas enormes para o negócio da organização.

4.6.1 Principais formas de recrutamento externo

Divulgação em *sites*, redes sociais, grupos fechados e consultorias especializadas:

As divulgações em *sites* especializados, redes sociais de relacionamento profissional e grupos fechados de gestão de pessoas são boas opções para a busca de talentos em cargos/posições especializadas, técnicas e de gestão, com menor ênfase para posições operacionais. Se a posição for muito específica ou confidencial, uma das opções utilizadas é a contratação de consultorias ou profissionais especializados como os *headhunters*. Vale salientar que os anúncios em jornais e revistas comuns já não são prioridade, sendo utilizados apenas em casos específicos, como ações de divulgação para fortalecer a marca empregadora e manter atualizado o banco de currículos.

O desenvolvimento do conteúdo e do formato do anúncio é fundamental para atrair candidatos interessados. Deve-se ter em mente como o candidato interpretará e reagirá ao anúncio. Especialistas em propaganda recomendam que o anúncio tenha quatro características, representadas pelas letras A.I.D.A.

1. Atrair a ATENÇÃO, portanto deve ter clareza gráfica e estar bem localizado.
2. Desenvolver o INTERESSE, mencionando a natureza desafiadora das atividades.
3. Criar o DESEJO, informando aspectos como satisfação no trabalho, desenvolvimento de carreira, participação nos resultados e outras vantagens
4. Por fim, a AÇÃO, provocando providência do candidato, como o envio do CV por meios eletrônicos (portal, formulários eletrônicos ou *e-mail*), uma vez que a Internet tem se mostrado uma aliada do recrutamento externo.

PARA REFLEXÃO

Como as organizações recrutam

Atrair profissionais com talentos técnicos – e, principalmente, comportamentais – tem sido um desafio para as organizações, devido à escassez desse perfil e à pequena disponibilidade no mercado de talentos humanos. Os desafios e a crescente complexidade dos negócios das organizações aumentam a competitividade na busca de profissionais qualificados, exigindo estratégias de recrutamento cada vez mais inovadoras. Essas estratégias devem ser voltadas para atrair talentos que tragam consigo habilidades técnicas e comportamentais, que devem ser geridas e potencializadas pela GTH.

4.6.2 Fontes e tipos de recrutamento

Os serviços especializados de recrutamento tornaram-se uma opção na busca de talentos para as organizações, auxiliando na identificação dos melhores candidatos e perfis por meio de seus sistemas de armazenamento de currículos em bancos de dados. Esses serviços intermediam necessidades das organizações com os candidatos disponíveis no mercado. Podemos citar algumas formas de apoio existentes no mercado para recrutamento:

1. **Consultorias de RH especializadas em recrutamento:** importante fonte de acesso ao mercado de talentos humanos. Seu objetivo é oferecer às organizações materiais de candidatos de acordo com o perfil solicitado por elas. Pelos serviços prestados, são cobrados percentuais sobre o salário de contratação de cada candidato pela organização, que varia de acordo com o nível e grau de complexidade do cargo. Os candidatos nada pagam por esse serviço. Há também a modalidade RPO (*Recruitment Process Outsourcing*), na qual as organizações transferem a uma consultoria especializada todas as etapas do processo de contratação de novos talentos.

   As consultorias são eficazes em situações quando:

   - A organização não possui uma estrutura de GTH, não estando preparada para assumir o processo de recrutar ou selecionar pessoas com competências distintas.
   - Há necessidade de atrair um grande número de candidatos, qualificados ou não, devido ao aumento de trabalho com "sazonalidade" e a organização não tem estrutura para tal demanda.
   - O preenchimento do cargo é confidencial e não pode ser divulgado ao mercado ou internamente.

   A utilização de consultorias requer os seguintes cuidados:

   - Disponibilizar para a empresa de consultoria a descrição de cargos e função "*Job Description*" detalhada com a responsabilidade, as atividades e as competências da posição a ser preenchida, para que compreenda a natureza dessa posição.
   - Especificar os tipos de testes técnicos e comportamentais que desejam que sejam aplicados no processo.
   - Manter a consultoria informada sobre o andamento interno e sobre quais candidatos podem ser aprovados e dispensados.
   - Ter um bom relacionamento com as consultorias ajudará em futuros processos de recrutamento.

2. **Contatos com escolas, universidades e agremiações:** a organização pode desenvolver parcerias com escolas, universidades, associações de classe (sindicatos patronais, conselhos regionais, associações de ex-alunos), agremiações (diretórios acadêmicos) para divulgar as oportunidades que está oferecendo ao mercado. Algumas organizações desenvolvem programas de *trainees* e de estágios programados.
3. **Indicação de candidatos por colaboradores:** desenvolvido por meio de políticas internas conhecidas por sistema do quem indica baixo custo, resultados rápidos, nos quais a organização estimula seus colaboradores a apresentar ou recomendar candidatos – amigos, colegas, vizinhos ou parentes, sendo um meio eficiente de recrutamento. Muitas empresas premiam com valores, bens ou serviços seus colaboradores pela indicação, desde que o candidato indicado seja aprovado na experiência e desenvolva bem seu papel na organização.
4. **Banco de talentos Interno:** a empresa mantém em seu banco de currículos próprio disponível ao mercado de talentos humanos, onde os candidatos se apresentam espontaneamente ou através de campanhas de marketing de recrutamento conhecido como "*Inbound Recruiting*". O sistema de arquivamento é feito de acordo com a função, o cargo, as competências, por área de atividade. Para as organizações, esse banco de talentos é uma fonte para futuras oportunidades de vagas ofertadas. A fim de evitar a desatualização dos dados do sistema, as organizações incentivam os candidatos a atualizarem seus dados, tratando-se de um sistema de recrutamento de baixo a médio custo.
5. **Recrutamento virtual (mídias eletrônicas):** é o recrutamento realizado a distância, por meio de plataformas digitais, redes sociais e sites inteligentes. Essa modalidade veio aprimorar o processo de recrutamento, oferecendo a facilidade de interagir digitalmente com potenciais candidatos a qualquer tempo ou lugar, trazendo facilidades para ambos os lados. Os candidatos podem acessar e acompanhar o processo seletivo sem sair de casa, sendo possível participar de pré-seleções ou seleções virtuais por meio de entrevistas utilizando ferramentas gratuitas de videoconferência ou com uso de *chatbots*.
6. **Escolas e centros profissionalizantes:** trata-se da utilização de programas em parceria com entidades sociais que promovem o acesso e a integração de

jovens ao mercado de trabalho, ofertando programas de estágio e aprendizagem. Nessas entidades, é possível identificar jovens talentos que são disponibilizados e inseridos na estrutura da organização com menor custo. Quando bem preparados, esses jovens podem se tornar fontes de desenvolvimento profissional, evoluindo da base até cargos internos mais elevados. Algumas dessas situações também oferecem profissionais com foco em projetos de inclusão, atendendo às competências exigidas e à legislação vigente. No Brasil, alguns órgãos sem fins lucrativos são reconhecidos pela seriedade de seus trabalhos no mercado. Entre eles, destacam-se: CIEE, SENAI e SENAC.[3]

As organizações devem desenvolver suas estratégias de atração de talentos, não podendo esperar que eles cheguem apenas espontaneamente. Para isso, recomenda-se a utilização da técnica de "*Inbound Recruiting*", que é uma metodologia oriunda do marketing que, assim como capta clientes, é aplicada no recrutamento para atrair talentos para participar do processo seletivo. É importante divulgar os conteúdos em redes sociais, veicular matérias que atraiam candidatos, postar anúncios padronizados, promover e demonstrar a diversidade e a inclusão, além de oferecer pacotes de remuneração e benefícios atrativos, além, claro, de destacar o potencial da própria organização.

4.7 AVALIAÇÃO DOS RESULTADOS DO RECRUTAMENTO

O recrutamento não é uma atividade que possa ser isolada da estratégia da organização. Com as mudanças constantes de mercado, a estrutura da organização deve acompanhar essa evolução, assim como os perfis de cargos e funções.

O principal desafio do recrutamento é agregar valor à organização e ao seu negócio, com a disponibilização de candidatos elegíveis à vaga. Isso faz com que o recrutamento proporcione resultados para todos os envolvidos no negócio da organização. Portanto, a avaliação dos resultados torna-se importante para aferir se o processo de recrutamento está cumprindo sua missão e a que custo. No enfoque quantitativo do recrutamento, quanto mais candidatos, mais visível seria o resultado. Porém, quando se fala no enfoque qualitativo, o que importa é apresentar candidatos já triados, entrevistados e encaminhados ao processo seletivo final. São perceptíveis os índices de candidatos que se apresentam à vaga e os que são efetivamente aproveitados para a continuidade do processo seletivo. A figura do funil de recrutamento demonstra os candidatos que seguem no processo e os que apenas se apresentam.

> **TENDÊNCIAS EM GTH**
>
> **Mudanças significativas**
>
> O conceito anteriormente utilizado de gestão de pessoas vem sendo substituído pelo de gestão dos talentos humanos. Não se trata mais de gerir as pessoas, mas, sim, seus talentos, potencializando seus conhecimentos e sua autonomia, incentivando o trabalho em equipe ou em comunidades colaborativas, uma vez que o trabalho isolado já não corresponde à realidade e às necessidades das organizações. O lema de muitas empresas: recrute hoje o executivo de amanhã. Na Unilever, os diretores de suas divisões estão se dedicando a projetar o futuro do negócio para a próxima década. Dois perigos pela frente: um é contratar hoje colaboradores que serão inadequados para os próximos cinco anos, quando estarão ascendendo nos quadros mais elevados da companhia; o outro é não ter no futuro os colaboradores adequados e preparados para o mundo dos negócios pela frente.[4] É sempre bom lembrar que, nos dias de hoje, a gestão de talentos humanos é papel e responsabilidade das áreas dos cargos de liderança. Isso indica que cada vez mais a área de gestão de pessoas (*staff*) passa a atuar como suporte para que os líderes estejam preparados para gerir pessoas, e não apenas processos.

A GTH utiliza indicadores e métricas para avaliar seu desempenho. Para isso, o quadro **Medidas tradicionais para avaliar o recrutamento**, disponibilizado no QR Code a seguir, apresenta três critérios de medidas que avaliam o processo de recrutamento: medidas globais, medidas orientadas para o recrutador e medidas orientadas para o método de recrutamento utilizado.

Os esforços de recrutamento são mais bem-sucedidos quando os recrutadores são escolhidos e treinados não só para ter eficácia no recrutamento, mas também elevar cada vez mais a qualidade do processo, pois este exerce forte impacto sobre os candidatos, provocando impressões neles – que podem ser positivas ou negativas.

Além do mais, a cooperação entre linha e *staff* no recrutamento é essencial, para que o consultor de GTH e os executivos de linha saibam exatamente o que a posição a ser preenchida exige e o que se quer identificar nos candidatos. O processo de recrutamento tem alto custo em tempo e dinheiro, mas, quando bem realizado, seu retorno ultrapassa de longe qualquer investimento. Agora, imagine se você tivesse que realizar um levantamento dos custos mensais ou anuais do processo de recrutamento na sua organização. Como você preencheria o quadro **Custos mensais ou anuais de recrutamento**, também disponível no QR Code?

Recrutar pessoas é uma etapa estratégica para as organizações. Atrair talentos é fundamental para o sucesso organizacional, seja no longo ou no curto prazo.

Existem medidas tradicionais para avaliação e análise dos custos mensais e anuais com recrutamento e seleção, além de seus impactos no mercado de trabalho e nas formas de busca de novas oportunidades, como mostram os quadros complementares no QR Code.

Aponte a câmera de seu celular para o QR Code e tenha acesso aos quadros **Medidas tradicionais para avaliar o recrutamento e Custos mensais ou anuais de recrutamento.**
> *uqr.to/20r2e*

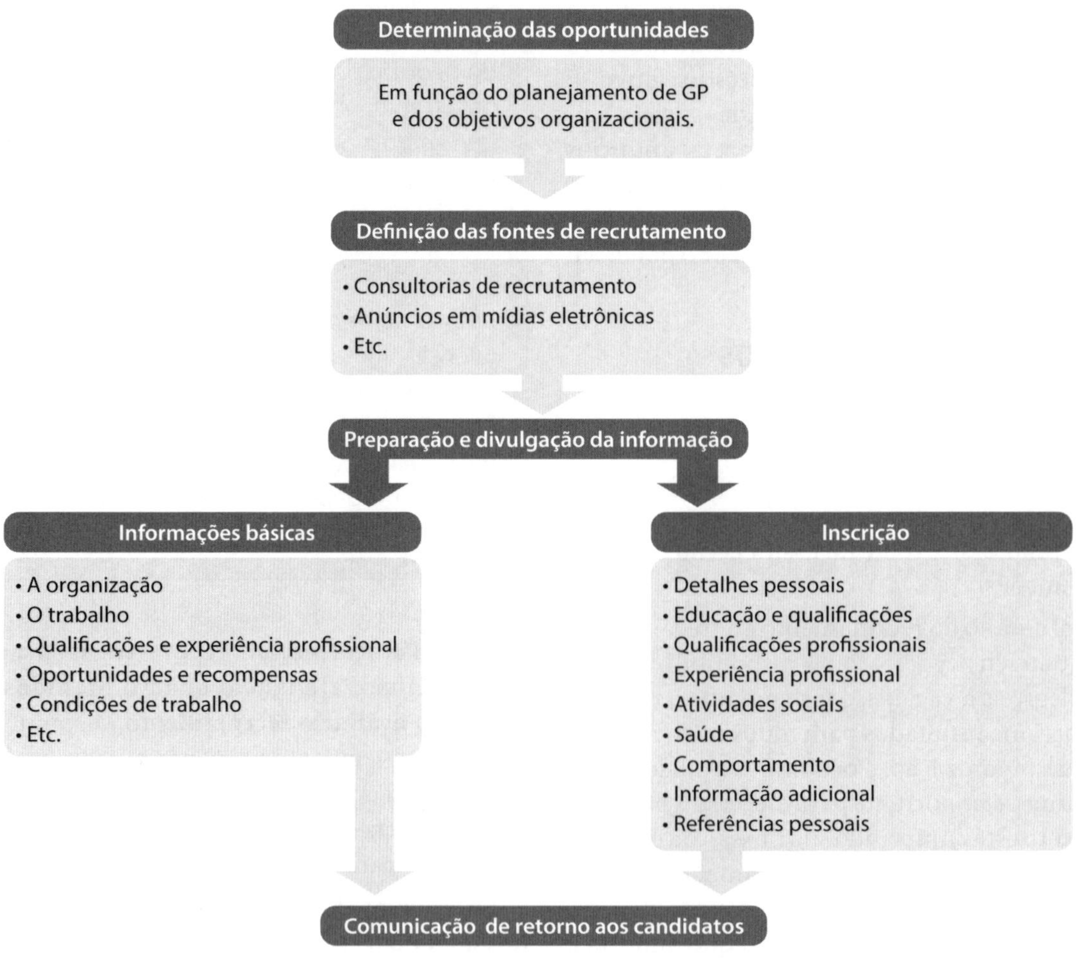

Figura 4.8 Elementos básicos do processo de recrutamento.

Impacto do Mercado de Trabalho sobre as organizações	
■ Mercado de trabalho em oferta	■ Mercado de trabalho em procura
■ Fortes investimentos em recrutamento para atrair candidatos	■ Baixos investimentos em recrutamento devido à oferta de candidatos
■ Critérios de seleção mais flexíveis e menos rigorosos	■ Critérios de seleção mais rígidos e rigorosos para aproveitar a abundância de candidatos
■ Investimentos em treinamento para compensar a inadequação dos candidatos	■ Poucos investimentos em treinamento para aproveitar candidatos já treinados
■ Ofertas salariais estimulantes para atrair candidatos	■ Ofertas salariais mais baixas para aproveitar a competição entre candidatos
■ Investimentos em benefícios sociais para atrair candidatos e reter funcionários	■ Poucos investimentos em benefícios sociais, pois não há necessidade de mecanismo de fixação do pessoal
■ Ênfase no recrutamento interno, como meio de reter os funcionários atuais e dinamizar os planos de carreiras	■ Ênfase no recrutamento externo, como meio de melhorar o potencial humano, substituindo funcionários por candidatos de melhor qualificação

Impacto do Mercado de Trabalho sobre os candidatos	
■ Mercado de trabalho em oferta	■ Mercado de trabalho em procura
■ Excesso de vagas e de oportunidade de emprego no mercado de trabalho	■ Escassez de vagas e de oportunidade de emprego no mercado de trabalho
■ Os candidatos escolhem e selecionam as organizações que ofereçam melhores oportunidades, salários e benefícios	■ Os candidatos concorrem entre si para conseguir as poucas vagas que surgem, apresentando propostas salariais mais baixas ou candidatando-se a cargos inferiores às suas qualificações
■ As pessoas se predispõem a deixar seus empregos atuais para tentar melhores oportunidades em outras organizações, aumentando a rotatividade de pessoal	■ As pessoas procuram fixar-se nos atuais empregos, com medo de engrossar as filas de candidatos desempregados
■ Os funcionários sentem-se donos da situação e fazem reivindicações de melhores salários, benefícios e tornam-se mais indisciplinados, faltam e atrasam mais, aumentando o absenteísmo	■ Os funcionários passam a não criar atritos em seus empregos, nem a propiciar possíveis desligamentos, tornam-se mais disciplinados, procuram não faltar e nem atrasar ao serviço

Recrutamento interno	Recrutamento externo
■ As posições vagas são preenchidas por colaboradores, que são selecionados e promovidos dentro da organização	■ As posições vagas são preenchidas por candidatos externos que são selecionados e ingressam na organização
■ Os candidatos são recrutados internamente dentro dos quadros da própria organização	■ Os candidatos são recrutados externamente no mercado de recursos humanos
■ Os candidatos já são conhecidos pela organização, passaram por testes de seleção, passaram por programas de treinamento e foram avaliados quanto ao seu desempenho	■ Os candidatos são desconhecidos pela organização e precisam ser testados e avaliados pelo processo seletivo
■ As oportunidades de emprego melhor são oferecidas aos próprios colaboradores, que podem subir a postos melhores e desenvolver sua carreira profissional dentro da organização	■ As oportunidades de emprego são oferecidas ao mercado, cujos candidatos podem disputá-las

Técnicas de recrutamento	Avaliação dos resultados
■ Consultorias de recrutamento ■ Contatos com escolas e agremiações ■ Apresentação por funcionários ■ Consulta aos arquivos banco de talentos ■ Recrutamento virtual mídias eletrônicas ■ Apresentações espontâneas ■ Banco de dados de candidatos	■ Medidas ■ Custos ■ Benefícios

REFERÊNCIAS

1. CHIAVENATO, I. *Planejamento, recrutamento e seleção de pessoal*: como agregar talentos à empresa. Barueri: Manole, 2015. p. 26.
2. CHIAVENATO, I. *Recursos Humanos*: o capital humano das organizações. Rio de Janeiro: Elsevier/Campus, 2015.
3. BRASIL. Consolidação das Leis do Trabalho – CLT. *Decreto-Lei nº 5.452, de 1º de maio de 1943*. Aprova a Consolidação das Leis do Trabalho. Diário Oficial da União: seção 1, p. 11937, 9 ago. 1943. Disponível em: https://www.planalto.gov.br/ccivil_03/decreto-lei/del5452.htm. Acesso em: 11 abr. 2025.
4. BREAUGH, J. A. *Recruitment*: science and practice. Boston: PWS-Kent, 1992. p. 341.

Capítulo

5 Seleção de talentos e competências

Objetivos de aprendizagem

Após estudar este capítulo, você deverá estar capacitado para:

- Definir e conceituar o processo seletivo e suas características.
- Compreender como melhorar o processo de seleção de talentos.
- Descrever as diferentes técnicas de seleção existentes nos dias atuais.
- Entender as tendências que estão ocorrendo no processo seletivo.
- Avaliar os resultados do processo seletivo.

O que veremos adiante

- Conceito de seleção de talentos.
- Bases da seleção de talentos.
- Técnicas de seleção.
- Processo de seleção de talentos.
- Avaliação dos resultados da seleção.

A organização, para ser competitiva, tem como desafio manter atualizados os recursos tecnológicos, os processos racionais de trabalho, a estrutura organizacional, com excelência em seus produtos e serviços, deixando os clientes satisfeitos. Com todas essas ferramentas, a organização estaria totalmente capacitada para desafiar e vencer sua concorrência, certo? Não, errado! O ponto mais vulnerável das organizações está relacionado com a qualidade da mão de obra que nelas trabalha. A qualidade externa nunca é maior ou melhor do que a qualidade interna de uma organização. Afinal, são as pessoas, que utilizam todas essas ferramentas e estão inseridas nos processos produtivos e detêm seus talentos individuais unidos a outros talentos e que proporcionam um conjunto de competências, que alavancam os resultados e geram a lucratividade nas organizações. Surgem, assim, o capital humano e o capital intelectual da empresa.

As organizações estão sempre em busca de pessoas com talentos para integrar seus quadros, seja para substituir colaboradores desligados, seja para ampliar a força de trabalho em momentos de crescimento e expansão. Quando isso ocorre, ativam seu processo de recrutar e selecionar pessoas. A seleção de talentos humanos faz parte integrante do processo de agregar pessoas, no qual o recrutamento e a seleção de pessoas ou talentos fazem parte do mesmo processo. Já vimos no Capítulo 4 que o recrutamento é uma atividade de divulgação, comunicação e atração que alimenta com opções o processo seletivo. Já a seleção é uma atividade de escolha, avaliação, classificação e de decisão e, portanto, restritiva e cheia de obstáculos e desafios que os candidatos precisam ultrapassar. Se o recrutamento não for bem executado, a seleção fica prejudicada por falta de candidatos ou poucas alternativas de escolha. Ambos, recrutamento e seleção, estão intimamente conectados e assumem papel fundamental na estratégia organizacional e nas ações da estratégia de Gestão do Talento Humano (GTH).

5.1 CONCEITO DE SELEÇÃO DE TALENTOS E COMPETÊNCIAS

A seleção de talentos se dá de forma sequencial. Nela, se separam os candidatos com características e perfis desejados pela organização, que estejam próximos ou alinhados com sua cultura organizacional e os que não estão no perfil – pessoa certa para o lugar certo. Nessa etapa do processo, as organizações analisam e comparam as informações coletadas, em relação ao perfil definido, ou seja, aqueles mais alinhados com as necessidades da organização ou que possuem as competências requeridas pelo negócio da organização: "qualidade do capital humano".

Sabemos que cada pessoa tem sua característica própria, seja ela física ou psicológica. Graças a essa variedade humana, o processo seletivo torna-se fundamental para a escolha de quem irá ingressar na organização, atendendo às expectativas e aos resultados e que esteja alinhado com sua cultura. Essas diferenças de pensamentos e atitudes levam as pessoas a se comportarem, perceberem situações, aprenderem, relacionarem, executarem seu trabalho e a se desempenharem de formas diferentes, seja com maior ou menor grau de sucesso nas e para as organizações. Essas questões de diversidades de pensamentos e ações estão ligadas à sua história de vida e biológicas, que traz tipos de inteligências e aptidões diferentes.

A estimação apriorística dessas variáveis individuais é um aspecto importante na seleção de talentos. Quando completo, o processo seletivo deve fornecer não somente um diagnóstico atual, mas principalmente um prognóstico futuro a respeito dessas variáveis. Essa seria uma projeção de como o candidato se adaptará ao longo da jornada e qual será a probabilidade de seu desenvolvimento para novos desafios.

As competências estão relacionadas à capacidade que o profissional tem para executar tarefas para ele impostas ou sugeridas. Estão ligadas a habilidade, qualificação e aptidão. As competências englobam todo conhecimento, habilidades e qualidades que um profissional absorve durante sua jornada, na carreira profissional e na acadêmica. No processo seletivo, elas são avaliadas para identificação de suas qualificações, experiências de vida e suas crenças, incluindo complementos como cursos e graduações e se estão relacionadas ao mercado de trabalho e direcionadas para as necessidades da organização. Por isso, devem ser avaliadas em um candidato.

5.1.1 Qual é o foco do processo seletivo?

Atualmente, considerar o processo seletivo apenas como uma simples reposição das posições de mão de obra da organização tornaria a tarefa rotineira e sem visão estratégica. As organizações devem utilizar o processo seletivo para potencializar seu capital humano e o portfólio de competências. A melhor maneira de obter sucesso é focar todo o processo seletivo e o desenvolvimento interno em avaliações e no desenvolvimento por competências, que são indispensáveis para o sucesso organizacional. Nesse contexto, as competências organizacionais devem se enquadrar nas competências individuais.

Assim, existem duas alternativas para fundamentar o processo seletivo: o trabalho a ser executado (desempenho) ou as competências a serem identificadas pela organização. O processo seletivo pode basear-se em dados e informações sobre a tarefa ou posição a ser preenchida, ou basear-se nas competências requeridas para que a seleção tenha maior objetividade e precisão, as organizações vêm aplicando a seleção por competência durante o processo, isto é, entendem ser importante identificarem um conjunto de habilidades, características comportamentais e as competências existentes no candidato e seu potencial para desenvolvê-las alinhadas com os objetivos e cultura da organização.

5.1.2 Seleção como um processo de comparação

A melhor maneira de conceituar seleção é considerá-la como uma comparação entre duas variáveis:

1. **Variável independente**: ou variável *x*, são os requisitos exigidos internamente pela organização (perfil) identificada na descrição de cargos, sendo essa a variável de comparação.
2. **Variável dependente**: ou variável *y*, são as características dos candidatos participantes do processo identificadas com a aplicação das técnicas de seleção, sendo essa a variável a ser comparada.

A forma ideal de avaliar essas variáveis é identificar o nível de referencial para comparação. Portanto, a regra se dá da seguinte forma: quando a variável *x* é maior do que a variável *y*, dizemos que o candidato não atinge as condições ideais para ocupar a posição. Quando as variáveis *x* e *y* são iguais, dizemos que o candidato reúne as condições ideais e, portanto, é aprovado para assumir a posição. Quanto mais alta a variável *y* em relação à variável *x*, o candidato reúne um índice superior ao esperado, portanto, torna-se acima da média para a posição oferecida.

Essa comparação não se concentra em um único ponto de igualdade entre ambas as variáveis, mas em uma faixa de aceitação que admite certa flexibilidade ao redor do ponto ideal. Com um instrumento de medida, pode-se estruturar o processo seletivo com atenção, o que exige que os requisitos gerais da posição sejam transformados em uma espécie de ficha de especificações ou ficha profissiográfica (manual ou eletrônica), para ajudar na comparação.

Baseado em cargos	Seleção	Baseado em competências
Preencher cargos vagos na organização	Objetivo primário	Agregar competências individuais
Manter o nível adequado da força de trabalho	Objetivo final	Aumentar o capital humano da organização
Rapidez no preenchimento das vagas	Eficiência	Agregação de competências necessárias à organização
Cargos preenchidos e força de trabalho plena e completa	Eficácia	Novas competências aplicáveis no negócio e força de trabalho competente
Preenchimento adequado de cargos na organização	Indicador	Ingresso adequado de novas competências na organização
Cargos preenchidos/custos de seleção	Retorno sobre o investimento	Competências agregadas/custos de seleção

Figura 5.1 Seleção baseada em cargos x seleção baseada em competências.

5.1.3 Seleção como um processo de decisão e escolha

A comparação entre as características exigidas pelo trabalho ou as competências desejadas e as características oferecidas pelos candidatos permite a escolha e a tomada de decisão a respeito do candidato aprovado. Assim, vários candidatos podem apresentar condições aproximadamente equivalentes para serem indicados a ocupar a vaga ou posição. Nesse caso, a área de seleção (*staff*) apenas recomenda os candidatos que julga mais adequados, sendo a decisão final de responsabilidade do gestor da área requisitante.

SAIBA MAIS

Sobre seleção como responsabilidade de linha e função de *staff*

A seleção – tal como ocorre com a Gestão do Talento Humano (GTH) como um todo – é uma responsabilidade de linha e uma função de *staff*. A área de GTH presta assessoria em todo processo para as áreas diversas para avaliar as características dos candidatos, enquanto o gestor de linha toma as decisões a respeito deles. A comparação é quase sempre uma função de *staff* realizada pela GTH, que pode contar com apoio de especialistas. Nessa etapa, além de ser um processo de comparação, a seleção é também um processo de escolha: apenas um deles deve ser o escolhido.

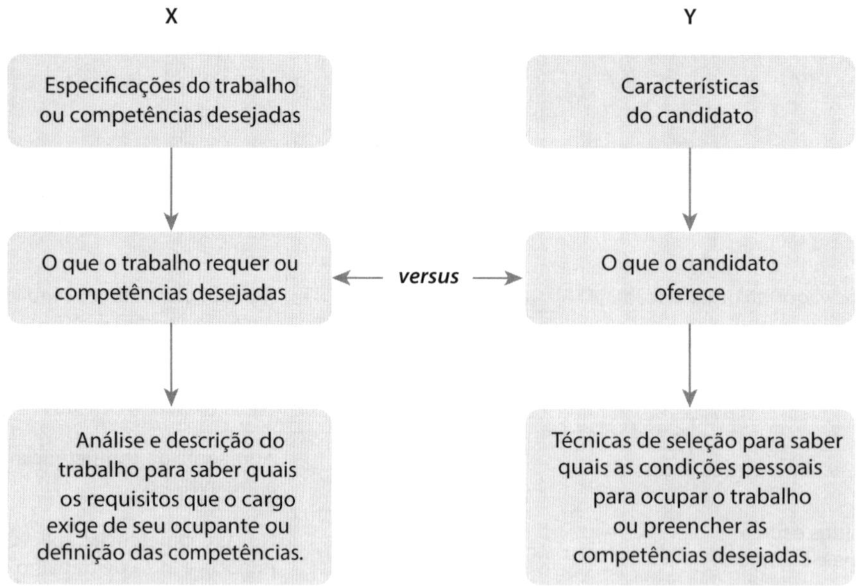

Figura 5.2 Seleção de pessoal como uma comparação.

Quadro 5.1 Seleção como responsabilidade de linha e função de *staff* (apoio)

Responsabilidade de linha (área)	Função de *staff* (apoio)
▪ Definir o perfil da posição a ser recrutada e selecionada. ▪ Decidir quanto ao preenchimento do cargo vago, por meio da emissão da Requisição de Empregado (RE). ▪ Decidir quanto às características básicas dos candidatos. ▪ Entrevistar os candidatos. ▪ Avaliar e comparar os candidatos por meio dos resultados das entrevistas e das demais técnicas de seleção. ▪ Decidir a respeito da aprovação ou reprovação dos candidatos. ▪ Escolher o candidato final ao cargo.	▪ Verificar o banco de talentos e/ou executar o processo de recrutamento. ▪ Fazer as entrevistas de triagem dos candidatos que se apresentam. ▪ Escolher e definir as técnicas de seleção mais adequadas. ▪ Preparar e treinar os gerentes nas técnicas de entrevistar candidatos. ▪ Aplicar testes psicológicos ou de personalidade, se necessário. ▪ Assessorar os gerentes no processo seletivo, se necessário. ▪ Acompanhar e avaliar os resultados. ▪ Propor correções nas rotas para maior assertividade no processo seletivo.

5.1.4 Definição dos candidatos – Modelo de colocação, seleção e classificação de candidatos

É comum o GTH das organizações se deparar com a dúvida na tomada de decisão sobre as definições para o melhor candidato a ser contratado. Para cada decisão, devemos ter um tratamento (tipo de solução), para que se encerre o processo. As formas de tratamento para tomadas de decisão variam de acordo com a situação e o modelo de decisão. Temos, com isso, quatro modelos possíveis:[1]

1. **Modelo de colocação:** quando há um só candidato e uma só vaga a ser preenchida. Não inclui a alternativa de dispensar o candidato que tende a ser admitido.
2. **Modelo de seleção:** quando há vários candidatos e apenas uma vaga a ser preenchida. Cada candidato é comparado com os requisitos exigidos, podendo ser aprovado ou não, pois apenas um deles será aprovado.
3. **Modelo de classificação:** quando existem vários candidatos para as posições e várias vagas para cada candidato. Nesse caso, cada candidato é comparado com os requisitos exigidos para o cargo a ser preenchido, podendo esse ser aprovado ou não no processo. Quando há uma negativa, ele passa a ser comparado com requisitos exigidos por outros trabalhos, até se esgotarem todas as alternativas. Dessa forma, apenas um deles poderá ser aprovado, salvo se tiver um maior número de vagas para o mesmo cargo. Esse modelo parte do conceito ampliado de candidato:

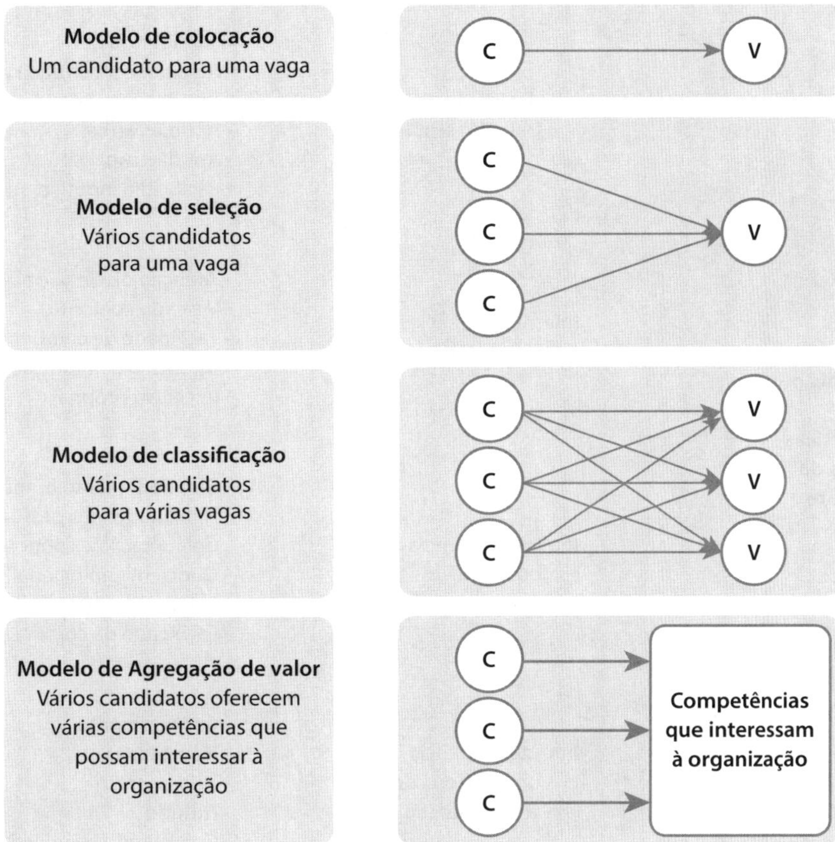

Figura 5.3 Modelos de colocação, seleção, classificação e adição de valor[2]

a organização não o considera interessado em uma única posição, podendo ser aproveitado em outra posição similar ou adequado para suas competências.

4. **Modelo de agregação de valor:** quando deixa de realizar a comparação com a posição de trabalho a ser ocupado e vai além, com foco nas competências que serão agregadas na organização. O candidato é visto pelas competências individuais que oferece para incrementar as competências organizacionais. Se as competências individuais do candidato estão alinhadas com as competências da organização, o candidato é aprovado na etapa e se coloca em uma posição mais privilegiada. Caso contrário, é dispensado do processo.

O modelo de agregação de valor é o mais utilizado que os demais modelos de tratamento, pois constitui a melhor maneira de aumentar o capital humano da organização.

5.1.5 Identificação das características pessoais do candidato

Identificar e avaliar as características pessoais do candidato é uma questão técnica, mas também de sensibilidade. Isso requer um razoável conhecimento da natureza humana e das repercussões que o trabalho impõe ao talento que irá executá-lo. O trabalho a ser desenvolvido pode exigir competências individuais relacionadas com:[3]

1. **Execução do trabalho:** avalia aptidões exigidas para a função como atenção concentrada para detalhes e a habilidade de ter visão ampla e abrangente; domínio numérico para lidar com cálculos; domínio verbal para saber se expressar com clareza e segurança; ter visão espacial e facilidade de perceber figuras ou símbolos; habilidades auditivas para trabalhar com sons ou ritmos. As análises vão de acordo com o perfil e exigências de cada função e posição.

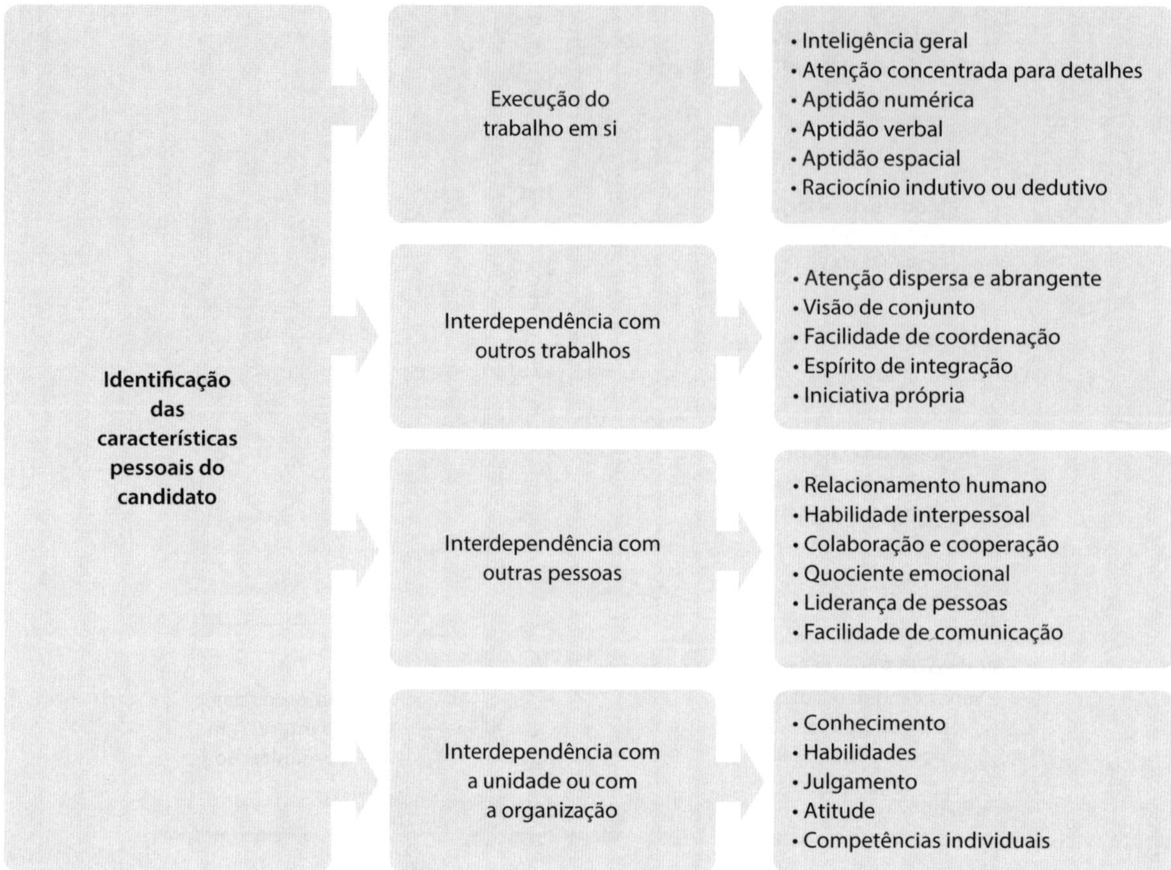

Figura 5.4 Identificação das características pessoais do candidato.[4]

2. **Interdependência com outros trabalhos:** o trabalho pode depender de outros trabalhos para iniciar ou terminar exigindo aptidões como: atenção dispersa ou abrangente, facilidade de coordenação, resistência à frustração.
3. **Interdependência com outras pessoas:** a tarefa pode exigir contatos com pessoas em níveis superiores, mesmo nível ou abaixo na hierarquia da organização. Sendo as características pessoais: colaboração e cooperação, facilidade de trabalhar em equipe ou com outras pessoas, relacionamento humano, iniciativa, liderança, facilidade de comunicação e expressão pessoal.
4. **Interdependência com a unidade organizacional ou com a própria organização:** a tarefa pode exigir contatos com a área ou departamento ou com a toda organização, sendo as características pessoas: negociação, facilidade de compreender os diversos estilos e necessidades, portanto a flexibilidade ou resiliência fazem parte desta característica.

5.2 BASES PARA A SELEÇÃO DE TALENTOS POR COMPETÊNCIAS

O processo seletivo é um sistema de comparação e de escolha. Ele deve apoiar-se em padrões ou critérios para alcançar de forma adequada a comparação. Deve ser definido com base nas informações das posições disponibilizadas e sobre as competências requeridas para tal e nas informações adicionais sobre os candidatos colhidas durante o processo.

5.2.1 Bases de comparação para selecionar talentos

As bases de referência e comparação para evolução e conclusão do processo seletivo podem ser:[5]

1. **Descrição de Cargos "*Job Description*":** levantamento detalhado das atividades, responsabilidades e competências que retratam os requisitos exigidos pelo cargo/função na estrutura da organização para

o futuro ocupante dele, a fim de se comparar, no momento da seleção, com a experiência, os conhecimentos e as características do candidato.

2. **Competências requeridas pela empresa:** referência utilizada para comparar e avaliar se as competências individuais oferecidas pelos candidatos atendem aos requisitos exigidos.
3. **Técnica dos incidentes críticos:** controle sistemático do desempenho dos profissionais ou equipes no trabalho, apontando aspectos positivos e a melhorar, por meio de índices e controles estatísticos, que servem de base para comparação no momento da seleção e contratação de futuros profissionais. Embora essa técnica seja subjetiva, por partir de uma avaliação do gestor, é uma excelente forma de coletar dados sobre resultados obtidos, que dependem das competências pessoais e profissionais que o futuro ocupante deve possuir.
4. **Requisição de pessoal:** a requisição de pessoal (RP) constitui-se em um documento interno utilizado para que o gestor solicite aprovação para contratação de um novo ocupante ou repor uma vaga ou no aumento de quadro. Também é utilizada para complementar informação do perfil dessa posição, a fim de abrir o processo seletivo, principalmente nas empresas que não têm uma estrutura com descrição de cargos desenvolvida.
5. **Análise do trabalho no mercado:** é a pesquisa de informações de determinado cargo/função no mercado junto a outras organizações que dispõem dessa posição. É utilizada quando não há informações dos requisitos e das características de determinada posição a ser preenchida, por se tratar de uma nova função na estrutura. A comparação entre o perfil e os requisitos do futuro ocupante da posição com o mercado recebe o nome de "*benchmark jobs*". Serve para que se desenhem os requisitos do cargo/função ou para adequá-las ou simplesmente obter um comparativo.
6. **Hipótese de trabalho:** não havendo possibilidades de utilizar as alternativas anteriores para obter informações a respeito da posição a preencher, resta elaborar uma previsão dos requisitos, das características e das exigências em relação ao ocupante como simulação inicial. Nessa previsão, se estabelecem hipóteses ou ideias a respeito do cargo/função, a fim de comparação com o perfil do candidato.

Com todas as informações sobre os requisitos da posição, o processo seletivo tem sua base de referência com o mercado estabelecida, podendo ajustá-la para sua realidade, transferindo os dados para um documento interno, conhecida como ficha de especificações do trabalho ou profissiográfica, podendo ser física ou digital. Também podemos utilizar apenas o *job description*, que contém as informações necessárias. Nele, devem estar descritas todas as informações exigidas para a posição, assim como as habilidades comportamentais e técnicas, além das competências necessárias. A partir daí, definem-se as técnicas de seleção adequadas para que o selecionador avalie todos os atributos a serem identificados nos candidatos.

Quadro 5.2 Exemplo das formas de técnica incidentes para o trabalho (vendedor de balcão)

Características desejáveis	Características indesejáveis
■ Afabilidade no trato com pessoas. ■ Facilidade no relacionamento. ■ Vontade de agradar ao cliente. ■ Resistência à frustração. ■ Verbalização fácil. ■ Excelente memória. ■ Facilidade em trabalhar em equipe. ■ Concentração visual e mental. ■ Facilidade em lidar com números.	■ Irritabilidade fácil. ■ Introversão exagerada. ■ Impaciência. ■ Pouco controle emocional. ■ Dificuldade de expressão. ■ Dificuldade no relacionamento. ■ Pouca memória. ■ Dispersão mental. ■ Dificuldade em lidar com números.

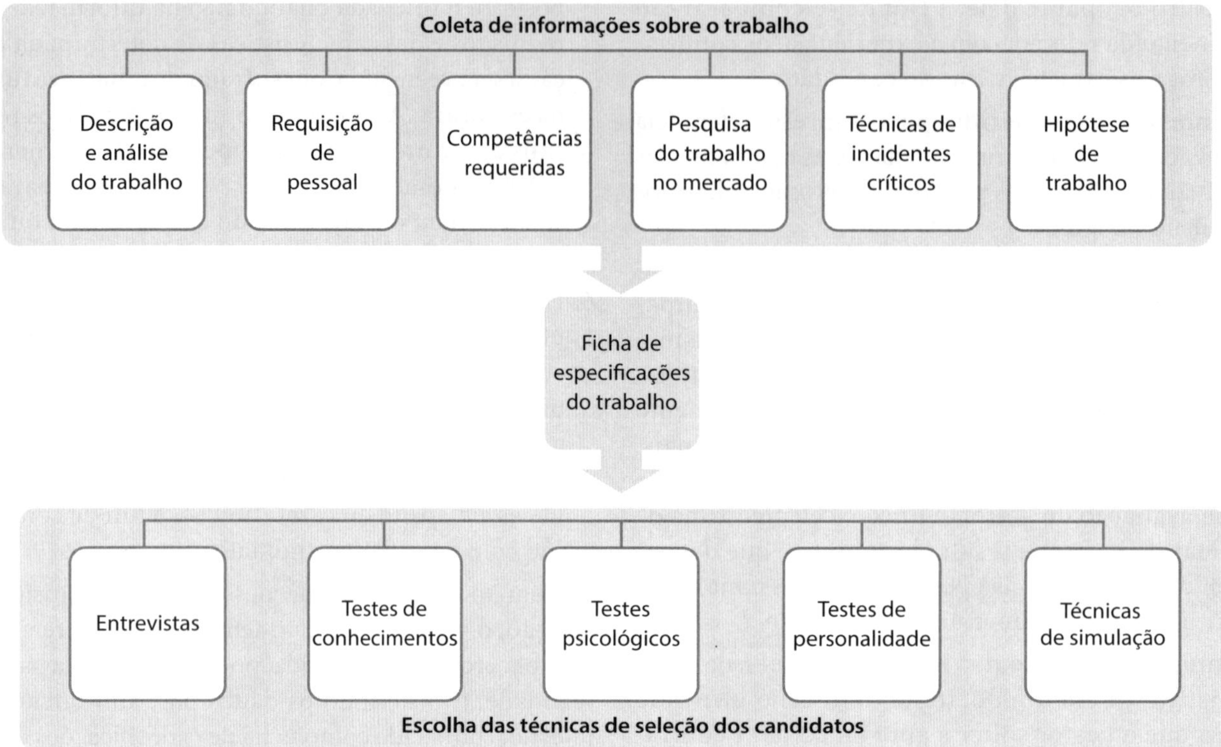

Figura 5.5 Informações sobre o trabalho como base do processo seletivo.[6]

5.2.2 Seleção por competências

Sabemos da importância de a empresa buscar no mercado de trabalho o perfil adequado. No entanto, para atingir o patamar de identificar o melhor talento são necessários técnicas e alguns cuidados. Selecionar por competência é uma metodologia que visa identificar se os candidatos possuem competências definidas e necessárias para a empresa. Durante o processo, avalia-se o comportamento desse candidato utilizando situações hipotéticas ou reais que estão de acordo com sua experiência, colocando-o em questões ligadas ao dia a dia que ele supostamente vivenciou. Busca-se identificar no candidato seu conhecimento, sua habilidade e sua atitude, exigidos pela função, indo além de uma simples análise de currículo. Avaliam-se *soft skills*, perfil comportamental e postura diante de uma situação similar à real e sua capacidade de adaptação à cultura "*fit* cultural".

5.2.3 Mapeamento das competências

Quando o processo seletivo se baseia em competências definidas pela organização, a coleta de dados se concentra na definição das competências a serem identificadas nos candidatos. Quanto mais bem definidas as competências, mais se tornam viáveis para comparar candidatos e necessidades da organização, o que proporciona um processo seletivo e comparativo mais apurado.

A noção de competência é atribuída a McClelland, ao argumentar que se deveria testar a competência em vez da inteligência, pois os testes de inteligência não prognosticam o desempenho no trabalho ou o sucesso na vida profissional.[7] Para ele, a competência é uma característica pessoal de desempenho superior na realização de uma tarefa ou em determinada situação. Mais adiante, a discussão sobre competências permitiu chegar à ideia de que a organização é uma coleção de capacidades dinâmicas que são a fonte da competitividade.[8] Mais adiante, Hamel e Prahalad desenvolveram o conceito de competências essenciais e de vantagem competitiva em uma dimensão organizacional e estratégica.[9]

Competência é uma palavra associada ao senso comum e utilizada para designar uma pessoa qualificada e bem-sucedida para realizar algo específico. No fundo, representa uma integração e coordenação de um conjunto de conhecimentos, habilidades e atitudes que, na sua manifestação, produzem uma atuação diferenciada.[10] Nosso ponto de vista é que a competência individual constitui um repertório de comportamentos capazes de integrar, mobilizar, transferir conhecimentos, habilidades, julgamentos e atitudes que agregam valor econômico à empresa e valor social à pessoa que a possui.[11] Em cada indivíduo, a competência é construída a partir da conjunção de suas características inatas e adquiridas.

Aponte a câmera de seu celular para o QR Code e tenha acesso ao **Exemplo de ficha profissiográfica de especificações do trabalho.**

> *uqr.to/20r2f*

A definição e o desenvolvimento de competências individuais são um processo lento que requer uma estrutura organizacional bem definida. Esse é o impulso constante para a inserção de uma cultura organizacional efetiva, para que as pessoas possam ser direcionadas em adquiri-las.

Por seu lado, as competências organizacionais são assim hierarquizadas:

1. **Competências organizacionais (*core competences*):** são as competências distintivas que toda organização precisa construir e possuir para manter sua vantagem competitiva sobre as demais. Prahalad e Hamel mostram que, para que cada competência seja considerada essencial, ela deve possuir:[12]
   - **Valor percebido pelos clientes:** deve permitir à empresa agregar valor de forma consistente e diferenciada a seus clientes.
   - **Diferenciação entre concorrentes:** deve diferenciar a empresa de seus competidores. Precisa ser algo percebido pelo mercado como específico e único da marca, do produto ou da própria empresa.
   - **Capacidade de expansão:** deve abrir as portas do futuro para a empresa. Ela precisa não só ser a base para os produtos/serviços atuais, mas que também possa criar, oferecer e sustentar novos produtos/serviços.

Quadro 5.3 Competências segundo Le Boterf[13]

Saber agir	Saber o que e por que fazer, saber julgar, escolher, decidir
Saber mobilizar recursos	Criar sinergia e mobilizar recursos e competências
Saber comunicar	Compreender, trabalhar, transmitir informações e conhecimentos
Saber aprender	Trabalhar o conhecimento e a experiência, rever modelos mentais, saber se desenvolver
Saber se engajar e se comprometer	Saber empreender, assumir riscos. Comprometer-se
Saber assumir responsabilidades	Ser responsável, assumindo riscos e consequências de suas ações, sendo por isso reconhecido
Ter visão estratégica	Conhecer e entender o negócio da organização, seu ambiente, identificando oportunidades e alternativas.

2. **Competências funcionais:** são as competências que cada unidade organizacional ou área deve construir e possuir competências específicas e próprias de acordo com a sua especialização, para servir de base às competências essenciais da organização.
3. **Competências gerenciais:** são as competências que cada gestor ou líder precisa desenvolver para atuar nesta área ou posição.
4. **Competências individuais:** são as competências pessoais que todos colaboradores e níveis devem desenvolver para atuar nas várias e diferentes atividades da organização.

O conceito de competência permite que se direcione o foco ao que é essencial para que a organização alcance os seus objetivos e metas oferecendo valor a todos os *stakeholders*. Para isso, deve-se realizar o mapeamento das competências necessárias para que se tenha padrões de referência no processo seletivo.

Mapear as competências é a construção de um referencial, para que os colaboradores saibam o que a empresa necessita de seu potencial e onde podem ser potencializados. A Figura 5.7 dá uma ideia dessa distribuição na organização.

Devidamente localizadas, mapeadas, definidas e certificadas, as competências passam a constituir o critério básico de comparação com o perfil dos candidatos. Voltaremos à construção e potencialização das competências no Capítulo 13, sobre treinamento.

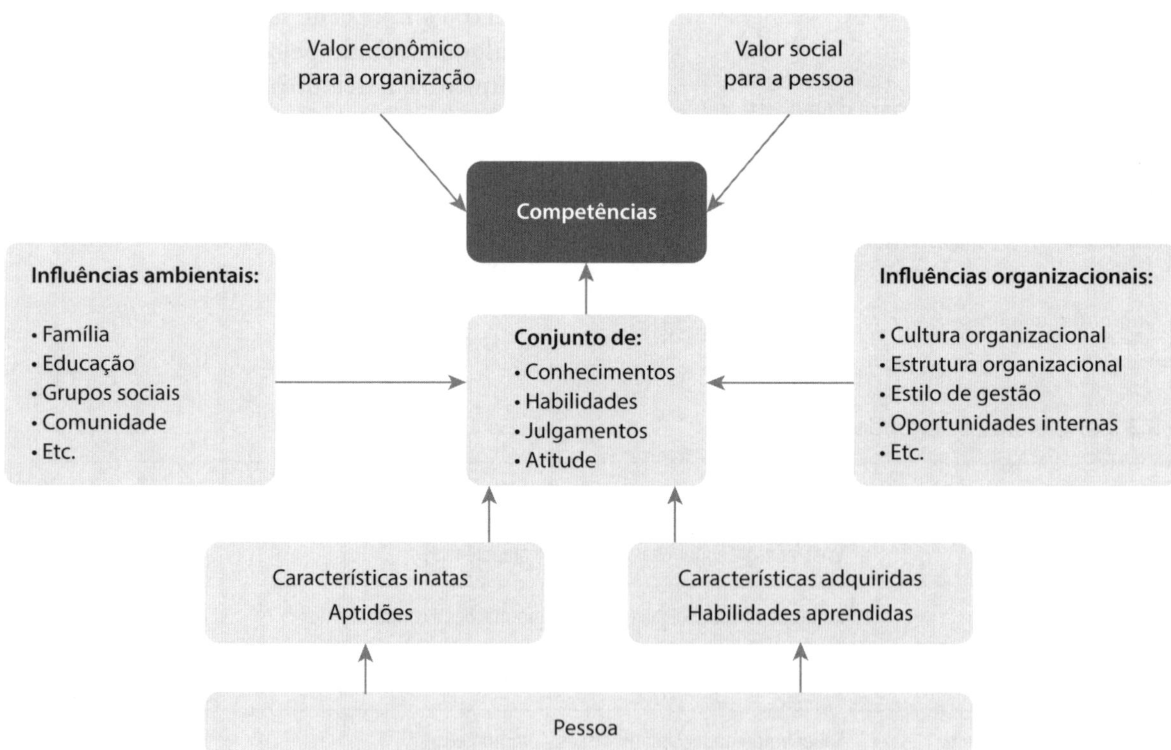

Figura 5.6 Formação de competências individuais.

Figura 5.7 A distribuição das competências essenciais em uma organização.

5.3 TÉCNICAS DE SELEÇÃO

Após as etapas de definições dos *soft skills* (habilidades comportamentais) e *hard skills* (habilidades técnicas) da posição a preencher ou das competências requeridas, deve-se agora obter informações a respeito dos candidatos. A escolha das técnicas de seleção para conhecer, avaliar, comparar e aprovar os candidatos é fundamental. As técnicas de seleção são agrupadas em cinco categorias (Quadro 5.4).

Quadro 5.4 Cinco categorias de técnicas de seleção de talentos[14]

Entrevista de seleção	Entrevista dirigida (com roteiro preestabelecido) Entrevista livre (sem roteiro definido)	
Testes de conhecimentos ou de capacidade	Gerais	Cultura geral Línguas
	Específicas	Conhecimentos técnicos Cultura profissional
Testes psicológicos	Testes de aptidões	Gerais Específicas
Testes de personalidade	Testes expressivos	Psicodiagnóstico miocinético
	Testes projetivos	Psicodiagnóstico Rorschach Teste da árvore Teste de apercepção temática
	Inventários	de motivação de interesses
Técnicas de simulação	Psicodrama, dinâmica de grupo Dramatização (*role playing*)	

As técnicas de seleção permitem identificar as características pessoais do candidato por meio de amostras de seu comportamento.

Vejamos as características de cada uma das técnicas de seleção.

5.3.1 Entrevista de seleção

A entrevista de seleção é a técnica mais utilizada, em diversas fases, seja na triagem inicial dos candidatos no processo de recrutamento, na entrevista pessoal inicial, seja para avaliar conhecimentos técnicos e especializados. Pode ser utilizada também em aconselhamento e orientação profissional, no momento da avaliação do desempenho e até mesmo no momento do desligamento dos colaboradores em uma demissão.

A entrevista nada mais é que um processo em que a organização e o candidato têm a oportunidade de se conhecerem, para que entrevistador (empresa) e entrevistado (candidato) possam tomar suas decisões em aceitar ou não as propostas. Na entrevista, aplicam-se estímulos (entradas como perguntas) para avaliar suas reações (saídas como respostas e comportamentos), a fim de avaliar seu comportamento frente a determinadas situações. Entrevistar é o método mais utilizado em seleção de pessoal, pois ver e ouvir cada pessoa face a face é indispensável no processo seletivo.

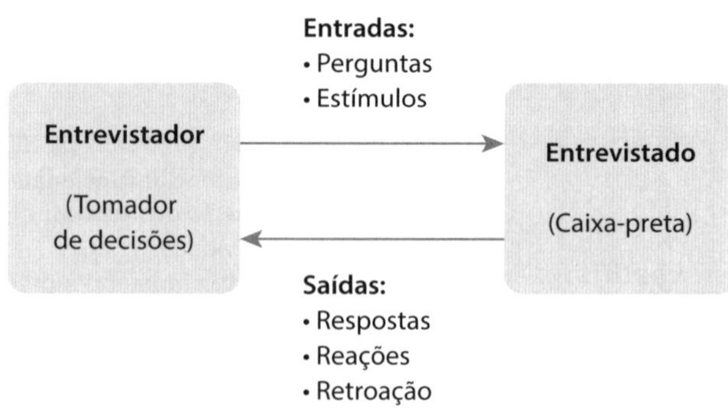

Figura 5.8 A entrevista como um processo de comunicação.[15]

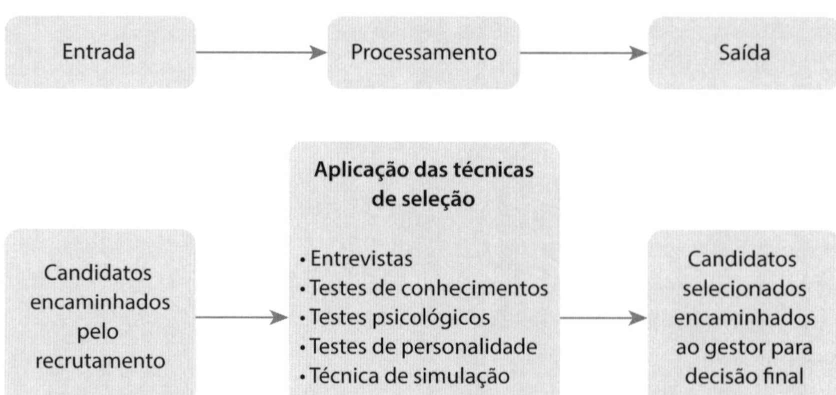

Figura 5.9 Processo de seleção de talentos.[16]

O processo de entrevista também tem falhas de interpretação e entendimento. A fim de se aprofundar e tirar as limitações, deve-se inserir novas perguntas para se aprofundar em certos aspectos.

Duas formas de conduzir o processo podem melhorar o grau de confiança e validade da entrevista:[17]

1. **Construção do processo de entrevista:** o processo de entrevistar pode proporcionar maior ou menor grau de liberdade para o entrevistador na condução da entrevista e dependerá da técnica utilizada:
   - **Entrevista totalmente padronizada:** estruturada com um roteiro preestabelecido, onde se fazem perguntas padronizadas e previamente elaboradas para obter respostas definidas. Nesse modelo, perdem-se profundidade e flexibilidade e a entrevista torna-se limitada. Isso ajuda o entrevistador a não se preocupar com a sequência que irá conduzir para extrair do entrevistado as respostas.
   - **Entrevista padronizada apenas nas perguntas:** tem perguntas previamente elaboradas, que permitem respostas, abertas ou livres do candidato. O entrevistador se baseia em uma listagem (*checklist*) de assuntos a questionar, obtendo respostas ou informações do candidato.
   - **Entrevista diretiva:** determina o tipo de resposta desejada, deixando as perguntas a critério do entrevistador. É aplicada para conhecer conceitos pessoais dos candidatos, dando liberdade para que o entrevistador possa obtê-las por meio de questões que surgem no andamento da entrevista.
   - **Entrevista não diretiva:** nem as questões, nem as respostas requeridas são específicas. Tem características exploratória, informal e sem roteiros, nas quais o entrevistador tem liberdade e caminha dentro da linha de menor resistência ou da extensão dos assuntos, com alto nível de profundidade a alcançar. No entanto, há riscos de se esquecer ou omitir assuntos ou informações importantes.
2. **Treinamento dos entrevistadores:** realizar treinamentos para os entrevistadores ou gestores para desenvolverem entrevistas profundas com os candidatos, pois assumem um papel fundamental no processo. Já *a área de GTH* assume o papel de consultor interno e orientador do processo. As entrevistas não diretivas geralmente ficam a cargo dos gestores e entrevistadores mais experientes, que são os entrevistadores finais.

5.3.2 O que você deve saber para entrevistar candidatos[18]

Como ideias e entendimentos, em nosso material de apoio disponibilizaremos algumas questões e informações importantes, para serem utilizadas pelo entrevistador no momento ou na etapa da entrevista de seleção.

Aponte a câmera de seu celular para o QR Code e tenha acesso ao **Modelos de questões comuns e como o entrevistador pode se preparar.**

> *uqr.to/20r2g*

De modo geral, a entrevista funciona como um instrumento de comparação. O entrevistador precisa obter certa precisão (resultados coerentes) e certa validade (medindo exatamente aquilo que se pretende verificar), tal como um instrumento de medida confiável. Sua margem de erro (tolerância ou variância das medidas) é maior, dada a sua condição humana. O entrevistador deve comparar objetivamente as características oferecidas pelo candidato com os requisitos exigidos pela organização. Além disso, é um momento para avaliar a postura, sua segurança na forma de agir por meio das expressões corporais e visuais, mediante as questões mais incisivas ou até de natureza específica e técnica.

5.3.3 Identificando competências nas entrevistas

Dentre as técnicas ou metodologias de entrevista usuais e disponíveis, podemos citar a entrevista por competência, que atualmente é uma das mais utilizadas para o processo seletivo, principalmente em cargos técnicos e de gestão, posições que mais exigem grau de maturidade e experiência, embora também possam ser aplicadas para outros níveis. Tem como objetivo identificar candidatos que tenham e atendam a um conjunto de competências necessárias para ocupar um cargo específico. Nesse processo, avalia-se como se dá o comportamento desse candidato em situações práticas, utilizando situações hipotéticas e de exemplos práticos das experiências dele, em relação ao seu trabalho, sendo possível analisar a postura, as opiniões e a visão de mundo do candidato, se atendem e estão dentro da necessidade do cargo e da cultura da organização.

Quando falamos em roteiro de entrevista por competência, nos referimos às perguntas mais profundas realizadas pelo entrevistador, que costumam ser mais diretas e situacionais, porém, isso não significa que esse tipo de entrevista exclua perguntas normalmente desenvolvidas pelas organizações, como as que buscam entender experiências anteriores.

5.3.3.1 Algumas técnicas de entrevistas por competências utilizadas

1. **Entrevistas técnicas:** avaliam a experiência e capacidade técnica em relação às decisões e atitudes tomadas relacionadas aos requisitos exigidos pelo cargo, idealmente realizadas por um profissional técnico.
2. **Entrevistas comportamentais:** buscam identificar como o candidato agiu e reage diante das diferentes questões do dia a dia ou de pressão.
3. **Entrevistas com estudo de caso:** utilizam dados reais de alguma situação ocorrida, para identificar as habilidades e competências na solução do problema exposto.
4. **Entrevistas em grupo:** buscam avaliar e diferenciar os candidatos por meio de sua posição, colocação e comportamento diante das outras pessoas. São utilizadas quando há vários candidatos por vaga, para otimizar tempo no processo.
5. **Entrevistas *online*:** embora já viessem sendo utilizadas, consolidaram-se após a pandemia de Covid 19, para evitar o fluxo de pessoas em contato próximo. São utilizadas para otimização de tempo e custos, seguindo a linha de suas soluções para determinados problemas vivenciados.

5.3.4 Como conduzir entrevistas de seleção[19]

A entrevista de seleção não deve ser realizada de forma totalmente improvisada, exigindo alguns cuidados que podem melhorar sua eficiência e eficácia. Vamos a eles:

1. **Identifique os objetivos principais da entrevista:** planeje antecipadamente a entrevista, as informações dos requisitos e o perfil dos cargos/funções, obtendo os dados necessários citados na seção 5.2.1.
2. **Crie um bom clima para a entrevista:** não tenha pressa, aplique o tempo, escolha um local tranquilo, seja amigável e mostre interesse, dê ao candidato atenção total.
3. **Conduza a entrevista orientada para objetivos:** defina a informação que necessita identificar do candidato, por meio de perguntas objetivas ou que se aprofunde mais sobre o perfil do candidato de acordo com a metodologia definida, explore o perfil técnico, comportamental e a visão de solução de tarefas.
4. **Analise e avalie profundamente dois aspectos:** o formal, que é a informação sobre a trajetória profissional e experiências do candidato, e o comportamental, que identifica a postura, as colocações e como o candidato se comporta durante a entrevista.
5. **Evite questões discriminatórias:** tenha foco em questões direcionadas aos requisitos, à qualificação e à postura do candidato, não explorando temas que possam levar às questões preconcebidas e fora do objetivo principal de identificar talento.
6. **Responda às questões feitas e às outras que não foram feitas:** crie um ambiente favorável para a entrevista, pois, nesse momento, ouvir e informar são igualmente importantes, porque o candidato precisa receber informações.
7. **Anote suas impressões imediatamente após a entrevista:** documente todos os detalhes e impressões que identificou para a tomada de decisão a respeito do candidato, utilizando o melhor método de comparação entre os participantes do processo.

Quadro 5.5 Exemplo de análise de várias entrevistas

Análise da entrevista						
Nomes dos candidatos	Competências					
	Espírito empreendedor	Foco em resultados	Relacionamento interpessoal	Espírito de equipe	Habilidades técnicas	Resultado geral
Candidato 1						
Candidato 2						
Candidato 3						
Candidato 4						
Candidato 5						

Quadro 5.6 Comparação entre os testes tradicionais e os testes objetivos

	Testes tradicionais	Testes objetivos
Quanto à organização	■ Perguntas amplas e abrangentes ■ Respostas indeterminadas ■ Exame do setor estrito da matéria ■ Pode ser improvisada ■ Aprecia a organização de ideias ■ Mede o estilo de redação	■ Perguntas focalizadas e específicas ■ Respostas determinadas e curtas ■ Examina todo o campo da matéria ■ Deve ser planejada cuidadosamente ■ Permite o acerto ao acaso
Quanto à aplicação	■ Condições indeterminadas de aplicação ■ Tempo demorado de aplicação ■ Aplicação demorada e trabalhosa	■ Condições determinadas de aplicação ■ Tempo curto de aplicação ■ Aplicação simples e rápida
Quanto à avaliação	■ Avaliação difícil por meio de leitura detalhada da prova ■ Exige conhecimento específico do avaliador ■ Avaliação demorada e subjetiva ■ Critério subjetivo e variável de avaliação	■ Avaliação fácil e automática por meio de chave de avaliação ■ Não exige conhecimento específico do avaliador ■ Avaliação rápida e objetiva ■ Critério predeterminado e objetivo

5.3.5 Testes de conhecimentos ou de capacidades

Os testes de conhecimentos são formas de avaliar o nível de conhecimentos gerais e específicos dos candidatos exigidos pelo cargo. Por outro lado, os testes de capacidade são utilizados para verificar o real desempenho das tarefas dos candidatos. Há uma variedade de testes de conhecimento e de capacidade. Daí a necessidade de classificá-los quanto à forma de aplicação, em sua abrangência e sua organização.[20]

1. **Quanto à forma de aplicação**: os testes de conhecimento ou de capacidade podem ser orais, escritos ou de realização prática.
   - **Testes orais:** feitos por meio de perguntas e respostas, como uma entrevista padronizada e estruturada com perguntas verbais específicas para obter respostas específicas.
   - **Testes escritos:** realizados por meio de perguntas e respostas para aferir conhecimentos adquiridos.
   - **Testes de realização:** aplicados por meio da execução de um trabalho ou tarefa, de maneira uniforme e com tempo determinado.
2. **Quanto à abrangência:** podem ser gerais ou específicos.
   - **Testes gerais:** avaliam noções de cultura geral ou aspectos genéricos do conhecimento.
   - **Testes específicos:** avaliam conhecimentos técnicos e específicos exigidos para ocupar o cargo.
3. **Quanto à organização: os testes** de conhecimentos ou de capacidade podem ser tradicionais ou objetivos.
   - **Testes tradicionais:** do tipo dissertativo e expositivo, não exigem planejamento e podem ser improvisados. Abrangem um número menor de questões pelo fato de exigirem respostas longas, explicativas e com maior tempo para respostas. Avaliam profundidade de conhecimentos, mas são restritos a uma pequena extensão do campo de conhecimentos do candidato.
   - **Testes objetivos:** são planejados e estruturados, sendo sua aplicação rápida, fácil e objetiva, assim como sua aferição, permitindo medir extensão e abrangência dos conhecimentos. Os principais itens de testes são:
     - **Alternativas simples ou testes dicotômicos:** questão com duas alternativas de resposta (certo-errado, sim-não). Permitem 50% de probabilidade de acerto ao acaso.
     - **Múltipla escolha:** cada questão tem três, quatro ou cinco alternativas de respostas para reduzir a probabilidade de acerto ao acaso.
     - **Preenchimento de lacunas:** frases incompletas com espaços abertos para preencher e dar sentido à resposta.

- **Ordenação ou conjugação de pares:** duas colunas com palavras ou assuntos dispostos e que devem ser ordenados ou colocados lado a lado.
- **Escala de concordância/discordância:** declaração na qual o candidato mostra o seu grau de concordância ou discordância sobre determinado tema.
- **Escala de importância:** escala que classifica a importância de algum atributo ou tema.
- **Escala de avaliação:** escala que avalia a importância e o quanto determinado atributo atende às expectativas.

5.3.6 Testes psicológicos

Os testes psicológicos têm como objetivo uniformizar uma amostra do comportamento no que se refere às aptidões dos candidatos como uma medida de desempenho, por meio de amostras estatísticas de comparação. Os resultados dos testes do candidato são comparados com padrões de resultados adequados e relacionados aos requisitos do cargo. Nesses testes, há três aspectos que as entrevistas e os testes tradicionais ou objetivos não apresentam:

1. **Preditor:** a capacidade do teste de oferecer resultados prospectivos, capazes de servir como prognósticos para o desempenho futuro do cargo, sendo capaz de predizer o desempenho futuro do candidato no cargo em função dos resultados que alcançou nessa técnica, quanto ao desempenho. Os resultados são comparados entre si.
2. **Validade:** a capacidade do teste de aferir exatamente a variável humana que se pretende medir, dando ao teste credibilidade por mediar algo que se quer identificar.
3. **Precisão:** a capacidade do teste de apresentar resultados semelhantes em várias aplicações na mesma pessoa, demonstrando consistência da mensuração e ausência de discrepâncias na medida.

Todo o instrumental de seleção deve possuir características de predição, validade e precisão. Tanto para a entrevista, quanto para testes de conhecimentos, de capacidades e psicológicos.

Os testes psicológicos utilizados no processo seletivo identificam as aptidões e os talentos que os candidatos possuem, o quanto esses estão presentes neles e o prognóstico futuro do seu desempenho e potencial, os quais serão explorados durante a sua jornada na organização.

5.3.6.1 Teoria multifatorial de Thurstone

A abordagem mais conhecida a respeito das aptidões é a teoria multifatorial de Thurstone.[21] Segundo essa abordagem, a estrutura mental das pessoas é constituída por um número de fatores relativamente independentes entre si, cada qual responsável por determinada aptidão. Thurstone definiu sete fatores específicos e criou um conjunto de testes para medi-los: os chamados testes de habilidades primárias. Acrescentou um fator geral (Fator G), ao qual deu o nome de inteligência geral, pelo fato de condicionar e complementar todas as aptidões. Os sete fatores específicos estão representados na Figura 5.10.

Quadro 5.7 Diferenças entre aptidão e capacidade

Aptidão	Capacidade
■ Predisposição natural para determinada atividade ou trabalho. ■ Existe sem exercício prévio, sem treino ou aprendizado. ■ É avaliada por meio de comparações. ■ Permite prognosticar o futuro do candidato no trabalho. ■ Transforma-se em capacidade por meio do exercício ou treinamento. ■ É a predisposição geral ou específica para o aperfeiçoamento no trabalho. ■ Possibilita o encaminhamento futuro para determinado cargo. ■ É estado latente e potencial de comportamento.	■ Habilidade adquirida para realizar determinada atividade ou trabalho. ■ Surge depois do treinamento ou aprendizado. ■ É avaliada pelo rendimento no trabalho. ■ Permite diagnosticar o presente: refere-se à habilidade atual do indivíduo. ■ É o resultado da aptidão depois de exercitada ou treinada. ■ É a disposição geral ou específica para o trabalho atual. ■ Possibilita a colocação imediata em determinado cargo. ■ É estado atual e real de comportamento.

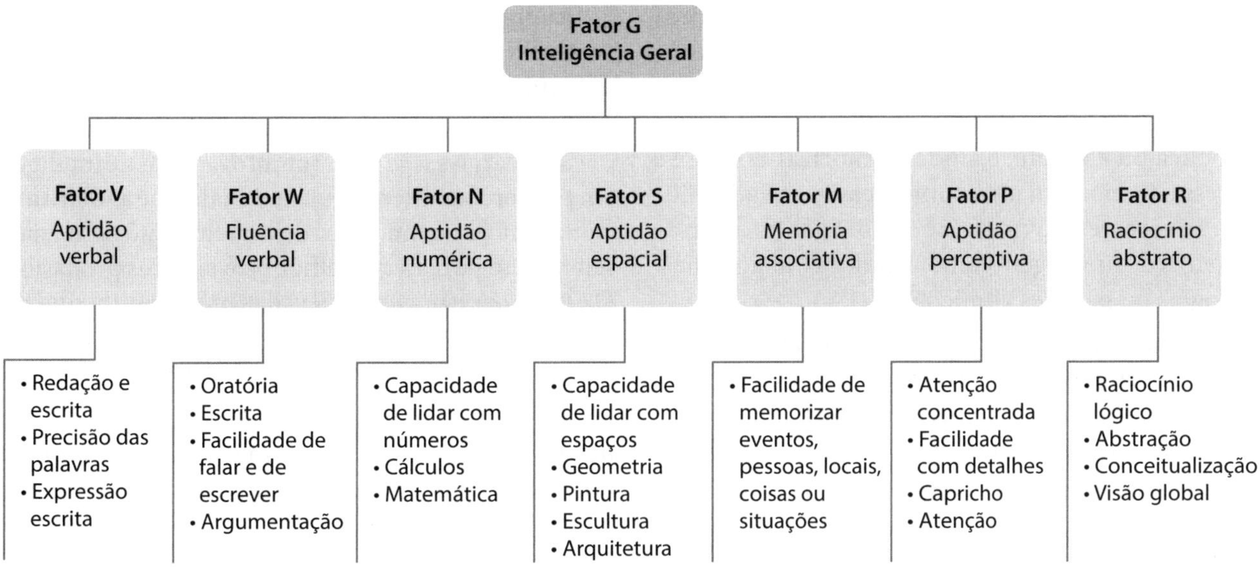

Figura 5.10 A teoria multifatorial de Thurstone.

Os candidatos são submetidos a uma bateria de testes psicológicos para avaliar suas diferentes aptidões e um teste de nível mental para avaliar o Fator G.

Quadro 5.8 Laudo de resultados de testes psicológicos

Nome:______________________________
Data: ____/____/____
Percentis:

	0	10	20	30	40	50	60	70	80	90	100
1. Fator G								X			
2. Fator V							X				
3. Fator W									X		
4. Fator N								X			
5. Fator S				X							
6. Fator M										X	
7. Fator P								X			
8. Fator R									X		

Cada trabalho impõe determinadas aptidões da pessoa. Essas são inseridas em sistema ou de forma manual na ficha profissiográfica para definir o perfil e as características do candidato ideal. A partir daí, definem quais são os testes psicológicos adequados para pesquisar determinadas aptidões necessárias. Assim, é comum encontrar diferentes conjuntos de testes para cada tipo de trabalho.

Quadro 5.9 Baterias de testes psicológicos

Grupo funcional de cargos:	Testes psicológicos indicados:	
Analista de treinamento	Nível mental Fator P Destreza manual e digital Fator S	– Percentil 40 a 70 – Percentil acima de 70 – Percentil acima de 40 – Percentil acima de 60
Ferramenteiro	Nível mental Fator P Destreza manual e digital Fator S	– Percentil 50 a 70 – Percentil acima de 50 – Percentil acima de 70 – Percentil acima de 60
Líder de equipe	Nível mental Fator V Fator W Fator R	– Percentil acima de 70 – Percentil acima de 70 – Percentil acima de 50 – Percentil acima de 50

5.3.6.2 As múltiplas inteligências de Gardner

Howard Gardner desenvolveu uma teoria das múltiplas inteligências para facilitar o trabalho de orientação e seleção profissional. Sua teoria pressupõe que as pessoas podem ter sete diferentes tipos de inteligência, cada uma delas determinando certas habilidades específicas, a saber:[22]

1. **Inteligência lógico-matemática:** facilidade para pensar e lidar de maneira lógica, indutiva ou dedutiva, reconhecer padrões numéricos e lógicos tendo habilidade de ordenar fatos, relacionar causas e efeitos, lidar com quantidades.

2. **Inteligência verbal ou comunicativo-linguística:** habilidade na aquisição, formação e processamento da linguagem, tendo facilidade para lidar com palavras e línguas, sejam escritas ou faladas, de maneira simbólica ou abstrata, e ainda memorizar textos. Se expressa ou mantém uma comunicação ativa, habilidade de escrever, ouvir e falar explorando as diversas maneiras de linguagem como metáforas, anagramas, analogias ou padrões rítmicos.
3. **Inteligência musical:** facilidade para lidar com sons, ritmos e harmonia, para criar ou interpretar música, distinguir, organizar, memorizar sons, nuances de tons e melodias de maneira criativa.
4. **Inteligência espacial:** facilidade para perceber imagens e lidar com conceitos espaciais e geométricos, tem a capacidade de lidar com noções de espaço e direção, rearranjar coisas, perceber e interpretar o ambiente ao redor. Proporciona visão de perspectiva, de proporção, de espaço tridimensional e facilidade em lidar com mapas.
5. **Inteligência corporal-cinestésica:** facilidade para lidar com o próprio corpo e manifestar-se por meio de expressão e movimentos corporais. É típica das pessoas que possuem um controle harmonioso dos músculos e movimentos físicos e gostam de se expressar com gestos.
6. **Inteligência interpessoal:** facilidade de compreender e se comunicar com facilidade para relacionamentos e processos grupais. Envolve empatia, facilidade para lidar com pessoas e com relações sociais, tendo a capacidade de examinar e entender os sentimentos das demais pessoas. Facilita o relacionamento com os outros de maneira positiva obtendo cooperação e sinergia dos demais.
7. **Inteligência intrapessoal:** facilidade para lidar, examinar e entender seus próprios sentimentos e pensamentos, bem como com atividades introspectivas e de ideação. Em geral, são pessoas que gostam de se isolar dos outros e desenvolver sentimentos intuitivos.

Mais recentemente, Gardner incluiu mais dois tipos de inteligência, a saber:[23]

1. **Inteligência pictográfica:** é a habilidade de transmitir mensagens por meio de desenhos, figuras, imagens ou a facilidade em memorizar cenas e lugares.
2. **Inteligência naturalista ou existencialista:** é a sensibilidade quanto à natureza e ao meio ambiente. Significa a capacidade de entender o meio natural e identificar como as coisas acontecem na natureza.

Cada cargo exige um conjunto de tipos de inteligência em proporções diferentes e desiguais, que ajudam a direcionar início ou mudança de carreira e até potencializar seu talento para tirar melhor proveito dos profissionais. O Quadro 5.10 dá uma ideia das múltiplas inteligências.

5.3.7 Testes de personalidade

Personalidade constitui uma integração de traços pessoais, uma mistura ou composição única, um todo organizado, um sistema aberto capaz de aprendizagem e mudanças. Essas características são identificadas como traços de personalidade, que revelam aspectos das características superficiais das pessoas determinados pelo caráter (traços adquiridos ou fenotípicos), como os determinados pelo temperamento (traços inatos ou genotípicos).

Os testes de personalidade são denominados psicodiagnósticos quando revelam traços gerais de personalidade em uma síntese global. Nessa categoria estão os chamados testes expressivos (de expressão corporal), como o Psicodiagnóstico Miocinético (PMK), de Mira y López, e os chamados testes projetivos (de projeção da personalidade), como o psicodiagnóstico de Rorschach, o teste de Zulliger (Teste Z), o Teste de Apercepção Temática (TAT), o teste da árvore de Koch, o teste da figura humana de Machover, o Teste Multipulsional de Szondi, o Teste de Wartegg etc. Existem também inventários (questionários), como o Inventário Multifásico de Personalidade de Minnesota (MMPI) e o Myers-Briggs Type Indicator (MTI), baseado no trabalho de Carl Gustav Jung.

Em geral, os testes de personalidade são utilizados apenas no processo seletivo de posições de alto nível nas organizações, devido ao seu custo e tempo de aplicação e de avaliação.

Aponte a câmera de seu celular para o QR Code e tenha acesso a alguns tipos de **Testes de personalidade e perfil comportamental.**

> uqr.to/20r2h

Quadro 5.10 As múltiplas inteligências de Gardner[24]

Inteligência	Habilidades	Componentes essenciais
1. Lógico-Matemática	Matemático, cientista, engenheiro, estatístico	1. Sensibilidade e capacidade para discernir padrões lógicos ou numéricos. Capacidade para lidar com longas cadeias de raciocínio.
2. Verbal	Escritor, poeta, jornalista	2. Sensibilidade aos sons, ritmos e significados das palavras. Sensibilidade a diferentes funções da língua.
3. Musical	Músico, compositor	3. Habilidade para produzir sons e apreciar melodia, ritmo, intensidade e timbre. Gosto pelas formas de expressão musical.
4. Espacial	Navegador, escultor, geógrafo, cartógrafo	4. Capacidade para perceber o mundo visual e espacialmente.
5. Corporal-cinestésica	Atleta, dançarino, ator, modelo	5. Habilidade para controlar movimentos do corpo e para lidar com objetos.
6. Interpessoal	Orador, vendedor, terapeuta, comunicador	6. Capacidade para discernir e responder adequadamente a humores, temperamentos e desejos de outras pessoas.
7. Intrapessoal	Psicólogo, administrador, filósofo, pensador	7. Avaliação dos próprios sentimentos e habilidade de avaliar as próprias forças e fraquezas.
8. Pictográfica	Artista plástico, pintor, designer, fotógrafo	8. Habilidade em apresentar, compreender e comunicar ideias ou conceitos por meio de imagens, símbolos e desenhos.
9. Naturalista	Biólogo, botânico, veterinário, zoólogo	9. Capacidade de perceber o meio ambiente e realizar classificações e distinções dos diferentes elementos que o compõem, como objetos, plantas ou animais e seus detalhes.

Os testes de personalidade são chamados específicos quando pesquisam determinados traços ou aspectos da personalidade, como equilíbrio emocional, frustrações, interesses, motivação etc. Sua aplicação e interpretação devem ser realizadas por um psicólogo. Devido ao custo de aplicação e interpretação, os testes e inventários de personalidade são aplicados em casos especiais ou quando o cargo o justifique, na maioria das vezes. Quase sempre são utilizados em cargos executivos de alto nível.

5.3.8 Técnicas de simulação

As técnicas de simulação centram-se no tratamento em grupos, nos quais seu ponto de partida é o estudo do evento que se pretende estudar e analisar o mais proximamente do real. O protagonista assume um papel (*role playing*) e permanece em um palco circular rodeado por outras pessoas – contexto grupal –, que assistem à sua atuação e podem vir ou não a participar da cena.

As técnicas de simulação são essencialmente técnicas de dinâmica de grupo baseado no psicodrama, que se fundamenta na teoria geral de papéis: cada pessoa vivencia papéis que lhe são mais característicos, na forma de comportamento pessoal, seja isoladamente, seja em interação com outras pessoas ou grupos. Estabelece vínculos que lhe são habituais ou tenta estabelecer novos vínculos. Age no aqui e agora em seu cotidiano, o que permite analisar e diagnosticar o seu próprio esquema de comportamento.

As técnicas de simulação abriram um campo interessante para o processo seletivo. São usadas como um complemento do diagnóstico: além dos resultados das entrevistas e testes psicológicos, o candidato é submetido a uma situação de dramatização de algum evento relacionado ao papel que irá desempenhar na organização para proporcionar uma visão mais realista acerca de seu desempenho no futuro. Essas técnicas são utilizadas nos trabalhos que exijam relacionamento interpessoal, nos quais o próprio candidato pode avaliar sua adequação ao trabalho pretendido, devendo ser conduzidas por psicólogo ou especialista no assunto.

5.4 O PROCESSO DE SELEÇÃO DE TALENTOS

A seleção de talentos e suas competências constituem um processo composto de várias etapas sequenciais, pelas quais passam os candidatos. A cada etapa superada, os candidatos avançam no processo para etapas posteriores. Caso não superem estas etapas, eles são eliminados do processo. Nas etapas iniciais, aplicam-se as técnicas mais simples, econômicas e menos complexas, sendo que as técnicas com maior complexidade e custo são realizadas ao final do processo. O processo seletivo utiliza geralmente a combinação de várias técnicas de seleção e procedimentos múltiplos, que variam de acordo com o perfil e a complexidade da posição da vaga a ser preenchida.

Cada técnica e etapa da seleção proporciona certas informações a respeito dos candidatos. As organizações utilizam uma variedade de técnicas para obter todas as informações necessárias a respeito dos candidatos. Quanto maior o número de técnicas de seleção, maior a oportunidade de informações, de tempo e custo operacional.

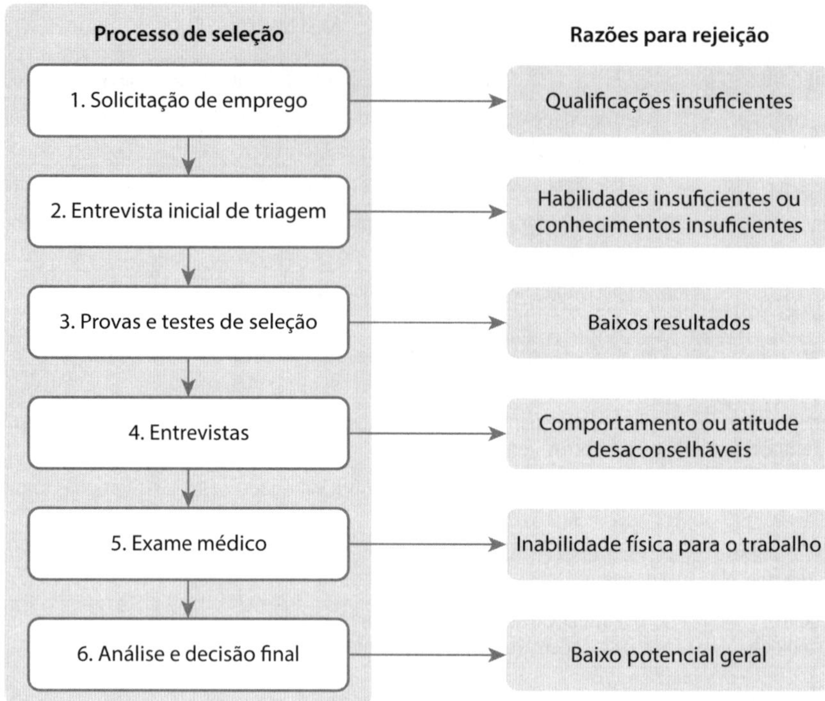

Figura 5.11 O processo seletivo como uma sequência de etapas.

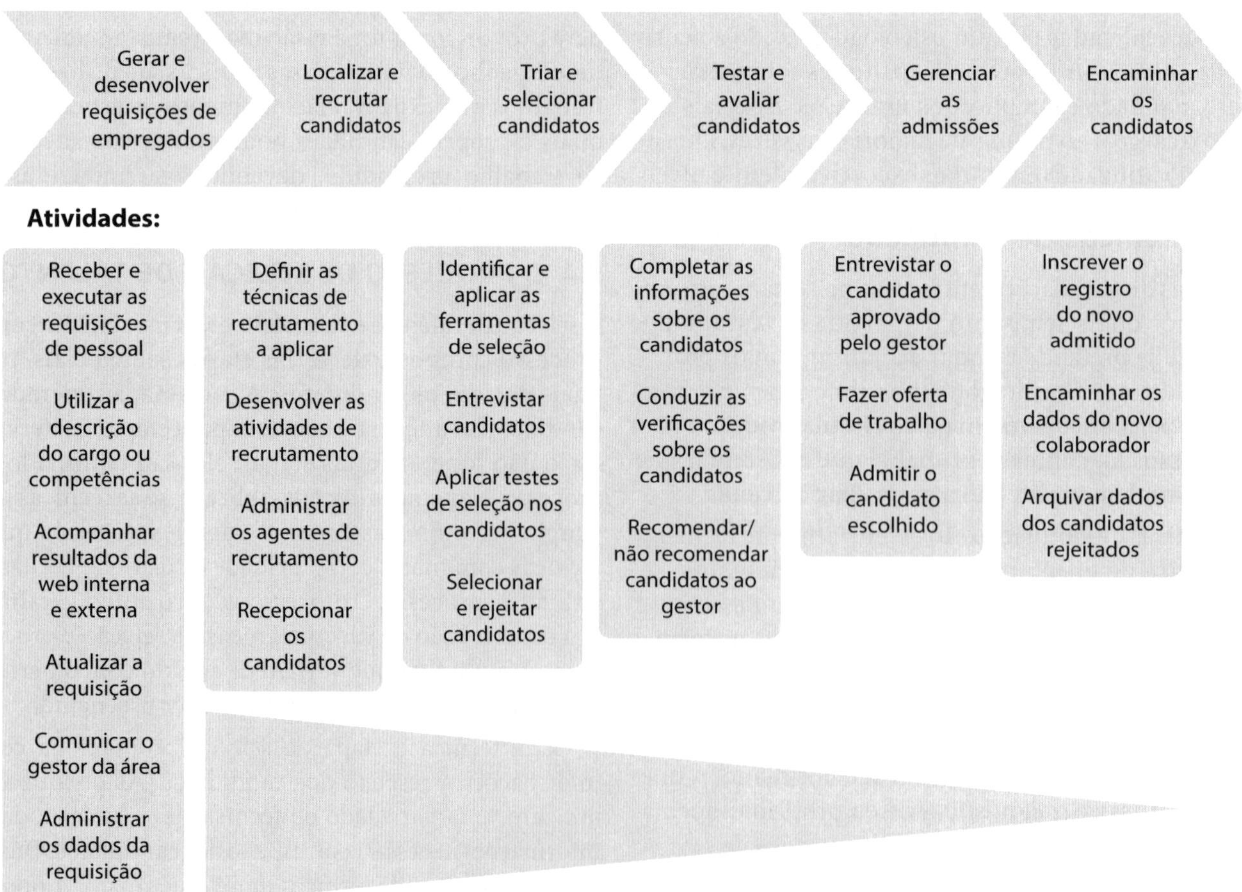

Figura 5.12 Perfil das atividades de recrutamento e seleção.

5.5 AVALIAÇÃO DE RESULTADOS DO PROCESSO SELETIVO

Existe uma variedade de processos de seleção, e cada organização determina os mais adequados e que proporcionam os melhores resultados. O processo seletivo precisa ser ágil, eficiente e eficaz. A eficiência consiste em saber entrevistar bem, aplicar testes de conhecimentos válidos e precisos, dotar a seleção de rapidez e agilidade, contar com o mínimo de custos operacionais, envolver os gestores e as equipes no processo de aprovação dos candidatos. A eficácia refere-se a trazer os melhores talentos para a empresa e, sobretudo, tornar a empresa cada dia melhor com as novas aquisições de competências. Como saber se o processo de provisão de pessoas apresenta eficiência e eficácia? O desafio na gestão de um processo é medir e avaliar seu funcionamento por meio de resultados. Somente com essa retroação (retroinformação), é possível saber quais intervenções fazer para corrigir inadequações e ajustar seu funcionamento.

Muitas organizações utilizam o quociente de seleção (QS) para medir grosseiramente a eficácia do processo de provisão e cujo cálculo é o seguinte:

$$QS = \times 100 \; \frac{\text{Número de candidatos admitidos}}{\text{Número de candidatos examinados}}$$

À medida que o QS diminui, aumentam a sua eficiência e seletividade, quando o QS pode sofrer variações devido a oferta e procura no mercado de talentos humanos, como já vimos no Capítulo 4.

5.5.1 Resultados do processo seletivo

Apesar do seu custo operacional aparentemente elevado, o processo seletivo traz importantes resultados para a organização, como:[25]

1. Adequação das pessoas ao cargo e satisfação no trabalho.
2. Rapidez no ajustamento e integração do novo empregado às novas funções.
3. Melhoria gradativa do potencial humano por meio da escolha sistemática dos melhores talentos.
4. Estabilidade e permanência das pessoas e redução da rotatividade.
5. Maior rendimento e produtividade pelo aumento da capacidade das pessoas.
6. Melhoria do nível das relações humanas pela elevação do moral.
7. Menores investimentos e esforços em treinamento, pela maior facilidade em aprender as tarefas do cargo e novas atividades trazidas pela inovação.

O processo seletivo também inclui o incremento do capital humano na organização, o que significa o aumento de competências e do capital intelectual e, consequentemente, o aumento do valor de mercado da empresa. Além disso, a organização aporta os melhores talentos para as suas necessidades atuais e futuras. Um processo seletivo tortuoso pode trazer enormes prejuízos ao negócio da empresa.

A seleção de pessoas promove importantes resultados para as pessoas:

1. Aproveita as habilidades e competências de cada pessoa no trabalho.
2. Favorece o sucesso potencial no trabalho.
3. Eleva a satisfação por aliar a atividade indicada para cada pessoa.
4. Evita perdas futuras substituição de pessoas pelo insucesso no trabalho.

5.5.2 Métricas para o processo seletivo[26]

A medição da eficiência e eficácia de um processo pode ser feita por meio de várias métricas diretas e indiretas. As métricas diretas de seleção são:

1. **Quantidade de candidatos selecionados:** valor absoluto que mede o volume de candidatos processados pelo processo seletivo.
2. **Qualidade dos candidatos selecionados:** valor relativo que mede a adequação dos candidatos selecionados em seus respectivos cargos ou em suas competências individuais. Pode ser medido pela relação entre candidatos aprovados em seus cargos e candidatos submetidos ao processo seletivo.
3. **Rapidez na seleção dos candidatos:** medida da velocidade do tempo em que se processam a seleção e o posicionamento dos candidatos aprovados.
4. **Custo da seleção:** medida financeira do custo de selecionar candidatos. Existem técnicas de seleção caras (como os testes individuais de personalidade) e técnicas baratas (como a entrevista). Os custos altos envolvem candidatos de alto nível devido a adoção de técnicas mais sofisticadas.

As métricas indiretas de seleção menos preocupadas com o processo seletivo em si e mais focadas nos resultados para a empresa são:

1. **Adequação do candidato selecionado ao cargo:** quanto mais eficaz o processo seletivo, tanto melhores a aderência e adequação do candidato ao cargo.
2. **Tempo de adequação do candidato ao cargo:** quanto mais rápido o processo seletivo, mais rápida é a adequação do candidato ao cargo.
3. **Maior permanência na empresa:** o processo seletivo favorece a permanência na empresa, por adequar o candidato à cultura organizacional.
4. **Melhor aprendizado:** o processo seletivo favorece a aprendizagem, por ajustar o candidato às características da organização.
5. **Maior sucesso:** o processo seletivo favorece o sucesso do candidato na empresa.
6. **Valor agregado:** o processo seletivo agrega valor ao capital humano por escolher os candidatos melhores e mais adequados à empresa.
7. **Retorno do investimento feito em seleção:** equação que mede os benefícios em relação ao investimento feito em seleção de pessoas podendo ser diretos ou indiretos. Os custos diretos são os efetuados diretamente no processo seletivo, como salários do pessoal que participa diretamente no processo, divulgação, material de escritório utilizado na seleção. Os custos indiretos são: aluguel e iluminação dos locais utilizados para seleção, salários do pessoal indiretamente envolvido no processo seletivo, pagamento de serviços externos.

O processo de provisão de talentos não deve estar condicionado a normas, diretrizes e rotinas de trabalho rígidas e inflexíveis, mas, sim, ser adaptável, ágil e flexível. Para que seja participativo, ele deve ser descentralizado, isto é, os gestores de áreas e suas equipes devem estar diretamente envolvidos com o processo de recrutar e selecionar pessoas. Nas organizações bem-sucedidas, quem seleciona pessoas e está envolvido na decisão são os gestores e suas equipes, sendo que o importante é agregar talento humano à organização e dotá-la das competências essenciais necessárias.

PARA REFLEXÃO

Como você vê cada candidato?

Apenas como mais alguém que deve ser entrevistado e avaliado? É preciso pensar diferente. Onde você vê apenas um candidato, as organizações mais bem-sucedidas costumam ver um talento promissor, uma vantagem competitiva, um futuro presidente. É que elas são feitas de pessoas que acreditam no seu trabalho, nas suas competências e no desenvolvimento do potencial de seus talentos. É essa maneira de visualizar as pessoas que as torna um poderoso arsenal de equipes bem-sucedidas. Cada candidato é uma promessa de futuro para a organização. Um importantíssimo ***stakeholder***.

Quadro 5.11 Principais elementos do processo seletivo

Definição do desempenho eficaz do trabalho
Com base na análise do trabalho, produzir a descrição do trabalho, especificação do trabalho e especificação do ocupante.
Definição do mínimo desempenho do trabalho
Decisão sobre o nível de aceitação de novos colaboradores em face dos colaboradores experientes.
Definição dos requisitos e critérios de seleção
Com base nas especificações pessoais.
Escolha dos métodos apropriados de seleção
▪ Entrevistas ▪ Testes de habilidades e capacidades ▪ Testes de aptidões ▪ Testes de personalidade ▪ Testes situacionais ▪ Informação documentária ▪ Informação probatória
Planejamento e implementação dos métodos escolhidos
Aplicação cotidiana dos métodos de seleção escolhidos.
Validação dos métodos escolhidos
Avaliar o desempenho atual de candidatos bem-sucedidos para definir em termos preditivos a qualidade dos métodos seletivos.
Modificação e melhoria dos métodos de seleção
Com base nos dados de validação, alterar o sistema e os métodos de seleção.

5.5.3 Competências desejadas pelas organizações[27]

A Forbes apresenta uma pesquisa realizada pela empresa CashNet EUA (https://forbes.com.br/carreira/2024/02/as-10-soft-skills-mais-procuradas-pelas-empresas/) sobre as 10 *soft skills* que estão sendo demandadas pelas empresas. A pesquisa mostra os principais atributos que as organizações exigem das pessoas:

1. Pensamento estratégico.
2. Capacidade de negociação.
3. Persuasão.
4. Habilidade de comunicação.
5. Pensamento crítico.
6. Mentoria.
7. Inteligência emocional.
8. Inovação.
9. Gestão financeira.
10. Resiliência.
11. Capacidade de trabalhar em equipe.

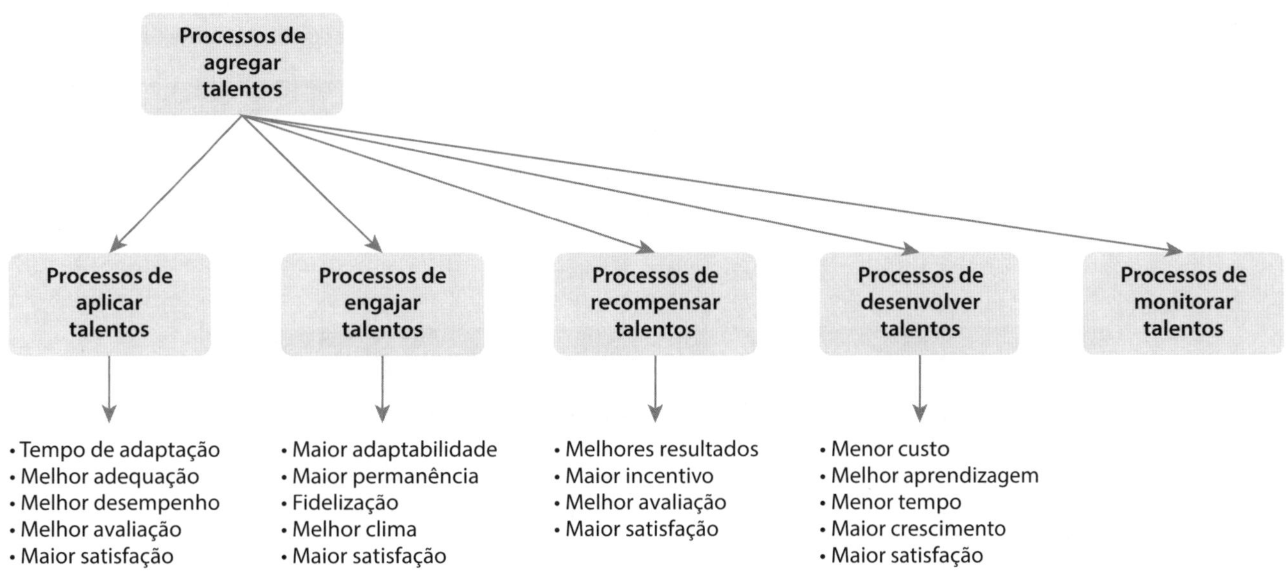

Figura 5.13 Como os processos de agregar pessoas se influenciam reciprocamente.

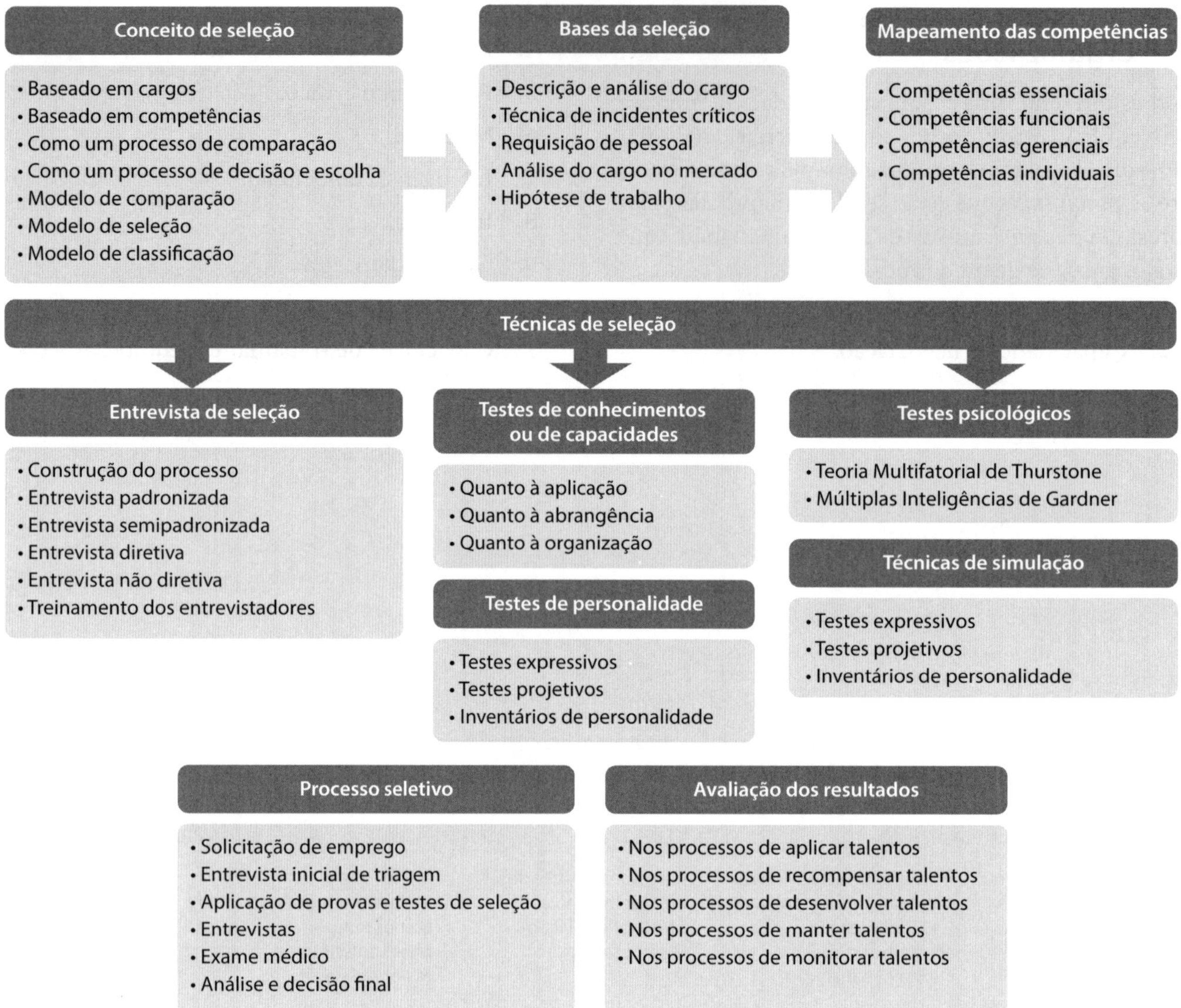

Figura 5.14 Mapa mental do Capítulo 5: Seleção de talentos e competências.

REFERÊNCIAS

1. CHIAVENATO, I. *Recursos Humanos:* o capital humano das organizações. Rio de Janeiro: Elsevier/Campus, 2016.
2. CHIAVENATO, I. *Recursos Humanos:* o capital humano das organizações, *op. cit.*
3. CHIAVENATO, I. *Recursos Humanos:* o capital humano das organizações, *op. cit.*
4. CHIAVENATO, I. *Gerenciando com pessoas:* o passo decisivo para a administração participativa. Barueri: Manole, 2016. p. 82-83.
5. CHIAVENATO, I. *Gerenciando com pessoas:* o passo decisivo para a administração participativa, *op. cit.*, p. 88-89.
6. CHIAVENATO, I. *Recursos Humanos:* o capital humano das organizações, *op. cit.*
7. McCLELLAND, D. Testing for competence rather than intelligence. *American Psychologist*, v. 28, n. 1, 1973, p. 1-14.
8. *Vide*: PONROSE, E. *The theory of the growth of the firm*. Londres: Basil Blackwell, 1959. CHANDLER, A. A. *Scale and scope:* the dynamics of industrial capitalism. Cambridge: Belknap Press of Harvard University Press, 1990.
9. HAMEL, G.; PRAHALAD, C. K. *Competindo pelo futuro:* estratégias inovadoras para obter o controle do seu setor e criar os mercados de amanhã. Rio de Janeiro: Campus, 1995.
10. FLEURY, A.; FLEURY, M. T. L. *Estratégias empresariais e formação de competências.* São Paulo: Atlas, 1996.
11. Adaptado de: CHIAVENATO, I. *Recursos Humanos:* o capital humano das organizações, *op. cit.*, p. 201.
12. HAMEL, G.; PRAHALAD, C. K. *Competindo pelo futuro*, *op. cit.*
13. LE BOTERF, G. *De la compétence:* essai sur un attracteur étrange, *op. cit. Vide* também: LE BOTERF, G. *Compétence et navigation professionnelle.* Paris; Le Editions d'Organisation, 2005.
14. Adaptado de: CHIAVENATO, I. *Recursos Humanos*, *op. cit.*, p. 243.
15. CHIAVENATO, I. *Recursos Humanos*, *op. cit.*, p. 244.
16. Adaptado de: CHIAVENATO, I. *Recursos Humanos*, *op. cit.*, p. 244.
17. CHIAVENATO, I. *Recursos Humanos*, *op. cit.*, p. 244.
18. RUST, H. L. *Job search:* the complete manual for job seekers. Nova York: Amacon, 1991. p. 234-235.
19. Adaptado de: SCHERMERHORN JR., J. R. *Management*. Nova York: Wiley & Sons, 1996; MILKOVICH, George T.; BOUDREAU, John W. *Human resource management*. Nova York: Richard D. Irwin, 1994. p. 356.
20. CHIAVENATO, Idalberto. *Recursos Humanos*, *op. cit.*, p. 244.
21. THURSTONE, L. L.; THURSTONE, T. G. Factorial studies of intelligence. *Psycometric Monographs*, n. 2, 1941. *Vide* também: THURSTONE, L. L. *The nature of intelligence.* Londres: Routledge, 1924/1973; THURSTONE, L. L. *Primary mental abilities*. Chicago: University of Chicago Press, 1938; THURSTONE, L. L. *Multiple-factor analysis*. Chicago: University of Chicago Press, 1947; THURSTONE, L. L.; THURSTONE, T. G. *Factorial studies of intelligence*. Chicago: University of Chicago Press, 1941.
22. GARDNER, H. *Seven types of intelligence*. Nova York: Basic Books, 1984. *Vide* também: GARDNER, Howard; HATCH, Thomas. *Múltiplas inteligências*. Nova York: Centro para Tecnologia na Educação, 1990; *Vide* na Internet: http://www.howardgardner.com/.
23. GARDNER, H. *Frames of mind:* the theory of multiple intelligences. Nova York: Basic Books, 1983.
24. GARDNER, H. *Multiple intelligences:* the theory in practice – a reader. Nova York: Basic Books, 1993. *Vide* também: GARDNER, Howard. *Intelligence reframed:* multiple intelligences for the 21st century. Nova York; Basic Books, 1999.
25. CHIAVENATO, I. Recursos Humanos, *op. cit.*, p. 218. *Vide* na Internet: http://www.apqc.org/PDF/osbc/hr/sample_report.pdf.
26. CHIAVENATO, I. *Planejamento, recrutamento e seleção de pessoas:* como agregar talentos à empresa. Barueri: Manole, 2016.
27. *Vide*: www.forbesbrasil.com.br - forbes.com.br/carreira.

PARTE

III

ENGAJAMENTO DE TALENTOS E CULTURA ORGANIZACIONAL

Direcionando e integrando talentos para a cultura estratégica organizacional

A organização ideal é aquela que atua de forma estratégica em Gestão dos Talentos Humanos (GTH), na captação e aplicação das competências de seus talentos, mantendo-os satisfeitos e engajados durante toda a jornada. Esse é um desafio enorme para as organizações, pois exige a construção de um ambiente interno que ofereça condições adequadas para a retenção e engajamento dos talentos de forma ativa na organização. Isso envolve equilíbrio no estilo de gestão, excelente relacionamento com os colaboradores, engajamento, orgulho de pertencer, programas de desenvolvimento e carreira, além de ações voltadas à qualidade de vida, capazes de assegurar uma experiência positiva durante a jornada do colaborador, conhecida como "***Employee Experience***", favorecendo sua trajetória de carreira na organização.

Hoje, o desafio da GTH é desenvolver planos que promovam um ambiente atrativo, capaz de engajar e encantar seus talentos, tornando a organização uma vitrine para retenção e atração de grandes profissionais. Para isso, as organizações devem desenvolver, fortalecer e apresentar sua cultura, que nada mais é que seu conjunto de crenças, valores, hábitos nos quais a empresa acredita e que formam seus pilares culturais compartilhados com colaboradores e o mercado. Assim, alinha-se a visão da empresa aos profissionais que desejam nela ingressar.

QUAL É O GRAU DE ENGAJAMENTO DOS TALENTOS EM UMA ORGANIZAÇÃO?

Todo engajamento requer um alinhamento entre o perfil da organização e as expectativas dos profissionais, sejam os existentes no mercado ou já pertencentes ao quadro de colaboradores. Ambos devem colaborar para atingir o propósito da organização e, consequentemente, os anseios dos talentos nela inseridos.

Muitas pesquisas revelam a insatisfação dos colaboradores com suas organizações, o que leva ao aumento da rotatividade (*turnover*) e à perda de talentos. Isso geralmente decorre da desconexão entre os objetivos dos envolvidos e suas realidades e desejos. Portanto, nem todos os talentos que atuam nas organizações estão adequadamente engajados, muitas vezes por não terem sido adequadamente agregados, aplicados, recompensados, desenvolvidos e monitorados como deveriam. Em alguns casos, o problema começa no momento da contratação, quando o perfil e os objetivos do candidato não estão adequados aos objetivos e às crenças da organização, algo que deve ser considerado. Nesses casos, os profissionais percebem falta de sentido em seu trabalho e que não são adequadamente reconhecidos, o que compromete diretamente sua integração e qualidade de vida no trabalho.

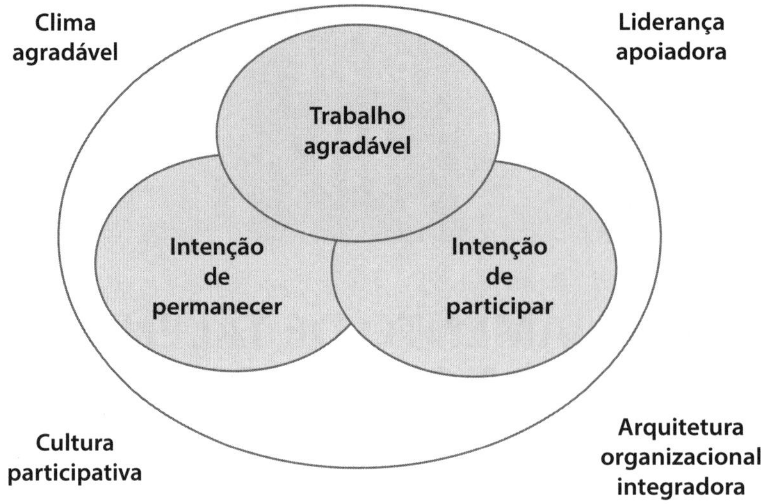

Figura III.1 O ecossistema do engajamento.

O engajamento de talentos depende de organizações capazes de:[1]

- Tratar gente como gente, desenvolvendo um ambiente inclusivo.
- Potencializar e explorar os talentos que as pessoas trazem com elas.
- Oferecer uma constante e agradável experiência de trabalhar.
- Proporcionar atividades com finalidade, significado, metas claras, objetivos e retornos.
- Saber por que e como os talentos se comportam, quais são as suas necessidades, aspirações e expectativas.
- Oferecer plenas condições de autonomia e de *empowerment*.
- Criar uma cultura de integridade, solidariedade e compartilhamento.
- Desenvolver lideranças capazes de construir e desenvolver equipes de trabalho de elevado desempenho e motivação.
- Criar um ambiente transparente na integração e igualdade das ações.
- Favorecer a participação nas decisões importantes e que conduzem ao futuro.
- Alocar os profissionais em funções que tenham sentido e significado para eles.

Trabalho significativo - pertencismo

O trabalho com significado é algo que todos nós queremos. Há mais de 60 anos, Viktor Frankl descreveu como a intensa e inata busca humana por significado é tão forte que, mesmo nas circunstâncias mais terríveis, as pessoas buscam seu propósito de vida.[2] Pesquisas recentes mostram que o sentimento de pertencimento está entre os mais importantes motivos para que os colaboradores estejam felizes com o ambiente de trabalho juntamente com novos desafios, confiança na liderança, ambiente interno, benefícios e remuneração. O trabalho significativo e o sentimento de pertencimento podem ser motivadores intrínsecos capazes de levar a um melhor desempenho, comprometimento e satisfação.[3]

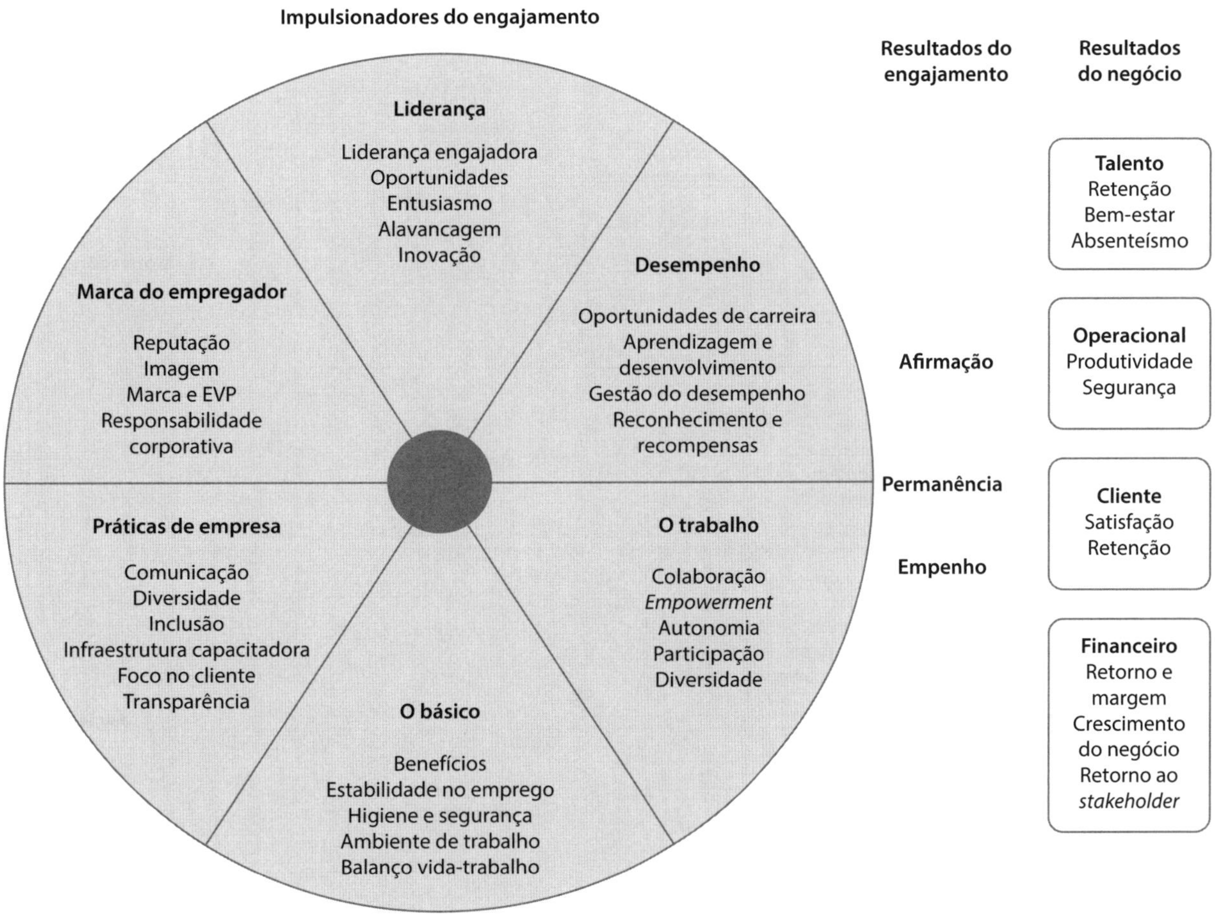

Figura III.2 Modelo de engajamento da Aon Hewitt.[4]

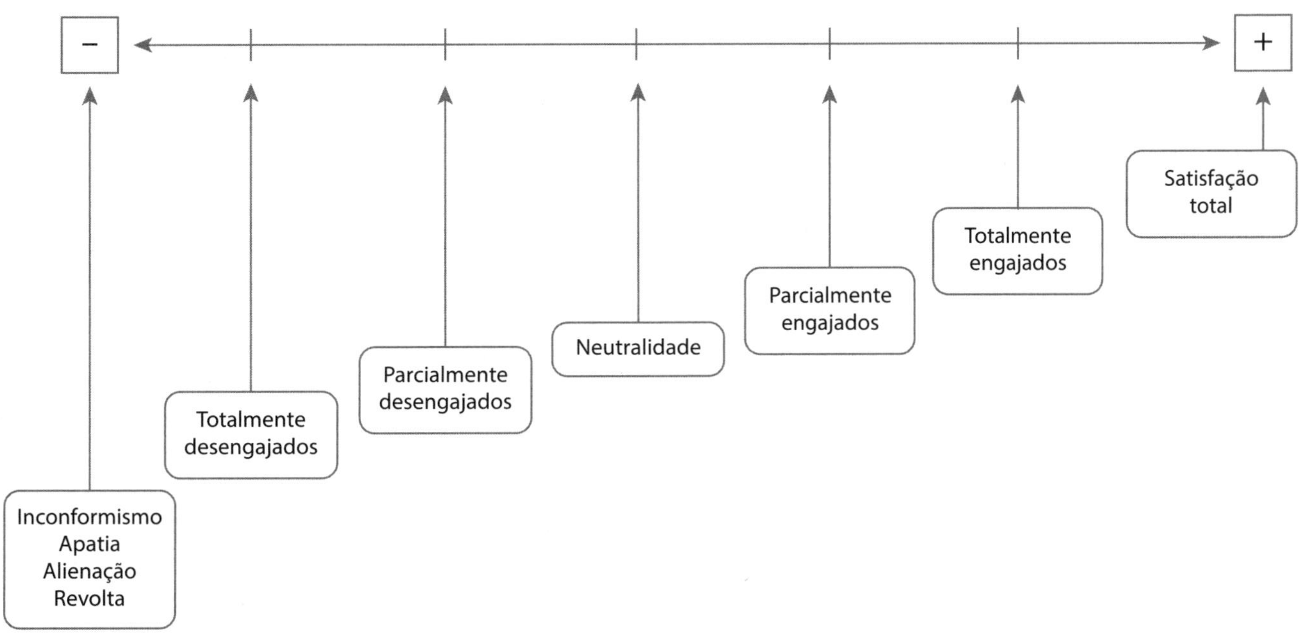

Figura III.3 Graus de engajamento de talentos.

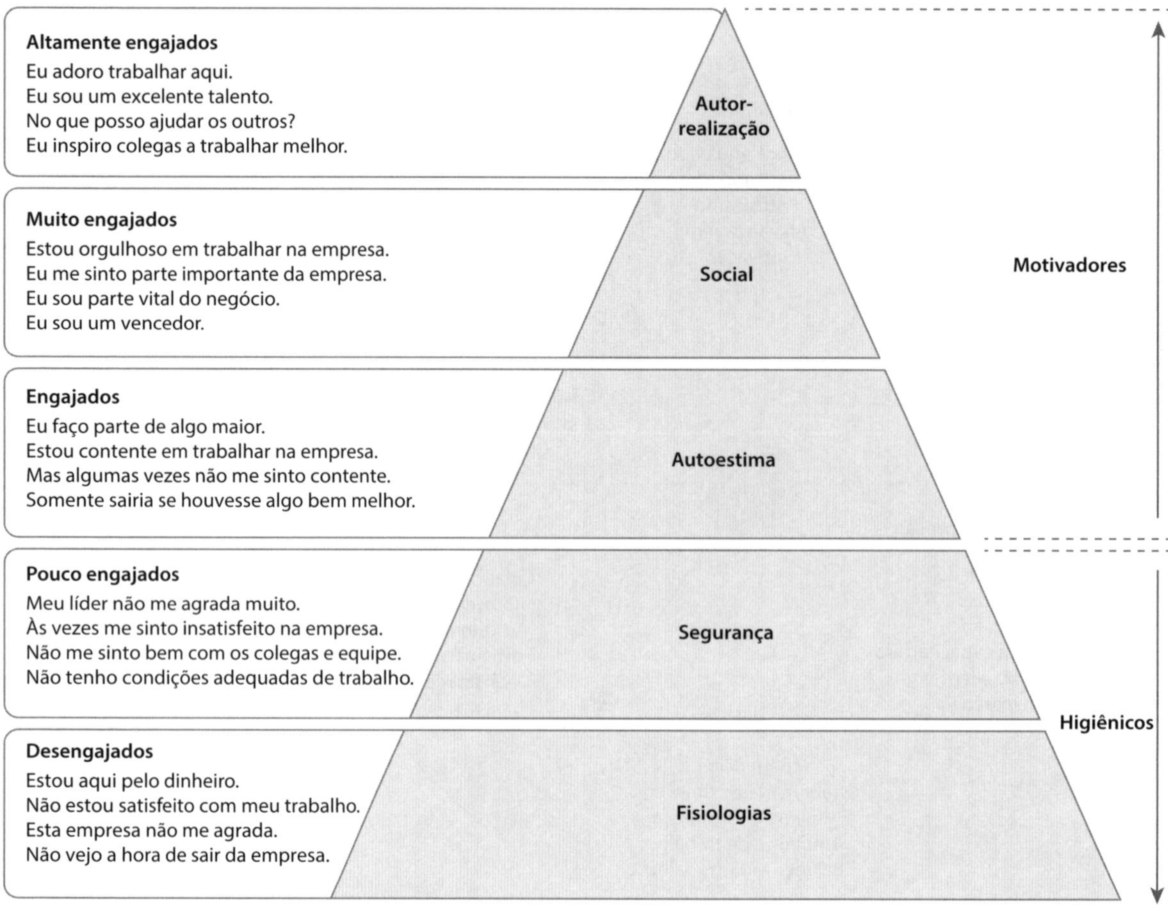

Figura III.4 Relação entre níveis de engajamento e níveis de motivação.

Segundo definições da Feedz, pesquisas podem medir o grau de engajamento das equipes e pessoas, identificando o nível de valorização percebido, o nível de felicidade e até o tempo que estas podem e desejam permanecer na empresa. Pessoas engajadas tendem a direcionar todas as suas energias ao sucesso de seu trabalho e da organização. A Figura III.6 mostra os efeitos e as decorrências dos vários graus de engajamento.

Os processos de engajamento de talentos visam acolher e manter os participantes satisfeitos e motivados, assegurando condições físicas, psicológicas e sociais para sua permanência e participação no negócio. O objetivo é aumentar seu compromisso de vestir a camisa da organização, tornando-a o melhor lugar para se trabalhar.

As ações de engajamento colaboram para que haja nas organizações um ambiente agradável e seguro, tanto nas questões estruturais físicas como na convivência social, o que assegura um relacionamento humano amistoso e cooperativo, elementos fundamentais para a permanência das pessoas na organização e consequentemente para a motivação para o trabalho e o alcance dos objetivos organizacionais. As organizações devem construir um clima organizacional sadio, agradável, autêntico e atraente, para que os talentos se sintam satisfeitos com aquilo que fazem e o que recebem em troca.

As organizações devem pensar sempre em criar um ambiente saudável. É importante que se busque o equilíbrio entre resultados e engajamento, o que influencia diretamente na redução do estresse e na adaptação, sendo esses os principais motivos de afastamentos, *turnover* e absenteísmo. Deve-se sempre ter em mente que criar um ambiente de engajamento transparente impacta diretamente nos resultados da organização, além de elevar a empresa a um patamar de admiração pela sua postura de respeito humano, fatores que devem estar inseridos e ser transmitidos em sua cultura organizacional. As pessoas contribuem e entregam aquilo que recebem, seja como recompensas financeiras ou para se sentirem valorizadas. O custo com a perda de talentos é maior do que investir em ações de engajamento, portanto deve ser uma ação verdadeira e permanente.

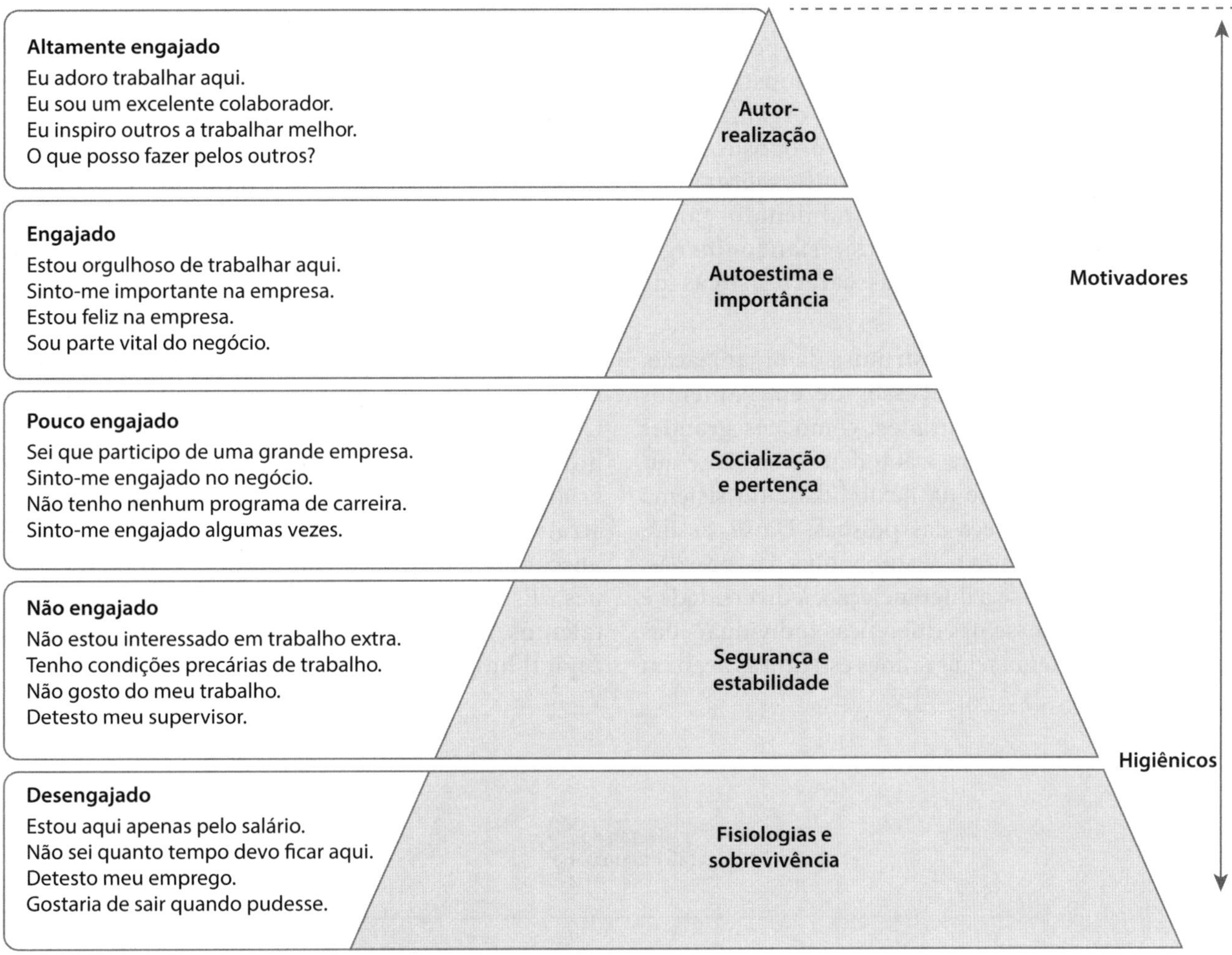

Figura III.5 O engajamento visto na hierarquia de Maslow.

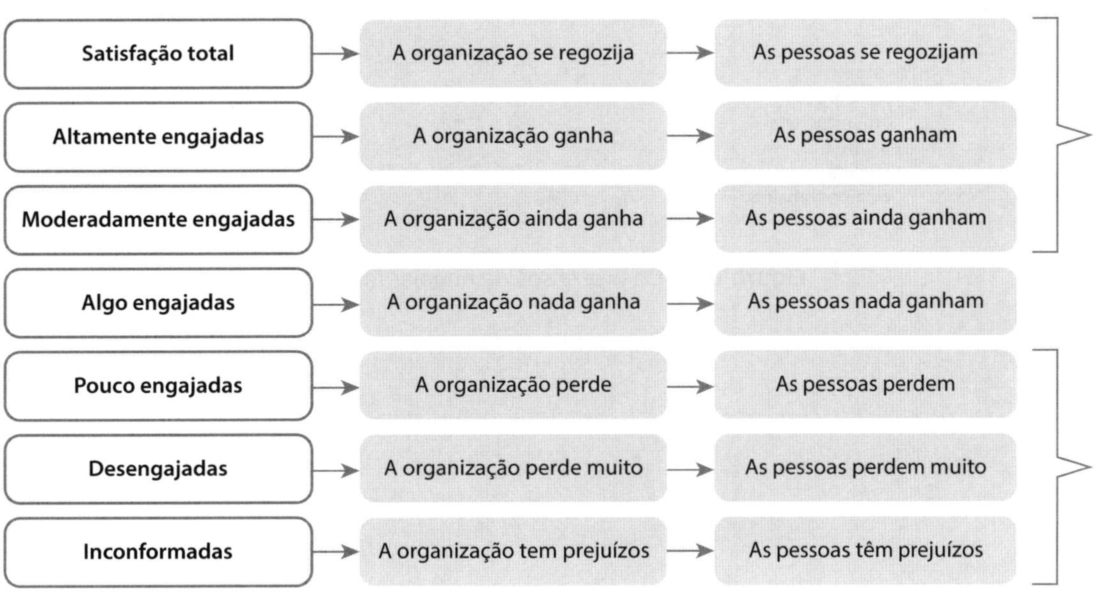

Figura III.6 Efeitos e decorrências do engajamento segundo a Accenture.[5]

O processo de engajamento de talentos não deve ser estruturado com base em regulamentos, políticas ou normas disciplinares rígidas, mas sim construído de forma natural que crie empatia entre organização e colaborador, para que busquem seus propósitos com foco no mesmo objetivo. Ter uma cultura organizacional bem definida direciona naturalmente os talentos a estarem inseridos nessa cultura, criando sinergia e engajamento e respeitando as características de cada indivíduo.

De acordo com o tipo e a estrutura da organização, podemos identificar os processos de engajamentos aprimorados e bem estruturados, como nas grandes e médias, cujo modelo gera a autodeterminação e autorrealização, com ênfase na flexibilidade do sistema e na motivação intrínseca das pessoas. Dá-se, assim, maior ênfase à liberdade e à autonomia das pessoas, bem como privilegia-se a diferenciação, a diversidade e a inclusão, baseando-se nas diferenças individuais das pessoas. Já as empresas sem grandes estruturas acabam priorizando regras e normas mais rígidas, dificultando a consolidação do engajamento pela cultura e de forma natural, o que ocorre geralmente em empresas de pequeno porte. Não há uma regra única, e sim o desejo e o estilo da organização em criar uma estrutura propícia para o engajamento, de acordo com sua estrutura. Todas as empresas podem e devem desenvolver ações de atração e engajamento, cada qual em sua cultura, necessidade e momento.

Engajar talentos é atualmente um dos maiores desafios das organizações. Antes de se falar em reter talentos, é preciso saber engajá-los na organização. Como os talentos fazem parte integrante do capital humano, as organizações devem incessantemente criar todas as condições internas para engajar e atrair talentos, priorizando sua estratégia e sempre buscando inovação de sua força de trabalho (equipes). Essas ações visam reduzir o risco de perdas de talentos, o que implica custos devido ao impacto no capital humano.

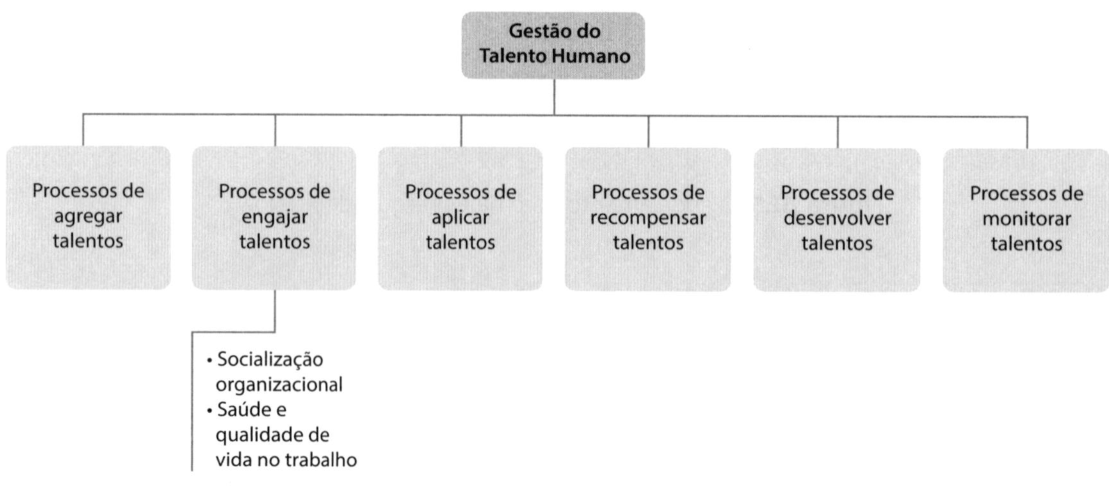

Figura III.7 Os processos de engajar talentos.

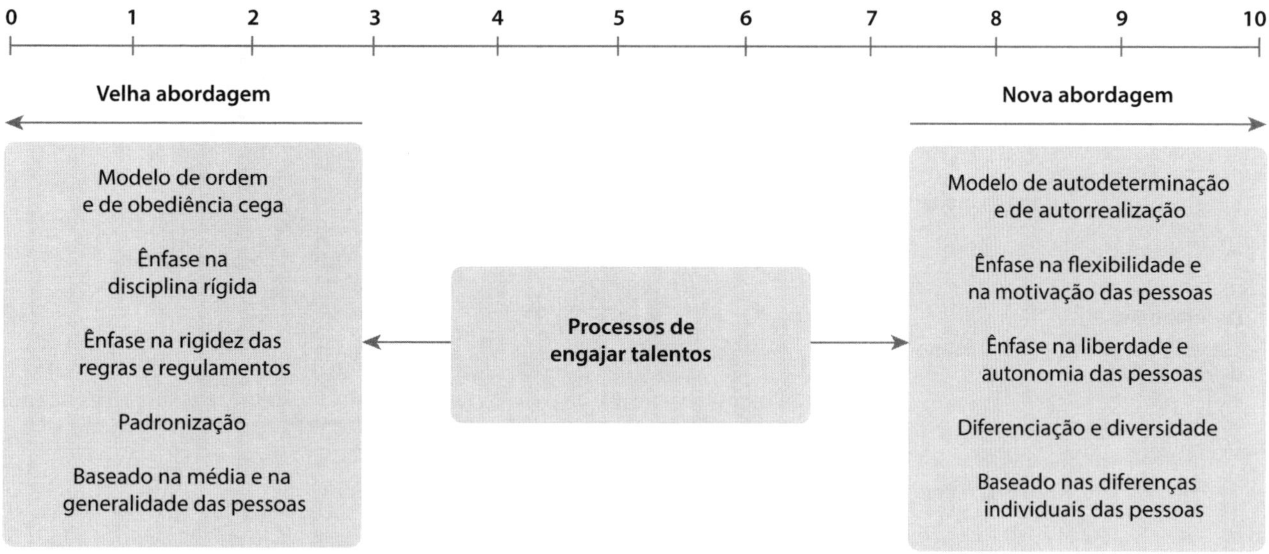

Figura III.8 Que nota você daria para os processos de engajar talentos em sua organização?[6]

As pessoas querem trabalhar com alegria e satisfação, sendo incentivadas a fazer diferente e a buscar o melhor resultado com inovações. A inovação ajuda no crescimento da organização e na retenção de talentos, juntamente com outras ações que criam um ambiente de confiança e valorização, transformando a organização no melhor lugar para se trabalhar. Daí a importância de priorizar certas ações de engajamento de talentos, como mostra a Figura III.9.

As organizações vêm aplicando pesquisa de engajamento, por meio de questões objetivas com métricas que analisam o grau de felicidade dos participantes visando identificar se há o sentimento de valorização e quais as suas perspectivas de continuidade na organização. Isso direciona a área de GTH a criar plano de ações para eliminar ou reduzir tais insatisfações. A perda de profissionais com baixo desempenho tem um impacto reduzido sobre o capital humano. Já a saída de colaboradores com elevado desempenho e potencial de desenvolvimento tem maior impacto sobre o capital humano. Portanto, deve ser prioritário dar valor a quem tem valor de forma igualitária e evitar riscos de perder talentos para a concorrência. As oportunidades devem ser oferecidas a todos, mas recompensando aqueles que sabem melhor aproveitá-las e entregar valor por meio do seu trabalho. Isso é o que veremos mais adiante no Capítulo 10, sobre remuneração e recompensas.

Conclui-se que o processo de engajamento deve iniciar do momento da efetivação da contratação do talento na organização (*onboarding*) e se fortalecer ao longo da jornada, com programas de integração e acompanhamento, para uma rápida e plena adaptação dentro do ambiente e da cultura organizacional. Nesse momento, o talento precisa integrar-se ao ambiente de trabalho, período em que ocorrem os maiores índices de rotatividade, devido à falta de adaptação ou desistência frente às dificuldades e aos desafios propostos. Assim, essa etapa merece cuidado especial, por existirem fatores que podem inviabilizar a permanência do novo colaborador.

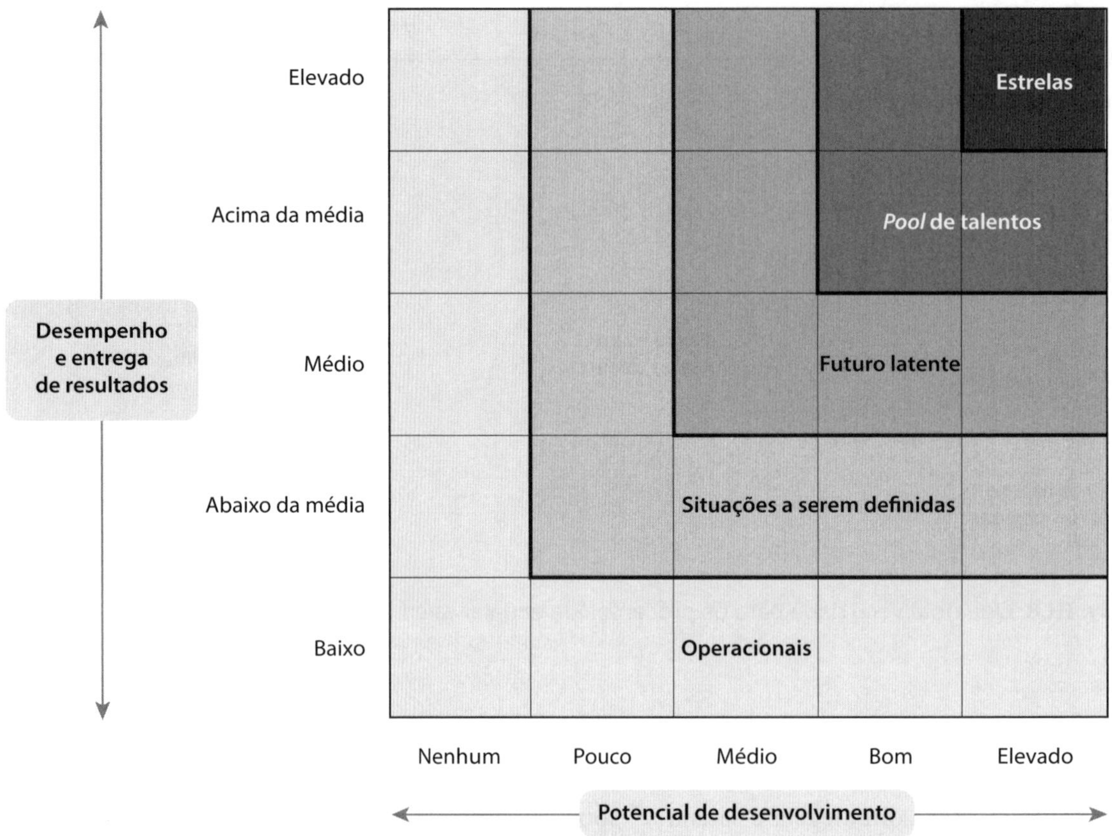

Figura III.9 Prioridades no engajamento de talentos.

Esta parte é dedicada aos processos de engajar talentos e equipes que trabalham na organização. No Capítulo 6, abordaremos os fundamentos da socialização de talentos na organização, da sustentabilidade, da inclusão e da diversidade. No Capítulo 7, Qualidade de Vida no Trabalho e Humanização das Relações, são apresentadas ações que possibilitam criar um ambiente de trabalho agradável, fraterno e de respeito, capaz de tornar a organização o melhor lugar para se trabalhar.

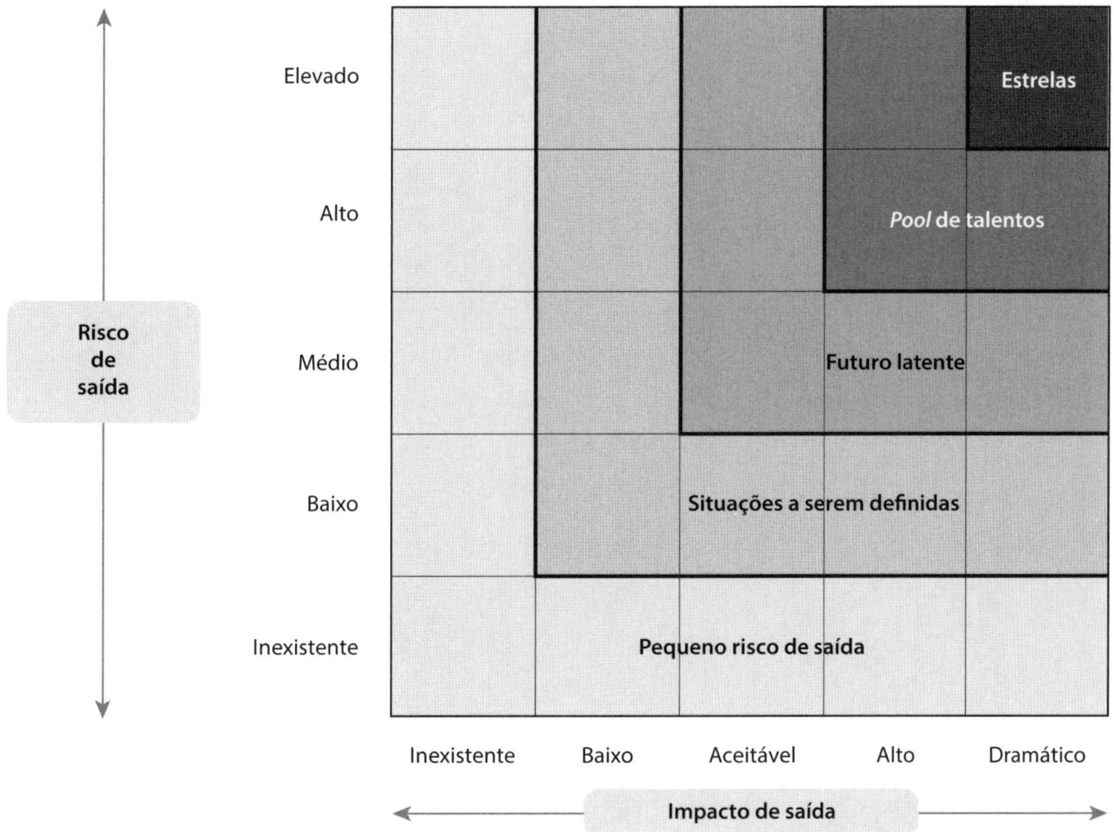

Figura III.10 Risco de perda e o impacto de perda do talento humano.

REFERÊNCIAS

1. BAILEY, C.; MADDEN, A. What makes work meaningful or meaningless. *Sloan Review*, MIT Education, June 2016. *Vide*: https://sloanreview.mit.edu/article/what-makes-work-meaningful-or-meaningless/.
2. FRANKL, V. E. *A busca do homem pelo significado*. Boston: Beacon Press, 1959.
3. CASCIO, W. F. Changing in workers. Work and in organizations. *In*: BORMAN, W.; KLIMOSKI, R.; ILGEN, D. (Ed.). *Handbook of psychology*. Nova York: Wiley, 2003. v. 12, Cap. 16.
4. Adaptada de: http://insightsatwork.aonhewitt.com/Home/SME.
5. Fonte: *Accenture*: how to engage analyctical talent. *Vide*: www.accenture.com.
6. Adaptado de: CHIAVENATO, I. *Recursos Humanos*: o capital humano das organizações. Rio de Janeiro: Elsevier/Campus, 2016.

Capítulo 6

Socialização organizacional

Incluindo talentos na cultura da organização – diversidade, inclusão e igualdade

Objetivos de aprendizagem

Após estudar este capítulo, você deverá estar capacitado para:

- Compreender os processos de aplicação de talentos na organização.
- Descrever a cultura organizacional e seus diferentes níveis.
- Compreender como se pode mudar a cultura organizacional.
- Compreender as características das culturas bem-sucedidas.
- Definir socialização organizacional.
- Compreender os processos de socialização organizacional.
- Descrever os diversos meios de integrar as pessoas à organização.

O que veremos adiante

- Definições de cultura organizacional.
- Componentes da cultura organizacional.
- Inserindo e socializando o talento na cultura organizacional.
- Métodos de socialização organizacional.
- Vantagens do programa de socialização.
- Compreender os processos de socialização organizacional.

A socialização organizacional consiste na ambientação e integração das pessoas como primeiro passo para a sua adequada familiarização dentro das diversas atividades, esclarecendo o posicionamento na organização, o papel, os objetivos e as expectativas de sua contribuição para o negócio, além dos direitos e deveres. Nada mais é que dar a direção, guiar e apresentar o mapa organizacional que norteia os talentos a conhecer sobre a situação atual do ambiente e rumos a serem tomados. Isso vale tanto para os novos contratados como para os antigos colaboradores, quando se tem mudanças na organização, facilitando a adaptação em uma nova realidade, oferecendo a esses participação e engajamento rápidos e assertivos. Assim, é imprescindível que a socialização seja amplamente atualizada e divulgada a todos. Os talentos precisam saber aonde a organização está indo, para que possam participar e ajudar na construção e na manutenção em sua trajetória.

6.1 CULTURA ORGANIZACIONAL

Cultura é um termo genérico utilizado para significar várias acepções diferentes. De um lado, representa o conjunto de costumes, civilização e realizações de uma época ou povo. De outro, refere-se a artes, erudição e demais manifestações mais sofisticadas do intelecto e da sensibilidade humana. Cultura organizacional equivale ao modo de vida da organização em aspectos como ideias, crenças, costumes, políticas, regras, técnicas etc. Todas as pessoas fazem parte de algum sistema cultural e tendem a ver e julgar as outras culturas a partir do ponto de vista de suas próprias culturas. Daí o relativismo: as crenças e as atitudes só podem ser compreendidas em relação ao seu contexto cultural mais amplo.

A cultura organizacional ou cultura corporativa é o conjunto de hábitos, crenças, clima, comportamentos estabelecidos por meio de normas, valores, atitudes e expectativas que é compartilhado por todos os membros da organização. Ela cria uma identidade na organização, otimizando seus processos com reflexos nos negócios e nos resultados, distinguindo uma organização da outra.[1] Constitui o modo institucionalizado de pensar e agir que existe em uma organização. A essência da cultura de uma empresa é expressa pela maneira com que ela faz seus negócios, a maneira com que ela trata seus clientes e colaboradores, o grau de autonomia ou liberdade que existe em suas unidades e o grau de lealdade expressa por seus colaboradores a respeito dela. A cultura organizacional representa as percepções dos dirigentes e colaboradores da organização e reflete a mentalidade que predomina na organização, forma de interpretar a realidade organizacional, impactando diretamente nas ações da GTH.

A cultura representa o universo simbólico e a identidade da organização, que proporciona um referencial de padrões de desempenho entre os colaboradores, influenciando a pontualidade, a produtividade e a preocupação com qualidade do produto ou serviço ao cliente. Ela é construída ao longo do tempo e fica inserida em todas as práticas, unindo todos os membros em torno dos mesmos objetivos e modos de agir. A cultura é aprendida, transmitida e compartilhada entre os membros da organização. Em outras palavras, a cultura organizacional representa as normas informais e não escritas que orientam o comportamento dos membros de uma organização e que direcionam suas ações para o alcance dos objetivos organizacionais. A cultura define a missão e a visão de futuro e o estabelecimento dos objetivos da organização. Para isso, ela precisa estar alinhada com aspectos como planejamento, organização, direção e controle, para levar a organização ao seu sucesso.

A cultura organizacional não é percebida facilmente. Ela lembra um *iceberg*.

Na parte superior, temos os aspectos visíveis e superficiais, que são facilmente observados nas organizações, como o tipo de edifício, as cores utilizadas, os espaços físicos, os métodos e os procedimentos de trabalho, as tecnologias utilizadas, os títulos e as descrições de trabalhos e as políticas de GTH. Na parte submersa, estão os aspectos invisíveis e profundos, cuja observação ou percepção é mais difícil de identificar. Nessa parte, ficam as decorrências e os aspectos psicológicos e sociológicos da cultura.[2]

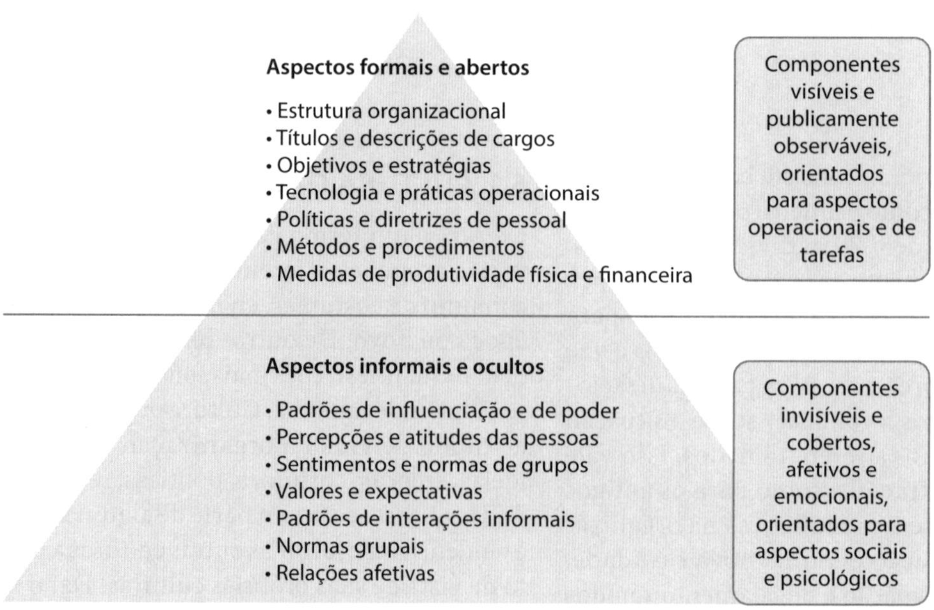

Figura 6.1 *Iceberg* da cultura organizacional.[3]

6.2 COMPONENTES DA CULTURA ORGANIZACIONAL

Toda cultura se apresenta em três diferentes níveis de profundidade:[4]

1. **Artefatos:** o nível mais superficial indica, de forma visual e auditiva, a cultura da empresa, os símbolos, as histórias, os heróis, os lemas e as cerimônias anuais. São as coisas concretas que cada pessoa vê, ouve e sente na organização. Incluem produtos, serviços, vestimenta, linguagem e os padrões de comportamento dos membros de uma organização.
2. **Valores compartilhados:** nível formado pelos valores relevantes que se tornam importantes para as pessoas e que definem as razões pelas quais elas fazem o que fazem. Funcionam como justificativas aceitas por todos os membros. Em muitas organizações, os valores são criados originalmente pelos seus fundadores e no momento da construção da organização.
3. **Pressuposições básicas:** o nível mais íntimo, profundo e oculto da cultura organizacional são as crenças inconscientes, as percepções, os sentimentos e as pressuposições dominantes nas quais as pessoas acreditam. A cultura prescreve a maneira de fazer as coisas, muitas vezes por meio de pressuposições não escritas, inconscientes e nem sequer faladas na organização.

6.2.1 O que é cultura organizacional?[5]

A cultura representa a maneira como a organização visualiza a si própria e o seu ambiente. Os elementos principais da cultura organizacional são:

1. **O cotidiano do comportamento observável**: como as pessoas interagem, a linguagem e os gestos utilizados, os rituais, as rotinas e os procedimentos comuns.
2. **As normas**: ou regras que envolvem os grupos e seus comportamentos, como nos momentos de lazer, nas refeições, nos dias informais.
3. **Os valores dominantes**: defendidos pela organização, como ética, respeito pelas pessoas, qualidade de seus produtos ou preços baixos.
4. **A filosofia administrativa**: que guia e orienta as políticas da organização quanto aos colaboradores, os clientes, os acionistas e todos os *stakeholders*.
5. **As regras do jogo**: como as coisas funcionam, o que um novo colaborador deve aprender para sair-se bem e ser aceito como membro de uma equipe.
6. **O clima organizacional**: sentimentos e percepções das pessoas e a maneira como elas interagem entre si, com os clientes ou com elementos externos.

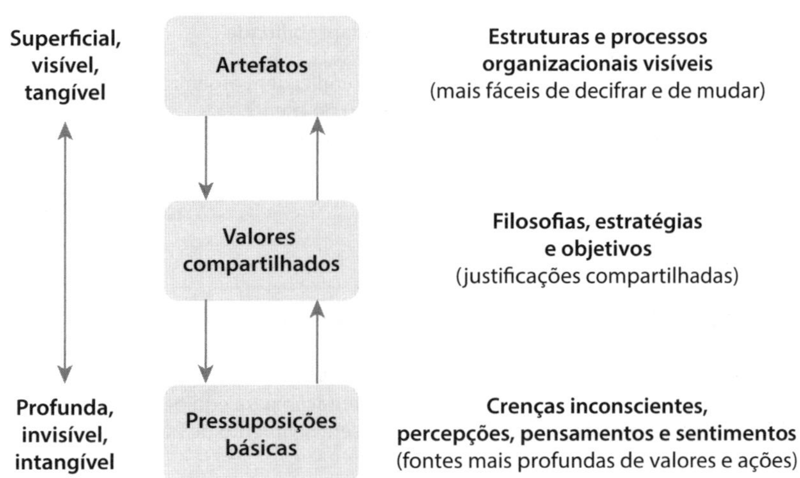

Figura 6.2 Três níveis de profundidade da cultura organizacional.[6]

6.2.2 Características das culturas bem-sucedidas

A cultura organizacional pode ser um fator de sucesso ou de fracasso das organizações. Ela pode ser flexível e impulsionar a organização, como também pode ser rígida e travar o seu desenvolvimento. A parte visível da cultura – a ponta externa do *iceberg* –, onde estão os padrões e estilos de comportamento dos colaboradores, é a mais fácil de mudar. Contudo, no nível invisível, estão os valores compartilhados e as pressuposições que são desenvolvidos ao longo da história da organização e onde é mais difícil de mudar.

PARA REFLEXÃO

Pode-se mudar a cultura organizacional?[7]

Cultura é um assunto bastante discutido nos círculos de gestores. Uma cultura forte pode envolver os colaboradores em um senso comum da missão e reforçar bons hábitos de trabalho para bem atender aos clientes e manter elevada produtividade. A cultura pode ajudar a melhorar ou a piorar o desempenho organizacional.

A cultura apresenta forte e crescente impacto no desempenho organizacional, principalmente nos aspectos financeiro e econômico.[8] Há culturas que permitem mudanças e melhorias no desempenho da organização. Outras não. A cultura corporativa é um importante fator para determinar o sucesso ou fracasso das organizações. As organizações bem-sucedidas adotam culturas flexíveis e sensitivas para acomodar as diferenças sociais e culturais de seus *stakeholders*, principalmente as organizações com atuações globais e competitivas em várias partes do mundo.

A cultura organizacional pode ser estável ou flexível, como também pode ser introvertida ou extrovertida, como na Figura 6.3, na medida em que prioriza sua missão organizacional, consistência interna, envolvimento de seus membros ou adaptabilidade às demandas externas.

Esse tipo de alinhamento torna a cultura conservadora (estável) ou adaptativa (flexível), como também focada internamente (introspectiva) ou externamente (extrospectiva).

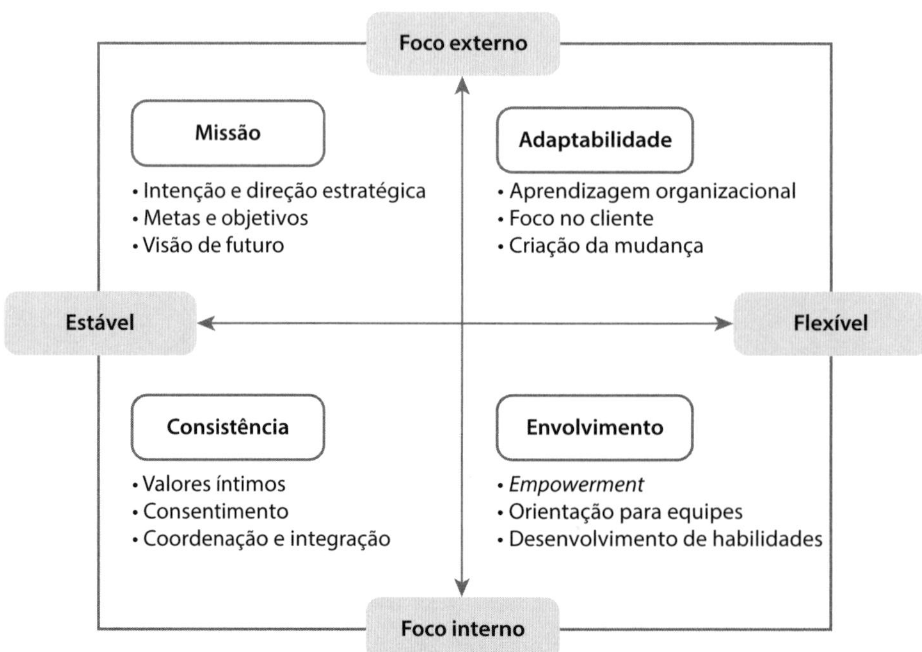

Figura 6.3 Os graus de alinhamento da cultura organizacional.

6.2.3 Culturas conservadoras e culturas adaptativas

Existem culturas organizacionais adaptativas e outras não adaptativas. As primeiras caracterizam-se por sua maleabilidade e flexibilidade e são voltadas para a inovação e a mudança. As segundas, por sua rigidez e inflexibilidade e são voltadas para a manutenção do *status quo* e conservantismo. As organizações com culturas conservadoras mantêm suas ideias, valores, costumes e tradições que não mudam ao longo do tempo,[9] mantendo-se inalteradas como se nada houvesse mudado ao seu redor. Por outro lado, as organizações que adotam e fazem constantes revisões e atualizações em suas culturas caracterizam-se pela criatividade, imaginação, inovação e mudança. São organizações que mudam suas ideias, valores, costumes e que podem perder as suas características próprias que as definem como instituições sociais se não houver alguma amarração com seu passado.[10]

Apesar da crescente necessidade de mudança, é necessário algum grau de estabilidade como base e pré-requisito para o sucesso no longo prazo da organização.[11] De um lado, a necessidade de mudança e adaptação para garantir a atualização e modernização e, de outro lado, a necessidade de estabilidade e permanência para garantir a identidade da organização.

A sobrevivência e o crescimento de uma organização existem na medida em que há um equilíbrio na estabilidade e das mudanças. Isso significa que ambas as culturas podem deixar de existir. Toda organização precisa ter alguma dose de estabilidade, na qual mudanças constantes podem resultar em um clima interno instável[12] entre os membros da organização.[13]

Schein salienta duas razões principais para o desenvolvimento de uma cultura nas organizações: a adaptação externa, que reflete uma abordagem evolucionária sugerindo que as culturas desenvolvem e persistem porque elas ajudam a organização a sobreviver, aumentando o potencial para gerar vantagens competitivas; e a integração interna, que cria uma estrutura social interna necessária à própria existência da organização. Elas são aprendidas por meio da socialização no local de trabalho, o qual reforça a cultura e encoraja os colaboradores a exercitar os valores culturais.[14]

Quadro 6.1 Culturas organizacionais adaptativas e não adaptativas[15]

	Culturas adaptativas	Culturas não adaptativas
Normas de comportamento	Os administradores prestam atenção a todos os aspectos, especialmente clientes, e iniciam a mudança quando precisam servir seus legítimos interesses, mesmo que isso signifique assumir riscos.	Os administradores tendem a comportar-se política e burocraticamente de modo isolado. Como resultado, eles não mudam suas estratégias prontamente para ajustar ou ganhar vantagens com a mudança em seus ambientes de trabalho.
Valores compartilhados	Os administradores cuidam profundamente dos clientes, investidores e empregados. Eles atribuem forte valor às pessoas e aos processos que podem criar mudanças úteis (como liderança acima e abaixo da hierarquia administrativa).	Os administradores cuidam principalmente de si mesmos, de seu grupo imediato de trabalho ou de algum produto (ou tecnologia) associado com seu grupo de trabalho. Eles atribuem mais valor à ordem e à redução de riscos nos processos administrativos do que à liderança de iniciativas.

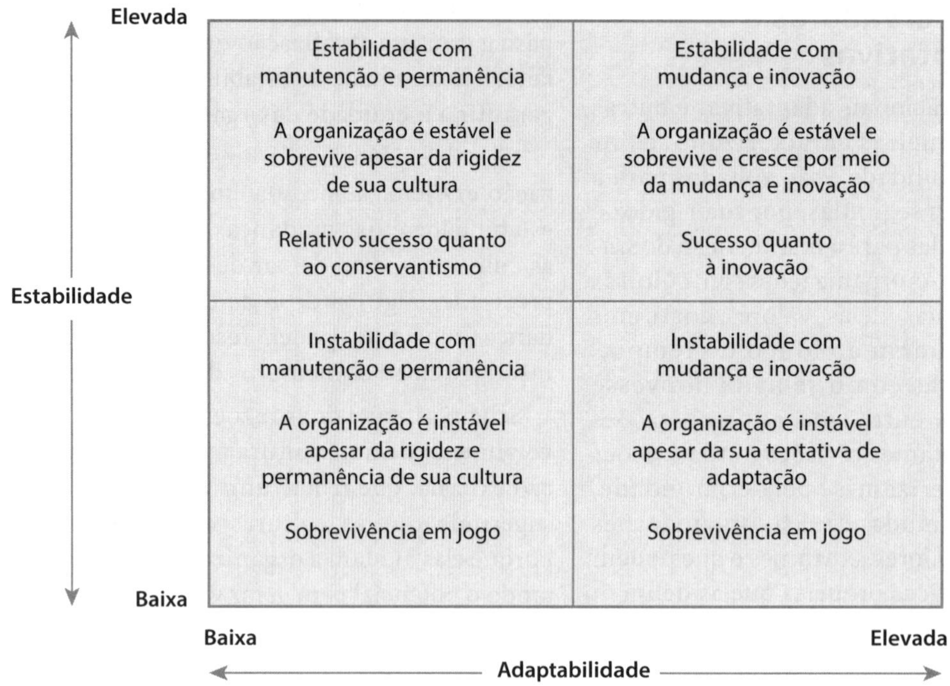

Figura 6.4 Adaptação × estabilidade cultural e sobrevivência organizacional.

6.2.4 Como mudar uma cultura organizacional humanizando suas ações[16]

A mudança cultural tem como característica modificar pontos que compõem a história da organização. Pode envolver revisões de suas crenças, valores, práticas, formas de se comportar que impactam no modelo de atuação e interação da gestão de equipes. O que impulsiona tais transformações é a necessidade de alinhar sua cultura atual às novas estratégias a serem seguidas pela organização, seja ela para adequar-se às novas tendências de mercado, seja para retomar situações de crises internas. A forma é reavaliar pontos falhos e se tornar eficaz e com visão positiva. Uma das formas efetivas para a mudança cultural é a revisão profunda do que há de fundamentos culturais e práticas diárias para serem inseridas em uma nova visão da organização. É muito importante mapear cada etapa, para que não haja "*gaps*" na sequência do processo de mudança, pois, não sendo realizada dessa forma, aumentam as dificuldades de mudança da cultura organizacional atual, tornando a ação dificultosa e deficitária, o que impede sua conclusão.

O processo de mudança é desafiador, devido à resistência para as mudanças e aos costumes enraizados nos envolvidos. Os ajustes e as alterações culturais levam algum tempo para serem implementados e disseminados, não sendo uma simples mudança de política interna, mas sim das ações e atitudes. É importante analisar o melhor momento para mudanças, evitando impactos negativos no clima interno organizacional.

Toda mudança de cultura parte da necessidade de adequar a organização a uma realidade de mercado, o que gera ajustes estratégicos. Podemos citar alguns indicadores que alertam para possíveis necessidades de mudanças culturais das organizações. São eles:

- **Falta de comprometimento:** nessa ocorrência, há certa desconexão cultural entre anseios dos colaboradores e valores da organização, podendo ser notada quando há redução da participação das equipes, menor engajamento, comunicação não ativa, elevação dos índices negativos das pesquisas de satisfação.

- **Comunicação deficitária:** havendo falhas recorrentes, existem fortes tendências de que a cultura organizacional não traz sentido, não tem transparência e abertura aos envolvidos. É o momento de reavaliar os canais e as formas de comunicação, fortalecendo e eliminando possíveis distorções.
- **Elevação nos índices de demissões:** quando há aumento na rotatividade, pode haver um indicativo de insatisfação dos colaboradores, sinalizando possível momento de revisitar a cultura existente.
- **Problemas nas relações internas:** problemas frequentes nas relações entre pessoas e equipes podem ser um sinal de que o ambiente não esteja aderente para as visões diferentes. Nesse caso, é preciso avaliar a necessidade de evoluir culturalmente em questões como conflitos, trabalho em equipe, atrasos na entrega das tarefas, distanciamento entre equipes e outras.
- **Valores da organização desatualizados:** quando os valores atuais estão desalinhados com a realidade de mercado, as expectativas dos colaboradores e as necessidades da sociedade, é momento ideal para rever esses valores, trazendo para uma nova realidade.

A equipe de GTH deve estar alerta aos sinais dados nas questões culturais da organização. É seu papel criar um ambiente participativo, buscando, junto com os colaboradores, direcionar os objetivos estratégicos da organização. Além da cultura organizacional, um ponto fundamental é a ação de humanização das organizações, tema que trataremos com mais detalhamento no Capítulo 7.

O tema sobre a humanização das organizações tem sido cada vez mais discutido e ganhou relevância no surgimento da visão de gestão na qualidade de vida e nas culturas flexíveis, encontradas nas empresas *startups*. O novo cenário visa à valorização das pessoas e suas autonomias alinhadas aos propósitos da organização. Desenvolver um ambiente leve que traga a satisfação e a felicidade no trabalho eleva a motivação, gerando mais eficiência e resultado. O conceito influencia na construção de nova cultura organizacional e, se bem estruturado, tende a gerar efeitos positivos no relacionamento interno e interação das pessoas.[17,18]

6.2.5 Clima organizacional

Para Chiavenato, "o clima organizacional representa o conjunto de sentimentos predominantes em determinada organização e envolve a satisfação dos colaboradores, tanto nos aspectos mais técnicos de suas carreiras e trabalho quanto nos aspectos afetivos e emocionais, refletindo em suas relações com os colegas de trabalho, com os superiores e com os clientes de um modo geral. É a tendência de percepção que os membros de uma organização possuem a respeito de seu grau de satisfação em relação ao conjunto ou a determinada característica da organização".[19] O clima organizacional representa o sentimento positivo ou negativo dos colaboradores em relação às práticas da organização.[20] É uma consequência direta da cultura organizacional, ou seja, a maneira como a cultura afeta e impacta as percepções e os sentimentos dos colaboradores. Não podemos confundir cultura organizacional com clima organizacional. A cultura nada mais é que o DNA de uma empresa, seus valores e regras éticas. Já o clima é a atmosfera da organização e a qualidade das ações do ambiente interno, embora uma seja consequência da outra.

Assim, o clima organizacional é o meio interno de uma organização em que as pessoas realizam seus trabalhos. É a atmosfera psicológica e a característica que existe em cada organização e que é percebida e experimentada pelos seus integrantes. Ele é intangível, mas pode ser percebido psicologicamente.

O clima organizacional envolve diferentes propriedades motivacionais: ele é positivo e favorável quando proporciona a satisfação das necessidades pessoais dos participantes, elevando o moral interno com sentimentos positivos, engajamento, satisfação e compromisso, ou é negativo e desfavorável quando proporciona frustração com sentimentos de insatisfação e tendência de abandonar a organização.

A gestão do clima organizacional é um dos maiores desafios para a área de GTH. Para isso, são feitas constantes pesquisas de satisfação e avaliação do clima, por meio de ferramentas e *softwares* específicos e até de forma manual para empresas de menor porte. Para tanto, foco, alinhamento, metodologia (questionários ou entrevistas), comunicação de conscientização, incentivo a participação, esclarecimento, sigilo e, sobretudo, a continuidade pós-pesquisa precisam ser preservados.

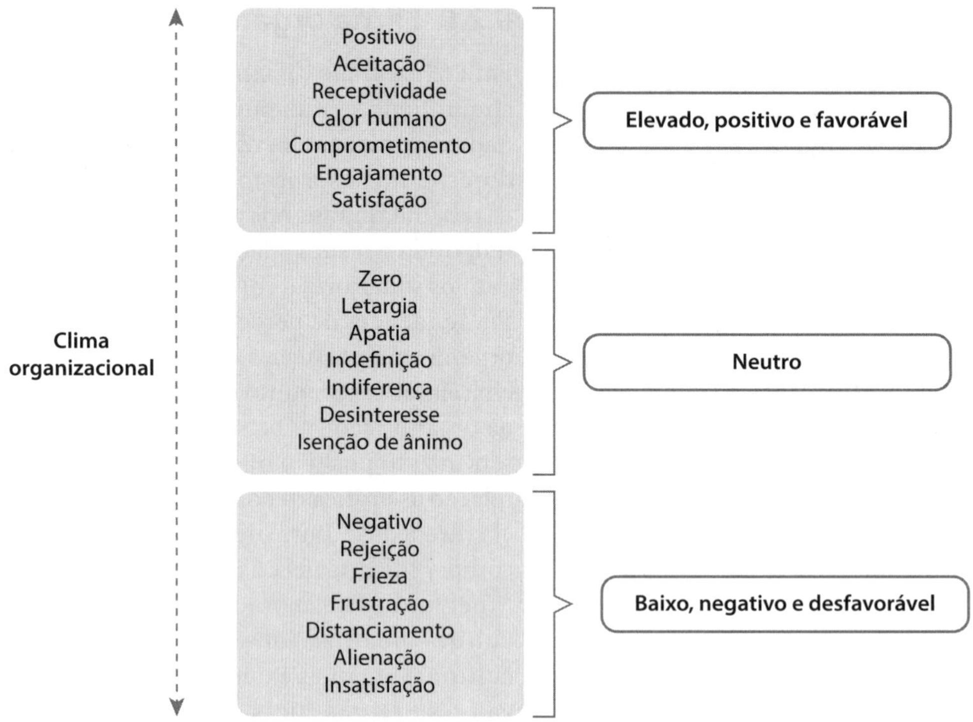

Figura 6.5 O *continuum* de níveis do clima organizacional.[21]

6.2.6 Valores organizacionais

Toda organização se baseia em valores que constituem prioridades no comportamento de seus membros, como reputação, credibilidade, imagem, ética nos negócios, transparência, responsabilidade social, preservação ambiental, respeito à diversidade e conceito de humanização, por ajudarem positivamente no alcance de seus objetivos. Os valores organizacionais precisam ser sempre transmitidos e compartilhados por meio da integração de novos colaboradores, treinamento e aprimoramento de talentos, reuniões cotidianas, comunicações intensivas e todos os meios possíveis e imagináveis para torná-los parte integrante da cultura organizacional. Esses meios são chamados de socialização organizacional.

Em geral, os valores, as normas e os padrões de comportamento que precisam ser aprendidos por meio da socialização organizacional são:[22]

- Missão, visão, valores e objetivos básicos da organização.
- Meios pelos quais os objetivos serão alcançados.
- Responsabilidades de cada membro que ocupa uma posição, por meio das suas atividades e comportamentos que lhe estão sendo dados na organização.
- Padrões de comportamento requeridos para o desempenho eficaz do papel.
- Conjunto de regras ou princípios que asseguram a manutenção da identidade e integridade da organização.

6.3 INSERINDO E SOCIALIZANDO PESSOAS NA ORGANIZAÇÃO - *ONBOARDING*

O processo de integração e socialização é o momento em que a organização apresenta suas políticas, seus valores, suas formas de comportamentos que, embora sejam intangíveis, fazem com que todos assimilem essa cultura, com reflexos positivos para seu desempenho e para os resultados da organização. A organização, juntamente com sua área de GTH, envolve pessoas nesse contexto. Principalmente os recém-contratados na organização. Na medida em que novos colaboradores ingressam na organização, devem ser integrados aos seus papéis por meio da socialização organizacional, para que um novo membro se adapte ao sistema de valores, normas e padrões de comportamento requeridos pela organização.[23]

Após vencerem os obstáculos do processo seletivo, os candidatos são admitidos na organização e se tornam novos membros dela, sendo integrados e condicionados às suas práticas e filosofias predominantes por meio de cerimônias de iniciação e de aculturamento social. Esse processo é conhecido também como *onboarding*, termo americano que descreve a maneira como a organização recebe os novos colaboradores e os integra à sua cultura e a maneira como o novo colaborador deve pensar e agir alinhado com os ditames da organização. O novo participante deve estar pronto para renunciar a antigos costumes, ingressar na organização e seguir os seus preceitos internos, abrindo mão de parte de sua autonomia pessoal com a contrapartida da organização em propiciar ótima experiência e valorização.

A socialização impõe, até certo ponto, a perda da individualidade do novo membro. Toda organização procura estimular e alinhar o comportamento do indivíduo à sua cultura interna, e seu gestor imediato busca criar situações de trabalho que lhe proporcionem satisfação e alcance de seus objetivos pessoais. Nesse ambiente, cada uma das partes tenta influenciar e adaptar a outra aos seus propósitos e conveniências, surgindo de um lado a socialização e, de outro lado, a personalização.

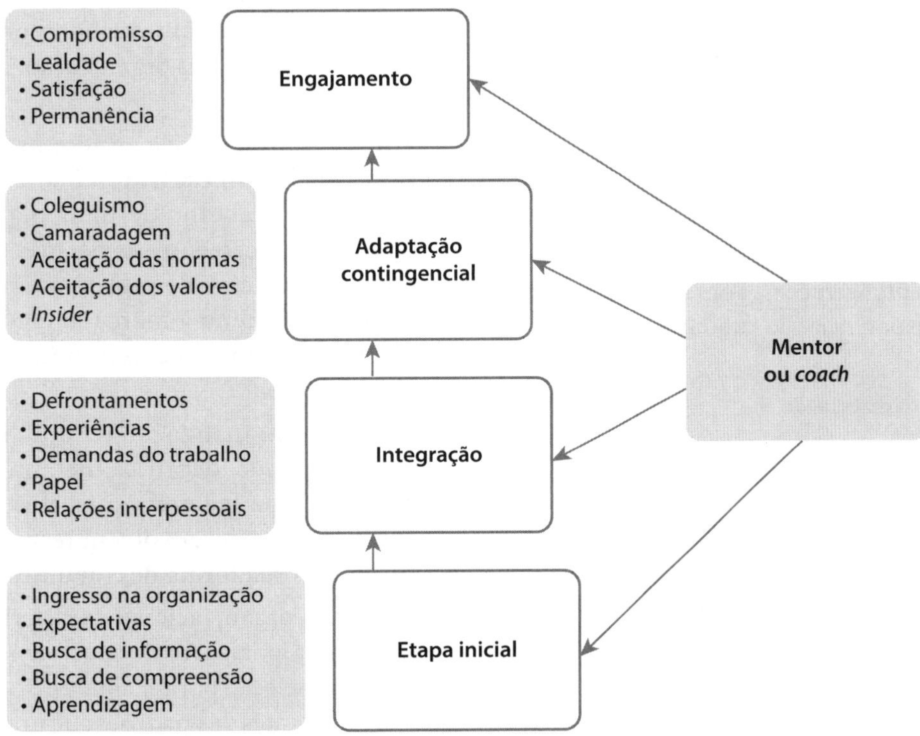

Figura 6.6 Etapas da socialização organizacional a partir do *onboarding*.

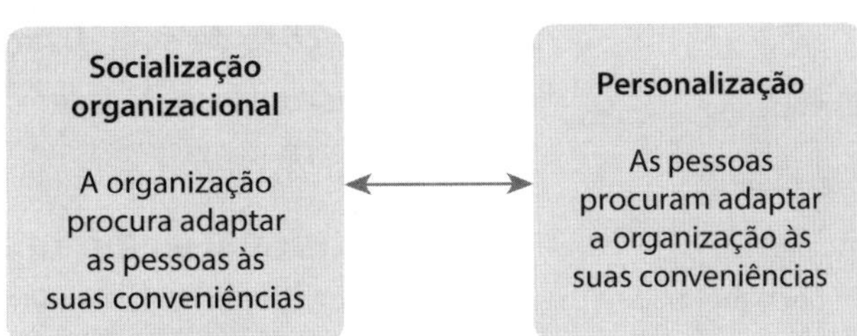

Figura 6.7 Os dois lados da adaptação mútua entre pessoas e organizações.[24]

6.3.1 Ajustamento e adaptação recíproca

Nesse processo bidirecional, a adaptação entre as partes é recíproca, uma atuando sobre a outra. O período inicial do emprego é crucial para adaptação e desenvolvimento de um relacionamento saudável entre as partes. É um período lento e de difícil adaptação, no qual a rotatividade de pessoal costuma ser mais elevada do que nos demais períodos. Trata-se de um período de aprendizados e ajustes de ambas as partes – organização e colaborador.

6.3.2 Contrato psicológico

O contrato psicológico condiciona um acordo ou expectativa que as pessoas mantêm consigo mesmas ou com os outros, onde se cria troca de valores ou intercâmbio de recursos entre as pessoas. O contrato psicológico é um entendimento tácito entre indivíduo e organização a respeito de direitos e obrigações consagrados pelo uso e será respeitado e observado por ambas as partes, não sendo escrito, e muitas vezes nem é discutido ou esclarecido. Ele se refere à expectativa recíproca do indivíduo e da organização, onde prevalece o sentimento de reciprocidade: cada parte avalia o que está oferecendo e o que está recebendo em troca. Os contratos psicológicos são criados entre pessoas, grupos ou organizações. Por essa razão, clareza, objetividade e transparência são fundamentais na GTH.

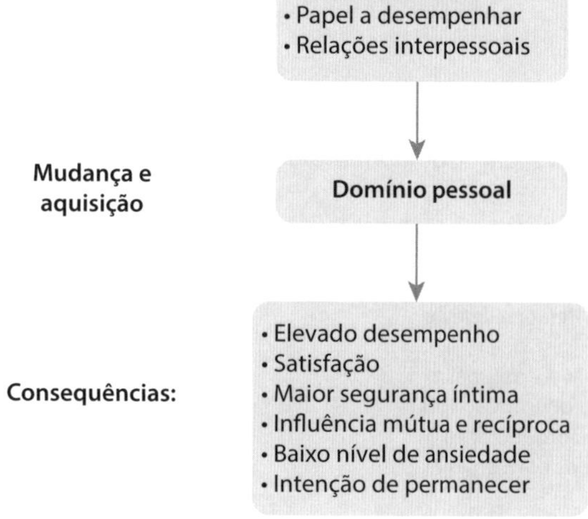

Figura 6.8 O processo de socialização.

6.3.3 Aprendizagem da cultura organizacional

Há várias formas de os colaboradores aprenderem a cultura organizacional, como histórias, rituais, símbolos materiais e linguagem:[25]

1. **Histórias:** contos e histórias sobre o fundador da empresa, lembranças sobre dificuldades ou eventos especiais, formas como foram realizadas condutas e ações que marcaram um fato geralmente ancoram o presente no passado e explicam a legitimação das práticas atuais.
2. **Rituais e cerimônias:** são eventos sociais que expressam e reforçam os valores da organização. As confraternizações e as comemorações, sejam de final de ano ou de aniversário da organização, são rituais que reúnem e aproximam colaboradores para motivar e reforçar a cultura da organização, bem como reduzir possíveis conflitos.
3. **Símbolos materiais:** a arquitetura do edifício, divisões de salas e mesas, tamanho e arranjo físico dos espaços de trabalho definem o grau de igualdade ou diferenciação entre as pessoas e o estilo de comportamento desejado pela organização. Os símbolos materiais – como a marca, o logotipo, as cores, as bandeiras – são aspectos importantes da comunicação não verbal.
4. **Linguagem:** utilização de uma linguagem organizacional que identifica membros e sua aceitação cultural, que faz com que estes a preservem. As organizações desenvolvem termos singulares que descrevem sua forma de comunicação.

A cultura organizacional caracteriza-se pela aceitação implícita por parte de seus membros, iniciada no processo de seleção para excluir pessoas com características discrepantes dos padrões culturais da organização.

DICAS

Opções de socialização de novos talentos[26]

O programa de integração pode ter as seguintes alternativas:

- **Formal ou informal:** quando se torna explícito o novo papel do colaborador ingressante, a socialização passa a ser formal. É o caso de programas específicos de integração e orientação.

A socialização informal coloca o novo colaborador imediatamente em seu cargo com pouca ou nenhuma atenção especial.

- **Individual ou coletivo:** os novos membros podem ser socializados individualmente, ou agrupados e processados mediante um conjunto idêntico de experiências.
- **Uniforme ou variável:** o programa fixo estabelece estágios padronizados de transição da etapa de iniciante até a etapa de efetividade. O programa variável não prevê nenhum programa da empresa quanto aos passos da integração.
- **Seriado ou randômico:** a socialização seriada utiliza papéis que treinam e encorajam o novo funcionário, como nos programas de aprendizagem e de tutoração. A socialização randômica não utiliza papéis, e os novos funcionários ficam à vontade para atuar por sua própria conta.
- **Reforço ou eliminação:** a socialização por reforço confirma e apoia certas qualidades e qualificações do novo funcionário como ingredientes necessários para o sucesso no cargo. A socialização por eliminação tenta eliminar ou neutralizar certas características indesejáveis para buscar adaptá-lo ao novo papel a ser desempenhado.

6.3.4 Métodos de socialização organizacional

As organizações, com apoio do GTH, devem promover a socialização de seus novos membros para integrá-los adequadamente. Em algumas delas, a socialização é impositiva e contundente, sem muita estrutura; porém, no geral, a socialização visa criar um ambiente imediato de trabalho favorável e receptivo durante a fase inicial do emprego, para criar um caminho menos traumático e mais adaptativo ao novo membro.

Os métodos mais utilizados de socialização organizacional são os seguintes:

1. **Processo seletivo:** tem início no recrutamento, no qual o candidato conhece o seu futuro ambiente de trabalho, a cultura predominante na organização, as atividades desenvolvidas, os desafios e os ganhos oferecidos, o gestor e o estilo de gestão antes de sua aprovação. O processo seletivo permite que o candidato analise como funciona a organização e como se comportam as pessoas.
2. **Conteúdo do trabalho:** o novo colaborador recebe tarefas relativamente desafiadoras e capazes de proporcionar-lhe sucesso, para depois receber tarefas de forma gradativa mais complexas e ainda mais desafiadoras.
3. **Gestor imediato como tutor:** liga-se o novo colaborador a um tutor que acompanha sua integração na organização. Geralmente, o gestor representa o ponto de ligação com a organização, que tem o papel de um verdadeiro tutor para acompanhar e orientar no período inicial. A organização pode ser vista de forma positiva se o gestor fizer um bom acompanhamento, ou negativa, se for ineficiente nessa condução. Para tanto, o gestor deve realizar cinco funções básicas:
   - Transmitir ao novo contratado uma descrição clara da tarefa a ser realizada.
   - Proporcionar informações técnicas sobre como executar a tarefa.
   - Negociar as metas e os resultados a alcançar.
   - Proporcionar a ele *feedbacks* adequados sobre seu desempenho.
   - Integrá-lo socialmente perante a equipe de trabalho.
4. **Equipe de trabalho:** a integração do novo membro pode ser atribuída à equipe de trabalho, pois a aceitação grupal é fonte crucial de satisfação das necessidades sociais. A equipe de trabalho tem forte influência sobre crenças e atitudes dos indivíduos a respeito da organização e sobre como eles devem se comportar.
5. **Programa de integração:** desenvolver programas intensivos de treinamento aos iniciantes para familiarizá-los com a linguagem usual da organização, usos e costumes internos, toda a estrutura organizacional (as unidades ou departamentos existentes), os produtos e serviços, a missão, os valores e a visão da organização, assim como os objetivos organizacionais. Constitui como o principal método de aculturamento dos novos membros fazendo com que o novo participante aprenda e incorpore os valores, as normas e os padrões de comportamento considerados como relevantes, de maneira intensiva e rápida.

O tempo para aplicação do programa de integração varia de acordo com o nível de responsabilidade do cargo, a complexidade da organização e seus processos.

Quando se ocupa uma posição de destaque, em níveis de gerência ou direção, o programa de integração costuma ter um tempo maior para conclusão.

A socialização organizacional constitui o esquema de recepção e de boas-vindas aos novos participantes. Muitas organizações simbolizam essa etapa com brindes, mensagens e acolhimentos pessoais, o que molda um bom relacionamento no longo prazo entre o profissional e a organização. Isso acelera sua produtividade.

Quadro 6.2 Principais itens de um programa de socialização

Assuntos organizacionais	1. Missão e objetivos globais da organização
	2. Políticas e diretrizes da organização
	3. Código de ética organizacional
	4. Estrutura da organização e suas unidades organizacionais
	5. Produtos e serviços oferecidos pela organização
	6. Regras e procedimentos internos
	7. Procedimentos de segurança no trabalho
	8. Arranjo físico e instalações que o novo membro irá utilizar
Normas, procedimentos e políticas operacionais	1. Horário de trabalho, de descanso e de refeições
	2. Dias de pagamento e de adiantamentos salariais
	3. Sistemas de remuneração variável por resultado
	4. Programa de benefícios sociais oferecidos pela organização
Relacionamento	1. Apresentação aos superiores e aos colegas de trabalho
Deveres do novo participante	1. Responsabilidades básicas confiadas ao novo funcionário
	2. Visão geral do cargo
	3. Tarefas
	4. Objetivos do cargo
	5. Metas e resultados a alcançar

Quase sempre, o novo colaborador recebe um manual ou *link* de acesso ao portal com informações básicas para sua integração na organização. O Quadro 6.3 mostra a composição típica do manual de orientação ou manual do colaborador.

Quadro 6.3 Manual do colaborador de uma organização

1. Mensagem de boas--vindas	1. Quais são seus benefícios:
2. História da organização	■ Férias e descanso semanal
3. O negócio da organização	■ Feriados
4. Você e o seu futuro	■ Seguro de vida em grupo
5. O que você precisa conhecer:	■ Assistência médico-hospitalar
■ Horário de trabalho	■ Estacionamento e transporte
■ Períodos de descanso	■ Programas de treinamento
■ Ausências do trabalho	■ Plano de sugestões
■ Registros e controles	■ Planos de seguridade social
■ Dias de pagamento	■ Serviço social
■ Prevenção de acidentes	2. Benefícios especiais para você:
■ Utilização de telefones	■ Grêmio recreativo
■ Supervisão	■ Planos educacionais
■ Local de trabalho e de movimentação	■ Restaurante e café
	■ Entre outros

6.3.5 Programa de orientação interna

Proporcionar orientação às pessoas atende a vários propósitos. Procura enviar mensagens claras e proporcionar informação a respeito da cultura da organização, do trabalho e das expectativas de resultado do trabalho. O programa de orientação visa alcançar os seguintes objetivos:[27]

1. **Reduzir a ansiedade das pessoas:** a ansiedade é um sentimento normal, geralmente provocado pelo receio de falha e pela incerteza a respeito da capacidade

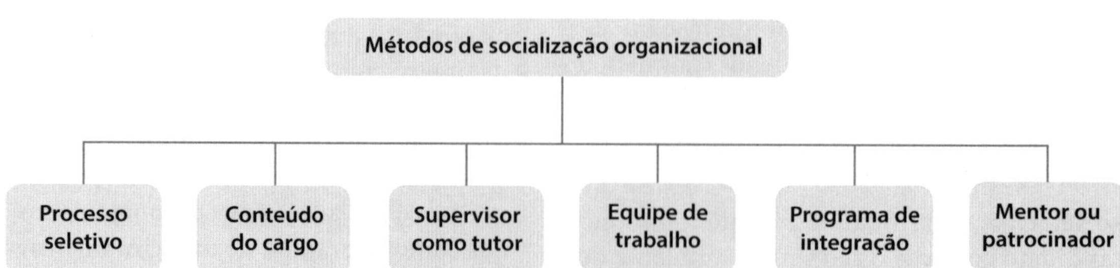

Figura 6.9 Os métodos de socialização organizacional.

de realizar o trabalho. Quando os novos colaboradores recebem orientação e apoio, a ansiedade se reduz e a autossegurança aumenta.

2. **Reduzir a rotatividade:** pelo fato de os novos colaboradores se sentirem ineficientes, indesejados ou perdidos na execução das tarefas, há no período inicial um maior índice de rotatividade. A orientação eficaz reduz essa reação.
3. **Economizar tempo:** quando os novos colaboradores não recebem orientação, gastam mais tempo para conhecer a organização, seu trabalho e os colegas. Perdem tempo e eficiência. O apoio impacta na melhor e mais rápida integração.
4. **Desenvolver expectativas realísticas:** os programas de orientação ajudam novos colaboradores no entendimento do que se espera deles e de quais os valores almejados pela organização.

Muito mais do que atrativos materiais ou financeiros, um dos aspectos que mais influenciam a satisfação das pessoas é a qualidade da comunicação dentro da organização. É importante para qualquer pessoa, independentemente do nível hierárquico, ter liberdade de expressão, sentir que é ouvido e capaz de dar sugestões e perceber que tem influência na organização para possíveis mudanças. Esse clima proporciona ao colaborador a segurança de poder discordar da opinião dos superiores sem retaliações. A abertura na comunicação é um benefício clássico e sem ônus, pelo qual a organização obtém resultados poderosos com a criação de liberdade, participação, comprometimento e responsabilidade, mas os envolvidos devem estar abertos para as mudanças de atitude.

6.3.6 *Empowerment*

O significado dessa palavra é universal. Trata-se de dar poder, autoridade e responsabilidade às pessoas para torná-las mais ativas, proativas e com autonomia em suas atividades dentro da organização. É uma mudança cultural e uma transformação no comportamento das pessoas, ao contrário das tradicionais regras e regulamentos que inibem e impedem a plena realização das pessoas.

A Figura 6.10 mostra os elementos básicos do *empowerment.*

O *empowerment* cria possibilidades dentro da organização, pois as pessoas passam a assumir as seguintes responsabilidades:

1. **Execução excelente da tarefa:** essa é a base da excelência operacional. As pessoas trabalham com prazer e afinco.
2. **Melhoria contínua do trabalho:** não se trata apenas de executar o trabalho, mas também de melhorá-lo continuamente.
3. **Orientação para metas a alcançar:** o trabalho passa a ser o meio – e não o fim – para o alcance de metas a serem alcançadas e superadas.
4. **Foco no cliente, interno ou externo:** o cliente – interno ou externo – torna-se prioritário na atividade, o que provoca uma rede de conexões e cadeia de valor pela qual o maior beneficiado é o cliente final da cadeia.
5. **Atividade grupal e em equipe:** o trabalho é realizado em conjunto e produz maiores resultados devido à sinergia e ao apoio mútuo entre as pessoas.
6. **Foco na missão organizacional e na visão do negócio:** toda a atividade é dirigida para a contribuição à missão da organização e para que a visão do negócio se torne uma realidade concreta.
7. **Ação traduzida em agregar valor:** o importante não é apenas trabalhar, mas agregar valor à organização, ao cliente e ao próprio colaborador.

Com o *empowerment*, as pessoas tornam-se parceiras da organização.

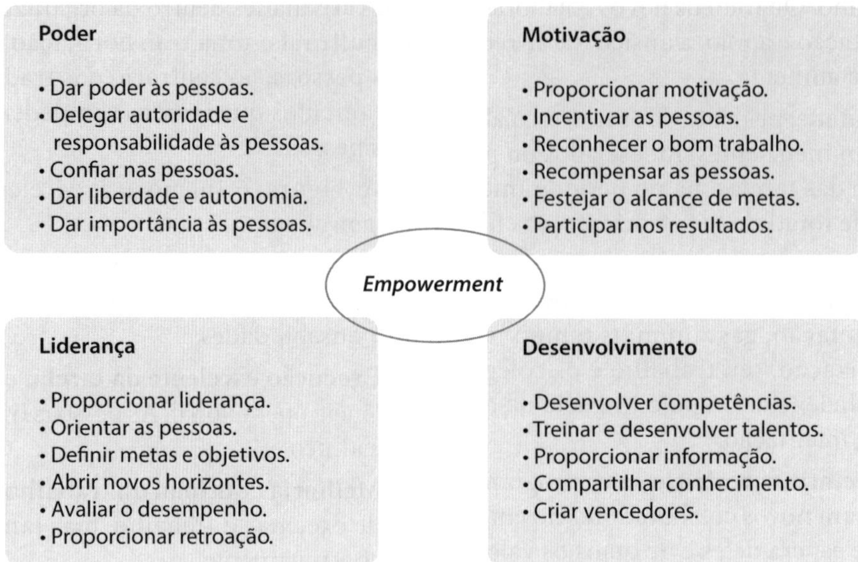

Figura 6.10 As bases para o *empowerment*.

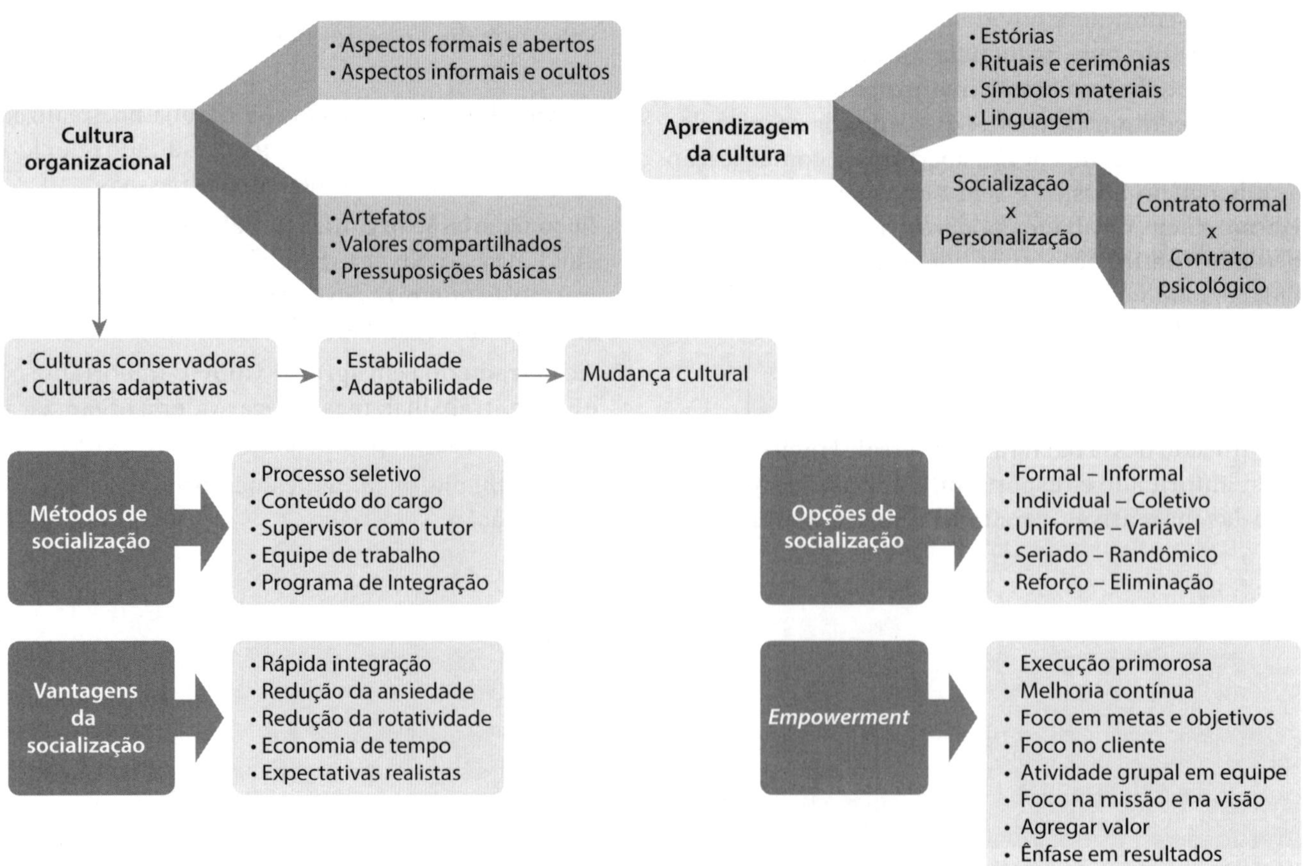

Figura 6.11 Mapa mental do Capítulo 6: Socialização organizacional.

6.4 INCLUSÃO, DIVERSIDADE E IGUALDADE NAS RELAÇÕES

As transformações sociais trouxeram à tona temas relevantes para que sejam analisados, implementados e disseminados nas organizações, diante das variáveis de desigualdade social, econômica, regional, de gênero e racial. A diversidade e a inclusão vêm sendo um fator importante e desafiador para as organizações no Brasil e no mundo, tanto para atender às legislações, como para criar um ambiente fraterno de igualdade nas relações humanas e oportunidades na carreira, base desse processo. No Brasil, a inclusão é amparada pela Lei 13.146/2015.[28] Diante das mudanças culturais e sociais, as organizações estão inseridas nessa realidade e passam a desenvolver políticas justas e verdadeiras de inclusão e diversidade, sejam internas nas organizações ou para a sociedade externamente.

A diversidade nada mais é que a pluralidade dos indivíduos, as diferenças culturais de identidade e experiências (religião, orientação sexual, étnica racial, gênero, entre outras). A inclusão é o ato de inserir pessoas e grupos que, por algum tempo, não faziam parte de algo ou pouco participavam, com um sentimento de indiferença. O grande passo é promover a igualdade entre diferentes indivíduos, sua forma de pensar, agir e colaborar para que haja respeito no ambiente da organização ou sociedade.

A GTH tem papel no desenvolvimento da cultura organizacional, considerando a diversidade e a inclusão como pilares fundamentais, onde se deve pautar a igualdade de oportunidades, levando em consideração suas habilidades, conhecimentos e entrega profissional, e não sua condição de estar enquadrado em uma regra ou lei inclusiva. Stefanie K. Johnson cita: "Ao mesmo tempo em que se quer pertencer, também há o desejo de sermos nós mesmos".[29] Para aqueles que não tiveram oportunidade de adquirir conhecimento, as organizações podem elaborar projetos de desenvolvimento interno, para que em médio prazo todos estejam elegíveis para se candidatar a uma oportunidade de crescimento interno.

Quando a organização desenvolve e implanta políticas de diversidade e inclusão, coloca-se em condição social de admiração no segmento em que atua. Toda e qualquer organização deve buscar o equilíbrio na oferta de oportunidades profissionais para as pessoas, independentemente de seu estilo, condição ou opção, valorizando seu esforço. Desenvolver um projeto de diversidade e inclusão nas organizações é algo fundamental e indispensável nos dias de ontem, hoje e amanhã. As novas gerações trazem a consciência de que é preciso se importar com a pluralidade dentro e fora do ambiente corporativo. Entendemos que se importar com as pessoas é fazer com que seu talento seja potencializado. Elas devem considerar-se como parte da organização pela competência, e não pela condição ou cota exigida.

6.4.1 Lei Pessoas com Deficiência (PCD)

As organizações vêm se aprimorando em suas políticas de inclusão de PCDs. Essas políticas estão embasadas na Lei 8.213, de 24/07/1991 (lei de cota), tendo como base a lista de deficiências enquadradas para essa definição por meio do Decreto 5.296/2004. A GTH tem participação fundamental nessa estruturação. Notou-se que, diante de tantas exigências e dificuldades, houve a necessidade de se aprimorar e oferecer melhores condições para as empresas se enquadrarem e se inserirem em uma estrutura que atenda às exigências legais e sociais. Surge, assim, a Lei 10.098, de 19/12/2000 (acessibilidade), para reverter tal situação e dar condições de maior acessibilidade e mobilidade – da residência ao trabalho – e internamente nas organizações.

Aponte a câmera de seu celular para o QR Code e tenha acesso ao texto **Lei de cotas obrigatórias para pessoas portadoras de deficiência.**

> *uqr.to/20r2i*

6.4.2 Acessibilidade

As organizações devem promover adaptações de acessibilidade para que haja caminho aberto para esses profissionais. Para isso, a GTH e a Engenharia de Segurança do Trabalho devem trabalhar em conjunto, a fim de promover um ambiente acessível, seguro e inclusivo. Também, a realização de campanhas, palestras, treinamentos e um *endomarketing* amplo de conscientização e implantação do projeto de inclusão são ações imprescindíveis.

A GTH deve estar preparada para acompanhar, integrar e alocar diferentes tipos e níveis de deficiência, seja ela física, auditiva, visual ou intelectual, assim como treinar gestores e *stakeholders* a compreender e gerir esses profissionais de uma forma igualitária e comum. Portanto, devem-se adequar os deficientes de acordo com suas limitações, habilidades e formas de contribuição naturalmente. Não se trata apenas de disponibilizar vagas e atender a legislação, mas, sim, de dar valor, voz e condições reais e humanas aos PCDs, para que possam produzir e entregar resultados sem qualquer diferenciação, e, consequentemente, serem valorizados pelo atingimento de metas.

6.4.3 Ações de GTH quanto ao tema inclusão

A participação da GTH na integração de PCDs nas organizações é fundamental. Podemos citar algumas ações:

- De incentivos à diversidade e inclusão em todos os níveis (linhas).
- Divulgação sobre a igualdade de oportunidades; políticas igualitárias para salários e carreiras.
- Apoio a projetos sociais.
- Normas orientativas e punitivas sobre atos discriminatórios em todos os sentidos.
- Entre outras.

Conclui-se que desenvolver projetos verdadeiros da diversidade e inclusão é ampliar visões sobre a pluralidade que transforma e traz resultados para todos os envolvidos, sendo um elo fundamental para engajar e motivar talentos que passam a enxergar possibilidades de crescimento profissional e pessoal. Um ambiente inclusivo aumenta a capacidade de criação do grupo, por proporcionar um clima aberto para opiniões e formas diferentes de pensar e agir, o que reduz conflitos e aumenta significativamente a satisfação de estar e pertencer ao ambiente. Essa é a maneira mais lúcida e divina de humanizar as organizações, tema que será abordado no Capítulo 7.

REFERÊNCIAS

1. TRICE, H. M.; BEYER, Janice M. *The cultures of organizations*. Englewood Cliffs, NJ: Prentice-Hall, 1993. p. 2-3.
2. CHIAVENATO, I. *Comportamento organizacional*. Barueri: Manole, 2015.
3. CHIAVENATO, I. *Administração nos novos tempos:* os novos horizontes em administração. Rio de Janeiro: Elsevier/Campus, 2004. p. 173.
4. CHIAVENATO, I. *Comportamento organizacional, op. cit.*
5. CHIAVENATO, I. *Administração nos novos tempos, op. cit.*, p. 175.
6. SCHEIN, E. *Organizational culture and leadership, op. cit.*
7. Adaptado de: SCHERMERHORN JR., J. R. *Management*. Nova York: John Wiley & Sons, 1996. p. 315.
8. KOTTER, J. B.; HESKETT, J. L. *Corporate culture and performance*. Nova York: Free Press, 1992. p. 89.
9. Extraído de: MITCHELL, R. Managing by values. *Business Week*, Aug. 1, 1994, p. 46-52, citado em: ROBBINS, Stephen P. *Organizational behavior:* concepts, controversies, applications. Englewood Cliffs, NJ: Prentice Hall, 1996. p. 708.
10. HAAS, R. Value make the company. *Harvard Business Review*, Sept./Oct. 1990. p. 134.
11. NOOTEBOOM, Bart. Paradox, identity, and change in management. *Human Systems Management*, 8, 1989. p. 291-300.
12. CERTO, S. C. *Modern management*: diversity, quality, ethics, and the global environment. Boston: Allyn & Bacon, 1994. p. 293.
13. FARNHAM, A. Who beats stress best – and how. *Fortune*, Oct. 7, 1991, p. 71-86.
14. SCHEIN, E. *Organizational culture and leadership, op. cit.*
15. KOTTER, J. P.; HESKETT, J. L. *Corporate culture and performance, op. cit.*, p. 51.
16. Extraído de: DUMAINE, B. Times are good? create a crisis. *Fortune*, June, 28, 1993, p. 123-130.
17. GPTW. Conheça o momento certo para fazer uma mudança de cultura organizacional. 2024. Disponível em: https://gptw.com.br/conteudo/artigos/mudanca-de-cultura-organizacional/#. Acesso em: maio 2025.
18. FIA Business School. *Humanização nas empresas*: importância, benefícios e exemplos. 2020. Disponível em: https://fia.com.br/blog/humanizacao-nas-empresas/. Acesso em: maio 2025.
19. CHIAVENATO, I. *Introdução à teoria geral da administração*. Barueri: Manole, 2015.
20. Como melhorar o clima organizacional da sua empresa? edools & Vaipe. *Vide*: https://d355luupugsy2.cloudfront.net/cms/files/24649/15307195861529426407EBOOK_Edools_Vaipe_Como_melhorar_o_clima_organizacional_da_sua_empresa.pdf.
21. CHIAVENATO, I. *Gerenciando com as pessoas:* transformando o executivo em um excelente gestor de pessoas. Barueri: Manole, 2015. p. 68.
22. SCHEIN, E. H. Organizational socialization and the profession of management. *In*: TOSI, Henry L.; HAMMER, W. C. (Ed.). *Organizational behavior and management:* a contingency approach. Chicago: St. Clair, 1977. p. 125.
23. SCHEIN, E. H. *Cultura organizacional e liderança*. São Paulo: Atlas, 2007.
24. CHIAVENATO, I. *Administração nos novos tempos, op. cit.*
25. ROBBINS, Stephen P. *Organizational behavior:* concepts, controversies, applications. Englewood Cliffs, NJ: Prentice Hall, 1996. p. 696-699.
26. Extraído de: MAANEN, J. V. People processing: strategies of organizational socialization. *Organizational Dynamics*, Summer 1978, p. 19-36; SCHEIN, E. H. Organizational culture. *American Psychologist*, Feb. 1990. p. 116.
27. IVANCEVICH, J. M. *Human resource management*. Chicago: Irwin, 1995. p. 419.
28. BRASIL. Lei nº 13.146, de 6 de julho de 2015. Institui a Lei Brasileira de Inclusão da Pessoa com Deficiência (Estatuto da Pessoa com Deficiência). Brasília, DF, 6 jul. 2015. Disponível em: https://www.planalto.gov.br/ccivil_03/_ato2015-2018/2015/lei/l13146.htm. Acesso em: maio 2025.
29. JOHNSON, S. K. *Inclusifique*: como a inclusão e a diversidade podem trazer mais inovação à sua empresa. São Paulo: Benvirá, 2020.

Capítulo

7

Qualidade de vida no trabalho e humanização das relações

Objetivos de aprendizagem

Após estudar este capítulo, você deverá estar capacitado para:

- Definir as características de um excelente programa de QVT.
- Compreender a importância da higiene e segurança do trabalho.
- Esclarecer a responsabilidade de linha e a função de *staff* na higiene e segurança do trabalho.
- Explicar os principais aspectos da saúde ocupacional.
- Compreender as causas e consequências dos acidentes de trabalho.
- Entender como criar um ambiente humanizado na organização.

O que veremos adiante

- Qualidade de vida no trabalho (QVT).
- Higiene do trabalho.
- Saúde ocupacional.
- Segurança do trabalho e prevenção de acidentes.
- Humanizando a organização.

Não basta agregar, desenvolver, recompensar, aplicar e monitorar talentos. É preciso engajá-los na organização e deixá-los sempre satisfeitos e encantados. Na disputa por talentos, sobressaem as organizações bem-sucedidas em mantê-los e, mais do que isso, engajá-los e impulsioná-los rumo ao alcance de objetivos mútuos.

Por passarem uma boa parte do tempo no local de trabalho, os colaboradores devem ser bem cuidados. O ambiente de trabalho caracteriza-se por condições físicas e materiais, por condições psicológicas e sociais que influenciam diretamente as pessoas. De um lado, os aspectos físicos e ambientais, que afetam de maneira positiva ou negativa o bem-estar físico, a saúde e a integridade física das pessoas. De outro lado, os aspectos psicossociais que afetam o bem-estar físico e psicológico, a saúde física e mental e a integridade moral das pessoas. Em resumo, de um lado, a higiene e a segurança do trabalho e, de outro, a qualidade de vida no trabalho, que são fundamentos básicos, para que uma organização se torne o melhor lugar para se trabalhar e engaje as pessoas, deixando-as satisfeitas e produtivas. Caso contrário, buscarão novas oportunidades no mercado de trabalho.

7.1 QUALIDADE DE VIDA NO TRABALHO

Ao lado da higiene e segurança, do ponto de vista físico e ambiental, existe o lado do bem-estar psicológico e social. A expressão *qualidade de vida no trabalho* (QVT) foi cunhada por Louis Davis[1] na década de 1970, quando desenvolvia um projeto sobre desenho de cargos. Para ele, o conceito de QVT refere-se à preocupação com o bem-estar geral e a saúde dos colaboradores no desempenho de suas atividades. Atualmente, o conceito de QVT envolve tanto os aspectos físicos e ambientais, como os aspectos psicológicos do local de trabalho.[2]

A QVT assimila duas posições antagônicas: de um lado, a reivindicação dos colaboradores quanto ao bem-estar e satisfação no trabalho e, de outro, o interesse das organizações quanto aos seus efeitos positivos e potenciadores sobre a produtividade e a qualidade no trabalho.

A QVT tem sido utilizada como indicador das experiências humanas no local de trabalho e do grau de satisfação das pessoas que desempenham o trabalho. Para alcançar níveis elevados de qualidade e produtividade, as organizações precisam de pessoas motivadas e isso passa obrigatoriamente pela QVT. Para bem atender e satisfazer ao cliente externo, a organização não deve esquecer-se dos clientes internos, que são os colaboradores, responsáveis pela entrega do produto ou serviço oferecido. A organização que investe diretamente no colaborador está, na realidade, investindo indiretamente no cliente, nos demais *stakeholders* e no seu sucesso organizacional. A QVT representa o grau em que os membros da organização são capazes de satisfazer suas necessidades pessoais por meio do seu trabalho na organização e se sentir satisfeitos e felizes, entregando valor à organização. Também se pode dizer que a QVT é um indicador pelo qual o colaborador demonstra sua satisfação. Ele pode ser medido pelas percepções e o impacto na saúde e no bem-estar das pessoas.

7.1.1 Componentes da QVT

A QVT é um constructo intangível, complexo e multidisciplinar que envolve alguns fatores, tais como:

- Satisfação e propósito com o trabalho executado.
- Possibilidades de crescimento na organização.
- Reconhecimento pelos resultados alcançados.
- Recompensa e benefícios oferecidos.
- Lideranças motivadoras que orientam e apoiam.
- Relacionamento humano dentro da equipe e da organização.
- Ambiente psicológico e físico de trabalho adequado.
- Liberdade de atuar e responsabilidade de tomar decisões.
- Possibilidades de estar engajado e de participar ativamente.

A QVT envolve os aspectos intrínsecos (conteúdo) e extrínsecos (contexto) do cargo. Ela afeta as atitudes pessoais e de comportamentos relevantes para a produtividade individual e de grupos, tais como: motivação para o trabalho, adaptabilidade a mudanças no ambiente de trabalho, criatividade e vontade de inovar ou aceitar mudanças e, principalmente, agregar valor à organização.

7.1.2 Modelo de QVT (Chiavenato)

A atividade da pessoa e o clima organizacional são fatores importantes na determinação da QVT. A má gestão da QVT levará à alienação da pessoa e à insatisfação, impactando na produtividade. Já a boa gestão QVT elevada cria um clima de confiança e respeito mútuo, aumentando a contribuição das pessoas e elevando as oportunidades de êxito psicológico, o que reduz os mecanismos rígidos de controle social.

A satisfação das necessidades humanas varia conforme cada indivíduo e cada organização. A QVT não é determinada apenas pelas características individuais (necessidades, valores, expectativas) ou situacionais (estrutura organizacional, tecnologia, sistemas de recompensas, políticas internas), mas, sobretudo, pela atuação sistêmica dessas características individuais e organizacionais. Por tal razão, Chiavenato expõe sua visão sobre o modelo de QVT.

Modelo de QVT de Chiavenato[3]

Todo modelo de QVT deve envolver um conjunto integrado de varáveis para abordar os principais pontos determinantes do bem-estar das pessoas no trabalho. Embora seja um tema complexo, é possível equalizar e criar um ambiente com qualidade na organização. O tratamento do clima organizacional é um dos modeladores da QVT, que leva a uma posição mais ampla. Nesse sentido, enfatizamos que existem fatores imediatos e mediatos internos e externos que interferem na QVT, cada qual com seu impacto direto ou indireto e com sua força relativa no conjunto. O modelo de QVT que apresentamos envolve cinco fatores macro, cada qual constituído de vários fatores micro.

FATORES DE PRIMEIRA ORDEM: relacionados com o papel do indivíduo e sua atuação na organização. Constituem a atividade em si e referem-se às características do trabalho, ou seja, da atividade que a pessoa executa na organização:

- **Trabalho (atividade em si):** representa a atividade básica e cotidiana que a pessoa executa dentro da organização, o cargo ocupado ou o papel exercido na equipe de trabalho.

FATORES DE SEGUNDA ORDEM: relacionados com o entorno imediato ao redor do indivíduo e relacionamentos sociais imediatos, diretos e circundantes da atividade da pessoa, como:

- **Superior imediato:** pessoa que supervisiona diretamente o trabalho do indivíduo, o superior direto influencia a maneira como o indivíduo age e reage frente às circunstâncias do seu trabalho.
- **Fornecedor interno:** pessoa que fornece insumos para o trabalho do indivíduo e tem influência sobre o indivíduo.
- **Cliente interno:** pessoa que recebe as entregas do trabalho do indivíduo fazendo parte do conjunto.
- **Subordinados:** pessoas que recebem orientação e supervisão direta.

FATORES DE TERCEIRA ORDEM: referem-se ao entorno mediato que circunda o indivíduo enquanto atua na organização, tais como:

- **Diretrizes e políticas da empresa:** e sua vinculação direta ou indireta com a QVT.
- **Amizades e colegas:** na medida em que afetam a percepção da QVT.
- **Ambiente psicológico:** e sua parcela de influência na QVT.
- **Ambiente físico:** e sua parcela de influência na QVT.
- **Remuneração fixa ou variável e benefícios auferidos:** na medida em que afetam a QVT.
- **Clientes externos:** na medida em que a pessoa entra em contato com eles.

FATORES DE QUARTA ORDEM: decorrentes das percepções, atitudes, comportamento individual do indivíduo, em função de suas expectativas, necessidades, objetivos pessoais e suas atividades na organização:

- **Imagem da empresa:** corresponde à maneira como o indivíduo percebe sua organização como satisfatória ou insatisfatória.
- **Satisfação pessoal:** é o grau de adequação entre as expectativas do indivíduo e as da organização.
- **Autonomia:** representa o grau de independência e de critério pessoal que o indivíduo tem para planejar e executar seu trabalho com liberdade de escolha, formas de trabalho, horários de trabalho, benefícios flexíveis e intervalos de trabalho.
- **Variedade das tarefas:** o grau de diversidade de habilidades que o indivíduo pode utilizar no desempenho de seu trabalho eliminando tarefas rotineiras.
- **Identidade com o trabalho:** o grau em que o indivíduo executa de forma completa e abrangente uma tarefa, identificando claramente os resultados de seus esforços como uma realização sua. Isso cria uma identidade do próprio trabalho realizado.
- **Retroação:** representa o retorno que o indivíduo recebe para avaliar sua eficiência na produção de resultados.
- **Reconhecimento:** é o grau em que percebe que seu trabalho é avaliado e recompensado.
- **Perspectiva de futuro:** quando se percebe a existência de oportunidades de crescimento pessoal, profissional e intelectual.
- **Autorrealização:** é o grau em que percebe seu efetivo crescimento, atingindo seus objetivos pessoais.

FATORES DE QUINTA ORDEM: são os fatores internos organizacionais do dia a dia do indivíduo, mas que exercem influência em seu comportamento e atitude:

- **Missão organizacional:** grau de conhecimento e percepção da congruência da missão com seu projeto de vida.
- **Visão organizacional:** grau de percepção entre a visão de futuro da organização e a visão particular do indivíduo.
- **Cultura organizacional:** grau de percepção da congruência da cultura corporativa com seus ideais pessoais.
- **Estrutura organizacional:** grau de percepção do seu lugar ou espaço na empresa.
- **Valores e princípios:** grau de percepção do que é importante para a empresa.
- **Estilo de gestão:** maneira como os líderes tratam as pessoas.
- **Estratégia organizacional:** maneira pela qual a organização busca alcançar seus objetivos principais.

Os fatores de primeira a quinta ordem e seus fatores micros estão arranjados em cinco diferentes níveis de exposição frente a cada membro da organização e afetam sua percepção de QVT em função de suas características individuais. A Figura 7.1 dá uma ideia simbólica e resumida desse arranjo.

A QVT é um constructo intangível e sistêmico, que impacta de maneira conjunta e integrada a percepção das pessoas que trabalham na organização. Nesse sentido, todos os fatores expostos afetam a percepção das pessoas de maneira direta ou indireta e têm a sua importância relativa no contexto.

A QVT constitui um conceito complexo, multidimensional, intangível e de difícil objetivação, em que todos se completam. Cada pessoa percebe de forma individual e subjetiva sua qualidade de vida no trabalho de maneira íntima, pessoal e própria e quase sempre diferente uma da outra. Daí a importância de que todo modelo tenha como base a avaliação da percepção das pessoas. Para ilustrar, acesse o QR Code a seguir e veja outros modelos importantes citados por grandes autores sobre modelos de QVT, como: **Nadler e Lawler,**[4] **Walton e Hackman e Oldhan.**

Aponte a câmera de seu celular para o QR Code e tenha acesso aos **Modelos apresentados de qualidade de vida.**

> *uqr.to/20r2j*

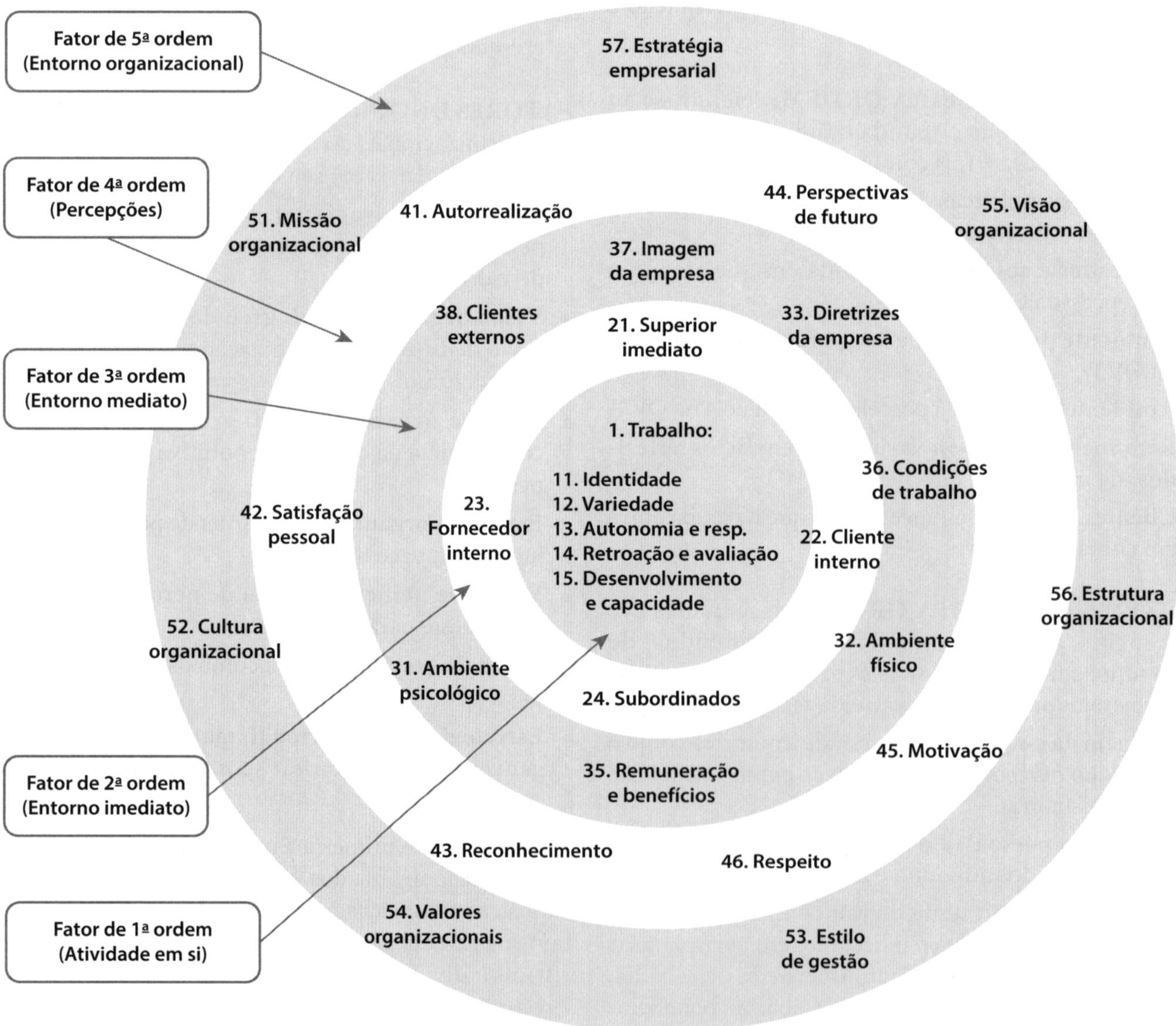

Figura 7.1 Modelo de QVT segundo Chiavenato.[5]

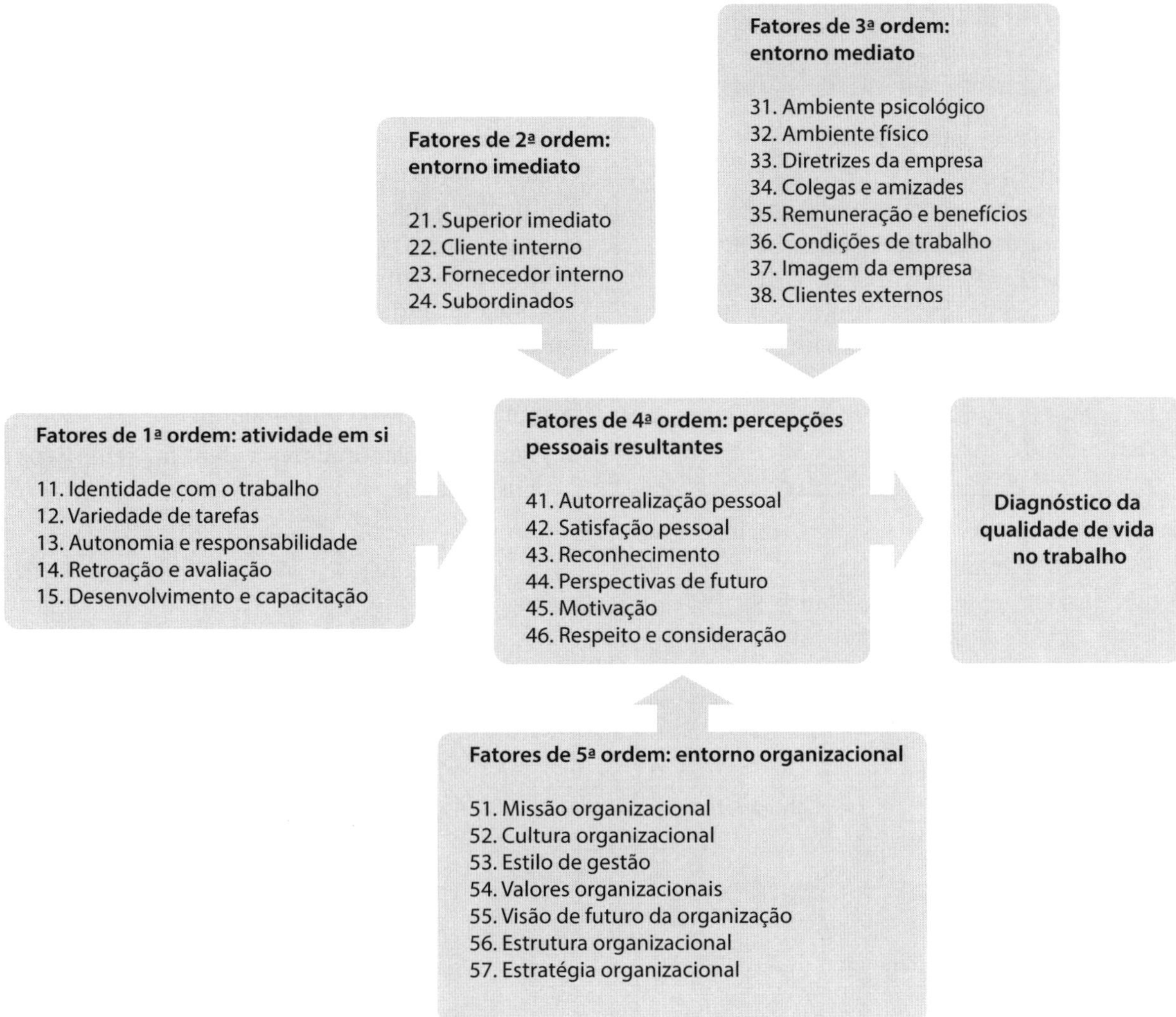

Figura 7.2 Fatores e dimensões no diagnóstico da QVT, segundo Chiavenato.[6]

A QVT é um dos desafios do ambiente atual das organizações, por ser vista e tratada de formas diferentes pelas pessoas, e a GTH tem enorme participação nesse desafio. Algumas ações são derivadas dos modelos de QVT, nos quais a GTH desenvolve planos de ações aumentando a importância sobre o tema. Vemos nas organizações ações como: ginásticas laborais, promoções de saúde (atividade física), ergonomia, fisioterapias, palestras sobre saúde mental, alimentação saudável e até implementações de benefícios flexíveis. Esse tema será tratado logo adiante, na valorização dos colaboradores. Com isso, as organizações e seus colaboradores buscam harmonia e o bem-estar no ambiente de trabalho para estarem engajados, felizes e realizados, o que tende a aumentar a produtividade e os resultados da organização e consequentemente a valorização financeira dos envolvidos.

Analisando a QVT sob um prisma sistêmico e amplo, entendemos que ela constitui uma perfeita aglutinação entre os talentos envolvidos e empoderados e os elementos organizacionais fundamentais. Todos esses componentes podem estar presentes, mas isolados como silos nas organizações, faltando-lhes uma integração, identidade comum e uma interpenetração e convergência. Outras vezes, aparecem parcialmente conectados entre si.

SAIBA MAIS
Sobre a importância da QVT

Milkovich e Boudreau[7] salientam que a QVT parte do reconhecimento de que uma pessoa bem treinada e bem-posicionada na organização está em melhor condição para identificar problemas dificilmente localizáveis com relação à qualidade do produto ou como o trabalho deve ser feito. Assim, a QVT é essencial na criação de um estado de espírito de cidadania organizacional que funciona como um verdadeiro ecossistema dentro das organizações.

7.1.3 Programas de bem-estar dos colaboradores

Os programas de bem-estar são adotados por organizações que procuram prevenir problemas de saúde de seus colaboradores e querem um ambiente mais tranquilo e acolhedor, o que impacta no comportamento dos colaboradores e no estilo de vida dentro e fora do trabalho, promovendo um melhor padrão de saúde e felicidade. Essas ações ajudam na redução dos elevados custos com saúde e afastamentos, principalmente com o aumento da idade das pessoas. Um programa de bem-estar tem geralmente quatro componentes:[8]

1. Ajudar os colaboradores a identificarem riscos potenciais de saúde.

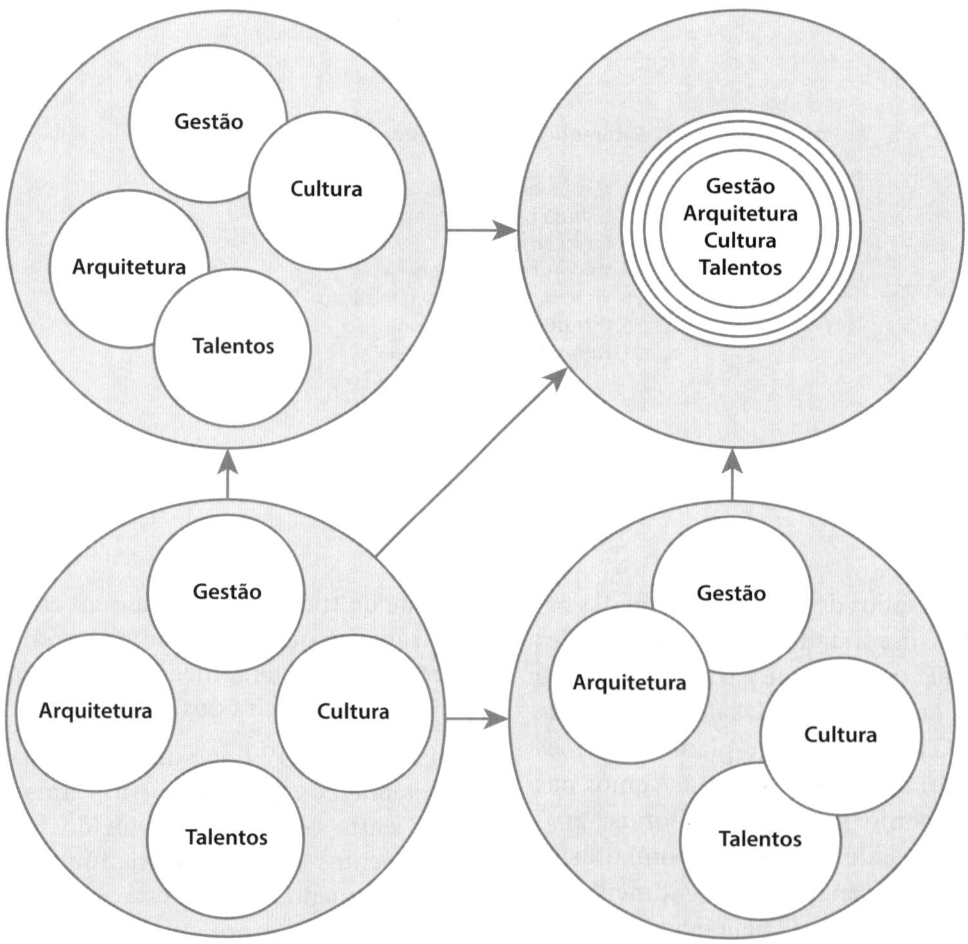

Figura 7.3 A dosagem perfeita para o QVT: integração e convergência.

2. Educar os colaboradores a respeito de como prevenir riscos à saúde.
3. Encorajar os colaboradores a mudarem seus estilos de vida por meio de exercícios, aconselhamento, orientação, boa alimentação e monitoramento da saúde.
4. Orientar os colaboradores a desenvolverem hábitos para manter a saúde mental equilibrada, reduzindo ou evitando estresse, depressões e o *burnout*.

Em resumo, os programas de bem-estar, *wellness programs*, direcionam as organizações e seus colaboradores a melhorar a QVT, incentivando a mudança de hábitos e estilos de vida, mantendo esses profissionais alinhados às suas expectativas com as da organização. Com isso, será extraído o melhor de todos, preservando a integridade física e mental, com a participação direta de GTH para intensificar esse engajamento. Esses programas garantem satisfação, manutenção e continuidade das pessoas na organização, preservando e potencializando o capital humano. A Figura 7.5 dá uma amostra disso.

E, como diz Ramatís, "a colheita é de acordo com a semeadura".[9]

SAIBA MAIS
Sobre *compliance*

Compliance (do inglês *comply* = agir conforme uma regra, padrão, especificação ou instrução interna) significa a conformidade ou obediência como um conjunto de disciplinas que servem para garantir normas legais ou regulamentares e políticas ou diretrizes definidas para o negócio e detectar e evitar qualquer desvio ou inconformidade que venha a acontecer. O termo surgiu no mercado financeiro para regulamentação e controle das atividades empresariais, a fim de proporcionar fiscalização e segurança aos investidores. As organizações passaram a adotar esse conceito para mostrar respeito às leis, transparência e credibilidade em relação aos seus *stakeholders*. O conceito de *compliance* invadiu o terreno da GTH para enfatizar o respeito às leis e aos padrões de excelência, principalmente nas áreas de higiene e segurança do trabalho. E por que razão estamos falando de *compliance* ou conformidade? Porque é um conceito que também se refere à qualidade de vida no trabalho e está inserido nas políticas de boas práticas das organizações e sendo exigido no mercado.

Figura 7.4 A influência dos processos de engajar talentos sobre os demais processos de GTH.

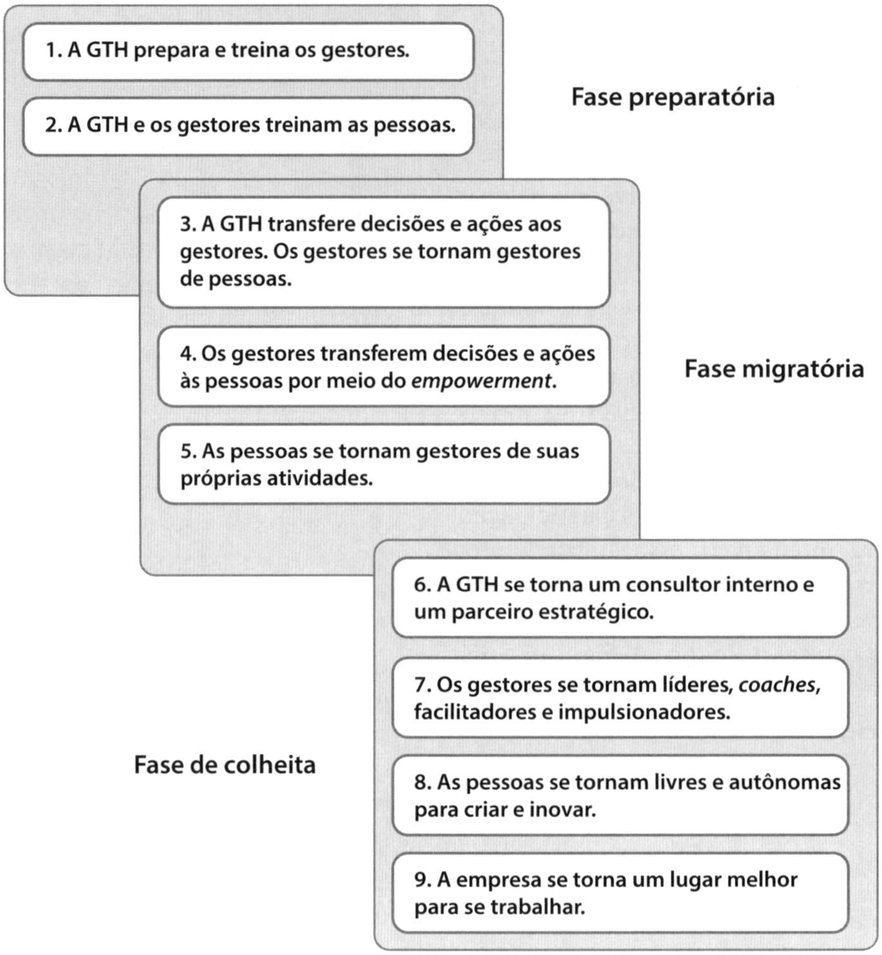

Figura 7.5 As fases preparatória, migratória e de colheita de resultados em consequência da GTH.

7.2 HUMANIZANDO AS ORGANIZAÇÕES

O conceito de humanizar é tornar um ambiente saudável que coloca as pessoas como ser complexo, mas fundamental, ao qual se deve dar tratamento afável, respeitoso, harmonioso, que valorize e faça felizes todos que estão inseridos nesse ambiente. As organizações vêm criando ambientes cada vez mais leves, flexíveis e com foco na qualidade de vida das pessoas, que oferecem seu conhecimento para o sucesso da organização. Esse novo conceito ou forma de gestão surgiu com o crescimento das novas empresas ou *startups* que necessitam de total dedicação de sua equipe para crescimento da marca ou projetos,[10] levando-as a criarem a cultura de empresas humanizadas, *firms of endearment*,[11] o que até então era raramente visto no contexto empresarial. Com o novo cenário, a área de GTH passou a direcionar suas ações na construção, mudança e manutenção cultural.

A humanização das organizações tem como base a felicidade e a satisfação no ambiente de trabalho, transformando os esforços em resultados de forma natural, em que todos ganham ou deixam de ganhar. Se os talentos humanos são a principal fonte de conhecimento e atitude, então que sejam protagonistas e atuem com autonomia em suas ações. Nada como potencializar e dar liberdade para criar e entregar, mas não esqueçamos que os propósitos (talento e organização) devem estar apontados para a mesma direção, a fim de atingir cada qual os seus desejos, sejam eles profissionais, empresariais ou pessoais. Organizações humanizadas acreditam na *share of heart*, ou fatia do amor. Identificar pontos de convergência entre a cultura (visão e missão) da organização e os anseios dos que nela trabalham faz com que ambos tracem a mesma reta e usufruam dos resultados. A área GTH deve consolidar essas questões, criando um ambiente propício para esse movimento cultural, sem torná-lo pesado e sem propósito. Nessas questões, todas as definições da cultura precisam ser disseminadas para equipes e pessoas, e as novas contratações devem estar inseridas no modelo. Caso contrário, ficam fora de contexto e não podem contribuir para seu sucesso, pois as organizações vêm humanizando seus processos e suas decisões.

Algumas iniciativas possíveis para tornar o ambiente humanizado:

- Construir um ambiente inclusivo.
- Criar relações transparentes, justas e participativas.
- Adotar normas flexíveis que mantenham equipes e pessoas alinhadas.
- Oferecer ganhos por resultados obtidos.
- Adotar políticas de benefícios flexíveis.
- Trabalhar a qualidade de vida dentro e fora da organização.

7.3 HIGIENE DO TRABALHO REFLEXO NA QVT E LEGISLAÇÃO

A higiene do trabalho é um fator relevante para proporcionar um ambiente saudável e seguro. Ela dedica-se ao estudo e gerenciamento das exposições ocupacionais aos agentes físicos, químicos e biológicos por meio da avaliação e do controle das condições e locais de trabalho, e está relacionada à preservação da saúde dos trabalhadores. Do ponto de vista de saúde física, o local de trabalho constitui a área de ação da higiene do trabalho, envolvendo aspectos ligados com a exposição do organismo humano a agentes externos, como ruído, poeiras, temperatura, umidade, luminosidade e equipamentos de trabalho, assim como agentes químicos tóxicos ou instalações perigosas à saúde. Assim, um ambiente saudável de trabalho deve envolver condições ambientais físicas que preservem os órgãos dos sentidos humanos – como visão, audição, tato, olfato e paladar. Do ponto de vista de saúde mental, o ambiente de trabalho deve envolver condições psicológicas e sociológicas saudáveis e que atuem positivamente sobre o comportamento das pessoas, evitando impactos emocionais. Essas normas estão definidas por 38 Normas Regulamentadoras ou NRs, que definem as regras para cada ação de higiene e segurança, as quais disponibilizamos com mais detalhes no QR Code a seguir.

Aponte a câmera de seu celular para o QR Code e tenha acesso à **Relação de normas regulamentadoras.**

> *uqr.to/20r2k*

Os principais itens do programa de higiene do trabalho estão relacionados com:

1. **Ambiente físico de trabalho**: ligados ao bem-estar, envolvendo:
   - **Iluminação**: luminosidade adequada a cada tipo de atividade.
   - **Ventilação**: remoção de gases, fumaça e odores desagradáveis, bem como afastamento de possíveis fumantes ou utilização de máscaras.
   - **Temperatura**: manutenção de níveis adequados de temperatura.
   - **Ruídos**: remoção de ruídos ou utilização de protetores auriculares.
   - **Conforto**: ambiente agradável, repousante e aconchegante.
2. **Ambiente psicológico de trabalho**: ligados ao bem-estar psicológico, envolvendo:
   - Relacionamentos humanos agradáveis.
   - Tipo de atividade agradável e motivadora.
   - Estilo de gestão democrático e participativo.
   - Eliminação de possíveis fontes de estresse.
   - Envolvimento pessoal e emocional.
   - Humanização do ambiente de trabalho
3. **Aplicação de princípios de ergonomia**: para eliminar a fadiga, envolvendo:
   - Máquinas e equipamentos adequados às características humanas.
   - Mesas e instalações ajustadas ao tamanho das pessoas.
   - Ferramentas que reduzam a necessidade de esforço físico humano.
4. **Saúde ocupacional**: envolvendo aspectos que veremos a seguir.

7.4 SAÚDE OCUPACIONAL

Uma maneira simples de definir saúde é a ausência de doenças. Contudo, os riscos ambientais, físicos, químicos e biológicos, bem como condições estressantes de trabalho, podem provocar riscos e doenças no trabalho. Uma definição mais ampla de saúde é o estado físico, mental e social de bem-estar.[12] Essa definição enfatiza as relações entre corpo, mente e padrões sociais. A saúde de uma pessoa pode ser prejudicada por doenças, acidentes ou estresse emocional.[13] Os gestores devem assumir também a responsabilidade de cuidar do estado geral da saúde dos colaboradores, incluindo o seu bem-estar psicológico.

SAIBA MAIS
Sobre normas de higiene ocupacional

A Fundacentro (*vide*: http://www.fundacentro.gov.br) apresenta em seu *site* (http://www.segurancanotrabalho.eng.br/higiene_ocupacional.html) as normas técnicas de higiene ocupacional, denominadas NHT. Vale a pena consultar. https://abho.org.br/abho/

A saúde ocupacional está relacionada com a assistência médica preventiva. A Portaria SSST nº 24, de 12/94, com ampla revisão da NR 07, instituiu o Programa de Controle Médico de Saúde Ocupacional, que exige exame médico pré-admissional, exame médico periódico, exame de retorno ao trabalho (no caso de afastamento superior a 30 dias), exame de mudança de função antes da transferência, além do exame demissional, que deve ser realizado em até 10 dias contados do término do contrato, podendo ser dispensado caso o exame clínico ocupacional mais recente tenha sido realizado há menos de 135 dias para as organizações graus 1 e 2, e há menos de 90 dias para organizações grau de risco 3 e 4.

O programa de medicina ocupacional envolve os exames médicos exigidos legalmente, além de executar programas de proteção da saúde dos colaboradores, palestras de medicina preventiva, elaboração do mapa de riscos ambientais, relatório anual e arquivos de exames médicos com avaliação clínica e exames complementares.

7.4.1 Medicina ocupacional

Os programas de saúde começaram a atrair a atenção, pois as consequências de programas inadequados são perfeitamente mensuráveis, como: aumento de pagamentos por indenizações, aumento dos afastamentos por doença, aumento dos custos de seguros, aumento do absenteísmo e rotatividade do pessoal, baixa produtividade e baixa qualidade, além de pressões sindicais e das fiscalizações. Os custos de programas inadequados são altíssimos e devem ser evitados por meio do cumprimento destes previstos em lei.

Portanto, a organização deve manter o ambiente de trabalho saudável e seguro, a fim de garantir a integridade do trabalhador e seguir as legislações que tratam do tema. Citamos algumas ações utilizadas para garantir um ambiente saudável e seguro:

1. Desenvolva as lideranças para dar apoio e orientação nas questões ligadas ao tema.
2. Estimule que todos tenham uma boa relação.
3. Incentive cuidados com a saúde física e mental.
4. Crie uma comunicação transparente com todos os níveis.
5. Desenvolva uma cultura de *feedback*.
6. Faça pesquisas de clima e satisfação interna.
7. Valorize as pessoas e reconheça seus feitos.

7.4.2 Estresse no trabalho

Estresse (*stress*) é um conjunto de reações físicas, químicas e mentais naturais do organismo de uma pessoa quando se tem vivência em situações de pressão ou algo que ameace uma condição normal de trabalho e até da vida social. Surge quando o colaborador se depara com algo novo, mesmo que seja uma oportunidade ou restrição relacionada ou não com seu trabalho. Geralmente, está presente em ambientes autoritários, de desconfiança, pressão das exigências e cobranças, cumprimento do horário de trabalho acima do normal. A monotonia de certas tarefas, um ambiente com baixo astral, a falta de perspectiva de progresso profissional, a insatisfação pessoal e um ambiente pesado podem provocar estresse no trabalho. Podemos dizer que o estresse é a soma das perturbações orgânicas e psíquicas provocadas por diversos agentes agressores, como: traumas, emoções fortes, fadiga, exposição a situações conflitivas ou assédios. Nas organizações, certos fatores estão relacionados com o trabalho, como sobrecarga de atividade, pressão de tempo e urgência, relações problemáticas, seja com líderes ou clientes, provocando reações como nervosismo, inquietude, tensão, ansiedade, angústia etc. Problemas como dependência de álcool e uso abusivo de drogas podem ser decorrentes do estresse no trabalho ou da vida pessoal, prejudicando o organismo do ser humano, provocando distúrbios gástricos e cardiovasculares, cefaleias e desatenção, o que pode provocar acidentes. Por outro lado, o estresse também impacta a organização, ao interferir negativamente no aumento de absenteísmo e rotatividade.

Existem duas fontes principais de estresse no trabalho:[14]

1. **Causas ambientais**: envolvem uma variedade de fatores externos e internos, onde incluímos programação de trabalho intensivo, desrespeito no ambiente de trabalho, como assédio moral e sexual, insegurança no trabalho, fluxo intenso do trabalho e número e natureza dos clientes internos ou externos a serem atendidos.
2. **Causas pessoais**: envolvem uma variedade de características individuais que predispõem ao estresse. Cada pessoa reage de diferentes maneiras, na mesma situação, aos fatores ambientais que provocam o estresse. Personalidades do tipo A – aquelas pessoas que são viciadas no trabalho (*workaholics*) e que são impulsionadas para alcançar metas – geralmente estão mais sujeitas ao estresse do que as outras.

Portanto, podemos perceber um direcionamento para um estresse em três fases:[15]

1. **Alerta:** quando há um estímulo para obter ainda mais força para adaptação a situações desconfortáveis, na tentativa de proteger-se do agente ou fato agressor. Ocorre muito quando há busca por resultados, iniciando um processo leve de estafa.
2. **Resistência:** após uma nova ou estressante situação, o corpo aumenta a capacidade de energia para busca de um novo equilíbrio para nova adaptação e suportar novas cargas de estresse, gerando aí o cansaço físico e mental, esquecimentos, entre outros.
3. **Exaustão:** quando se entra na fase do estresse total, se o equilíbrio não for restabelecido, há queda total das energias e o estresse se torne crônico, causando sérios problemas físicos e psicológicos, o que impacta nas atividades diárias, surgindo doenças graves e crônicas.

7.4.3 Impactos do assédio moral e sexual no ambiente de trabalho e na saúde do trabalhador

Diante da importância do tema, convidamos para uma análise profunda sobre os impactos que os atos de assédio moral e sexual causam em um ambiente de trabalho. Esse ato ilícito eleva o nível de estresse e de doenças psicológicas (depressão, insônia, problemas cardíacos, queda na autoestima, entre outros), refletindo nos resultados produtivos. O assédio moral no trabalho tem como definição a exposição de uma pessoa a situações humilhantes e constrangedoras, repetitivas e prolongadas durante a jornada de trabalho, causando mal-estar psicológico e físico. Já o assédio sexual é uma conduta indevida de natureza sexual repetitiva e não aceita pela vítima, com a finalidade de constranger uma pessoa em sua intimidade e privacidade, a fim de o agressor obter vantagens sexuais dentro ou fora do ambiente de trabalho.

É comprovado que um ambiente hostil e com atos de assédio traz prejuízos psicológicos ao assediado, o que provoca distúrbios emocionais impactantes em sua saúde e no desempenho. Dentro da organização, esse ambiente leva a baixa produtividade, afastamentos com custos altos, índice elevado de *turnover* e absenteísmo. Celso Bazzola cita que "criar um ambiente de respeito e harmonia é fundamental, para que todos possam atingir seus objetivos com dignidade e precisão". Sabemos que a aplicação de uma punição prevista na legislação é apenas um paliativo e consequência do problema maior. Devemos colocar a dignidade humana acima de qualquer reparo financeiro. É isso que precisamos avaliar e disseminar nas organizações, nas equipes e na sociedade.

O estresse não é necessariamente disfuncional. Algumas pessoas trabalham bem sob alguma pressão e são mais produtivas em um esquema normal de cobrança de metas. Outras buscam incessantemente mais produtividade ou um melhor trabalho. Um nível moderado de estresse conduz a maior criatividade quando uma situação competitiva requer novas ideias e soluções ou de execução quando requer entregas.[16]

Como regra geral, muitas pessoas não se preocupam com uma pequena pressão, desde que ela possa conduzir a consequências desejadas ou a resultados positivos.

7.4.4 Como reduzir o estresse no trabalho

Existem várias maneiras de aliviar o estresse, indo desde maior tempo de sono a remédios exóticos como *biofeedback* e meditação. Albrecht[17] sugere as seguintes medidas para reduzir o estresse:

- Busque relações cooperativas, recompensadoras e agradáveis com os colegas.
- Não tente forçar mais do que cada um pode fazer.
- Promova relações construtivas e eficazes com o gestor.

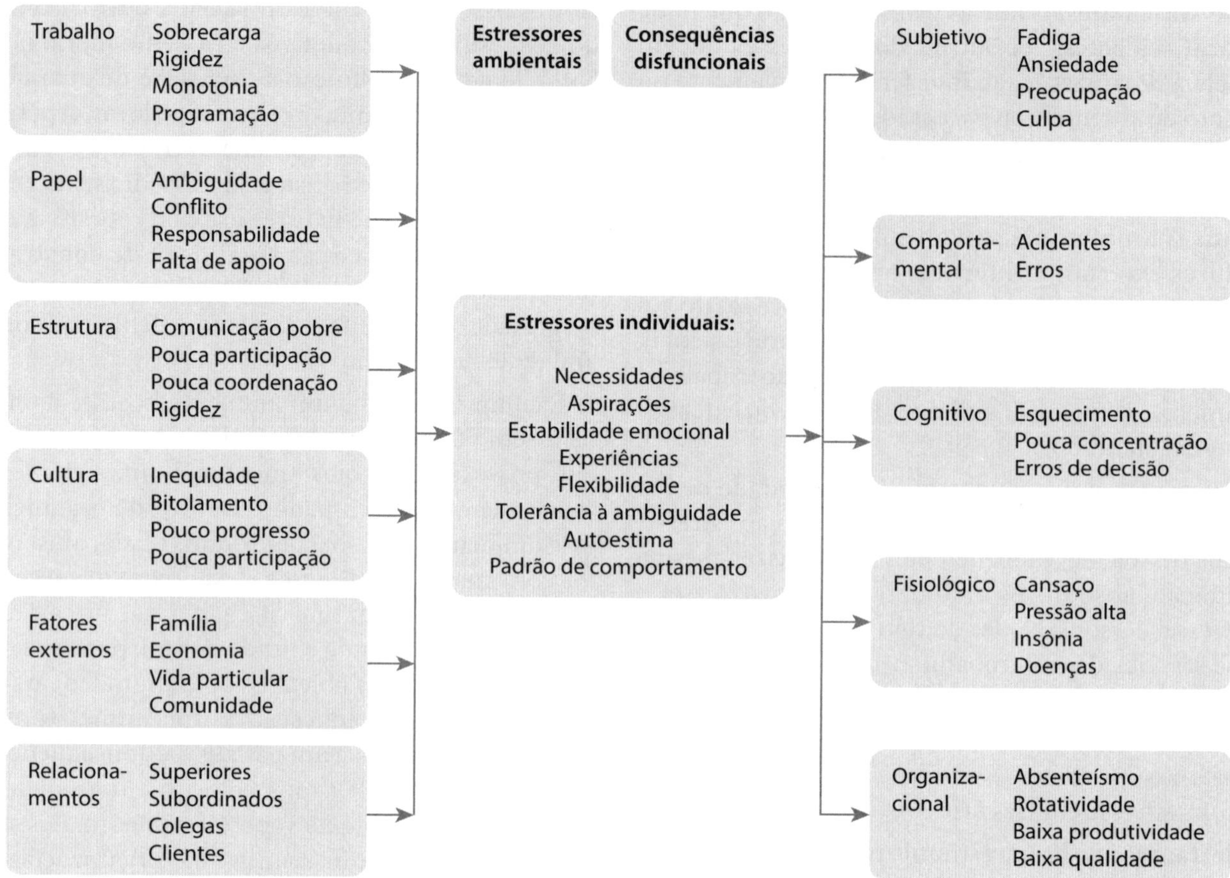

Figura 7.6 Os estressores na vida das pessoas.[18]

- Compreenda os problemas do gestor e ajude-o a compreender os seus.
- Negocie ou proponha com o gestor metas realísticas para o trabalho.
- Estude o futuro e aprenda como se defrontar com eventos imprevisíveis.
- Encontre tempo para desligar-se das preocupações e relaxar.
- Ande pelo escritório para manter sua mente tranquila e alerta.
- Verifique os ruídos em seu trabalho e busque meios para reduzi-los.
- Saia do escritório algumas vezes para mudar de cena e esfriar a cabeça.
- Reduza o tempo em que concentra atenção. Delegue rotina e papelório.
- Limite as interrupções: programe períodos de isolamento e de reuniões.
- Não fique muito tempo lidando com problemas desagradáveis.
- Faça uma relação de assuntos prioritários e as providências a serem tomadas sobre cada tema.

DICAS

Métodos para reduzir o estresse[19]

O estresse pode ser reduzido por meio das seguintes providências:

- **Planejamento:** o estresse pessoal e da vida no trabalho pode ser gerido por meio do planejamento. Disponha de tempo para planejar seus objetivos pessoais e de carreira.

No trabalho, tenha tempo para planejar suas atividades do dia seguinte ou como relacionar os seus objetivos com os da organização.

- **Exercício físico:** exercícios regulares contribuem para a saúde física e ajudam a reduzir o estresse como resultado do condicionamento físico.
- **Dieta:** estresse prolongado pode reduzir seu suprimento de vitaminas, tornando-o suscetível a doenças. Uma boa dieta alimentar é essencial.
- ***Biofeedback*:** é uma técnica terapêutica utilizada no tratamento de dores de cabeça, pressão sanguínea elevada, tensão muscular e outros problemas. Envolve a monitoração de uma ou mais funções orgânicas por meio de equipamentos eletrônicos que sinalizam o paciente com luzes ou sinais para que a pessoa aprenda a controlar ondas cerebrais, pulso, pressão sanguínea e a temperatura dos pés ou das mãos.
- **Meditação ou relaxamento:** filosofias e técnicas asiáticas incluem meditação, meditação transcendental, *yoga* e *zen*. A pessoa fecha seus olhos, relaxa e inspira e expira o ar, ao mesmo tempo que repete uma palavra simples ou um mantra. A repetição ajuda a eliminar pensamentos negativos. O processo leva 20 minutos. Há variações como tensionar e relaxar os músculos do corpo todo.
- **Psicoterapia:** uma variedade de técnicas interpessoais é usada para reduzir o estresse com a ajuda de um psicoterapeuta.
- **Psicanálise:** é uma forma de psicoterapia, durante a qual o psicanalista analisa os estratos mais profundos da personalidade para descobrir as raízes do comportamento nervoso ou anormal.

A organização, os gestores e os profissionais de GTH podem colaborar na identificação e redução do estresse no trabalho. O gestor de área acompanha cada colaborador para identificar sintomas de estresse e informar ações possíveis para mudar esse cenário. Os especialistas de GTH podem fazer pesquisas para identificar possibilidades de estresse, refinando a análise de perfil e os procedimentos de contratação para assegurar a adequação entre pessoa e trabalho. Recomendam-se encontros com especialistas em saúde mental sempre que possível ou necessário.

7.5 SEGURANÇA NO TRABALHO

Um trabalho seguro evita acidentes e doenças. Um programa de segurança no trabalho requer as seguintes etapas:[20]

1. Reconhecimento dos riscos ambientais.
2. Estabelecimento de um sistema de indicadores e estatísticas de acidentes.
3. Desenvolvimento de sistemas de relatórios de providências de segurança.
4. Desenvolvimento de regras e procedimentos de segurança.
5. Encontros diários com as equipes DDS (diálogo diário de segurança) ou DSS (diálogo sobre segurança).

7.5.1 Prevenção de acidentes

Anualmente, são divulgadas estatísticas de acidentes que ocorrem no país ou em regiões com o número de mortos, feridos, incapacitados para o trabalho e para a vida normal. A Secretaria de Estado da Saúde de São Paulo registrou, no segundo semestre de 2023, uma média de 46,9 mil acidentes de trabalho em todo o estado. O Brasil ocupa, em números absolutos, o 3º lugar no *ranking*, conforme aponta o Anuário Brasileiro de Proteção 2023. Houve aumento nos acidentes de trabalho em comparação aos dados de 2020 e 2021. O total de acidentes foi de 536.174, elevando-se em 15,12% em relação ao ano anterior. Porém, se considerarmos a década, os acidentes de trabalho tiveram queda de 25,6%, conforme dados extraídos do Anuário Estatístico de Acidentes de Trabalho,[21] o que deve nos manter sempre alerta. O acidente é um fato negativo que ocorre de forma inesperada e indesejável que causa danos pessoais, materiais e financeiros de modo não intencional. De acordo com o Decreto nº 6.042/2007, que passou a tratar a disciplina, a aplicação e o acompanhamento da avaliação do Fator Acidentário de Prevenção (FAP), e o Nexo Técnico Epidemiológico, define-se como acidente do trabalho o evento que teve a Comunicação de Acidente de Trabalho (CAT) informada oficialmente ao INSS, o que dá origem a benefício por incapacidade de natureza acidentária. Todo acidente com ou sem afastamento deve ser informado no *site* do INSS por meio de formulário disponibilizado à CAT para encaminhamento ao Sistema de Comunicação de Acidentes do Trabalho.

7.5.1.1 Tipos de acidentes

Os acidentes do trabalho têm suas características e são divididos por tipos. As leis trabalhistas definem as regras a serem seguidas pelas organizações, que são:

1. **Acidente típico:** que ocorre durante a execução de determinada tarefa.
2. **Acidente atípico:** que decorre exatamente de um acidente propriamente dito, mas vem de origem laboral ao longo do tempo (trabalhos insalubres).
3. **Acidente de trajeto:** ocorre quando a pessoa sofre acidente no percurso residência-trabalho e vice-versa.

7.5.1.2 Doença ocupacional

Todas as doenças que são causadas por atividades profissionais (laborais) são consideradas como doenças ocupacionais e podem ser de dois tipos:

1. **Doença profissional**: surge por meio do exercício do trabalho de determinada atividade, que consta na relação definida pelo Ministério do Trabalho e Previdência Social.
2. **Doença do trabalho**: surge em função das condições em que o trabalho é realizado, e a pessoa tem contato direto durante sua atividade e carreira profissional nesse ambiente.

7.5.1.3 Síndrome de *burnout* e seus impactos na saúde

Nos últimos anos, a área de GTH e os especialistas em saúde mental vêm alertando sobre a síndrome de *burnout* e seus males dentro e fora das organizações. Esse tema vem repercutindo e já é considerado como um dos principais problemas enfrentados pelas pessoas e organizações. No momento em que os profissionais são constantemente cobrados por resultados, o tema ficou em voga nas questões de saúde ocupacional. A síndrome de *burnout* passou a integrar o rol de doenças ocupacionais segundo o Ministério do Trabalho e Emprego, em seu Anexo II do Regulamento da Previdência Social. Em sua ocorrência, há abertura da Comunicação de Acidente do Trabalho (CAT), por se tratar de uma doença ocupacional do trabalho.

A síndrome de *burnout* é considerada como um distúrbio emocional, cujos sintomas atingem exaustão extrema, estresse e impactos negativos físicos resultantes da pressão no trabalho que demanda alto nível de energia, entrega, competitividade e responsabilidade. O Dr. Vicente Beraldi cita que "nem sempre o *burnout* tem seu início em um ambiente de trabalho, mas sim pelo acúmulo de problemas e situações pessoais". Com isso, temos duas preocupações, a saúde mental e o aumento nos índices de afastamento no trabalho, o que eleva custos diretos e indireto, para a organização, para o estado e para o colaborador. A área de GTH atua em conjunto com a Medicina e Segurança do Trabalho e seus gestores, para reduzir ou eliminar a possibilidade da instalação desse mal no ambiente de trabalho.

Ações que estão sendo tomadas internamente nas organizações para combater o problema:

- Criação de salas de descompressão.
- Palestras educativas sobre o tema e como se blindar a respeito.
- Contratação de especialistas em saúde mental para orientar e acompanhar.
- Ginásticas laborais e meditações.
- Oferecer benefícios que dão acesso a ações relaxantes.
- Ações fora do ambiente do trabalho.
- Criação de uma interação franca de colaboração e negativas de acordo com a situação.

É importante esclarecer que nem todas as doenças são consideradas profissionais ou ocupacionais do trabalho; entre elas, citamos: doença degenerativa; as que não causam incapacidade laborativa; doenças endêmicas; grupo etário; entre outras. Para melhor explorar as **Principais classificações dos acidentes de trabalho**, acesse o QR Code a seguir.

Aponte a câmera de seu celular para o QR Code e tenha acesso às **Principais classificações dos acidentes de trabalho.**

> *uqr.to/20r2l*

7.5.2 Controle e cálculos estatísticos das causas de acidentes

Assim como o controle e os cálculos de vários indicadores, a aplicação da estatística na Segurança do Trabalho demonstra onde é preciso ter maior controle aos agentes nocivos à saúde do trabalhador, antecipando medidas preventivas aos acidentes. Para isso, criaram-se dois coeficientes para medir, controlar e avaliar os acidentes no trabalho, para o dimensionamento estatístico: o Coeficiente de Frequência e o Coeficiente de Gravidade. Ambos são utilizados em todos os países, permitindo comparações internacionais, além de comparações entre organizações de diferentes ramos de atividade.

1. **Coeficiente de frequência (CF):** estimativa de acidentes com afastamento por milhão de homens-horas trabalhadas, que segue a NBR 14280 da ABNT durante um período, podendo ser mensal ou anual, proporciona comparações estatísticas com todos os tipos e tamanhos de organizações. O cálculo do CF baseia-se em:
    - **Número médio de colaboradores:** efetivo total de pessoal e área no período considerado ou utilizar o CF para cada uma das unidades (departamentos, seções), em períodos mensais e anuais para comparação interna.
    - **Homens-horas trabalhadas:** multiplicação do número médio de colaboradores pelo total de horas de trabalho no período considerado. São as horas trabalhadas em que as pessoas estão expostas a acidentes no trabalho. São incluídas horas extras e excluídas horas remuneradas não trabalhadas (como as decorrentes de faltas abonadas, licenças, férias, enfermidades e descanso remunerado). Em geral, consideram-se oito horas por dia de trabalho.

    A fórmula do CF é a seguinte:

$$CF = \frac{N^{\underline{o}} \text{ de acidentes com afastamento} \times 1.000.000}{N^{\underline{o}} \text{ de homens-horas trabalhadas}}$$

2. **Coeficiente de gravidade (CG): estimativa** de dias perdidos e computados por milhão de homens-hora trabalhadas, que segue a NBR 14280 da ABNT durante um período, podendo ser mensal ou anual. É um índice que relaciona o tempo de afastamento (gravidade do acidente) que permite comparações com outros tipos e tamanhos de organizações. O cálculo do CG baseia-se em:
    - **Número de dias perdidos por afastamentos**: é o total de dias nos quais os acidentados ficam incapacitados temporariamente para o trabalho em consequência de acidentes. Os dias perdidos são contados a partir do dia seguinte ao do acidente até o dia da alta médica. Na contagem dos dias perdidos, incluem-se domingos, feriados e quaisquer dias em que não haja trabalho na organização.
    - **Dias perdidos transportados:** total de dias perdidos por afastamentos no mês anterior, quando o CG abrange o período anual ou quando o afastamento é maior do que o período.
    - **Dias computados e debitados:** total dos dias computados por redução da capacidade ou morte dos acidentados. Há uma tabela convencional de uso universal que transforma a morte ou incapacidade permanente, total ou parcial, em dias de trabalho perdidos.

    A fórmula do CG é a seguinte:

$$CG = \frac{N^{\underline{o}} \text{ de dias perdidos} + N^{\underline{o}} \text{ de dias computados} \times 1.000.000}{N^{\underline{o}} \text{ de homens-horas trabalhadas}}$$

Em função da atividade e dos riscos de acidentes envolvidos, cada organização apresenta determinada tendência de CF e CG. Há algumas que apresentam elevado CF (muitos acidentes) e elevado CG (com afastamentos longos). Outras, um elevado CF (muitos acidentes) acompanhado de baixo CG (pouca gravidade). Outras, um baixo CF (poucos acidentes) e elevado CG (muita gravidade e afastamentos longos). Outras ainda apresentam baixos CF e CG, sendo o cenário ideal.

3. **Índice de acidentados (IA):** é o número que exprime a combinação do CF com o CG, utilizado para classificar o resultado da frequência com que os acidentes ocorrem e seu impacto nas horas trabalhadas.

    A fórmula do IA é a seguinte:

$$IA = \frac{CF + CG}{100}$$

4. **Índice de custo (IC):** é o custo decorrente dos gastos com pagamento de benefícios devidos a acidentes de trabalho. É utilizado para avaliar o custo dos acidentes de trabalho.

    A fórmula do IC é a seguinte:

$$IC = \frac{1.000.000 \times NA}{N^{\underline{o}} \text{ de homens-horas trabalhadas}}$$

    Em que:
    NA: número de acidentes no trabalho que geram benefícios.

Tabela 7.1 Total de Acidentes do Trabalho por CNAE – 10 maiores ocorrências – 2021[22]

Ano	Total	Com CAT				Sem CAT
		Total	Típico	Trajeto	Doença do trabalho	
TOTAL	536.174	464.967	349.393	96.226	19.348	71.207
8610 – Atividades de atendimento hospitalar	62.852	59.808	45.409	8.461	5.938	3.044
4711 – Comércio varejista de mercadorias em geral, com predominância de produtos alimentícios, hipermercados	19.788	17.016	12.973	3.915	128	2.772
8411 – Administração pública em geral	14.925	12.364	8.767	1.945	1.652	2.561
4930 – Transporte rodoviário de carga	14.735	12.986	9.768	3.054	164	1.749
1012 – Abate de suínos, aves e outros pequenos animais	11.722	10.223	8.919	995	309	1.499
4120 – Construção de edifícios	10.641	9.189	7.719	1.362	108	1.452
5611 – Restaurantes e outros estabelecimentos de serviços de alimentação e bebidas	7.694	7.136	4.970	2.081	85	558
8630 – Atividades de atenção ambulatorial executadas por médicos e odontólogos	6.508	6.251	4.174	1.546	531	257
3811 – Coleta de resíduos não-perigosos	6.350	5.819	5.109	665	45	531
4744 – Comércio varejista de ferragens, madeira e materiais de construção	5.776	5.282	4.058	1.158	66	494

7.5.3 Fatores e causas dos acidentes no trabalho

Os acidentes, na sua maioria, ocorrem pela falta de atenção no momento da execução de uma tarefa ou atividade, principalmente pela falta de uso dos EPIs (equipamento de proteção individual), como luvas, botas, óculos de proteção, cintos de segurança, capacetes, itens obrigatórios para determinados locais e trabalhos, conforme mapeamento das áreas de risco. Em todo acidente que ocorre no ambiente de trabalho, estão presentes os seguintes elementos:

1. **Agente:** objeto ou substância (máquina, local, equipamentos, produtos, líquidos, que poderiam ser adequadamente protegidos) diretamente relacionado com a lesão.
2. **Parte do agente:** parte do agente (objeto) que está diretamente relacionada com a lesão.
3. **Condição insegura:** condição física ou mecânica existente no local de trabalho, como: na máquina, no equipamento, na instalação (que poderia ter sido protegida ou corrigida).
4. **Tipo de acidente**: forma ou modo de contato entre o causador do acidente e o acidentado em que se deu o resultado desse contato.
5. **Ato inseguro:** violação de procedimento de segurança, como deixar de usar equipamento de proteção individual, distrair-se em ambientes perigosos, entre outros.
6. **Fator pessoal de insegurança:** qualquer característica proveniente de alteração mental, psíquica ou física – acidental ou permanente – que permite ou provoca o ato inseguro.

Mas o que causa o acidente no trabalho? Existem duas causas básicas de acidentes no local de trabalho: condições inseguras e atos inseguros.

1. **Condições inseguras:** constituem as principais causas dos acidentes no trabalho. Incluem alguns fatores que precisam ser localizados e mapeados como zonas de perigo:
   - Paredes, tetos e pisos que não oferecem segurança.
   - Ausência de limpeza e escada sem corrimão.
   - Sinalização: cartazes, avisos ou obstrução em corredores ou escadas.
   - Trânsito mal orientado.
   - Iluminação deficiente e ruído excessivo.
   - Equipamento ou ferramenta defeituosos ou sem proteção.
   - Acúmulo de máquinas e de pessoas.
   - Procedimentos arriscados em máquinas ou equipamentos.
   - Armazenamento inseguro, congestionado ou sobrecarregado.
2. **Atos inseguros:** são comportamentos humanos predispostos a acidentes inesperados. Os atos inseguros das pessoas costumam ser:
   - Carregar materiais pesados de maneira inadequada.
   - Trabalhar em velocidades inseguras – muito rápidas ou muito lentas.
   - Utilizar esquemas de segurança que não funcionam.
   - Usar equipamento inseguro ou usá-lo inadequadamente.
   - Não seguir procedimentos seguros.
   - Assumir posições inseguras.
   - Subir escadas ou degraus rapidamente.
   - Desatenção a normas de segurança.
   - Negligenciar, brincar, arriscar, correr, pular, saltar, abusar no ambiente etc.

As providências para evitar acidentes consistem em eliminar ou minimizar as condições inseguras e treinar intensivamente as pessoas, para que estejam atentas aos atos que podem levar ao risco de acidentes, além do uso adequado dos EPIs.

SAIBA MAIS
Sobre como reduzir acidentes

É preciso minimizar as condições de insegurança nas empresas. Mas as causas dos atos inseguros podem ser atribuídas a certas características pessoais que predispõem os acidentes, como ansiedade, agressividade, falta de controle emocional, imperícia etc. Certas características pessoais, personalidade e motivação das pessoas levam a comportamentos que predispõem acidentes, como a vontade de assumir riscos e tomar atitudes inadequadas. São tendências que levam a atos inseguros, desatenção e falhas em seguir procedimentos e aumentam a probabilidade de provocar acidentes.

7.5.4 Traços de personalidade que predispõem a acidentes

Algumas pesquisas tentaram identificar os traços de personalidade que distinguem as pessoas que são predispostas a provocar acidentes daquelas que não o são.[23] As pesquisas não conseguem definir quais os traços pessoais comuns que predispõem as pessoas a acidentes, não havendo um consenso de que a predisposição aos acidentes seja universal, uma vez que há características e tipos de trabalhos diferentes, o que impacta na predisposição para determinados acidentes. Os traços de personalidade (como instabilidade emocional ou pouca resistência à frustração) podem distinguir as pessoas predispostas a acidentes em atividades que envolvam riscos.

Os acidentes são mais frequentes na faixa etária entre 17 e 28 anos, declinando até encontrar valores mínimos entre 60 e 70 anos. Contudo, diferentes padrões são encontrados em diferentes trabalhos, onde o fator idade torna-se importante. Quando as habilidades perceptivas são iguais às habilidades motoras, a pessoa tende a ser mais segura. Mas quando o nível perceptivo é mais baixo que o nível motor, a pessoa pode predispor-se a acidentes na medida em que essa diferença aumenta.[24]

Quadro 7.1 Fatores pessoais que influenciam o comportamento acidental[25]

Características pessoais	Predisposições e tendências de comportamentos	Tipos de comportamentos específicos	Incidência de comportamentos acidentais
■ Personalidade ■ Inteligência ■ Motivação ■ Habilidades sensoriais ■ Habilidades motoras ■ Experiência	■ Atitudes e hábitos não desejáveis ■ Falta de habilidades específicas ■ Tendência a assumir riscos	■ Falta de atenção ■ Esquecimento ■ Desconcentração ■ Dificuldade em obedecer a regras e procedimentos ■ Desempenho inadequado ■ Excessiva assunção de riscos	■ Probabilidade de comportamentos individuais acidentais

7.5.5 Como prevenir acidentes

Na prática, todo programa de prevenção de acidentes focaliza duas atividades básicas: eliminar as condições inseguras e reduzir os atos inseguros.

1. **Eliminação das condições inseguras**: papel dos colaboradores da primeira linha de defesa. Engenheiros de segurança desenham trabalhos para remover ou reduzir riscos físicos dos ocupantes. Supervisores e gestores assumem importante papel na redução e alertas das condições inseguras.
2. **Mapeamento de áreas de risco**: trata-se de uma avaliação constante e permanente das condições ambientais que podem provocar acidentes na empresa, necessitando a união de esforços para mapear e localizar possíveis áreas de risco, a fim de realizar ações para neutralizar ou minimizar tais condições.
3. **Análise profunda dos acidentes**: todo relatório de acidente, com e sem afastamento do trabalho, deve ser submetido a uma profunda análise para detectar possíveis causas, definindo a melhor forma de eliminar as causas e evitar novos acidentes.
4. **Apoio irrestrito da alta administração**: todo programa bem-sucedido de prevenção de acidentes repousa no compromisso da alta direção.[26] Esse compromisso demonstra a importância que se dá quanto à redução ou eliminação de acidentes na empresa.
5. **Redução dos atos inseguros**: os acidentes são similares a outros tipos de desempenho; especialistas sugerem não selecionar pessoas sem habilidades que podem se acidentar em trabalhos específicos.
6. **Processo seletivo**: as técnicas de seleção visam identificar certos traços pessoais (como habilidade visual ou coordenação motora) que aumentem a probabilidade de causar ou não acidentes em certas atividades. É recomendado o uso de testes sobre traços relacionados com acidentes, tais como:[27]
   - Estabilidade emocional e testes de personalidade.
   - Medidas de coordenação muscular.
   - Testes de habilidade visual.
   - Testes de maturidade emocional, desempenho seguro e cuidadoso.
   - Susceptibilidade à exposição a produtos tóxicos.

Existe clara relação entre predisposição a acidentes e proficiência no cargo. A seleção de pessoas baseada em testes de não predisposição a acidentes permite a redução de acidentes e a melhora na qualidade aos colaboradores ao mesmo tempo.[28]

1. **Comunicação interna**: divulgação massiva sobre segurança no trabalho ajuda a reduzir atos inseguros. Contudo, os programas compreensivos e treinamentos de segurança devem ser desenvolvidos e aplicados sempre.
2. **Reforço positivo**: um programa de segurança baseado no reforço positivo melhora a segurança no trabalho.[29] Objetivos de redução de acidentes devem ser formulados em conjunto com os colaboradores e com ampla divulgação e comunicação dos resultados. Muitas empresas adotam o lema zero acidente e passam a ostentar cartazes com o número de dias sem acidentes. Reuniões periódicas com grupos de colaboradores para discussão de casos e exemplos, encorajando para que façam distinção entre comportamentos certos e errados em situações de perigo, além de demonstração de gráficos

de frequência e localização de acidentes, elaborando lista de regras de segurança pessoal (o que fazer e o que não fazer em situações de risco), são práticas frequentemente encontradas.

DICAS

Medidas preventivas[30]

A prevenção de acidentes inclui as seguintes medidas:

- **Educação:** criar uma consciência de segurança por meio de sinalização com *slogans* em locais de passagem, artigos sobre segurança na correspondência ou a comunicação de dias sem acidentes ou sem dias perdidos de acidentes.
- **Treinamento em habilidades:** incorporando medidas de prevenção em processos de aprendizagem. Colaboradores e gerentes devem ser treinados. Os gestores devem ser multiplicadores do processo.
- **Engenharia de segurança:** prevenindo acidentes por meio do desenho de equipamentos ou de tarefas, reduzindo os fatores que promovem fadiga, sono ou monotonia.
- **Mapeamento de riscos:** localização de áreas de risco, providências para eliminação de risco de acidentes, inspeções periódicas, relatórios frequentes e atenção da alta administração são imprescindíveis.
- **Proteção:** proporcionando equipamentos com proteção. Isso inclui equipamentos de proteção individual como: sapatos ou botas de segurança, luvas, capacetes, óculos, máscaras, aventais, protetores auriculares etc. Também inclui a proteção externa e a manutenção preventiva do equipamento.
- **Regras de reforço:** os melhores regulamentos e regras são ineficientes na redução de acidentes se não forem continuamente reforçados, aplicados e cobrados. Devem proporcionar algum tipo de retroação intensiva.
- **Reuniões diárias** com equipes DDS (diálogo diário de Segurança) ou DSS (diálogo sobre segurança).

7.5.6 Custos com acidentes do trabalho

A vida e a integridade física de uma pessoa têm valor inestimável. Além de lamentáveis perdas humanas, os acidentes também provocam perdas financeiras para o acidentado, para sua família, para a organização e para toda a sociedade. O acidente constitui um fator altamente negativo, e suas causas e custos devem ser analisados para se eliminarem condições ou atos inseguros. O seguro de acidentes do trabalho cobre apenas os gastos com despesas médicas e indenizações ao acidentado, mas não repõe a capacidade humana para o trabalho nem a integridade física às pessoas acidentadas.

O custo direto do acidente, definido de forma simplificada, é o total das despesas decorrentes das obrigações para com as pessoas expostas aos riscos inerentes ao exercício do trabalho, como despesas com benefícios previdenciários e hospitalares aos acidentados, indenizações por diárias de afastamento ou por incapacidade permanente paga ao INSS por meio de alíquotas e fatores de risco.

O custo indireto do acidente do trabalho não é de fácil mensuração, pois envolve todas as despesas de produção, renda perdida, lucros cessantes e demais fatores cuja incidência varia conforme o tipo de organização. Já o Instituto Nacional de Seguridade Social (INSS) inclui no custo indireto do acidente do trabalho os itens de gastos do primeiro tratamento médico, despesas sociais, perda por redução do rendimento profissional no retorno do acidentado ao trabalho, perda por menor rendimento do trabalhador que substitui temporariamente o acidentado, o que acaba sendo repassado para as empresas por meio de alíquotas e reenquadramentos em fatores de risco. Também não podemos deixar de citar os custos judiciais que estão ligados aos processos legais e multas, o tempo e os recursos em litígio, além da reputação da empresa no mercado.

Se as organizações buscam eficiência, eficácia e lucros, elas precisam estar dispostas a investir para criar condições ideais de segurança além da legislação. A falta de investimento em segurança custa muito mais caro. Para todos.

7.6 AVALIAÇÃO DO PROGRAMA DE HIGIENE E SEGURANÇA DO TRABALHO

Os programas H&S demonstram que as organizações buscam, de um lado, o respeito e a consideração às pessoas; por outro lado, há o aspecto financeiro a ser analisado. As consequências dos programas inadequados para as organizações são visíveis: aumento do absenteísmo e da rotatividade do pessoal, elevado índice de afastamentos por doenças ou acidentes, aumento dos prêmios de seguros, elevação dos custos laborais, maiores indenizações pagas por acidentes ou doenças profissionais, custos judiciais elevados, pressões sindicais e da sociedade até a reputação instável com o mercado em adquirir produtos de empresas que geram impactos negativos para a saúde das pessoas e para o meio ambiente.

O programa deve ser monitorado em termos de custos/benefícios pelos especialistas em GTH, gestores e, sobretudo, contar com a participação de todos os colaboradores. Além disso, o programa deve ter base que impacte na melhoria no desempenho no trabalho, redução dos afastamentos por acidentes ou doenças e redução de ações disciplinares pelo não cumprimento das normas de segurança. O programa deve produzir bons resultados para a organização e para o bem-estar das pessoas.

SAIBA MAIS
O que é CIPA

A Comissão Interna de Prevenção de Acidentes (CIPA) é uma determinação legal da Consolidação das Leis do Trabalho (CLT). Cabe à CIPA apontar os atos inseguros dos colaboradores e as condições inseguras existentes na organização. Ela deve fiscalizar o que já existe e, em conjunto com seus membros e especialistas de GTH, apontar soluções. A CIPA NR-5 é fundamental nos programas de segurança das organizações.

Como desenvolver um programa de H&S[31]

1. **Envolver a administração e os colaboradores no desenvolvimento de um plano de higiene e segurança:** todas as pessoas da organização devem compreender que o plano é útil e benéfico para todas as partes envolvidas.
2. **Reunir o apoio necessário para implementar o plano:** nenhum plano funciona por si mesmo, pois necessita de um patrocinador para sua causa e que proporcione energia e recursos para tocar o plano e fazê-lo confiável.
3. **Determinar os requisitos de higiene e segurança:** cada local de trabalho tem diferentes necessidades para atender a requisitos de higiene e segurança.
4. **Avaliar os riscos existentes no local de trabalho:** identifique os problemas potenciais de H&S que existem no trabalho e quais as medidas preventivas necessárias.
5. **Corrigir as condições de risco existentes:** ao identificar riscos potenciais existentes, procure eliminá-los, reduzi-los ou controlá-los por todos os meios possíveis.
6. **Treinar os colaboradores em técnicas de H&S:** torne o treinamento obrigatório em H&S para todos os colaboradores. Todos devem ser treinados sobre como executar o trabalho de maneira segura e saber como utilizar seu equipamento de segurança.
7. **Desenvolver a preocupação de tornar o trabalho isento de riscos:** busque meios para relatar sugestões incluindo procedimentos de emergência. Assegure a manutenção preventiva dos equipamentos e das instalações.
8. **Melhorar continuamente o programa de H&S**: a partir da implementação do programa, ele deve ser continuamente avaliado, incentivado e melhorado. A documentação do progresso ajuda a analisar sua melhoria.

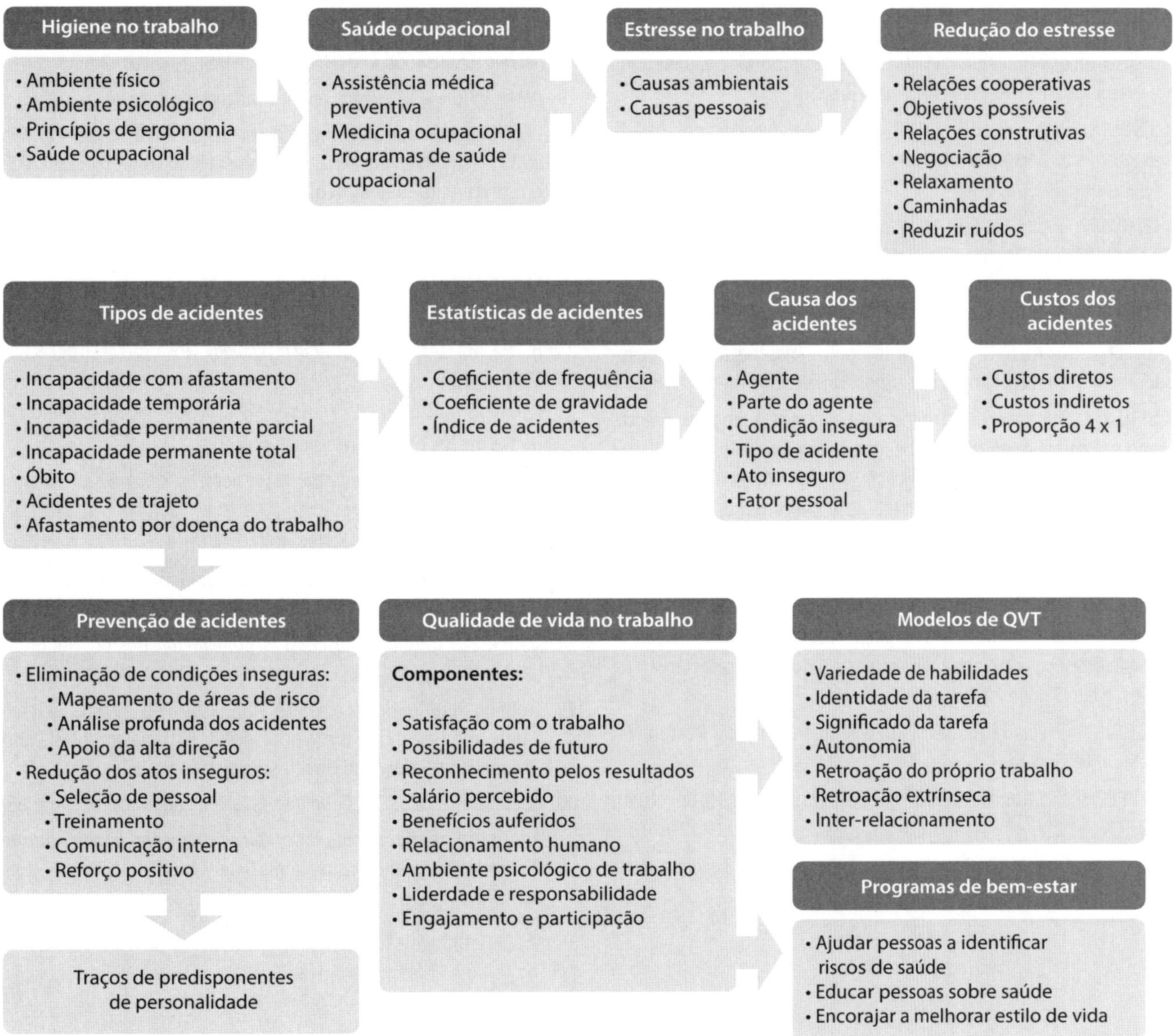

Figura 7.7 Mapa mental do Capítulo 7: Qualidade de vida no trabalho e humanização das relações.

REFERÊNCIAS

1. DAVIS, L. E. The design of jobs. *Industrial Relations*, Oct. 1966, p. 21-45.
2. CHIAVENATO, I. *Recursos Humanos*. Rio de Janeiro: Elsevier/Campus, 2015.
3. CHIAVENATO, I. *Comportamento organizacional*: a dinâmica do sucesso das organizações. Barueri: Manole, 2015.
4. NADLER, D. A.; LAWLER III, E. E. Quality of work life: perspectives and directions. *Organizational Dynamics*, Winter 1983.
5. CHIAVENATO, I. *Comportamento organizacional*: a dinâmica do sucesso das organizações, *op. cit.*
6. CHIAVENATO, I. *Comportamento organizacional*: a dinâmica do sucesso das organizações, *op. cit.*
7. MILKOVICH, G. T.; BOUDREAU, J. W. *Human resource management*. Nova York: Richard D. Irwin, 1994. p. 712.
8. WALTON, R. Quality of working life: what is it? *Sloan Management Review*, v. 15, n. 1, 1973. p. 11-21.
9. RAMATÍS. *Elucidações do além*. Rio de Janeiro: Livraria Freitas Bastos, 1981. p. 17.

10. FIA BUSINESS SCHOOL. Humanização nas empresas: importância, benefícios e exemplos. *FIA Business School*, São Paulo, nov. 2020. Disponível em: Humanização nas empresas: importância, benefícios e exemplos – FIA. Acesso em: 5 maio 2025.
11. SISODIA, R.; WOLFE, D. B.; SHETH Jag. *Empresas humanizadas*: pessoas, propósito, performance. (Firms of Endearment 2.0). Rio de Janeiro: Alta Books, 2019. p. 8-9.
12. GORDON, G. C.; HENIFIN, Mary Sue. Health and safety, job stress, and shift work. *In*: MELTZER, H.; NORD, Walter R. (Ed.). *Making organizations human and productive*. Nova York: John Wiley & Sons, 1981. p. 322.
13. GOLEMBIEWSKI, R. T.; MUNZENRIDER, R. F. *Phases of burnout*: development in concepts and applications. Nova York: Praeger, 1988.
14. BEHER, T.; NEWMAN, J. Organizational stress, employer health, and organizational effectiveness: a factor analysis, model, and literature review. *Personnel Psychology*, v. 31, Winter 1978, p. 665-699. *Vide* também: SUNDSTROM, E. *et al*. Office noise, satisfaction, and performance. *Environment and Behavior*, v. 26, nº 2, Mar. 1994, p. 195-222.
15. LEOPOLDO, P. Estresse: sintomas físicos e psicológicos e as consequências para a saúde. *Alta diagnósticos*. Disponível em: https://altadiagnosticos.com.br/saude/estresse-sintomas-e-caracteristicas. Acesso em: 5 maio 2025.
16. DuBRIN, A. *Human relations*: a job oriented approach. Reston, VA: Reston, 1978. p. 66-67.
17. ALBRECHT, K. *Stress and the manager*. Englewood Cliffs, NJ: Spectrum, 1979.
18. Adaptado de: IVANCEVICH, J. M. *Human resource management*. Nova York: Richard D. Irwin, 1995. p. 640.
19. IVANCEVICH, J. M. *Human resource management, op. cit.*, p. 643. *Vide* também: HAMMER, Willie. *Occupational safety management and engineering*. Englewood Cliffs, NJ: Prentice Hall, 1985. p. 62-63.
20. IVANCEVICH, J. M. *Human resource management, op. cit.*, p. 649.
21. PROTEÇÃO. Anuário brasileiro de proteção 2023. *Revista Proteção*, 2023. Disponível em: https://www.protecao.com.br/brasil-2023/#:~:text=Acidentes%20voltam%20a%20subir&text=Os%20acidentes%20registrados%20por%20meio,contra%2048.280%20do%20ano%20anterior. Acesso em: 5 maio 2025.
22. McCORMICK, E.; TIFFIN, J. *Industrial psychology*. Englewood Cliffs, NJ: Prentice-Hall, 1974. p. 523.
23. BLUM, M.; NAYLER, J. *Industrial psychology*. Nova York: Harper & Row, 1968. p. 522.
24. Fonte: AEAT – Infologo; Elaboração: CGMBI/DPSSO/SRGPS-MPS. Dados de 2021 sujeitos a revisão posterior.
25. BLUM, M.; NAYLER, J. *Industrial psychology, op. cit.*, p. 522.
26. Adaptado de: DESSLER, G. *Human resource management*. Upper Saddle River, NJ: Prentice-Hall, 1997. p. 630.
27. ZOHAR, D. Safety climate in industrial organization: theoretical and implied implications. *Journal of Applied Psychology*, v. 65, Feb. 1980, p. 97.
28. MAIER, N. *Psychology and industrial organization*. Boston: Houghton-Mifflin, 1965. p. 458-462.
29. Training Requirements of OSHA Standards, Feb. 1976, e Teaching Safety and Health I in the Work Place, U.S. Department of Labor, Occupational Safety and Health Administration, 1976.
30. Adaptado de: DESSLER, G. *Human resource management, op. cit.*, p. 654.
31. Adaptado de: *Developing a workplace safety and health program*. Baltimore: Maryland Occupational Safety and Health Agency, 1993. p. 5-16.

PARTE IV

APLICANDO E VALORIZANDO TALENTOS E SUAS COMPETÊNCIAS

Estratégias para aplicar, definir as atividades e as responsabilidades do talento humano e o ganho pelo resultado

As organizações são criadas e planejadas para produzir serviços, produtos, ou realizar inovações para suprir as necessidades de mercado. Embora possuam estruturas físicas, equipamentos e tecnologias, o bem ou patrimônio maior são as pessoas. Elas funcionam adequadamente quando temos pessoas preparadas para desempenhar suas funções definidas no perfil de desenho do cargo e suas atividades. Por isso, a importância de as organizações desenharem sua estrutura formal com critérios e que atendam às suas estratégias. A definição de suas áreas, cargos, responsabilidades e requisitos é fundamental para alocar os talentos certos em suas posições, ou seja, explorar o talento que as pessoas têm dentro da real necessidade que a posição exige. Essa divisão do trabalho e a especialização exigida determinam o papel de cada membro na organização, definindo as responsabilidades e as atividades que cada pessoa deve executar. Surge assim a burocratização, que ajuda até certo ponto a trazer eficiência para a organização, porém o excesso de burocracia pode impactar negativamente na criatividade e flexibilidade de atuação que os talentos vêm buscando no trabalho e para sua carreira. Daí o intenso movimento para simplificar, flexibilizar e dinamizar as organizações, já que elas estão inseridas em um mundo globalizado de negócios extremamente mutável e competitivo, onde o perfil dos novos talentos tem se pautado na flexibilidade, na criatividade e na potencialização do talento que cada pessoa possui.

As organizações somente começam a funcionar quando as pessoas são aplicadas devidamente e cumprem determinados papéis ou atividades solicitadas pelas posições que ocupam. Um dos problemas básicos de toda organização consiste em recrutar, selecionar e integrar talentos em funções relativas às posições de trabalho, para que cumpram seu papel fora de suas qualificações e competências.

Para que as organizações possam aplicar pessoas corretamente, devem realizar a integração dos novos membros, desenhar a posição e o trabalho a ser executado, definir regras e avaliar seu desempenho, oferecendo sempre o *feedback* no decorrer de sua jornada na organização.

Os processos de aplicar talentos e competências variam de uma organização para outra, podendo ser em uma abordagem mais tradicional ou moderna. A Figura IV.2 detalha cada uma delas. As organizações seguem e padronizam seus processos geralmente de acordo com seus objetivos, estratégias e necessidades, algumas vezes variam entre ambos.

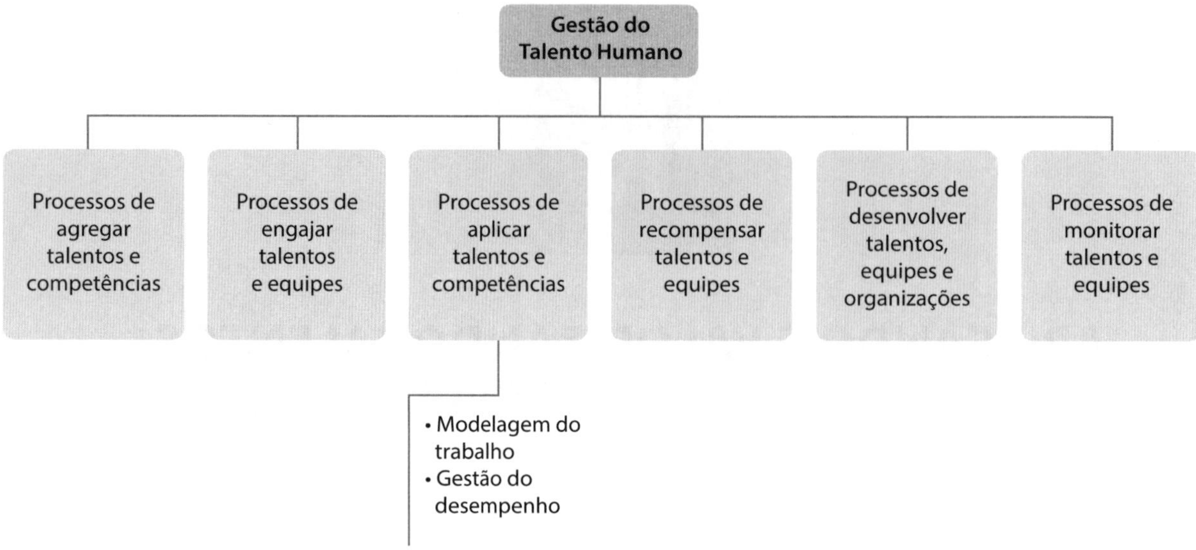

Figura IV.1 Processos de Gestão do Talento Humano.

Os processos com abordagem tradicional têm como base modelos mecanísticos que determinam como lidar com as pessoas. Seguem um modelo burocrático, no qual a divisão do trabalho e a fragmentação das tarefas exigem que as pessoas executem suas atividades de acordo com o método de trabalho estabelecido e sigam as rotinas e os procedimentos impostos pela organização; nesses processos, as pessoas executam e não pensam, pois eles são considerados perfeitos, eternos, acabados e imutáveis. Em tais condições, o sistema privilegia o conservantismo, a rotina e a permanência das atividades. Não há mais espaço para esse modelo, pois as constantes mudanças no mundo em relação aos costumes, avanços tecnológicos e exigências de mercado fazem com que esse modelo não seja a melhor opção. Se for mantido, poderá trazer desastres para o futuro da organização e dos profissionais.

Em organizações bem-sucedidas, os processos de aplicar talentos e competências têm como base os talentos que as pessoas têm, explorando e potencializando suas habilidades e competências. Seguem o modelo orgânico de adaptabilidade e a flexibilidade, enfatizando que os talentos alcancem as metas e os objetivos a cumprir para desenvolver com certa liberdade de escolhas as suas atividades, motivando todos para conquistas, respeitando as normas da organização.[1] Essa forma de gestão privilegia a melhoria constante e o desenvolvimento das atividades, pois as mudanças são necessárias para assegurar a competitividade organizacional em um mundo de intensas transformações.[2] O processo de aplicar talentos e suas competências ajudam a sustentar e dar um destino promissor para a organização.

Os processos de agregar talentos e competências ajudam a incorporar talentos na organização para manter a sua continuidade. O passo seguinte é a sua integração e aplicação como força de trabalho e inovação para organização.

Esta Parte IV é constituída de dois capítulos. No Capítulo 8, trataremos da modelagem do trabalho, ou seja, as maneiras de descrever e estruturar os cargos, suas funções na organização, dando-lhe significado, sentido e responsabilidades. No Capítulo 9, trataremos da gestão do desempenho do talento humano e de como são liderados, empoderados, supervisionados e monitorados.

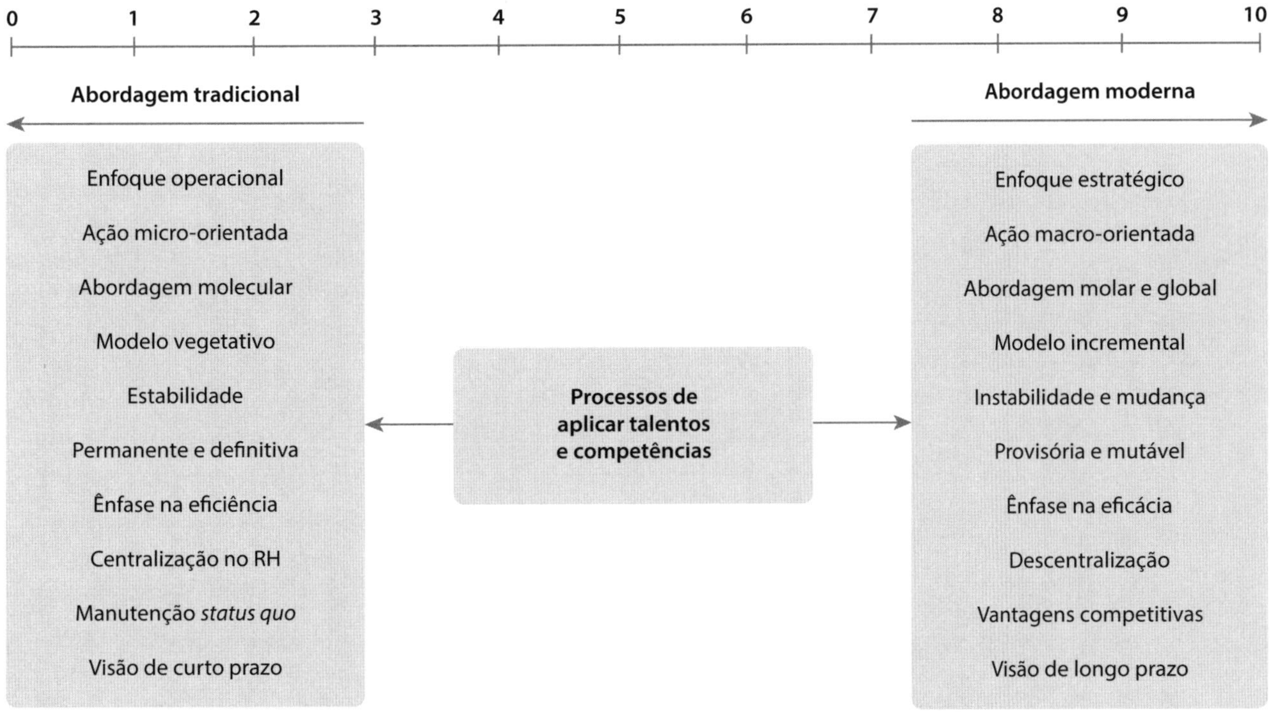

Figura IV.2 Que nota você daria para os processos de aplicar talentos e competências em sua organização?[3]

REFERÊNCIAS

1. LIPS-WIERSMA, M.; WRIGHT, S. Measuring the meaning of meaningful work: development and validation of the comprehensive meaningful work scale. *Group & Organization Management*, v. 37, n. 5, p. 665-685, Oct. 2012.
2. ROSSO, B. D.; DEKAS, K. H.; WRIZESNIEWSKI, A. On the meaning of work: a theoretical integration and review. *Research in Organizational Behavior*, v. 30, p. 91-127, 2010.
3. Adaptado de: CHIAVENATO, I. *Recursos humanos:* o capital humano das organizações. 11. ed. São Paulo: Atlas, 2020.

Capítulo 8 Estrutura e modelagem do trabalho

Objetivos de aprendizagem

Após estudar este capítulo, você deverá estar capacitado para:

- Definir desenho do trabalho, análise, descrição e especificação de trabalhos dentro de um cargo.
- Entender a estrutura e o desenho do trabalho e o quanto afetam as práticas de GTH.
- Descrever os métodos de obter informações sobre as atividades e as responsabilidades.
- Identificar as cinco dimensões profundas do trabalho.
- Comparar as várias abordagens no desenho dos trabalhos.
- Como levantar e desenvolver descrições de cargos *Job Description*. Descrever e estruturar a gestão de carreira (trilha de carreira) e o trabalho em equipe.

O que veremos adiante

- Conceito de trabalho.
- Desenho de trabalhos.
- Modelos de desenho de trabalhos.
- Descrição de cargos/funções e análise de trabalhos.
- Métodos de coleta de dados sobre atividades e responsabilidades dos cargos.
- Estruturação e gestão da carreira.
- Trabalho em equipe.

A estrutura da organização e sua forma de trabalho definem como os talentos fazem suas entregas de resultados. Partindo desse princípio, planejam-se e definem-se responsabilidades e atividades que devem ser modeladas na estrutura, para que haja sinergia entre trabalhos, funções e áreas da organização. Isso valoriza a estrutura e o trabalho em equipe, acompanhando a evolução, as tendências, as estratégias organizacionais e os propósitos do profissional em relação a sua "trilha de carreira". As movimentações dos colaboradores não se prendem aos cargos, mas sim ao talento que cada um possui. O desenho do trabalho é atualizado de acordo com as mudanças de mercado e estratégias que impactam no desempenho das pessoas. Com isso, devem se adaptar e buscar novas oportunidades. Podemos dizer que, embora burocráticos, os cargos são elementos necessários para atender à legislação e se tornar algo visível, porém devem acompanhar e acatar os novos modelos de trabalho propostos.

8.1 COMO ERA O FORMATO DAS ESTRUTURAS

No passado, as tarefas e as estruturas organizacionais estavam condicionadas apenas aos cargos e ao desenho organizacional. A estrutura definia a distribuição, a configuração e o grau de especialização dos cargos, sem previsão das possíveis mudanças neles. Os direcionamentos das carreiras eram rígidos e imutáveis. O desenho organizacional representava a arquitetura da organização: níveis e cargos estruturados e distribuídos, as relações de comunicação entre eles, como o poder estava definido e como as coisas deveriam funcionar. Portanto, quanto mais maleável e flexível fosse a estrutura organizacional, mais os cargos e as tarefas seriam mutáveis, sendo mais forte a presença de equipes multidisciplinares e autogeridas no lugar de órgãos permanentes e definitivos. Hoje, a modelagem do trabalho requer muita flexibilidade e intensa participação das pessoas envolvidas, fazendo com que acompanhem todas as mudanças.

8.2 CONCEITO DE TRABALHO NOS DIAS DE HOJE

O mundo e as organizações mudaram, assim como o trabalho passou por transformações intensas. O conceito de cargo e o tradicional organograma vêm sendo utilizados como elementos integrantes da modelagem do trabalho, que são atualizados por novas atividades conjuntas e novos formatos organizacionais. Contudo, em muitas organizações ainda permanece intacto o velho conceito de que o cargo é que define e dá a direção da estrutura, o que limita a possibilidade de identificar tarefas multifuncionais e flutuações do ocupante em outras atividades. Para ver o que uma pessoa fazia na empresa, perguntava-se qual cargo ela ocupava e a partir daí se tinha a ideia da importância do seu nível hierárquico, sendo o cargo algo fundamental de sucesso, expectativa e motivação, isto é, a fixação de que o cargo (nomenclatura) era fundamental e não as atividades e responsabilidades.

Há algumas razões para que haja visões estruturais do passado. Uma delas é a mistura de gerações, que faz as organizações seguirem padrões conservadores, pois temos no mercado de trabalho três, quatro e até cinco gerações diferentes atuando, o que impacta na forma de ver e analisar uma posição e o trabalho em relação à motivação.

Os talentos atuam nas organizações desempenhando determinado trabalho, não necessariamente estável e nem sempre bem definido, pois, no passado, estar na mesma empresa por muito tempo representava carreira sólida e de sucesso. Hoje, essa visão ficou para trás, prevalecendo a vontade dos talentos, que preferem que se abra mão da burocracia, de estruturas verticalizadas e do excesso de formalidades, dando lugar para flexibilidade e rotação de postos *job rotation*, o que é propício para o trabalho em equipe. Para a organização, o cargo constituía a base da aplicação das pessoas nas tarefas organizacionais. Ainda se utilizam os cargos por questões legais, mas esses devem ter suas atividades e responsabilidades atualizadas sempre que necessário, seguindo o desenho do trabalho, fazendo com que as pessoas acompanhem as mudanças e as exigências, inovando e criando possibilidades na carreira. Enquanto, no passado, as pessoas ingressavam na organização e, por meio de sua longa trajetória profissional, ocupavam apenas cargos, hoje as atividades, o desempenho e a busca de novos conhecimentos é que ditam o tom para definir estruturas. O cargo passa a ser apenas uma nomenclatura que identifica uma posição, que contém informações de todo perfil necessário para execução das tarefas. Essas podem mudar de acordo com novos desenhos organizacionais. Observe o Quadro 8.1.

Quadro 8.1 Novas tendências quanto ao trabalho[1]

Os velhos meios	Aspectos	Os novos meios
Altas, com muitos níveis administrativos.	← **Estruturas** →	Achatadas, com poucos níveis administrativos.
Centralizada na cúpula da administração.	← **Autoridade** →	Descentralizada em todos os níveis com *empowerment*.
Amplo e diversificado.	← **Papel do *staff*** →	Pequeno e concentrado.
Simplificado e estreito. Os gerentes pensam e as pessoas fazem e executam.	← **Modelagem do trabalho** →	Multifuncional e amplo. As pessoas pensam e melhoram continuamente.
Importantes apenas como unidades administrativas formais.	← **Grupos de trabalho** →	Como sistemas sociotécnicos integrados e com ampla utilização de equipes.
Salário fixo conforme a classificação do cargo e o desempenho individual.	← **Compensação** →	Salário flexível definido por metas e pelo desempenho individual e grupal.
Limitado apenas ao cargo. O ocupante é descartável.	← **Treinamento** →	Amplo e conceitual. Ocupante é valioso e é encorajado a aprender novas habilidades e competências.

A Figura 8.1 dá uma ideia do posicionamento de um cargo no organograma da empresa.

Olhando sob outro prisma, o cargo, em sua essência, constituía uma unidade da organização tradicional e um conjunto de deveres e responsabilidades de forma individual – o cargo pelo cargo. Nele, as empresas apenas alocavam e utilizavam as habilidades das pessoas para alcançar objetivos organizacionais, assim como eram os meios pelos quais as pessoas executavam suas tarefas para alcançar seus objetivos individuais, sem que houvesse uma aproximação de responsabilidades que interligava uma posição ou área da outra. Os cargos representavam um elo imutável entre a organização e as pessoas que nela trabalhavam. Dentro da modelagem de trabalho, eles comprovam de forma legal a materialização visual de seus novos desenhos.

Todavia, devido ao seu caráter burocrático, inflexível, rígido e limitado, o conceito isolado de cargo cedeu espaço ao conceito de informações com visão de equipe. Embora o conceito de cargo ainda exista nas organizações, até por questões legais e culturais, a maioria delas busca ampliar o seu conceito de trabalho, isto é, o cargo e suas responsabilidades são adaptados para não serem isolados, mas, interligados a um plano flexível de atuação coletiva, no qual todos podem atuar em outras frentes, similares ou não, criando sua própria trilha na carreira. O trabalho conjunto e a visão de oportunidades são sempre mais agradáveis, sociais e eficazes para aumentar a satisfação das pessoas. As mudanças tecnológicas, a racionalização e a automação continuam influenciando o desenho do trabalho. Isso faz com que a GTH seja apoio para o desenvolvimento dos talentos humanos, inovando e direcionando suas habilidades para atender às estratégias da organização, sendo a grande questão na visão das pessoas: O que desejo fazer com minha vida e carreira? Como posso contribuir para atingir meu propósito?

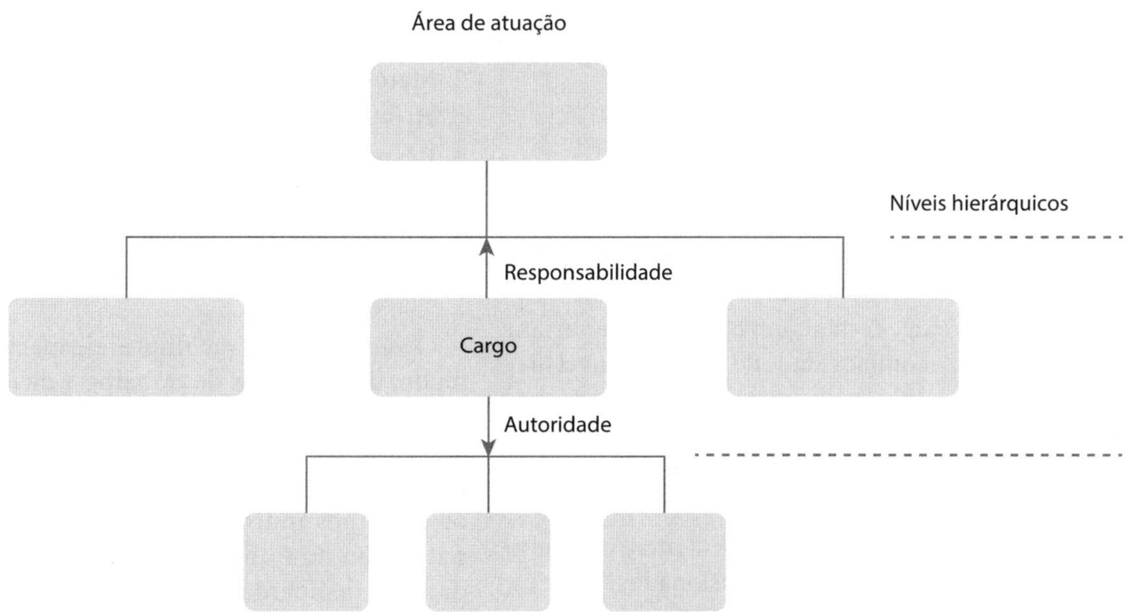

Figura 8.1 Posicionamento do cargo no organograma tradicional.

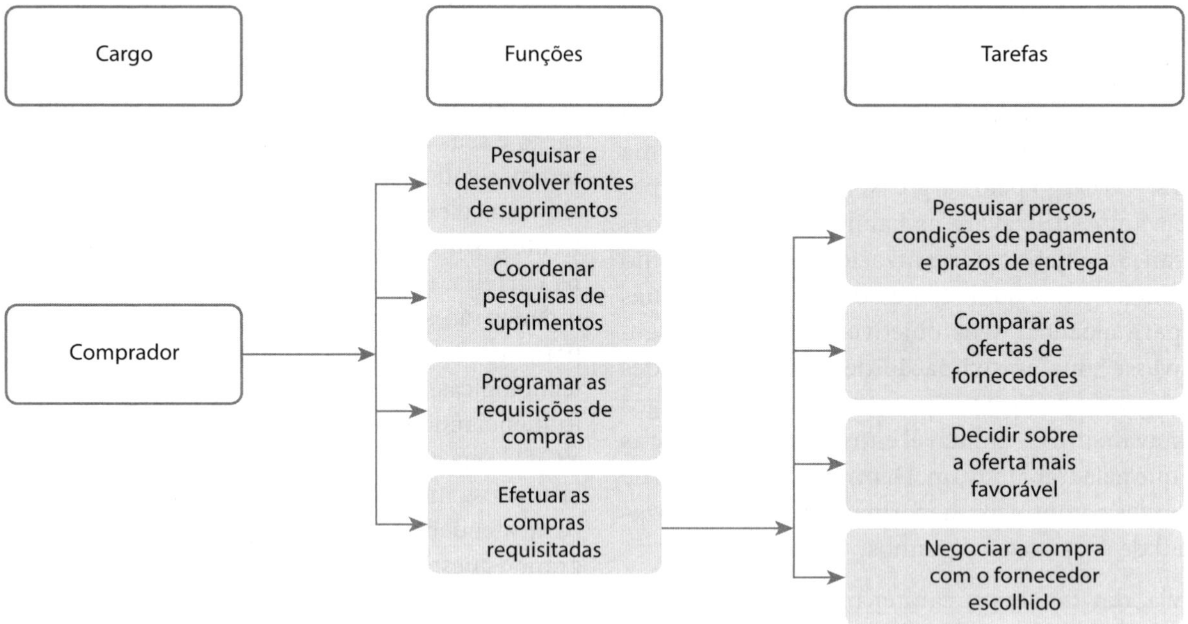

Figura 8.2 Exemplo do desdobramento do cargo em funções e tarefas.

8.3 DESENHO DO TRABALHO E SUA IMPORTÂNCIA PARA A DINÂMICA DA ORGANIZAÇÃO

O desenho do trabalho (*job design*) envolve a especificação do conteúdo de cada tarefa, dos métodos de trabalho e das relações entre áreas da organização.

Todo trabalho exige certas competências, que variam conforme o tipo e a complexidade do trabalho, nível hierárquico e área de atuação do ocupante. Este deve saber lidar com recursos, relações interpessoais, informação, sistemas e tecnologia em diferentes graus, conforme o Quadro 8.2.

O desenho do trabalho constitui a maneira como cada trabalho é estruturado e dimensionado. Às vezes, deve ser desestruturado para se estruturar um novo modelo adaptado ao momento. Desenhar um trabalho significa definir quatro condições básicas:

1. **Conteúdo do trabalho:** conjunto de tarefas ou atribuições que o ocupante deve desempenhar.
2. **Métodos e processos de trabalho:** como as tarefas ou atribuições devem ser desempenhadas.
3. **Responsabilidades:** a quem o ocupante do trabalho deve se reportar, isto é, quem é o seu superior.
4. **Autoridade:** com quem o ocupante do trabalho deve interagir e, em caso de gestão, quem são seus subordinados.

O desenho do trabalho é a especificação do conteúdo, dos métodos de trabalho e das relações com os demais trabalhos, que impactam nos interesses organizacionais e nos requisitos pessoais do seu ocupante, representando o modo pelo qual os gestores projetam os trabalhos individuais ou coletivos. Nesse sentido, o desenho do trabalho define o grau de responsabilidade ou de liberdade concedido aos ocupantes, o que envolve diretamente a dinâmica de atuação da área GTH, em relação ao desenvolvimento das pessoas, para adaptar-se às constantes mudanças. Para melhor entender, vamos conhecer alguns modelos sobre o desenho do trabalho.

Quadro 8.2 As cinco competências básicas necessárias no trabalho[2]

Recursos: identifica, organiza, planeja e aloca recursos	1. Tempo: seleciona atividades relevantes com os objetivos, prioriza, aloca o tempo, prepara e segue programas. 2. Dinheiro: prepara e utiliza orçamentos, faz previsões, faz registros e ajustamentos para alcançar objetivos. 3. Materiais e instalações: obtém, guarda, aloca e utiliza materiais ou espaço com eficiência. 4. Recursos Humanos: ensina habilidades e distribui o trabalho, avalia o desempenho e assegura retroação.
Relações: trabalha com outras pessoas	1. Participa como membro de uma equipe: contribui para o esforço grupal. 2. Ensina novas habilidades aos outros. 3. Serve clientes/consumidores: trabalha para satisfazer expectativas dos clientes. 4. Exercita liderança: comunica ideias, persuade e convence os outros, assume desafios. 5. Negocia: trabalha com acordos envolvendo trocas de recursos, resolve interesses vários. 6. Trabalha com diversidade: junto com homens ou mulheres de diversas procedências.
Informação: obtém e utiliza informação	1. Obtém e avalia informação. 2. Organiza e mantém informação. 3. Interpreta e comunica informação. 4. Utiliza computadores para processar informação.
Sistemas: compreende inter-relações complexas	1. Compreende sistemas: sabe como funcionam sistemas sociais, organizacionais, tecnológicos e como operá-los eficazmente. 2. Monitora e corrige desempenho: distingue tendências, prevê impactos sobre operações, diagnostica desvios nos sistemas e corrige erros ou soluciona problemas. 3. Melhora ou desenha sistemas: sugere modificações nos sistemas atuais e desenvolve sistemas novos ou alternativos para melhorar o desempenho.
Tecnologia: trabalha com uma variedade de tecnologias	1. Seleciona tecnologia: escolhe procedimentos, ferramentas ou equipamentos, inclusive computadores ou tecnologias relacionadas. 2. Aplica tecnologia às tarefas: compreende os objetivos e ajusta os procedimentos ou operações do equipamento. 3. Mantém o equipamento: previne, identifica e resolve problemas com equipamentos, inclusive computadores ou tecnologias relacionadas.

8.4 MODELOS DE DESENHO DO TRABALHO

Com as mudanças ao longo das décadas no formato de trabalho, o avanço da automação e a pandemia, os modelos tiveram mudanças ou adaptações, dando mais força aos modelos flexíveis de execução e gestão dos trabalhos. O uso da tecnologia foi ampliado e as organizações descentralizaram seus processos. Com isso, o desenho do fluxo de trabalho foi ajustado para mais essa realidade, surgindo a possibilidade e o interesse de se realizarem trabalhos a distância e de forma hibrida – parte em casa, parte na organização – conhecida como *home-office*. Essa modalidade, após o término da pandemia, foi considerada como um diferencial e vem sendo utilizada pela área GTH como benefício e instrumento de atração e engajamento de talentos nas organizações. Mas o desempenho das tarefas sob a direção de outro jamais foi alterada, apesar de todas as mudanças ocorridas durante a longa história da humanidade. Existem três modelos de desenho do trabalho que permanecem: o clássico, o humanístico e o contingencial.

8.4.1 Modelo clássico ou tradicional

É o desenho do trabalho da Administração Científica, do início do século 20, no qual Taylor, Gantt e Gilbreth utilizaram a racionalização do trabalho. Tratava-se de um método de padronização para obter a máxima eficiência das pessoas, com oferecimento de incentivos salariais (prêmios de produção) para assegurar a adesão aos métodos de trabalho. Havia uma separação entre o pensar (gerência) e o executar (operário). O gestor planejava e o operário obedecia e executava as tarefas simples e repetitivas. O desenho clássico tornou-se algo em desuso, por quatro razões fundamentais:[3]

1. Os novos talentos têm melhor acesso à educação e à informação, o que traz o desejo dos desafios constantes relacionados com seus conhecimentos e competências.
2. As pessoas estão propensas a não seguir ordens dadas pelos superiores e sim estar inseridas na criação das

ideias para execução posterior, tornando os gestores facilitadores e mentores.

3. Com a busca das pessoas pelo bem-estar social e pela qualidade de vida no trabalho, os trabalhos rotineiros e repetitivos se tornaram indesejáveis, sendo atribuídos à tecnologia, como o uso de robôs ou a busca da automação.
4. A Era da Informação e a Era Digital provocaram e provocam a migração dos empregos industriais para empregos na área de serviços e tecnologia. E de atividades físicas para atividades mentais e intelectuais.

8.4.2 Modelo humanístico

O modelo humanístico foi denominado modelo de relações humanas, pelo fato de ter surgido com a Experiência de Hawthorne na década de 1930 na Escola de Relações Humanas. Constitui uma forma de substituir a engenharia industrial pelas ciências sociais, a chefia pela liderança, a organização formal pela organização informal, o incentivo salarial pelas recompensas sociais e simbólicas. O conceito de *homo economicus* foi substituído pelo conceito de *homo social* (pessoa motivada por recompensas sociais).

Vantagens esperadas

- Cargos simples requerem pouco treinamento e facilitam a seleção.
- Cargos simples requerem pessoas com poucas habilidades e salários baixos.
- Cargos simples permitem troca rápida e fácil de ocupantes.
- Devido à mecanização, o ocupante não fica fisicamente cansado.
- A padronização facilita o controle e permite a supervisão mais ampla, com muitos subordinados.
- A padronização e a mecanização facilitam a previsibilidade da produção.
- A administração tem controle absoluto sobre os trabalhadores.

Resultados reais

- A economia no custo da seleção e treinamento pode não existir devido à rotatividade do pessoal.
- Elevados absenteísmo e rotatividade requerem trabalhadores extras, o que eleva os custos de produção.
- Devido à monotonia do trabalho em linha a produtividade cai, exigindo incentivos salariais mais elevados.
- A monotonia do trabalho traz alienação e falta de compromisso, o que provoca problemas de produtividade e de qualidade.
- A rotatividade e o absenteísmo elevam os custos de recrutamento e seleção, além de elevar os custos de produção.
- A supervisão aumenta a distância entre o trabalho e a administração.

Figura 8.3 As vantagens esperadas e os resultados do desenho clássico.

Quadro 8.3 Modelos clássico e humanístico de desenho de cargos

Modelo clássico	Modelo humanístico
■ Ênfase na tarefa e na tecnologia	■ Ênfase na pessoa e no grupo social
■ Fundamentado na estrutura organizacional	■ Fundamentado na interação e na dinâmica de grupo
■ Busca da eficiência por meio do método e racionalização do trabalho	■ Busca da eficiência por meio da satisfação e interação das pessoas
■ Preocupação com o conteúdo do cargo	■ Preocupação com o contexto do cargo, isto é, com seu entorno social
■ Baseado em ordens e imposições	■ Baseado em comunicações
■ Trabalhador executa e obedece	■ Trabalhador participa nas decisões
■ Conceito de *homo economicus*	■ Conceito de *homo social*
■ Recompensas salariais e materiais	■ Recompensas sociais e simbólicas

Todavia, o modelo humanístico revelou-se insuficiente para resolver os desafios e problemas enfrentados pelas organizações e caiu em descrédito pelo romantismo de sua abordagem e pelos seus aspectos manipulativos.

Ambos, modelo clássico e modelo humanista, fazem entender que o trabalho deve ser projetado como algo definitivo e permanente. Um ambiente estável e previsível permitia métodos padronizados e repetitivos, o que mantinha a estabilidade dos objetivos da organização, da tecnologia e dos fatores ambientais, bem como a falta de inovação.

8.4.3 Modelo contingencial

Representa a abordagem mais ampla e complexa pelo fato de considerar e adequar em três variáveis simultaneamente: as pessoas, a tarefa e a estrutura da organização.

Nesse modelo, o desenho do trabalho é dinâmico e mutável e se baseia na contínua mudança e revisão do trabalho como uma responsabilidade básica colocada nas mãos do gestor, além do desenvolvimento pessoal do ocupante e tecnológico da tarefa. Em um mundo globalizado e de forte concorrência, os trabalhos não podem ser estáticos ou permanentes. A organização moderna exige produtividade e qualidade para alcançar níveis mais elevados de desempenho com o direcionamento da gestão para potencializar o talento individual de cada membro, o que proporciona oportunidades de satisfação das suas necessidades e propósitos individuais. O modelo supõe que os objetivos sejam definidos conjuntamente entre o ocupante e o seu gestor, tornando o trabalho mais desafiador. O gestor deve criar mecanismos pelos quais as contribuições das pessoas possam melhorar o desempenho departamental e satisfazer suas necessidades de participação.

O modelo contingencial se baseia em cinco dimensões essenciais que todo trabalho deve possuir em maior grau, a saber:[4]

1. **Variedade:** número e variedade de habilidades, competências e conhecimentos exigidos aos responsáveis pelo trabalho a ser realizado, apresentando uma ampla gama de operações ou uso de diversos equipamentos e procedimentos que tornam o trabalho menos repetitivo e menos monótono.

   Não há variedade quando há rigidez e limitação e toda programação e insumos dependem de terceiros ou do gestor imediato.
2. **Autonomia:** grau de independência de que o ocupante dispõe para planejar e executar seu trabalho, sendo a liberdade para programar o trabalho, selecionar o equipamento e decidir quais métodos ou procedimentos deverá seguir. Quanto maior a autonomia, maior a autogestão do próprio trabalho, o que gera velocidade de entrega.
3. **Significado das tarefas:** conhecimento do impacto que o trabalho provoca em outras pessoas ou na atividade organizacional, havendo interdependências do cargo com os demais trabalhos da organização. Quanto mais o ocupante tem noção do significado das suas tarefas e a importância que percebe nelas, maior será sua contribuição, elevando sua responsabilidade.

   Há falta de significado das tarefas quando a pessoa recebe apenas ordens e comandos para cumprir sem nenhum esclarecimento sobre a finalidade ou objetivos do trabalho.
4. **Identidade com a tarefa:** é o grau em que o trabalho requer sua execução completa e integral. Refere-se a identificar o seu impacto e os resultados dele. O ocupante executa integralmente e não simples etapa, ganhando a noção de totalidade, extensão e objetivo a alcançar.
5. **Retroação:** é o retorno que o ocupante recebe para avaliar a eficiência de seus esforços na produção de resultados. Trata-se de uma informação que a pessoa recebe enquanto trabalha e desempenha sua tarefa, conhecida como *feedback*. O próprio resultado permite a autoavaliação do desempenho, sem necessidade de julgamento periódico de seu superior ou de órgão externo.

A retroinformação ocorre apenas quando o ocupante tem conhecimento dos resultados do seu próprio trabalho ou quando o resultado de seus esforços é perfeitamente visível para avaliação.

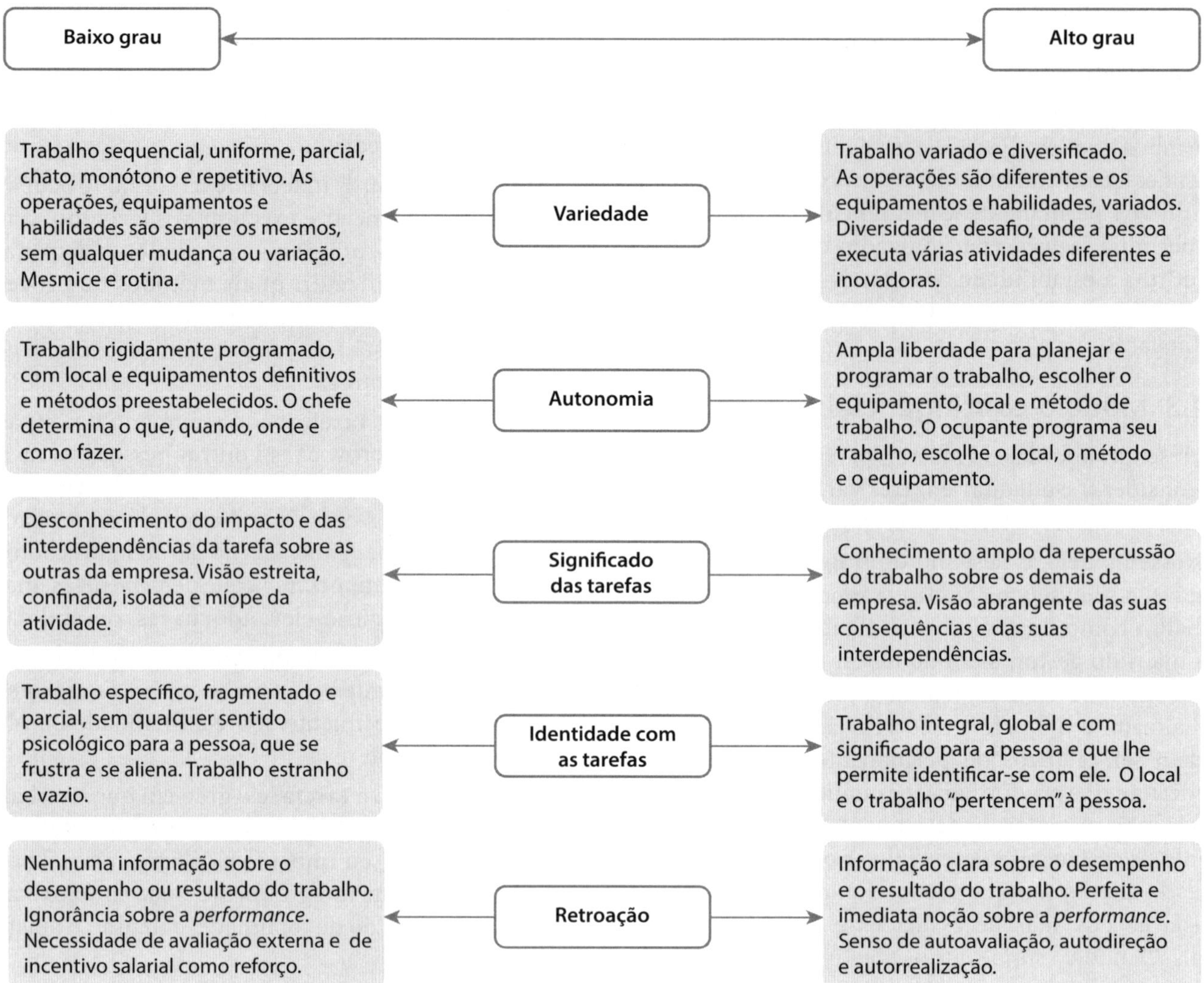

Figura 8.4 Cinco dimensões essenciais no desenho contingencial.[5]

As cinco dimensões essenciais criam condições para a satisfação da tarefa. Essas condições tornam o trabalho com fatores motivacionais para que a pessoa:[6]

1. Utilize várias de suas habilidades e competências pessoais na execução das tarefas.
2. Tenha certa autonomia, independência e autodireção na execução das tarefas.
3. Faça algo significativo e que tenha certo sentido ou razão de ser.
4. Sinta-se responsável pelo sucesso ou fracasso das tarefas em função dos seus próprios esforços.
5. Perceba e avalie o seu próprio desempenho enquanto executa o trabalho, sem intervenção de terceiros ou da chefia.

8.4.4 Valorização dos trabalhos

O desenho contingencial dos trabalhos é mais dinâmico em relação aos outros e privilegia a mudança e a inovação; permite a adaptação do trabalho ao potencial de desenvolvimento pessoal do ocupante. Essa adaptação contínua é feita pelo enriquecimento do trabalho, que nada mais é que a reorganização e ampliação de cada trabalho para proporcionar adequação ao ocupante e sua satisfação intrínseca, por meio da variedade, autonomia, significado das tarefas, identidade com as tarefas e retroação intensa.

Segundo a teoria dos dois fatores de Herzberg,[7] o enriquecimento de trabalhos é a maneira de obter satisfação por meio do trabalho, e este acaba sendo pequeno para as competências de muitas pessoas, por isso, precisam ser constantemente redimensionados e alinhados com o crescimento profissional do ocupante, como na Figura 8.5.

O enriquecimento do trabalho pode ser lateral ou horizontal (carga lateral com a adição de novas responsabilidades do mesmo nível) ou vertical (carga vertical com adição de novas responsabilidades mais elevadas).

As pessoas que executam trabalhos interessantes e desafiadores estão mais satisfeitas com eles do que as que executam tarefas repetitivas e rotineiras. Os resultados do trabalho aumentam quando estão presentes três estados psicológicos críticos nas pessoas que executam o trabalho, a saber:[8]

1. Quando a pessoa encara o seu trabalho como significativo ou de valor.
2. Quando a pessoa se sente responsável pelos resultados do trabalho.
3. Quando a pessoa conhece os resultados que oferece ao fazer o trabalho.

SAIBA MAIS
Sobre enriquecimento vertical e lateral

O enriquecimento vertical adiciona tarefas mais complexas ou atribuições gerenciais ao trabalho, como planejamento, organização e controle, enquanto transfere para outro trabalho de nível mais baixo as tarefas mais simples.
O enriquecimento lateral adiciona tarefas variadas, com a mesma complexidade das tarefas atuais, ao mesmo tempo que transfere para outros trabalhos do mesmo nível algumas das tarefas atuais.
O enriquecimento vertical busca tarefas mais complexas e maiores responsabilidades, enquanto o horizontal busca variar tarefas de igual complexidade e responsabilidade.

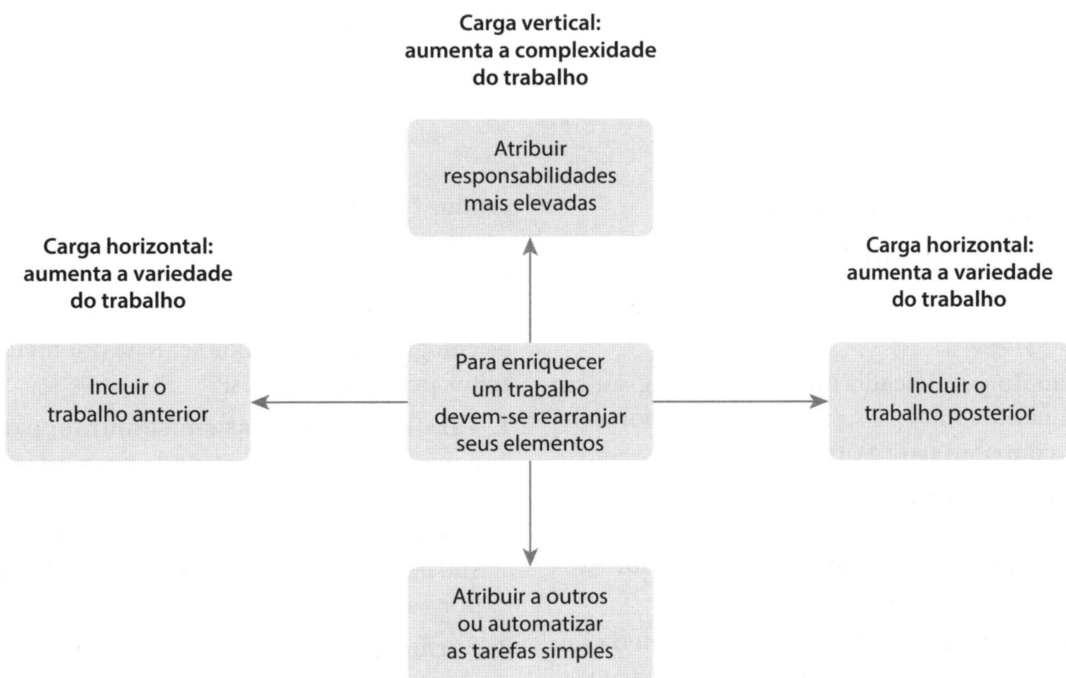

Figura 8.5 Alternativas para o enriquecimento de cargos.[9]

Quadro 8.4 As várias abordagens no desenho de trabalhos[10]

Filosofia/abordagem	Técnicas	Vantagens	Desvantagens	Objetivo
Administração científica	Simplificação do trabalho.	Cria trabalhos simples, seguros e confiáveis. Minimiza as demandas mentais do trabalho.	Monotonia, chateza e alienação.	Eficiência.
Relações humanas	Trabalho em grupos.	Reconhece a importância das necessidades sociais dos empregados.	Proporciona pouca orientação técnica.	Satisfação.
Características do trabalho	Ampliação do trabalho.	Reduz tempo de espera entre tarefas, melhora a flexibilidade da organização, reduz necessidades de suporte de *staff*.	Sacrifica as vantagens da simplificação sem reduzir as desvantagens.	Eficiência.
	Enriquecimento do trabalho.	Cria trabalhos que envolvem o empregado, aumenta a motivação, satisfação e produtividade.	Custo. Aumenta o potencial de erros e de acidentes. Requer colaboradores adicionais. O controle permanece com gerentes.	Satisfação.
Elevado desempenho no trabalho	Equipes.	Dá maior dose de autocontrole sobre o trabalho. Ideal para novas fábricas, onde é compatível com a tecnologia adotada.	Requer desenho organizacional compatível e cuidadosa estruturação de equipes. Relações entre equipes devem ser administradas. Tempo devotado a assuntos não produtivos.	Eficiência.

8.4.5 Aspectos motivacionais do desenho do trabalho

As dimensões profundas tendem a criar três estados psicológicos críticos:[11]

1. **Percepção do significado do trabalho:** o grau em que o ocupante sente que seu trabalho é importante, valioso e contribui para a organização.
2. **Percepção da responsabilidade pelos resultados do trabalho:** o grau em que o ocupante se sente pessoalmente responsável pelo trabalho e pelos resultados depende de seu desempenho.
3. **Conhecimento dos resultados do trabalho:** o grau em que o ocupante toma conhecimento do seu trabalho e autoavalia o seu desempenho.

A íntima relação entre as dimensões essenciais e profundas do trabalho e os estados psicológicos críticos produz resultados como: elevada motivação e qualidade no desempenho do trabalho, alta satisfação com o trabalho e baixo índice de absenteísmo e rotatividade. A aplicação prática das dimensões essenciais e dos estados psicológicos críticos pode ser feita por meio de seis conceitos implementadores:[12]

1. **Tarefas combinadas em conjunto:** para aumentar a variedade e a identidade com a tarefa, deve-se combinar e juntar várias tarefas isoladas em uma só tarefa, sendo a linha de montagem tradicional substituída por uma célula de produção integrada por várias pessoas.
2. **Formação de unidades naturais de trabalho:** é o conjunto integrado de várias partes especializadas que formam um processo, o qual permite uma noção integrada do trabalho e que pode atribuí-las a uma só pessoa. Isso produz, no ocupante

do trabalho, significado e identidade da tarefa e um sentimento de propriedade em relação àquilo que faz.

3. **Relações diretas com o cliente ou usuário:** a ideia é dar a cada trabalho um fornecedor (entrada) e um cliente (saída), seja ele interno ou externo, onde se estabelecem relações diretas entre o ocupante do trabalho e os vários usuários envolvidos no seu serviço, bem como com os seus fornecedores. Esse tratamento direto aumenta a variedade, envolve maior responsabilidade e autonomia, além de favorecer a retroação por meio do cliente ou usuário.
4. **Carga vertical:** consiste no enriquecimento vertical com a adição de tarefas mais elevadas ou atividades gerenciais. O ocupante recebe mais autoridade, responsabilidade e critério para planejar, organizar e controlar o seu trabalho, aumentando a autonomia e os objetivos de desempenho.
5. **Abertura de canais de retroação:** a tarefa pode proporcionar informação direta a respeito do desempenho, sem depender da avaliação do gestor ou terceiros; esta abertura atribui ao ocupante o controle e avaliação de seu desempenho para criar uma tarefa completa, conhecendo os resultados.
6. **Criação de grupos autônomos:** consiste em transferir vários trabalhos individuais para um grupo interativo ou equipe de trabalho. O trabalho torna-se atividade social e influencia o comportamento individual, criando soluções de trabalho com maior eficácia. Nesse contexto, o grupo pode decidir sobre sua execução e o sistema grupal de recompensas envolvendo grupos multifuncionais.

Quando as dimensões essenciais e os conceitos implementadores são aplicados, há melhoria considerável nas atitudes dos colaboradores diante do trabalho e da empresa, como mostra a Figura 8.7.

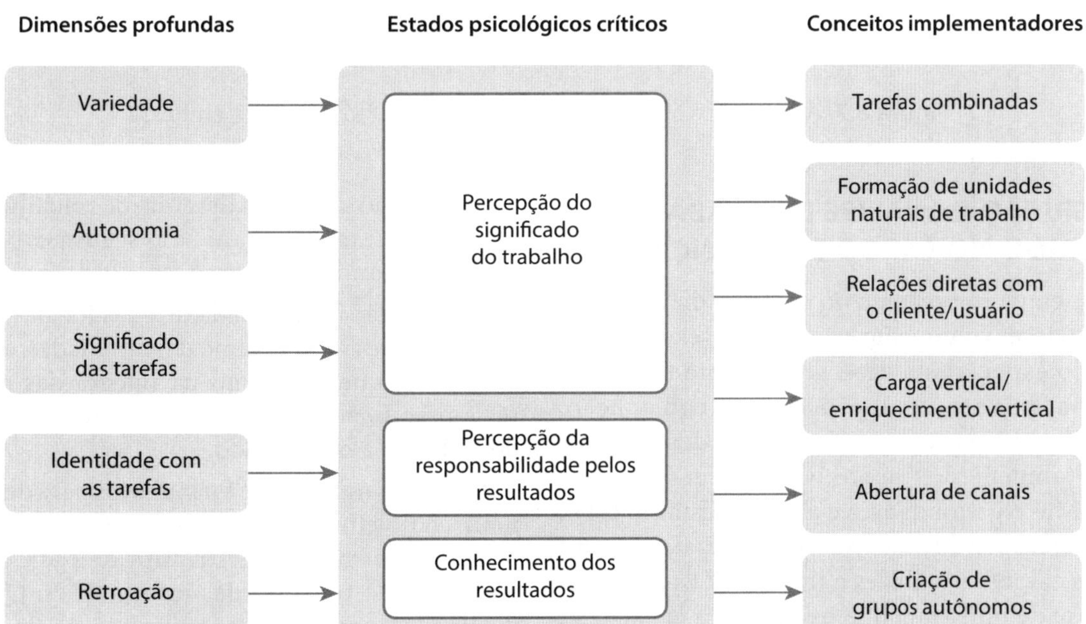

Figura 8.6 Os seis conceitos implementadores das dimensões essenciais.[13]

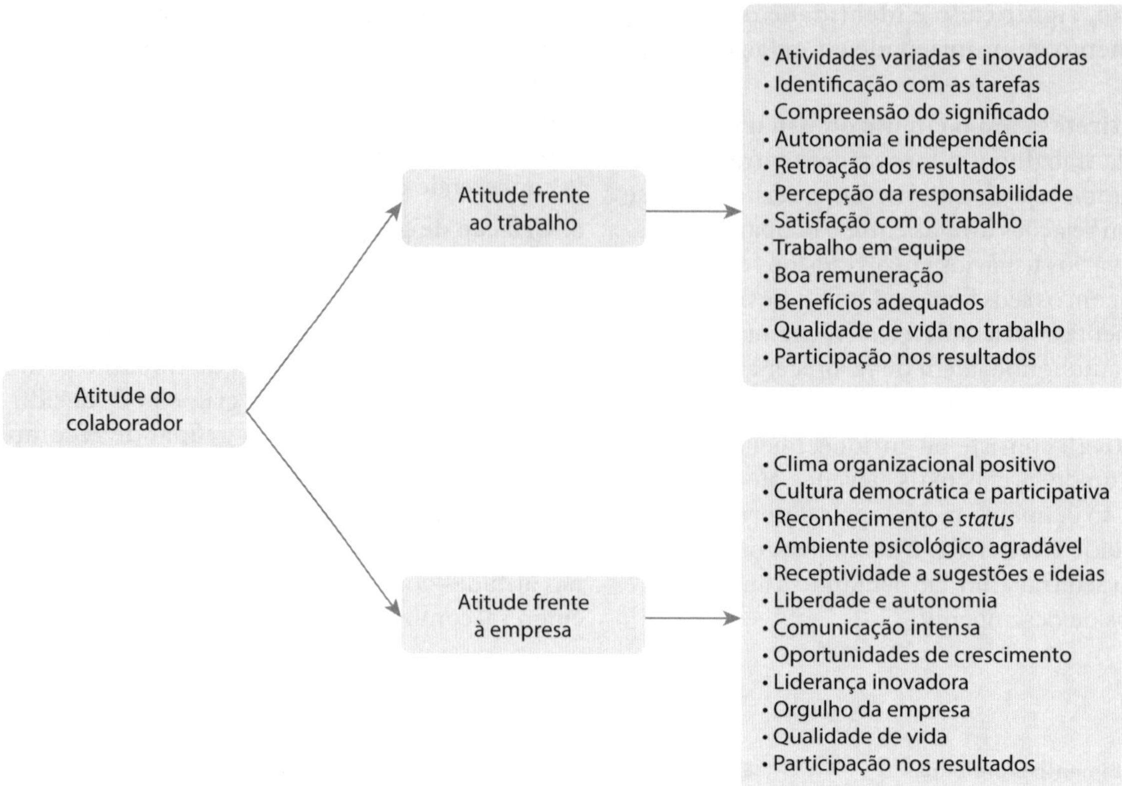

Figura 8.7 A atitude do colaborador frente ao trabalho e frente à empresa.

8.5 DESCRIÇÃO E ANÁLISE DO TRABALHO INSERIDO NO CARGO E NA FUNÇÃO

Trata-se de etapa importante no desenho do trabalho, na qual seu desenvolvimento não precisa ser realizado apenas pelo especialista de GTH, embora este deva acompanhar ativamente o processo de construção. Os gestores das áreas e até os ocupantes dos cargos e atividades também são responsáveis pelo desenho dos trabalhos. Mas o gestor da área e o especialista em GTH precisam participar do desenvolvimento da descrição e análise dos cargos, atividades e trabalhos. Essa descrição e análise demonstram que os trabalhos já existem, são desempenhados e que precisam ser detalhados, conforme a estrutura e a necessidade da organização, para que o ocupante conheça as atividades e as responsabilidades dessa posição.

8.5.1 Conceito de descrição de trabalhos

Descrever um trabalho significa detalhar as tarefas, responsabilidades e competências, onde serão alocadas em uma nomenclatura de cargo, no documento chamado de descrição de trabalho ou de cargos *Job Description*, sendo um retrato fiel do desenho de trabalho que o ocupante precisa ter. Utilizam-se as seguintes perguntas: O que faz? Quando faz? Como faz? Onde faz? Por que faz?

A descrição é desenhada de duas formas: a descrição sumária, que traz o resumo das atividades, e a descrição detalhada, que é o relato na íntegra das atividades e responsabilidades do cargo, de acordo com o desenho do trabalho a ele definido.

Há vários modelos de formulários para descrição, dos mais completos aos mais simplificados. O que define o melhor formato é a estrutura de cada organização e a forma de trabalho das informações. Quanto mais detalhado, mais ampla se torna a visão do desenho de trabalho. Apresentamos, por meio do QR Code a seguir, dois modelos possíveis.

Aponte a câmera de seu celular para o QR Code e tenha acesso aos **Modelos de questionários de descrição de cargo.**

> *uqr.to/20r2m*

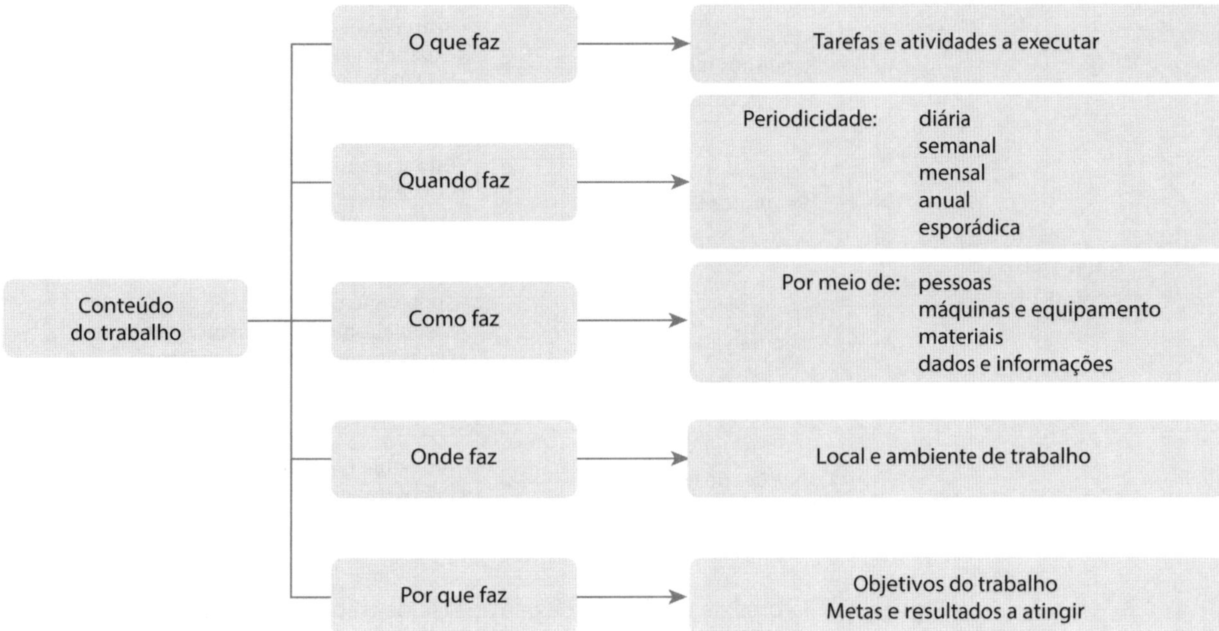

Figura 8.8 Conteúdo do trabalho segundo a descrição de trabalhos.

8.5.2 Conceito de análise de trabalhos

A análise do trabalho de um cargo tem o objetivo de detalhar os conhecimentos, as habilidades e as competências para que o ocupante desempenhe adequadamente. A análise é feita a partir da descrição do trabalho. Enquanto a descrição de trabalhos traz o conteúdo do trabalho, a análise de trabalhos determina os requisitos físicos e mentais que o ocupante deve possuir, as responsabilidades que o trabalho lhe impõe e as condições em que o trabalho deve ser feito.

A análise de trabalhos preocupa-se com as especificações exigidas ao ocupante que deve preenchê-lo. Faz-se uma análise comparativa das exigências (requisitos) que o trabalho impõe ao ocupante do trabalho e do cargo, do ponto de vista mental, físico, responsabilidades e condições de trabalho. Essa análise deve ser fundamentada em fatores de especificações. Embora a titulação do desenho do trabalho conhecido como cargo não seja o mais importante, a não utilização correta pode impactar na estrutura, como: dar entendimento e alcance do trabalho em poucas palavras e criar situações de vulnerabilidade legal, devido às exigências da Classificação Brasileira de Ocupações (CBO).

8.6 MÉTODOS DE COLETA DE DADOS SOBRE TRABALHOS

Existem três métodos básicos para obtenção de dados a respeito dos trabalhos que compõem um cargo: entrevista, questionário e observação. Vejamos cada um desses métodos.

8.6.1 Método da entrevista

A entrevista é um dos métodos mais utilizados no levantamento de dados dos trabalhos realizados pelas pessoas que ocupam um cargo. Existem três tipos: individual, com cada ocupante, grupal, com grupos de ocupantes do mesmo cargo, e com o gestor que supervisiona os trabalhos a serem analisados. A melhor forma de realizar vai de acordo com as características da organização, da complexidade dos trabalhos e a velocidade com que deseja estruturar as análises, sendo o gestor e a área de GTH responsáveis por esse levantamento.

A entrevista é o método mais utilizado para buscar dados a respeito dos trabalhos e determinar os deveres e as responsabilidades para o cargo e seu ocupante. É considerada um método abrangente e profundo, porém pode trazer excessos nas informações ou autovalorização do ocupante.

Figura 8.9 Fatores de especificações na análise de trabalhos.

Disponibilizamos no QR Code a seguir as questões abordadas em uma entrevista para esse levantamento.

Disponibilizamos no QR Code exemplos de **Questionários para descrição e análise do trabalho.**

> uqr.to/20r2n

8.6.2 Método do questionário

Outra forma de levantamento é o questionário, que pode ser distribuído aos ocupantes do cargo ou ao gestor. Na prática, o questionário segue o mesmo roteiro da entrevista, com a diferença de que pode ser preenchido pelo ocupante, pelo gestor ou por ambos em conjunto sobre os trabalhos. Sua principal vantagem é proporcionar um meio eficiente e rápido de coletar informação, sendo seu custo operacional menor, mas que requer orientação e preparo a quem preenche.

8.6.3 Método da observação

É a forma direta de coletar informações observando as ações e as etapas rotineiras do ocupante na execução de suas tarefas do trabalho que compõe o cargo, aplicável em atividades simples, rotineiras e repetitivas, visto muito em organizações que tenham processos em linha. Para facilitar, recomenda-se ao observador utilizar um *checklist* ou questionário para anotação de todas as informações.

DICAS

Para maior assertividade no levantamento das informações, recomenda-se utilizar uma forma mista, também conhecida como Metodologia Mista, ou seja, que une duas ou mais metodologias, aumentando a veracidade e a segurança das informações, como: questionário e a entrevista sendo complementar, para ratificar e inserir detalhes que não ficaram claros no momento do levantamento.

Quadro 8.5 Participação dos envolvidos na coleta de dados sobre trabalhos

Métodos da coleta de informação	Participação do analista de trabalho	Participação do ocupante ou do supervisor
Entrevista	Participação ativa. O analista colhe dados por meio da entrevista.	Participação ativa. O ocupante fornece dados por meio da entrevista.
Questionário	Participação passiva. O analista recebe os dados por meio do questionário.	Participação ativa. O ocupante fornece dados por meio do questionário.
Observado	Participação ativa. O analista coleta dados por meio da observação.	Participação passiva. O ocupante apenas trabalha enquanto o analista observa.
Misto	Participação ativa. O analista colhe dados por meio do questionário e faz entrevista complementar.	Participação ativa. O ocupante ou gestor fornece dados por meio de questionário e reafirma ou insere na entrevista algo de que não foi informado.

8.6.4 Etapas do processo de análise de trabalhos

O processo deve considerar que a organização não é estática, ela está em constantes mudanças devido à dinâmica de mercado. Os trabalhos e suas responsabilidades devem ser constantemente analisados, revisados e redefinidos, para que se mantenham atualizados e dentro da realidade da organização.

Um programa de descrição e análise de trabalho deve ser desenvolvido de maneira planejada e cuidadosa. A análise dos trabalhos e das respectivas nomenclaturas envolve seis etapas, conforme ilustra a Figura 8.10. Os principais aspectos a considerar são os apresentados no Quadro 8.6.

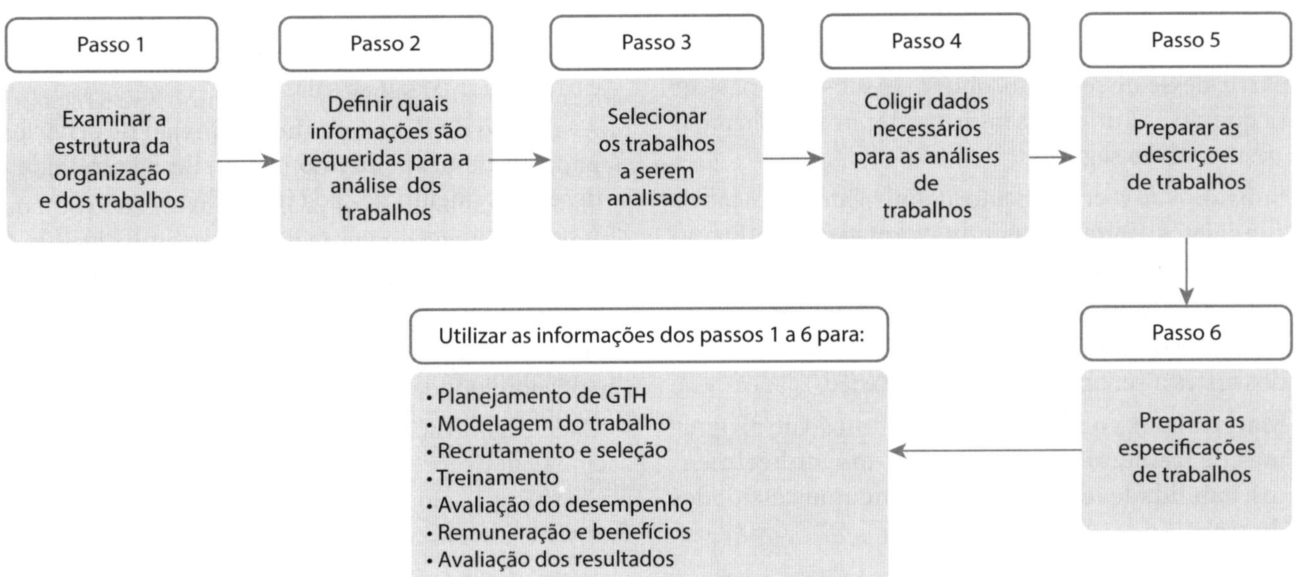

Figura 8.10 Os seis passos no processo de análise de trabalhos.[14]

Quadro 8.6 Procedimentos gerais na análise e descrição de trabalhos[15]

1. Desenvolver informações preliminares sobre o trabalho	a) Verificar os documentos existentes para desenvolver uma visão do trabalho, sua missão, principais deveres ou funções, padrões de trabalho. b) Preparar uma lista preliminar de deveres para servir como referência para conduzir a entrevista. c) Anotar os principais itens que são obscuros ou ambíguos ou que requerem maior esclarecimento.
2. Conduzir as entrevistas	a) Localizar o ocupante capaz de proporcionar uma visão global do trabalho e seus principais deveres, como o supervisor ou colaborador experiente. b) O ocupante deverá ser um funcionário típico que conhece o trabalho. c) Os entrevistados devem ser experientes (ocupantes) ou responsáveis pelo trabalho feito (supervisor).
3. Consolidar a informação sobre o trabalho	a) Juntar todas as informações obtidas por diversas fontes em uma descrição compreensiva e coerente do trabalho. b) Um ocupante experiente do cargo deve ser um recurso acessível ao analista de trabalhos durante a fase de consolidação. c) Checar se todos os itens da lista inicial e preliminar de deveres e questões foram respondidos ou confirmados.
4. Validar a descrição do trabalho	a) A fase de validação deve ser conduzida em uma situação de grupo. Cópias escritas da descrição do trabalho (descrição narrativa e a lista de tarefas) devem ser distribuídas ao supervisor e aos ocupantes do trabalho. b) A finalidade é validar se a descrição está acurada e completa. c) O analista deve anotar omissões, ambiguidades e esclarecimentos.

8.6.5 Usos da descrição e análise dos trabalhos (função)

A descrição é a análise de trabalhos e do trabalho realizado em cada posição ou cargo dentro da organização.[16] A partir desse documento, obtêm-se subsídios básicos para que a GTH utilize as informações nos subsistemas de gestão, como segue:

1. **Subsídios ao recrutamento:** definir a identificação de candidatos, onde recrutar e as formas da divulgação da vaga ou técnicas de recrutamento.
2. **Subsídios à seleção de pessoas:** características do ocupante do trabalho, requisitos exigidos, definição dos testes a serem realizados na seleção.
3. **Material para o treinamento:** definição de programas de treinamento direcionado aos conhecimentos, habilidades e atitudes conforme as necessidades do trabalho.
4. **Base para a avaliação e classificação de trabalhos:** para utilizar como fatores de avaliação de trabalhos e direcionar pesquisa salarial.
5. **Avaliação do desempenho:** definição de critérios e padrões de desempenho para criar a estratégia de desenvolvimento de cada indivíduo.
6. **Base para programas de higiene e segurança:** dados para enquadramentos do grau de risco das condições de como são realizados os trabalhos.

A Figura 8.11 mostra os diferentes usos da informação proporcionada pela descrição e análise de trabalhos.

Cada organização tem sua própria estrutura organizacional, que representa sua divisão interna de trabalho e a maneira como suas unidades estão inter-relacionadas para o alcance dos objetivos globais.[17]

Figura 8.11 Usos da informação da análise de trabalhos.[18]

8.7 MODELAGEM DO TRABALHO POR COMPETÊNCIAS

O conceito de trabalho está sendo gradativamente substituído pelo conceito de competências. As pessoas podem transitar pelos trabalhos na medida em que alcançam carreira na organização. Já as competências pertencem a elas e seguem com elas. As competências estão relacionadas com as áreas da empresa e não a um trabalho específico. Cada competência é um agregado sistêmico de conhecimentos, habilidades, julgamento e atitudes, enquanto a especificação do trabalho fragmenta e decompõe esses componentes em aspectos separados.

A gestão por competência envolve as seguintes etapas:[19]

1. Definir os objetivos estratégicos da organização.
2. Identificar as competências necessárias ao alcance desses objetivos.
3. Mapear as competências internas, isto é, aquelas que a organização já possui.
4. Comparar as competências necessárias com as atuais, a fim de identificar o *gap* (lacuna) a ser preenchido.
5. Planejar como esse *gap* será preenchido. Os meios mais comuns são recrutamento e seleção, T&D, aprendizagem organizacional, conhecimento corporativo e/ou gestão da carreira.
6. Preencher o *gap* recrutando e selecionando novos talentos e/ou desenvolvendo os já existentes na organização.
7. Apurar os resultados alcançados com indicadores e métricas e compará-los com os desejados.
8. A modelagem do trabalho por competências permite um tratamento melhor à organização por equipes, como veremos mais adiante.

Acesse, no QR Code, um **Caso de apoio sobre a DigiMed.**

> uqr.to/20r2o

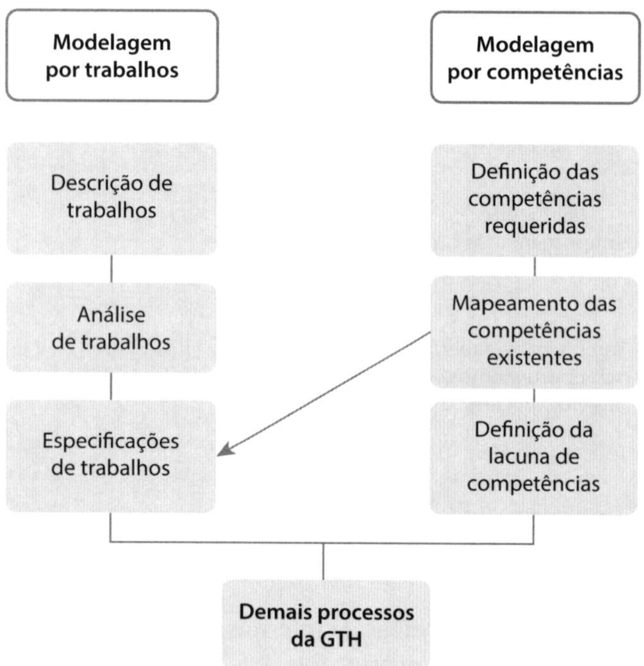

Figura 8.12 O modelo misto de modelagem do trabalho.

8.8 GESTÃO DA CARREIRA E SEUS MODELOS

A carreira nada mais é que a conquista de posições e atividades desenvolvidas por uma pessoa ao longo do tempo em uma organização ou em sua vida profissional. Ela é construída a partir de um conjunto de competências. Os formatos de plano de carreiras, que elevavam as pessoas gradativamente na sua hierarquia, já não são uma realidade para a maioria das estruturas de carreira nas organizações, uma vez que houve, a partir das décadas de 1980 e 1990, o achatamento de estruturas por meio do método Downsizing, ainda utilizado e aprimorado por muitas organizações, tornando-as mais horizontalizadas.

Alguns modelos de carreira podem ser ilustrados conforme apresentamos em destaque:

1. **Carreira em Y**: as promoções ou substituições podem ser feitas verticalmente (trabalhos mais elevados) ou horizontalmente (trabalhos complexos que envolvem especialidades).
2. **Carreira em W**: utilizada em projetos, quando o profissional em um projeto se torna consultor e *head* deste projeto durante a execução dos trabalhos pela especialização, atuando na gestão e na execução como especialista, criando, assim, novas possibilidades: líder; gestor de projetos e especialista.

Há outros modelos de carreira paralela: em rede ou horizontal, cada qual a ser utilizada de acordo com a característica e a cultura da organização. Com isso, o modelo de carreira vertical vem cedendo lugar aos vários outros modelos de carreiras alternativas, seguindo as características de mercado, estratégia e negócio *core business* em que a organização esteja inserida, além, claro, do propósito dos talentos que ocupam as posições.

Quadro 8.7 Exemplo de competências corporativas ou institucionais

Competências	Descrição
Comunicação	Estabelecer e utilizar meios para transmitir e receber informações faladas, escritas ou visuais, presenciais ou por meio impresso ou eletrônico, de forma clara e objetiva, garantindo o entendimento entre as partes e facilitando a disseminação e compreensão de objetivos.
Proatividade	Identificar e atuar proativamente sobre problemas e oportunidades. Oferecer-se para tarefas e identificar o que precisa ser feito e começar a agir sem que lhe peçam ou exijam.
Foco no Resultado	Estar comprometido com os objetivos da organização tomando as providências necessárias para que sejam cumpridos no prazo e com as características planejadas.
Comprometimento Organizacional	É a predisposição que o colaborador tem de acreditar e aceitar os valores da empresa, se esforçando e utilizando suas competências e habilidades em prol dos resultados extraordinários que a empresa almeja alcançar
Foco no Cliente	Ter a compreensão de que o cliente é uma das razões do existir da empresa, tomando ações para que seja atendido de forma a promover uma aproximação entre cliente e empresa, propiciando sua fidelização.

As empresas ajustam suas políticas e equipes por meio do conceito de competências. Na medida em que mercado, produtos e serviços se alteram, novas competências devem ser criadas ou adicionadas para garantir o sucesso ou inovação. A gestão da carreira está se tornando contingencial, à mercê das circunstâncias que surgem no mercado, e os talentos são continuamente avaliados em função do seu desempenho atual e suas potencialidades para o futuro. Não havendo critérios para o crescimento, eleva-se o risco de perdê-los, por falta de oportunidades internas. A área de GTH e os gestores devem estar atentos na forma de gestão, oferecendo perspectivas de crescimento futuro dentro de uma realidade da organização. O princípio básico é evitar a perda de talentos e manter o equilíbrio interno.

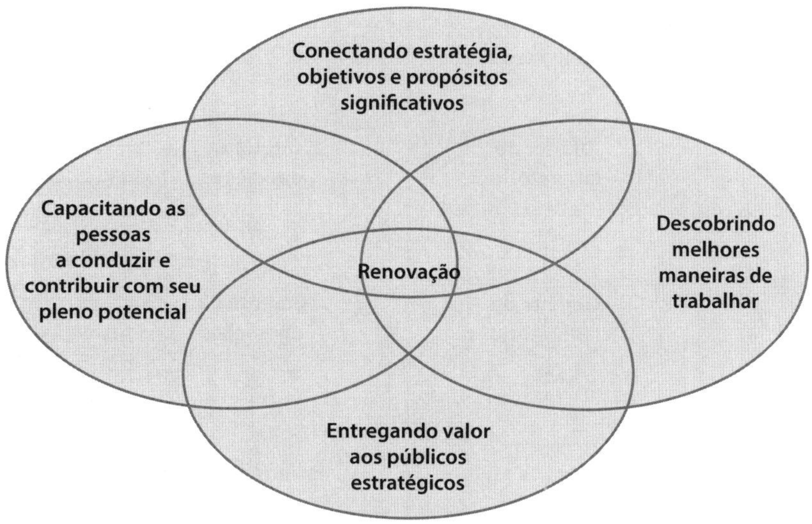

Figura 8.13 A organização *lean* que se renova com a modelagem do trabalho.[20]

Baseada no trabalho:	Carreira	Baseada em competências:
Ascensão vertical na hierarquia de trabalhos da organização	Objetivo primário	Ampliar competências individuais e grupais
Encarreiramento de ocupantes de trabalhos por meio dos vários níveis hierárquicos da organização	Objetivo final	Abastecer toda a organização de competências individuais e grupais
Adequada mobilização interna de ocupantes de trabalhos crescentemente complexos	Eficiência	Adequada mobilização interna de competências crescentemente complexas e desafiantes
Adequado preenchimento de trabalhos crescentemente complexos na hierarquia de cargos da organização	Eficácia	Adequada oferta interna de competências crescentemente complexas em todas as áreas e níveis da organização
Adequação do plano de sucessão	Indicador	Disponibilidade de competências em todas as áreas e níveis da organização
Ocupantes de cargos mobilizados/custos do plano de carreira	Retorno sobre o investimento	Pessoas competentes mobilizadas/custos do plano de carreira

Figura 8.14 Carreira baseada em trabalhos x carreira baseada em competências.

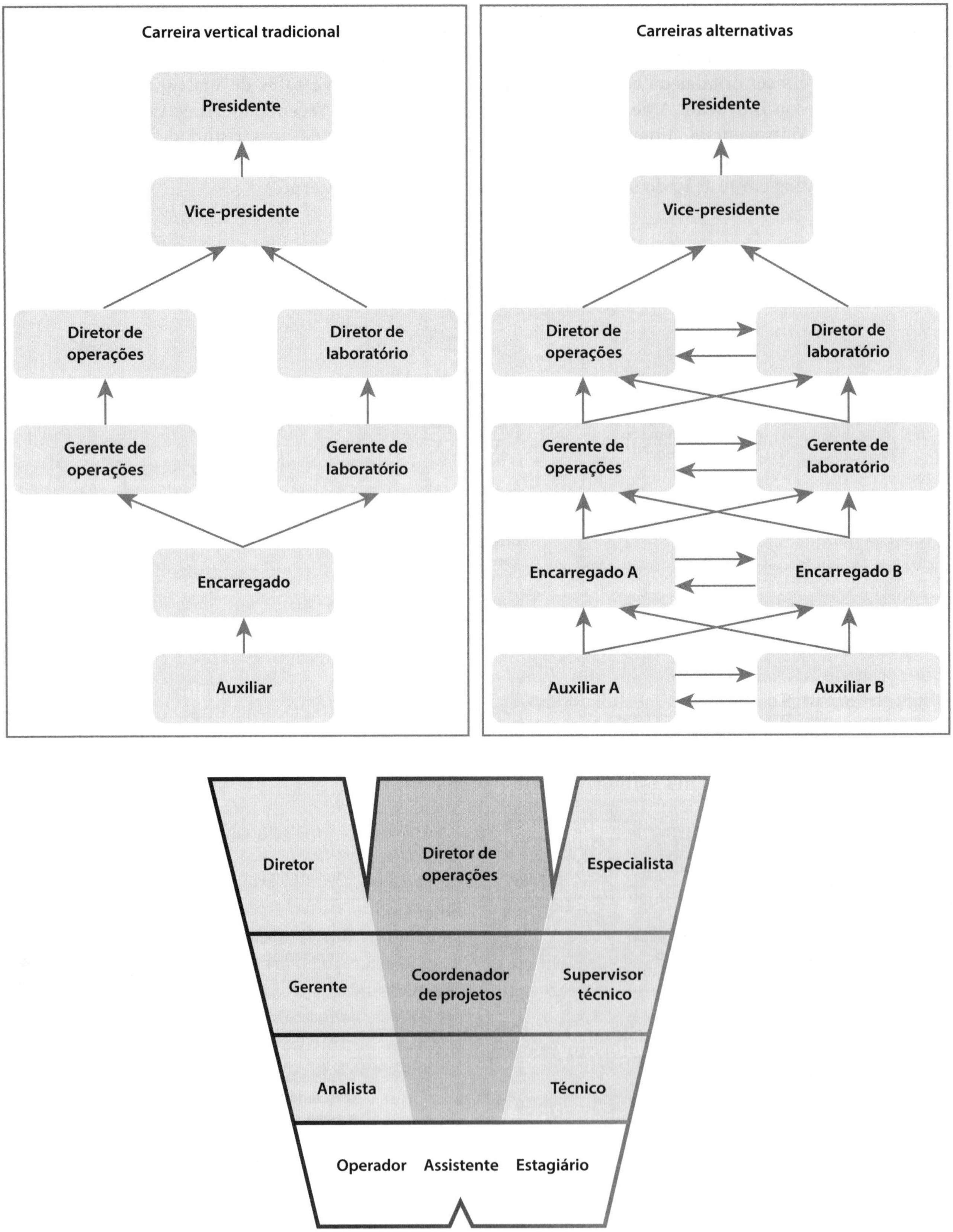

Figura 8.15 Mudanças nos planos de carreira.[21]

Potencial \ Desempenho	Baixo	Desempenho	Elevado
Elevado	**Enigma** Alto potencial para avançar, apesar do baixo desempenho. Deve estar no lugar errado ou sob o gestor errado. Requer intervenção.	**Em crescimento** Demonstra alto potencial para avançar adiante. Talento valioso, requer desafio, reconhecimento, recompensas e desenvolvimento.	**Futuro líder** Elevado potencial – ideal para a sucessão sênior. Talento de topo; reconhecer, recompensar, promover e desenvolver.
Potencial	**Dilema** Parece ter escopo para mover-se em mais um nível. Desafio é necessário devido ao baixo desempenho. Proporcionar *coaching*.	**Colaborador do centro** Motivar, engajar, recompensar.	**Desempenho alto, impacto** Forte contribuinte. Desafio, recompensa, crescimento, motivação.
Baixo	**Baixo desempenho** Alcançou seu potencial de trabalho e tem baixo desempenho. Gerenciar seu desempenho ou desligamento.	**Efetivo** Alcançou seu potencial de carreira. Especializado ou *expert*. Focar, engajar, motivar.	**Profissional confiável** Especializado ou *expert*. Alcançou seu potencial de carreira. Reter e recompensar. Ajudá-lo a desenvolver outros.

Figura 8.16 A avaliação do grau de potencialidade e desempenho do talento.

8.8.1 Autogestão da carreira

Os modelos tradicionais de planejamento de carreira vêm, de forma rápida, cedendo lugar para a autogestão da carreira, também conhecida como "trilha de carreira". Esse novo modelo tem como base que cada talento deve ter atitude e responsabilidade individual, para seu aprimoramento e direcionamento de sua carreira. Cada talento deve gerir sua própria carreira profissional e saber como ajustá-la continuamente às mudanças e exigências de um mercado em constante mudança, dando assim protagonismo ao seu talento para escolha de suas preferências e objetivos pessoais. Importante é que o talento procure conhecer suas competências, saber como desenvolvê-las e aplicá-las ao longo de sua vida profissional, estando pronto para abraçar as oportunidades. O sucesso na carreira está diretamente ligado à atenção que o talento deve ter para superar obstáculos que surgem durante toda a trajetória. Esse cuidado vem por meio do aprimoramento e acompanhamento das tendências profissionais de mercado, devido às inovações que levam à mudança de comportamento, de visão e até ocorre o desaparecimento de profissões e surgem novas possibilidades. Para tanto, a organização deve oferecer todos os meios necessários, informação, recursos e oportunidades para apoiar e ajudar seus talentos. Isso será visto adiante.

SAIBA MAIS
Sobre desenvolvimento e gestão da carreira

Em um mercado concorrido, pessoas com talentos e competências pessoais e vocacionais são intensamente disputadas pelas organizações. Em geral, existem cinco aspectos a respeito da carreira:[22]

1. **Planejamento da carreira:** processo no qual a empresa identifica futuras necessidades de promoções e implementa políticas para preenchê-las.

2. **Desenvolvimento da carreira:** envolve o planejamento do uso dos recursos para preparar os talentos.
3. **Gestão da carreira:** processo pelo qual uma organização seleciona, avalia, dá atribuições e desenvolve os talentos que nela trabalham para obter um grupo de talentos qualificados a atender às suas necessidades atuais e futuras.
4. **Autogerenciamento da carreira:** processo pelo qual cada talento passa a fazer a gestão da sua carreira, assumindo o protagonismo e a responsabilidade de se atualizar e reciclar constantemente, para sua própria empregabilidade.
5. **Empregabilidade:** condição de um talento manter-se sempre empregado, procurado e convidado pelas organizações do mercado.

8.9 TRABALHO EM EQUIPE

Na Era da Informação e na Era Digital, o velho modelo burocrático vem dando espaço para trabalhos compartilhados, onde os departamentos não desenvolvem trabalhos isolados e sim integrados e dependentes uns dos outros, pois o mundo dos negócios exige intensa mudança, flexibilidade, agilidade e inovação das organizações. Há uma continuidade de migração para o conceito de trabalhos em equipe com atividades integradas com o mesmo objetivo, cada qual com sua habilidade e conhecimento. A sinergia entre os talentos e suas respectivas áreas, as entregas e resultados são mais efetivos e com qualidade. As equipes são mais do que simples grupos humanos, pois têm características ímpares que os grupos não têm, como mostra o Quadro 8.8.

A base fundamental do trabalho e resultados de cada gestor está na sua equipe, sendo sua principal ferramenta de trabalho para atingir metas e os objetivos propostos. É fundamental que o gestor de talentos saiba selecionar sua equipe e desenhar o trabalho, aplicando, assim, as competências da equipe. Liderar, treinar, capacitar, motivar e avaliar a equipe para aumentar sua excelência é papel fundamental de um gestor, para que a equipe seja recompensada de forma justa e consequentemente reconhecida pelo seu trabalho.

8.9.1 Tipos de equipes

Há uma variedade de tipos de equipes, a saber:[23]

1. **Equipes funcionais cruzadas:** compostas de talentos, vindas de diversas áreas da empresa, formadas para alcançar um objetivo específico por meio de um *mix* de competências.
2. **Equipes de projetos:** formadas especialmente para desenhar um novo produto ou serviço. Os participantes são designados na base de sua habilidade para contribuir para o resultado. A equipe se desfaz após completada a tarefa.
3. **Equipes autodirigidas:** compostas de talentos altamente treinados para desempenhar várias tarefas interdependentes dentro de uma unidade de trabalho. Utilizam-se do consenso para tomada de decisão para desempenhar o trabalho, resolver problemas, lidar com clientes e entregar valor.
4. **Equipes de força-tarefa:** designadas para resolver um problema definido, onde se é responsável por um plano de longo prazo com foco no problema, que pode incluir a implementação da solução proposta.
5. **Equipes de melhoria de processos:** talentos vindos de diferentes departamentos ou funções para melhorar a qualidade, reduzir custos, aumentar a produtividade em processos que afetam vários pontos dos departamentos ou da organização.

Em todos os tipos de equipes, deve haver interdependência e reciprocidade.

Quadro 8.8 Diferenças entre grupos e equipes

Grupos	Equipes
■ São conjuntos de pessoas sem um objetivo comum	■ São conjuntos de talentos com um objetivo comum
■ As pessoas podem ter os mesmos interesses	■ Os talentos compartilham os mesmos interesses
■ As pessoas decidem de maneira individual	■ Os talentos decidem de maneira conjunta
■ As pessoas agem de maneira individual	■ Os talentos agem de maneira conjunta
■ Não há interconectividade ou intercâmbio de ideias	■ Têm forte interconectividade e intercâmbio de ideias
■ Resultam em uma soma de esforços das pessoas	■ Resultam em uma multiplicação de esforços de talentos
■ Não há interação emocional ou afetiva	■ Há forte interação emocional e afetiva

> **SAIBA MAIS**
> **Sobre os principais atributos das equipes de alto desempenho[24]**
>
> As equipes de alto desempenho caracterizam-se pelos seguintes atributos:
>
> - **Participação:** os membros se comprometem com *empowerment* e autoajuda.
> - **Responsabilidade:** os membros são responsáveis pelos resultados.
> - **Clareza:** os membros compreendem e apoiam os objetivos da equipe.
> - **Interação:** todos os membros se comunicam dentro de um clima aberto e confiável.
> - **Flexibilidade:** os membros querem mudar e melhorar o desempenho.
> - **Focalização:** os membros dedicam-se a alcançar as expectativas do trabalho.
> - **Criatividade:** os talentos e ideias são usados para beneficiar a equipe.
> - **Rapidez:** os membros agem rapidamente sobre problemas e oportunidades.

8.9.2 Competências necessárias à equipe

Para ser completa, uma equipe de alto desempenho precisa incluir todas as competências de que necessita para que tenha autossuficiência e plena autonomia para alcançar seus objetivos de maneira ágil e excepcional.

Margerison e McCann sugerem uma roda da equipe que envolve nove fatores de desempenho que precisam estar presentes em toda equipe:[25]

1. **Assessoria:** fator relacionado a dar e receber informação, verificando o andamento e assegurando a utilização das melhores práticas, por meio de relatórios, reuniões, artigos, livros ou conversas entre si. O assessor reporta e informa os demais membros para analisar situações e tomar as decisões adequadas.
2. **Inovação:** fator relacionado com criação e experimentação de novas ideias, sendo aspecto-chave do trabalho em equipe, envolvendo como as coisas são feitas para a melhoria contínua do trabalho. O inovador é o membro que traz criatividade, novas ideias e conceitos.
3. **Promoção:** fator relacionado com a identificação e exploração de oportunidades. Para conduzir o trabalho, as pessoas precisam obter recursos que são

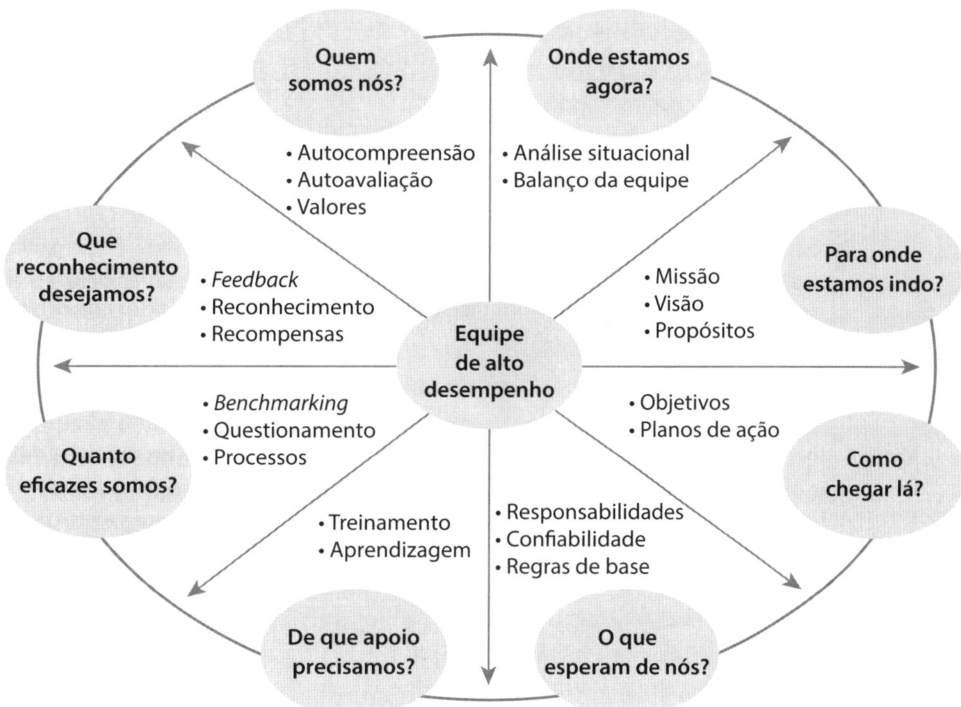

Figura 8.17 Construção de uma equipe de alto desempenho, segundo Clocke & Goldsmith.[26]

obtidos na persuasão e influenciar as pessoas. O promotor é o membro que toma novas ideias e conceitos e as vende dentro e fora da organização.

4. **Desenvolvimento:** fator relacionado com a avaliação e aplicabilidade de novas ideias. Essas ideias precisam ser adequadas às necessidades dos clientes, ser identificadas e incorporadas aos planos. É o membro quem assegura essas ações e tentativas.
5. **Organização:** fator relacionado à definição dos modos de trabalhar, executando a ação necessária e assegurando resultados de tempo e custo. O organizador focaliza a ação fazendo as coisas acontecerem para que todos saibam o que, como e quando fazer.
6. **Produção:** fator relacionado com a conclusão e entrega de resultados, definindo-se planos e sua execução. É a entrega do produto/serviço em uma base regular e conforme os padrões de eficiência e eficácia. O produtor é o membro prático que conduz os planos até o fim e alcança metas.
7. **Inspeção:** fator relacionado com controle e auditoria do trabalho, realizando verificações das atividades essenciais para evitar erros. O inspetor é analítico e reflexivo. Ele focaliza e avalia detalhes de maneira meticulosa.
8. **Manutenção:** fator relacionado com salvaguarda de padrões e processos, que podem falhar se não são regularmente verificados e mantidos. O mantenedor assegura que processos sejam submetidos a revisões regulares para aumentar a eficiência da equipe.
9. **Ligação:** fator relacionado com a coordenação e integração do trabalho dos membros da equipe, que assegura o trabalho em conjunto e liga pessoas e tarefas, para que a equipe seja altamente eficiente e eficaz.

Equipes eficazes demonstram foco e possuem membros que atuam conforme os nove fatores, dos quais oito deles estão arranjados ao redor do fator central da roda de trabalho em equipe e mostram as funções da equipe de trabalho. O nono fator – interligação –, cuja atividade é juntar e inter-relacionar, tem o papel de juntar as competências e extrair resultados sinérgicos e multiplicados. Na verdade, todos os membros deveriam se encarregar do nono fator.

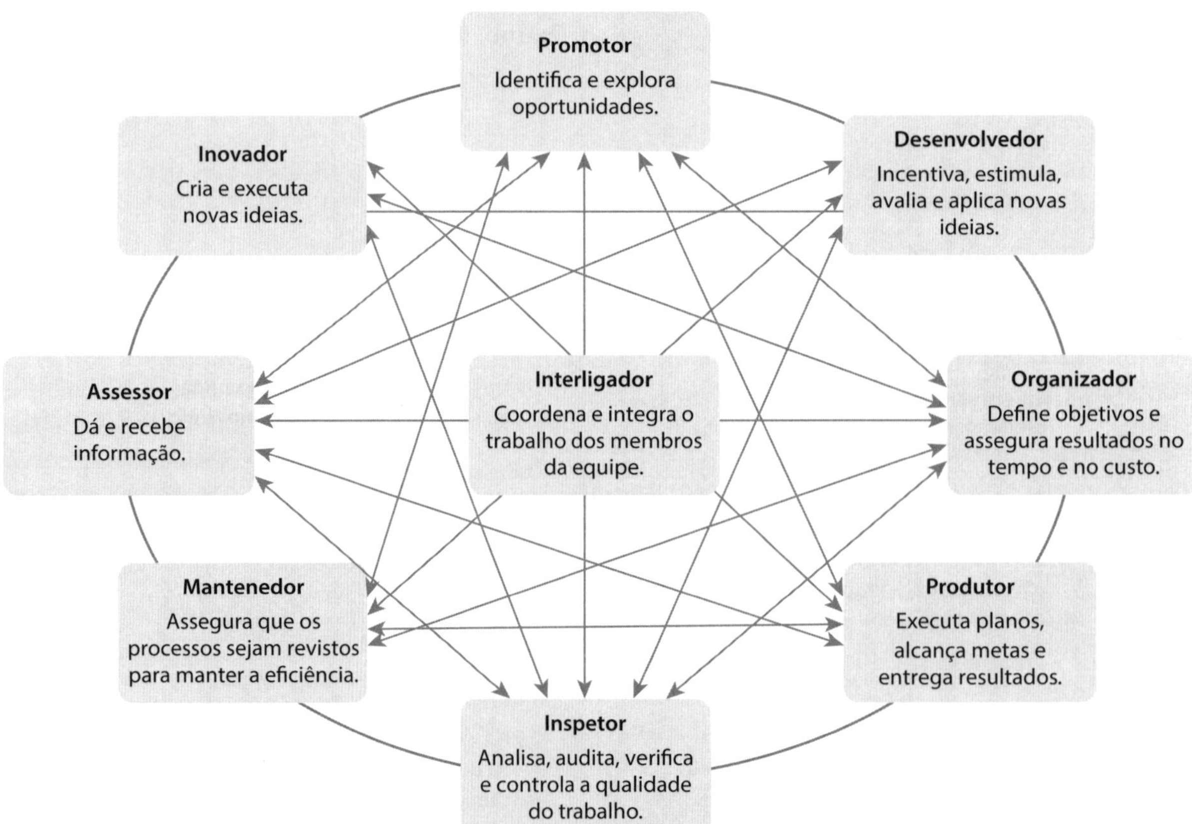

Figura 8.18 Roda de trabalho e equipe.[27]

Para alcançar plena eficiência, o gestor de talentos precisa cuidar para que a equipe tenha as seguintes características:

1. **Objetivos claros:** a missão e os objetivos da equipe devem ser bem definidos e aceitos por todos os membros, apoiando o objetivo individual de cada pessoa.
2. **Percepção integrada:** devem ter uma visão conjunta e coerente da situação em que se encontram, ajudando a visualizar os problemas, definir propósitos e integrar suas atividades.
3. **Divisão do trabalho grupal:** os membros da equipe devem ocupar suas tarefas conforme suas propensões, habilidades, competências e tipo de personalidade, sendo fundamentais a distribuição e o esclarecimento de papéis e de posições.
4. **Decisões conjuntas:** o compromisso é alcançado por meio da discussão e consenso espontâneo entre os membros, para que as decisões se tornem colaborativas, evitando formalidades e burocracia.
5. **Liderança compartilhada:** as funções de liderança devem passar de uma pessoa para outra, dependendo da situação e das necessidades.
6. **Novas ideias para solução de problemas:** a equipe aceita o desacordo como a maneira de discutir novas ideias e resolver criativamente seus assuntos.
7. **Avaliação da eficácia:** é preciso avaliar continuamente o desempenho, a execução de tarefas, o alcance de metas e a eficiência nos relacionamentos.

SAIBA MAIS
Sobre como construir equipes bem-sucedidas

Equipes bem-sucedidas apresentam as seguintes características:[28]

- Compromisso de todos com os objetivos compartilhados.
- Consenso na tomada de decisões.
- Comunicação aberta e honesta.
- Liderança compartilhada entre todos.
- Valorização dos talentos pela sua diversidade.
- Reconhecimento do conflito e sua resolução positiva.

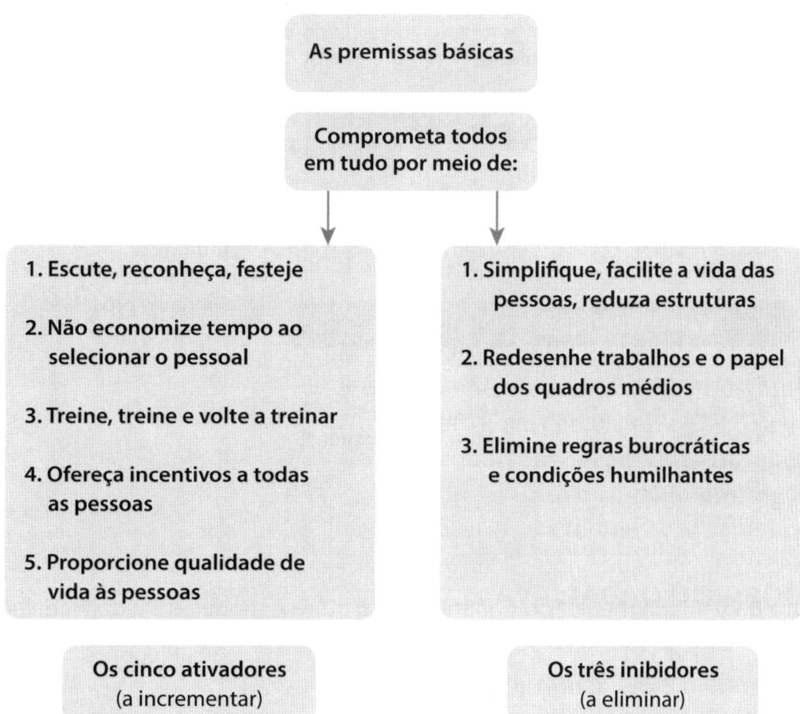

Figura 8.19 Premissas básicas do engajamento das pessoas segundo Tom Peters.[29]

O trabalho é o ponto focal de interligação entre o talento e a organização, o elo que une e que identifica o seu relacionamento íntimo e definitivo.

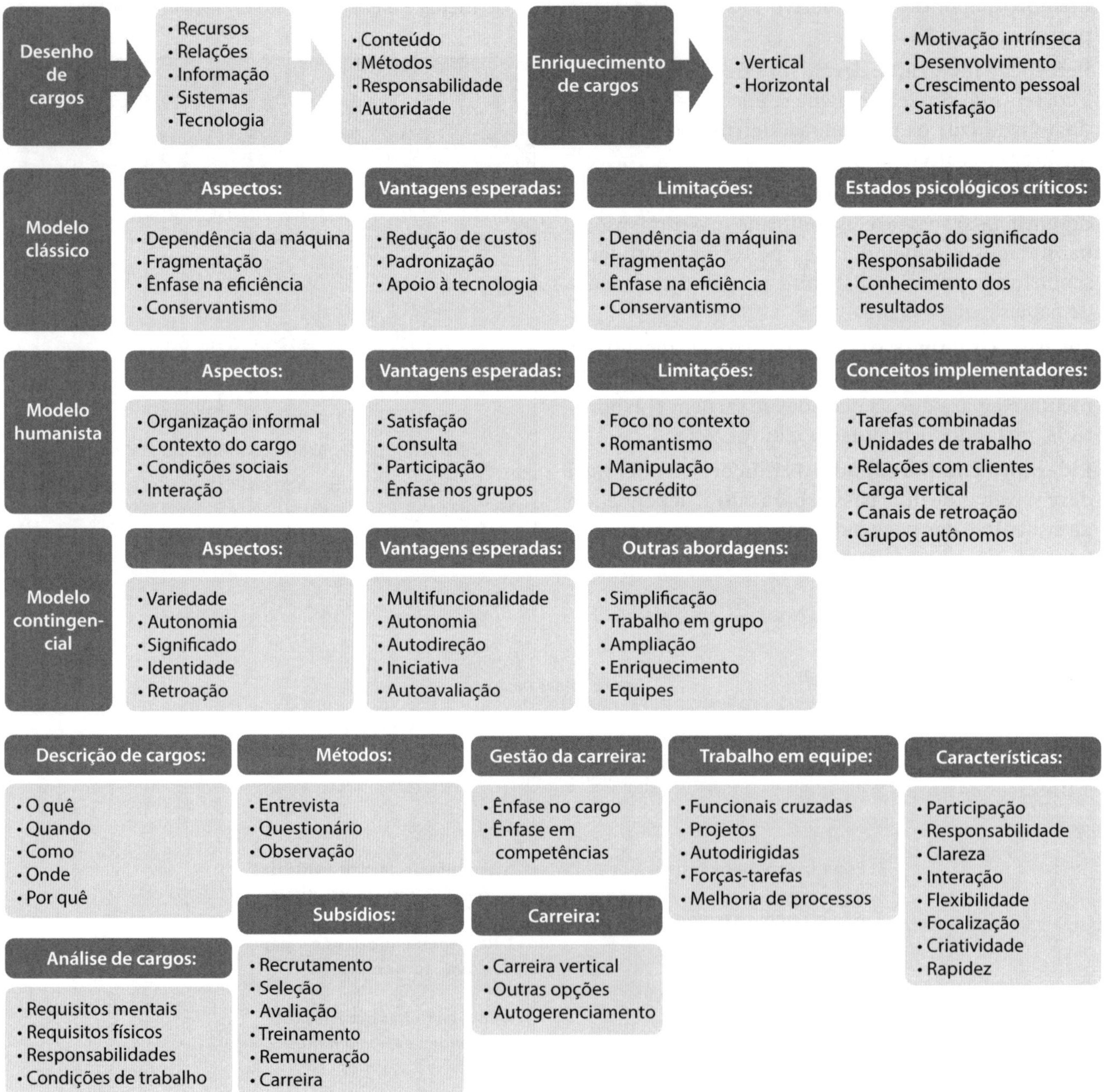

Figura 8.20 Mapa mental do Capítulo 8: Estrutura e modelagem do trabalho.

REFERÊNCIAS

1. CHIAVENATO, I. *Recursos Humanos:* o capital humano das organizações. Rio de Janeiro: Elsevier/Campus, 2015. p. 299.
2. Fonte: Secretary's Commission on Achieving Necessary Skills: What Work Requires of Schools. Washington, DC: U.S. Department of Labor, June 1991. p. 12.
3. CHIAVENATO, I. *Recursos Humanos:* o capital humano das organizações, *op. cit.*, p. 286-287.
4. LAWLER III, E. E.; HACKMAN, J. R. Corporate profits and employee satisfaction: must they be in conflict?. *In*: DAVIS, Keith. *Organizational theory*: a book of readings. Nova York: McGraw-Hill, 1974. p. 198.
5. Fonte: CHIAVENATO, I. *Gerenciando com as pessoas:* o passo decisivo para a administração participativa. Barueri: Manole, 2015. p. 96-99.
6. CHIAVENATO, I. *Manual de reengenharia:* um guia para reinventar e humanizar a sua empresa com a ajuda das pessoas. São Paulo: Makron Books, 1995. p. 96.
7. HERZBERG, F. *The work and nature of man*. Cleveland, Ohio: The World Publ. Co., 1966.
8. CHIAVENATO, I. *Manual de reengenharia:* um guia para reinventar e humanizar a sua empresa com a ajuda das pessoas, *op. cit.,* p. 91.
9. CHIAVENATO, I. *Introdução à teoria geral da administração*. Barueri: Manole, 2015.
10. Fonte: MILKOVICH, G. T.; BOUDREAU, J. W. *Human resource management*. Nova York: Richard D. Irwin, 1994. p. 130.
11. HACKMAN, J. R.; OLDHAM, G. R. Motivation through the design of work: test of a theory. *Organizational Behavior and Human Performance*, Aug. 1976. p. 250-279.
12. HACKMAN, J. R. *et al.* A new strategy for job enrichment. *California Management Review*, Summer 1975. p. 55-71. *Vide* também: HACKMAN, J. R.; OLSDHAN, G. R. Motivation throught the design of work: test of a theory. *Organizational Behavior and Human Performance*, Aug. 1976. p. 250-279. HACKMAN, J. R.; OLDHAN, G. R. *Work redesign*. Reading, MA, Addison-Wesley, 1980.
13. Adaptado de: HACKMAN, J. R.; OLDHAM, G. R. Motivation throught the design of work: test of a theory. *Organizational Behavior and Human Performance, op. cit.*, p 256.
14. Adaptado de: IVANCEVICH, J. M. *Human resource management*. Nova York: Richard D. Irwin, 1995. p. 159.
15. Adaptado de: MILKOVICH, G. T.; BOUDREAU, J. W. *Human resource management*. Nova York: Richard D. Irwin, 1994. p. 156.
16. Adaptado de: DALE, E. *Organizations*. Nova York: American Management Association, 1967.
17. Adaptado de: HYMOWITZ, C. Which corporate culture fits you? *The Wall Street Journal*, July 17, 1989. p. B1.
18. BRANDÃO, H. P.; GUIMARÃES, T. de A. Gestão de competências e gestão de desempenho: tecnologias distintas ou instrumentos de um mesmo constructo? ENCONTRO DA ASSOCIAÇÃO NACIONAL DOS PROGRAMAS DE PÓS-GRADUAÇÃO EM ADMINISTRAÇÃO, ENANPAD, Anais do 23º ANPAD, Associação Nacional dos Programas de Pós-Graduação em Administração, 1999.
19. Adaptado de: ACADEMIA PEARSON. *Administração de recursos humanos, op. cit.*, p. 199 e 201.
20. JACQUEMONT, D. The organization that renews itself lasting value from lean management. *McKinsey & Company*, Feb. 2014. *Vide*: https:www.mckinsey.com/business-functions/operations/our-insights/the-organization-that-renews-itself-lasting-value-from-lean-management.
21. HALL, D. T. and associates. *Career development in organizations*. San Francisco: Jossey-Bass, 1986.
22. CHIAVENATO, I. *Gerenciando com as pessoas*. Barueri: Manole, 2015. p. 77.
23. CHIAVENATO, I. *Gerenciando com as pessoas, op. cit.*, p. 77-78.
24. SCHERMERHORN JR., J. R. *Management*. Nova York: John Wiley & Sons, 1996. p. 275.
25. MARGERISON, C. J.; McCANN, D. J. *Team management:* practical new approaches. Londres: Management Books, 2000, 1995.
26. CLOKE, K.; GOLDSMITH, J. *The end of management:* and the rise of organizational democracy. San Francisco, CA: Jossey Bass, 2002. p. 203-204.
27. Adaptado de: MARGERISON, C. J.; MCCANN, D. J. *High energy teams workbook*. Londres: Management Books, 2000, 1997.
28. Adaptado de: ARNOLD, V. *Making teams work*. HRFocus 73, n. 2, Febr. 1996. p. 12-13.
29. PETERS, T. *Del caos a la excelencia, op. cit.*, p. 376.

Capítulo

9

Gestão do Desempenho Humano

Avaliando e direcionando talentos por meio do *feedback* para o resultado

Objetivos de aprendizagem

Após estudar este capítulo, você deverá estar capacitado para:

- Definir o conceito de gestão do desempenho e sua importância nos resultados.
- Saber como trabalhar com objetivos relevantes para o resultado.
- Apresentar os diversos métodos de avaliação do desempenho utilizados.
- Demonstrar as tendências no processo e a forma de avaliar o desempenho dos talentos.
- Aplicar a avaliação de desempenho com foco no desenvolvimento técnico e comportamental do colaborador.

O que veremos adiante

- Conceito de gestão do desempenho.
- Conceito de avaliação do desempenho.
- Quem deve avaliar o desempenho.
- Métodos tradicionais de avaliação do desempenho.
- Novas abordagens em avaliação do desempenho.
- Onde e como aplicar o resultado da avaliação do desempenho.

A cada momento, estamos observando e sendo observados e consequentemente avaliando e sendo avaliados, seja em nossa vida pessoal ou profissional. Seja em nossas atitudes e na forma de agir perante a sociedade, seja em relação ao trabalho ou à vida social, em diversos assuntos. A avaliação do nosso desempenho está presente em nossas vidas particulares e em nossa contribuição nas organizações. São avaliações dos mais diferentes desempenhos: financeiro, humano, operacional, técnico, em vendas e marketing. Assim ocorre também com a qualidade dos produtos, a produtividade da empresa, o atendimento ao cliente, a lucratividade e principalmente o desempenho humano, pois são as pessoas que dão vida, dinâmica e inteligência às organizações, sendo mola propulsora do sucesso organizacional. O desempenho humano precisa ser excelente em todos os momentos e em todos os aspectos. Já não há espaço para desempenho abaixo da média, mas deve-se manter a organização atualizada, competitiva, lucrativa e sustentável. Da mesma forma como os professores avaliam continuamente o desempenho de seus alunos, as organizações estão preocupadas com o desempenho de seus talentos e com o seu próprio desempenho organizacional.

Na busca dos objetivos estratégicos dos negócios, sobressaem o desempenho organizacional e a maneira como as organizações se comportam para chegar aonde pretendem com base em sua missão, visão de futuro e de seus valores culturais. O desempenho organizacional surge por meio de um conjunto de sistemas, modelos, processos, métodos, práticas e mecanismos tecnológicos e automáticos que funcionam de maneira coerente, integrada e holística. Todos eles acionados por talentos, cada qual em sua área de atuação e com habilidades específicas. Uma complexa mistura de pessoas e tecnologias trabalhando e interagindo juntas com foco em eficiência e eficácia, no sentido de criar, agregar e entregar valor a todos os *stakeholders*.

Nesse processo fazem parte a inteligência e a competência humanas, onde se devem definir claramente as metas, os objetivos e os resultados previamente estabelecidos, criando, gerando e entregando valor a todos que compõem a cadeia.

9.1 GESTÃO DO DESEMPENHO ORGANIZACIONAL

A gestão do desempenho organizacional tem sua decisão tomada no nível estratégico, sendo o nível tático responsável pelos planos e ações e no nível operacional há a incumbência da execução das atividades e tarefas necessárias ao alcance dos múltiplos objetivos organizacionais, sejam eles estratégicos, táticos ou operacionais. Essa é uma complexa integração multidisciplinar de lideranças em vários níveis de atuação. Assim, a área de Gestão do Talento Humano (GTH) tem importante papel na gestão do desempenho organizacional, ao distinguir e atender às várias prioridades da organização, como mostra a Figura 9.1.

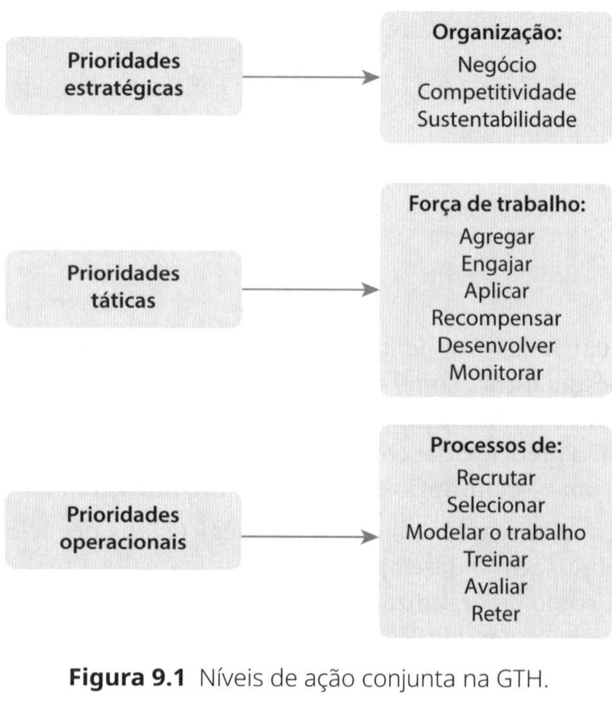

Figura 9.1 Níveis de ação conjunta na GTH.

O desempenho da organização faz parte integrante da execução da sua estratégia organizacional e até confunde-se com ela.[1]

Tudo que foi planejado e organizado é dirigido, liderado e posto em prática por todos os níveis envolvidos para o alcance dos objetivos do negócio. Nesse momento, as lideranças direcionam suas orientações para que as coisas aconteçam com a participação de sua equipe, de acordo com o que foi planejado e organizado. Assim, é o planejamento, a organização e a execução do trabalho que fazem com que a organização atinja seus objetivos e traga retorno aos públicos estratégicos (*stakeholders*) envolvidos direta ou indiretamente no negócio da organização.

Em um momento em que o ritmo da mudança nos negócios é mais rápido, o sucesso das organizações está no plano de execução de suas estratégias, sendo a parte mais crítica da estratégia.[2]

A gestão do desempenho organizacional foca o alcance dos vários objetivos organizacionais. Ela dá prioridade ao desempenho humano em seus vários níveis de decisão e ação, do presidente ao mais simples deles, cada qual no seu respectivo papel, pois todos desempenham seu papel para alcançar metas e objetivos, sejam eles estratégicos, táticos ou operacionais. Esses objetivos são importantes, e o desempenho humano torna-se fundamental para o sucesso da organização.[3]

Assim, o desempenho organizacional pode ser desdobrado em todas as áreas da organização, porém nosso propósito aqui é especificamente o desempenho humano ligado à área de GTH.

DICAS

O sucesso do desempenho depende de planejamento e organização

Nem sempre o que foi planejado, organizado e dirigido é bem desempenhado, nem sempre se consegue chegar ao nível do que foi planejado e se alcançam objetivos desejados. Sempre se deve melhorar o processo inteiro, e não apenas uma parte dele. Os talentos precisam ser adequadamente preparados e capacitados para que desempenhem bem seu papel.

9.2 CONCEITO DE DESEMPENHO

> "[O] desempenho (*performance*) é o conjunto de características ou capacidades de comportamento ou rendimento de uma pessoa, equipe ou organização de acordo com os objetivos estratégicos da organização. Ou, ainda, de seres vivos, máquinas, equipamentos, produtos ou sistemas, quando comparados com objetivos, indicadores, padrões ou expectativas previamente definidos. É o ato de executar, exercitar, cumprir determinada atividade com objetivos negociados e estabelecidos. É a maneira pela qual pessoas, equipes ou organizações executam suas tarefas e atividades e, com isso, alcançam os objetivos organizacionais e entregam resultados excelentes."[4]

A palavra *desempenho* significa realização posta em marcha, ou seja, tornar real o que antes era idealizado e planejado, pois todo desempenho precisa ser previamente planejado, organizado e liderado, para então ser avaliado de acordo com determinados padrões ou indicadores.

O desempenho pode ser medido por meio de um indicador (*KPI = key performance indicator*), padrão, medida ou métrica, com um índice em relação a metas, objetivos, requisitos ou expectativas definidos previamente. Representa um dos principais responsáveis por elevar a produtividade e os resultados da organização.

9.3 CONCEITO DE GESTÃO DO DESEMPENHO HUMANO

A gestão do desempenho humano é a base para o relacionamento entre empresa e seus colaboradores, pois todo trabalho envolve desempenho. A gestão do desempenho humano envolve um processo que afeta o sucesso organizacional, pelo fato de unir todos os envolvidos no processo para alcançar e oferecer resultados concretos, sendo a parte mais íntima relacionada com a atividade do colaborador na empresa. Na verdade, a gestão do desempenho humano constitui um tema central na moderna Gestão Humana (GH), por estar envolvida diretamente no relacionamento entre colaborador e organização. Isso determina o sucesso da pessoa ao alcançar metas organizacionais e receber seu reconhecimento.

TENDÊNCIAS EM GTH

Mudanças na forma de aplicar a avaliação do desempenho?

As formas de gerir o desempenho evoluem a cada ano. No passado, aplicar a avaliação de desempenho, na maioria das vezes, tinha o objetivo de cumprir protocolos internos, conseguir certificações, tomar decisão para demissões e punições. Nesse cenário, pouco se estruturavam planos de desenvolvimento individual com os resultados obtidos. A gestão do desempenho humano ajuda no crescimento profissional e na valorização das pessoas, por meio da utilização de ferramentas e técnicas que buscam um melhor aproveitamento dos resultados do desempenho. A gestão do desenvolvimento humano obteve um aliado, a tecnologia, que oferece comparativos e históricos na evolução no desempenho individual de cada colaborador, além de inserir os gestores diretamente no acompanhamento, por meio de *feedbacks* e desenvolvimento do Plano de Desenvolvimento Individual (PDI). Essa evolução tornou muito mais precisas a mensuração e a análise dos dados e do investimento para desenvolver pessoas e equipes e definir resultados. Isso cria melhor gestão do desempenho, podendo a análise ser direcionada por dados, *feedbacks* constantes, inserção na avaliação de *Objectives and Key Results* (OKR's), tecnologia e o uso de ferramentas flexíveis e adaptáveis. Com melhor direcionamento de melhorias no desempenho, aumenta a entrega dos resultados, impactando nas oportunidades de crescimento de cada profissional e no resultado da organização.

A gestão do desempenho e seus avanços são muito mais do que simples aplicação da avaliação do desempenho. O processo inclui a definição de expectativas claras e explícitas, o planejamento das tarefas e atividades, a liderança e o apoio, a execução e a provisão de *feedback* específico em paralelo ou posterior, tanto formal como informal, conforme o Quadro 9.1, que apresenta um resumo de cada etapa na gestão do desempenho. Quando todos esses elementos estão completos e integrados, o resultado para todas as partes é altamente positivo.

Quadro 9.1 Etapas da gestão do desempenho humano nas organizações

Planejamento	Implementação	Liderança e execução	Retroalimentação
Definição do ecossistema	Preparação das lideranças	Estilo de gestão	Retroação constante
Modelagem do trabalho	Construção do ecossistema	Desempenho	Revisão do desempenho
Variedade	Treinamento e desenvolvimento dos colaboradores	Criação de valor	Avaliação de resultados
Autonomia	Incentivos	Apoio e suporte	Metas alcançadas
Significado	Instrumentalização	Supervisão	Mapeamento do perfil de competências
Identidade	Ferramentas de trabalho	Acompanhamento	Aconselhamento
Retroação	*Softwares*	Orientação	Desenvolvimento
Definição de objetivos	Aplicativos	Motivação	Incentivos
Cenários futuros	Tecnologias	Incentivos	Recompensas
Indicadores	Gestão por objetivos	Interações	Cenários futuros
Métricas		Conexões	Providências
Proposta de valor		Agilidade	

Aponte a câmera de seu celular para o QR Code e tenha acesso às **Etapas da gestão de desempenho humano.**

> uqr.to/20r2p

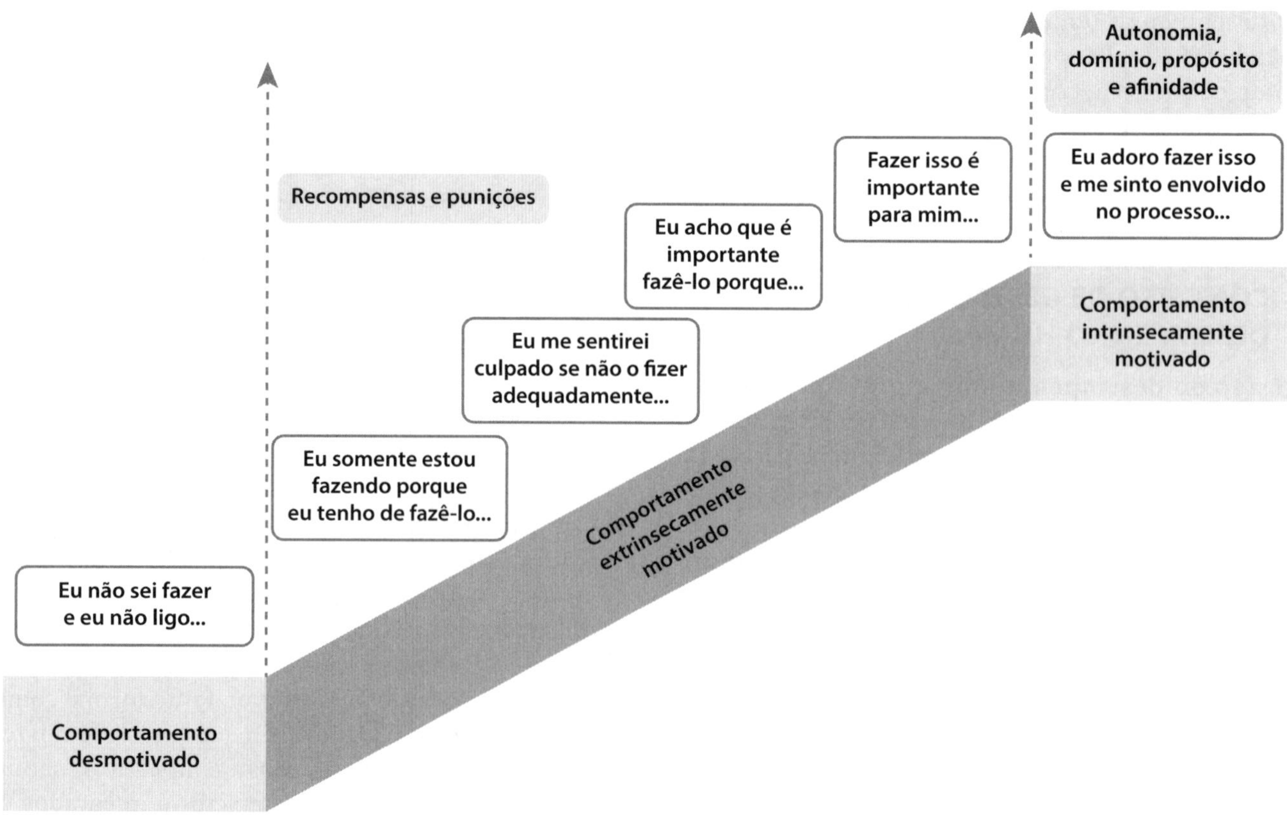

Figura 9.2 O *continuum* da motivação intrínseca e extrínseca.[5]

Quadro 9.2 Como proporcionar valor às pessoas[6]

1. Busque sempre novas atividades: crie, inove e amplie possibilidades
2. Ofereça maiores oportunidades e visibilidade para as pessoas.
3. Invista seu tempo nas pessoas e no tempo das pessoas: não tenha pressa ao conversar ou trocar ideias.
4. Ofereça momentos pessoais para que tenham atividades com seus familiares ou amigos.
5. Compartilhe informações sobre o momento da empresa, departamento ou o projeto em andamento.
6. Faça as pessoas se sentirem dentro do tema e sempre valorizadas.
7. Proporcione retroação imediata: saia da rotina e peça sugestões às pessoas.
8. Apresente as necessidades e prioridades da empresa, do departamento e das pessoas.
9. Transforme os colaboradores em parceiros: envolva-os nas decisões que os afetam.
10. Respeite suas ideias e opiniões. Faça-os parte da solução e não do problema.
11. Empodere as pessoas: faça *empowerment*. Dê-lhes independência, liberdade e autonomia.
12. Proporcione treinamento e desenvolvimento e deixe que decidam sobre sua carreira.
13. Celebre o sucesso: comemore as realizações ou os sucessos individuais ou grupais e obterá lealdade.
14. Proporcione, dentro das características do trabalho, horário flexível: nem todo trabalho precisa ser feito na empresa.
15. Veja como pode flexibilizar o trabalho presencial, defina o que pode ser feito remotamente.
16. Aumente a empregabilidade das pessoas: ofereça treinamento continuado para novas habilidades.
17. Veja o retorno sobre o investimento em treinamento e no compromisso com o autodesenvolvimento pessoal.

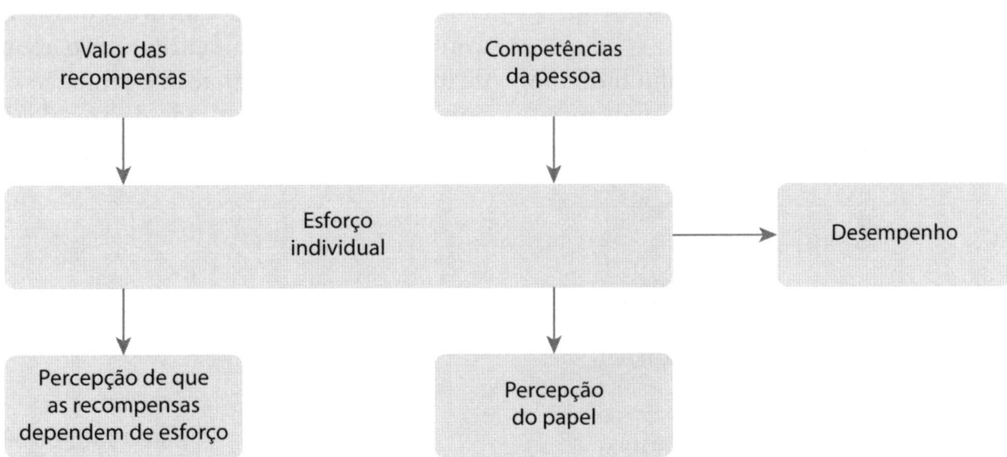

Figura 9.3 Os principais fatores que afetam o desempenho no trabalho.

Na realidade, a gestão do desempenho humano segue um processo cíclico que ocorre em ecossistema integrado, que começa com a modelagem do trabalho e é desdobrado em oito etapas.[7]

O líder é quem cuida do desempenho de cada talento. Como gestor de talentos, cada líder deve planejar, organizar, liderar e melhorar o desempenho individual e de sua equipe de trabalho. É a maneira pela qual os colaboradores podem melhorar continuamente o seu desempenho, tornando-se elegíveis para assumir posições mais elevadas na organização, seguindo suas carreiras profissionais ao longo de suas jornadas.

PARA REFLEXÃO

O que os colaboradores querem saber:

- Qual é o meu trabalho?
- Qual é o seu significado e importância para a organização?
- Quais são as minhas responsabilidades que impactam na avaliação do meu desempenho?
- O que eu estou fazendo?
- Como posso aprender a melhorar o meu desempenho?
- Qual é o *feedback* que me mostra como estou atendendo às expectativas?
- Que cuidado estou recebendo? O meu líder está preocupado com meus resultados e os do negócio sem se esquecer da minha qualidade de vida?
- Como adequar meu trabalho e o trabalho de minha equipe à estratégia da empresa?
- Como estamos indo eu e minha equipe?

Todo o processo de gestão do desempenho humano deve ter um posicionamento positivo – e jamais negativo – no comportamento e nas atitudes de cada talento. Como tomador de decisões em sua atividade cotidiana, é indispensável que ele participe ativa e proativamente – e jamais passivamente – em todas as etapas desse processo. A gestão do desempenho humano precisa incentivar dois tipos de atitudes do talento: frente à empresa e frente ao trabalho que realiza nela. E deve sempre buscar a melhoria no relacionamento entre empresa × colaborador naquilo que impacta em ambos: o desempenho no trabalho cotidiano.

9.4 O QUE MUDOU NA AVALIAÇÃO DO DESEMPENHO

A periodicidade varia de organização para organização, podendo ser trimestral, semestral ou anualmente. As empresas definem o modelo para aplicar uma revisão formal do desempenho dos talentos. No passado, o alinhamento entre as competências técnicas ou comportamentais não era bem definido, e a participação do colaborador no processo era passiva e com ausência de *feedbacks*, perdendo o sentido e o apoio no desenvolvimento do colaborador avaliado. Isso trazia a questão: avaliar por quê?

Hoje, as mudanças culturais das organizações e o avanço da tecnologia facilitaram o acompanhamento de todo o ciclo de avaliação e evolução individual, tornando-se um grande aliado da área de GTH. As novas ferramentas e os modelos de avaliação oferecem para

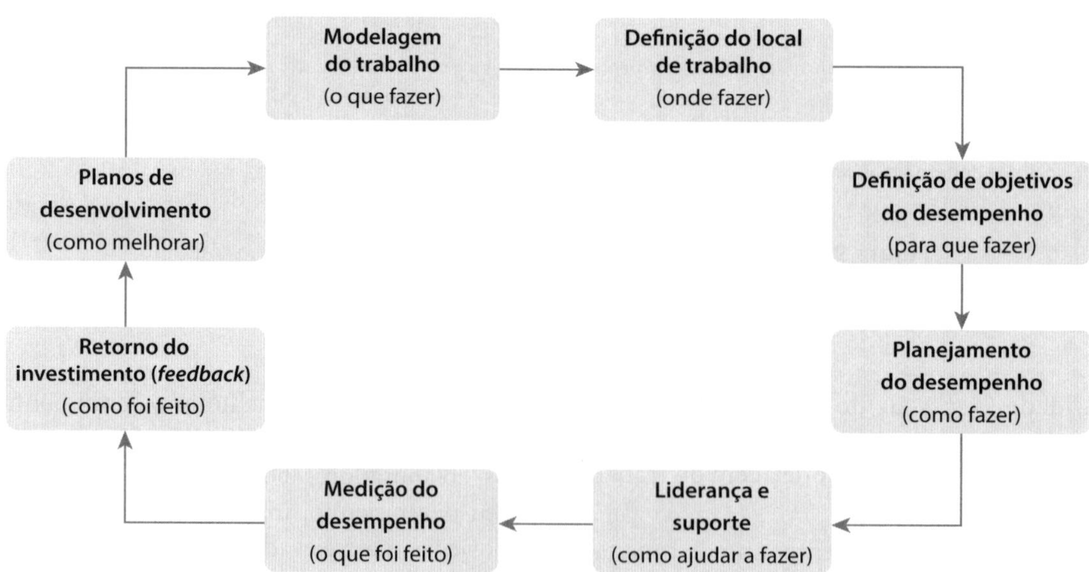

Figura 9.4 O processo cíclico da gestão do desempenho humano.[8]

as lideranças informações de direcionamento, acompanhamento e de desenvolvimento de cada membro de sua equipe.

Importante saber que o alinhamento das expectativas com os colaboradores no início do processo é fundamental, porém definir e analisar algumas variáveis fazem parte do processo como metas, perfis e responsabilidades da função e o potencial de cada colaborador. Nos dias de hoje, o mercado nos oferece diversas tecnologias de apoio na gestão de todo ciclo de avaliação, onde as respostas são realizadas *online* e são armazenadas em um ambiente seguro e a consolidação ocorre em "*real time*", o que reduz o tempo de análise da área de GTH e cria históricos para futuras avaliações. Hoje, as organizações e seus líderes fazem a gestão de desempenho prontamente utilizando dados e a técnica de *feedback* (retroação), o que reduz falhas, acelera o desenvolvimento e direciona carreira dos colaboradores. Isso faz com que as organizações alcancem maior resultado em menor tempo.

9.4.1 A evolução do antigo conceito de avaliação de desempenho

Em épocas passadas, a avaliação do desempenho humano era feita de forma mais burocrática e sem controle e acompanhamento. A rotina burocrática era a marca registrada da época, quando as lideranças avaliavam e os colaboradores apenas acatavam. Com os novos tempos de mudança de mercado e as instabilidades, o padrão burocrático cedeu lugar para agilidade, prontidão, inovação e para a necessidade de preparar para o futuro, agregar valor à organização e a todos os *stakeholders* que dela se servem. Nesse contexto, a mudança de postura da área de GTH e as novas tecnologias têm seu papel importante no processo.

A avaliação do desempenho era uma apreciação sistemática do desempenho de cada colaborador – ou de uma equipe. Tratava-se de um processo que servia apenas para julgar ou estimar o valor, excelência e competências de um colaborador ou equipe em função do seu desempenho. Era um processo que recebia denominações variadas, como avaliação do mérito, avaliação de pessoal, relatórios de progresso, avaliação de eficiência individual ou grupal e não com uma visão de troca e de melhora na qualidade do trabalho e de vida nas organizações, além de identificar pontos a melhorar e realmente serem aplicados. Na realidade passada, a avaliação do desempenho deveria ser um processo dinâmico envolvendo o avaliado, seu gestor, seus relacionamentos, como uma técnica de orientação e direção com base na atividade que foi realizada. Entretanto, esse modelo vem se transformando com orientações e mudanças de rota realizadas praticamente em "*real time*", isto é, no momento do ocorrido, o que garante a evolução do processo e o desempenho dos envolvidos.

Existiam seis questões fundamentais na avaliação do desempenho humano:[9]

1. Por que avaliar o desempenho?
2. Qual o desempenho que deve ser avaliado?
3. Como avaliar o desempenho?
4. Quem deve fazer a avaliação do desempenho?
5. Quando avaliar o desempenho?
6. Como comunicar a avaliação do desempenho e o que extrair dela?

O desempenho humano na organização é extremamente contingencial, pois varia de pessoa para pessoa e de situação para situação e depende de fatores condicionantes influenciando nas atitudes e nos resultados. Parte-se do princípio de que as recompensas dependem de esforço individual que a pessoa estará disposta a realizar. Por sua vez, o esforço individual depende das competências individuais da pessoa e da sua percepção e conhecimento do papel a ser desempenhado. Essas variáveis condicionam fortemente o desempenho.

9.4.2 Qual é o real objetivo da avaliação de desempenho?

Pode tanto focar o trabalho exercido como as competências que o colaborador oferece à organização. O que é mais importante: o desempenho no trabalho ou as competências requeridas pela organização? A Figura 9.5 permite uma ideia dos dois tipos de foco.

9.4.3 Por que se deve avaliar o desempenho?

Todo talento precisa receber retroação e ser direcionado para o crescimento profissional e, consequentemente, este contribuirá para o sucesso da organização. Ao avaliar o desempenho individual, a organização pode fazer as devidas correções e alinhar-se ao objetivo desejado. Toda organização deve saber como os talentos desempenham suas atividades, conhecendo suas potencialidades, onde se deve conhecer tudo a respeito de seu desempenho. As razões pelas quais as organizações estão preocupadas em avaliar o desempenho de seus talentos são:[10]

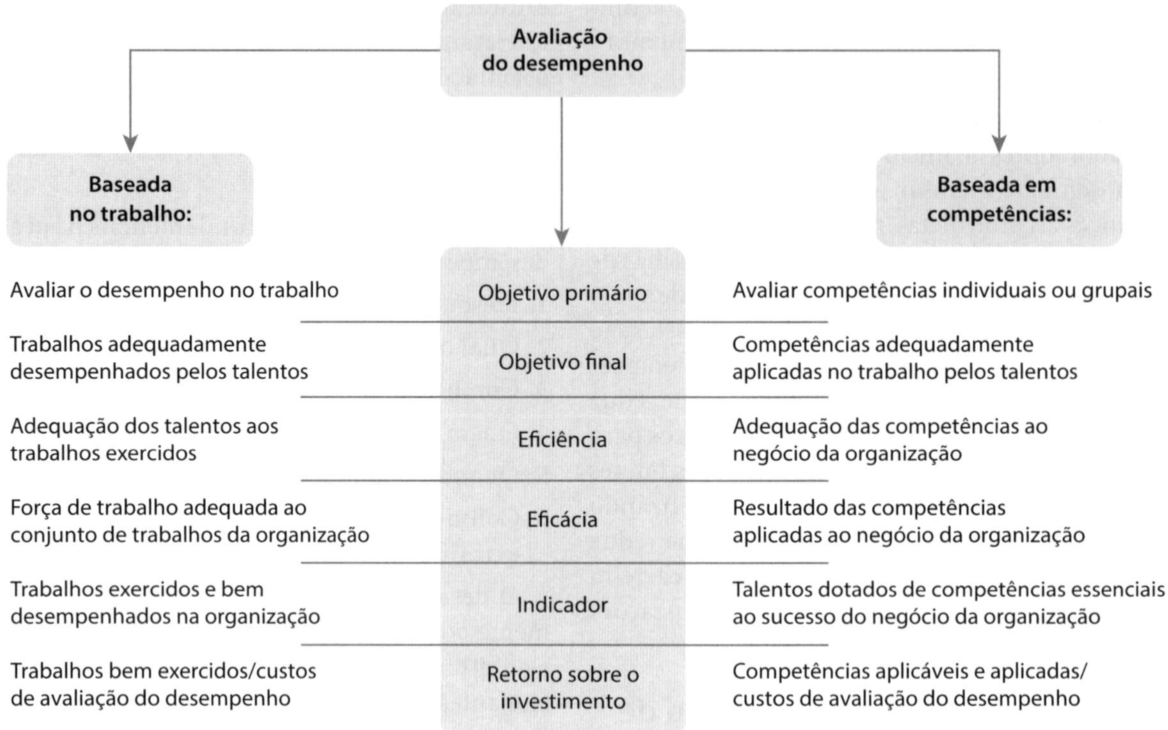

Figura 9.5 Avaliação do desempenho baseada em trabalhos x avaliação do desempenho baseada em competências.

1. **Recompensas:** podem justificar a elegibilidade para movimentações salariais, promoções, transferências, podendo ser um dos fatores de desligamento, embora este não seja o objetivo da avaliação.
2. **Retroação:** proporciona o aprofundamento dos resultados de seu desempenho, atitudes e competências.
3. **Desenvolvimento:** permite que o talento saiba seus pontos fortes (aquilo que deve potencializar no trabalho) e pontos frágeis (o que deve ser objeto de aprimoramento).
4. **Relacionamento:** permite a melhoria do seu relacionamento com os pares – gestor e subordinados – e saber como foi avaliado por estes.
5. **Percepção:** proporciona o entendimento de como outros talentos ao seu redor te enxergam, melhorando a sua percepção do entorno social.
6. **Potencial de desenvolvimento:** proporciona conhecer profundamente o potencial de desenvolvimento de seus colaboradores, definindo planos de desenvolvimento, sucessão e carreira.
7. **Aconselhamento:** oferece informações ao gestor ou especialista de como orientar os talentos por meio de *coaching* ou *mentoring*.

A avaliação do desempenho deve proporcionar benefícios para a organização e para os colaboradores. Para tanto, ela precisa atender às seguintes linhas básicas:[11]

1. **A avaliação deve cobrir o desempenho no trabalho e o alcance de metas e objetivos:** desempenho e resultados são tópicos inseparáveis da avaliação.
2. **A avaliação deve focalizar o talento no trabalho:** e não a impressão subjetiva a respeito de seu comportamento observado no trabalho. Deve-se fazer uma análise objetiva do desempenho.
3. **A avaliação deve ser aceita por ambas as partes:** ambos devem concordar sobre os benefícios que trazem para a organização e ao talento.
4. **A avaliação do desempenho deve melhorar a produtividade:** aperfeiçoando o talento para que possa produzir com eficácia e eficiência.[12]

Os principais pontos frágeis do processo de avaliação do desempenho:[13]

1. Quando os avaliados percebem a avaliação como forma de recompensa ou punição.
2. Quando a ênfase do processo visa ao preenchimento de formulários e não à avaliação crítica e objetiva do desempenho.

3. Quando se tem impressão de injustiça e avaliação tendenciosa, o que prejudica o processo.
4. Quando os comentários desfavoráveis do avaliador criam reação negativa e não aceitação por parte do avaliado.
5. Quando a avaliação é inócua ou baseada em fatores irrelevantes e não agrega valor.

Esses aspectos produzem mais conflitos e prejuízos do que resultados satisfatórios. Por isso, o processo atual de avaliação de desempenho tem sido criterioso e com o cumprimento de todo ciclo e preparação aos avaliadores e avaliados.

9.4.4 O que proporciona aplicar a avaliação do desempenho?

A aplicação e a gestão da avaliação do desempenho reduzem a incerteza do colaborador, ao proporcionar retroação a respeito do seu desempenho. Buscam a consonância, na medida em que proporcionam a troca de ideias e a concordância de conceitos entre o colaborador e seu gestor, mostrando o que se espera dos envolvidos em relação ao trabalho e à gestão. Contribuem para a organização e para os *stakeholders*.

Os interessados na avaliação do desempenho são o colaborador, o gestor, assim como as organizações alinhadas à sua estratégia. As organizações vêm aprimorando a forma de avaliar e fazer a retroação, quase que em tempo real, ou no momento de um fato que exija correção de rota para o bom desempenho dos envolvidos, sem necessidade de aguardar um período longo para avaliação. Essa forma faz com que as ações de correção sejam imediatas, reduzindo o acúmulo de incertezas e impactos negativos nos resultados por muito tempo.

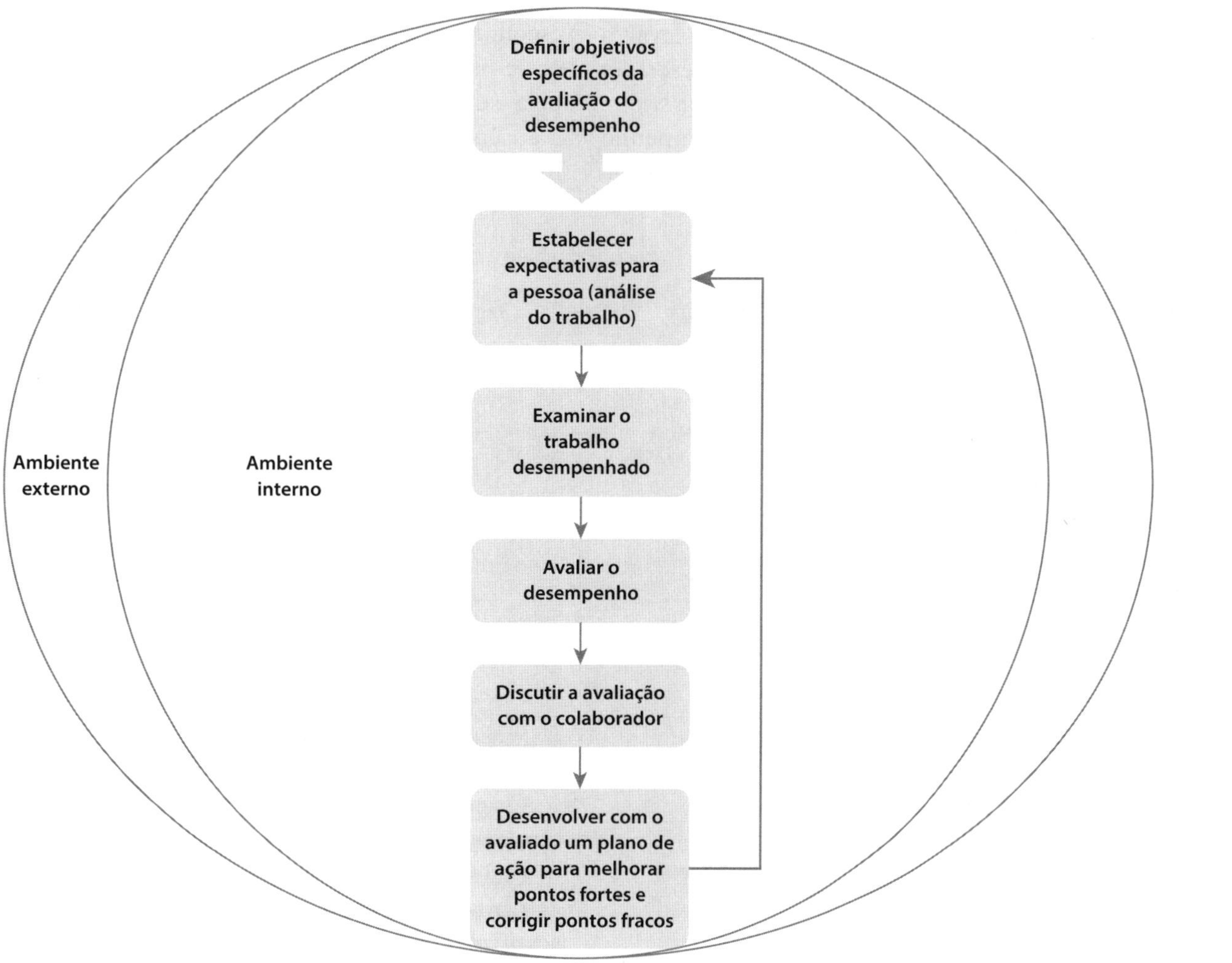

Figura 9.6 O processo tradicional de avaliação do desempenho.

9.5 MÉTODOS TRADICIONAIS DE AVALIAÇÃO DO DESEMPENHO

Há uma variedade de métodos para avaliar o desempenho humano. Nas organizações com um quadro de pessoas elevado, torna-se mais complexo, principalmente para manter critérios de equidade e de justiça e, ao mesmo tempo, estimulando os colaboradores. Por essa razão, as empresas parametrizam a estrutura de sua avaliação de acordo com suas características quanto à visão estratégica e operacional.

O método tradicional de avaliação com escalas gráficas é o mais utilizado, no qual há fatores de avaliação previamente definidos e graduados. Temos uma tabela em que nas linhas estão os fatores de avaliação e, nas colunas, os graus de avaliação do desempenho. Escolhem-se e definem-se fatores de avaliação que constituem parâmetros para avaliar o desempenho das pessoas, sendo um grupo de fatores comportamentais e outros fatores de competências técnicas, as quais a organização entende como importantes para levar a um resultado. Cada fator é definido por uma descrição sumária de entendimento sobre suas características. Pode-se dimensionar o fator desde como desempenho fraco ou insatisfatório até um desempenho ótimo ou excelente. Também se podem definir os graus em cada fator como ótimo, bom, regular, sofrível e fraco, conforme mostra o Quadro 9.3.

As críticas ao método de avaliação em escala gráfica são:

1. Superficialidade e subjetividade na avaliação do desempenho.
2. Produção de efeito de generalização (*hallo efect*): se o avaliado recebe bom em um fator, tende a receber a mesma avaliação nos demais.
3. Erro na categorização e homogeneização das características individuais.
4. Limitação dos fatores de avaliação: funciona como um sistema fechado.
5. Rigidez e reducionismo no processo de avaliação.
6. Nenhuma participação ativa do funcionário avaliado.

Outros métodos de avaliação do desempenho, como escolha forçada, pesquisa de campo, incidentes críticos e lista de verificação, não tiveram muita aceitação pela subjetividade, superficialidade, tendenciosidade e ausência de uma visão completa do avaliado, cujas limitações são evidentes.

Quadro 9.3 Modelo de escala gráfica de avaliação tradicional do desempenho

Fatores	Ótimo	Bom	Regular	Sofrível	Fraco
Produção (quantidade de trabalho realizado)	Sempre ultrapassa os padrões	Às vezes, ultrapassa os padrões	Satisfaz os padrões	Às vezes, abaixo dos padrões	Sempre abaixo dos padrões
Qualidade (esmero no trabalho)	Excepcional qualidade no trabalho	Superior qualidade no trabalho	Qualidade satisfatória	Qualidade insatisfatória	Péssima qualidade no trabalho
Conhecimento do trabalho (perícia no trabalho)	Conhece todo o trabalho	Conhece mais do que o necessário	Conhece o suficiente	Conhece parte do trabalho	Conhece pouco o trabalho
Cooperação (relacionamento interpessoal)	Excelente espírito de colaboração	Bom espírito de colaboração	Colabora normalmente	Colabora pouco	Não colabora
Compreensão de situações (capacidade de resolver problemas)	Excelente capacidade de intuição	Boa capacidade de intuição	Capacidade satisfatória de intuição	Pouca capacidade de intuição	Nenhuma capacidade de intuição
Criatividade (capacidade de inovar)	Tem sempre excelentes ideias	Quase sempre excelentes ideias	Algumas vezes apresenta ideias	Raramente apresenta ideias	Nunca apresenta ideias
Realização (capacidade de fazer)	Excelente capacidade de realizar	Boa capacidade de realizar	Razoável capacidade de realizar	Dificuldade em realizar	Incapaz de realizar

9.5.1 Cuidados ao utilizar métodos tradicionais de avaliação do desempenho

Os métodos tradicionais de avaliação do desempenho, por serem considerados ultrapassados e com pouca flexibilidade, limitam a participação efetiva do avaliado – autoavaliação –, além de não permitirem o *feedback* constante. As organizações devem sempre buscar métodos mais participativos e impulsionadores de avaliação. O objetivo é utilizar ou desenvolver métodos capazes de avaliar e direcionar as pessoas para objetivos e metas com foco no negócio da empresa e que tenha visão no desempenho futuro das equipes, além de atender aos interesses individuais das pessoas.

A tendência é que haja redução dos formulários burocráticos, o que torna a avaliação simples, isenta de formalismos e com maior participação dos avaliados e envolvidos. Nesse sentido, a tecnologia tem sido importante para transformar os processos virtuais mais ágeis e isentos de papelório e formalidades. Isso propicia um ritmo mais célere de todo processo entre início da avaliação, consolidação e plano de ação de acordo com os resultados.

PARA REFLEXÃO

Afinal, para que serve a avaliação do desempenho?

Para direcionar ao desenvolvimento os profissionais que atuam nas organizações de forma mais assertiva. A avaliação de desempenho precisa ser direcionada ao futuro com a finalidade de crescimento, e não como forma de pressão, tensão, frustração, conflito ou utilizada para tomadas de decisão de um desligamento. Avaliar o desempenho abre uma grande oportunidade para correção de rotas ou demonstrar bons resultados de um colaborador. Cria um ambiente proativo, no qual avaliador e avaliado trabalham juntos os pontos fracos (a melhorar) e os pontos fortes para potencialização desse quesito. Como isso, os gestores podem desenvolver planos consensuais de crescimento para seus colaboradores e utilizar o passado como forma de experiência e projetar o futuro como forma de atingir o sucesso.

Os métodos lembram Douglas McGregor, criador das Teorias X e Y, quando dizia que o melhor método de avaliar o desempenho é uma folha branca de papel. Ele achava que liberdade, autonomia e simplicidade são a melhor maneira de o líder e o colaborador analisarem de forma interativa e profunda o desempenho atual e projetarem melhorias futuras de forma direta, aberta e franca.

9.6 NOVAS TENDÊNCIAS NA RETROAÇÃO DO DESEMPENHO

Com as mudanças de mercado e no ambiente de trabalho, que se tornou altamente dinâmico e estratégico para as organizações, houve a necessidade de aprimoramento do método de retroação do desempenho, adaptando-se para a nova realidade, em que a autoavaliação e a autodireção das pessoas, maior participação do colaborador no seu próprio planejamento de desenvolvimento pessoal, foco no futuro e na constante e crescente melhoria do desempenho, continuam em evidência, potencializadas com o uso da tecnologia. A pandemia e a pós-pandemia impactaram diretamente na forma de gestão, e os líderes tiveram de se adaptar e gerir suas equipes a distância, ampliando a forma de retroação (*feedback*) como técnica de direcionamento das equipes a distância.

As abordagens que estão ocorrendo no campo da retroação (*feedback*) do desempenho humano são as seguintes:[14]

1. **Os indicadores devem ser sistêmicos:** impactam como um todo na organização, surgem do planejamento estratégico, que define o quê, como e quando medir. Identificam metas e objetivos ligados aos processos empresariais e com foco nos *stakeholders* e no cliente interno ou externo. Nem sempre um único indicador é flexível e universal para servir critérios diferentes, daí a necessidade de vários indicadores integrados.
2. **Os indicadores devem ser escolhidos em um conjunto integrado:** para evitar distorções e não desalinhar critérios de avaliação.

   Há cinco tipos genéricos de indicadores de desempenho:

   a) **Indicadores financeiros:** relacionados a fluxo de caixa, lucratividade, retorno do investimento, relação entre custo e benefício etc.

b) **Indicadores ligados ao cliente:** satisfação do cliente interno ou externo, tempo de entrega de pedidos, competitividade em preço ou qualidade, fatia de mercado etc.

c) **Indicadores internos:** tempo de processo, qualidade, índices de segurança, índices de retrabalho, ciclo do processo etc.

d) **Indicadores de inovação:** novos processos, produtos, projetos de melhoria, qualidade total, pesquisa e desenvolvimento etc.

e) **Indicadores de criação de valor:** como cada talento ou equipe gera e entrega valor para o negócio da organização e para os seus públicos estratégicos (*stakeholders*).

3. **A retroação do desempenho deve basear-se em índices de referência objetivos:** que possam balizar o processo, como indicadores de:

   a) **Desempenho corporativo:** de toda a organização.

   b) **Desempenho departamental:** de cada unidade organizacional.

   c) **Desempenho grupal:** de cada equipe.

   d) **Desempenho individual:** de cada talento.

4. **A retroação do desempenho deve levar em conta o contexto geral:** deve ser considerada com a evolução dos índices internos em confronto com indicadores externos, tais como:

   a) **Índices de ordem econômica:** relacionados com a conjuntura econômica da região, do país e mundial.

   b) **Aspectos importantes de outras empresas:** do mesmo ramo de negócio ou que tenham similaridade com o negócio da empresa (*benchmarking*) como comparativo.

5. **A retroação do desempenho como elemento integrador das práticas de GTH:** é a chave integradora dos processos de GTH para agregar, engajar, aplicar, desenvolver, recompensar e monitorar talentos, integrando todos os processos.

6. **A retroação do desempenho como forma de retorno aos talentos:** instrumento de realimentação da informação, para proporcionar aos talentos orientação, autoavaliação, autodireção e autocontrole. Adquire um sentido mais amplo e abrangente com novos aspectos, tais como:

   a) **Competências pessoais:** capacidade de aprender e a maneira como as pessoas adquirem novos conhecimentos e competências.

   b) **Competências tecnológicas:** capacidade de assimilação do conhecimento de diferentes tecnologias necessárias ao desempenho que inclua generalidade e multifuncionalidade.

   c) **Competências metodológicas:** envolve a capacidade de iniciativa e espírito empreendedor para resolução espontânea de problemas e de situações difíceis.

   d) **Competências sociais:** capacidade de relacionamento humano com pessoas e grupos, bem como em trabalho em equipe.

   As pessoas precisam conseguir reunir partes dessas diferentes competências recebendo a retroação para autodiagnosticar sua presença ou não no seu desempenho.

7. **A retroação do desempenho está enfatizando cada vez mais a entrega de valor e os resultados:** as metas e os objetivos a atingir unem-se ao comportamento, no qual ambos são avaliados, cada qual com seu peso. As organizações bem-sucedidas criam as condições ideais para manter elevado desempenho, com base no comportamento e na técnica de seus talentos.

8. **A retroação do desempenho está sendo relacionada com a noção de expectância:** é a relação entre as expectativas pessoais e as recompensas decorrentes do nível de produtividade do indivíduo. Trata-se de uma teoria contingencial da motivação, na qual a produtividade conduz a determinados resultados finais desejados pela pessoa, como dinheiro, promoção, reconhecimento etc. Isso significa demonstrar às pessoas que o desempenho excelente traz benefícios para todos os envolvidos. Pode-se vincular os resultados da retroação do desempenho com incentivos de curto prazo (ICP), como remuneração flexível ou sistemas de incentivo.

Em que o avaliador deve ajudar	Em que o avaliado pode ajudar
■ Preparar a avaliação ■ Ser direto e cuidadoso ■ Ser claro sobre o problema e seu impacto ■ Provocar expectativas futuras ■ Pedir ideias e sugestões ao avaliado	■ Ouvir atentamente ■ Assumir o problema ■ Perguntar para esclarecer o problema ■ Esclarecer o que é esperado ■ Sugerir ideias ao avaliador

9.6.1 Avaliação participativa por objetivos (APPO)

As organizações continuam adotando o sistema de gestão do desempenho, no qual participam ativa e proativamente o colaborador e o seu gestor, focados em uma visão de futuro. Hoje a utilização da tecnologia e suas ferramentas no processo garantem agilidade e segurança nas informações, para serem trabalhadas de forma adequada e precisa. Essa forma de gestão com novas roupagens e foco participativo afasta a antiga visão de que avaliar e gerir desempenho era traumático e ameaçador.

A APPO pode ser democrática, participativa, envolvente e motivadora, conforme os níveis de responsabilidades demonstrados no Quadro 9.4. Nessa nova e emergente APPO, a gestão do desempenho segue seis etapas:[15]

1. **Formulação de objetivos consensuais:** trata-se de uma declaração do resultado que se deseja alcançar em determinado período. Nela, colaborador e gestor, em consenso, definem as regras e a forma de alcançarem os objetivos propostos, portanto não são impostos. Essa forma deve trazer um benefício para a organização e proporcionar o desenvolvimento e a participação direta do avaliado, trazendo a ele ganhos financeiros e em sua carreira.
2. **Comprometimento pessoal quanto ao alcance dos objetivos conjuntamente formulados:** é imprescindível a aceitação plena dos objetivos por parte do avaliado e seu comprometimento íntimo em alcançá-los, condição *sine qua non* do sistema, que por muitas vezes é firmado por meio de contrato formal ou psicológico.
3. **Negociação sobre a alocação de recursos e meios necessários para o alcance dos objetivos:** a partir dos objetivos estabelecidos, definem-se os recursos e os meios necessários para alcançá-los. Os recursos podem ser materiais (tecnologia, equipamentos, máquinas), humanos (equipe) ou de investimentos em treinamento do avaliado (orientação, aconselhamento).
4. **Desempenho:** é o comportamento do avaliado na estratégia pessoal para alcançar seus objetivos. Cada pessoa deve escolher com liberdade e autonomia como alcançar os objetivos. O gestor proporciona orientação e aconselhamento em vez de comando, controle ou até imposição, quando a situação o exigir.
5. **Constante monitoração dos resultados e comparação com os objetivos formulados:** é a verificação do retorno envolvido no processo. A medição dos resultados alcançados e seus objetivos precisa ter base quantitativa confiável e fornecer uma ideia objetiva

Quadro 9.4 Níveis de responsabilidades para avaliação

Responsabilidades do colaborador	Responsabilidades de ambos	Responsabilidades do gestor
Iniciar a sessão Responder à avaliação Proporcionar retroação ao supervisor Solicitar ajuda para seu autodesenvolvimento	Mudar quando necessário: Os objetivos e as ênfases As responsabilidades básicas do trabalho Os níveis de importância e de melhoria do desempenho	Iniciar a sessão Proporcionar retroação do desempenho Conduzir para melhorar o desempenho Ouvir a retroação do colaborador

Dicas para uma gestão eficaz:	Como ser avaliado:
■ Ressaltar aquilo que a pessoa está desempenhando bem. ■ Proporcionar retroação imediata ao desempenho. ■ Dar total atenção à pessoa quando proporcionar retroação. ■ Ser específico e direto na comunicação. ■ Encorajar a comunicação em duas vias: retroação bidirecional.	■ Solicitar constante e direta retroação em tempo real. ■ Pedir informação adicional, explicações ou esclarecimentos. ■ Conceituar a retroação e aplicá-la ao seu comportamento. ■ Utilizar a retroação para fins de correção e desenvolvimento.

do andamento das tarefas e do esforço do avaliado. Quando possível, o avaliado deve fazer sua autoavaliação, monitorar resultados e compará-los com os objetivos traçados, com ajuda do gestor.

6. **Retroação intensiva e contínua avaliação conjunta e interativa:** devem ter constantes *feedbacks*, e o colaborador precisa ter clara percepção sobre seu esforço/resultado alcançado, com ajuda constante do gestor, garantindo avaliação interativa e dinâmica.

A revisão do desempenho deve focar o plano futuro de desempenho, desprendendo-se do julgamento do desempenho passado. Deve orientar o desempenho para metas e objetivos previamente negociados e fixados, dando ao colaborador recursos necessários para a sua adequada conquista, além de realizar medições adequadas, comparativas e consistentes mediante retroação e avaliação contínua, assegurando desempenho conforme os objetivos da organização.

Hoje, nas organizações, a revisão do desempenho humano deixou de ser realizada em três etapas, passando a quatro etapas sucessivas:

1. **Fixação negociada de padrões:** objetivos de desempenho entre o líder e o talento.
2. **Avaliação do desempenho:** avaliar o passado para direcionar o futuro em relação aos padrões.
3. ***Feedback* constante ao talento:** sua avaliação para melhorar seu desempenho e orientar no desenvolvimento de competências, eliminando deficiências.
4. **Desenvolver o Plano de Desenvolvimento Individual (PDI):** plano para o desenvolvimento de competências a partir das necessidades de um talento.

A definição e a concordância dos objetivos são passos importantes no esclarecimento das expectativas que se espera do colaborador e do que ele deve ter em mente quanto ao seu desempenho. Esses devem ser negociados para que haja comprometimento e compromissos para o futuro. O contrato psicológico de desempenho é um acordo negociado entre gestor e colaborador a respeito do papel de ambos e dos objetivos a serem alcançados. Cada uma das partes entra com sua responsabilidade, em que o colaborador cobra recursos e o gestor, resultados.

O ciclo da APPO consiste em definir objetivos e responsabilidades, desenvolver padrões de desempenho, avaliar o desempenho e redefinir objetivos. É importante motivar as pessoas mediante recompensas materiais, sociais e simbólicas.

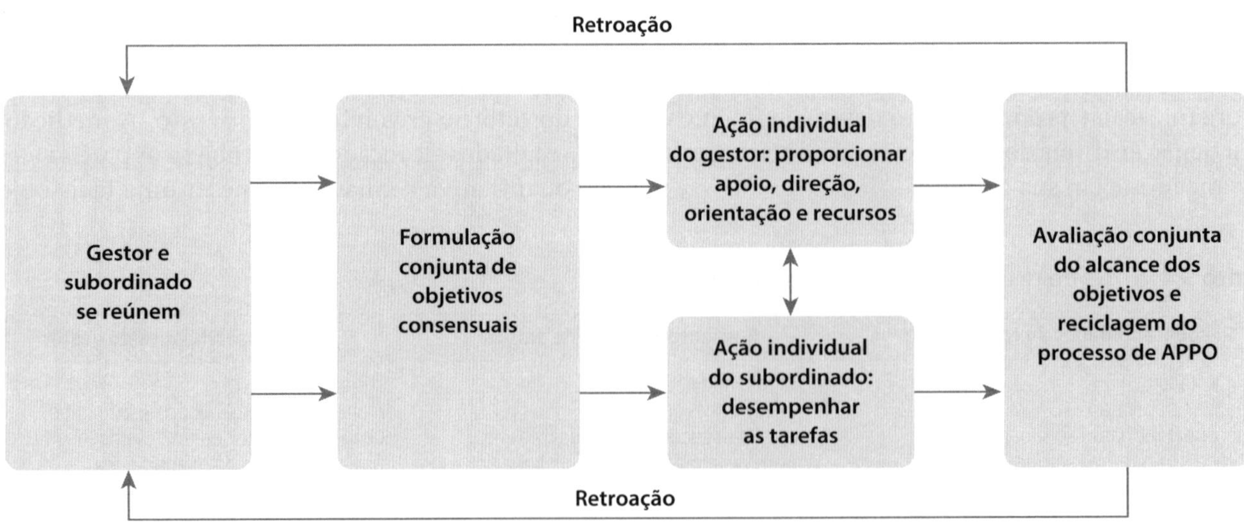

Figura 9.7 Processo de administração participativa por objetivos.[16]

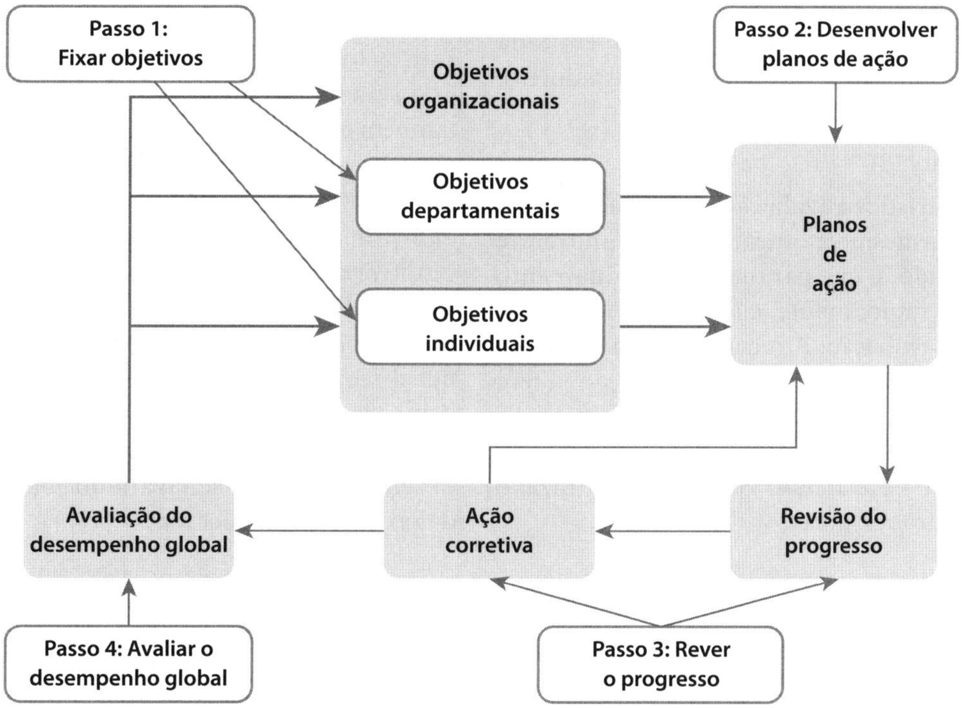

Figura 9.8 Processo de APPO.[17]

9.6.2 Tipos e metodologias de avaliação de desempenho[18]

Há vários tipos e metodologias e tecnologias de avaliação. Neles, para cada estratégia, deve ser considerado o resultado que se deseja obter e qual se encaixa mais na realidade estratégica, cultural da organização e dos níveis de maturidade dos envolvidos no processo. Portanto, torna-se vital definir e organizar o que se deseja e a estratégia a ser utilizada, e, aí sim, optar pelo método que atenderá a esses requisitos. As novas metodologias aplicadas com as ferramentas e a tecnologia têm garantido o sucesso de todo o processo da avaliação, retroação, até nos planos de desenvolvimento. Por isso, a GTH deve atuar como facilitadora, dando apoio e sustentação na aplicação e no acompanhamento de todo o processo.

9.6.2.1 Autoavaliação

Nessa avaliação, cada talento avalia a si mesmo, devendo ser ajustados os critérios a serem acordados previamente com seu gestor. Nesse modelo de avaliação, o colaborador tem a oportunidade de participar ativamente de todo o processo, julgando e concluindo sobre seu próprio desempenho. Trata-se de uma metodologia simples, na qual o resultado deve ser discutido com seu gestor e a área de GTH, que tem o papel de moderador, para o desenvolvimento de metas e plano de ação a ser seguido pelo avaliado. Porém, deve-se ter em mente que nem todos têm a facilidade de se autoanalisar e desenvolver o autoconhecimento. Ao aplicar, recomenda-se que as pessoas tenham maturidade e entendimento de todo o processo, pois há dificuldade de o envolvido reconhecer e identificar pontos fortes e fracos (a melhorar).

9.6.2.2 Avaliação direta ou 90°

Tem como característica o fato de sua aplicação e condução serem realizadas pelo gestor direto, assumindo o papel e a responsabilidade de dar o parecer da avaliação de todos os seus comandados. Esse método acaba tendo um benefício importante, uma vez que ele conhece detalhes de sua equipe, o que dá a possibilidade de avaliar com maior precisão. Por outro lado, há o risco de a avaliação ser realizada pela maior aproximação e empatia que tem por alguém específico da equipe, o que inibe a identificação de falhas. Assim como em toda avaliação, deve-se ter clareza quanto aos indicadores e sua importância para cada nível de sua área.

9.6.2.3 Avaliação 180°

Tem como característica a avaliação ser aplicada, analisada e discutida no mesmo momento, em conjunto entre avaliador e avaliado, o que garante o direcionamento do plano de ação rapidamente, elevando a riqueza e a transparência da avaliação. A recomendação é que sua aplicação seja realizada quando a organização já tem uma cultura madura sobre o tema e com um processo de comunicação interpessoal bem definido entre os envolvidos. Esse modelo de avaliação geralmente é utilizado por empresas de grande porte.

9.6.2.4 Avaliação matriz nove boxes

Essa metodologia foi criada por Robert E. Kaplan, escritor e consultor americano, na década de 1970. No mercado também é conhecida ou citada como avaliação de curva forçada para evolução de carreira. É precisa na identificação do potencial de cada talento, enquadrando o resultado de acordo com o quadrante. Trata-se de uma ferramenta intuitiva e de fácil análise visual, sendo sua apresentação simples. Suas características são bem visuais e de fácil interpretação, pois têm uma grade de nove quadrantes que direciona a necessidade do avaliado. O eixo vertical demonstra e avalia o comportamento de baixo, médio ou alto potencial e, no eixo horizontal, demonstra que o desempenho pode ser avaliado abaixo, dentro e acima das expectativas esperadas.

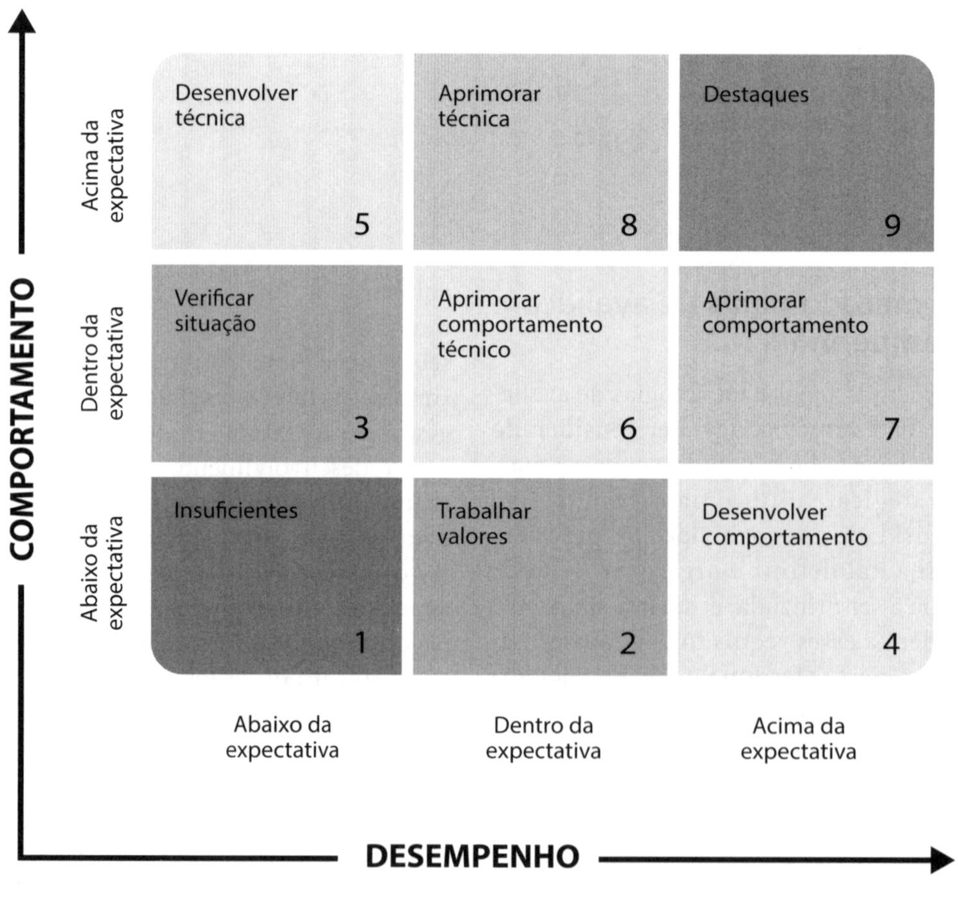

Figura 9.9 Avaliação matriz nove boxes.

9.6.2.5 Avaliação 360°

O método tem abrangência que envolve o contexto de cada talento. É realizado de forma circular, envolvendo todos que mantêm, de alguma forma, a interação com o avaliado – gestor; pares; subordinados; clientes internos e externos; terceiros – muitas empresas utilizam esta metodologia/ferramenta, sendo que sua análise acontece de forma mais equilibrada sem influências de opinião pessoal. Sua eficiência tem tornado essa metodologia com maior relevância principalmente nas grandes organizações. A avaliação 360° amplia a visão para o desenvolvimento do plano de ação, pois é possível analisar a capacitação do talento, suas atitudes e habilidades, além de detalhar seu perfil comportamental, pois geralmente os pares e os colegas de trabalho são mais objetivos ao apontar o comportamento de outro colega.

A avaliação e a retroação 360° buscam verificar quais objetivos foram alcançados e como o desempenho pode ser melhorado para elevar metas e resultados. Isso dá liberdade às pessoas para escolher seus próprios meios e utilizar melhor suas competências individuais e sociais.

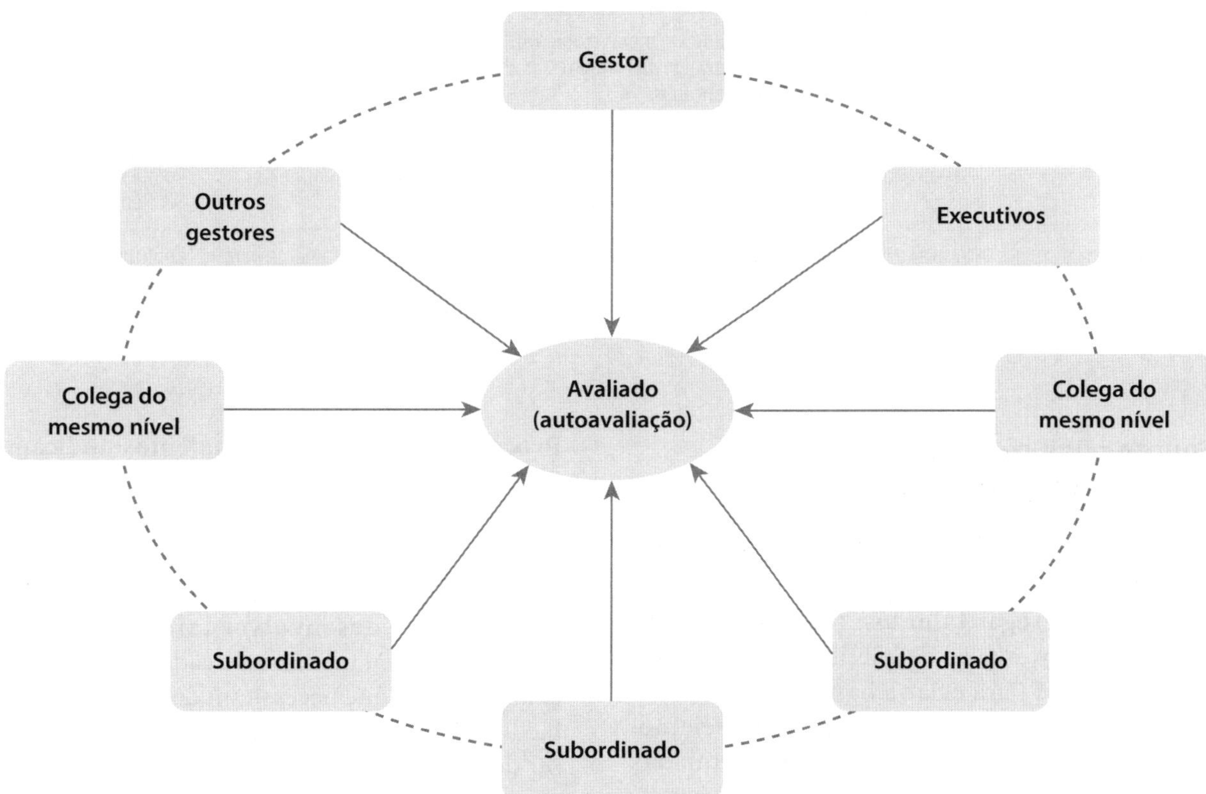

Figura 9.10 Avaliação 360° ou circular.

Quadro 9.5 Objetivos da retroação do desempenho em 360 graus[19]

Ênfase da retroação	Objetivos intermediários	Objetivo final
Estimativa do potencial	Predição do desenvolvimento e adequação futura da pessoa a determinada situação ou objetivo do trabalho ou da tarefa. Previsão do desempenho potencial da pessoa no sentido de estimar futuras promoções ou novos papéis na organização.	Mobilidade vertical Mobilidade lateral Carreira Mudanças
Retroação comportamental	Proporcionar retroação sobre determinados comportamentos observáveis, alinhados à missão, visão, valores e objetivos da organização. Serve para proporcionar autoconhecimento e permitir a identificação de pontos fortes e oportunidades de melhoria ou desenvolvimento para alinhamento do comportamento aos objetivos da organização.	Treinamento Capacitação Autoconhecimento Alinhamento
Desenvolvimento pessoal	Acompanhar o grau de desenvolvimento e maturidade do colaborador como meio para a definição de ações de capacitação, mobilidade de carreira e estímulos salariais e aumento da responsabilidade.	Melhorias Capacitação Mobilidade Responsabilidade Incentivos
Alcance de metas e objetivos	Incentivar o desempenho focado em metas e objetivos da organização. Ênfase na aferição quantitativa e qualitativa do *gap* entre resultados individuais/grupais esperados e resultados efetivamente alcançados.	Alinhamento Foco em resultados Incentivo
Nível de competências	Aferir o nível e a qualidade das competências individuais/equipes no sentido de alinhá-las aos objetivos organizacionais e incrementar a competitividade da organização.	Alinhamento Competitividade Foco em objetivos
Contribuição à organização	Avaliar a maneira como cada colaborador/equipe contribui direta ou indiretamente para o negócio da organização.	Contribuição Incentivo

9.7 APLICAÇÕES DA GESTÃO DO DESEMPENHO HUMANO

A gestão do desempenho humano tem várias aplicações e propósitos:

1. **Processos de agregar talentos:** funcionam como insumo para o inventário de habilidades, no planejamento da GTH para criar a base de informação para banco de talentos e o recrutamento e seleção, pois indicam características e atitudes adequadas dos colaboradores que serão cobrados no resultado final.
2. **Processos de engajar talentos:** indicam o desempenho e os resultados alcançados pelos colaboradores.
3. **Processos de aplicar talentos:** informam como os colaboradores estão integrados com seu trabalho, tarefas e competências.
4. **Processos de recompensar talentos:** indicam se os colaboradores estão sendo motivados, direcionando a organização sobre formas de compensação e promoção, além de decisão sobre desligamentos. Isso encoraja a iniciativa e o senso de responsabilidade.
5. **Processos de desenvolver talentos:** indicam os pontos fortes e a melhora de cada pessoa, definindo colaboradores que necessitam de treinamento, o que facilita ao gestor observar onde seu subordinado pode ser desenvolvido.
6. **Processos de monitorar talentos:** proporcionam retroação entre as pessoas quanto ao seu desempenho e potencialidades de desenvolvimento e uma interação de entendimento entre as partes envolvidas.

A retroação do desempenho funciona como elemento integrador das práticas de GTH, conforme a Figura 9.12.

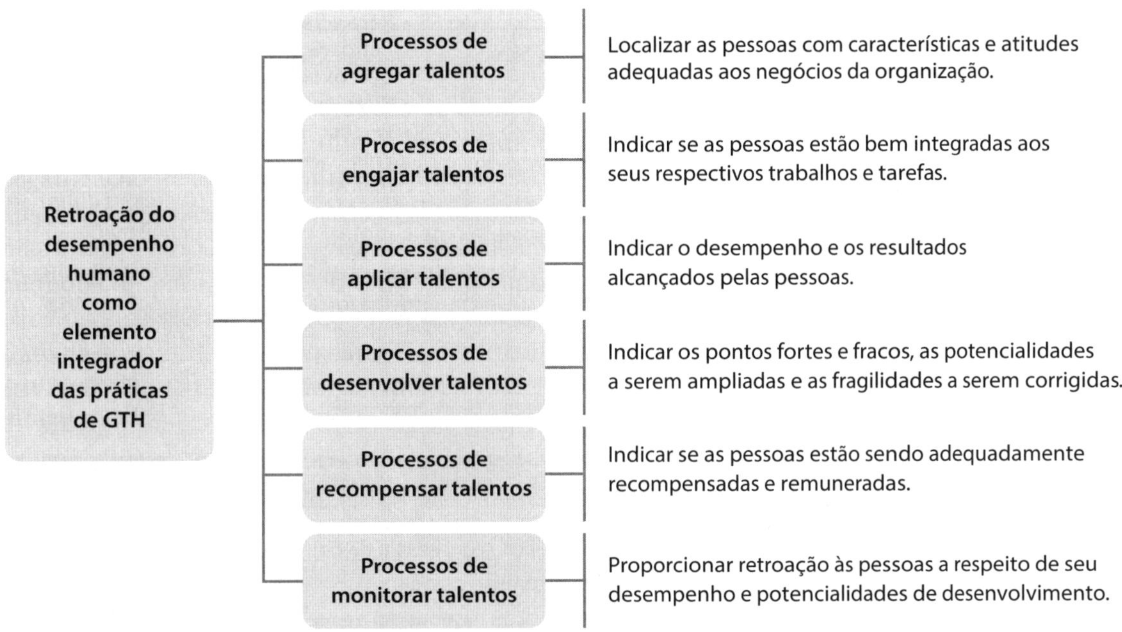

Figura 9.11 Retroação do desempenho como integradora das práticas de GTH.

Figura 9.12 Influência dos processos de retroação do desempenho nos demais processos de GTH.

Figura 9.13 Mapa mental do Capítulo 9: Gestão do Desempenho Humano.

REFERÊNCIAS

1. BOSSIDY, L.; CHARAN, R. *Execução*: a disciplina de fazer as coisas. Nova York: Crown Business, 2002.
2. MANYICA, J.; CHUI, M.; BUGHIN, J.; DOOBS, R.; BISSON, P.; MARSS, A. *Tecnologias disruptivas:* avanços que irão transformar a vida, os negócios e a economia global. Relatório do McKinsey Global Institute, maio 2013. Disponível em: www.mckinsey.com.
3. BIRKINSHAW, J.; FOSS, N. J.; LINDENBERG, S. Combinando fins com lucros. *MIT Sloan Management Review*, v. 55, n. 3, Spring 2014. p. 49-56.
4. CHIAVENATO, I. *Fundamentos de administração:* planejamento, organização, direção e controle para incrementar competitividade e sustentabilidade. Rio de Janeiro: Elsevier, 2016. p. 257-258.
5. BISSET, F. *Framework of motivated behavior*. Nova York: Free Press, 2009. Disponível em: http://www.pwc.com/us/en/technology-forecast/2012/issue3/download.jhtml.
6. CHIAVENATO, I. *Comportamento organizacional*: a dinâmica do sucesso das organizações. Barueri: Manole, 2015.
7. CHIAVENATO, I. *Fundamentos de administração:* planejamento, organização, direção e controle para incrementar competitividade e sustentabilidade, *op. cit.*, p. 257-258.
8. CHIAVENATO, I. *Fundamentos de administração:* planejamento, organização, direção e controle para incrementar competitividade e sustentabilidade, *op. cit.*, p. 257-258.
9. MILKOVICH, G. T.; BOUDREAU, J. W. *Human resource management*, *op. cit.*, p. 166.
10. McGREGOR, D. An uneasy look at performance appraisal. *Harvard Business Review*, Sept./Oct. 1972. p. 133-134.
11. KOONTZ, H. Making managerial appraisal effective. *California Management Review*, v. 15, Winter 1972. p. 46-45.
12. SEGALL, L. J. KISS appraisal woes goodbye. *Supervisory Management*, v. 34, Dec. 1989. p. 23-25.

13. RIDER, G. A. Performance review: a mixed bag. *Harvard Business Review*, July/Aug. 1973. p. 61-67.

14. CHIAVENATO, I. *Recursos humanos:* o capital humano das organizações. Rio de Janeiro: Elsevier/Campus, 2015.

15. CHIAVENATO, I. *Recursos humanos:* o capital humano das organizações, *op. cit.*

16. Fonte: CHIAVENATO, I. *Administração nos novos tempos:* os novos horizontes da administração. Barueri: Manole, 2015.

17. Adaptado de: DAFT, R. L. *Management*. Orlando, Fl: The Dryden Press, 1994. p. 195.

18. FURBINO, I. 10 tipos de avaliação de desempenho, critérios e como aplicar! Sólides Blog. Belo Horizonte, nov. 2022. Disponível em: https://blog.solides.com.br/tipos-de-avaliacao-de-desempenho/. Acesso em: 6 maio 2025.

19. Adaptado de: HIPÓLITO, J. A. M.; REIS, G. G. A avaliação como instrumento de gestão. *In*: LIMONGI-FRANÇA, Ana Cristina *et al*. *As pessoas na organização*. São Paulo: Gente, 2002. p. 76.

PARTE V

RECOMPENSANDO ESTRATEGICAMENTE TALENTOS E EQUIPES

Recompensar de forma justa e pelo resultado alcançado é fundamental para incentivo, motivação e engajamento dos colaboradores que possuem talentos e que devem ser valorizados, pois atende a objetivos organizacionais e individuais. Estruturar planos estratégicos de recompensas é importante e deve ter critérios claros e justos de igualdade nas oportunidades, para o crescimento da organização e para atender aos anseios das pessoas que nela trabalham, sendo valorizado o seu talento. A palavra *recompensa* significa retribuição ou reconhecimento pelos serviços prestados. É um elemento importante para demonstrar a retribuição e o reconhecimento do seu desempenho na organização. Uma política de recompensa bem definida ajuda no engajamento pela valorização de resultados, ações fundamentais para as empresas bem-sucedidas. Impacta também na atração dos talentos disponíveis no mercado de trabalho.

As organizações têm a missão de alcançar sua sustentabilidade e, para tanto, precisam produzir e gerar lucro no longo prazo. Esse objetivo vai ao encontro de outro tão importante quanto: a distribuição proporcional do lucro gerado entre todos os envolvidos no processo dos *stakeholders* e as equipes internas de trabalho. Assim, gerar lucro e riqueza e distribuí-las constituem dois objetivos fundamentais para o sucesso organizacional, qualquer que seja sua missão e visão de futuro. As recompensas não devem ser entendidas como um custo para a organização, mas sim como um investimento necessário para assegurar o retorno de seus resultados finais. As organizações precisam analisar a relação entre investimentos e benefícios de seus sistemas de recompensas, que devem trazer retorno à organização, incentivando os *stakeholders* e as equipes a continuarem contribuindo para a organização obter resultados e crescimento, criando a política de resultado *versus* recompensa.

Nesta parte, iremos conhecer e avaliar os sistemas de recompensas desenvolvidos pelas organizações, conhecidos como remuneração variável. Alguns modelos seguem processos tradicionais e não arrojados, o que não é atraente no engajamento e na atração de talentos, enquanto outras são modernas, mais avançadas e sofisticadas para incentivar e motivar as pessoas que nelas trabalham, conforme demonstra a Figura V.2.

Na abordagem tradicional, predomina o modelo do *homo economicus*, que supõe que as pessoas são motivadas exclusivamente por incentivos salariais, financeiros e materiais. A remuneração obedece a processos padronizados de avaliação de cargos, dentro de uma política que se aplica a todos os funcionários, não levando em conta as diferenças individuais de desempenho e de necessidades pessoais. Com isso, se o funcionário contribuir mais ou menos, seu ganho tende a ser sempre o mesmo.

Na abordagem moderna, predomina o modelo do homem complexo, que supõe que as pessoas são motivadas por uma variedade de incentivos, como salário, benefícios variáveis, desafios, metas e objetivos a atingir, satisfação no trabalho e na organização. A remuneração obedece a esquemas flexíveis, como o ganho pelo resultado obtido, atende a processos personalizados dentro de uma política que pode atender a resultados corporativos, setoriais e individuais. A remuneração é baseada em metas, objetivos e resultados a serem alcançados pelas pessoas, com ênfase no desempenho futuro e em valores variáveis e flexíveis.

As organizações estão desenvolvendo sistemas de recompensas capazes de provocar impacto direto na sua capacidade de atrair, engajar e motivar talentos. As recompensas visam incentivar as contribuições das pessoas aos objetivos e à lucratividade da organização, sendo que afetam os custos laborais, por serem variáveis, tornando importante criar o melhor desenho para gestão do sistema de recompensas, seja ela fixa ou variável, e até mesmo salários indiretos que envolvem benefícios sociais.

Nesta Parte V do livro abordaremos os processos e os modelos das políticas de remuneração que as organizações vêm adotando para incentivar e recompensar suas equipes, seja em função das posições ocupadas, do tempo na organização, da função do desempenho alcançado ou das metas e resultados a serem cumpridos. A remuneração, os incentivos e os benefícios e os serviços oferecidos aos funcionários serão os temas principais desta parte. Buscaremos apresentar as melhores práticas e as tendências em relação às recompensas fixas, variáveis e indiretas, as quais estão relacionadas aos benefícios flexíveis.

Figura V.1 Os processos de recompensar talentos e equipes.

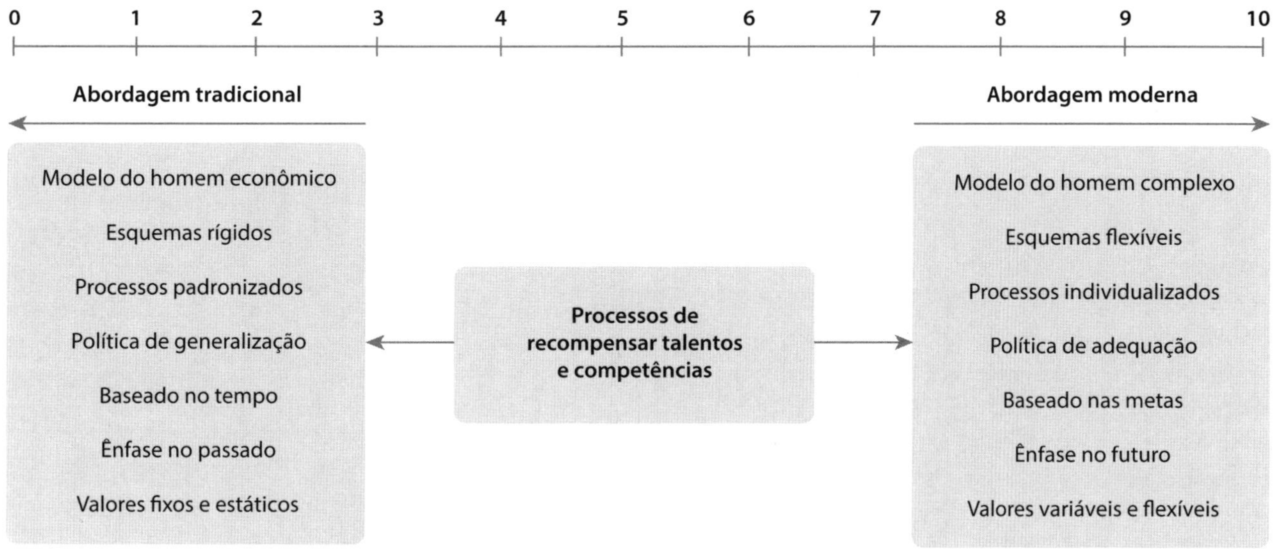

Figura V.2 Que nota você daria para os processos de recompensas de talentos em sua organização?[1]

REFERÊNCIA

1. Extraído de: CHIAVENATO, I. *Recursos humanos:* o capital humano das organizações. Rio de Janeiro: Elsevier/Campus, 2015.

Capítulo 10

Remuneração
Recompensando estrategicamente os talentos e as equipes

Objetivos de aprendizagem

Após estudar este capítulo, você deverá estar capacitado para:

- Criar modelos de recompensas internas na organização.
- Definir o conceito de remuneração e de incentivos de curto e longo prazo.
- Desenvolver estruturas e componentes da remuneração total.
- Compreender a importância do desenho e políticas do sistema de remuneração.
- Descrever os métodos de avaliação dos trabalhos e atender a legislação.
- Estruturar estrategicamente o processo de pesquisa salarial.

O que veremos adiante

- Recompensas organizacionais.
- Conceito de remuneração.
- Desenho do sistema de remuneração.
- Conceito de gestão de salários.
- Avaliação e classificação dos trabalhos.
- Remuneração por competências.
- Remuneração por complexidade do trabalho.
- Pesquisa salarial.
- Política salarial.

As organizações têm um grande e constante desafio de engajar e atrair talentos por conta das mudanças constantes de mercado, novas tecnologias, estilos culturais, políticas locais e variáveis econômicas locais e mundiais. Isso demonstra a importância de criar novas formas de recompensas que comporão a remuneração total de um talento (*Total Compensation*). Essas mudanças fazem com que a GTH busque alternativas modernas de remunerar e valorizar. As composições desses ganhos partem de um valor fixo em relação à média de mercado (salário), até as possibilidades de valores variáveis (PLR, Bônus, Prêmio, Gratificações etc.). As organizações desenvolvem seus planos de ICP (incentivo de curto prazo) e/ou ILP (incentivo de longo prazo), o qual será tratado mais adiante.

A dinâmica das organizações exige formas eficientes de recompensar, com o objetivo de motivar suas equipes envolvidas no processo. Para tanto, os profissionais de GTH, juntamente com a autogestão, devem avaliar com critérios, metas e resultados a serem atingidos com visão de sustentabilidade e futuro, em que os resultados passados servem como balizador para evolução e ajustes para novas metodologias. As organizações geralmente têm a estratégia de manter conceitos tradicionais ou clássicos de remuneração, o que inibe a atração dos talentos, criando um estado de letargia em seu crescimento. Portanto, ser criativo no modo de recompensar, mantendo o equilíbrio interno e externo, torna a organização competitiva e com possibilidades de atrair para seu quadro de colaboradores profissionais talentosos. Ganhos pelo resultado obtido fazem com que todos participem ou não do sucesso de uma organização, o que gera um clima de pertencismo.

10.1 RECOMPENSAS ORGANIZACIONAIS E SUA ESTRATÉGIA

A atividade organizacional pode ser visualizada como um complicado processo de conversão de recursos e competências. Essa conversão requer uma combinação do esforço humano, competências, tecnologias, matérias-primas, capital em um conjunto de trabalho integrado que produz o resultado desejado. O talento humano é fundamental nessa atividade e deve estar motivado e recompensado de acordo com suas responsabilidades e entregas, onde temos três fatores de produção – recursos naturais, capital e trabalho – que formam a possibilidade de obter capital e riqueza. Esses devem ser distribuídos entre as partes envolvidas na sua geração: uma parte, em forma de custo, passa aos fornecedores (que proporcionam insumos, serviços, matérias-primas, equipamentos etc.); a outra, em forma de juros (para os agentes financeiros que movimentaram dinheiro à organização); outra parte, em forma de dividendos (aos investidores que assumem o risco); e, enfim, outra parte, em forma de salários e encargos sociais (aos funcionários e ao governo). As organizações buscam critérios de recompensas ligadas aos seus objetivos estratégicos, compreensão do seu momento e identificação do que engaja e retém talentos. Com isso, torna-se possível desenvolver a melhor estratégia de recompensas que agregue maior valor para a organização e crie satisfação a quem atingiu o resultado, sendo um dos desafios da GTH acompanhar as mudanças de mercado e mudar a direção quando necessário, saindo do convencional e buscando inovações. As recompensas oferecidas pela organização influenciam a satisfação de todos os seus *stakeholders*, que investem seus recursos individuais na medida em que obtêm retornos dos seus investimentos, assim como das equipes internas, que aumentam o interesse em superar expectativas para obter ganhos de acordo com o sucesso financeiro da organização.

10.2 CONCEITO E TIPOS DE REMUNERAÇÃO

Nesse conceito devemos lembrar que temos *stakeholders* internos interessados em investir com trabalho, dedicação, esforço pessoal, seus conhecimentos e competências, objetivando receber pela sua contribuição. De outro lado, as organizações interessadas em obter lucros e crescimento, ambos com foco nas contribuições que conduzam ao alcance dos resultados. Portanto, remunerar é a retribuição da organização para todos os profissionais e investidores que estão envolvidos no trabalho desenvolvido ou no retorno de seu investimento por resultados.

SAIBA MAIS
Sobre a participação dos *stakeholders* no sucesso da organização

O processo produtivo somente torna-se viável quando tem a participação conjunta de diversos *stakeholders*, cada qual contribuindo com algum esforço ou recurso para o sucesso do negócio. Sejam eles fornecedores, investidores ou acionistas, gestores ou colaboradores que trabalham na organização contribuem com conhecimentos, capacidades e competências, executando as atividades organizacionais. Cada um contribui com seu *know-how* na expectativa de obter algum retorno pela sua contribuição. É preciso retribuir todas essas contribuições e satisfazer expectativas e exigências variadas, envolvendo um amplo ecossistema de investimentos e contribuições, de um lado, e retornos e recompensas de outro.

10.2.1 Os componentes estratégicos da remuneração total

A remuneração total nada mais é que a somatória dos valores que o colaborador recebe pelo seu trabalho e entrega mensal ou força da venda de seu trabalho. É composta pelo salário fixo, mais adicional (horas extras, trabalhos noturnos, periculosidade, insalubridade etc.), valores variáveis de acordo com os resultados obtidos, além dos pacotes de benefícios sociais. Todos esses elementos podem variar de organização para organização, levando em conta sua estrutura econômica e o plano estratégico.

Podemos citar como um componente importante e atrativo da remuneração total os incentivos salariais desenhados para recompensar colaboradores que tenham elevado desempenho para alcançarem os objetivos predefinidos, contribuindo direta ou indiretamente para o resultado final da organização. Os incentivos assumem diversas formas, como bônus, prêmios, gratificações e a participação no lucro ou resultado alcançado. Outro componente que destacamos da remuneração total são os benefícios, quase sempre enquadrados na remuneração indireta, e que serão abordados mais adiante. Assim, há que se considerar a composição do salário, incentivos e os benefícios sociais oferecidos.

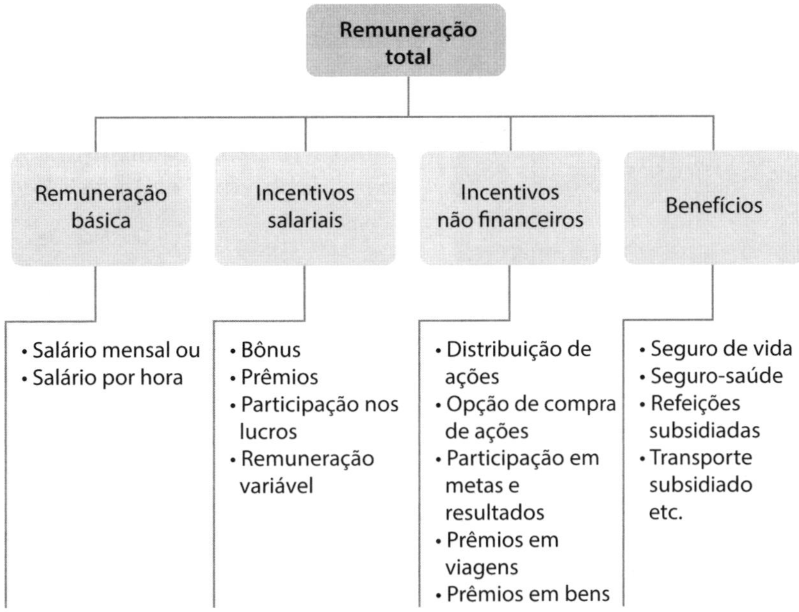

Figura 10.1 Os quatro componentes da remuneração total.

10.2.2 Recompensas financeiras e não financeiras

As recompensas podem ser classificadas como financeiras e não financeiras. As recompensas financeiras podem ser diretas e indiretas. A Figura 10.2 dá uma ideia a respeito.

1. **Recompensa financeira direta:** é o pagamento que os profissionais recebem na forma de salários, bônus, prêmios e comissões. O salário é percebido como a contraprestação do trabalho exercido por período mensal ou de horas trabalhadas. Horistas recebem pelo número de horas efetivamente trabalhadas no mês. Mensalistas recebem o valor pelos dias do mês trabalhado. Essas formas de recompensa e seus encargos ajudam na definição e controle dos custos produtivos de uma organização.
2. **Recompensa financeira indireta:** é o salário indireto decorrente de algumas cláusulas da convenção, dissídio ou acordos coletivos do trabalho (gratificações; adicionais por tempo de serviço; participação nos lucros e resultados; complementos de afastamentos etc.) e do plano oferecido pela organização de benefícios sociais (plano médico; alimentação; seguro de vida; refeição etc.).

A soma da recompensa direta e indireta constitui a remuneração, abrangendo todas as parcelas do salário direto, como todas as decorrentes do salário indireto. A remuneração constitui tudo que os colaboradores recebem como consequência do trabalho realizado em uma organização.

10.2.3 Tipos de salários e suas características

Dentro do tema, o salário é a principal forma de recompensa dada pela organização aos colaboradores. Para entendermos melhor, definiremos cada um deles a seguir. O salário nominal é o valor bruto pago ao trabalhador, fixado em contrato individual de trabalho previsto nas legislações. Em uma economia vulnerável devido à inflação, o salário sofre perdas de poder aquisitivo, portanto temos o salário real ou líquido, que é a capacidade de compra dos bens adquiridos com o volume de dinheiro que recebe mensalmente, isto é, o poder de compra. Daí a distinção entre reajuste do salário (recomposição do salário real) e aumento real do salário (acréscimo do salário real).

Há também o salário que é o piso da categoria, definido pelo acordo ou convenção coletiva negociada entre os

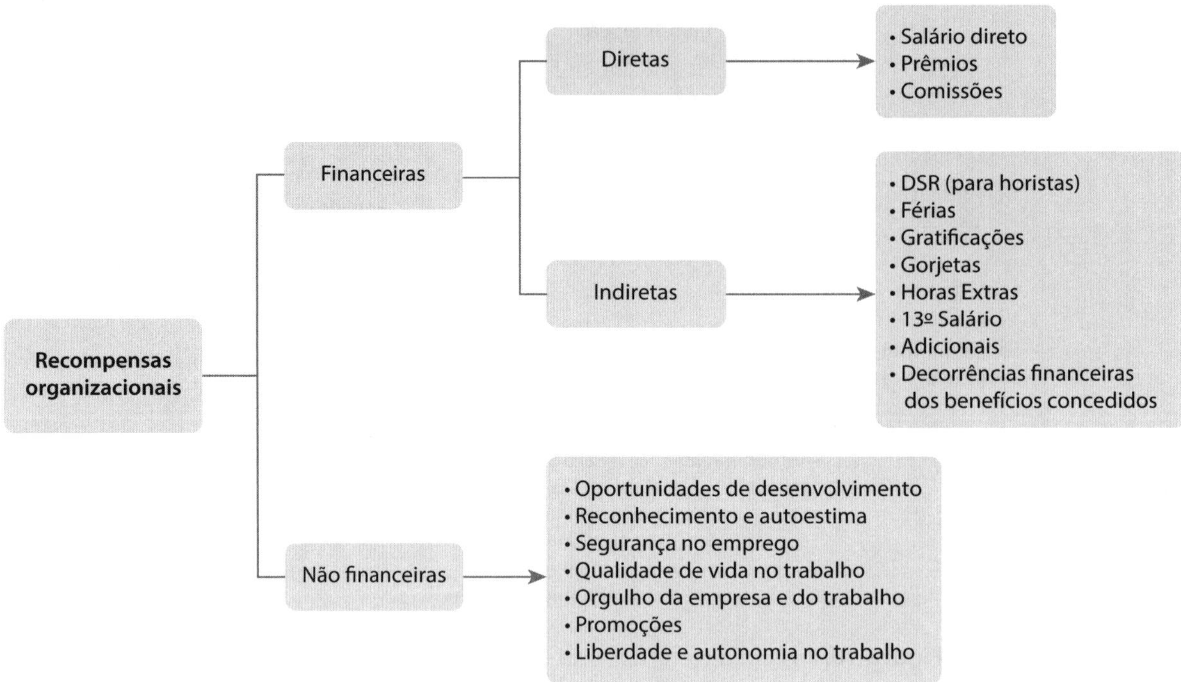

Figura 10.2 Os diversos tipos de recompensas.

sindicatos dos empregados e patronais, o qual compara a realidade de mercado com os trabalhos de igual valor dentro das organizações. Para cada categoria ou região, há um piso salarial a ser seguido. Para finalizarmos, temos o salário mínimo, que é a menor remuneração permitida por lei para trabalhadores, isto é, não se pode oferecer salário menor que o estabelecido anualmente pelo governo federal ou estadual.

O salário constitui o núcleo das relações entre as pessoas e as organizações; portanto, organizar a gestão salarial é o processo de administrar uma política de remuneração da empresa com transparência e igualdade nas oportunidades em todos os seus aspectos.

10.2.4 Tipos de remuneração

Lembramos que a remuneração nada mais é que a soma de todos os valores recebidos. Estes são integrados contratualmente pelo colaborador, partindo do salário fixo e possíveis adicionais e valores variáveis definidos nas políticas internas, de acordo com os resultados obtidos. Dentro desse conceito, citamos quatro modelos de remuneração:

1. **Remuneração funcional:** tem características tradicionais ligadas ao desenho do trabalho (cargos), baseados nas responsabilidades dentro do processo.
2. **Remuneração por habilidade:** retribuição oferecida ao trabalhador devido ao seu desenvolvimento técnico e comportamental para uma nova aptidão, que o aprimora para novas atribuições.
3. **Remuneração variável:** está condicionada ao atingimento de metas e resultados, estipulada em um período de tempo, e sua estrutura está ligada a indicadores (KPI's) estratégicos para organização.
4. **Remuneração acionária:** sua característica pode exigir um período de permanência do talento na organização (*vesting*), além dos resultados alcançados em longo prazo, sendo oferecidas ações (cotas) da organização ou pagamento de bônus e valores futuros.

10.2.5 Definição sobre o salário

O salário é uma contraprestação que o trabalhador recebe pelo trabalho dentro de uma organização. Ele nada mais é que o atingimento de um ou mais objetivos intermediários, que, segundo a teoria da expectância, permite alcançar objetivos finais desejados, constituindo a fonte de renda que proporciona o poder aquisitivo, o padrão de vida e o prestígio de cada pessoa, o que influencia seus sentimentos de autoestima. A remuneração afeta as pessoas sob o múltiplo ponto de vista econômico, psicológico e sociológico.[1]

Para a organização, o salário pode representar um custo e um investimento. Custo porque ele se reflete no produto ou serviço. Investimento porque representa a aplicação de dinheiro a um fator de produção do trabalho, para obter um retorno maior em curto ou médio prazo. Daí a necessidade de desenvolver uma estrutura clara na gestão de salários.

10.2.6 Composição dos salários

A composição dos salários depende de vários fatores internos (organizacionais) e externos (ambientais), pois esses fatores são inter-relacionados e exercem efeitos diferenciados sobre os salários, podendo atuar independentemente ou harmonicamente, e isso influencia na elevação ou redução dos salários, como mostra a Figura 10.3.

10.2.7 A influência da legislação de igualdade salarial

Todo desenvolvimento de uma estrutura salarial requer atenção quanto ao enquadramento legal dos salários em relação às legislações vigentes, o que interfere na forma de gestão salarial. Como já citado, não há uma lei específica para definir cargos e salários; porém, o art. 461 da CLT trata com detalhes sobre isonomia salarial e deve ser seguido. Recentemente, foi aprovado o art. 2º do Decreto 11.795/2023, que regulamenta a Lei 14.611/2023, sobre igualdade salarial e critérios de remuneração entre homens e mulheres. Na prática, não se alteram as questões estruturais de políticas salariais já descritas, que respeitam a igualdade de oportunidade, mas amplia-se a questão da identificação de um possível ato de discriminação, com impactos na valorização e no salário dos envolvidos. A lei também aumenta a forma de fiscalização contra discriminação e desigualdade. Com a nova lei, os órgãos fiscalizadores passam a ter maior acesso às informações e possíveis incompatibilidades salariais, criando ainda mais a necessidade de as organizações manterem suas políticas de remuneração e carreiras claras e alinhadas com a legislação, que entendemos ser a base principal das decisões judiciais em âmbito trabalhista.

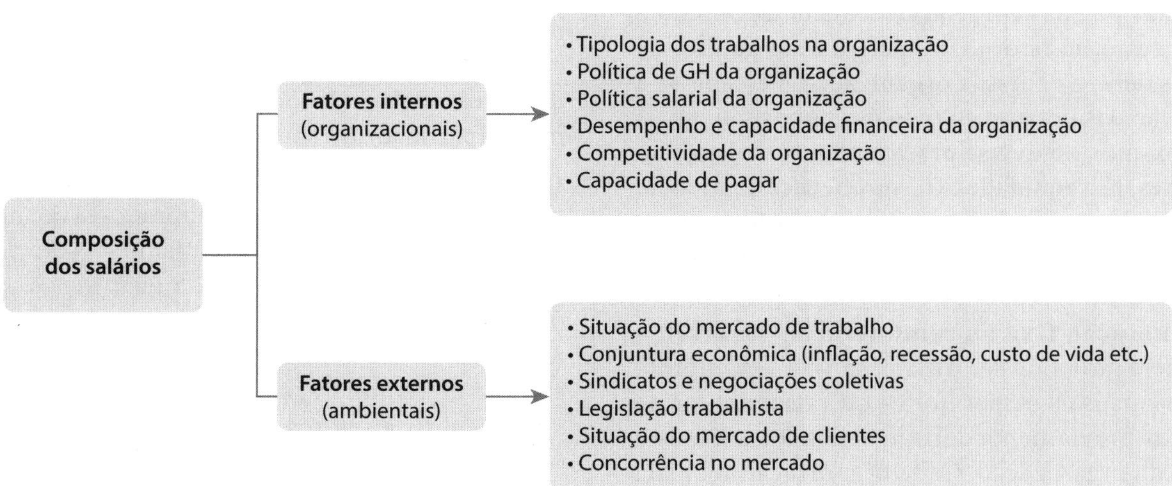

Figura 10.3 O composto salarial.

10.3 DESENHO DA ESTRUTURA DO SISTEMA DE REMUNERAÇÃO

A remuneração, por depender de inúmeros fatores, torna-se complexa. Não há uma fórmula pronta para desenvolver a estrutura e as políticas de remuneração. Cada organização tem sua estratégia e realidade, seja econômica ou estrutural. O desenho do sistema de remuneração provoca impactos internos, o que oferece desafios, e torna-se fundamental a participação de lideranças e colaboradores no processo. Com isso, a área de GTH poderá conduzir o plano em direção às estratégias e características da organização.

10.3.1 Critérios para construção de um plano de remuneração

Todo plano de remuneração deve ter etapas e critérios básicos para sua construção, obedecendo sempre às características da empresa e o mercado em que está inserido. A seguir, citamos alguns desses critérios:

1. **Equilíbrio interno *versus* equilíbrio externo:** todo plano de remuneração deve ser consistente e equilibrado tanto com a realidade interna como externa, portanto deve ser balanceado, para que possa ela ser percebida como justa dentro da organização e no comparativo com outras organizações do mesmo segmento. A equidade interna obedece ao princípio da justiça dos ganhos de acordo com as contribuições que os colaboradores se propõem a fazer para a organização. Nesse sentido, é inevitável a comparação das pessoas em relação à sua entrega para a organização, ao retorno financeiro e aos ganhos de colegas dentro e fora da organização. Percebe-se a satisfação das pessoas quando os ganhos são iguais ou próximos do que se pratica com os colegas ou similares. Já a equidade externa obedece ao modelo do mercado de trabalho, que fixa os salários conforme as ocupações similares entre as organizações do mesmo ramo de atividade.
2. **Remuneração fixa ou remuneração variável:** a remuneração pode ser uma base fixa – mediante salários mensais ou por hora – ou variar conforme critérios previamente definidos ligados a metas e lucros da organização. Cada organização tem sua forma e estratégia de valorizar suas equipes. Algumas apostam no salário fixo mensal e outras optam por valores fixos mais ganhos flexíveis, principalmente para cargos de maior nível hierárquico, porém não é uma regra, e sim a melhor estratégia. A tendência nos dias de hoje é o pagamento de um fixo na mediana de mercado e oferecer políticas de valores variáveis por metas e resultados alcançados. Assim, todos ganham ou todos deixam de aumentar seus ganhos.
3. **Desempenho ou tempo de casa:** a estrutura do plano de remuneração pode enfatizar o desempenho e remunerá-lo de acordo com as contribuições individuais ou grupais entregues, ou pode valorizar apenas pelo tempo de empresa do colaborador. Há também modelos que unem o desempenho e o tempo de casa, como balizadores para as recompensas. Atualmente, as organizações adotam o modelo "misto" para valorização, que tem como parâmetro o tempo de permanência, os resultados individuais alcançados no período e o autodesenvolvimento. Temos modelos em que as organizações oferecem prêmios ou bônus por atingimento de metas preestabelecidas; outras oferecem remuneração contingencial em função do tempo de permanência e promoção na organização.
4. **Remuneração do trabalho ou remuneração das competências:** a compensação baseia-se na contribuição do cargo ou em como as competências individuais contribuem para o resultado dentro da organização. O sistema tradicional privilegia o salário pela contribuição do cargo, em que o trabalho define a estrutura salarial. Tem bom funcionamento quando não há mudanças nas rotinas de trabalho, tecnologias, equipes, sendo que os trabalhos são padronizados, e as pessoas crescem mediante promoções na carreira. No sistema de competências, as pessoas possuem competências para serem aplicadas nas tarefas e situações[2] ou a remuneração é baseada na complexidade do trabalho.
5. **Igualitarismo ou elitismo:** no igualitarismo, inclui-se o maior número de colaboradores no mesmo sistema de remuneração e no elitismo se estabelecem diferentes planos conforme os níveis hierárquicos ou grupos de funcionários. No sistema igualitário, todos os colaboradores participam do mesmo sistema de remuneração, seja fixa ou variável. Já o sistema elitista reforça a tradicional hierarquia da organização, prevalecendo o nível de responsabilidade e complexidade que o colaborador tem em suas atividades.
6. **Remuneração abaixo do mercado ou acima do mercado:** os colaboradores podem ser remunerados abaixo ou acima do mercado. A decisão de pagar

abaixo de mercado pode impactar na satisfação dos colaboradores, sendo comum em organizações de menor porte, recém-abertas, ainda sem estrutura, ou que estejam localizadas em regiões isoladas com pouca oportunidade de emprego. A decisão de pagar acima do mercado é comum em organizações com maior estrutura que procuram reter e motivar seus colaboradores e minimizar custos de rotatividade e absenteísmo.

7. **Prêmios monetários ou não monetários:** podem ser realizados por meio de recompensas monetárias – como salários, bônus e prêmios – ou recompensas não monetárias – ambiente de trabalho, benefícios ou estabilidade no emprego. Os prêmios monetários reforçam a responsabilidade e o alcance individual de objetivo bastante aplicado nas organizações. Já os ganhos não monetários visam ao comprometimento com a organização. O formato a ser utilizado é definido considerando alguns fatores: o tipo de mercado em que atua, a região, a cultura organizacional, o momento econômico, entre outros. É possível utilizar ambos os modelos, para engajar, reter e reduzir custos com impostos.
8. **Remuneração aberta ou confidencial:** nela, os colaboradores podem ou não ter acesso às informações de remuneração dos desenhos de cargos e funções da sua área, assim como os motivos nas decisões salariais tomadas. O melhor modelo dependerá da cultura e da forma de comunicação utilizada pela organização, sendo que a aberta demonstra transparência e visão de onde cada ocupante pode chegar quanto às tarefas, responsabilidade e remuneração. Já a remuneração confidencial pode inibir a visão de crescimento e carreira, os colaboradores se sentem sub-recompensados. A remuneração aberta tem sido a mais utilizada nas organizações, pois traz uma cultura igualitária, o que gera confiança e comprometimento.
9. **Centralização ou descentralização das decisões salariais:** as decisões sobre remuneração podem ser tomadas de forma centralizada por áreas especialistas ou ser delegadas aos executivos da organização. No sistema centralizado, as decisões são tomadas e controladas pela área de Gestão do Talento Humano (GTH). No sistema descentralizado, as decisões são delegadas aos gestores das áreas. As organizações vêm utilizando forma mista de gestão, em que a definição estratégica é desenvolvida pela área GTH e seus especialistas, que desenvolvem políticas de remuneração. Já a aplicação é realizada pelos gestores das áreas para que façam a gestão dentro dos parâmetros estabelecidos na política. Isso garante a estabilidade legal, econômica e estratégica da organização, dando autonomia ao gestor para valorizar e dar oportunidades aos membros de sua equipe que estejam em sintonia com a cultura, a visão e o resultado da empresa. Isso cria o sentimento de transparência e igualdade de oportunidades, pois as decisões estão embasadas em critérios não subjetivos.

10.4 CONCEITO DE GESTÃO DE SALÁRIOS

Gestão de salários é a forma de estabelecer e/ou manter estruturas de salários com isonomia e justas na organização por meio de políticas bem definidas. A administração salarial envolve a organização como um todo e repercute em todos os seus níveis e setores. Uma estrutura salarial é utilizada quando a organização desenvolve tabelas com faixas salariais relacionadas com as diferentes tarefas e responsabilidades existentes na organização. Para estabelecer e manter estruturas salariais equitativas justas torna-se necessário estabelecer duas formas de equilíbrio, a saber:[3]

1. **Equilíbrio interno:** consistência entre os salários em relação aos trabalhos dentro da organização, o que exige uma estrutura salarial justa, balanceada e bem dosada.
2. **Equilíbrio externo:** consistência dos salários em relação aos mesmos cargos de outras organizações que atuam no mesmo segmento dentro do trabalho; exige uma estrutura salarial compatível com o mercado.

Figura 10.4 Critérios para definir a construção de um plano de remuneração.

O equilíbrio interno é alcançado mediante avaliação e classificação de trabalhos inseridos nos cargos, tendo como base a descrição e a análise de trabalhos *job description*. O equilíbrio externo é obtido com pesquisas de salários junto ao mercado e comparações dos perfis dos cargos. Com essas informações internas e externas, a organização desenvolve sua política salarial para desenvolver estratégias e forma de remuneração dos colaboradores, o que se considera uma das mais importantes etapas no engajamento.

10.4.1 Objetivos da gestão de salários

O sistema de remuneração tem influência direta para alcançar objetivos simultâneos:[4]

1. Atrair e reter talentos na organização.
2. Engajar e desenvolver talentos na organização.
3. Motivar e alcançar comprometimento do pessoal.
4. Aumentar a produtividade e a qualidade no trabalho.
5. Controlar custos laborais.
6. Proporcionar tratamento justo e equitativo a todas as pessoas.
7. Cumprir com a legislação trabalhista.
8. Ajudar no alcance dos objetivos organizacionais.
9. Garantir a competitividade e sustentabilidade da organização.

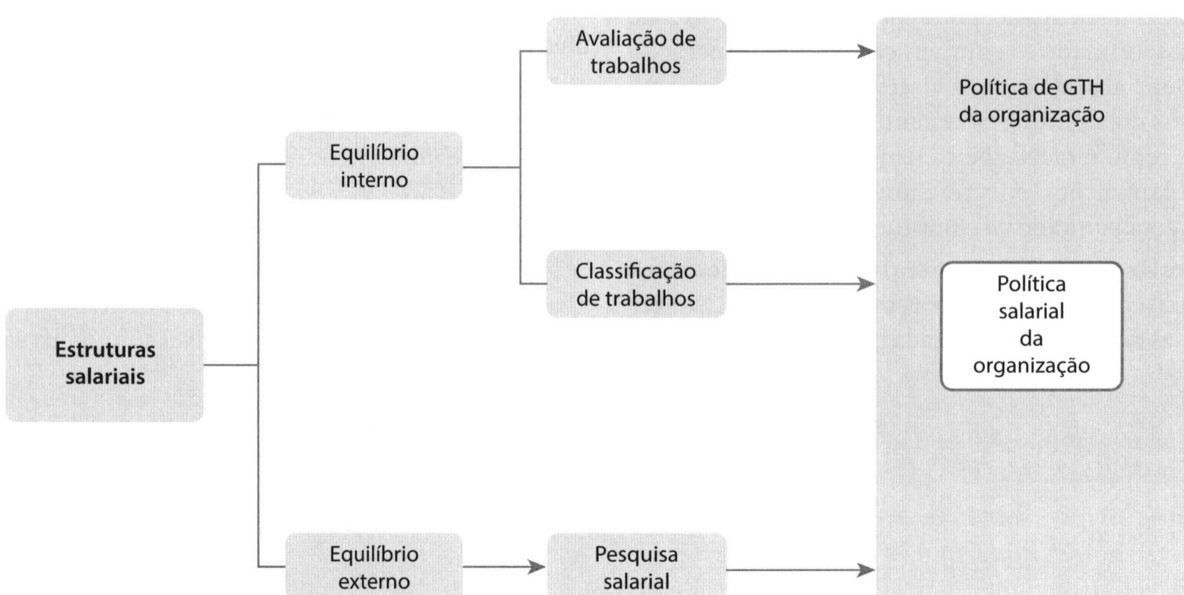

Figura 10.5 A composição da estrutura salarial.

Baseada em trabalhos:	Remuneração	Baseada em competências:
Pagar de acordo com a avaliação do trabalho exercido	Objetivo primário	Pagar de acordo com a avaliação das competências individuais ou grupais
Justiça equitativa e manutenção do equilíbrio interno e externo dos salários	Objetivo final	Justiça equitativa e dinâmica do equilíbrio interno e externo da remuneração
Adequação da remuneração ao trabalho exercido	Eficiência	Adequação da remuneração às competências individuais e grupais
Percepção dos ocupantes quanto à adequação de sua remuneração em relação ao trabalho exercido	Eficácia	Percepção das pessoas quanto à adequação de sua remuneração em relação às suas competências
Trabalhos adequadamente remunerados	Indicador	Competências adequadamente remuneradas
Desempenho da força de trabalho/ custos de remuneração	Retorno sobre o investimento	Contribuição individual ou grupal/ custos de remuneração

Figura 10.6 Remuneração baseada no trabalho x remuneração baseada em competências.

10.5 ESTRUTURA DOS TRABALHOS (CARGOS)

A estruturação dos trabalhos tem fundamental importância para assegurar o equilíbrio interno da estrutura salarial da organização. Para tanto, há duas etapas fundamentais para compor o processo de estrutura equilibrada que respeite a estratégia, a valorização dos trabalhos e a responsabilidade contidas na descrição e especificação dos trabalhos, tratadas no Capítulo 8, que são: classificação e avaliação das tarefas.

10.5.1 Classificação das tarefas na estrutura

É o processo que compara o valor relativo dos trabalhos, a fim de colocá-los em uma hierarquia de classes utilizadas como base da estrutura de salários, além da unificação em grupos ocupacionais de acordo com a natureza das atividades. A classificação divide os salários e o desenho de trabalho em classes e estruturas integradas e coesas, com as respectivas faixas salariais. A ideia é proporcionar uma distribuição justa dos salários na organização, para eliminar disparidade, seguindo análises das naturezas dos desenhos do trabalho (cargos) e do grupo ocupacional. Durante a classificação, analisamos o desenho dos trabalhos de forma clássica. Para cada tarefa há uma definição específica do trabalho, onde se podem ampliar as atividades dos trabalhos, permitindo a polivalência destes, isto é, atuar em diversas frentes.

Aponte a câmera de seu celular para o QR Code e tenha acesso aos **Tipos de Grupos Ocupacionais.**

> *uqr.to/20r2q*

10.5.2 Avaliação das tarefas no desenho dos trabalhos

É a forma de fixar o valor relativo a cada trabalho dentro da organização, criando a hierarquização dos desenhos dos trabalhos (cargos) em ordem de importância e peso dentro da estrutura. Na avaliação, aplicam-se comparativos para os trabalhos, buscando identificar uma valoração relativa interna dos salários em diversos trabalhos. Essa etapa é importante para evitar e neutralizar definições arbitrárias e sem fundamentação da estrutura necessária para compor o quadro de colaboradores da organização diante da necessidade do desenho de trabalho.

10.5.3 Métodos tradicionais de avaliação de trabalhos (cargos)

A avaliação de trabalho definida a um cargo visa à obtenção de dados para valorização interna de cada trabalho na organização, indicando as diferenças essenciais entre os trabalhos do ponto de vista quantitativo ou qualitativo, podendo ser complementada com informações de negociações com sindicatos, pesquisas de mercado, de salários etc.

As informações para avaliar os trabalhos têm como base a descrição e análise de trabalhos, para permitir decisões comparativas entre eles. A avaliação enfatiza a natureza e o conteúdo dos trabalhos sobre: O que faz? Quando faz? Como faz? Onde e por que faz? Não prioriza não as características dos ocupantes.

Existem vários métodos de avaliação de trabalhos e todos comparam os trabalhos entre si ou trabalhos com critérios (categorias ou fatores de avaliação). Nos métodos de avaliação de trabalhos, temos três grupos de metodologias possíveis, conforme o Quadro 10.1.

Quadro 10.1 Sistemas de avaliação e de comparação de trabalhos

Comparação simples	Comparação não quantitativa	Comparação quantitativa
Trabalho como um todo	Trabalho como um todo	Partes do trabalho ou fatores de avaliação
Trabalho *versus* trabalho Trabalho *versus* escala	Escalonamento de trabalho Categorias predeterminadas	Avaliação por pontos

Abordaremos os quatro principais métodos mais tradicionais de avaliação de trabalhos: escalonamento simples e binário pontuado, categorias predeterminadas e avaliação por pontos.

10.5.3.1 Método de escalonamento simples ou binário pontuado

O método por escalonamento simples ou por comparação simples (*job ranking*) consiste em dispor os trabalhos em um rol de comparação, que permite a hierarquização dos trabalhos compostos nos desenhos de trabalho (cargos), a fim de definir seu peso e sua importância na estrutura da organização de acordo com a complexidade das atividades. As análises são realizadas de acordo com a complexidade que os ocupantes têm em desenvolver as atividades, sendo utilizadas para estruturas menores em que haja visão simples das tarefas e da estrutura. A comparação é realizada trabalho a trabalho, tendo como base de referência a complexidade, a responsabilidade, a importância etc. É um método rudimentar, considerado como subjetivo, por não ter uma análise mais profunda e lógica.

A avaliação dos trabalhos (cargos) é realizada por membros de um comitê interno formado para esse objetivo, no qual cada membro avalia o cargo e seu trabalho com maior complexidade e valor para a organização, por amostragem, por meio dos cargos-chaves. A fim de ilustrar a metodologia, disponibilizamos o modelo de forma virtual.

Aponte a câmera de seu celular para o QR Code e tenha acesso aos **Método de escalonamento de cargos.**

> uqr.to/20r2r

Já o método de escalonamento por comparação binária pontuada é considerado como aprimoramento do método simples, visando dar maior lógica e menos subjetividade ao processo de avaliação, proporcionando maior clareza e lógica na avalição. Nesse método, cada cargo é comparado com outro cargo da estrutura, utilizando-se sinais que representam maior ou menor peso para estrutura. Para o trabalho com mais importância, utiliza-se o sinal (+), que vale 02 pontos. Para o trabalho de igual importância ao comparado, utiliza-se o sinal (=), que vale 01. Para o trabalho com menor importância, considera-se o sinal (–), que vale 00 ponto. Para ilustrar a metodologia, disponibilizamos o modelo de forma virtual.

10.5.3.2 Método de graus predeterminados

Este método é uma versão aprimorada do método do escalonamento simples e binário pontuado, indicando a importância de um trabalho e cargo em relação a outro, sendo mais objetivo que os métodos anteriores. Essa metodologia pode ser utilizada em organizações de pequeno e médio portes. Os trabalhos são separados em categorias predeterminadas: trabalhos não qualificados, trabalhos qualificados, trabalhos especializados, administrativos, operacionais ou técnicos, como mostra a Figura 10.7.

Após a definição dos graus predeterminados, aplica-se a avaliação pelos membros do comitê, utilizando o quadro dos graus predeterminados definidos. Muito importante salientar que esse quadro e os descritivos dos graus nele contidos poderão ser adaptados à realidade da empresa em relação aos itens, como experiência, formação e pontos técnicos, o que garante o alinhamento da metodologia à realidade da empresa e do mercado.

10.5.3.3 Método de avaliação por pontos

O método de avaliação por pontos ou método de avaliação por fatores e pontos (*point rating)* foi criado por Merrill Lott[5] e tornou-se o método de avaliação dos trabalhos mais utilizados pelas organizações no mundo, estando inserido dentro das técnicas quantitativas. Consiste em avaliar os trabalhos (cargos) atribuindo pesos e pontos dentro dos definidos para avaliação. O método por pontos atribui valores numéricos (pontos) para cada aspecto do trabalho representado pelo rol de fatores a ser definido, sendo que o valor total do peso obtido para cada cargo se dá pelo total da soma dos valores numéricos ao final da avaliação. A seguir, apresentamos os termos técnicos utilizados no método:

1. **Fatores:** indicadores de análise quanto à complexidade de cada tarefa, que identificam as necessidades reais de cada grupo de cargos e os diferenciam de acordo com a estratégia da organização.
2. **Peso:** percentual que demonstra o grau de importância de cada fator, para desenvolver a pontuação final destes.
3. **Graus:** são os itens que diferenciam a importância, o perfil e a pontuação de cada fator.

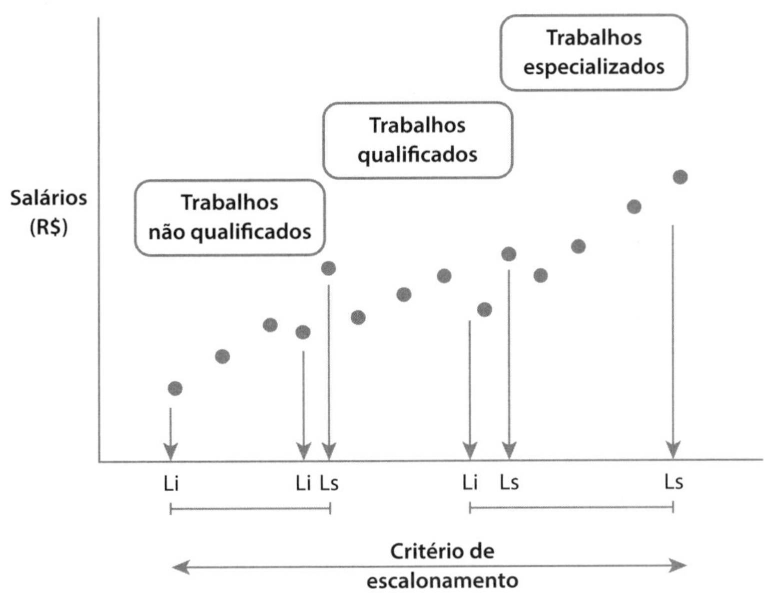

Figura 10.7 Método de avaliação de trabalhos por graus predeterminados.

4. **Pontos:** valores numéricos atribuídos para que cada fator tenha seu valor dentro da hierarquização dos trabalhos.
5. **Manual de avaliação:** guia utilizado na avaliação, contendo descrição do significado de cada fator, seus graus e a pontuação relativa para cada um desses graus.

Para aplicar o método por pontos e fatores, utilizam-se as seguintes etapas:

1. **Seleção dos cargos-chave:** trata-se dos cargos considerados importantes, que representam os demais – após a avaliação dos cargos-chave, os demais devem ser avaliados por similaridade.
2. **Escolha dos fatores de avaliação:** devem ser escolhidos de modo acurado, em que o rol dos fatores seja comum para a maioria dos cargos e que se diferenciem uns dos outros, pois funcionam como critérios de comparação e avaliação dos trabalhos. Pode haver fatores diferentes para cada organização que atendam a suas estratégias. É fundamental considerar duas características: universalidade (estarem presentes em todos os trabalhos a avaliar) e variabilidade (apresentarem diferentes valores em cada trabalho).
3. **Ponderação dos fatores de avaliação:** atribuir a importância relativa de cada um dos fatores no processo avaliativo. A ponderação define o peso relativo para cada fator nas comparações dos trabalhos. A ponderação é feita por meio de porcentagens para cada fator, sendo que a soma dos percentuais (peso) deve ser igual a 100.
4. **Atribuição de pontos aos graus dos fatores de avaliação:** cada fator deve ser desdobrado em graus de avaliação de acordo com a necessidade de agrupamento dos graus, isto é, cada fator terá a abrangência necessária para atender às características exigidas na organização. Embora não exista uma regra, no geral limita-se entre seis e sete graus na escala de cada fator. O grau A sempre será igual ao valor do peso atribuído na ponderação, e os demais graus podem ser definidos por meio da Progressão Geométrica (PG) ou Progressão Aritmética (PA). Em sua maioria, utiliza-se a PG para criar a valorização de cada grau por pontos de forma exponencial da pontuação, onde a cada grau com mais peso o cargo avaliado terá maior valor dentro da estrutura e será enquadrado no grupo salarial de maior valorização e no cargo e futura promoção.

A partir daí, desenvolve-se o manual de avaliação de trabalhos contendo todos os fatores definidos, seus graus de variação e respectivos pontos. Esse manual serve como apoio para o avaliador consultar seus significados durante o processo de avaliação dos trabalhos (cargos). Disponibilizaremos modelos dos manuais por meio do QR Code a seguir. Na Figura 10.8, apresentamos as especificações que cada cargo pode ter e que devem ser exigidas de ao seu ocupante.

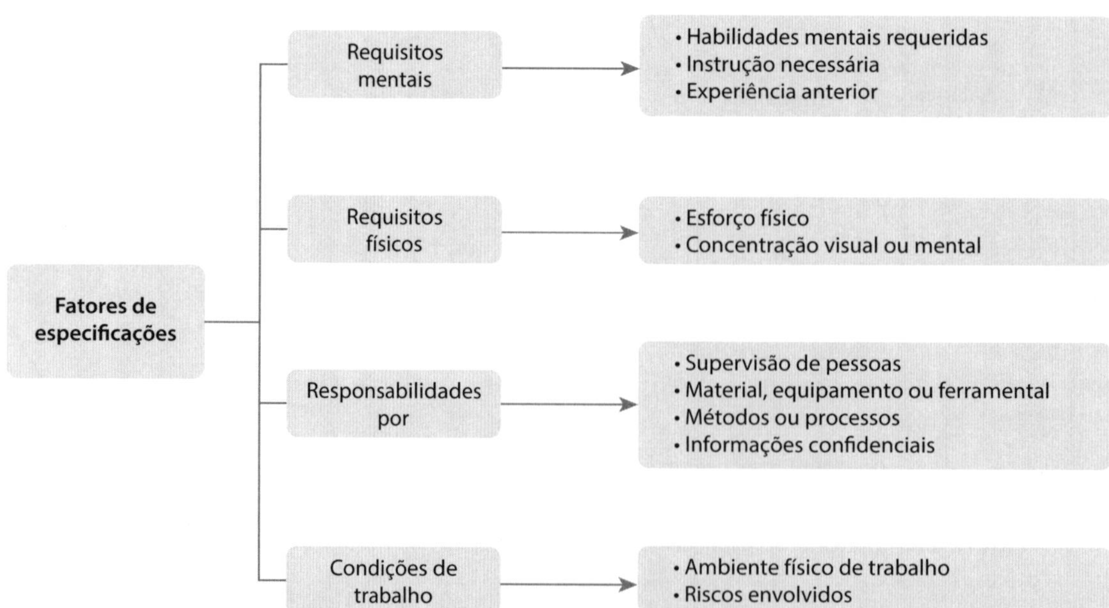

Figura 10.8 Grupos de fatores de avaliação de trabalhos.

Aponte a câmera de seu celular para o QR Code e tenha acesso aos **Modelo de manual de avaliação.**

> uqr.to/20r2s

A etapa seguinte é a realização da avaliação, ou seja, a atribuição de pontos a cada trabalho inserido em um cargo de acordo com os fatores de avaliação. Para isso, temos algumas formas de estruturar as tabelas e enquadramentos salariais utilizando a metodologia de pontos.

Depois de definidos os fatores para avaliação dos trabalhos (cargos), o comitê avaliador e a área de GTH devem distribuir os pesos (%) para esses fatores, considerando o grau de importância de cada fator dentro de sua realidade e exigência no momento de contratar ou valorizar seus colaboradores. Esse peso trará impacto no momento da avaliação dos cargos, onde a somatória dos percentuais dos pesos deve totalizar 100% (cem por cento). Para melhor entendimento, são apresentados no Quadro 10.2 alguns modelos de fatores, lembrando que tanto os fatores como os pesos não são padronizados ou imutáveis e devem ser definidos por um comitê ou gestores da organização, em conjunto com a área de GTH.

Quadro 10.2 Modelos de fatores de avaliação do trabalho

Fatores	Pesos
Experiência	20%
Formação acadêmica	20%
Iniciativa/complexidade	15%
Responsabilidade e foco nos resultados	10%
Especificidade do cargo	10%
Amplitude e grau de supervisão exercida	15%
Orientação e relacionamento com o cliente e mercado	10%

Após serem definidos os fatores e pesos, dá-se início ao desenvolvimento do manual de avaliação, com seus descritivos, graus e valor da pontuação de cada grau, da seguinte forma:

1. Estabelecer pontos mínimos e máximos de avaliação para cada trabalho, sendo sempre o *Mínimo 100 pontos* e o *Máximo 500* ou *1.000 pontos*. A escolha de 500 e 1.000 vai de acordo com o tamanho da estrutura da organização. Em estruturas grandes, poderá considerar até 1.000 pontos.
2. Com as definições dos fatores e pesos anteriores, em nosso exemplo o fator escolhido é o de Experiência, onde utilizaremos a progressão aritmética, para calcular o valor dos pontos de cada grau do fator. Embora não seja comum, pode-se utilizar a PG, na qual a PA soma cada um dos seus termos e o PG multiplica seus termos, o que eleva a valorização dos graus.

FÓRMULA

$$q = \frac{an - a1}{n - 1}$$

Ponto mínimo definido <u>100 pontos e máximo de 500 pontos</u>

- Fator – <u>Experiência</u>
- Graus – A, B, C, D, E, F.
- Peso do fator – <u>20%</u>

an = valor do último termo – 20% de 500 = 100

a1 = valor do primeiro termo – 20% de 100 = 20

n = número de graus do fator – A, B, C, D, E, F = 6 graus.

RESOLUÇÃO

$$q = \frac{an - a1}{n - 1} = \frac{100 - 20}{6 - 1} = 16$$

Temos:

✔ Grau A – **20** **(peso dado ao valor)**

✔ Grau B – 20 + 16 = 36

✔ Grau C – 36 + 16 = 52

✔ Grau D – 52 + 16 = 68

✔ Grau E – 68 + 16 = 84

✔ Grau F – 84 + 16 = **100** **(mínimo de pontos)**

- Grau A – Primeiro valor idêntico ao a1 da fórmula;
- A casa decimal acima de 0,50 arredonda para cima;
- Grau F – Último valor idêntico ao da fórmula.

Graus	Descritivo	Pontos
A	Até 06 meses	20
B	De 06 a 12 meses	36
C	De 01 a 03 anos	52
D	De 03 a 05 anos	68
E	De 05 a 07 anos	84
F	Acima de 07 anos	100

Para todos os fatores, pesos e graus são definidos por um comitê de avaliação e GTH, em que podemos aplicar a fórmula de cálculo (PA) ou (PG). Em nosso exemplo, para definição dos pontos, utilizamos a PA para definir que cada grau tenha sua valorização linear. Com isso, dá-se início à estrutura da avaliação dos cargos pelo método dos pontos. Disponibilizaremos o modelo de Mapa de Avaliação via QR Code.

Aponte a câmera de seu celular para o QR Code e tenha acesso aos **Modelo de mapa de avaliação de cargos.**

> uqr.to/20r2t

10.6 REMUNERAÇÃO POR COMPETÊNCIAS

A remuneração por competências é conhecida também como remuneração por habilidade ou por qualificação profissional, relacionada com o grau de informação, o nível de capacitação e de competências de cada pessoa. O sistema valoriza o talento que cada pessoa possui, sejam elas habilidades técnicas ou comportamentais que proporcionam vantagens competitivas para a organização. O foco principal passa a ser o talento da pessoa, suas competências individuais, e não somente o trabalho. Isso significa que a remuneração não está relacionada apenas com as exigências do trabalho (cargo), mas também com as qualificações do ocupante que desempenha com resultados e visão ampla as tarefas, portanto o colaborador polivalente leva vantagem. As empresas entendem vários atributos – competências como capacidade técnica, personalidade, criatividade, inovação e conhecimento – como prioritários para o seu sucesso e competitividade. Na remuneração por competência, os colaboradores que ocupam o mesmo trabalho podem receber salários diferentes, desde que se comprovem a competência e a potencialidade de cada um. Para tanto, deverá ser comprovado o atendimento do art. 461 da CLT, que trata sobre a isonomia salarial. O objetivo é remunerar o colaborador de acordo com a sua competência pessoal e resultados obtidos.

Algumas organizações utilizam o sistema baseado nas competências e não por fatores de avaliação. A remuneração por competências utiliza a mesma metodologia da tradicional gestão de salários, porém se deve ficar atento com as questões legais sobre a diferenciação entre ocupantes do mesmo trabalho. As etapas a serem seguidas refletem o seguinte desdobramento do todo para as partes:

1. **Mapeamento das competências organizacionais** (*core competences*).
2. **Mapeamento das competências funcionais** requeridas por cada área, departamento ou unidade de negócios.
3. **Mapeamento das competências gerenciais** (ou administrativas) requeridas pelos executivos.
4. **Mapeamento das competências individuais.**
5. **Definição da hierarquia de competências** e como alinhá-las devidamente.
6. **Ponderar as competências individuais** da mesma maneira como tratamos os fatores de avaliação de cargos.

A partir daí, o tratamento das competências segue o mesmo caminho da avaliação e classificação de trabalhos. Na sua execução, contudo, três passos adicionais são necessários:

1. O primeiro passo é a discussão do gestor com cada colaborador a respeito das competências necessárias para o trabalho, seus pontos individuais fortes e fracos. Não havendo caráter repressivo ou impositivo, entende-se que a organização e cada um dos colaboradores saibam seus pontos fortes – para serem melhorados – e as carências de cada um – para serem corrigidas e incrementadas.
2. O segundo passo é a programação conjunta entre gestor e colaborador sobre o treinamento necessário que deve integrar o processo. Cada colaborador torna-se o responsável pelo seu autodesenvolvimento e qualificação profissional, podendo ele opinar sobre sua avaliação e treinamento. O ponto de atenção é que os colaboradores ficam mais qualificados e poderão ser atraídos pelo mercado; para tanto, deve haver caminhos para sua trilha de carreira interna.
3. O terceiro passo é personalizar o que focaliza a pessoa e não o trabalho, utilizando-se de coerência por se considerar a contribuição pessoal de cada indivíduo aos objetivos e resultados da empresa; porém, é preciso tomar cuidados legais.

Quadro 10.3 Diferenças entre remuneração tradicional e por competência

Remuneração tradicional	Remuneração por competências
■ Pagamento do salário previamente estabelecido para o trabalho. ■ O salário é fixo e definitivo. ■ A avaliação do desempenho não afeta a remuneração do colaborador. ■ Apenas os executivos podem receber bônus relacionados com metas previamente negociadas. ■ Não motiva e nem estimula envolvimento com o negócio da empresa.	■ Pagamento, mensal ou anualmente, varia de acordo com a avaliação do desempenho. ■ O salário não é fixo e nem definitivo. ■ A avaliação do desempenho afeta diretamente a remuneração da pessoa. ■ Todos os colaboradores podem receber ganho adicional conforme o desempenho alcançado. ■ Funciona como fator motivador e estimula o envolvimento com as metas da empresa.

A remuneração por competência surge para diferenciar colaboradores dotados de certas habilidades e competências estratégicas para o negócio da empresa. Com a necessidade de maior autonomia e responsabilidade, os colaboradores que não se desenvolvem acabaram se mantendo no mesmo nível hierárquico. O conceito resgata as diferenças individuais: as pessoas ganham pelo que sabem e pela contribuição na organização, sendo que a variável após a reforma trabalhista vem ganhando espaço na estratégia de valorização.

Quadro 10.4 Vantagens e desvantagens da remuneração por competências

Vantagens	Desvantagens
■ Facilita a identificação dos pontos fortes e fracos de cada colaborador. ■ O treinamento torna-se útil para cada colaborador por ser específico e com objetivos bem definidos. ■ Os colaboradores sentem-se mais motivados por terem objetivos conhecidos e prêmios ao seu alcance. ■ Colaboradores com potencial ainda inexplorado podem crescer na empresa.	■ Colaboradores menos competentes podem sentir-se inseguros ou fora do páreo. ■ A possível diferença salarial entre colaboradores que exercem o mesmo trabalho pode gerar insatisfação. ■ A motivação pode desaparecer ao longo do tempo se o incentivo se tornar rotineiro. ■ Se não bem definido, pode haver riscos trabalhistas com base no art. 461 da CLT.

A remuneração por competência é uma maneira de remunerar de acordo com a contribuição pessoal de cada colaborador à organização e incentivar a sua participação e envolvimento nos resultados da organização. Como diz Claus Møller:[6] coloque seu pessoal em primeiro lugar e ele fará o mesmo com o cliente. E todos – organização, cliente e colaborador – sairão ganhando, sendo este modelo um início da atual remuneração variável por resultados.

10.7 PESQUISA SALARIAL

A pesquisa salarial é uma ferramenta estratégica que permite às empresas analisarem os movimentos do mercado em relação aos salários pagos, benefícios e políticas adotadas pelas organizações nos diversos segmentos. Traz internamente um equilíbrio dos salários dentro da organização (equilíbrio interno) e em relação ao mercado (equilíbrio externo), sendo o equilíbrio interno estruturado por meio da avaliação e classificação de trabalhos ou das competências e o equilíbrio externo obtido pela pesquisa salarial, a fim de comparar as tendências de mercado em relação a determinado segmento. Sugere-se que toda empresa tenha uma referência de mercado, sendo ideal acompanhar a evolução desse mercado, visando identificar necessidades de ajustes nos salários, benefícios e/ou nas políticas de valorização dos colaboradores por meio de seu talento.

A pesquisa salarial poderá ser realizada de forma total ou parcial dos trabalhos (cargos). No caso do parcial, é preciso selecionar os trabalhos-chaves, trazendo uma boa amostragem dos trabalhos de referência (*benchmarks jobs*).

Os trabalhos-chave ou de referência ou chaves devem possuir três características, a saber:

1. Devem representar os vários pontos da curva ou reta salarial da organização.
2. Devem representar os vários setores de atividade da organização.
3. Devem ser facilmente identificáveis no mercado.

Da mesma forma, os critérios para escolha das organizações para participar da pesquisa devem seguir alguns métodos para os resultados serem mais assertivos:

1. **Localização geográfica:** organização localizada na mesma área territorial.
2. **Ramo de atividade:** organização que atua no mesmo ramo de negócio.
3. **Tamanho:** organização do mesmo porte ou características.
4. **Política salarial:** organização com política salarial (mais ousada ou conservadora) interessante à comparação.

Para captação das informações em uma pesquisa, utiliza-se questionário de pesquisa salarial contendo os trabalhos (cargos) amostrais, suas respectivas descrições, análises para garantir que a comparação seja real. Dentro do questionário, informam-se os salários individuais que a empresa pesquisada está praticando, além de outras informações, como variáveis, benefícios ou valores adicionais.

Uma pesquisa salarial envolve custos operacionais com tempo para coleta, triagem, tabulação dos dados e cálculos das médias, medianas e quartis dos valores salariais. Pode-se recorrer a consultorias especializadas para comprar suas pesquisas, ou, caso se queira personalizada, que se realize uma pesquisa em campo. Essas organizações – como Bazz Estratégia de RH, Hay, Mercer etc. – desenvolvem pesquisas com um amplo conjunto de trabalhos junto a uma amostra de empresas pesquisadas. Os resultados são apresentados em manuais e comercializados no mercado.

SAIBA MAIS
Sobre pesquisas salariais

Periodicamente, empresas especializadas publicam uma tabela geral de resultados de pesquisas salariais coletados em várias empresas, classificando-as em porte grande, médio e pequeno em diversos segmentos. O trabalho tem o apoio de associações e grupos de RH e visa manter as empresas atualizadas quanto ao salário.

10.8 CUSTOS DECORRENTES DOS SALÁRIOS

Sobre os salários incidem encargos sociais. Para cada real pago de salário, a organização precisa recolher os encargos sociais correspondentes ao governo. Dá-se o nome de encargos sociais ao conjunto de obrigações trabalhistas que devem ser pagas pelas empresas mensal ou anualmente, além do salário do colaborador. Os encargos sociais incluem os depósitos feitos ao Fundo de Garantia do Tempo de Serviço (FGTS), o percentual da empresa devido à previdência social, o seguro de vida e o 13º salário pago ao colaborador. Esses encargos acarretam para a organização um custo mensal adicional em relação ao salário de cada colaborador.

Graças aos encargos sociais, os elevados custos, acabam desestimulando as organizações na geração de novos postos de trabalho, por isso buscam alternativas legais para redução de custos. Os estudos sobre pacotes de benefícios e sistemas de remuneração variável têm sido um ponto na pesquisa das organizações, uma vez que, com a reforma trabalhista, aumentou-se a segurança para oferecer aos colaboradores formas diferentes de ganhos, fazendo parte da remuneração total (*total compensation*), o que ajudou a controlar custos. Sobre esse tema, veremos nos próximos capítulos.

10.9 POLÍTICA SALARIAL DA EMPRESA

A política salarial nada mais é que o conjunto de regras e definições organizacionais para direcionar a área de GTH e seus gestores nas tomadas de decisão a respeito de assuntos relacionados com a remuneração e benefícios concedidos aos colaboradores. Na verdade, é um conjunto de normas e diretrizes que orienta a gestão dos salários na organização e define uma estrutura salarial para tomadas de decisão padronizadas e com critérios bem definidos.

O objetivo principal da remuneração é criar um sistema de recompensas que seja equitativo tanto para a organização como para os colaboradores. Uma política salarial deve atender simultaneamente a sete critérios para ser eficaz:[7]

1. **Adequada:** deve diferenciar-se dos padrões mínimos estabelecidos pelo governo ou pelo acordo sindical, sendo competitiva no mercado em que atua a organização.
2. **Equitativa:** cada pessoa deve receber de acordo com seu esforço, habilidades e capacitação profissional, portanto pela sua capacidade de entrega.

3. **Balanceada:** salário, benefícios e outras recompensas devem proporcionar um pacote total de recompensas que seja razoável e atrativo.
4. **Eficácia quanto a custos:** os salários não podem ser excessivos, em função do que a organização pode pagar.
5. **Segura:** os salários devem ser suficientes para ajudar os colaboradores a se sentirem seguros e satisfeitos na realização das suas necessidades básicas.
6. **Incentivadora:** os salários devem motivar eficazmente o trabalho produtivo.
7. **Aceitável para os colaboradores:** as pessoas devem compreender o sistema de salários e sentir que ele representa um sistema razoável tanto para eles como para a organização.

O salário, por si só, corresponde a uma parcela da remuneração total do colaborador. Contudo, os executivos estão entendendo que essa parcela pode até ser pequena e não atrativa, além de elevar os custos; portanto, as organizações criam possibilidades de ganhos de forma variável, na qual há várias opções que veremos no próximo capítulo.

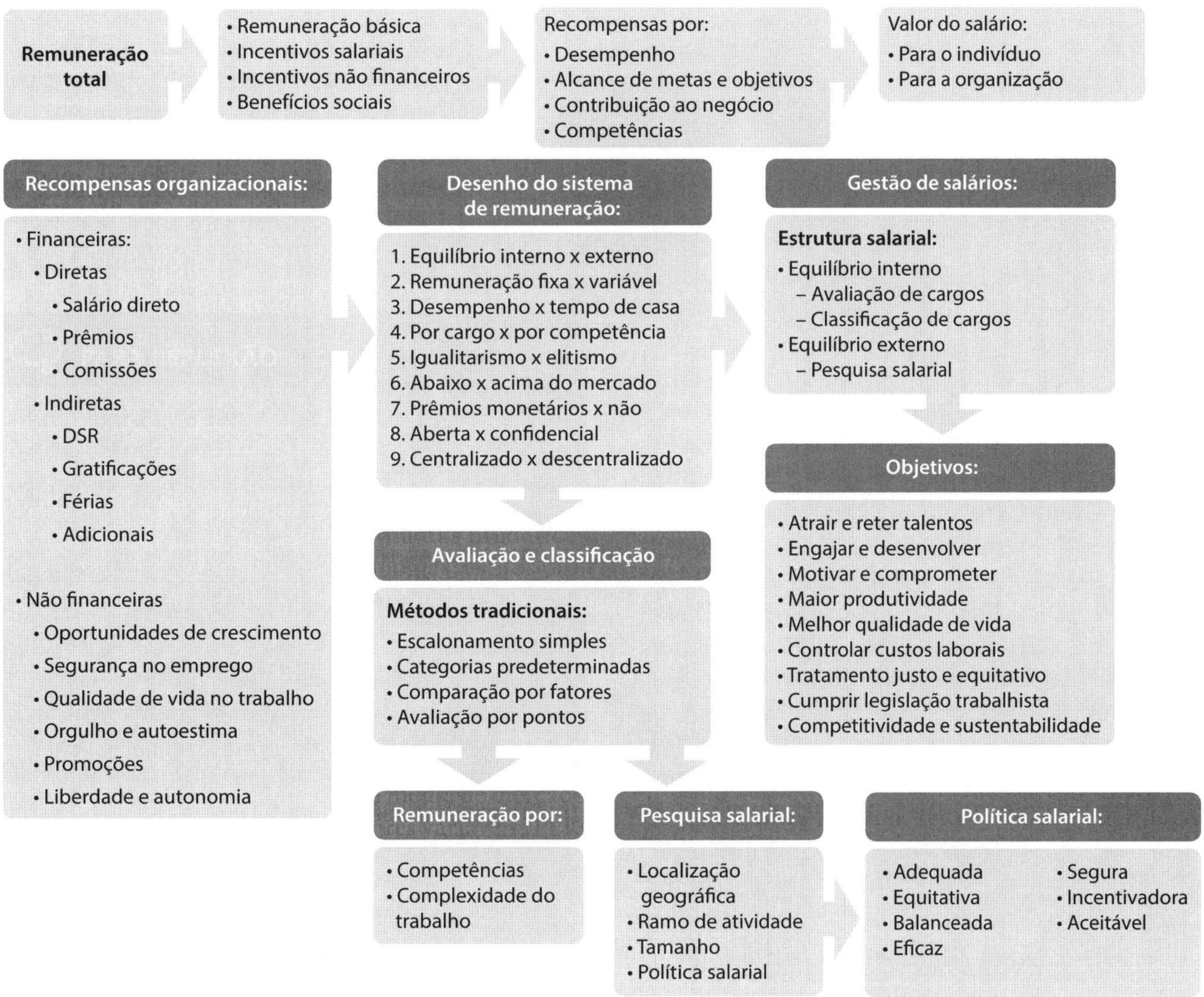

Figura 10.9 Mapa mental do Capítulo 10: Remuneração.

REFERÊNCIAS

1. WALLACE, M. J.; FAY, C. H. *Compensation theory and practice*. Boston: PWS-Kent, 1983.
2. TOSI, H.; TOSI, L. What managers need to know about knowledge-based pay. *Organizational Dynamics*, v. 14, n. 3, 1986. p. 52-64.
3. CHIAVENATO, I. *Recursos humanos:* o capital humano das organizações. Rio de Janeiro: Elsevier/Campus, 2015. p. 373.
4. MILKOVICH, G. T.; BOUDREAU, J. W. *Human resource management, op. cit.*, p. 547.
5. LOTT, M. R. *Wage scales and job evaluation*. Nova York: Ronald Press, 1926.
6. MØLLER, C. *Employeeship:* Mobilising everyone's energy to win. Claus Møller Consulting, 2016.
7. PATTON, T. *Pay*. Nova York: Free Press, 1977.

Capítulo

11 Programas de incentivos pelo resultado

Incentivando o engajamento e a atração de talentos

Objetivos de aprendizagem

Após estudar este capítulo, você deverá estar capacitado para:

- Descrever a remuneração variável ou flexível.
- Elaborar o plano de bonificação anual.
- Desenhar a distribuição de ações da empresa aos colaboradores.
- Desenhar a opção de compra de ações da empresa.
- Desenhar a participação nos resultados alcançados.
- Desenhar a remuneração por competência.
- Desenhar a distribuição do lucro aos colaboradores.

O que veremos adiante

- A importância da remuneração por resultados.
- Conceitos de remuneração variável.
- Conceitos e modelos de incentivo (ICP e ILP).
- Distribuição de Lucros - PLR.
- Conceitos de Bônus, Prêmio e PLR.
- Construção de um plano de incentivo.

Não basta remunerar as pessoas pelo passado e seu tempo dedicado à organização. Isso é necessário, mas não suficiente. É preciso olhar para a frente e incentivá-las continuamente a fazer o melhor possível, a ultrapassar o desempenho atual e a alcançar metas e resultados desafiadores formulados para o futuro. A remuneração fixa funciona como uma garantia financeira mínima, mas não consegue motivar as pessoas para que busquem e superem metas e objetivos ou para a melhoria contínua das atividades. Na verdade, a remuneração fixa foi um produto do início do século 20 para compensar o trabalho rotineiro e repetitivo dos colaboradores em uma época de estabilidade e de permanência, além de garantir a legalidade das relações. O mundo mudou e as organizações, os desejos, as necessidades, costumes também mudaram. As organizações cada vez mais vêm desenvolvendo programas de remuneração variável e pacotes de benefícios flexíveis, a fim de motivar, incentivar e criar oportunidades igualitárias de ganhos superiores, valorizando o talento que cada profissional traz consigo. Os programas de incentivos, principalmente pós-reforma trabalhista, estão sendo vistos como a oportunidade de oferecer maiores ganhos pelo resultado alcançado, o que tem ajudado a mudar a cultura das organizações. Todos ganham ou todos deixam de ganhar algo, sempre mirando o futuro.

Um dos desafios da área do GTH é criar formas eficazes de baixo custo para criar engajamento e valorização dos talentos que cada colaborador possui. Portanto, desenvolver uma política de reconhecimento e recompensa que direcione a um propósito além do salário, visando motivar, fidelizar e engajar os colaboradores, torna-se fundamental.

11.1 A IMPORTÂNCIA DAS RECOMPENSAS NAS ORGANIZAÇÕES

As organizações vêm criando diversos tipos de sistemas de recompensas (incentivos e atrativos para consolidar o reconhecimento e estimular o melhor desempenho e resultado para a organização). O sistema de recompensas inclui estrutura de remuneração variável e pacote de benefícios que a organização coloca à disposição de seus colaboradores, bem como os mecanismos e políticas que definem as formas de gestão, como estrutura, regras, fluxo, elegíveis e níveis de aprovação, as quais podem ser recompensas monetárias e não monetárias. As organizações devem ampliar a visão e entender que não são apenas salários, férias, prêmios, bônus, participação nos lucros ou resultados que são considerados, mas também outros tipos de recompensas não visíveis como garantia e segurança no emprego, promoções para posições mais desafiadoras com crescimento profissional, qualidade de vida e um desenvolvimento para novas competências que leva a um reconhecimento pelo desempenho.

O sistema de recompensas constitui o fator que leva as pessoas a trabalharem em benefício da organização.[1] São pesos e contrapesos em um conjunto de incentivos que balizam o envolvimento e a participação dos colaboradores. Este capítulo se refere às várias opções de remuneração flexível e indireta como recompensas oferecidas pela organização.

Os principais objetivos das recompensas organizacionais são os seguintes:[2]

1. Aumentar a consciência e a responsabilidade do indivíduo e da equipe dentro da organização, com foco na missão organizacional, espírito de visão de futuro e dos valores organizacionais.
2. Ampliar a interdependência do indivíduo para com a equipe e da equipe para com toda a organização. Em outras palavras, o incentivo ao espírito de equipe e trabalho em conjunto.
3. Ajudar a enfatizar a constante criação de valor dentro da organização, incentivando ações que lhe agreguem valor e a todos os *stakeholders* envolvidos interna e externamente, direta ou indiretamente vinculados à organização.

Os tipos de recompensas financeiras adotados são os seguintes:[3]

1. **Recompensas relacionadas com alcance de objetivos organizacionais:** como o lucro ou o prejuízo. A participação nos resultados anuais ou semestrais é um exemplo desse critério. Esse critério impacta motivacionalmente e tende a se estender a todos os membros da organização.
2. **Recompensas vinculadas ao tempo de serviço do colaborador:** são concedidas automaticamente em certos intervalos, como cinco ou dez anos, com o atingimento de um desempenho satisfatório. Os quinquênios ou decênios são exemplos desse critério, que buscam proporcionar incentivo salarial.
3. **Recompensas relacionadas com desempenho excepcional:** exigem apenas diferenciação no desempenho e melhorias salariais por mérito como valor motivacional ainda existente em muitas organizações, assim como premiação.
4. **Recompensas relacionadas com resultados departamentais, divisionais ou mesmo globais da empresa:** objetivamente quantificáveis, podendo ser compartilhadas pela equipe em termos de igual porcentagem com relação à base salarial ou *budget* definido para distribuição.
5. **Recompensas relacionadas com aumento de competências:** no sentido de incrementar o aprendizado e o desenvolvimento de novas competências.
6. **Recompensas relacionadas com o nível de complexidade do trabalho:** no sentido de estimular o crescimento profissional e o aprimoramento do trabalho.

Esses vários tipos de recompensas são concedidos como retribuição pelo alcance dos objetivos organizacionais, como aumento da produção, excelência no serviço, aumento de produtividade, crescimento de vendas, aumento da margem de lucro operacional, aumento de clientes, maior satisfação dos clientes, melhoria da imagem da organização etc.

Portanto, a recompensa é a ação de reconhecer um trabalho realizado com qualidade e resultado, podendo ser utilizada como estratégia para estimular os colaboradores a buscarem os desafios e alcançarem metas preestabelecidas. O sistema de recompensas deve basear-se nos seguintes aspectos:

1. **Realimentação** (retroação): contribuir como um reforço positivo do comportamento desejado, para fortalecer e incrementar o ótimo desempenho.
2. **Resultados oferecidos:** relacionar as recompensas com foco no atingimento de metas e resultados obtidos.

O sistema de recompensas deve levar em conta o conceito de reforço positivo de Skinner, segundo o qual todo comportamento é determinado pelas suas consequências. Para ele, o reforço positivo fundamenta-se em dois princípios básicos:[4]

1. As pessoas procuram desempenhar melhor as atividades quando há possibilidades de obter maiores recompensas ou benefícios.
2. As recompensas obtidas reforçam cada vez mais a melhoria do desempenho.

O reforço positivo é orientado para os resultados desejados. E a teoria do reforço positivo considera que as pessoas se comportam por uma das duas razões:[5]

1. Porque um tipo ou nível de desempenho é consistentemente recompensado.
2. Porque quando um padrão de desempenho específico já foi recompensado, ele tende a ser repetido na expectativa de que a recompensa se repita.

11.1.1 As relações interligadas entre organização e o talento

A recompensa ou incentivo pode ser tangível ou intangível e, em troca dessa recompensa, os profissionais que trabalham na organização decidem fazer parte do todo, contribuindo com seu tempo, esforço e experiência, por meio de seus talentos e competências. A organização e as pessoas equilibram a relação de forma a estarem engajadas, em um sistema interligado: as pessoas fazem contribuições à organização e dela recebem incentivos pelos esforços e resultados alcançados. Assim:

1. **Para as pessoas:** as contribuições que fazem à organização por meio do seu conhecimento e tempo para proporcionar retornos na forma de incentivos ou recompensas.
2. **Para a organização:** os incentivos que representam investimentos para proporcionar resultados por meio das contribuições das pessoas.

A organização deve manter uma relação equilibrada entre os incentivos e as contribuições. De um lado, contribui com seu talento e conhecimento, incentivado pela troca (na forma de salários, benefícios, prêmios, reconhecimento, promoções etc.). Nessa permanente troca, cada uma das partes oferece sua contribuição para obter retornos um do outro, comparando custos e benefícios e decidindo o melhor caminho. E as organizações estão partindo para novas formas de remuneração ligadas ao ótimo desempenho e alcance de objetivos e resultados organizacionais.

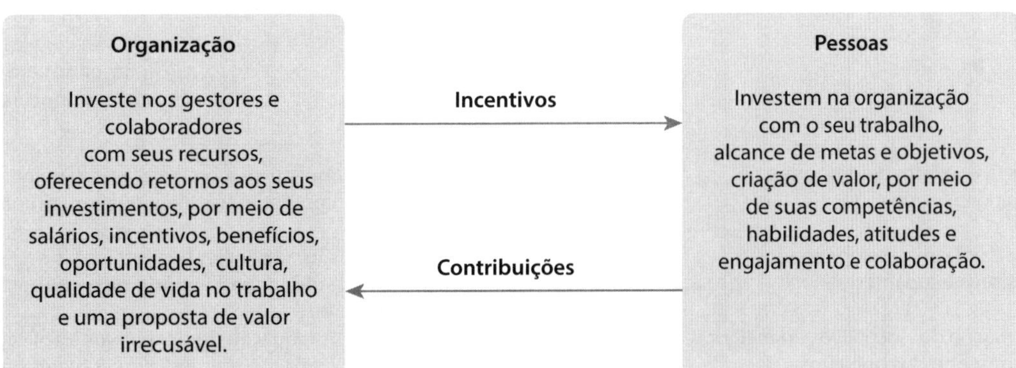

Figura 11.1 Equilíbrio entre incentivos e contribuições.

11.1.2 Qual é o objetivo dos incentivos?

Visam motivar o alcance e a entrega de resultados para a organização, por meio do desempenho e da oferta de competências e do talento individual do colaborador. A forte tendência atual é migrar para a construção de competências capazes de alicerçar a competitividade organizacional, em que ambos os lados ganham. A Figura 11.2 mostra as alternativas.

11.2 REMUNERAÇÃO FIXA

A remuneração fixa ainda predomina, pois ela privilegia a homogeneização e a padronização dos salários, ajuda na obtenção de equilíbrio interno e externo, apoia a segurança jurídica trabalhista, proporciona uma base lógica para a distribuição dos salários e focaliza a atividade cotidiana e rotineira das pessoas em função do tempo (horário de trabalho) em que elas estão à disposição da organização. Contudo, a remuneração fixa e estável não permite motivar as pessoas. A remuneração fixa engaja talentos, porém não incentiva a aceitação de riscos e a busca de superação de resultados, prendendo cada pessoa ao seu *status quo* e não a incentiva ou inspira adequadamente.

PARA REFLEXÃO

Remuneração fixa é motivadora?

Em uma era de mudanças, transformações, disrupções e competitividade, a remuneração fixa e estável ao longo do tempo tornou-se insuficiente para motivar e incentivar as pessoas, obter um comportamento ativo, proativo, empreendedor e eficaz na busca de metas e resultados excelentes. Daí a adoção de novos modelos de remuneração variável. As organizações estão à procura incessante de oportunidades de motivar e incentivar as pessoas na criação de valor e no alcance de objetivos exponenciais. A remuneração variável é uma oportunidade para a oferta de soluções incríveis para isso.

A Remuneração Variável (RV) configura uma forma de recompensa que se soma à remuneração fixa do colaborador. Sua principal função é valorizar profissionalmente as pessoas pela boa entrega de resultados. Assim sendo, a organização incentiva a motivação e o aumento

Incentivos

Baseados em trabalhos:		Baseados em competências:
Incentivar o bom desempenho no trabalho exercido	Objetivo primário	Incentivar a boa aplicação das competências individuais ou grupais
Trabalhos bem desempenhados pelos seus ocupantes	Objetivo final	Competências bem utilizadas e aplicadas ao negócio da organização
Adequação dos incentivos ao melhor desempenho dos trabalhos	Eficiência	Adequação dos incentivos à aplicação das competências individuais ou grupais
Percepção dos ocupantes quanto ao impulso dado pelos incentivos ao melhor desempenho no trabalho	Eficácia	Percepção das pessoas quanto ao impulso dado pelos incentivos a melhor aplicação das competências individuais ou grupais
Trabalhos adequadamente incentivados	Indicador	Competências adequadamente incentivadas
Melhoria do desempenho da força de trabalho/custos do programa de incentivo	Retorno sobre o investimento	Aumento da contribuição individual ou grupal/custos do programa de incentivo

Figura 11.2 Incentivos baseados nos trabalhos x baseados em competências.

da produtividade entre seus colaboradores e também contribui para a manutenção de seu capital intelectual ao evidenciar que valoriza os profissionais e reconhece o bom trabalho. A RV também é uma ótima estratégia para reforçar e aprofundar a cultura organizacional da empresa, fortalecendo pontos como trabalho em equipe e sentimento de dono por parte dos colaboradores.

11.3 REMUNERAÇÃO VARIÁVEL

A remuneração variável busca valorizar as pessoas pela entrega dos resultados, o que traz motivação e maior produtividade, focando no talento que cada profissional possui, sendo estratégia para criação de uma cultura de pertencimento desses colaboradores. As organizações e a área de GTH vêm desenvolvendo novos modelos para engajar e atrair talentos, nos quais deixaram de lado o foco apenas na remuneração fixa, buscando remunerar os colaboradores pelos resultados alcançados, competências oferecidas ou até pelos níveis de complexidade do trabalho. Os resultados alcançados impactam nos ganhos para a organização, a qual direciona parte desses ganhos para as equipes participantes que ajudaram a alcançá-los com seu esforço, que deve ser premiado. Trata-se de uma parceria entre organização e colaboradores que funciona nas duas vertentes: no lucro ou no prejuízo. O colaborador ganha mais se a organização for bem, ganha menos se a organização não performar tão bem e nenhum ganho se a organização for bem abaixo do esperado. Os modelos e as estruturas das políticas, seus critérios, indicadores e formas de cálculos variam de acordo com a estratégia do quanto e aonde a organização deseja chegar. Em contrapartida, avaliam as melhores formas de atender aos anseios de seus colaboradores. Outro fator importante é a periodicidade para consolidação e pagamentos, que pode ser trimestral, semestral ou anual, podendo tornar elegíveis todos ou quase todos os colaboradores.

11.3.1 Tendências para remuneração variável em GTH - caminho em que todos crescem

Estabelecer políticas de remuneração variável nunca foi tão importante, com grande impacto nos resultados e nos negócios das organizações. No mercado, vem se ampliando o desenvolvimento das estruturas de variáveis ligadas à estratégia da organização e da valorização do talento que cada colaborador possui. No Brasil não é diferente, com aprovação da reforma trabalhista que deixou evidentes os critérios para novos formatos de estrutura de remuneração variável. A nova tendência de comportamento do mercado e a mobilização das organizações para ampliar seus resultados fizeram com que a GTH desenvolvesse alternativas de engajamento e retenção de talentos, criasse novos controles e atualizasse suas tecnologias e estrutura para remunerar por produtividade. As constantes mudanças do mercado e a competitividade levam as organizações a buscarem formas mais eficientes de remunerar suas equipes, o que as estimula para o processo de obter resultados em troca de ganhos maiores. Essa é a tendência e o desafio que as organizações e os profissionais de GTH devem enfrentar, pois pensar em remunerar sem estar ligado ao resultado, seja corporativo, setorial ou individual, eleva seus custos fixos e aumenta a possibilidade de não haver comprometimento dos colaboradores com resultados.

A remuneração variável deve ancorar-se em quatro aspectos básicos:

1. Alinhar a remuneração variável com a conquista efetiva de resultados de cada pessoa ou equipe.
2. Avaliar o desempenho em uma base quantitativa e mensurável fácil de ser entendida e avaliada.
3. Atrelar a remuneração variável ao desempenho tanto individual como coletivo.
4. Garantir o foco na criação de valor no longo prazo, recompensando ao mesmo tempo as metas tangíveis de curto prazo.

11.4 CONCEITOS DE INCENTIVO DE CURTO PRAZO (ICP) E INCENTIVO DE LONGO PRAZO (ILP)

Os planos de incentivo, como já foi visto, têm como objetivos engajar e atrair talentos, criando um sentimento de pertencismo, ser dono, fazer parte do negócio. Esses conceitos ajudam a alavancar o atingimento das metas, o que traz resultados para a organização. Cada categoria deve ser desenvolvida dentro de suas características e critérios legais, de forma estratégica, enquadrando cada membro da equipe elegível e seu nível dentro de um cenário proposto pela organização.

11.4.1 ICP

O ICP é uma das categorias da estrutura da remuneração variável, que tem como estratégia remunerar os colaboradores ou equipes pelos bons resultados alcançados, através de critérios e políticas claras, sendo seu pagamento realizado em um espaço de tempo curto. O prazo de mensuração pode variar pelo período de seis a doze meses, de acordo com as regras acordadas e estabelecidas nas políticas, seu pagamento se dá em valores. As métricas para atingimento e a forma de mensuração das metas podem ser em valores, quantidades, datas, percentuais, entre outros.

11.4.2 ILP

O ILP é outra categoria da estrutura de remuneração variável e tem como foco remunerar pelo bom resultado acumulado em longo prazo, sendo que seu pagamento pode se dar por um período a partir de um ano ou mais, o qual é conhecido como *vesting*, e para o qual, embora não tenha regra na definição do tempo, o mercado estipula um limite de três a quatro anos. O efeito estratégico do ILP é engajar por mais tempo um talento conhecido como pessoa-chave (*key people*), que, pelo seu conhecimento, experiência, importância de impacto do negócio da empresa *core business*, ajuda a organização a alcançar seu crescimento, o que atrai o interesse em mantê-lo por um período maior na organização. Seu pagamento se dá pelo crescimento, atingimento ou crescimento da organização por meio das metas estabelecidas em um programa e outorga.

Em uma implantação do projeto de ILP, a escolha do modelo é fundamental para o sucesso deste, pois além da segurança jurídica, clareza e entendimento dos critérios, a análise dos impactos fiscais também deve ser levada em conta, sabendo que cada país tem sua legislação sobre o tema. No Brasil, o Conselho Administrativo de Recursos Fiscais (CARF) é quem regula e analisa recursos dos enquadramentos, uma espécie de tribunal tributário.

Citemos dois tipos possíveis para estruturar e direcionar o ILP:

1. **Mercantil:** com perfil de enquadramento que tenha voluntariedade (opção de adesão de ações), onerosidade (necessidade de pagamento) e o risco (possibilidade de perda) por parte do colaborador.
2. **Remuneratório:** com perfil de enquadramento que tenha habitualidade (recorrência no recebimento), vínculo a metas de *performance*, não havendo necessidade de pagamento e sem risco pela desvalorização das ações.

Alguns termos importantes que fazem parte da estrutura do ILP são:

1. ***Vesting:*** período em que um colaborador ou *key-people* deve permanecer para obter o direito de receber ações ou valores no plano, ou seja, uma carência que define o tempo de permanência. As organizações vêm utilizando a partir de dois anos de *vesting*, com o objetivo de determinar o tempo mínimo que a organização deseja manter o talento. Dentro do *vesting*, podem-se definir ganhos de ações ou direitos a valores de forma gradual durante esse período.
2. ***Cliff:*** período inicial em que o colaborador, por meio de um acordo e contrato, deve manter suas atividades para atingir o prazo definido, porém não tem direito a adquirir qualquer benefício durante esse período.
3. ***Key-people:*** refere-se às pessoas-chaves que constarão no contrato e nas regras, isto é, os elegíveis que têm impacto direto no resultado a ser alcançado pela organização, seja pelo seu conhecimento técnico do produto, inovação ou visão do mercado em que atua.

Figura 11.3 Objetivos de um plano de remuneração variável.[6]

Uma das vantagens da remuneração variável é a flexibilidade. Se a empresa deseja equilibrar suas contas ganhando fôlego no caixa, pode mirar como alvo principal o lucro. Caso precise aumentar seu *market-share* e avançar em espaços da concorrência, mire na participação de mercado como a sua principal meta e se deseja criar valor ao negócio ou produto "*valuation*", mire suas metas e projeções no fluxo de caixa, faturamento e qualidade e valores de seu patrimônio

11.5 ALGUNS PROGRAMAS DE INCENTIVO DE CURTO PRAZO (ICP)

No ICP, temos alguns modelos de programas que podem ser implementados na organização. Sua escolha está baseada no que se deseja atingir, na velocidade para alcançar os resultados e até em definir com precisão o grupo de pessoas que desejam ser envolvidas, conhecidas como beneficiárias ou elegíveis, atingindo a organização de modo parcial ou em sua totalidade, de acordo com o programa adotado. Para ilustrar o tema, demonstramos as duas principais categorias.

11.5.1 Bonificação ou bônus

A categoria de bonificação prevê o pagamento de determinado valor quando se atingir o resultado dentro da meta estabelecida, podendo ser individual ou coletiva. Nessa categoria, a organização pode remunerar por liberalidade, complementando o que foi acordado anteriormente. A base para pagamento é livre, podendo ser múltiplos de salários ou valores preestabelecidos *budget*. Nessa categoria, incidem encargos trabalhistas, porém, após aprovação da reforma trabalhista em novembro de 2017, a bonificação deixa de integrar a base salarial. Também permite a formulação de regras com metas estipuladas e mais elaboradas, na questão de métricas de desempenho individual e resultados, que podem ser atingidos pelos beneficiários do programa.

11.5.2 Participação nos lucros ou resultados (PLR)

A PLR é uma categoria diferente da anterior, pois há uma lei específica que trata do tema – Lei 10.101/2000. A forma de pagamento mais utilizada é a anual, com base em metas e resultados definidos no acordo. O objetivo é buscar o aumento dos resultados e da lucratividade da organização e, consequentemente, criar oportunidades de maiores ganhos para os colaboradores em sua remuneração. Porém, para que se tenham os benefícios fiscais, como isenção de encargos trabalhistas e previdenciários, seguindo a decisão do CARF sobre o tema, o acordo de PLR deve ser assinado e homologado junto ao sindicato antes do período de sua apuração e aprovado pelo sindicato, validando assim essa condição.

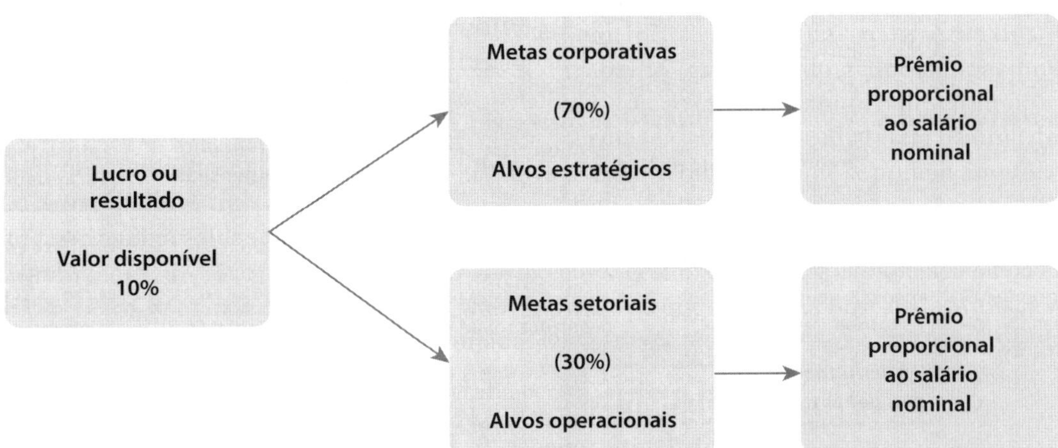

Figura 11.4 Composição da participação nos lucros e nos resultados.

DICAS

1. A empresa deve negociar com os colaboradores a forma de participação no lucro por meio de comissão por eles escolhida.
2. Os critérios se baseiam em índices de produtividade, qualidade ou lucratividade.
3. O acordo deve definir regras claras de participação, mecanismos de medição, periodicidade da distribuição e período de vigência.
4. O pagamento a título de participação nos lucros deve obedecer à periodicidade mínima de um semestre.
5. O pagamento a título de participação é isento de encargos trabalhistas ou previdenciários.
6. As participações são deduzidas do Imposto de Renda pela pessoa jurídica como despesa operacional.
7. A participação não deverá substituir ou complementar o salário.

Há outras categorias que podem também ser utilizadas para complementar o pacote de remuneração, como prêmios em dinheiro ou produtos, gratificações, vale-presentes, comissão, entre outras. Importante salientar que todos os modelos devem ter como objetivo incentivar o bom resultado, engajar e reter talentos, reduzindo assim os índices de *turnover* e absenteísmo, aumentando a satisfação e o orgulho de pertencer.

Os vários critérios para os planos de bonificação anual são:

- Lucro da empresa no exercício.
- Variação do patrimônio líquido.
- Lucro operacional.
- Resultado de cada área (finanças, marketing, produção/operações, GTH etc.).
- Metas de cada departamento da empresa.
- Metas de cada equipe.
- Metas individuais.
- Outros índices de desempenho.

Existem dois tipos de planos de bonificação anual:

1. **Plano tradicional de metas definidas:** baseia-se em metas orçadas e definidas com teto e piso para pagamento de bônus, onde a meta de bônus é o alcance do objetivo predeterminado. Com isso, o baixo desempenho não é penalizado e o desempenho excelente não é recompensado, pois o plano tem um valor definido e limitado, conforme a Figura 11.5.

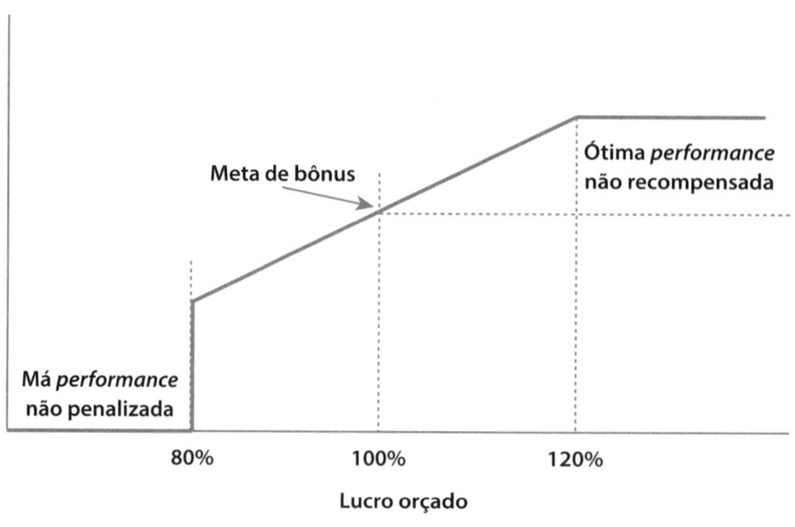

Figura 11.5 O plano tradicional de bônus.

2. **Plano de bônus flexível EVA:** baseia-se em metas flexíveis que não possuem piso ou teto para pagamento de bônus. EVA (*Economic Value Added*) é o modelo de gestão e remuneração por incentivos baseado em valor reconhecido pelo mercado acionário. Seu objetivo é maximizar o valor criado pela empresa por meio da mudança da cultura corporativa, para que os gerentes pensem, ajam e sejam recompensados como fossem acionistas da empresa. O EVA envolve e alinha os processos de decisão, avaliação do desempenho e remuneração para que os gerentes analisem as fontes de valor e possam direcionar a definição das metas e objetivos da empresa, transformando o gestor em um coproprietário do negócio.

O plano de bônus EVA apresenta três aspectos interessantes:

1. Se a meta de desempenho é alcançada, o executivo ganha a meta de bônus.
2. Se o executivo não alcança a meta de desempenho, passa para o banco de bônus negativo ficando com um saldo devedor para o próximo ano.
3. Se o executivo ultrapassa a meta de desempenho, o excedente passa para o banco de bônus positivo. Fica com um saldo credor que pode receber em médio e longo prazo.

11.6 ALGUNS PROGRAMAS DE INCENTIVO DE LONGO PRAZO (ILP)

Assim como o ICP, o ILP é um instrumento importante para contribuir com o crescimento da organização, independentemente de seu porte, segmentação ou região em que esteja. As ações estratégicas de uma organização partem da escolha do modelo ou categoria de incentivo adequado. Seu foco visa à retenção e ao desembolso financeiro em longo prazo, de acordo com a valorização da empresa ou de metas durante o *vesting*, geralmente para executivos, profissionais com cargos-chave para o negócio ou especializados. Também visa reduzir custos fixos e impactos fiscais, por isso, avaliar o melhor modelo de incentivo é importante. Os ILPs têm como base duas características: gênero outorgado – na forma de ações ou opções e forma de liquidação – e instrumentos patrimoniais (as ações ou opções) ou, ainda, em dinheiro. Na Figura 11.7, apresenta-se um exemplo de linha do tempo (*vesting*).

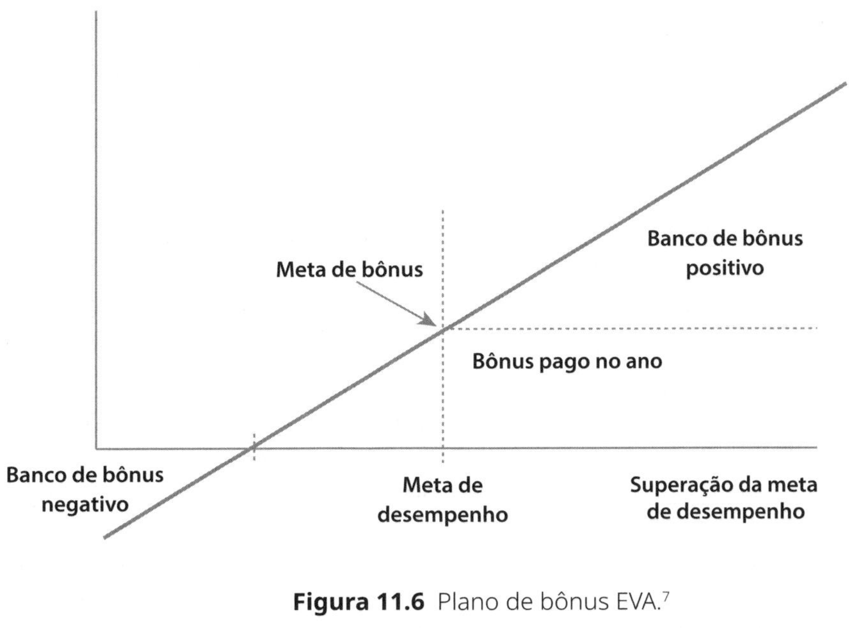

Figura 11.6 Plano de bônus EVA.[7]

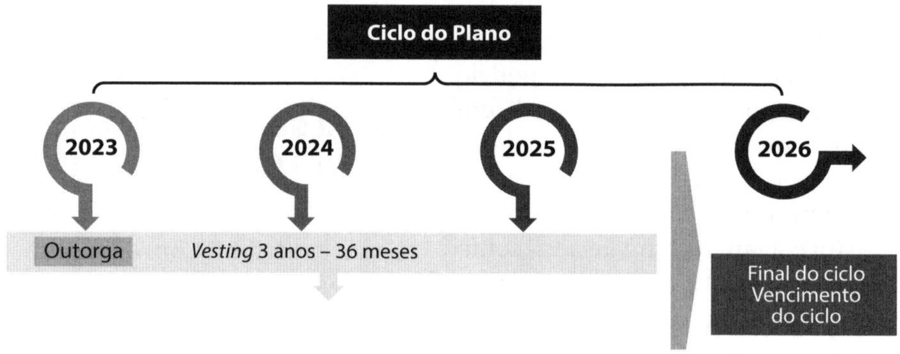

Figura 11.7 Linha do tempo (*vesting*).

A seguir, apresentamos quatro tipos de programas ou modelos de ILP, utilizados nas organizações, visando ao engajamento de talentos e sua permanência, e por serem importantes na lucratividade e no crescimento da organização.

11.6.1 *Stock Options* ou plano de opções de compra de ações

No modelo, a organização oferece a opção da compra da ação após um período preestabelecido com valores abaixo dos de mercado, sendo que o beneficiário pode adquirir parte da ação até concluir um prazo determinado. Nesse caso, a decisão da compra ou não com base na evolução e geração do lucro é do próprio beneficiário. Se ele não exercer o direito, não irá usufruir do incentivo. O contrato de *vesting* é quem define o tempo possível para compra das opções, ou seja, período de carência, sendo possível incluir no programa indicadores de *performance* e resultados, em que o beneficiário deve estar apto para exercer suas ações por um período mínimo de tempo. Caso saia antes do término desse período de carência estabelecido, deixa de ter direito à participação no programa.

11.6.2 Bônus diferido ou *staying bonus*

Este programa dá a oportunidade de o beneficiário receber um valor, se atingidos os objetivos estipulados, incentivando a permanência dele na organização por período predefinido, muitas vezes utilizado em situações de aquecimento ou grandes mudanças em relação ao mercado. Nesse caso, a organização objetiva reter talentos, ou até mesmo efetuar uma transição estratégica. Essa modalidade é ligada a metas e *performance*, podendo ser quitada ao longo do tempo, sendo mais comum ao final do período com o alcance dos objetivos, sejam temporais, resultados ou ambos. Recomenda-se corrigir por índices econômicos como IPCA ou IGPM.

11.6.3 Ações fantasmas ou *phantom shares*

O incentivo financeiro é concedido por meio de ações da empresa, porém é oferecido em dinheiro ao final do período, quando se atingem os itens estipulados. O beneficiário recebe uma outorga com determinada quantidade de ações da empresa e, ao alcançar as condições temporais – *vesting* – ou *performance*, terá direito a liquidar as ações e receber a quantia em valores, isto é, base de cálculos em valor de ações e recebimento em valor.

11.6.4 Ações restritas ou *restricted shares*

Trata-se de um plano que tem várias características do plano *Stock Options*. Sua diferença é quanto à disponibilização para o beneficiário das ações e não às opções, sendo a condição de recebimento o cumprimento de uma carência ou metas de *performance* individuais ou coletivas. A participação fica condicionada ao alcance do que foi determinado no *vesting*. Sendo atingidas as condições previstas no plano, o beneficiário recebe a outorga das ações, sem ter que dispor de qualquer pagamento, e fica obrigado a adquirir determinada quantidade de ações.

Alguns termos técnicos são utilizados dentro do ILP, comuns no modelo *Stock Options*, embora tudo possa ser adaptado. Celso Bazzola entende que "temos que ter uma visão inovadora e ampla da estratégia e modelo a ser utilizado, ou seja, avalia-se o uso das técnicas de outros modelos, adaptando e desenvolvendo novas formas e critérios. Importante é que não interfira nos objetivos, nos interesses das partes e não impacte nas legislações que tratam o tema".

1. ***Vesting:*** quando o beneficiário inicia o seu direito de comprar ações, podendo ser de forma gradual em etapas de acordo com micro-objetivo alcançado.
2. ***Cliff:*** esse é o período de carência inicial, em que o beneficiário ainda não pode exercer sua opção de compra de ações da organização, como um período de experiência.
3. **Prêmio:** é o valor pago pelo colaborador para que exerça a opção de compra das ações como citado, sendo esse valor praticado bem inferior ao valor real das ações.
4. ***Strike price:*** trata-se do valor que o beneficiário oferece para adquirir as ações no momento de exercer seu direito de compra.
5. ***Lockup:*** é o período em que o beneficiário não poderá vender ou disponibilizar as ações que adquiriu no programa, sendo sempre o objetivo de reter o beneficiário pelo maior tempo possível.
6. ***Option pool:*** trata-se da parte ou percentual do capital social (*budget*), a ser disponibilizado para o cumprimento do programa. A organização define de onde foi definido ou virá o valor a ser oferecido, garantindo segurança e transparência das partes.

11.7 TENDÊNCIAS E DESAFIOS SOBRE PROGRAMAS DE INCENTIVO

Há vários tipos de programas de incentivos. Entre eles, temos o modelo conhecido como *partnership*, que significa parceria ou sociedade. Algumas organizações, como Ambev, BTG e XP Investimentos, o aplicam em sua gestão. O compartilhamento das responsabilidades é característica comum nas tomadas de decisões e nos resultados alcançados, para que sejam distribuídas ações ou participação acionária aos beneficiários. As organizações desenvolvem uma cultura na relação de longo prazo e o talento é envolvido no programa, tendo visão total e interesse para o sucesso do negócio, no qual sua permanência é natural.

Os programas de incentivo não se resumem a organizações de grande porte ou determinados segmentos. Qualquer organização pode desenvolver seu programa, porém deve respeitar as características culturais, econômicas e do mercado em que está inserida. O ponto principal é desenvolver algo que traga sustentabilidade e crescimento ao negócio das organizações e seus talentos.

Qualquer programa de incentivo deve ter regras claras quanto à elegibilidade de participação, sendo a permanência na organização, o alinhamento cultural, a posição hierárquica, os *key people* e as competências fatores importantes para compor regras e políticas do programa. O grande objetivo e o desafio é reter profissionais que agregam valor para a organização, por meio de suas habilidades, conhecimento, visão do mercado e o quanto querem contribuir para o sucesso organizacional.

Outra questão importante é que existem várias formas de estabelecer a participação do colaborador no capital da empresa, como vimos, utilizado nos mesmos termos, só que com ações fictícias, cujo valor é calculado com base no patrimônio líquido da empresa, que distribui um percentual de seu lucro anual, na forma de ações, entre alguns de seus colaboradores: os executivos. Com isso, as empresas pretendem alcançar dois objetivos: comprometer os executivos com o destino da companhia e quebrar a estrutura de empresa familiar para perenizar o negócio. Na América do Norte e na Europa, a venda ou concessão de ações é prática comum entre as empresas.

O sistema de aquisição de ações apresenta certas limitações. Uma delas é que em alguns países como o Brasil ainda se encaminha para ter uma cultura do mercado de capitais entre os colaboradores. No Brasil, essa evolução se demonstra por meio de uma decisão do Superior Tribunal de Justiça (STJ), que definiu sobre os ganhos recorrentes dos planos de ações (*Stock Options*), enquadrando-os como natureza mercantil e não remuneratória. Tal decisão confere segurança jurídica e garantia de não tributação desses ganhos, e está alinhada à jurisprudência trabalhista, que já considerava os ganhos como não sendo uma contraprestação pelo trabalho. A cultura do imediatismo, em que o ganho a curto prazo ainda é mais forte do que o compromisso do ganho de longo prazo, o que demonstra a necessidade de uma melhor informação e entendimento sobre o tema. A necessidade de curto prazo é mais forte do que o compromisso de longo prazo.

ATENÇÃO

Com a aplicação das regras do *compliance*, recomenda-se maior cuidado com a opção de compra de ações, evitando que haja manipulação pelos próprios beneficiários que detêm informações privilegiadas sobre os resultados da empresa. Para prevenir tal possibilidade, sugere-se que os colaboradores que ganham ações da organização negociem com o mercado 30 dias após a divulgação dos resultados dela. Isso permite que não haja manipulação nas negociações. Cada empresa deve ter em seu modelo a estrutura de *compliance* em conformidade com as leis.

A participação acionária e nos resultados dos colaboradores é um instrumento importante para as empresas se manterem em um mundo cada vez mais competitivo. A concessão ou venda de ações é feita dentro de programas de longo prazo ILP e serve não apenas para motivar o colaborador, mas também para dar a ele uma segurança maior no futuro. A extensão do benefício a todos os níveis dentro da organização é ainda um ponto polêmico. Para muitos especialistas, a concessão da participação acionária é inócua para os níveis operacionais. Nesses níveis, talvez seja melhor associar aos ganhos ICP pela produtividade ou qualidade de entrega mediante bônus, prêmios ou PLR.

Outra tendência que continua crescendo no mercado de trabalho, e cada vez mais com critérios relacionados à estratégia das organizações, mesmo com visão e culturas diferentes, são duas características: foco nos resultados e na meritocracia.

As necessidades constantes de mudanças estruturais das organizações com cortes de cargos, demissões e redução de níveis hierárquicos por meio de programas como reengenharia e *downsizing* aumentou a carga de trabalho dos colaboradores que permaneceram no quadro de colaboradores. Em contrapartida, tendem a impactar com maior remuneração aos remanescentes. A inovação e o surgimento de *startups* também são fatores que podem influenciar na estruturação dos programas salariais e de incentivos, embora na pesquisa realizada em 2023 aponte que 43% das empresas *startups* não possuem planos estruturados de salários e 57,32% das empresas *startups* mais consolidadas possuem esta visão.[8] Atualmente, consultorias especializadas como Mercer e Bazz Estratégia de RH oferecem estratégias para estruturar políticas, metodologias de remuneração e incentivos para empresas já consolidadas e *startups*, o que demonstra o interesse do tema pelas organizações.

CARACTERÍSTICAS DE ORGANIZAÇÃO

Existem as organizações conservadoras que oferecem benefícios, como carreira estável e salários fixos e atraentes – mas exigem que os gestores se dediquem por muito tempo até atingir um patamar de patrimônio que lhes permita aposentar-se. E organizações mais exponenciais, com desejo de crescimento rápido, que oferecem pacotes de remuneração variável atrelados a metas robustas e que atraem os profissionais mais inquietos, que topam trabalhar muitas horas por dia para ficar ricos em pouco tempo. No mercado financeiro, essa divisão de perfis começou há alguns anos em nosso país e agora está se espalhando em outros segmentos.
A remuneração total média em salários-base está ficando cada vez menor em comparação com a elevação dos bônus de curto prazo e incentivos de longo prazo de presidentes e diretores de áreas de nossas empresas.
Há que se levar em conta o dinamismo da economia e os objetivos de médio e longo prazo que as empresas estão desejando alcançar. Não se remunera um talento apenas para ele ficar, e sim para trazer resultados.

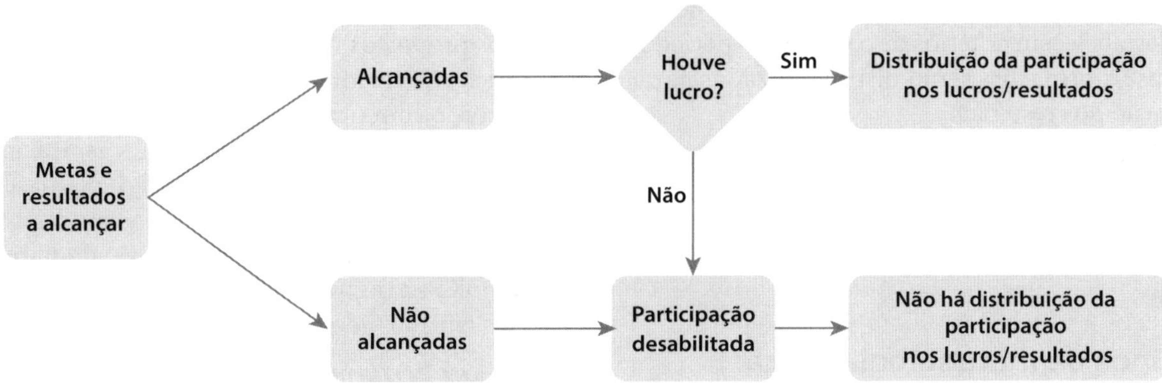

Figura 11.8 O mecanismo de participação nos lucros e resultados.

11.8 COMO CONSTRUIR UM PLANO DE INCENTIVOS

A construção de um plano de incentivos, seja ICP ou ILP, deve acompanhar as mudanças culturais e a real necessidade da organização, além do desejo de seus *stakeholders* em apoiar essa estrutura. O outro ponto é criar formas de controle e mensuração dos resultados, tornando-os confiáveis e fazendo com que reflitam a realidade do atingimento dos resultados. Para que se tenham bons resultados, é fundamental para o sucesso de programa definir o modelo do programa, os indicadores, as metas, os pesos e a base de cálculo para pagamento. Os indicadores devem ser definidos para que se tenham impactos positivos para a organização e a visão de ganho ao colaborador.

11.8.1 Características dos indicadores de resultados

As características fundamentais para definição dos indicadores que farão parte do programa de incentivo, seja ele ICP ou ILP, e que a própria legislação leva em consideração no momento de avaliar a legalidade deste programa, são:

1. Estarem ligados diretamente à estratégia da organização.
2. Poderem ser controlados.
3. Ter metas reais e possíveis de se alcançar.
4. Os cálculos e as regras serem facilmente entendidos por todos:
   - Que os dados sejam fidedignos e não manipuláveis.
   - Deve ser mensurável, podendo ser coletados e quantificados (percentuais; valores; datas; quantidade).

11.8.2 Etapas para construção do programa de incentivo

O programa de incentivo, seja o ICP ou ILP, para ser desenvolvido de forma segura e prática, deve seguir algumas etapas importantes:

1. **Definir a estratégia e os objetivos do programa:** o que é e como a organização deseja atingir seus resultados? Nessa etapa, define-se o foco, o que se deseja alcançar e em quanto tempo.
2. **Construir o programa:** nessa etapa define-se toda a estrutura, quais serão as metas a serem atingidas, formas e valores a serem distribuídos e suas métricas.
3. **Critérios para definir os beneficiários:** quem serão os participantes do programa, de que forma serão avaliados e poderão contribuir.
4. **Criar as regras do programa "política":** momento de estabelecer na política as regras e condições, os deveres e responsabilidades de cada beneficiário, além da forma de pagamento para que fique clara a elegibilidade ou não de acordo com os critérios preestabelecidos.

5. **Definir a forma de controle e mensuração:** nessa etapa se estabelecem critérios de controle e o período em que as informações serão disponibilizadas para mensuração dos resultados.
6. **Forma de comunicação:** estabelecer formas de comunicação aos beneficiários, para que todos possam acompanhar os resultados e propor ações redirecionadas para a rota, a fim de buscar os resultados propostos.

11.8.3 Tipos de metodologias para medir resultados

A definição dos indicadores de resultados, sejam eles para melhorar a produtividade, apontar resultados do trabalho em equipe, monitorar e avaliar desempenho, é fundamental para a construção de um programa de incentivo e estabelecimento de seus objetivos. Portanto, para que se tenham indicadores consistentes e com impactos reais nos resultados, recomenda-se: relacionar indicadores a um objetivo principal, dando foco às métricas e acompanhando todas as etapas e a evolução do crescimento da organização. Lembramos que para cada organização há estratégia, pelo fato de poder estar cada uma em um momento econômico diferente e atuando em regiões diferentes, o que nos leva a concluir que, ao utilizar indicadores predefinidos de mercado, aumenta a possibilidade de levar a um erro estratégico. Procure personalizar os indicadores de acordo com a realidade da organização, para que o objetivo seja atingido com êxito.

A seguir, apresentamos duas ferramentas de gestão utilizadas para desdobramentos de metas e nos programas de incentivo, por muitas organizações. São elas: OKRs e os KPIs.[9] Suas utilizações devem ser avaliadas: como e qual será utilizado de acordo com suas características e objetivos propostos no plano de incentivo e resultado a ser atingido.

11.8.3.1 *Objectives and Key Results* (OKR)

Objectives and Key Results (OKR), ou objetivos e resultados-chave, são uma metodologia que facilita definir os objetivos da organização, por utilizar métricas simples, flexíveis e desafiadoras com visão geral do que a organização deseja atingir. O OKR traz o engajamento das equipes, o que ajuda no alinhamento e na direção das áreas. São definidas em sua maioria pelo C-Level (autogestão) ou por meio de equipes de planejamento, porém que visam abranger toda organização. Podemos citar organizações como Google, Airbnb, Spotify e LinkedIn, que utilizam a metodologia em seus processos internos. A utilização do OKRs deve ser bem avaliada e ajustada com a estratégia organizacional, para que atinja os resultados propostos. Há tipos diferentes de OKRs, os quais impactam na formação e diferenciação das equipes, de acordo com o momento, tipo de serviço e ritmo necessário de execução; são eles: OKRs aspiracionais que, mesmo com as dificuldades de atingi-lo, o desejo de alcançar o resultado vai até o último instante, levando em conta o esforço, mesmo com o resultado parcial, e temos os OKRs tangíveis, que são o atingimento pleno das metas em 100% do estabelecido nos resultados.

11.8.3.2 *Key Performance Indicators* (KPI's) ou Indicadores-Chave de Desempenho

Trata-se de uma ferramenta que tem em sua metodologia e estrutura as métricas específicas e mensuráveis, que são usadas para medir o desempenho seja de processos ou atividades em execução, dando uma visão do progresso das metas preestabelecidas e consequentemente de como está se comportando o crescimento da organização. Nesse modelo, cada área tem seu objetivo definido, o que ajuda na análise e acompanhamento se o desempenho é adequado para se atingirem determinados resultados ou não. São específicos, por se concentrarem no resultado esperado, fundamentais para mediar o nível de atingimento de metas, valorizando todo esforço, e a cada etapa iniciada e concluída, tem-se a visão clara de conquista e do resultado.

Para ilustrarmos melhor sobre o tema, a seguir citamos exemplos de OKRs e KPIs:

Área Financeira:

1. **Objetivo:** Aumentar a receita com menos custos.
2. **KPI:** Receita.
3. ***Key result* 01:** Aumentar a receita em 15%.
4. ***Key result* 02:** Alcançar R$ 50 mil a mais de receita.
5. ***Key result* 03:** Reduzir os custos do departamento em 5%.

Gestão do Talento Humano (GTH)

1. **Objetivo:** Aumentar a motivação e o engajamento.
2. **KPI:** Clima organizacional.
3. ***Key result* 01:** Aumentar em 10% o score de engajamento da empresa.
4. ***Key result* 02:** Garantir adesão de pelo menos 80% na pesquisa de eNPS.
5. ***Key result* 03:** Realizar um evento de engajamento por mês.

Em resumo, apesar de terem características e a busca do mesmo objetivo com visões diferentes, os OKRs e os KPIs complementam, enquanto os KPIs visam mensurar cada etapa e trazem clareza sobre o acompanhamento e qual métrica deve ser acompanhada durante a execução. Já os OKRs visam de forma macro ao(s) objetivo(s) final(is) e ajudam a analisar a convergência de todo processo e esforço para chegar ao alcance dos objetivos globais maiores. Por isso, esses métodos juntos propiciam a segurança na busca do reconhecimento e de conquistas a serem obtidas por todos os envolvidos em cada etapa do processo, contribuindo para o crescimento organizacional. Por esse motivo, tornam-se importantes para o plano de incentivo.

Após abordarmos o tema, nota-se que as empresas estão apostando em práticas de remuneração que as tornam poderosas para conquistar e engajar talentos, em um mercado caracterizado por um verdadeiro apagão de talentos e competitivo. E as políticas internas de salário-base (fixo) estão cada vez mais cedendo espaço para a remuneração variável baseada em metas, objetivos e resultados alcançados e estendida para o longo prazo para ajudar na retenção dos talentos no futuro.

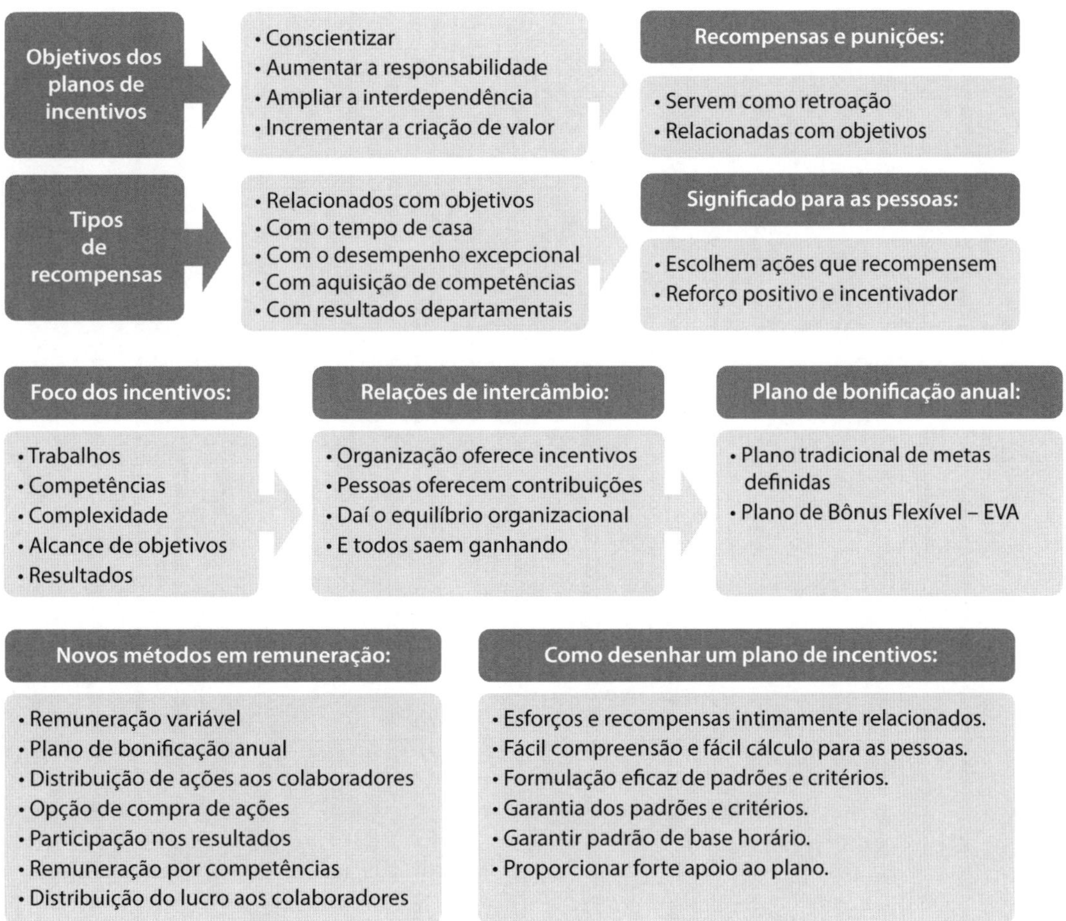

Figura 11.9 Mapa mental do Capítulo 11: Programas de incentivos pelo resultado.

REFERÊNCIAS

1. BARNARD, C. I. *As funções do executivo*. São Paulo: Atlas, 1971.
2. CLARK, P. B.; WILSON, James Q. Incentive systems: a theory of organizations. *Administrative Science Quarterly*, v. 6, n. 2, Sept. 1961, p. 134-135.
3. McGREGOR, D. O lado humano da empresa. ***In***: BALCÃO, Yolanda F.; CORDEIRO, L. L. (org.). *O comportamento humano na empresa*. Rio de Janeiro: Fundação Getulio Vargas, Instituto de Documentação, 1971. p. 45-60.
4. SKINNER, B. F. *About behaviorism*. Nova York: Knopf, 1974.
5. SKINNER, B. F. *About behaviorism, op. cit.*
6. Extraído de: ABRASCA – Associação Brasileira das Companhias Abertas e IBRI – Instituto Brasileiro de Relações com Investidores. ENCONTRO NACIONAL DE RELAÇÕES COM INVESTIDORES E MERCADO DE CAPITAIS, 2006, p. 19 (referente a Stern Stewart & Co.).
7. Extraído de: ABRASCA – Associação Brasileira das Companhias Abertas e IBRI – Instituto Brasileiro de Relações com Investidores. ENCONTRO NACIONAL DE RELAÇÕES COM INVESTIDORES E MERCADO DE CAPITAIS, 2006, p. 20 (referente a Stern Stewart & Co.).
8. 43% dos profissionais de *startups* ainda não têm plano de cargos e salários. *Exame*, São Paulo, jan. 2023. Disponível em: https://exame.com/bussola/43-dos-profissionais-de-startups-ainda-nao-tem-plano-de-cargos-e-salarios/. Acesso em: 7 maio 2025.
9. OKR e KPI: qual a diferença, como aplicar e exemplos. *Qulture rocks*, São Paulo, jul. 2023. Disponível em: https://www.qulture.rocks/blog/okr-e-kpi. Acesso em: 7 maio 2025.

Capítulo

12

Benefícios sociais e suas tendências

A busca da segurança e qualidade de vida dos talentos

Objetivos de aprendizagem

Após estudar este capítulo, você deverá estar capacitado para:

- Definir o conceito de benefícios sociais como remuneração indireta.
- Explicar por que as organizações oferecem benefícios aos seus funcionários.
- Descrever os tipos de benefícios sociais oferecidos pelas organizações.
- Desenhar um plano de benefícios sociais fixos ou flexíveis.
- Saber a melhor forma de gestão de um plano de benefícios sociais.

O que veremos adiante

- Conceito de benefícios sociais.
- Objetivos dos planos de benefícios.
- Tipos de benefícios sociais.
- Desenho do plano de benefícios.
- Inovações em benefícios sociais.
- Conceitos e como implantar um plano de benefícios flexíveis.

A remuneração não visa apenas recompensar os colaboradores pelo trabalho e dedicação, alcançar os objetivos propostos e agregar valor ao negócio, mas também tornar as suas vidas mais fáceis e agradáveis. Uma das maneiras de promover o bem-estar e facilitar a vida dos colaboradores é oferecer benefícios e serviços que possam agregar para a tranquilidade destes, o que lhes garante a segurança social e, para as organizações, menores custos, principalmente com encargos sociais. Os benefícios e serviços aos colaboradores são formas indiretas da compensação total, sendo que o salário representa apenas uma parcela do pacote de recompensas que as organizações oferecem ao seu pessoal. Considerável parte da remuneração é feita por meio de pacotes de benefícios e serviços sociais. A disponibilização dos benefícios e serviços prestados aos seus colaboradores influencia diretamente na qualidade de vida no trabalho e sua satisfação na organização, o que mantém o clima saudável. O engajamento de talentos e sua decisão de permanecer e trabalhar na organização também estão ligados aos benefícios que dela recebem, sendo uma ótima estratégia de engajamento e atração de talentos.

12.1 CONCEITO DE BENEFÍCIOS

Benefícios são vantagens concedidas pelas organizações ora de forma convencionada, quando há uma exigência legal da convenção coletiva, ora espontânea, quando são responsáveis por criar um ambiente de qualidade de vida e tranquilidade aos colaboradores, que constitui um pacote de benefícios e serviços que faz parte integrante da remuneração do pessoal. Os benefícios incluem uma variedade de facilidades e vantagens oferecidas pela organização, como assistência médico-hospitalar, seguro de vida, alimentação subsidiada, transporte, pagamento de tempo não trabalhado, plano de previdência privada etc. O formato desses pacotes de benefícios pode se diferenciar de acordo com os níveis e pesos dos cargos, respeitando a legislação. A cada elevação na hierarquia, vão-se agregando novos benefícios, sendo ofertados bens como automóvel, casa, escola para os filhos, clube, entre outros. Os benefícios, além do seu aspecto pecuniário ou financeiro, servem para livrar os colaboradores de uma série de transtornos, como busca de meios de transporte até a empresa ou busca de locais para refeição mais adequados e que tenham boa alimentação.

Os benefícios sociais podem estar intimamente relacionados com aspectos da responsabilidade social da organização, o que veremos adiante.

12.1.1 Origens dos benefícios

No passado, os benefícios estavam fortemente atrelados a uma ação paternalista existente nas organizações, assim como a grande influência da legislação e de convenções coletivas. Hoje, os benefícios fazem parte da estratégia das organizações de engajamento, atração e redução de custos, além de garantir saúde e qualidade de vida aos colaboradores, o que reverte para organização em redução de *turnover* e absenteísmo e aumenta a produtividade de seus talentos.

As origens e o desenvolvimento dos planos de benefícios sociais devem-se às seguintes causas:[1]

1. Competição entre as organizações para atrair, manter e reter talentos.
2. Nova atitude das pessoas quanto aos benefícios sociais.
3. Exigências dos sindicatos e dos contratos coletivos de trabalho.
4. Exigências da legislação trabalhista e previdenciária.
5. São meios lícitos de deduções de impostos e obrigações tributárias.
6. Contribuição para o bem-estar dos colaboradores e da comunidade.

Os planos ou pacotes de benefícios nos dias de hoje são cada vez mais indispensáveis para composição do *total compensation*, não importando o tamanho ou a estrutura da organização, sendo fundamental tais para valorização do capital humano, justificada pela preocupação de reter, reduzir a rotatividade e principalmente dar aos colaboradores segurança nas questões sociais. Hoje, os planos de benefícios são intensamente avaliados e discutidos quanto aos seus propósitos, custos e valores, responsabilidade pela sua gestão, critérios de avaliação e critérios que estejam ligados até mesmo ao crescimento interno na carreira.

12.2 TIPOS DE BENEFÍCIOS SOCIAIS

Temos variedades de benefícios sociais, que trazem algumas classificações. De modo geral, os benefícios sociais podem ser classificados quanto à sua exigibilidade legal, natureza e seus objetivos. Vejamos cada uma dessas classificações.[2]

1. Quanto à sua exigibilidade legal:
Podemos ter planos de benefícios – legais – que tenham exigências contidas nas leis do trabalho CLT ou em convenção, dissídio ou acordo coletivo junto ao sindicato. Esses benefícios também podem ser oferecidos de forma espontânea pela organização, visando ter um maior poder de atração e engajamento dos talentos. A seguir, alguns tipos de benefícios que envolvem tais classificações:

Tipos de benefícios	Legais	Espontâneos
Férias	SIM	NÃO
13º salário	SIM	NÃO
Aposentadoria	SIM	NÃO
Seguro de acidentes do trabalho	SIM	NÃO
Auxílio-doença	SIM	NÃO
Refeição	SIM	SIM
Cesta básica – alimentação	SIM	SIM
Crédito consignado	NÃO	SIM
Convênio odontológico	SIM	SIM
Automóvel	NÃO	SIM
Bolsa de estudo (cursos)	NÃO	SIM
Seguro de vida	SIM	SIM
Vale-transporte	SIM	NÃO
Convênio/plano médico-hospitalar	SIM	SIM
Complemento benefício afastamento	SIM	NÃO

2. Quanto à sua natureza:
Os planos de benefícios das organizações podem ser classificados em monetários, que envolvem disponibilização do valor, ou não monetários, por meio de um serviço, bem ou tecnologia quanto à sua natureza.

Tipos de benefícios	Monetários	Não monetários
Férias	SIM	NÃO
13º salário	SIM	NÃO
Refeitório (local)	NÃO	SIM
Complementação salário afastamentos doença	SIM	NÃO
Automóvel	NÃO	SIM
Auxílio-combustível	SIM	SIM
Refeição subsidiada ou auxílio-refeição	SIM	SIM
Seguro de vida	NÃO	SIM
Convênio/plano médico-hospitalar	NÃO	SIM
Home office	NÃO	SIM

3. Quanto aos seus objetivos:

Os planos de benefícios das organizações podem ser classificados em: assistenciais, que visam promover ao colaborador e sua família condições de segurança em casos de imprevistos ou emergências; recreativos, que visam proporcionar ao colaborador condições físicas, psicológicas e sociais de repouso, diversão, recreação, higiene mental ou lazer; e supletivos, que visam proporcionar aos colaboradores certas facilidades, conveniências e utilidades para melhorar sua qualidade de vida, de acordo com seus objetivos.

Tipo de benefícios	Assistenciais	Recreativos	Supletivos
Assistência médico-hospitalar	SIM	NÃO	NÃO
Assistência odontológica	SIM	NÃO	NÃO
Empréstimo consignado	SIM	NÃO	NÃO
Serviço social	SIM	NÃO	NÃO
Seguro de vida	SIM	NÃO	NÃO
Creche filhos de colaboradores	SIM	NÃO	NÃO
Grêmio ou clube	NÃO	SIM	NÃO
Área de descanso e leitura	NÃO	SIM	NÃO
Facilidades para viagens (passeios)	NÃO	SIM	NÃO
Restaurante no local de trabalho	NÃO	NÃO	SIM
Estacionamento privativo	NÃO	NÃO	SIM
Programas de qualidade de vida	SIM	NÃO	NÃO
Cooperativa gênero alimentícios	NÃO	NÃO	SIM
Convênio com farmácias	NÃO	NÃO	SIM

Algumas atividades recreativas envolvem objetivos sociais, como festividades em datas importantes do calendário, visando fortalecer a cultura da organização informal e criar vínculos de amizades e respeito entre colaboradores.

12.2.1 Tendências quanto aos tipos de benefícios

Com as mudanças de gerações e variedades das necessidades pessoais de cada colaborador, as organizações têm adotado cada vez mais a prática de benefícios flexíveis como um meio de adequar os benefícios às necessidades pessoais de cada colaborador. Diante dessa tendência, as políticas de benefícios mantêm o benefício que não pode ser alterado ou negociado, algumas vezes por motivos legais, outras vezes por motivos contratuais. É o caso da assistência médico-hospitalar e do seguro de vida em grupo, os quais, devido ao contrato, não permitem movimentações constantes nos períodos. Em contrapartida, em outros que compõem a cesta ou pacote de benefícios, cada colaborador pode escolher individual e livremente, sendo personalizados a necessidade e o momento de cada colaborador. Esse pacote é definido ou por meio de um montante financeiro ou transformado em pontuações de acordo com seu custo, podendo ser definidos por níveis hierárquicos, cujo limite, se ultrapassado, gera um valor, e o colaborador passa a pagar essa diferença. Na medida em que suas necessidades e momento de vida mudam – quando se casa, envelhece, é promovido ou deseja cuidar da qualidade de vida ou educação –, o colaborador tem o direito de, anualmente, que é o mais usual, rever o seu pacote de benefícios.

Em outros casos, a organização define um valor limite como porcentagem do salário que cada colaborador tem direito de gastar mensalmente, ficando por conta deste o que ultrapassar o limite definido pela política. Essa é a nova tendência que as organizações vêm avaliando, e algumas já implementando, com flexibilidade máxima no que tange a benefícios e serviços aos colaboradores, para que possam ter maior liberdade de escolha no que lhes convém e agrada. Segundo especialistas como Fabrizio Ribeiro, CEO Assertiv, e Maurizio Chieco, CEO da bRHain, conforme dito em reuniões, "os benefícios flexíveis se tornaram uma poderosa ferramenta para proporcionar uma experiência cada vez mais customizada e adequada para os colaboradores. Com um bom programa, é possível atender às diferentes gerações presentes na organização e no mercado de trabalho, possibilitando escolhas pertinentes a cada estilo de vida, sem exposição às obrigações legais, acompanhada de tecnologia desenvolvida para este controle e gestão". "O futuro dos benefícios já está presente, e ele é flexível!"

As organizações cada vez mais avaliam a possibilidade de criar políticas mais flexíveis e assertivas de benefícios, para que possam atender aos anseios e às necessidades individuais de cada colaborador, assegurando e respeitando seu momento. Observando os movimentos de mercado e das organizações, percebe-se que alguns motivos vêm fazendo com que as organizações repensem seus modelos e políticas de benefícios, focando na flexibilidade destes. São eles:

1. Os custos dos modelos tradicionais vêm se elevando com o passar do tempo.
2. Os programas tradicionais já não estão sendo tão valorizados pelos colaboradores.
3. Pesquisas internas demonstram que modelos tradicionais atendem apenas 10% a 20% das necessidades dos colaboradores.
4. Os programas tradicionais não atingem a diversidade e os diferentes estilos de vida (*lifestyles*).

O sucesso ou não desse modelo estará sempre baseado no conhecimento das necessidades gerais dos colaboradores, no planejamento do *budget* a ser investido, no acompanhamento do que diz a legislação nos momentos de adoção desse formato e no que se espera de retorno.

12.2.2 Conceitos de benefícios flexíveis

O conceito de benefícios flexíveis parte do pressuposto de que a empresa oferece de forma livre alguns tipos de benefícios, em que permite que cada colaborador escolha aqueles que melhor lhe atendem naquele período, o que personaliza esse pacote ao seu estilo de vida, que pode sofrer mudanças de interesse com o passar do tempo. O segredo dessa modalidade está em criar um ambiente que leva o colaborador ao bem-estar e à motivação, tendendo a que a organização tenha retornos com maiores entregas de seus colaboradores, havendo um ganho de produtividade. Torna-se importante que no modelo a ser construído todos se sintam atendidos de forma igualitária nas oportunidades, podendo a organização oferecer os mesmos benefícios a todos ou optar em oferecer mais opções de benefícios, conforme o nível hierárquico e responsabilidade do desenho de trabalho (cargo), podendo criar um sentimento de conquista maior ou, se não bem construído, um sentimento de diferenciação.

Hoje vemos modelos de pacotes de benefícios como uma ação totalmente estratégica, em que as organizações devem refletir o que seria mais adequado em relação a benefícios:

1. Oferecer tudo a todos? Podendo ter custo elevado e sem resultado.
2. Oferecer tudo a todos com menor padrão? Pode não satisfazer a ninguém.
3. Dar opção para que cada colaborador escolha de forma livre o que prefere? Os critérios da política e entendimento do seu público são fatores primordiais.

12.3 OBJETIVOS DOS PLANOS DE BENEFÍCIOS

Cada organização define seu plano de benefícios, seja tradicional ou flexível, para atender às necessidades específicas de seus colaboradores. Em geral, o plano de benefícios busca, cada vez mais, atender em maior escala as necessidades dos colaboradores. Os benefícios e serviços oferecidos aos colaboradores visam satisfazer vários objetivos individuais, econômicos e sociais, a saber:[3]

I. Objetivos individuais:
Os benefícios procuram atender às necessidades individuais das pessoas, proporcionando uma vida pessoal, familiar e de trabalho mais tranquila e produtiva, fazendo com que cada pessoa se desligue das preocupações cotidianas e concentre-se nas atividades do trabalho. O plano de benefícios busca atender um leque diferenciado de necessidades dos colaboradores. Nessa concepção de atendimento das necessidades humanas, esses benefícios devem ser capazes de satisfazer os fatores higiênicos (insatisfacientes) e, se possível, alguns fatores motivacionais (satisfacientes).

II. Objetivos econômicos:
Os benefícios devem funcionar como um elemento de engajamento e de retenção de talentos. Nesse sentido, os benefícios visam:

1. Reduzir a fadiga física e psicológica das pessoas.
2. Apoiar o recrutamento de pessoal e atrair candidatos.
3. Reduzir a rotatividade do pessoal e fixar as pessoas na empresa.
4. Reduzir o absenteísmo.
5. Melhorar a qualidade de vida no trabalho das pessoas.
6. Minimizar o custo das horas trabalhadas e encargos sociais.

III. Objetivos sociais:
Os benefícios procuram suprir falhas nos sistemas da previdência social, educacional e dos demais serviços de responsabilidade do poder público.

Para atender a um ou mais desses objetivos, cada organização desenha e planeja o seu modelo e sua política de benefícios, podendo ajudar o colaborador em três diferentes áreas de sua vida:

1. **No trabalho:** envolvendo gratificações, prêmios de produção, seguro de vida etc.
2. **Fora do trabalho, mas dentro da organização:** envolvendo refeitório, cantina, lazer, transporte, agência bancária etc.
3. **Fora da organização, mas na comunidade:** envolvendo recreação, atividades esportivas e comunitárias etc.

Enquanto o salário está relacionado com o trabalho, os benefícios estão relacionados com o fato de que o colaborador faz parte da organização, com sentimentos de pertencimento, o que vai além do simples salário.

12.4 DESENHO DO PACOTE DE BENEFÍCIOS

A política e o modelo do desenho dos pacotes de benefícios estão ligados diretamente às estratégias de engajamento e atração que a organização pretende adotar, assim como ao que realmente atende às necessidades de seus colaboradores, portanto critérios próprios e específicos. Ainda nas organizações, a definição da política de benefícios tem sido unilateral e tradicional, pois ainda existem a concentração e a visão nos salários, porém a tendência aponta uma evolução na direção da satisfação das necessidades individuais e do momento de cada colaborador, o que nos remete ao modelo flexível, que, embora venha crescendo, ainda esbarra em pontos da legislação, o que impede as organizações de assumir esta posição e modelo. Para tanto, as organizações precisam preparar-se para atender a essa crescente demanda.

PARA REFLEXÃO

Quais formatos as empresas podem adotar?

Os modelos tradicionais ainda têm maior adesão nas organizações, por se tratar de um modelo mais simples de gestão e de fácil padronização. Com as mudanças de perfis e necessidades existe a necessidade de acompanhar essa tendência atendendo a todos os estilos de vida. O que me satisfaz não necessariamente satisfará você, mesmo estando no mesmo ambiente. Isso que nos remete ao tema flexibilidade de benefícios. Para alguns especialistas, diferenciar pacotes de benefícios de acordo com o nível hierárquico pode causar a sensação de desigualdade. Se pensarmos em conquistas e meritocracia, o modelo citado pode levá-las a aspirar maiores conquistas em sua carreira. Quanto mais se adquire conhecimento e atinge resultados, mais se cresce na organização assumindo novas responsabilidades, e consequentemente o ganho é diferenciado pela conquista. Isso nos remete à reflexão: a igualdade está em dar a mesma condição de oportunidades para todos e não igualar no momento da conquista dos resultados individuais. Portanto, esse modelo pode ser utilizado flexibilizando os pacotes de benefícios. Para isso, a mudança cultural e de pensamento será inevitável.

12.4.1 Critérios de desenho do plano de benefícios

O desenho do plano de benefícios sociais deve levar em conta dois critérios:

1. **Princípio do retorno do investimento:** todo benefício concedido aos colaboradores deve trazer algum retorno direto ou indireto à organização, seja com aumento da produtividade, melhoria da qualidade, engajamento de talentos, melhoria do clima ou qualquer outro indicador. Em uma economia de livre iniciativa, todo benefício oferecido deve trazer alguma contribuição à organização, no sentido de compensá-lo, reduzi-lo ou trazer algum retorno desse investimento.
2. **Princípio da mútua responsabilidade:** o custeio dos benefícios sociais pode ser compartilhado entre a organização e os funcionários beneficiados. Ou, pelo menos, na concessão de parte de um benefício deve haver uma mútua responsabilidade, seja essa concessão total ou parcial. Alguns pacotes de benefícios são totalmente subsidiados pela organização, como um plano médico. Outros são rateados e pagos em proporções que variam, entre a organização e o colaborador, como refeições, transporte, assistência educacional etc. Outros ainda são pagos totalmente pelos colaboradores, como seguro de vida em grupo, convênio com farmácia e supermercados, tudo dependerá de como a organização deseja ser reconhecida e atrativa.

12.4.2 Etapas do desenho do plano de benefícios

As etapas para o desenho do plano de benefícios são as seguintes:[4]

1. **Estabelecer objetivos e a estratégia de benefícios.** Existem três tipos de estratégias de benefícios:
   - **Estratégia de pacificação:** oferecer os benefícios que os colaboradores desejam em função de suas expectativas e necessidades pessoais.
   - **Estratégia comparativa:** proporcionar programas similares aos programas existentes no mercado de maneira concorrencial.
   - **Estratégia de benefícios mínimos:** oferecer os benefícios legais e apenas os benefícios espontâneos de menor custo.

   Essas decisões dependem dos objetivos que a organização pretende alcançar com os benefícios, antes mesmo de se concentrar nos custos, fixando-se nos objetivos que desejam alcançar. Se deseja criar um contexto de trabalho extremamente atraente ou apenas atender às exigências legais, são aspectos que devem ser levados em conta como critérios.
2. **Avaliar necessidades e expectativas:** para ser eficaz, o plano de benefícios deve atender às múltiplas necessidades e expectativas dos colaboradores, por meio de um cuidadoso levantamento junto aos interessados.
3. **Envolver todos os participantes e sindicatos:** deve-se pesquisar e saber o que os colaboradores realmente desejam e necessitam, por meio de ampla consulta e participação. Organizações fazem pesquisas internas e outras criam equipes internas para consultar, desenhar e sugerir planos de benefícios.
4. **Definir o conteúdo do plano:** para que se possa atender a todas as necessidades e expectativas da comunidade de colaboradores. Nesse sentido, é interessante modular e flexibilizar o plano para que isso possa ser atingido.
5. **Organizar a plataforma básica de benefícios:** isso requer negociar, contratar e reunir uma variedade de organizações específicas para cada tipo de benefícios ou organizações que realizam gestão e negociação de benefícios, o que apoiará na busca e nas negociações dos melhores fornecedores, para criar um núcleo básico de benefícios ao redor do qual venham a existir outros benefícios complementares.
6. **Comunicar os benefícios:** por meio de um amplo programa de comunicação, como *endomarketing*, boletins, relatórios mensais e anuais, avaliação dos clientes, relatórios de custos. Para que os benefícios impactem positivamente na satisfação das pessoas, é necessário que compreendam o plano e suas condições e possam avaliá-lo em seu funcionamento.
7. **Monitorar os custos:** os benefícios devem ser administrados corretamente. O monitoramento requer acompanhamento e constante avaliação do seu desempenho e dos custos envolvidos. Comparar continuamente os custos e benefícios é indispensável. Avaliar e ponderar os seguintes aspectos:
   - Custo total mensal e anual dos benefícios.
   - Custo mensal e anual *per capita*, por colaborador.
   - Porcentagem em relação à folha de pagamento, mensal e anual.
   - Custo por colaborador por hora.
   - Participação percentual da organização e do colaborador no programa.
   - Retorno do investimento para a organização e para o colaborador.
   - Nível de satisfação dos colaboradores.
8. **Avaliar o plano:** em todos os seus aspectos, como: atendimento, eficácia, satisfação, custos-benefícios para possíveis alterações ou melhorias.
9. **Adequar e melhorar continuamente a qualidade e o custo dos benefícios.**

Dessas estratégias de benefícios, a de pacificação e comparativa traz parâmetros estratégicos para estruturação do plano de benefícios flexíveis, pois oferece informações amplas para que os pacotes de benefícios oferecidos sejam adequados ao perfil e ao estilo de vida da massa de colaboradores da organização. Porém, torna-se importante esses pacotes serem revisitados, analisados e ajustados sempre que possível de acordo as mudanças de quadro de pessoas e a realidade de mercado.

Acesse, no QR Code, um **Caso de apoio sobre benefícios flexíveis.**

> uqr.to/20r2u

12.5 IMPORTÂNCIA DA GESTÃO DE BENEFÍCIOS

A escolha dos pacotes de benefícios é um fator fundamental para o desenvolvimento da estratégia de engajamento, atração e valorização dos talentos dentro de uma organização. Como abordamos em itens anteriores, os benefícios compõem a remuneração total (*total compensation*), sendo um fator importante para dar a segurança e motivação, uma vez que estejam alinhadas às necessidades dos colaboradores e sejam valorizadas por estes, uma união perfeita entre cultura organizacional e satisfação de suas equipes.

A gestão de benefícios abrange diversos fatores que impactam na relação entre organização e equipes, em que cabe à área de Gestão dos Talentos Humanos (GTH) constantemente avaliar as tendências, as reais necessidades e os anseios de seus colaboradores, alinhando com a estratégia da organização. Implantar e gerir benefícios são ações importantes que devem ser consideradas, e a GTH deve entender as necessidades e qual o público a ser beneficiado. Deve estar atenta à legislação e avaliar a disponibilidade de *budget* para investimento. Com essas ações, aumenta a probabilidade de engajamento, atração de talentos, além da melhoria da produtividade e qualidade de vida de seus colaboradores, criando, assim, uma relação de pertencismo e aproximação entre a organização e seus colaboradores. O uso de tecnologia e a escolha de parceiros para apoiar na identificação e gestão também são fatores de sucesso, portanto um projeto e planejamento para oferecer pacotes de benefícios tornam-se fundamentais para alcançar os objetivos propostos, isto é, análise perfeita de custo-benefício e forma de investimento.

Muitos colaboradores não se dão conta do valor de mercado e do elevado custo de seus benefícios. As organizações estão comunicando os custos dos benefícios para seus colaboradores como prestação normal de contas e para conscientizá-los da sua importância e do volume de dinheiro aplicado. Outras organizações criam equipes de trabalho para avaliar o desempenho dos benefícios, controlar custos e melhorar continuamente sua qualidade e adequação. Há uma pequena compensação desses custos: em alguns casos, os benefícios podem proporcionar deduções de impostos no planejamento tributário da organização, em outros não incidem impostos, tornando-se algo interessante para todos.

Em resumo, os processos de recompensar talentos – remuneração, incentivos e benefícios – influenciam os demais processos de GTH, como mostra a Figura 12.1.

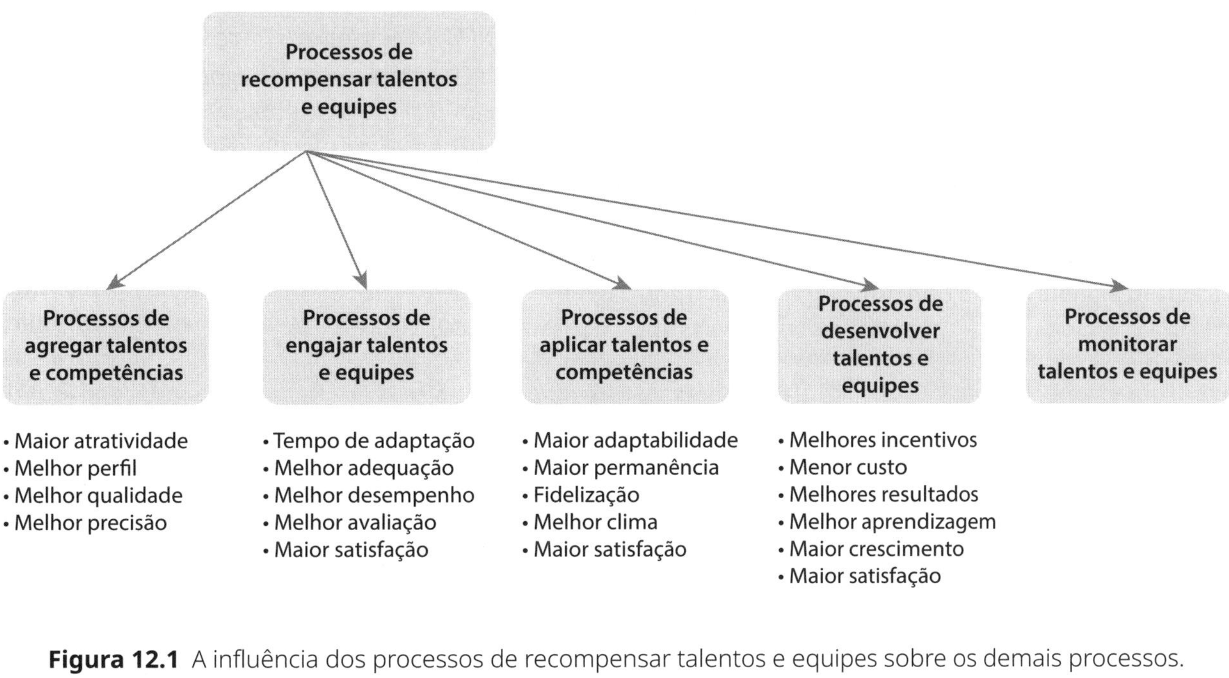

Figura 12.1 A influência dos processos de recompensar talentos e equipes sobre os demais processos.

Quadro 12.1 Mapa mental do Capítulo 12: Benefícios sociais e suas tendências.

<table>
<tr><th colspan="4">Tipos de benefícios sociais</th></tr>
<tr>
<td colspan="2">Quanto à exigibilidade legal:

Benefícios legais:
Férias
13º salário
Aposentadoria
Seguro de acidentes de trabalho
Auxílio-doença
Salário-família
Salário-maternidade

Benefícios espontâneos:
Gratificações
Refeições subsidiárias
Transporte subsidiário
Seguro de vida em grupo
Empréstimos para funcionários
Assistência médico-hospitalar
Complementação da aposentadoria
Planos de seguridade social</td>
<td>Quanto à sua natureza:

Benefícios monetários:
Férias
13º salário
Gratificações
Complementação do salário
Seguro de acidentes de trabalho

Benefícios não monetários:
Refeitório
Assistência médico-hospitalar
Assistência odontológica
Serviço social e aconselhamento
Clube esportivo ou grêmio
Transporte
Horário móvel ou flexível</td>
<td rowspan="2">Quanto aos seus objetivos:

Benefícios assistenciais:
Assistência médico-hospitalar
Assistência odontológica
Assistência financeira
Serviço social
Complementação da aposentadoria
Complementação do salário
Seguro de vida em grupo
Creche

Benefícios recreativos:
Clube de esportes ou grêmio
Áreas de lazer
Música ambiente
Atividades esportivas
Atividades comunitárias
Passeios e excursões

Benefícios supletivos:
Transporte
Restaurante no local
Estacionamento privativo
Horário móvel de trabalho
Cooperativa
Convênio com supermercados
Agência bancária no local</td>
</tr>
<tr>
<td>Objetivos:
Individuais
Econômicos
Sociais</td>
<td>Critérios de desenho:
Dois princípios:
Retorno do investimento
Mútua responsabilidade</td>
<td>Etapas do desenho:
Estabelecer objetivos e estratégias
Avaliar necessidades e expectativas
Envolver os participantes
Definir o conteúdo do programa
Organizar a plataforma de benefícios
Comunicar os benefícios
Monitorar custos
Avaliar resultados</td>
</tr>
</table>

REFERÊNCIAS

1. CHIAVENATO, I. *Gerenciando com as pessoas, op. cit.*, p. 237.
2. CHIAVENATO, I. *Recursos humanos:* o capital humano das organizações. Rio de Janeiro: Elsevier/Campus, 2015. p. 414.
3. CHIAVENATO, I. *Gerenciando com as pessoas, op. cit.*, p. 422.
4. IVANCEVICH, J. M. *Human resource management, op. cit.*, p. 406-407.

PARTE VI

DESENVOLVENDO TALENTOS, EQUIPES E ORGANIZAÇÕES
Proporcionando vantagens competitivas a todos os *stakeholders*

Capítulo 13 – Treinamento • **Capítulo 14** – Desenvolvimento de talentos, equipes e organizações

As pessoas apresentam uma incrível capacidade de aprender e se desenvolver constantemente ao longo de suas vidas. A educação está no cerne dessa capacidade. Os processos de desenvolvimento de pessoas estão intimamente relacionados com a educação que constitui a sua base. Educar (do latim, *educere* = extrair, trazer, arrancar) representa a tarefa de trazer de dentro do ser humano para fora dele as suas enormes potencialidades interiores. A palavra *educar* significa a exteriorização dessas latências e do talento criador de cada pessoa. Todo modelo de educação, formação, capacitação, treinamento ou desenvolvimento deve assegurar ao ser humano a oportunidade de ser aquilo que ele pode ser a partir de suas potencialidades, sejam inatas ou adquiridas. Essa oportunidade recebe o nome de aprendizagem. Talentos, equipes e organizações estão a todo momento aproveitando essa oportunidade.

Desenvolver talentos, equipes e organizações não significa apenas dar-lhes informação e apoio suficientes para que aprendam novos conhecimentos, habilidades e competências e se tornem mais eficientes naquilo que fazem. É, sobretudo, dar-lhes toda a formação básica para que aprendam novas atitudes, soluções, ideias, conceitos e que mudem seus hábitos e comportamentos e se tornem mais eficazes naquilo que fazem. Isso significa formar, o que é muito mais do que simplesmente informar, pois representa um enriquecimento da personalidade na sua forma humana, coletiva ou organizacional. As organizações estão se dando conta disso.

Figura VI.1 Os processos de desenvolver talento, equipes e organizações.

Os processos de desenvolvimento envolvem quatro estratos que se superpõem: treinamento, desenvolvimento de talentos, desenvolvimento de equipes e desenvolvimento organizacional.

Os estratos menores – como treinamento e desenvolvimento de talentos – tratam da aprendizagem no nível individual e de como as pessoas aprendem e se desenvolvem na organização. O desenvolvimento de equipes trata da aprendizagem coletiva. O desenvolvimento organizacional é o estrato mais amplo e abrangente e se refere a como as organizações aprendem e se desenvolvem por meio da mudança e inovação provocada pelos talentos e equipes. A aprendizagem constitui o fundamento básico do que veremos nesta parte, seja no nível individual, coletivo ou organizacional.

De um lado, os processos de desenvolvimento podem receber uma abordagem tradicional, na medida em que seguem o modelo casual (treinar apenas quando surge alguma necessidade ou oportunidade), em um esquema randômico (algumas pessoas são escolhidas aleatoriamente e ao acaso), em uma atitude reativa (apenas quando existe algum problema ou necessidade), em uma visão de curto prazo (visando apenas atender ao problema imediato), baseada na imposição (as pessoas não são consultadas), em uma condição de estabilidade (nada deve mudar) e de conservação (manter o *status quo*) e visando ao permanente e ao definitivo.

Por outro lado, os processos de desenvolvimento podem receber uma abordagem moderna, na medida em que seguem um modelo planejado (treinar e desenvolver pessoas como parte da cultura organizacional), em um esquema intencional (treinar todas as pessoas de maneira planejada), em uma atitude proativa (antecipando-se às necessidades e criando talentos promissores), em uma visão de longo prazo (visando ao futuro), baseada no consenso (as pessoas são consultadas e decidem de maneira participativa), em uma condição de instabilidade e mudança (tudo deve mudar para melhor e sempre) e de inovação e criatividade (para construir uma organização melhor) e visando o provisório e mutável. As organizações estão migrando rapidamente da abordagem tradicional para a abordagem moderna, para poderem enfrentar com sucesso as rápidas e profundas mudanças e transformações que estão ocorrendo ao seu redor e dentro delas próprias.

Assim, o treinamento e o desenvolvimento – sejam individuais, coletivos ou organizacionais – requerem aprendizagem como base para acontecerem. E aprender a aprender mais e melhor constitui hoje o maior esforço dentro das organizações para alavancar a criatividade e a inovação, em um mundo em constantes e rápidas mudança e evolução.

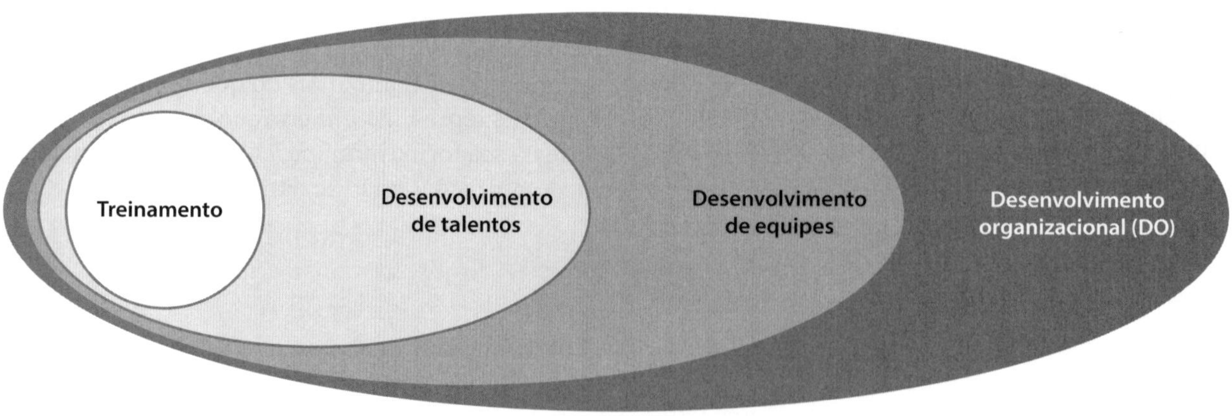

Figura VI.2 Os quatro estratos de desenvolver talentos, equipes e organizações.

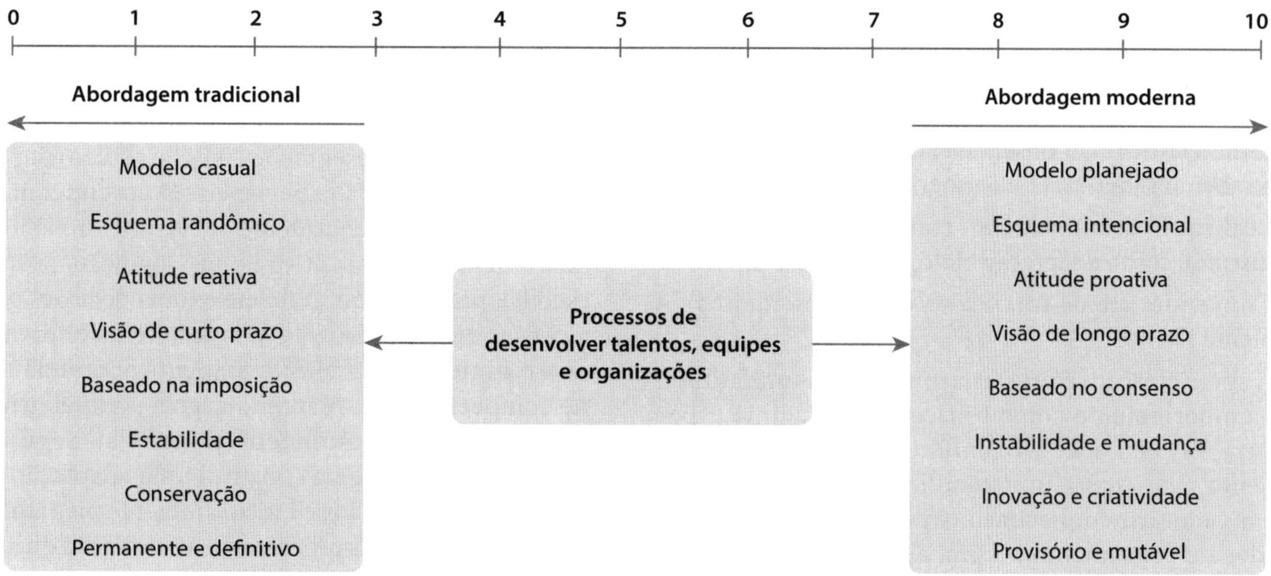

Figura VI.3 Que nota você daria para os processos de desenvolvimento de talentos, equipes e organizações em sua organização?[1]

APRENDIZAGEM

O comportamento humano deriva de dois componentes intimamente inter-relacionados: hereditariedade e aprendizagem. De um lado, estão as nossas características inatas, tanto biológicas, fisiológicas, físicas, psicológicas e, de outro lado, as nossas vivências e experiências no mundo real por meio da aprendizagem tanto motora quanto psicológica ou emocional. Assim, somos o que somos graças a esses dois componentes: o inato e o adquirido. A aprendizagem humana se desenvolve ao longo de nossas vidas e envolve uma progressiva aquisição e desenvolvimento de nossas personalidades.

Pessoas, equipes e organizações se desenvolvem contínua e gradativamente por meio da aprendizagem constante e ininterrupta. Elas aprendem ao longo de suas vidas para incorporar conhecimentos, habilidades e competências. Quase sempre, elas se comportam em situações conhecidas e familiares por meio de hábitos, rotinas, roteiros e pensamentos prontos, que foram adotados ao longo dos tempos, enquanto os resultados razoáveis alcançados as encorajam a mantê-los e repeti-los. Porém, quando se mostram insuficientes ou quando se encontram em situações desconhecidas ou desafiadoras, elas procuram encontrar soluções mais adequadas, seja para melhorá-los ou substituí-los. E aí se encontram em uma situação de aprendizagem. Assim, desde que nascemos até os nossos últimos dias, estamos quase sempre em situações de aprendizagem. Isto é, estamos sempre aprendendo enquanto vivemos. Aprender não é apenas adquirir informação ou conhecimento, mas é também mudar hábitos e modos automáticos de pensamento e de ação. É o processo psicológico responsável pela modificação de atitudes e de condutas do indivíduo. Assim, "o ser humano aprende quase de tudo: a beber, comer, falar, ler, escrever, entabular negócios, a exercer uma profissão, a se entender com os outros, a fazer com que a sua opinião seja ouvida e se fazer respeitar etc.".[2] A aprendizagem é um processo básico para o desenvolvimento de toda pessoa ao longo de toda a sua vida. E a sua principal função é buscar a melhor adaptação da pessoa ao seu meio ambiente, enquanto mantém e assegura a sua individualidade.

A aprendizagem depende de três estágios fundamentais: a motivação para aprender, a experiência de aprendizagem e a aquisição de comportamentos eficazes. Em outras palavras, ela começa com a tomada de consciência de que o comportamento atual não permite obter os resultados desejados, ou com a necessidade de aprender algo para conseguir alcançar um alvo. Para aprender, a pessoa precisa fazer tentativas, experimentar e corrigir suas condutas. Assim, a aprendizagem somente ocorre quando a pessoa sabe o que fazer, como e por que age e quando a sua eficiência aumenta.[3]

Teorias da aprendizagem

Em síntese, a aprendizagem consiste em:

- Modificação da capacidade de um indivíduo – uma característica não observável do pensamento, como o saber, o saber-fazer e o saber-ser.
- Realização de uma tarefa – como qualquer atividade distinta, como adaptação biológica frente a objetivos.
- Consequência de interações com o seu meio ambiente.[4]

A aprendizagem consiste na mudança de uma atitude ou comportamento como consequência de uma experiência. Ela não deve ser confundida com o amadurecimento nem com a imitação. E é muito mais do que apenas adquirir conhecimento, pois ela muda hábitos e modos de pensamento. Assim, aprender é mudar. Por trás da aprendizagem, estão dois fenômenos complexos e fascinantes: a criatividade e a inovação.[5] Daí a sua enorme importância para o desenvolvimento organizacional, dos talentos e de suas equipes.

As perspectivas teóricas sobre a aprendizagem

A aprendizagem é um processo complexo, que pode ser descrito em várias e diferentes perspectivas: de um lado, o behaviorismo e, de outro, o cognitivismo e, entre ambos, o construtivismo.

1. **Behaviorismo:** aborda os fatores externos – como recompensas ou punições – que modificam o comportamento das pessoas em consequência de um condicionamento. A aprendizagem é uma mudança no comportamento – como resultado da experiência frente aos eventos externos – na busca de resultados melhores, e que pode ser mensurada.[6] O organismo aprende por meio do condicionamento clássico (descrito por Pavlov), que associa um estímulo externo a um comportamento, seguindo a lei do efeito:[7] quando as consequências do comportamento frente ao estímulo são positivas, o vínculo se estabelece e se consolida e, quando são negativas, o vínculo tende a desaparecer. Assim, vários tipos de comportamento são aprendidos como resposta a estímulos ou como antecipação de uma recompensa ou reforço ou de uma punição ou sanção.[8] Assim, o comportamento é função das consequências que ele acarreta, como: $C = f(e)$, em que C representa o comportamento e é o estímulo interno ou externo que o produz. Assim, o condicionamento do comportamento exige três condições: repetição (lei do exercício), relação entre o surgimento do comportamento e sua consequência e o reforço (lei do reforço).[9]
2. **Cognitivismo:** define a aprendizagem como uma mudança nas representações mentais e associações obtidas por meio da experiência. O aprendiz não é passivamente influenciado pelos eventos ambientais, mas tem participação ativa de sua cognição, pois ele escolhe, pratica, ignora, reflete e toma decisões para alcançar seus objetivos.[10] O conhecimento é aprendido e o aumento do conhecimento provoca mudanças no comportamento. A aprendizagem e a inteligência estão intimamente conectadas entre si. Segundo Piaget, a aprendizagem constitui uma adaptação inteligente da pessoa ao seu meio ambiente mediante o equilíbrio entre dois processos: a assimilação e a acomodação.[11] A pessoa incorpora (assimilação) experiências e conhecimentos e os modifica (acomodação) para se adaptarem aos elementos antes já assimilados, sem perder sua unidade. Os dois processos se mantêm em equilíbrio, porém, quando a assimilação é mais forte, surge uma tendência ao indivíduo de impor suas ideias próprias e suas realidades; quando a acomodação ganha, surge uma tendência do indivíduo de imitar o seu meio, moldando-se a ele. Essa noção de equilíbrio é fundamental na teoria de Piaget:[12] os comportamentos são aprendidos e modificados pelo indivíduo.
3. **Construtivismo ou abordagem experiencial:** define a aprendizagem como o processo de criar conhecimento pela transformação da experiência por meio da atividade cognitiva. O aprendiz utiliza o seu conhecimento atual para construir uma compreensão pessoal significativa da nova experiência, sintetizando o novo conteúdo em um sentido próprio e gerando um novo conjunto de ideias de acordo com sua compreensão e interpretação.[13] Essa dimensão de ação e reflexão corresponde à atitude extrovertida e introvertida de Jung:[14] a transformação do conhecimento associada à atitude extrovertida e a transformação por meio da intenção à atitude introvertida. A atitude extrovertida caracteriza as pessoas que têm preferência pela experimentação ativa, enquanto a atitude introvertida prefere a observação reflexiva.[15] Assim, a aprendizagem é um processo contínuo que está enraizado na experiência. Tanto que Kolb definiu que o ciclo de aprendizagem inclui quatro etapas envolvendo a experiência concreta do indivíduo com sua exposição direta à situação concreta, a observação

e reflexão, a formação de conceitos gerais e a experimentação ativa.[16] Essas quatro etapas retratam as habilidades necessárias para aprender e resolver problemas eficazmente. Tanto que os indivíduos tendem a privilegiar algumas delas, proporcionando os quatro estilos de aprendizagem que veremos a seguir.

Em relação à atitude extrovertida/introvertida no processo, Kolb desenvolveu o ciclo de aprendizagem identificando quatro habilidades de aprendizagem:

1. **Experiência concreta:** é a exposição direta à situação concreta e imediata por meio da aquisição por apreensão – seja pelo pensamento sintético ou analítico – e contato direto.
2. **Conceitualização abstrata:** depende da representação abstrata e da interpretação dos fenômenos percebidos por meio da compreensão. É o oposto da habilidade anterior.
3. **Experimentação ativa:** é uma transformação da experiência que o indivíduo realiza por ações ou operações que incidem diretamente sobre os objetos do meio ambiente por extensão.
4. **Observação reflexiva:** é uma transformação da experiência que o indivíduo realiza por meio de raciocínio hipotético-dedutivo para classificar e construir o conhecimento e formular proposições e inferências por intenção. É o oposto da habilidade anterior.[17]

Afinal, para aprender, cada pessoa faz tentativas, ensaios e erros, experiências, conceitos, observações, reflexões, avaliações e correções em sua conduta, cada qual utilizando as suas habilidades pessoais.

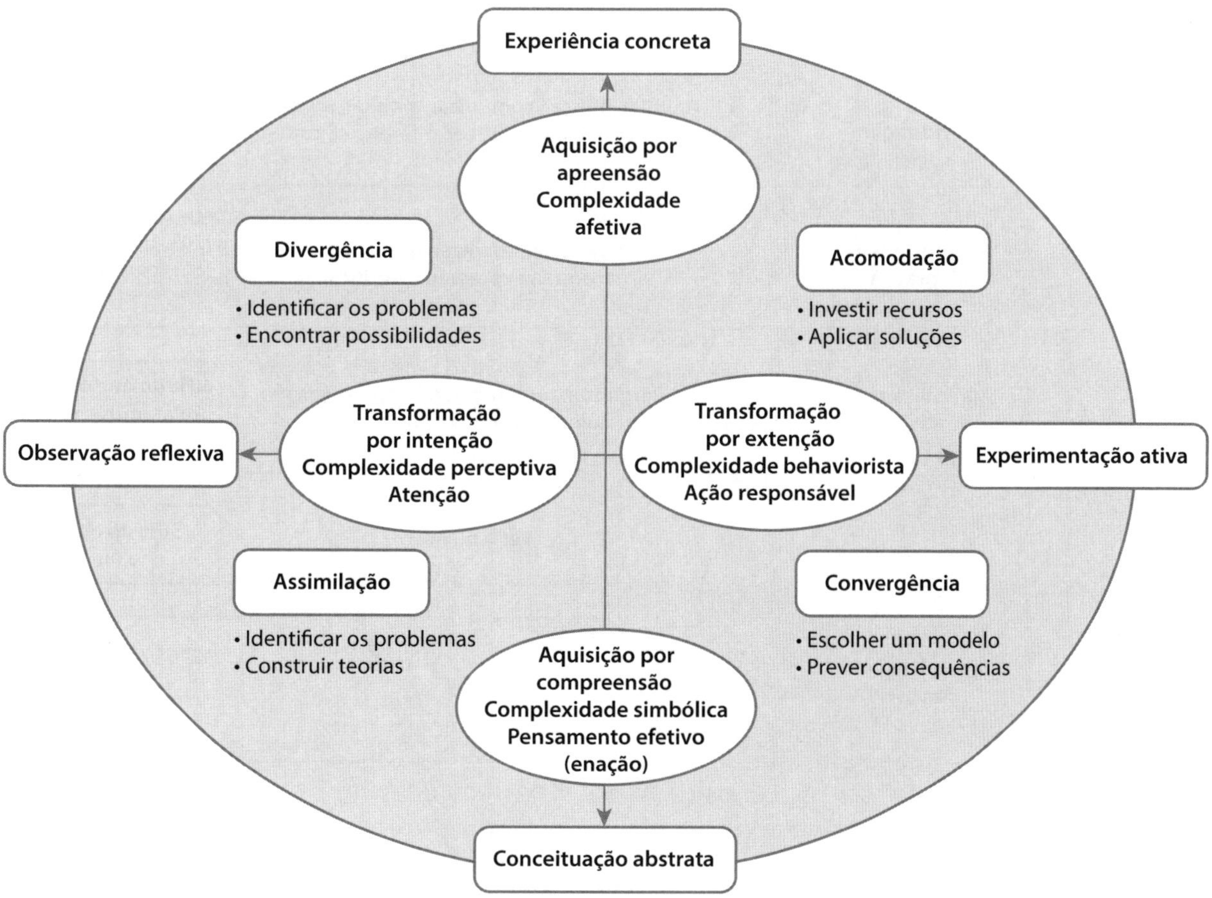

Figura VI.4 Ciclo de aprendizagem de Kolb.[18]

Existem quatro níveis de aprendizagem explicitadas na Figura VI.5, que se autoexplicam.

Quanto mais subimos nesses níveis de aprendizagem, tanto mais eficaz e duradoura a sua fixação no comportamento das pessoas. A aprendizagem social – aquela que envolve a participação ativa com outras pessoas – é a que mais permanece, enquanto a aprendizagem passiva – limitada ao ler, escutar ou ler e ouvir simultaneamente – é a que produz menores resultados. O indivíduo que aprende é ativo e não passivo. E boa parte do que se aprende é esquecida com o tempo, se não houver reforço suficiente para manter na memória. Todos esses aspectos devem ser considerados em todos os desenhos instrucionais.[19]

DESENVOLVIMENTO É MUDANÇA

Mudança é a transição de uma situação para outra diferente, ou a passagem de um estado para outro diferente. Mudança implica ruptura, transformação, perturbação, interrupção. O mundo atual caracteriza-se por um ambiente dinâmico em constante mudança e que exige das organizações elevada capacidade de adaptação, como condição básica de sobrevivência. Adaptação, renovação e revitalização significam mudança.

Kurt Lewin[20] criou um modelo de mudança, mais tarde desenvolvido por Schein e outros,[21] e que é aplicável a pessoas, grupos e organizações. O modelo envolve três fases ou etapas distintas:[22]

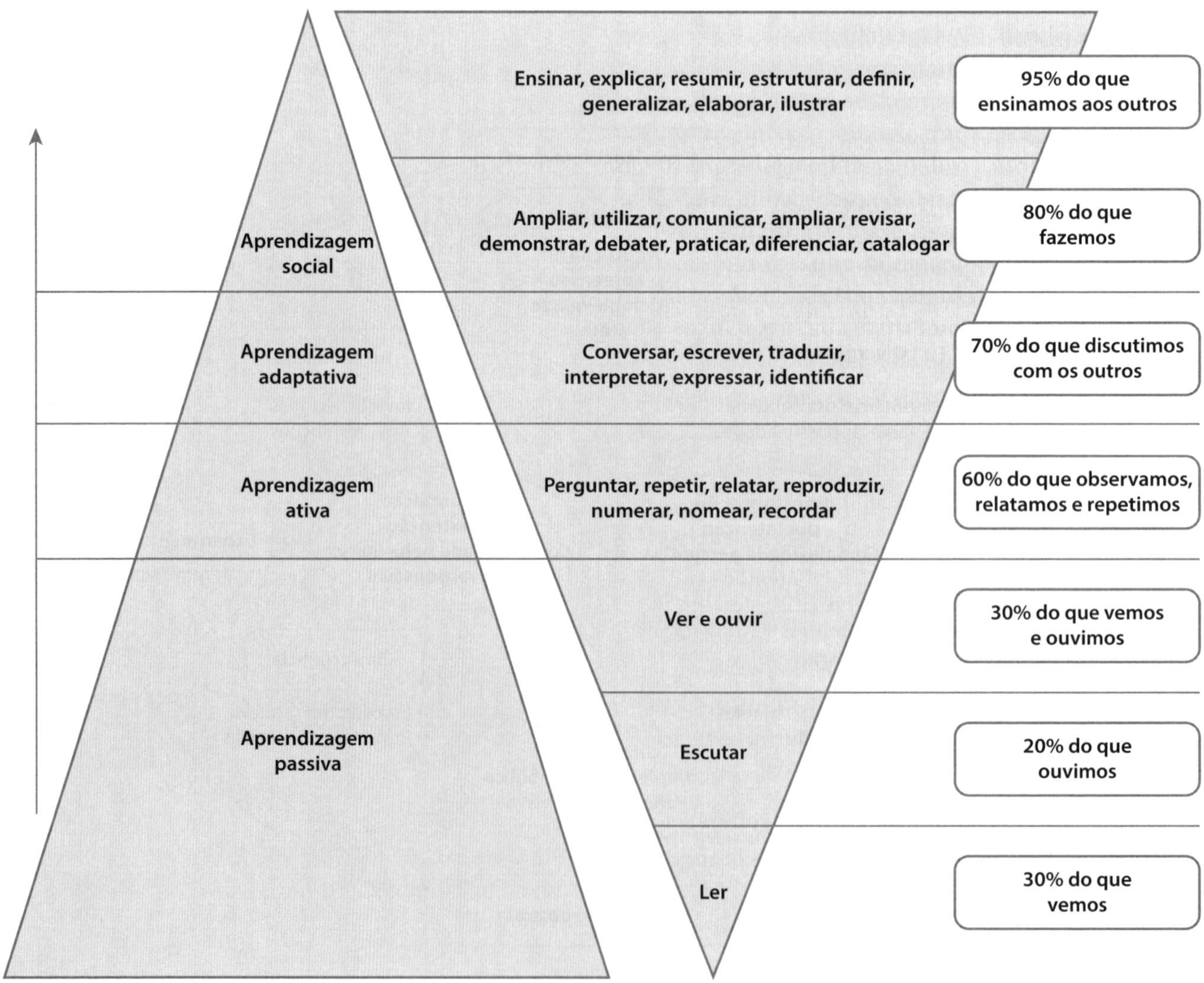

Figura VI.5 Os quatro níveis de aprendizagem e suas respectivas porcentagens de fixação no comportamento das pessoas.

1. **Descongelamento do padrão atual de comportamento:** surge quando a necessidade de mudança torna-se tão óbvia que a pessoa, grupo ou organização podem rapidamente entendê-la e aceitá-la, para que a mudança possa ocorrer. Se não há descongelamento, a tendência será o retorno puro e simples ao padrão habitual e rotineiro de comportamento. O descongelamento ou descristalização significa que as velhas ideias e práticas são derretidas e desaprendidas para serem substituídas por novas ideias e práticas aprendidas.
2. **Mudança:** surge quando ocorre a descoberta e a adoção de novas atitudes, valores e comportamentos. O agente de mudança conduz pessoas, grupos ou toda a organização, no sentido de promover novos valores, atitudes e comportamentos por meio de processos de identificação e internalização. Os membros da organização se identificam com valores, atitudes e comportamentos do agente de mudança, para então internalizá-los, desde que percebam sua eficácia no seu desempenho. A mudança ou deslocamento é a fase em que novas ideias e práticas são aprendidas de modo que as pessoas passam a pensar e a executar de uma nova maneira.
3. **Recongelamento:** significa a incorporação de um novo padrão de comportamento por meio de mecanismos de suporte e de reforço, de modo que ele se torna a nova norma. Recongelamento ou recristalização significa que o que foi aprendido foi integrado à prática atual. Passa a ser a nova maneira que a pessoa conhece e faz o seu trabalho. Conhecer apenas a nova prática não é suficiente. É preciso incorporá-la e fixá-la ao comportamento.

Kurt Lewin criou a noção de campo psicológico em estado de equilíbrio. O processo de mudança ocorre em um campo dinâmico de forças que atuam em vários sentidos. De um lado, existem forças positivas que atuam como apoio e suporte à mudança e, de outro lado, forças negativas que atuam como oposição e resistência à mudança. Nas organizações, existe um balanço dinâmico de forças positivas que apoiam e suportam a mudança, e de forças negativas que restringem e impedem a mudança. O sistema funciona dentro de um estado de relativo equilíbrio, que se denomina equilíbrio quase estacionário. Esse equilíbrio é rompido toda vez que se introduz alguma tentativa de mudança, a qual sofre pressões positivas (forças de apoio e suporte) e negativas (forças de oposição e resistência), criando um momento de forças.[23]

DICAS

Forças positivas e forças negativas à mudança

Quando as forças positivas são maiores que as forças negativas, a tentativa de mudança é bem-sucedida, e a mudança ocorre efetivamente. Porém, quando as forças negativas são maiores que as forças positivas, a tentativa de mudança é malsucedida, e a mudança não ocorre, prevalecendo a velha situação. A mudança somente ocorre quando se aumentam as forças de apoio e suporte ou quando se reduzem as forças de resistência e oposição.
Na verdade, ambas devem ser influenciadas. A ideia é incentivar a mudança a ser aceita e integrá-la às novas práticas da organização.

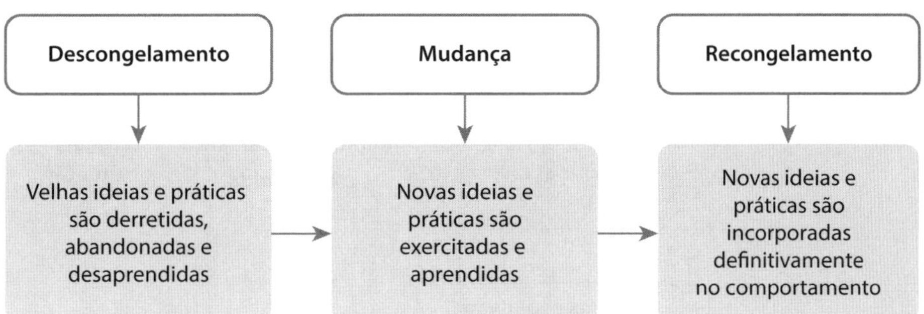

Figura VI.6 O modelo de mudança de Lewin.

As organizações competem e lutam pela sobrevivência em condições de mudança em um mundo mutável. As mudanças que ocorrem no mundo moderno exigem a constante revitalização e reconstrução das organizações. Estas precisam se adaptar às mudanças do ambiente. As mudanças organizacionais não podem ser feitas ao acaso, ao sabor da inércia ou da improvisação, mas devem ser devidamente planejadas, organizadas e lideradas, como veremos no Capítulo 13.

É o significado do aprender a aprender: é o perceber a hora de mudar, o momento de sair da caixa ou do casulo e abrir as portas da mente para criar e inovar. Fácil? Não. Nem todos estão adequadamente preparados para isso.

O objetivo básico desta Parte VI é mostrar como pessoas, equipes e organizações podem se desenvolver permanentemente por meio da aprendizagem contínua e das consequentes mudanças de comportamento. No Capítulo 13, discutiremos o treinamento – as alternativas e opções de treinamento, com especial atenção ao processo de treinamento como meio de transmitir informações, programar e executar ações de treinamento e avaliar os resultados obtidos. No Capítulo 14, abordaremos o desenvolvimento de talentos, equipes e organizações, em programas mais amplos de mudanças organizacionais como meios de melhorar gradativa e continuamente o desempenho individual, coletivo e organizacional.

SAIBA MAIS
Sobre mapeamento das forças positivas e negativas ao processo de mudança

Nem toda mudança é bem-sucedida. Algumas são até bem planejadas, mas não conseguem acontecer e ficam guardadas na gaveta. É importante fazer previamente um mapeamento das forças positivas e propulsoras da mudança que se pretende realizar, bem como das forças negativas, restritivas e impeditivas para balancear seus impactos.
Isso pode ser feito por meio de pesquisas, reuniões, discussões em equipe etc., o que permite não somente evitar futuros erros, mas também planejar e organizar meios de fazer a mudança acontecer. Toda mudança precisa ter o aval e a aceitação prévia dos colaboradores, que se beneficiarão ou não com elas. E o importante é fazê-las sempre para beneficiarem a todos.

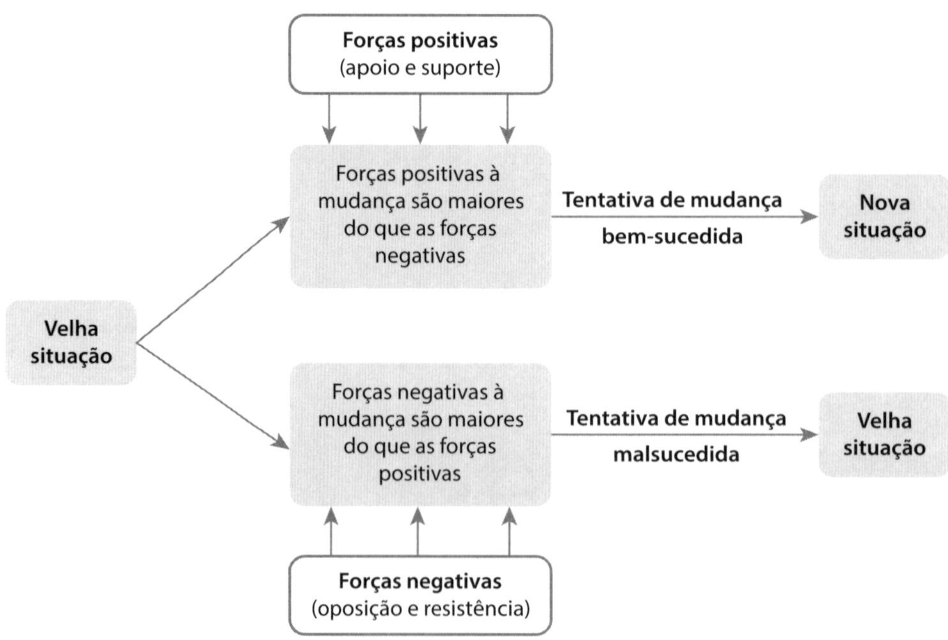

Figura VI.7 Campo de forças que atuam no processo de mudança.[24]

REFERÊNCIAS

1. Adaptado de: CHIAVENATO, I. *Recursos humanos:* o capital humano das organizações. Rio de Janeiro: Elsevier/Campus, 2015. p. 131.
2. MORIN, E. M.; AUBÉ, C. *Psicologia e gestão*. São Paulo: Atlas, 2009. p. 163-164.
3. MORIN, E. M.; AUBÉ, C. *Psicologia e gestão, op. cit.*, p. 106.
4. MAISONNEUVE, J. Apprentissage. *In*: BLOCH, H.; CHEMAMA, R.; GALLO, A.; LECONTE, P.; LE NEY, J. F.; POSTEL, J.; MOSCOVICI, S.; REUCHLIN, M.; VURPILLOT, E. (Org.). *Grand dictionaire de la psychologie*. Paris: Larousse, 1991.
5. MORIN, E. M.; AUBÉ, C. *Psicologia e gestão, op. cit.*, p. 168.
6. BURTON, J. K.; MOORE, D. M.; MAGLIARO, S. G. Behaviorism and instructional technology. *In*: JONASSEN, J. (Ed.). *Handbook of research on educational communications and technology*. Mahwah, NJ: Erlbaum, 2004. p. 3-36.
7. THORNDIKE, E. L. *Human learning*. New York: Appleton, 1931. Thorndike formulou a lei do efeito: o vínculo entre um estímulo e um comportamento varia conforme as consequências desse comportamento para a pessoa. As consequências satisfatórias reforçam o vínculo, enquanto as insatisfatórias o enfraquecem e ele tende a desaparecer. Também formulou a lei do exercício: quando o vínculo entre um estímulo e um comportamento se estabelece, o desempenho melhora com o número de repetições. Após certo tempo, esse comportamento tende a se tornar automático.
8. MORIN, E. M.; AUBÉ, C. *Psicologia e gestão, op. cit.*, p. 168.
9. GUTHRIE, E. R. *The psychology of learning*. New York: Harper & Row, 1952.
10. WOODFOLK, A. *Educational psychology*. Boston: Allyn & Bacon, 2004, p. 236. *Vide* também: SKYNNER, B. F. *The technology of teaching*. New York: Appleton-Century-Crofts, 1968.
11. PIAGET, J. *L'equilibration des structures cognitives:* problème central de dévelopment. Paris: PUF – Presses Universitaires de France, 1975.
12. PIAGET, J. *L'equilibration des structures cognitives, op. cit.*
13. *Vide*: BROWN, A.; GREEN, T. D. *The essentials of instructional design:* connecting fundamental principles with process and practice. Upper Saddle River, NJ: Pearson/Merrill/Prentice Hall, 2006. p. 46-56. WINN, W. Cognitive perspective in psychology. *In*: JONASSEN (Ed.). *Handbook of research on educational communications and technology*, 2004. p. 79-112. MARZANO, R. J. *Designing a new taxonomy of educational objectives*. Thousand Oaks, CA: Corwin Press, 2000. p. 81.
14. JUNG, C. G. Psychological types. In: *Collected Works of C. G. Jung*. Bollingen Series XX, Princeton, NJ: Princeton University Press, v. 6, 1977.
15. MARGERISON, C. J.; LEWIS, J. R. *How work preferences relate to learning styles*. Bedfordshire, England: Cranfield School of Management, 1979.
16. KOLB, D. A. *Experiential learning:* experience as the source of learning and development. Englewood Cliffs, NJ: Prentice-Hall, 1984.
17. KOLB, D. A.; RUBIN, I. M.; MCINTYRE, J. M. (Org.). *Organizational behavior, op. cit.*
18. Adaptado de KOLB, D. A. *Experiential learning, op. cit.*, p. 42. Também citado em: KOLB, D. A.; RUBIN, I. M.; MCINTYRE, J. M. (Org.). *Organizational behavior*. Englewood Cliffs, NJ: Prentice-Hall, 1988.
19. BROWN, A.; GREEN, T. D. *The essentials of instructional design:* connecting fundamental principles with process and practice. Upper Saddle River, NJ: Pearson/Merrill/Prentice Hall, 2006.
20. LEWIN, K. Frontiers in group dynamics: concept, method, and reality in social science. *Human Relations*, n. 1, 1947, p. 5-41.
21. SCHEIN, E. H. *Organizational psychology*. Englewood Cliffs, N.J.: Prentice-Hall, 1980. p. 243-247.
22. LEWIN, K. *Field theory in social sciences*. New York: Harper & Row, 1961. *Vide* também: LEWIN, Kurt. *Frontiers in group dynamics:* concept, method, and reality in social science, *op. cit.*
23. Extraído de: CHIAVENATO, I. *Introdução à teoria geral da administração*. Barueri: Manole, 2015.
24. Extraído de: CHIAVENATO, I. *Introdução à teoria geral da administração, op. cit.*

Capítulo

13 Treinamento
Proporcionando habilidades e competências

Objetivos de aprendizagem

Após estudar este capítulo, você deverá estar capacitado para:

- Definir o conceito de treinamento.
- Descrever os tipos de mudanças provocadas pelo treinamento.
- Definir o processo de treinamento e suas principais etapas.
- Descrever como se faz o diagnóstico das necessidades de treinamento.
- Definir como se faz a programação de treinamento.
- Explicar a implementação do programa de treinamento.
- Definir como se avalia o programa de treinamento.

O que veremos adiante

- Conceito de treinamento.
- Processo de treinamento.
- Diagnóstico das necessidades de treinamento.
- Desenho do programa de treinamento.
- Condução do programa de treinamento.
- Avaliação do programa de treinamento.
- Tendências do treinamento.

Em um cenário empresarial em rápida transformação, no qual a inovação e a adaptabilidade se tornaram imperativos, as pessoas emergem como o principal patrimônio das organizações. O capital humano, que abrange talentos variados, desde o operário até os líderes estratégicos, tornou-se um diferencial competitivo crucial para o sucesso no atual mercado globalizado e interconectado. À medida que o ambiente de trabalho evolui, a necessidade de desenvolvimento contínuo de habilidades e competências é mais vital do que nunca.

As organizações de ponta estão adotando abordagens modernas para o treinamento, como ***microlearning*****, aprendizado experiencial e *****mentoring***** digital**, que reconhecem que a forma como aprendemos precisa se adaptar à dinâmica contemporânea. Em um mundo em que a mudança é a única constante, as empresas precisam cultivar pessoas talentosas, criativas e ágeis – aquelas que não apenas respondem a desafios, mas os antecipam, desenvolvendo soluções inovadoras com ousadia.

Além disso, investir em treinamento já não é visto como um mero custo; tornou-se uma estratégia essencial para garantir um retorno significativo sobre o investimento. As organizações que priorizam o desenvolvimento contínuo de suas equipes não apenas reúnem talentos, mas também fomentam um ambiente propício para a colaboração e o engajamento, resultando em melhorias diretas na experiência do cliente e na satisfação dos *stakeholders*.

Neste capítulo, vamos explorar como um planejamento estratégico de treinamento pode transformar não apenas a comunidade colaborativa de talentos, mas toda a estrutura organizacional.

13.1 CONCEITO DE TREINAMENTO

O conceito de treinamento evoluiu significativamente ao longo do tempo. No passado, era frequentemente visto como uma maneira de adequar o colaborador ao cargo, com o objetivo de preencher vagas. Com o passar dos anos, essa visão se ampliou, considerando o treinamento como um meio de aprimorar o desempenho no trabalho. Hoje, o treinamento é compreendido como uma ferramenta fundamental para desenvolver competências que tornam os colaboradores mais produtivos, criativos e inovadores, contribuindo, assim, para os objetivos organizacionais e enriquecendo o capital humano da empresa.

O treinamento tem muito a ver com o conhecimento, principalmente com o conhecimento corporativo. Na Era da Informação, o conhecimento passou a ser o recurso mais importante e valioso, e na Era Digital tornou-se fundamental, pois a produtividade do conhecimento é que constitui a chave da inovação e do sucesso da organização. Peter Drucker[1] apregoa que o conhecimento produtivo constitui uma responsabilidade gerencial. Mais do que isso, um desafio organizacional, pois requer a aplicação profícua do conhecimento ao conhecimento. O conhecimento é ótimo, principalmente quando é útil e aplicável na prática. Em outras palavras, o conhecimento somente será produtivo se for aplicado para criar uma diferença sensível: melhorar os processos, produzir resultados, adicionar valor e gerar riqueza. Em um mundo informatizado, onde todos têm acesso à informação, sobressaem as pessoas capazes de acessá-la, interpretá-la e transformá-la rapidamente – e antes dos outros – em um novo produto, serviço, aplicação, inovação ou oportunidade. O treinamento também tem muito a ver com a construção de competências, como veremos adiante.

Na Era Digital, em que o conhecimento é o recurso mais valioso, o treinamento deve ser uma estratégia dinâmica e adaptativa, capaz de criar valor tanto para os colaboradores quanto para a organização. Vamos explorar algumas das principais tendências contemporâneas em treinamento, que refletem essa evolução.

Principais tendências em treinamento

1. ***Microlearning*:** esta abordagem envolve a entrega de conteúdos em pequenas doses, facilitando a assimilação rápida e eficaz das informações. Os colaboradores podem aprender de forma mais flexível e acessar o conteúdo em momentos que se adéquem à sua rotina, favorecendo a retenção do conhecimento.
2. **Aprendizado experiencial:** baseado na ideia de que as pessoas aprendem melhor por meio da prática, o aprendizado experiencial foca em oferecer experiências práticas e imersivas, como simulações, *role-playing* e projetos reais. Isso permite que os colaboradores apliquem o que aprenderam em contextos práticos, reforçando suas competências.
3. ***Mentoring* digital:** a tecnologia possibilita o surgimento do *mentoring* digital, em que colaboradores mais experientes orientam os menos experientes por meio de plataformas *online*. Isso facilita a troca de conhecimentos e experiências, promovendo um ambiente de aprendizado colaborativo, mesmo em equipes geograficamente dispersas.
4. **Treinamento baseado em dados:** utilizar *analytics* para monitorar e avaliar o desempenho dos colaboradores permite personalizar as experiências de aprendizado com base em suas necessidades individuais. Isso promove uma abordagem orientada a resultados, na qual os programas de treinamento são continuamente adaptados para maximizar a eficácia.

Figura 13.1 Tipos de mudanças de comportamento através do treinamento.

Implementação e impacto do treinamento

A implementação dessas tendências não só transforma a abordagem do treinamento, mas também tem um impacto significativo na dinâmica organizacional. Ao oferecer formações que alinham com as expectativas dos colaboradores, que valorizam aprendizado contínuo e propósito, as organizações não apenas aumentam a produtividade, mas também atraem e retêm talentos.

Por meio do treinamento moderno, as empresas podem moldar uma comunidade colaborativa de talentos mais eficiente e engajada. Com a adoção de métodos contemporâneos, as organizações não apenas transmitem conhecimento, mas também promovem mudança de comportamentos e atitudes, preparando seus colaboradores para os desafios e as oportunidades do futuro.

A incorporação de novas tendências em treinamento é vital para a construção de competências que atendam às necessidades evolutivas das organizações. Com foco em proporcionar aprendizado relevante e prático, as empresas podem assegurar que seus colaboradores não somente estejam preparados para o presente, mas também sejam inovadores e adaptáveis a um futuro em constante mudança. Assim, o treinamento se torna uma alavanca estratégica que potencializa a cultura organizacional e contribui diretamente para o sucesso do negócio.

13.1.1 Qual é o foco do treinamento?

O treinamento pode estar focado na preparação das pessoas para o trabalho em si – em função do trabalho exercido – ou para fornecer valor agregado e resultados para a organização – em função das competências a serem criadas ou desenvolvidas. O foco na preparação para o trabalho em si está cedendo espaço para o foco nas competências. Além da preocupação com informação, habilidades, atitudes e conceitos, o treinamento está sendo fortemente inclinado a desenvolver certas competências desejadas pela organização. O treinamento por competências baseia-se em um prévio mapeamento das competências essenciais necessárias ao sucesso organizacional. A seguir, essas competências essenciais são desdobradas por áreas da organização (competências funcionais), em gestores de pessoas (competências gerenciais ou de liderança) e em competências individuais. Todas essas competências – no nível organizacional, divisional, gerencial e individual – precisam ser definidas de maneira clara e objetiva, para serem entendidas por todos os parceiros. Com base nessa definição, podem-se estabelecer os objetivos – que servirão de métricas ou indicadores – e os programas de treinamento para todas as pessoas envolvidas.

Todavia, há uma incrível vastidão e uma enorme diversidade de competências. Nesse cenário, as organizações – para alcançarem seus objetivos globais – precisam localizar e identificar claramente as competências necessárias que lhes permitirão alcançar tais objetivos da melhor maneira possível.

Além disso, tudo muda na medida em que os objetivos do negócio mudam. No fundo, a provisão de competências constitui o melhor caminho para uma organização atingir seus objetivos de maneira eficiente e eficaz.

Aumente seus conhecimentos sobre **Competências de treinar e de desenvolver talentos** acessando o QR Code.

> uqr.to/20r2v

O treinamento constitui o núcleo de um esforço contínuo, desenhado para melhorar a atividade dos colaboradores e, consequentemente, o desempenho organizacional. Trata-se de um dos processos de GTH mais importantes. O treinamento é desenhado para construir talentos com conhecimento e habilidades necessárias aos seus trabalhos atuais ou construir competências individuais. Já o desenvolvimento envolve aprendizagem que vai além do cargo atual e se estende à carreira da pessoa, com um foco no longo prazo, para preparar as pessoas para acompanhar as mudanças e o crescimento da organização.

Baseado em trabalhos	Treinamento	Baseado em competências
Preparar o ocupante para o desempenho no trabalho ocupado	Objetivo primário	Desenvolver competências individuais
Ocupantes de trabalhos treinados e preparados	Objetivo final	Competências disponíveis para serem aplicadas a qualquer momento na organização
Rapidez, qualidade e baixo custo de treinamento	Eficiência	Rapidez na construção e desenvolvimento de competências necessárias
Força de trabalho adequadamente treinada e preparada para o desempenho de trabalhos	Eficácia	Construção de novas competências aplicáveis na organização
Trabalhos ocupados com ocupantes treinados e preparados	Indicador	Pessoas dotadas de competências essenciais para o sucesso do negócio
Ocupantes de trabalhos treinados/custos de treinamento	Retorno sobre o investimento	Pessoas competentes/custos de treinamento

Figura 13.2 Treinamento baseado em trabalhos x treinamento baseado em competências.

Quadro 13.1 A diversidade de competências

Competências gerenciais	Competências interacionais
Liderança transformacional	**Trabalho colaborativo e inclusivo**
Capacidade de inspirar e motivar equipes em direção a objetivos comuns, promovendo um ambiente de confiança e respeito.	Habilidade para promover um ambiente no qual todas as vozes são ouvidas, incentivando a colaboração entre diferentes perfis e perspectivas.
Visão estratégica	**Empatia e sensibilidade cultural**
Compreensão das diretrizes organizacionais e habilidade de conectar talentos às metas de longo prazo.	Capacidade de entender e respeitar diversas culturas e experiências, criando uma atmosfera inclusiva que valoriza a diversidade.
Competências de solução de problemas	**Competências de capacitação e desenvolvimento**
Identificação e análise crítica	**Inovação e criatividade**
Habilidade de reconhecer, definir e analisar questões complexas para formular soluções eficazes.	Capacidade de pensar fora da caixa e aplicar novas ideias que gerem soluções inovadoras para os desafios organizacionais.
Planejamento adaptativo	**Habilidades de aprendizado contínuo**
Capacidade de ajustar planos e estratégias em resposta a novas informações e mudanças no ambiente.	Vontade de aprender com experiências passadas e se adaptar a novas circunstâncias, promovendo o crescimento pessoal e profissional.
Competências fundamentais	**Competências de apoio**
Comunicação eficaz	**Gerenciamento de relacionamentos e conflitos**
Habilidade de se expressar claramente e de ouvir ativamente, promovendo um fluxo de informações saudável dentro da organização.	Capacidade de construir e de manter relacionamentos de trabalho positivos, lidando efetivamente com conflitos e desafios interpessoais.
Inteligência emocional	**Motivação e engajamento**
Compreensão e gestão das próprias emoções e das emoções dos outros, facilitando interações mais produtivas.	Habilidade de inspirar motivação e comprometimento nas equipes, ajudando a alinhar objetivos pessoais e organizacionais.

PARA REFLEXÃO

Talentos devem voltar à escola[2]

A rápida evolução das tecnologias e das metodologias contemporâneas de gestão, particularmente com a ascensão da inteligência artificial, exige uma transformação significativa na formação e na mentalidade dos talentos. Não se trata apenas de operários que desempenham funções mecânicas; estamos no coração de uma era em que o futuro do trabalho pede habilidades profundamente enraizadas em **pensamento crítico, adaptabilidade e proficiência digital**.

A disparidade na educação entre diferentes povos e níveis econômicos torna-se evidente: enquanto em algumas regiões os indivíduos já estão sendo preparados para interagir com tecnologias avançadas, em outras a carência de uma educação básica sólida persiste, criando um abismo em termos de oportunidades.

Na era da automatização e dos ambientes de trabalho interconectados, os talentos precisam de muito mais do que habilidades técnicas básicas. O desafio não é apenas operar máquinas, mas também entender sistemas complexos, analisar dados em tempo real e colaborar em equipes multidisciplinares. O uso crescente da inteligência artificial nas fábricas significa que os trabalhadores devem ser ágeis em suas interações com essas tecnologias para garantir que a produção se mantenha eficiente e inovadora.

As empresas que desejam prosperar nesse novo contexto precisam adotar uma abordagem

proativa em relação ao desenvolvimento de seus colaboradores. Isso pode incluir a oferta de programas de requalificação, cursos de atualização e formação contínua que empoderem os talentos a se tornarem protagonistas na Era Digital. No entanto, essa jornada requer um compromisso coletivo. Organizações que investem na educação de seus funcionários não apenas fortalecem suas operações, mas também contribuem para um ecossistema profissional no qual todos possam prosperar.
Nesse novo cenário, é imprescindível que haja uma colaboração estreita entre empresas, sindicatos e colaboradores, buscando soluções que viabilizem a educação e o desenvolvimento sem onerar excessivamente nenhuma das partes. As legislações precisam evoluir para criar um ambiente que favoreça a aprendizagem contínua e o compartilhamento de responsabilidades. Afinal, sem um investimento consciente na formação de pessoas capacitadas para enfrentar os desafios futuros, a competitividade das empresas se tornará insustentável e, consequentemente, os empregos continuarão a diminuir. Como você vê o papel crucial do aprendizado e da adaptação nesse novo cenário? Quais passos você acredita que devem ser dados para fomentar essa transformação?

13.2 PROCESSO DE TREINAMENTO

O treinamento é um processo cíclico e contínuo composto de quatro fases:[3]

1. **Diagnóstico:** levantamento das necessidades ou carências de treinamento que precisam ser atendidas e satisfeitas. Essas necessidades podem ser do passado, do presente ou previstas no futuro.
2. **Desenho:** elaboração do projeto ou programa de treinamento para atender às necessidades diagnosticadas.
3. **Implementação:** execução e condução do programa de treinamento.
4. **Avaliação:** verificação dos resultados obtidos com o treinamento.

As quatro etapas do treinamento envolvem o diagnóstico de carências, a decisão quanto à estratégia para a solução, a implementação dos meios de ação e a avaliação e controle dos resultados das ações de treinamento. Não se deve confundir treinamento com uma simples questão de realizar cursos e proporcionar informação. Ele vai muito além. Significa atingir o nível de desempenho almejado pela organização por meio do desenvolvimento contínuo das pessoas que nela trabalham. Para tanto, é preciso criar e desenvolver uma cultura interna favorável ao aprendizado e comprometida com as mudanças.

O ciclo composto de treinamento pode ser representado pela Figura 13.3.

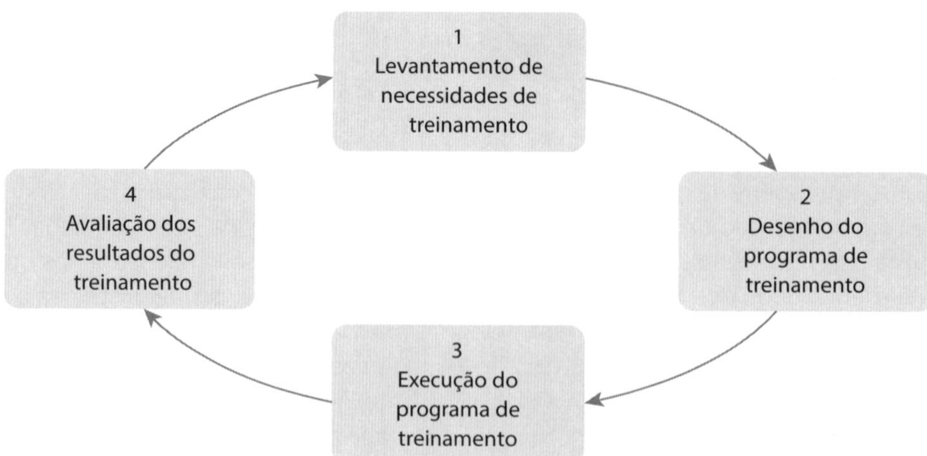

Figura 13.3 As quatro etapas do processo de treinamento.

Contudo, o processo de treinamento deve ser visualizado com cuidado. Na verdade, ele pode ser um círculo vicioso, no sentido de zerar carências de treinamento e voltar ao estágio inicial, pois foi imaginado para os tempos de permanência da Era Industrial. Em tempos de mudança e de inovação, na nova onda da Era da Informação e na Era Digital, ele precisa ser acrescido de novas habilidades e competências para garantir a sobrevivência e a competitividade da organização para o futuro. Não basta repor carências de treinamento para voltar ao estágio inicial. É preciso avançar para a frente e agregar valor sempre. Na verdade, o levantamento de necessidades de treinamento deve fazer não apenas um diagnóstico atual das carências, mas também um prognóstico das necessidades e carências futuras.

Reflita sobre **Quanto as empresas gastam em treinamento** acessando o QR Code.

> *uqr.to/20r2w*

Cada uma das quatro etapas do treinamento será discutida a seguir.

13.3 DIAGNÓSTICO DAS NECESSIDADES DE TREINAMENTO

A primeira etapa do treinamento é o levantamento das necessidades de treinamento que a organização apresenta. Essas necessidades nem sempre são claras e precisam ser diagnosticadas a partir de certos levantamentos e pesquisas internas capazes de localizá-las e descobri-las. Necessidades de treinamento são carências de preparo profissional dos colaboradores, ou seja, a diferença entre o que uma pessoa deveria saber e fazer e aquilo que ela realmente sabe e faz. Significam um descompasso entre o que deveria ser e o que realmente é. Uma necessidade de treinamento é uma área de informação ou de habilidades que um indivíduo ou equipe precisa desenvolver para melhorar ou aumentar sua eficiência, eficácia e produtividade no trabalho. Na medida em que o treinamento focaliza essas necessidades e carências e as elimina, ele se torna benéfico para os colaboradores, para a organização e para o cliente. Caso contrário, representa um desperdício ou perda de tempo.

Quadro 13.2 Desdobramento das etapas do processo de treinamento[4]

Necessidades a satisfazer	**Desenho do treinamento**	**Execução do treinamento**	**Avaliação dos resultados**
Diagnóstico da situação	**Decisão quanto à estratégia**	**Implementação e ação**	**Avaliação e controle**
Objetivos da organização Competências necessárias Problemas de produção Problemas de pessoal Resultados da gestão do desempenho	Programação do treinamento: ■ Quem treinar ■ Como treinar ■ Em que treinar ■ Onde treinar ■ Quando treinar	Condução e aplicação do programa de treinamento por meio de: Gestor de linha, assessoria de GTH por ambos por terceiros	Monitoração do processo Avaliação e medição de resultados Comparação da situação atual com a situação anterior Análise do custo-benefício

O treinamento das pessoas na organização deve ser uma atividade contínua, constante e ininterrupta. Mesmo quando as pessoas apresentam excelente desempenho, alguma melhoria das suas habilidades e competências sempre deve ser introduzida ou incentivada. A base principal para os programas de melhoria contínua é a constante capacitação das pessoas para patamares cada vez mais elevados de desempenho. E o treinamento funciona como o principal catalisador dessa mudança.

Aumente seus conhecimentos sobre **Fatores que afetam o treinamento** acessando o QR Code.

> *uqr.to/20r2x*

13.3.1 Métodos de levantamento de necessidades de treinamento

Existem vários métodos para determinar quais habilidades e competências devem ser focalizadas para estabelecer a estratégia de treinamento. Um dos métodos é avaliar o processo produtivo dentro da organização, localizando fatores críticos, como produtos rejeitados, barreiras, estrangulamentos, pontos fracos relacionados com o desempenho de pessoas, custos elevados etc. Outro método para determinar as necessidades de treinamento é a retroação direta a partir daquilo que as pessoas acreditam serem necessidades de treinamento na organização. As pessoas verbalizam clara e objetivamente que tipos de informação, habilidades, atitudes ou competências elas necessitam para executar melhor suas atividades. Um terceiro método para determinar as necessidades de treinamento envolve a visão organizacional de futuro. A introdução de novas tecnologias ou equipamentos, novos processos para produzir os produtos ou serviços da organização, novos produtos e serviços ou desenvolvimento dos atuais produtos e serviços são sinais de que novas habilidades e competências deverão ser adquiridas ou construídas pelas pessoas. A Era Digital está exigindo uma capacitação intensiva das pessoas.

O levantamento de necessidades de treinamento pode ser feito em cinco níveis de análise, como na Figura 13.4:[5]

1. **Análise organizacional:** a partir do diagnóstico de toda a organização, para verificar os aspectos da missão, da visão e dos objetivos estratégicos que o treinamento deve atender.
2. **Análise das competências organizacionais requeridas:** uma avaliação das competências requeridas pelo negócio da organização e diagnóstico das competências existentes atualmente, para indicar o *gap* de competências a construir ou adquirir.
3. **Análise dos talentos e competências disponíveis:** a partir do perfil das pessoas, determinar quais os comportamentos, atitudes, conhecimentos e competências necessários, para que as pessoas possam contribuir para o alcance dos objetivos estratégicos da organização.
4. **Análise da estrutura de cargos:** com base no exame dos requisitos e especificações dos cargos, determinar quais são as habilidades, destrezas e competências que as pessoas deverão desenvolver para desempenhar adequadamente os cargos.
5. **Análise do treinamento:** a partir dos objetivos e metas que deverão ser utilizados como critérios para avaliação da eficiência e eficácia do programa de treinamento.

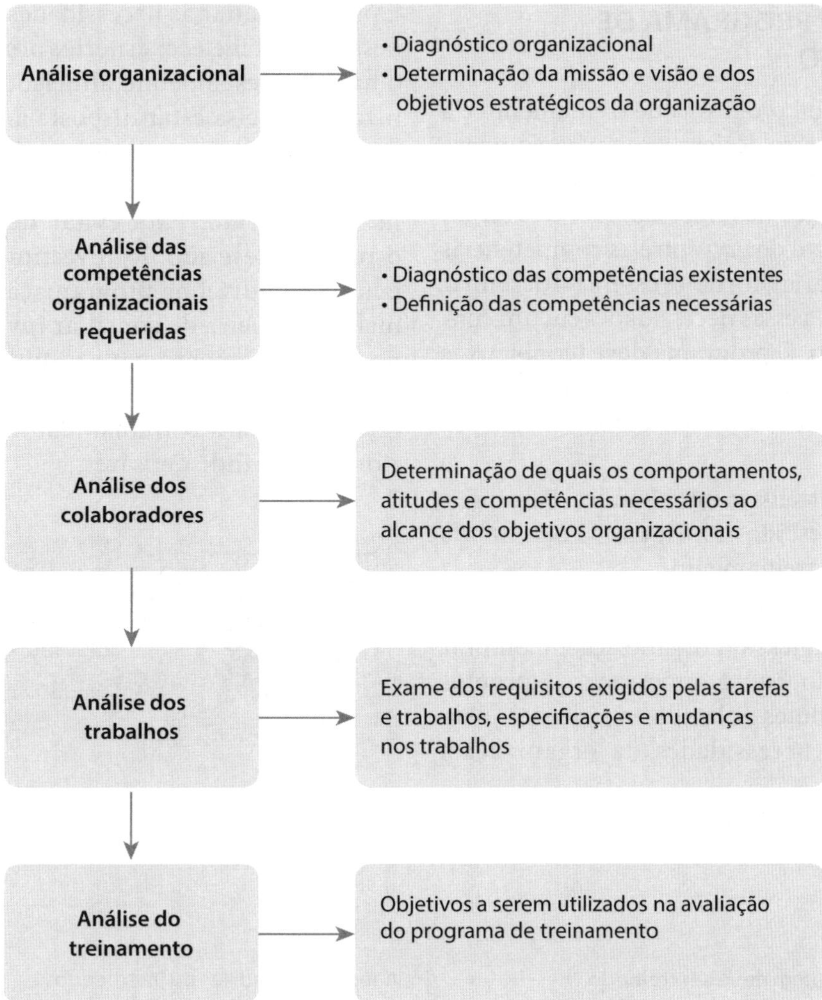

Figura 13.4 Passos no levantamento das necessidades de treinamento.

Indicadores de necessidades de treinamento

Além dos métodos de levantamento de necessidades, existem indicadores que apontam necessidades futuras (*a priori*) e passadas (*a posteriori*), a saber:

1. **Indicadores *a priori***: são eventos que, se acontecerem, provocarão necessidades futuras de treinamento, facilmente previstas, como:
   - Expansão da empresa e admissão de novos empregados.
   - Redução do número de empregados.
   - Mudança de métodos e processos de trabalho.
   - Substituições ou movimentação de pessoal.
   - Absenteísmo, faltas, licenças e férias de pessoal.
   - Mudanças nos programas de trabalho ou de produção.
   - Modernização dos equipamentos e novas tecnologias.
   - Produção e comercialização de novos produtos ou serviços.
2. **Indicadores *a posteriori***: são os problemas provocados por necessidades de treinamento ainda não atendidas, como:
   - Problemas de produção, como:
     - Baixa qualidade de produção.
     - Baixa produtividade.
     - Avarias frequentes em equipamentos e instalações.
     - Comunicações deficientes.
     - Elevado número de acidentes no trabalho.
     - Excesso de erros e de desperdício.
     - Pouca versatilidade dos funcionários.
     - Mau aproveitamento do espaço disponível.
   - Problemas de pessoal, como:
     - Relações deficientes entre o pessoal.
     - Número excessivo de queixas.
     - Mau atendimento ao cliente.
     - Comunicações deficientes.
     - Pouco interesse pelo trabalho.
     - Falta de cooperação.
     - Erros na execução de ordens.

13.4 DESENHO DO PROGRAMA DE TREINAMENTO

O desenho do projeto ou programa de treinamento é a segunda etapa do processo. Refere-se ao planejamento das ações de treinamento e deve ter um objetivo específico: feito o diagnóstico das necessidades de treinamento ou o mapeamento do *gap* entre as competências disponíveis e as necessárias, torna-se essencial desenhar o programa que atenda a essas necessidades em um conjunto integrado e coeso. O programa deve ter objetivos bem definidos, que servirão de métricas para garantir seu sucesso, e deve estar alinhado com os objetivos organizacionais.

Assim, programar o treinamento significa definir seis ingredientes básicos descritos na Figura 13.5, a fim de atingir os objetivos do treinamento.

O programa de treinamento deve estar associado com as necessidades estratégicas da organização. Comprar pacotes de treinamento, isto é, programas já prontos e vendidos, como produtos enlatados e fechados, nem sempre soluciona as necessidades da organização. É preciso avaliar as necessidades da organização e das pessoas e estabelecer critérios precisos para estabelecer o nível de desempenho almejado. Além disso, a organização precisa estar disposta a dar espaço e oferecer oportunidades para que as pessoas possam aplicar as novas competências e conhecimentos adquiridos no treinamento. Para evitar desperdícios e garantir o retorno desejado do investimento, o pragmatismo é imprescindível na programação do treinamento.[6] A melhor maneira de conciliar investimento com retorno é o treinamento para resultados. Por mais difícil que seja defini-los e aferi-los, definir os objetivos e os resultados para o treinamento e compará-los posteriormente é indispensável.

Reflita sobre **Novos valores e atitudes em treinamento** acessando o QR Code.

> *uqr.to/20r2y*

Quem deve ser treinado →	Treinandos, aprendizes ou instruendos
Como treinar →	Métodos de treinamento ou recursos instrucionais
Em que treinar →	Assunto ou conteúdo do treinamento
Por quem →	Instrutor ou treinador
Onde treinar →	Local do treinamento
Quando treinar →	Época ou horário do treinamento
Para que treinar →	Objetivos do treinamento

Figura 13.5 Programação de treinamento.

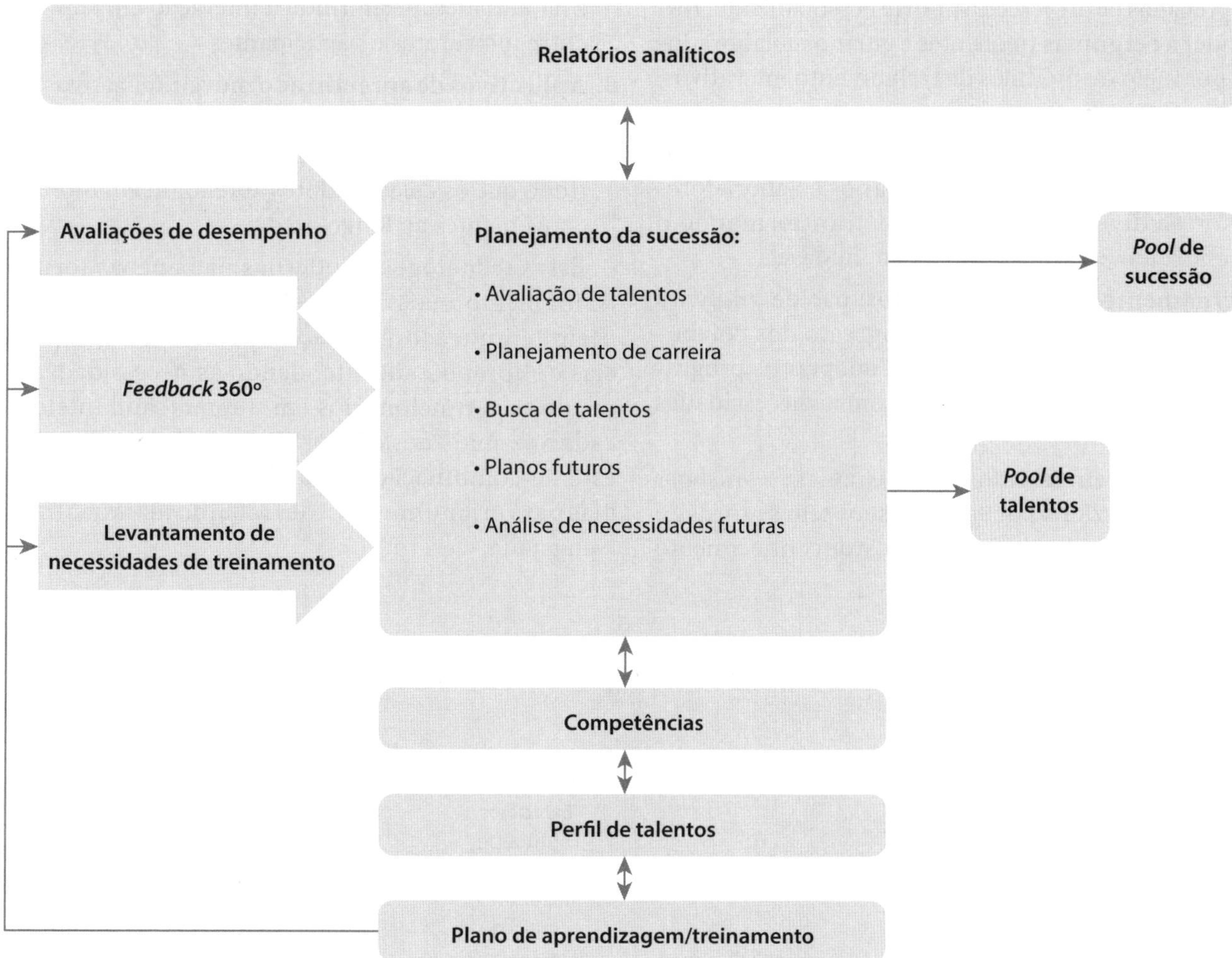

Figura 13.6 Entradas e saídas do programa de treinamento.

Aumente seus conhecimentos sobre **Tipos de treinamento oferecidos por organizações americanas** acessando o QR Code.

> *uqr.to/20r2z*

13.4.1 Tecnologia de treinamento

A tecnologia de treinamento abrange uma variedade de recursos didáticos modernos e pedagógicos utilizados para capacitar colaboradores de forma eficaz. Nos últimos anos, as grandes corporações têm adotado as seguintes tecnologias avançadas para treinamento:

1. **Plataformas de aprendizado *online* (LMS)**: sistemas como Moodle, TalentLMS e Canvas permitem que as empresas ofereçam cursos, treinamentos e conteúdos interativos, facilitando o aprendizado a partir de qualquer lugar e em qualquer hora.
2. ***Microlearning***: técnicas de aprendizado que entregam conteúdos em pequenas unidades, permitindo que os colaboradores assimilem conhecimento rapidamente. Aplicativos como EdApp e BiteSize Learning estão se destacando nessa tendência.
3. **Realidade aumentada (RA) e virtual (RV)**: a utilização de RA e RV em treinamentos simula ambientes de trabalho e situações específicas, proporcionando uma experiência de aprendizado imersiva. Tecnologias como Oculus e Microsoft HoloLens estão sendo usadas para treinar colaboradores em setores como saúde, manufatura e serviços.
4. **Inteligência Artificial (IA)**: ferramentas de IA, como *chatbots* e assistentes virtuais, estão sendo

empregadas para oferecer suporte personalizado, responder a perguntas frequentes e guiar os colaboradores por meio de módulos de treinamento interativos.

5. **Gamificação:** incorporar elementos de jogos nos processos de treinamento, usando plataformas como Kahoot! e Quizizz, ajuda a engajar os colaboradores de forma divertida e envolvente, transformando o aprendizado em uma competição saudável.
6. **Treinamento baseado em dados:** uso de *analytics* e *big data* para monitorar o progresso dos colaboradores, avaliar o desempenho e adaptar os programas de treinamento de acordo com as necessidades identificadas.
7. ***Webinars* e treinamentos virtuais:** aulas e *workshops online*, conduzidos por especialistas, têm se tornado uma forma popular de transferência de conhecimento e habilidades, permitindo a interação em tempo real entre instrutores e participantes.
8. **Aplicativos de aprendizado móvel:** aplicativos como Duolingo e LinkedIn Learning oferecem acesso a conteúdos educacionais na palma da mão, permitindo que os colaboradores aprendam em momentos convenientes ao longo do dia.

Essas tecnologias modernas não apenas tornam o treinamento mais acessível e eficiente, mas também permitem que as organizações personalizem experiências de aprendizado, atendendo às necessidades únicas de seus funcionários em um mercado intelectual cada vez mais desafiador. O futuro do treinamento está na combinação dessas ferramentas e metodologias para criar uma força de trabalho mais qualificada e engajada.

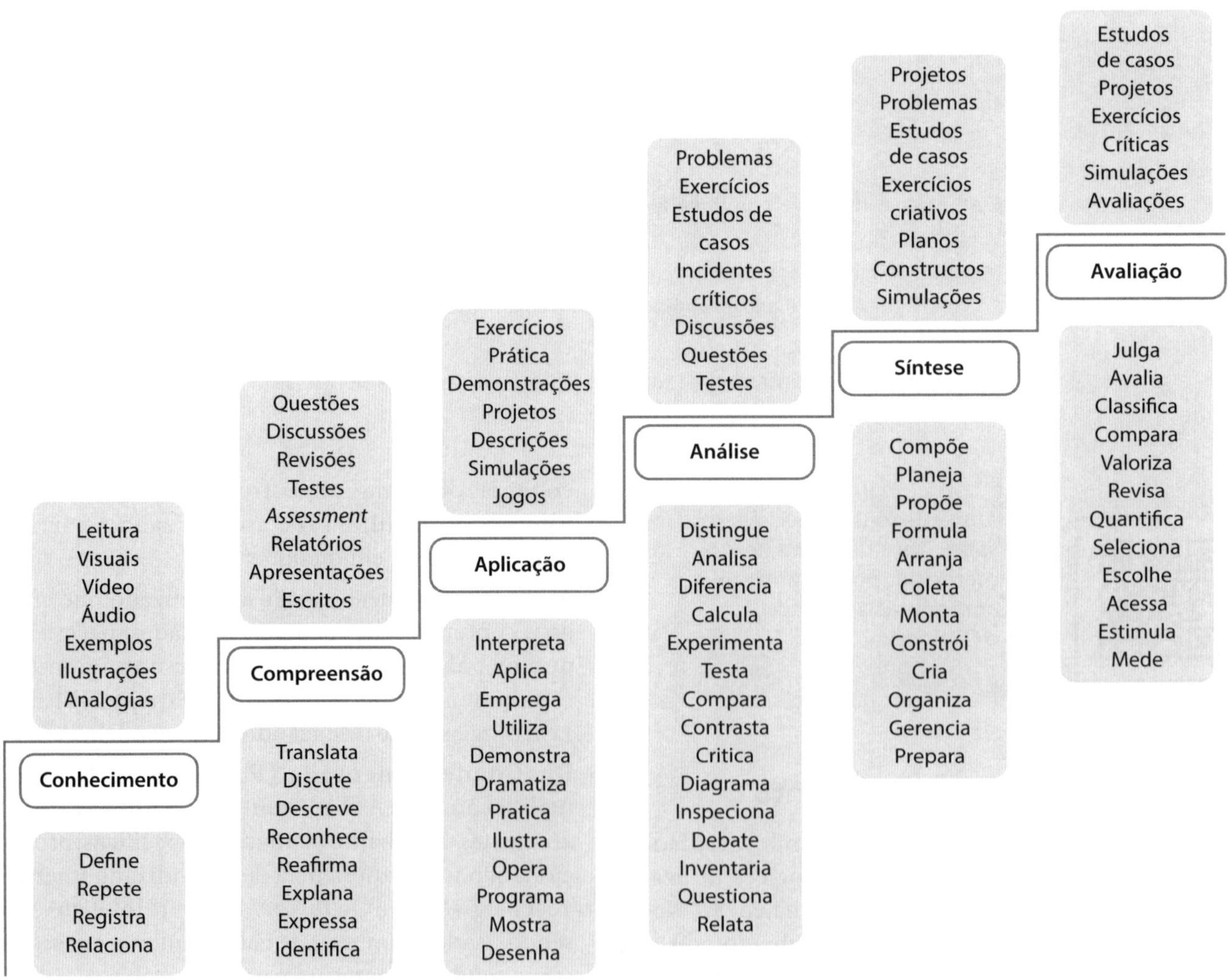

Figura 13.7 Taxonomia de Bloom de objetivos educacionais.[7]

Quadro 13.3 Níveis da taxonomia de Bloom

Nível da taxonomia de Bloom	Descrição	Objetivos educacionais modernos	Tendência em treinamento e desenvolvimento
1. Conhecimento	Recordar informações, dados e conceitos básicos.	Reconhecer e recordar dados e conceitos fundamentais.	Utilização de ***microlearning*** para entrega de conteúdo em pequenas doses.
2. Compreensão	Compreender e interpretar informações.	Explicar a relevância de conceitos e sua aplicação.	**Gamificação** para envolver colaboradores na assimilação de conteúdo.
3. Aplicação	Usar informações em novas situações.	Aplicar habilidades em projetos básicos.	**Aprendizado experiencial** por meio de simulações e estudos de caso.
4. Análise	Analisar e dividir informações em partes.	Avaliar o que funciona e o que não funciona em um processo.	***Softwares* de análise de dados** que ajudam a identificar padrões e *insights*.
5. Síntese	Criar novas ideias ou produtos a partir de informações.	Desenvolver propostas ou soluções inovadoras.	**Colaboração em *squads*** que promovem a cocriação e a inovação em equipe.
6. Avaliação	Julgar o valor ou a qualidade de informações ou ideias.	Justificar decisões e escolhas fundamentais.	***Feedback* em tempo real** utilizando plataformas digitais para avaliações contínuas.

TENDÊNCIAS EM GTH

O papel dos gerentes no treinamento

Os papéis dos gestores no treinamento estão passando por profundas mudanças:

Papel dos gestores de ontem	Papel dos gestores de hoje
Relações estritas entre chefe-subordinado	Relações funcionais amplas com pares
Executar tarefas por meio de ordens	Fazer as coisas por meio de negociação
Transmitir mensagens acima e abaixo	Resolver problemas e tomar decisões
Desempenho pela descrição de cargo	Ampliar o cargo por projetos empreendedores
Foco funcional estreito	Colaboração ampla funcional e cruzada
Trabalho entre canais, um a um	Ênfase na velocidade e flexibilidade
Controle dos subordinados	*Coaching* e *mentoring* da equipe
Ênfase na rotina e nos procedimentos	Ênfase na capacitação e no conhecimento
Utilizar as habilidades dos subordinados	Construir competências da equipe
Chefia e autoridade	Liderança, comunicação, motivação

13.5 EXECUÇÃO DO PROGRAMA DE TREINAMENTO

A condução, a implementação e a execução de programas de treinamento eficazes em uma organização exigem uma abordagem estruturada e colaborativa. Para tirar o máximo proveito das tecnologias disponíveis, as equipes devem se organizar de forma a integrar as diferentes plataformas e técnicas de treinamento em um plano coeso. A seguir, apresentamos um guia prático de como começar a pensar na execução de programas de treinamento utilizando as diversas ferramentas contemporâneas que vimos anteriormente.

1. Plataformas de Aprendizado *Online* (LMS)

- **Passo inicial:** formar uma equipe multifuncional responsável pela implementação do LMS selecionado (como Moodle ou TalentLMS).
- **Ação:** realizar uma reunião inicial para definir os objetivos do treinamento e identificar os conteúdos que serão disponibilizados. Considere as necessidades específicas de cada área da organização.
- **Exemplo:** se a empresa está lançando um novo produto, incluir módulos interativos sobre o produto nas plataformas para que as equipes comerciais e de suporte possam se preparar adequadamente.

2. *Microlearning*

- **Passo inicial:** desenvolver conteúdos curtos e relevantes que abordem tópicos específicos.
- **Ação:** criar "pílulas de conhecimento" que possam ser facilmente distribuídas e consumidas ao longo do dia. Escolher temas que sejam de aplicação imediata e que os colaboradores possam aplicar no trabalho.
- **Exemplo:** elaborar vídeos curtos de cinco minutos sobre técnicas de atendimento ao cliente, disponíveis em um aplicativo que os colaboradores possam acessar durante intervalos ou momentos de folga.

3. **Realidade Aumentada (RA) e Virtual (RV)**

- **Passo inicial:** identificar áreas em que a simulação de situações do mundo real seria benéfica, como treinamentos de segurança ou *customer experience*.
- **Ação:** colaborar com especialistas para criar cenários de treinamento em RA/RV que os colaboradores possam vivenciar em situações práticas.
- **Exemplo:** usar Oculus para simular uma situação de emergência no ambiente de trabalho, permitindo que os colaboradores pratiquem respostas adequadas de forma segura e controlada.

4. **Inteligência Artificial (IA)**

- **Passo inicial:** integrar *chatbots* ou assistentes virtuais às plataformas de aprendizado e desenvolvimento.
- **Ação:** programar o *chatbot* para responder a perguntas frequentes sobre os módulos de treinamento e oferecer orientação personalizada aos colaboradores.
- **Exemplo:** um assistente virtual que encaminha colaboradores para os cursos mais adequados com base nas habilidades que desejam desenvolver.

5. **Gamificação**

- **Passo inicial:** incorporar elementos de jogos nos módulos de treinamento.
- **Ação:** criar competições e desafios, utilizando plataformas como Kahoot! ou Quizizz, que estimulam a participação e o engajamento dos colaboradores.
- **Exemplo:** organizar um torneio de conhecimento onde equipes competem em quizzes sobre a cultura organizacional e os produtos da empresa, recompensando os vencedores com prêmios.

6. **Treinamento baseado em dados**

- **Passo inicial:** implementar ferramentas de análise de dados para monitorar o progresso dos colaboradores.
- **Ação:** definir KPIs que serão acompanhados durante os programas de treinamento e analisar esses dados para entender onde ajustes são necessários.
- **Exemplo:** usar *dashboards* que mostram a relação entre a participação nos treinamentos e o desempenho em métricas como vendas ou satisfação do cliente.

7. ***Webinars* e treinamentos virtuais**

- **Passo inicial:** programar sessões regulares com especialistas do setor.
- **Ação:** criar um calendário de webinars que abordem tópicos relevantes e permitam a interação em tempo real entre instrutores e participantes.
- **Exemplo:** conduzir um webinar mensal sobre tendências da indústria e como os colaboradores podem aplicar esse conhecimento em suas funções diárias.

8. **Aplicativos de aprendizado móvel**

- **Passo inicial:** selecionar e disponibilizar aplicativos de aprendizado móvel que complementem os treinamentos formais.
- **Ação:** incentivar os colaboradores a utilizarem esses aplicativos durante seu dia a dia, promovendo o aprendizado contínuo.
- **Exemplo:** oferecer acesso a plataformas como LinkedIn Learning, onde colaboradores podem escolher cursos que se alinhem aos seus interesses e aspirações de carreira, permitindo que aprendam em seu próprio ritmo.

Ao seguir esses passos, as organizações podem organizar e implementar programas de treinamento que não apenas fornecem habilidades técnicas, mas também promovem uma cultura de aprendizado contínuo e engajamento. As tecnologias contemporâneas oferecem ferramentas valiosas que, quando integradas de forma eficaz, transformam o desenvolvimento de talentos em uma estratégia dinâmica, alinhada às necessidades e às expectativas do mercado atual. Essa abordagem não só contribui para o crescimento individual dos colaboradores, mas também fortalece a posição da organização no competitivo ambiente de negócios.

13.5.1 Técnicas de treinamento

Existe uma variedade de técnicas de treinamento, a saber: o interesse e a necessidade de desenvolver pessoas e equipes dentro de uma organização, para que possam trazer maiores resultados, ocasionou inovações no modo de aplicar treinamentos, isto é, a técnica e o modo de aplicação podem ser fatores de sucesso ou não quanto ao programa aplicado. Portanto, torna-se determinante a definição do método a ser aplicado pela área de treinamento de desenvolvimento (T&D) de um programa de treinamento.

A definição desse método passa por uma análise criteriosa, considerando alguns requisitos como: objetivos, conteúdo e perfil do público a ser aplicado. Esses fatores devem ser analisados criteriosamente durante o planejamento, levando em conta o perfil dos participantes e aonde se quer chegar com esses programas. A forma e a estratégia de entrega dos temas tornam-se fundamentais para absorção e aceitação dos participantes durante a aplicação e após o encerramento. Com o avanço e a consolidação dos treinamentos e cursos *online*, definir se o tema será aplicado de maneira presencial ou remota é um fator importante para o resultado final do programa. Para ilustrarmos a variedade das técnicas utilizadas no mercado, a seguir apresentamos algumas delas:

- cursos presenciais;
- palestras;
- cursos EAD;
- cursos híbridos;
- mentoria e *coaching*;
- simulações de situações reais;
- gamificação;
- *microlearning*.

Apresentamos uma variedade de técnicas que podem ser aplicadas em um treinamento, sendo fundamental estruturar o programa e as ações de execução, viabilizando assim que todos os públicos possam estar inseridos, sempre respeitando o momento, o tempo e as condições financeiras dos participantes. Isto aliado ao melhor formato, modo de disponibilização, tamanho da turma, tipo de tecnologia e tempo de duração desse programa. Portanto, todas as técnicas apresentadas serão eficazes, a partir do momento em que se definir de maneira clara todos os requisitos já citados para realização de treinamentos, palestras ou cursos mais prolongados.

Reflita sobre **Aplicação da teoria da aprendizagem ao treinamento** acessando o QR Code.

> *uqr.to/20r30*

13.6 AVALIAÇÃO DO PROGRAMA DE TREINAMENTO: MÉTODOS E TECNOLOGIAS MODERNAS

Avaliar a eficácia de um programa de treinamento é fundamental para garantir que ele atenda às necessidades da organização, dos colaboradores e dos clientes. Como o treinamento representa um investimento significativo – incluindo despesas com materiais, tempo dos instrutores e possíveis perdas de produtividade enquanto os colaboradores não estão desempenhando suas funções –, é essencial obter um retorno tangível desse investimento.

A avaliação deve considerar vários aspectos centrais, como:

1. **Custo:** Qual foi o valor total investido no programa de treinamento?
2. **Qualidade:** Como o programa se comparou às expectativas iniciais?
3. **Adequação ao serviço:** O programa atendeu às necessidades dos participantes de maneira eficaz?
4. **Rapidez de adaptação:** Como o programa reagiu frente a novos desafios e demandas?
5. **Resultados**: Quais foram os resultados concretos entregues pelo programa?

Uma avaliação positiva dessas questões indica que o programa foi bem-sucedido; uma avaliação negativa sugere que ele não alcançou seus objetivos e que o esforço pode ter sido em vão.

Modernizando a avaliação

Para facilitar essa avaliação, novas tecnologias estão sendo implementadas. O uso de pesquisas em tempo real e ferramentas de *feedback* instantâneo, como formulários *online* e aplicativos de avaliação, permitem que os participantes compartilhem suas opiniões imediatamente após a conclusão do treinamento. Isso possibilita ajustes rápidos e melhorias contínuas nos programas.

Níveis de avaliação de Kirkpatrick[8]

A teoria de avaliação de Kirkpatrick continua sendo uma base sólida, e pode ser aprimorada com novas abordagens:

1. **Reação:** avalia a satisfação dos participantes com o treinamento. Sistemas de *feedback* em tempo real podem capturar reações imediatas, permitindo ajustes rápidos.
2. **Aprendizado:** mede o quanto os participantes realmente absorveram. Ferramentas de *e-learning* com *quizzes* e testes adaptativos podem quantificar o aprendizado de forma eficaz.
3. **Impacto no desempenho:** avalia a aplicabilidade das novas habilidades no ambiente de trabalho. Além de observações diretas, avaliações 360 graus e pesquisas estruturadas com colegas ajudam a mensurar mudanças de comportamento.
4. **Impacto nos resultados da organização:** esse nível analisa o efeito dos treinamentos nos resultados organizacionais. Estratégias que incluem análise de dados e KPIs podem ajudar a identificar melhorias, como redução de custos operacionais ou aumento da produtividade.
5. **Retorno sobre o Investimento (ROI)**: o ROI permite calcular o valor agregado pelo treinamento em termos financeiros. Integrar análises de dados e métricas de desempenho fornece um quadro claro do impacto econômico dos programas de treinamento.

O importante é que os objetivos do treinamento sejam claramente definidos desde o início. As avaliações devem ser baseadas em indicadores e métricas específicas, acordadas previamente, que ajudem a verificar se os objetivos foram alcançados. O uso de tecnologias modernas e estratégias de *feedback* aprimoradas permite não apenas medir a eficácia do treinamento, mas também garantir que cada experiência de aprendizado resulte em um crescimento significativo para os colaboradores e, consequentemente, para a organização como um todo. Essa abordagem integrada garante que o treinamento não só prepare os colaboradores para o presente, mas também os capacite a inovar e a se adaptar às exigências futuras do mercado.

DICAS

Avaliação dos resultados do treinamento

A avaliação dos programas de treinamento pode ser feita em quatro níveis:

1. Avaliação no nível organizacional:

- Aumento da eficácia organizacional
- Melhoria da imagem da empresa
- Melhoria do clima organizacional
- Melhor relacionamento entre empresa e colaboradores
- Melhor atendimento ao cliente
- Facilidade de mudanças e de inovação
- Aumento da eficiência
- Envolvimento direto dos gestores nas práticas de treinamento

2. Avaliação no nível de recursos humanos:

- Redução da rotatividade e absenteísmo do pessoal
- Aumento da eficácia individual e coletiva dos colaboradores
- Elevação dos conhecimentos dos colaboradores
- Mudanças de atitudes e comportamentos dos colaboradores
- Aumento das competências dos colaboradores
- Melhoria da qualidade de vida no trabalho (QVT)

3. Avaliação no nível dos trabalhos:

- Adequação dos colaboradores aos requisitos exigidos pelos trabalhos
- Melhoria do espírito de grupo e da cooperação
- Aumento da produtividade
- Melhoria da qualidade
- Redução do índice de acidentes no trabalho
- Redução do índice de manutenção de máquinas e equipamentos

4. Avaliação no nível de treinamento:

- Alcance dos objetivos do treinamento
- Retorno dos investimentos efetuados em treinamento

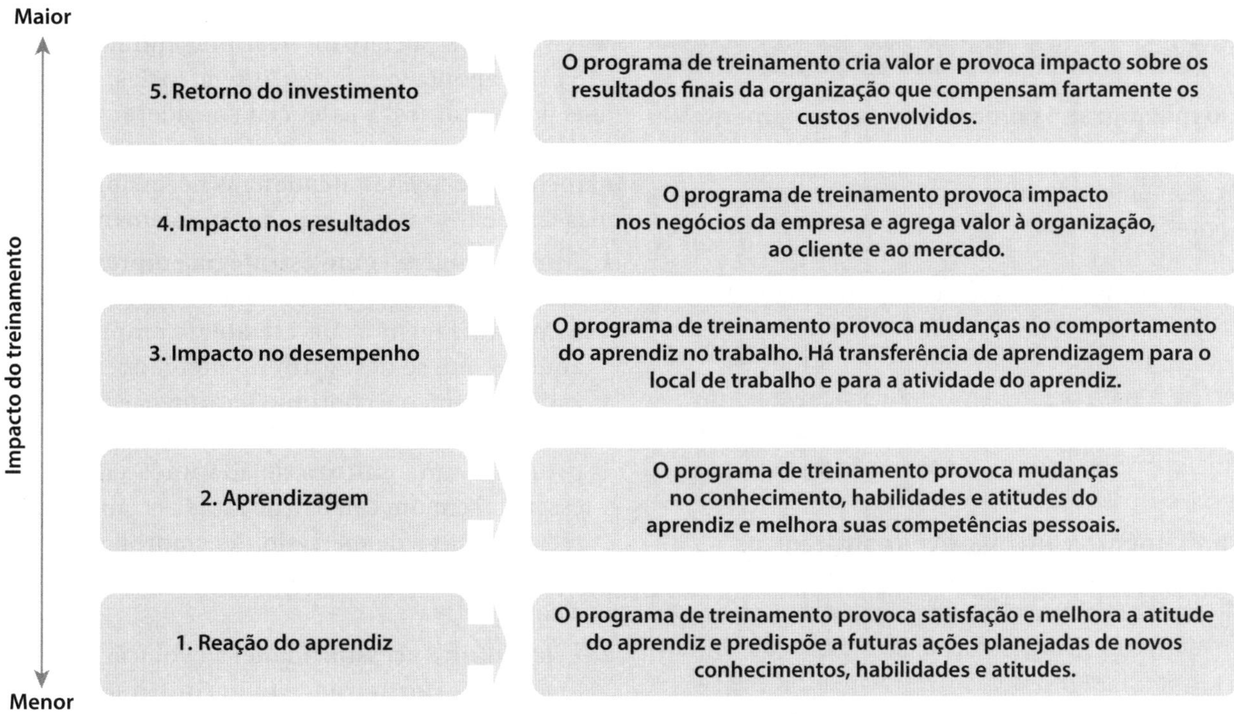

Figura 13.8 Avaliação dos resultados do treinamento.

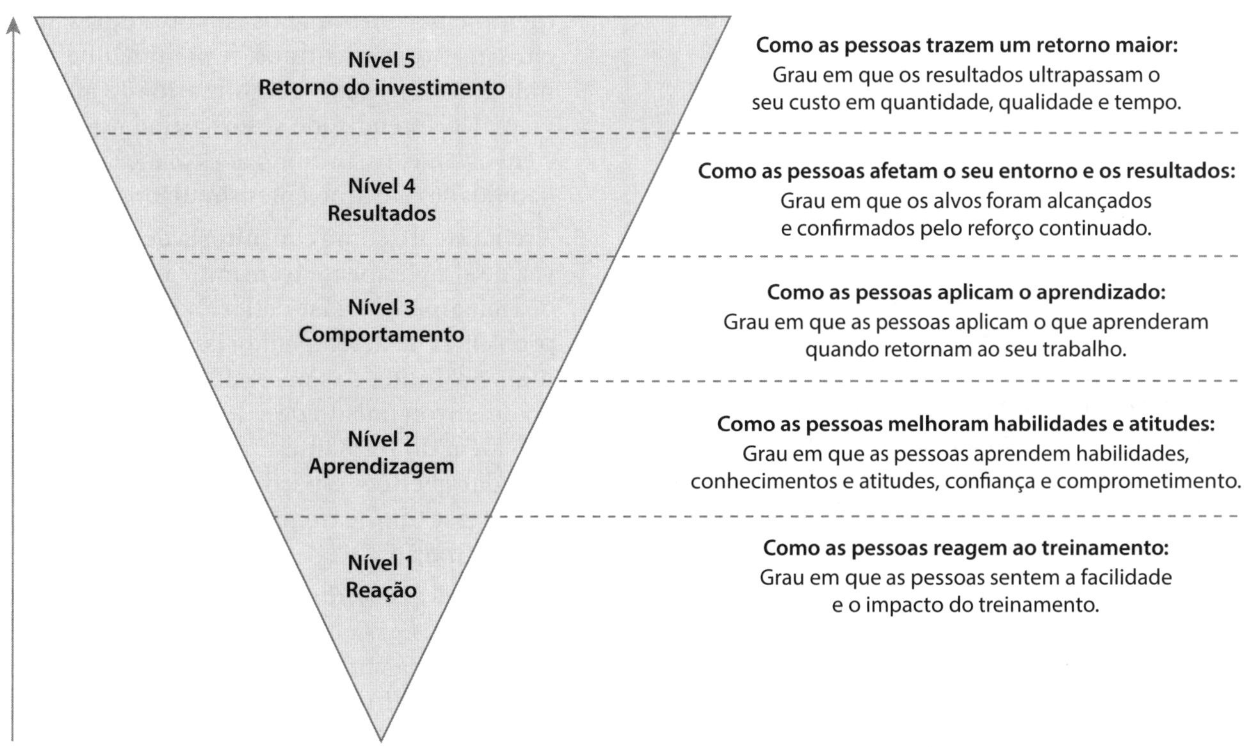

Figura 13.9 Medição do impacto do treinamento segundo Kirkpatrick (e Jack Philips).

DICAS

Como maximizar os programas de treinamento[9]

Para obter o máximo benefício dos programas de treinamento, é fundamental considerar os seguintes elementos:

1. **Apoio da alta direção:** o comprometimento da liderança sênior é crucial. Isso garante que o programa tenha a devida importância e recursos para prosperar. A participação ativa da alta administração reforça que o treinamento é uma prioridade organizacional, não apenas uma responsabilidade da gerência intermediária.
2. **Alinhamento com objetivos estratégicos**: os programas de treinamento devem estar diretamente conectados aos objetivos estratégicos da organização. Se o objetivo é encantar o cliente, então o treinamento deve se concentrar em capacitar os colaboradores para oferecer um atendimento excepcional, promover comportamentos de excelência e assegurar a qualidade dos produtos e serviços.
3. **Cultura de aprendizado**: criar um ambiente interno que valorize o treinamento e a capacitação contínua é essencial. Uma cultura organizacional que incentiva a criatividade e a inovação permite que novas habilidades sejam não apenas adquiridas, mas também aplicadas no dia a dia. As empresas devem fomentar uma mentalidade de aprendizado e adaptação, onde se espera que os colaboradores busquem constantemente novos conhecimentos e soluções.
4. **Prática e aplicação**: é vital proporcionar oportunidades para que os colaboradores coloquem em prática os conhecimentos adquiridos durante o treinamento. Isso pode incluir desafios práticos, projetos colaborativos e *feedback* contínuo, que reforçam o aprendizado e promovem a implementação efetiva das novas habilidades.

13.7 TENDÊNCIAS DO TREINAMENTO

A era contemporânea da Gestão do Talento Humano (GTH) vem sendo moldada por uma série de tendências que estão redefinindo a maneira como as organizações abordam o treinamento e o desenvolvimento (T&D). A Association Society for Training and Development (ASTD)[10] aponta várias dessas tendências, e, ao olharmos para o futuro, é essencial considerar o que há de mais inovador para garantir que os programas de treinamento não apenas atendam às necessidades atuais, mas também se antecipem a futuras demandas.

1. **Aprendizagem como estratégia empresarial:** cada vez mais, as organizações que conseguem integrar a aprendizagem à sua estratégia empresarial são aquelas que se destacam no mercado. O aprendizado dinâmico e contínuo não apenas potencializa o desempenho da força de trabalho, mas também promove uma cultura de adaptação à mudança, essencial em um cenário de rápidas transformações tecnológicas e de mercado. As empresas que se posicionam nesse ambiente se tornam mais resilientes e competitivas.
2. ***E-learning* e acessibilidade:** a evolução das tecnologias de informação está permitindo o acesso a plataformas de treinamento de maneira ininterrupta, quebrando barreiras de tempo e espaço. O *e-learning* não é apenas uma estratégia de conveniência; é uma poderosa ferramenta para democratizar o conhecimento e permitir que os colaboradores aprendam em seus próprios ritmos. À medida que novas tecnologias emergem, como realidade aumentada e virtual, o aprendizado se torna ainda mais interativo e envolvente, permitindo aos colaboradores praticar habilidades em ambientes simulados.
3. **Treinamento como consultoria de desempenho:** em vez de simplesmente transmitir informações, o foco do treinamento está se deslocando para a resolução de problemas de desempenho. Isso implica uma análise mais profunda das necessidades da organização e do desenvolvimento de soluções personalizadas que vão além do treinamento clássico. Ao identificar e abordar questões específicas que impactam os resultados, esse tipo de treinamento gera valor direto para a organização.
4. **Liderança e *coaching*:** a transição de estilos de gestão tradicionais para uma abordagem mais centrada no *coaching* está em alta. Hoje, lideranças eficazes não se limitam a dirigir; elas também investem no autoconhecimento e na capacidade de promover diálogos construtivos, mentorias e *feedback* contínuo. Isso cria um ambiente em que os colaboradores se sentem valorizados e motivados a contribuir com suas ideias e inovações.

Passo a passo para implementar as novas tendências

1. **Identificar capacidades distintivas:** as organizações devem primeiro realizar um mapeamento de suas competências essenciais e potenciais áreas de especialização. Essa análise deve levar em conta as tendências de mercado e as forças motivadoras da inovação, preparando a empresa para alavancar seu crescimento e competitividade.
2. **Implementar sistemas multiplicadores de talentos:** criar sistemas que não apenas identifiquem, mas também desenvolvam e engajem talentos, capacitando a organização a reagir com agilidade às mudanças e a maximizar o uso de conhecimento crítico.
3. **Fomentar uma cultura de inovação e aprendizado:** investir na criação de um ambiente que valorize a aprendizagem contínua e a inovação. Isso implica incentivar os colaboradores a buscar novos conhecimentos e a aplicar suas habilidades de forma criativa.
4. **Promover relacionamentos internos dinâmicos:** aumentar a conectabilidade entre os colaboradores, fortalecendo a colaboração e a solidariedade. Uma cultura de comunicação aberta e ativa promove a troca de ideias e a aprendizagem entre pares, multiplicando os efeitos positivos de qualquer iniciativa de treinamento.

Diante do cenário atual, a educação corporativa surge como um remédio eficaz para essas necessidades. As organizações que adotam uma abordagem integrada e proativa em suas práticas de T&D não apenas atendem às demandas do presente, mas também se preparam para as oportunidades do futuro. As próximas seções deste livro se aprofundarão nas características e melhores práticas de uma universidade corporativa, uma solução cada vez mais necessária para moldar uma força de trabalho talentosa e pronta para enfrentar os desafios do amanhã.

Quadro 13.4 Exemplos de universidades corporativas

Universidade corporativa	Localização	Investimento	Inauguração	O que ensina	Quem participa	Vagas já oferecidas
Walmart Academy	Diversas localidades	N/A	2016	Treinamento em liderança, atendimento ao cliente e operações, com foco no desenvolvimento de habilidades práticas.	Funcionários e gerentes	Mais de 200.000
Shell Open University	Global (*online*)	N/A	2007	Cursos relacionados a energia, sustentabilidade e inovação, focando na aplicação prática em setores específicos.	Colaboradores e parceiros externos	Mais de 15.000
AT&T University	*Online* e presencial	N/A	2013	Oferece programas de desenvolvimento em tecnologia, gerência e habilidades digitais para atender às evoluções do setor.	Colaboradores de diferentes níveis	Mais de 1.500.000
Deloitte University	Westlake, Texas, EUA	US$ 300 milhões	2013	Foco em liderança, habilidades técnicas e soluções de negócios com uma abordagem prática em ambientes simulados.	Profissionais em todos os níveis	Mais de 160.000
Coca-Cola University	Global (*online*)	N/A	2008	Treinamentos sobre a cultura da empresa, marketing, sustentabilidade e inovação de produto.	Colaboradores e parceiros	Mais de 30.000

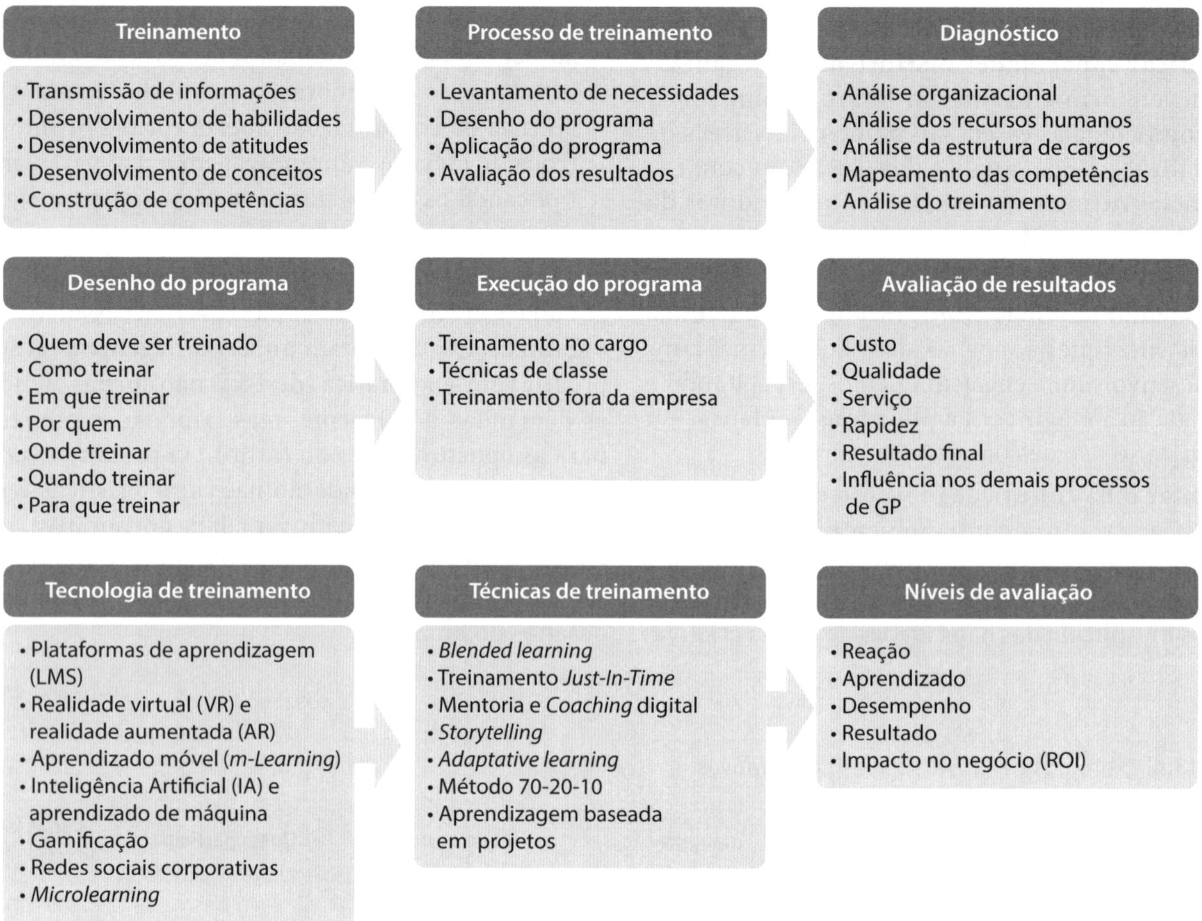

Figura 13.10 Mapa mental do Capítulo 13: Treinamento.

REFERÊNCIAS

1. DRUCKER, P. F. *Managing for the future:* the 1990s and beyond. New York: Dutton, 1992. *Vide* também: DRUCKER, P. F. *Innovation and entrepreneurship:* practice and principles. Londres: William Heinemann, 1985.
2. Extraído de: ALMEIDA, M. de. Operários devem voltar à escola. *Exame*, edição n. 590, 16 ago. 1995, p. 30.
3. CHIAVENATO, Idalberto. *Recursos humanos, op. cit.*, p. 498.
4. Adaptado de: CHIAVENATO, I. *Gerenciando com pessoas:* transformando gerentes em gestores de pessoas. Rio de Janeiro: Elsevier/Campus, 2005. p. 136.
5. Baseado em: CHIAVENATO, I. *Recursos humanos, op. cit.*, p. 505-506.
6. NETZ, C. Não rasgue dinheiro. *Exame*, edição n. 663, 3 jun. 1998, p. 123-132.
7. BLOOM, B. S. (Ed.). *Taxonomy of educational objectives:* the classification of educational goals. New York: David McKay, 1956. p. 201-207.
8. KIRKPATRICK, D. *Evaluating training programs:* the four levels. San Francisco: Berrett-Koehler, 1998. *Vide* na Internet: www.chatfield-group.com.
9. CHIAVENATO, I. *Coaching & mentoring:* construção de talentos. Rio de Janeiro: Elsevier/Campus, 2016.
10. Disponível em: www.astd.org. Acesso em: 13 dez. 2019.

Capítulo

14

Desenvolvimento de talentos, equipes e organizações

Agregando competências a todos na organização

Objetivos de aprendizagem

Após estudar este capítulo, você deverá estar capacitado para:

- Definir as necessidades de mudanças individuais, coletivas e organizacionais.
- Compreender a onda de reestruturações rumo à mudança e à inovação.
- Empreender um programa de criatividade e inovação.
- Descrever as etapas da mudança organizacional.
- Definir os métodos de desenvolvimento de talentos, de equipes e de organizações.
- Descrever as principais técnicas de desenvolvimento organizacional.

O que veremos adiante

- Os novos tempos.
- Uma onda de reorganizações.
- Desenvolvimento de talentos, gestores, equipes e organizações.
- Criatividade e inovação.
- Universidades corporativas.

A busca do desenvolvimento mútuo e continuado entre organizações e pessoas é, sem dúvida, um dos aspectos mais importantes e críticos da moderna Gestão do Talento Humano. A legitimidade da área está fortemente vinculada à sua capacidade de desenvolver talentos e competências – a única forma de ultrapassar os obstáculos que se colocam para o futuro das organizações e torná-las permanentemente atualizadas, viáveis, competitivas e sustentáveis. No entanto, os processos de desenvolvimento dos talentos e competências envolvem várias e diversas questões complexas, como preparação de lideranças, introdução do *coaching* e *mentoring*, educação corporativa continuada, gestão do conhecimento e do aprendizado organizacional. Sem todos esses cuidados, as organizações tornam-se limitadas e restritas ao passado e sem condições de se preparar para um futuro mutável, incerto, complexo e ambíguo.

Como vimos no Capítulo 13, o treinamento é importante, precioso e indispensável para o preparo e a qualificação, tendo em vista o trabalho atual a ser executado pelos talentos. Todavia, em um mundo repleto de mudanças e transformações, tanto os trabalhos, como seus ocupantes também mudam constante e intensivamente. Assim, o treinamento – ao preparar para o aqui e agora – torna-se insuficiente para acompanhar as necessidades organizacionais, que se desdobram e crescem de maneira constante e intensiva. Torna-se necessário um esforço mais amplo e compreensivo de mudança organizacional. E por quê? Simplesmente porque estamos em uma era de instabilidade e de mudanças descontínuas, que requerem talentos e organizações dinâmicas, flexíveis, mutáveis e inovadoras. Os novos tempos exigem novos modelos de organizações e uma nova e diferente postura a respeito dos talentos.

14.1 NOVOS TEMPOS

Tradicionalmente, muitas organizações foram estruturadas com base em modelos que priorizavam a estabilidade e a permanência, heranças da Era Industrial. Nesses tempos, as empresas eram vistas quase como entidades permanentes, projetadas para operar de maneira inalterada ao longo do tempo, como se o mundo ao seu redor não estivesse em constante evolução. Essa visão rigorosa criava uma impressão de que as organizações eram completas e capazes de se sustentar sem a necessidade de melhorias ou adaptação.

Entretanto, a realidade mudou drasticamente. Com a chegada da Era da Informação e a crescente globalização do mercado, as organizações passaram a ser confrontadas com uma instabilidade que desafia esse modelo empresarial antigo. O ambiente de negócios tornou-se dinâmico e imprevisível, tornando evidente que o tradicional modelo organizacional adota uma flexibilidade insuficiente para prosperar nesse novo contexto. Essa conscientização impulsionou uma transformação obrigatória, levando as empresas a se tornarem mais adaptativas e competitivas.

Na atual Era Digital, observa-se uma redução das hierarquias em favor do trabalho em equipe, reforçando a necessidade de prontidão e agilidade. A criatividade e a inovação tornaram-se imperativas, e as organizações que prosperam são aquelas que abraçam essa mudança em sua cultura e em suas estruturas de funcionamento. A presença crescente de tecnologias digitais exige que as empresas não apenas desenvolvam uma fluência digital entre suas equipes, mas também encontrem as competências certas em seus talentos para agregar valor aos seus negócios.

Nesse contexto, a Quarta Revolução Industrial apresenta um novo paradigma marcado por mudanças exponenciais que desafiam tudo o que conhecemos. Vivemos em um momento em que a velocidade das transformações e a complexidade dos desafios exigem que as organizações reavaliem continuamente suas estratégias de desenvolvimento de talentos. O foco não deve ser apenas na retenção de conhecimento, mas na capacitação contínua e na adaptação, preparando os colaboradores para abraçar o futuro com competência e confiança. Este capítulo explorará como, ao agregar e aprimorar as competências de todos os membros da organização, podemos promover uma cultura de aprendizado e inovação que não apenas enfrente as mudanças, mas que também as aproveite como oportunidades de crescimento.

A teoria administrativa reforça que ambientes estáveis favorecem estruturas organizacionais rígidas e mecanicistas, enquanto ambientes em constante mudança exigem abordagens mais orgânicas e flexíveis. A Era Industrial, caracterizada pela estabilidade e conservação, possibilitou o surgimento de organizações burocráticas que dominaram grande parte do século passado. No entanto, com a chegada da Era da Informação, essa dinâmica foi alterada de forma radical e acelerada. O mundo dos negócios tornou-se um espaço marcado pela instabilidade e pela turbulência, criando uma demanda urgente por organizações que pudessem se adaptar rapidamente às novas realidades.

As características do modelo orgânico emergente revelaram mudanças fundamentais nas estruturas organizacionais. A redução dos níveis hierárquicos e a descentralização de decisões permitiram que colaboradores atuassem com maior autonomia, controlando seu próprio desempenho e contribuindo para uma cultura de autogestão. A constante redefinição de funções e a complexidade das tarefas passaram a exigir a formação de equipes multifuncionais, autogeridas e empoderadas, que colaboram de forma dinâmica e interativa em busca de eficácia. Esse modelo não apenas se adapta rapidamente às circunstâncias externas, mas também estimula a inovação como núcleo da operação organizacional.

Contudo, a Era Digital está empurrando essas mudanças a novos patamares, revelando que as adaptações anteriores podem não ser suficientes. A rapidez das transformações tecnológicas e as expectativas de um mercado conectado demandam que as organizações repensem sua abordagem ao desenvolvimento de talentos e à estruturação de suas equipes. As empresas precisam ser mais do que apenas flexíveis; elas devem ser resilientes e proativas na transformação de suas culturas e processos.

Nesse contexto, é crucial que líderes e colaboradores abracem a ideia de que a evolução não se limita à estrutura organizacional, mas também inclui mentalidades, métodos de trabalho e formas de interação.

Quadro 14.1 Ambiente estável em comparação com o ambiente mutável

Ambiente estável e previsível	Ambiente instável e imprevisível
As demandas do produto ou serviço oferecido pela organização são estáveis e previsíveis. O ciclo de vida do produto é longo.	As demandas do produto ou serviço oferecido pela organização mudam dramaticamente, pois os concorrentes introduzem produtos melhorados.
Os concorrentes não mudam suas estratégias nem mudam seus produtos e serviços.	Os concorrentes fazem mudanças súbitas e inesperadas nas suas estratégias e produtos/serviços.
A inovação tecnológica e o desenvolvimento de novos produtos são lentos e evolucionários. A necessidade de mudança nos produtos/serviços pode ser prevista antecipadamente.	A inovação tecnológica e o desenvolvimento de novos produtos são rápidos e intensos. As organizações investem em pesquisa e desenvolvimento para inovar constantemente.
As políticas governamentais quanto à regulação e taxação da indústria mudam pouco com o passar do tempo.	As políticas governamentais mudam rapidamente a respeito de regulação e taxação, para acompanhar a onda de novos produtos/serviços que são introduzidos pelas empresas.

Quadro 14.2 Organizações mecanísticas e orgânicas[1]

Organizações mecanísticas	Organizações orgânicas
Ênfase na cadeia de comando. Divisão funcional do trabalho: problemas e tarefas relativos à organização como um todo são decompostos em atividades especializadas. Os cargos são altamente especializados, definitivos e permanentes. Utilização da hierarquia formal como meio de coordenação. As descrições de trabalho são detalhadas para proporcionar uma definição precisa de direitos, obrigações e métodos técnicos para desempenhar cada trabalho. A interação entre funcionários é vertical, entre superior e subordinados. O comportamento é governado por instruções e decisões tomadas por superiores.	Despreocupação com cadeia de comando. Estrutura de trabalho divisionalizada e autossuficiente. A responsabilidade pelo trabalho não é vista como um campo limitado de direitos, obrigações e métodos. Os trabalhos não são claramente definidos, mas continuamente ajustados e redefinidos às demandas da situação. A comunicação é feita por meio de uma estrutura matricial ou em redes. A comunicação é mais lateral que vertical e há uma ênfase sobre a consulta mais que sobre o comando. A comunicação transita mais informação e sugestão do que instruções e decisões. Há um comprometimento que motiva os funcionários a manterem o autocontrole.

A mudança de um ambiente estável para instável fez com que as organizações migrassem de uma estrutura mecanística e tradicional para uma estrutura orgânica e moderna. Uma onda de reorganizações provocou essa migração.

14.1.1 Onda de reorganizações

As décadas de 1980 e 1990 foram marcadas por uma onda significativa de reorganizações nas principais empresas ao redor do mundo. Nesse período, conceitos como reengenharia, *downsizing*, *rightsizing*, reestruturações, fusões e terceirização (*outsourcing*) tornaram-se comuns no vocabulário corporativo. As organizações começaram a abandonar o organograma tradicional em favor de estruturas mais inovadoras, impulsionadas não por uma busca estética, mas por uma necessidade crítica de se tornarem mais ágeis, flexíveis e responsivas às demandas do mercado. Esse movimento levou à compressão da hierarquia, à eliminação de níveis intermediários e à transformação das operações da linha de frente em elementos-chave do negócio.

Nesse novo modelo, os profissionais que interagiam diretamente com os clientes passaram a ter um papel central. Eles deixaram de ser meramente executores de funções designadas e tornaram-se agentes proativos, dedicados a servir as necessidades do cliente de forma horizontal. Organizações como a Scandinavian Airlines System (SAS) exemplificaram essa transição, ao redefinirem suas estruturas de modo que a equipe da linha de frente funcionasse não apenas como parte da hierarquia, mas também como o núcleo da operação. Com essa mudança, os ativos intangíveis – conhecimento, habilidades e competências – passaram a ser valorizados mais do que os ativos tangíveis, como capital financeiro e infraestrutura. No entanto, persiste a pergunta: estamos fazendo o suficiente para acompanhar essas evoluções?

14.1.2 A onda atual de reorganizações

À medida que avançamos para a terceira década do século 21, a dinâmica de reorganizações nas empresas está passando por uma nova onda de transformação, agora impulsionada por inovações tecnológicas, mudanças sociais e a crescente demanda por sustentabilidade. A pressão externa – alimentada pela globalização, digitalização e transformação digital – exige que as organizações não apenas reajam, mas antecipem as mudanças. Estruturas organizacionais estão se tornando cada vez mais horizontais e colaborativas, e nelas a agilidade e a rapidez na tomada de decisões são primordiais para se manter relevante.

Os modelos de gestão estão se adaptando para incluir metodologias ágeis que promovem a flexibilidade e a capacidade de resposta rápida às novas oportunidades e desafios. Em vez de se basear em hierarquias rígidas, essas abordagens encorajam a formação de *squads* e equipes multidisciplinares, nas quais a colaboração é o núcleo das operações. Isso demanda um alinhamento contínuo com as necessidades dos colaboradores e uma cultura que valoriza o aprendizado e a adaptação.

Além disso, a tecnologia está redefinindo a forma como as empresas funcionam internamente. A inteligência artificial e a análise de dados e plataformas de aprendizado digitais permitem que as organizações não apenas automatizem processos, mas também personalizem desenvolvimentos e treinamentos adequados às necessidades dos colaboradores. Esse uso da tecnologia ajuda a criar uma cultura de inovação contínua, em que o *feedback* em tempo real e as análises de desempenho se tornam parte do cotidiano.

As atuais reorganizações também são impulsionadas por uma crescente preocupação com a sustentabilidade e a responsabilidade social. As empresas estão cada vez mais sendo chamadas a alinhar suas práticas de negócios com valores éticos e ambientais, reforçando a importância de um compromisso genuíno com a cultura organizacional e o bem-estar de todos os *stakeholders*.

A nova onda de reorganizações reflete não apenas a necessidade de adaptabilidade estrutural, mas também um forte compromisso em desenvolver uma força de trabalho capacitada e engajada, pronta para enfrentar os desafios do futuro de maneira colaborativa e inovadora.

14.2 DESENVOLVIMENTO DE TALENTOS

O desenvolvimento de talentos e competências nas organizações contemporâneas é vital para garantir que as empresas não apenas sobrevivam, mas também prosperem em um ambiente de negócios dinâmico e desafiador. À medida que as expectativas mudam e a tecnologia evolui, novas estratégias e abordagens estão sendo adotadas para maximizar o potencial humano e garantir que as organizações permaneçam competitivas. A seguir, apresentamos alguns modelos e metodologias contemporâneas que estão moldando o desenvolvimento de talentos atualmente.

1. **Rotação de trabalho:** a movimentação dos colaboradores por meio de diferentes posições na organização é uma estratégia eficaz para agregar habilidades e conhecimento. Essa prática não apenas proporciona uma visão abrangente da organização, mas também transforma especialistas em generalistas, preparando os profissionais para desafios multifacetados. Por exemplo, uma equipe de marketing pode rotacionar em vendas para entender melhor as necessidades do cliente.
2. **Posições de assessoria:** oferecer a talentos promissores a oportunidade de trabalhar sob a supervisão de gerentes experientes em diversas áreas proporciona uma valiosa experiência prática. Essa abordagem não apenas desenvolve habilidades técnicas, mas também permite que os colaboradores construam um *networking* forte, essencial para o crescimento profissional.
3. **Aprendizado prático:** o aprendizado pela prática envolve o talento em projetos reais, fazendo com que eles solucionem problemas específicos da organização. Essa abordagem é frequentemente utilizada em conjunto com outras técnicas, incentivando os colaboradores a colaborarem em grupos para inovação e criatividade.
4. **Atividades em equipe:** participar de equipes multifuncionais e temporárias permite que os colaboradores ajudem a resolver problemas desafiadores e compartilhem responsabilidades na tomada de decisões. Essas equipes, muitas vezes formadas como força-tarefa, ajudam a explorar novas soluções e fomentar um sentimento de propriedade sobre os resultados.
5. **Participação em cursos e seminários externos:** embora ainda uma prática tradicional, essa abordagem está se modernizando com a utilização de *e-learning*

e plataformas de aprendizado *online*, permitindo que os colaboradores acessem treinamento de qualquer lugar, tornando-se mais flexíveis e adaptáveis a novos conteúdos e habilidades.

6. **Exercícios de simulação:** os exercícios de simulação, como estudos de caso e jogos de negócios, proporcionam aos colaboradores uma oportunidade de aplicar seus conhecimentos em um ambiente controlado, no qual podem diagnosticar problemas e desenvolver soluções de maneira prática.
7. **Treinamento (*outdoor*) e experiências de grupo:** atividades fora do ambiente de escritório, que incentivam o trabalho em equipe e a resolução de problemas, desempenham um papel importante no desenvolvimento de competências interpessoais e na construção de relacionamentos sólidos.
8. **Mentoria e *coaching*:** essa prática é fundamental para o desenvolvimento contínuo. Mentores ou *coaches* experientes podem fornecer orientação e *feedback* valiosos, ajudando os talentos a aprimorarem suas habilidades e a alcançar seus objetivos de carreira.
9. **Serviços de informação aos colaboradores:** sistemas que oferecem informações sobre oportunidades de avanço dentro da empresa são cruciais. Programas que disponibilizam inventários de habilidades e mapeamentos de carreiras ajudam os colaboradores a entenderem as possibilidades de crescimento e como alcançar seus objetivos.
10. **Formação de universidades corporativas:** muitas organizações criaram universidades corporativas que oferecem uma ampla gama de treinamentos e desenvolvimento de habilidades, atendendo às necessidades específicas de seus funcionários enquanto promovem a cultura corporativa.

Esses modelos e abordagens sustentam um desenvolvimento integrado e holístico de talentos, essenciais para o sucesso das organizações no cenário atual. À medida que as empresas continuam a enfrentar desafios inovadores e competitivos, apostar em um desenvolvimento de talentos adaptável e diversificado não é apenas uma prioridade, mas uma necessidade estratégica para garantir o futuro e a produtividade organizacional.

14.2.1 Desenvolvimento de carreiras

O desenvolvimento de talentos está diretamente ligado ao crescimento das carreiras. Em um mundo profissional em rápida mudança, a carreira não é mais apenas uma sequência linear de posições; ela se tornou um percurso dinâmico e multifacetado que reflete as aspirações e potencialidades individuais. A ideia de carreira agora se baseia no aprimoramento contínuo e na busca por desafios cada vez mais complexos e significativos.

Nos últimos anos, os planos de desenvolvimento de carreira passaram por uma transformação significativa. Antigamente, esses planos eram rígidos e focados exclusivamente nas necessidades organizacionais, visando preparar os colaboradores para atender a demandas específicas, como expansão para novos mercados ou lançamento de produtos. Contudo, essa abordagem unilateral tem dado lugar a um modelo mais equilibrado e colaborativo que considera as metas e aspirações dos colaboradores. Agora, é fundamental que os planos de carreira reflitam tanto as necessidades da organização quanto os desejos e interesses dos indivíduos.

As empresas estão progressivamente atribuindo a responsabilidade de gerenciar a carreira aos próprios colaboradores, oferecendo suporte e recursos para que possam tomar decisões que impulsionem seu crescimento. Essa mudança é especialmente relevante em organizações mais horizontais, nas quais as oportunidades de ascensão vertical são limitadas. Nesse contexto, os colaboradores são incentivados a explorar novas trilhas de carreira, seja dentro da organização ou em novos ambientes de trabalho.

Entretanto, a falta de clareza sobre as oportunidades disponíveis pode deixar muitos profissionais se sentindo perdidos. Portanto, é crucial que as empresas forneçam orientação e ferramentas, como programas de mentoria, *coaching* e desenvolvimento de habilidades, para ajudar os colaboradores a navegarem em suas jornadas de carreira. Isso não apenas empodera os talentos, mas também promove um ambiente de aprendizado contínuo, adaptabilidade e inovação, características essenciais para se destacar no mercado atual.

Quadro 14.3 Sistema de desenvolvimento de carreiras[2]

Necessidades da organização	Consequência	Necessidades individuais de carreira
Quais são os principais itens estratégicos para os próximos anos?	Os colaboradores estão se desenvolvendo de maneira a juntar sua eficácia e satisfação com o alcance dos objetivos estratégicos da organização?	Como posso encontrar oportunidades de carreira dentro da organização para:
Quais são as necessidades críticas e os desafios com que a organização se defrontará nos próximos anos? Quais conhecimentos, habilidades e experiências que serão necessários para enfrentar tais desafios? Quais os níveis de pessoas a serem requeridos? Quais as forças necessárias à organização para enfrentar esses desafios?		Utilizar minhas forças e competências? Atender às minhas necessidades de desenvolvimento? Proporcionar desafios? Atender aos meus interesses? Utilizar meu estilo pessoal?

As principais ferramentas utilizadas para o desenvolvimento de carreiras são:

1. **Centros de avaliação:** utilizam as mesmas técnicas do processo seletivo, como entrevistas, exercícios dirigidos, simulações e jogos de empresas para o desenvolvimento de carreiras. São os *assessment centers* e proporcionam retroação sobre as forças e as fraquezas dos colaboradores e a compreensão de suas habilidades, ajudando-os a desenvolver objetivos claros e planos de carreira adequados e realísticos.
2. **Testes psicológicos:** os mesmos testes utilizados na seleção de pessoal servem para ajudar os colaboradores a compreenderem melhor seus interesses, habilidades e competências, ou seja, seus pontos fortes, que devem ser expandidos, e seus pontos fracos, que devem ser tratados ou minimizados.
3. **Avaliação do desempenho:** outra fonte de informação valiosa para o desenvolvimento de carreira. Contudo, ela passou a ser muito mais uma retroação (*feedback*) constante e em tempo real proporcionada pelo gestor. Trata-se de apontar no mesmo momento do desempenho inadequado as diferenças em relação ao desempenho esperado no aqui e agora.
4. **Projeções de promovabilidade:** julgamentos feitos pelos gestores quanto ao avanço potencial de seus colaboradores. Essas projeções ajudam a organização a identificar colaboradores que apresentam potencial de avanço no sentido de ajudá-los a melhorar seus conhecimentos e competências.
5. **Planejamento de sucessão:** focaliza o preparo das pessoas para preencher posições mais complexas na medida em que se tornam vagas. O *Leadership Continuity Program* (LCP), da American Telephone & Telegraph (AT&T), enfatiza o desenvolvimento dos colaboradores, e não necessariamente sua promoção a posições mais elevadas. Os colaboradores recebem novos encargos para serem preparados para assumir crescentes responsabilidades. Os candidatos são selecionados para o LCP na base de três critérios: excelente desempenho sustentável, alta avaliação entre seus colegas e potencial demonstrado para desempenhar quatro níveis no mínimo acima de seu nível atual.

14.2.2 Programas de *trainees*

Programas de *trainees* se tornaram uma prática consolidada nas organizações que buscam enriquecer seu capital humano e garantir a qualidade de sua comunidade colaborativa de talentos a longo prazo. Em vez de serem vistos como iniciativas isoladas, esses programas são agora essenciais para a construção de um *pipeline* de talentos, preparando os futuros líderes da empresa. Os *trainees* ingressam em um estágio programado que combina treinamento teórico e prático, orientado por profissionais experientes da organização. Durante esse período, eles são envolvidos em atividades estratégicas e têm seu desempenho avaliado continuamente, o que inclui sua adaptação à cultura organizacional, espírito de equipe e potencial de crescimento.[3]

Os benefícios de programas de *trainees* já são amplamente reconhecidos, e muitas empresas pelo mundo têm adotado essa abordagem de maneira efetiva. Por exemplo, a Unilever é conhecida por seu programa de *trainees* que enfatiza o desenvolvimento de habilidades práticas e liderança, permitindo que os participantes assumam papéis críticos rapidamente após a conclusão do treinamento. Da mesma forma, a Nestlé implementa um programa global que busca talentos com inovação e paixão, proporcionando a imersão em diferentes áreas da empresa, o que resulta em um desenvolvimento abrangente.

Outro exemplo inspirador é o programa de *trainee* da Ambev, que não só oferece experiências práticas, mas também investe na formação de sua equipe com foco em resultados e cultura colaborativa. Os *trainees* têm a oportunidade de trabalhar em projetos significativos desde o início, contribuindo para a operação da empresa de maneira direta.

Esses programas vão além de simplesmente "encher" cargos; eles realmente moldam o futuro da organização. Ao final do processo de formação, os *trainees* são frequentemente alocados em posições de destaque, prontos para contribuir com suas ideias e energia renovada. Esse modelo não só atrai jovens talentos como também assegura que as empresas mantenham sua relevância e competitividade em um mercado em constante mudança. Assim, a prática de investir em programas de *trainees* aparece como uma estratégia robusta para agregar competências essenciais à organização, preparando-a para os desafios do futuro.

DICAS

Programas bem-sucedidos de *trainees*

Empresas como Unilever, Acesita, Johnson & Johnson, NEC, Nestlé, Avon, Banco Itaú, Embraco, Hewlett-Packard, Copesul, CEMIG, Eletrosul, Hering, Itambé desenvolvem a cada ano programas de estágios para alunos de administração, engenharia, economia, ciências contábeis, computação, marketing, psicologia, comércio exterior, direito, química, farmácia, comunicação e agronomia. Na maioria, esses estágios de treinamento são contratados por meio do Centro de Integração Empresa-Escola (CIE-E).[4] Os estagiários mais bem avaliados são contratados em posições avançadas.

14.3 DESENVOLVIMENTO DA LIDERANÇA

Desenvolver talentos é fundamental, mas a verdadeira transformação começa com a preparação de quem os liderará. Em um ambiente de negócios cada vez mais dinâmico e complexo, não se trata apenas de cultivar habilidades técnicas em áreas como marketing, finanças, produção ou Gestão do Talento Humano (GTH). Os gestores de hoje precisam ir além; eles devem ser equipados com um conjunto diversificado de competências que abrangem liderança, motivação, comunicação eficaz, gestão de conflitos e habilidade de criar e desenvolver equipes multidisciplinares.

Os desafios que os líderes enfrentam agora exigem uma mentalidade adaptativa e uma abordagem colaborativa. À medida que o ambiente corporativo se torna mais fluido, os gestores devem aprender a ser "líderes de líderes", desenvolvendo uma cultura que permita que outros também liderem. Isso significa promover um ecossistema de liderança que empodere os colaboradores a assumir responsabilidades e a contribuir ativamente para o alcance dos objetivos organizacionais. Esse modelo de liderança de lideranças não apenas maximiza o potencial individual, mas também fortalece a resiliência organizacional.

Além disso, os líderes precisam estar cientes das expectativas crescentes de suas equipes. Em um mundo no qual a diversidade e a inclusão são imperativas, a capacidade de cultivar um ambiente de trabalho acolhedor e equitativo torna-se uma responsabilidade crítica. Os líderes devem ser capacitados a reconhecer e valorizar diferentes perspectivas, promover o diálogo e garantir que todos os colaboradores se sintam ouvidos e valorizados.

Portanto, as empresas devem priorizar o desenvolvimento da liderança como uma estratégia central para o seu sucesso. Isso implica investir em programas de formação que abordem não apenas a técnica, mas também aspectos comportamentais e emocionais da liderança. *Workshops* de *coaching*, mentorias, *feedback* contínuo e experiências práticas em situações desafiadoras são essenciais para moldar líderes eficazes e inspiradores.

As organizações que lideram essa transformação no desenvolvimento da liderança não apenas facilitam o crescimento dos talentos, como também constroem uma cultura de excelência que promove inovação e desempenho. Uma liderança forte é, indiscutivelmente, a chave para navegar pelos desafios atuais e futuros, garantindo que a empresa não apenas alcance seus objetivos, mas também se destaque no mercado. Assim, ao colocar o desenvolvimento da liderança no centro das suas estratégias, as organizações se prepararão para um futuro de sucesso e sustentabilidade.

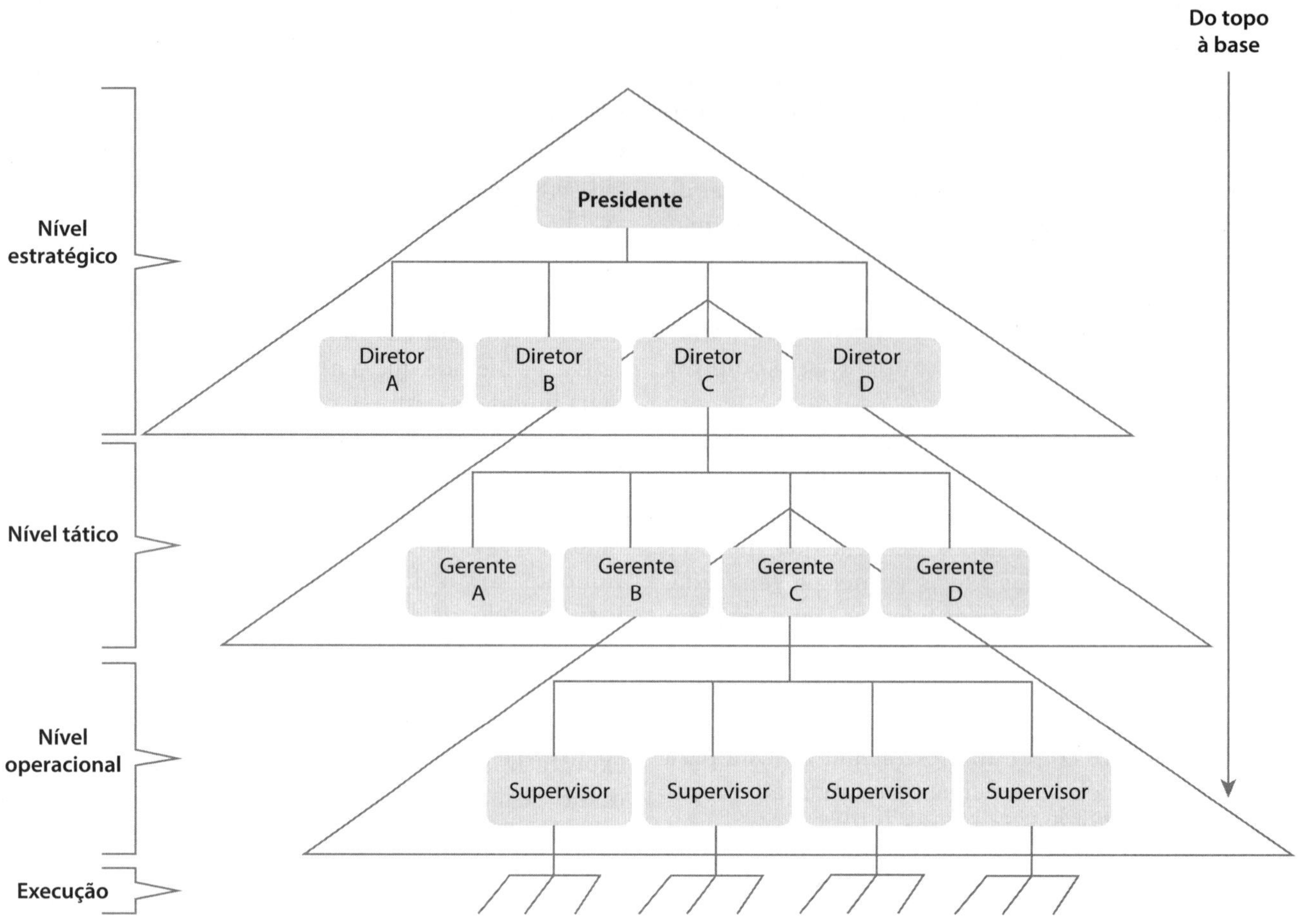

Figura 14.1 Lideranças de lideranças em uma organização.

14.4 DESENVOLVIMENTO DE EQUIPES

O desenvolvimento de equipes é uma pedra angular na construção de organizações eficazes e resilientes. Não se trata apenas de formar talentos e capacitar gestores; é essencial criar sinergia e colaboração entre todos os membros da equipe, promovendo um ambiente de trabalho integrado e dinâmico. À medida que as empresas prosperam em um ambiente colaborativo, o foco deve ser em times que possam fortalecer a cultura organizacional e alcançar objetivos comuns.

14.4.1 Características das equipes de alto desempenho

Para que uma equipe funcione de maneira eficaz, várias características devem estar em alinhamento:

1. **Alinhamento de objetivos:** todos os membros devem entender e compartilhar os objetivos da equipe. Uma comunicação clara ajuda a garantir que todos estejam na mesma página e trabalhando na mesma direção.
2. **Diversidade de competências:** um conjunto equilibrado de habilidades e experiências é fundamental. Cada membro deve trazer competências únicas que se complementem, formando um ecossistema de competências que enriquece a capacidade da equipe.
3. **Liderança dinâmica:** o líder da equipe deve ser capaz de inspirar, motivar e facilitar as interações. Uma liderança que promove a autonomia e a responsabilidade pode empoderar os colaboradores a se engajar plenamente nas atividades.
4. **Abertura à comunicação:** um ambiente que favorece a transparência, em que os membros se sintam seguros para expressar suas ideias e preocupações, é vital para a inovação e resolução de problemas.

14.4.2 Abordagens para o desenvolvimento de equipes

O desenvolvimento eficaz de equipes pode ser dividido em duas abordagens principais:

A. Desenvolvimento intraequipes:

Essa abordagem foca em construir a coesão e as competências dentro da própria equipe. Isso inclui:

- ***Workshops* de *Team Building*:** realizar atividades que promovam a confiança e a colaboração.
- **Treinamentos focados:** oferecer treinamentos específicos que melhorem habilidades relacionadas ao trabalho em equipe, como comunicação, resolução de conflitos e tomada de decisão conjunta.
- ***Feedback* e reflexão:** criação de momentos regulares de *feedback*, nos quais os membros podem discutir o que funciona e o que pode ser melhorado no trabalho conjunto.

B. Desenvolvimento extraequipes:

Envolve as relações e interações entre diferentes equipes dentro da organização, promovendo a sinergia organizacional. Isso pode incluir:

- **Projetos interdepartamentais:** fomentar a colaboração entre diferentes equipes para trabalhar em projetos que exijam uma combinação de habilidades variadas.
- **Círculos de aprendizado:** estimular grupos que se reúnem para compartilhar conhecimentos e experiências de diferentes áreas, promovendo um ambiente de aprendizado contínuo.
- **Aprimoramento da comunicação interorganizacional:** implementar ferramentas que facilitem a troca de informações entre equipes, como plataformas colaborativas, permitindo uma interação mais fluida e integrada.

C. Escolha dos talentos certos:

Uma das grandes chaves para o sucesso do desenvolvimento de equipes está na seleção dos talentos adequados. É preciso considerar:

- **Avaliação de competências:** usar métodos de avaliação que identifiquem não apenas habilidades técnicas, mas também *soft skills*, como empatia, adaptabilidade e espírito colaborativo.
- **Diversidade de perfis:** recrutar indivíduos de diferentes formações e experiências que possam contribuir com perspectivas diversas, essenciais para a resolução criativa de problemas.
- **Cultura organizacional:** garantir que os novos membros da equipe compartilhem valores e princípios que se alinhem à cultura da organização, o que facilitará a integração e o trabalho em conjunto.

O desenvolvimento de equipes é uma prática estratégica que vai além da simples formação de grupos de trabalho. Ao focar na construção de equipes coesas, alinhadas e diversificadas, as organizações podem maximizar seu potencial criativo e produtivo, preparando-se para os desafios do futuro. Em um ambiente de negócios cada vez mais complexo e dinâmico, investir no desenvolvimento de equipes não é apenas uma vantagem competitiva; é uma necessidade crítica para a sustentabilidade e o crescimento da organização.[5]

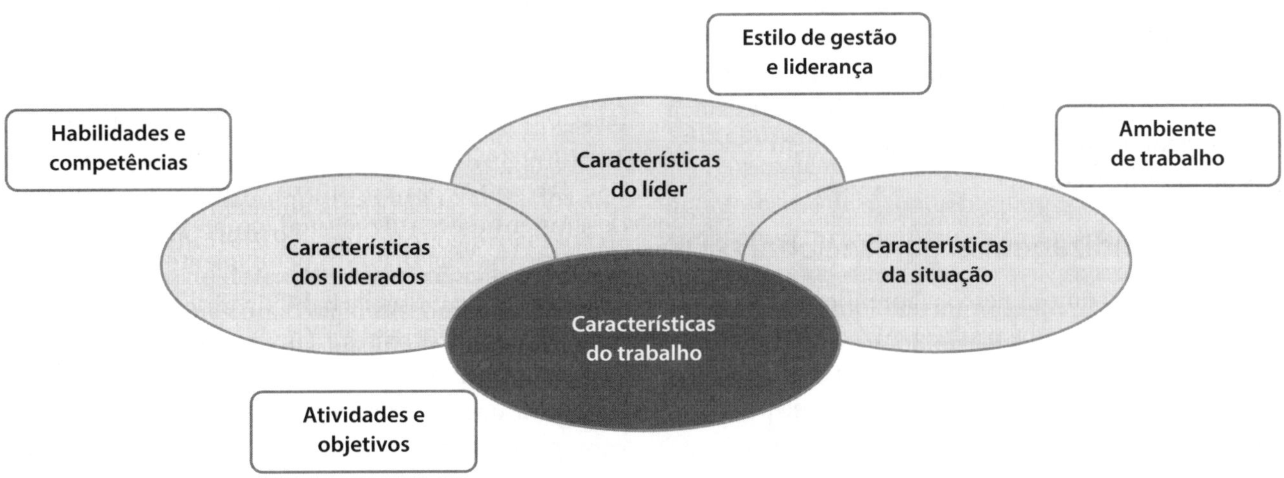

Figura 14.2 Múltiplas dimensões de uma equipe.

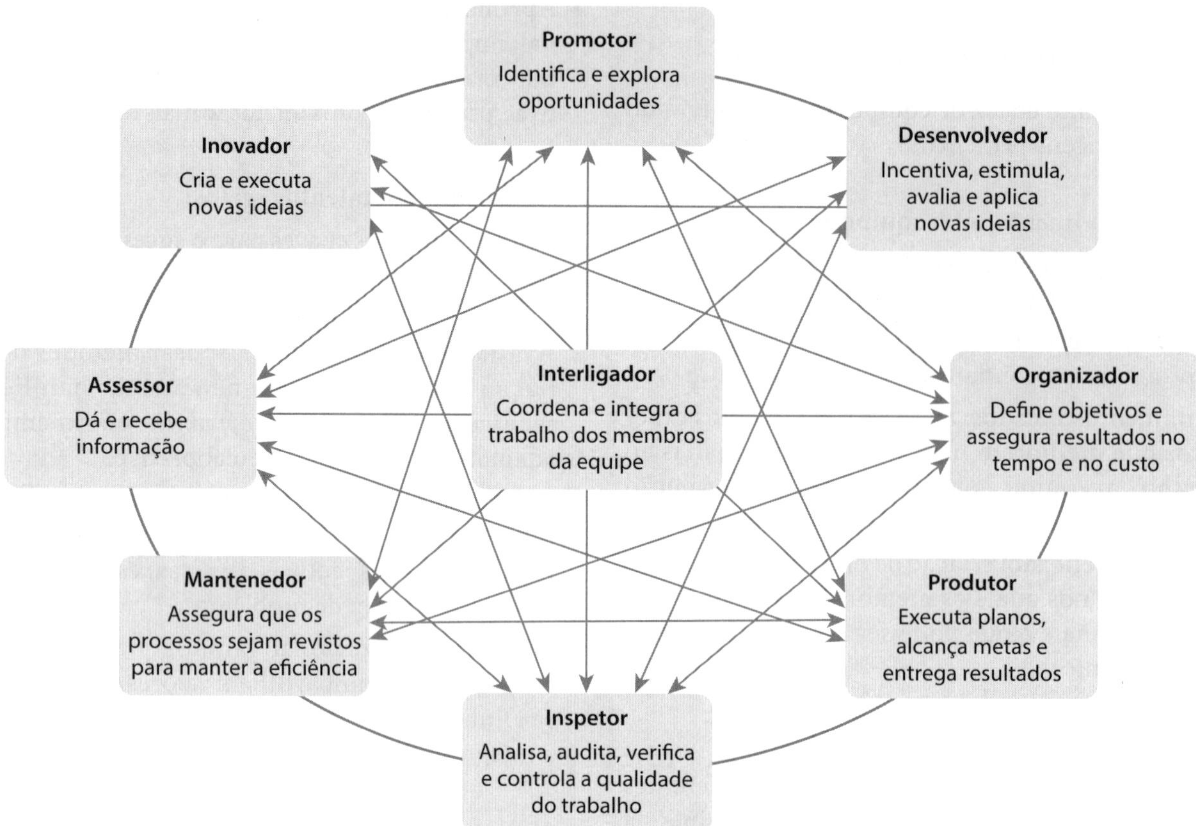

Figura 14.3 Equipe como um sistema integrado de várias competências.

14.5 DESENVOLVIMENTO ORGANIZACIONAL

Também não basta desenvolver talentos, gestores e equipes. É preciso, ainda, desenvolver as próprias organizações, para que elas possam servir como um verdadeiro ecossistema para talentos, gestores e equipes trabalharem de maneira integrada e sinergicamente. De modo genérico, as aprendizagens nos níveis individual, tático, gerencial e de equipes integradas precisam ter forte apoio e suporte no nível organizacional. Assim, a aprendizagem organizacional deve ocorrer em todos os níveis da organização.

14.5.1 Aprendizagem organizacional (AO)

Da mesma forma como as pessoas aprendem ao longo de todas as suas vidas, também as organizações aprendem, na medida em que enfrentam diferentes situações, desafios, oportunidades e ameaças. A AO faz-se por meio das pessoas que nela atuam e trabalham. O segredo está em deixar de ser uma ação meramente espontânea, natural e casual e fazer com que isso seja planejado, organizado, alavancado, incentivado e até mensurado, para que alcance objetivos, metas, desígnios, e atenda não somente às necessidades de conhecimento, habilidades e competências atuais, como também as futuras necessidades na formação e no desenvolvimento dos gestores, colaboradores e equipes. Quanto mais se incentiva a aprendizagem e quanto mais as pessoas aprendem, mais elas estarão preparadas para as mudanças e transformações que virão pela frente. Por essa razão, se fala hoje, mais do que nunca, em AO. A maneira como as organizações aprendem por meio de seus talentos e se preparam para o futuro melhora não somente o desempenho organizacional, como principalmente o desempenho das suas equipes e talentos.[6]

Geus já salienta que "a habilidade de aprender mais rápido que os concorrentes é a única vantagem competitiva sustentável".[7] E Nonaka explica que "em uma economia na qual a única certeza é a incerteza, a única fonte de vantagem competitiva duradoura é o conhecimento. Quando os mercados mudam, as tecnologias disruptivas se proliferam, os concorrentes se multiplicam e os produtos se tornam obsoletos virtualmente da noite para o dia: empresas bem-sucedidas são aquelas que criam o conhecimento de modo consistente, disseminam-no amplamente por toda a organização e rapidamente o incorporam às novas tecnologias e aos produtos".[8] E Nonaka replica: as empresas bem-sucedidas serão as organizações que aprendem rápida e eficazmente. Elas serão eternas aprendizes. Hoje, os ativos intelectuais das organizações valem algo como três, quatro ou mais vezes o seu valor contábil e tangível. E sabemos que são pouquíssimos os presidentes e executivos que conseguem realmente utilizar mais de 20% da base de seu capital intelectual. Estão mais acostumados e preocupados em focar somente em seus ativos tangíveis, com ênfase nos aspectos financeiros de curto ou médio prazo. É impressionante o ínfimo volume de executivos que concordam com a importância e relevância do papel atual e futuro da aprendizagem organizacional. Preocupações corriqueiras ainda estão nas áreas duras das organizações. E o que mais preocupa: o foco predominante nos assuntos de curto ou médio prazos: miopia na visão futurística do negócio.

E o que é a aprendizagem organizacional? É a maneira pela qual uma organização aprende por meio da aprendizagem de seus colaboradores, de modo planejado e organizado. Apesar dessa aparente e enganosa simplicidade, não há ainda um consenso sobre a sua definição.

Aprender constitui a maneira mais inteligente de mudar para melhor o comportamento individual, coletivo, departamental ou organizacional. Todo conhecimento precisa ser aprendido, bem como sua aplicação na forma de habilidades e competências, suas prioridades na forma de processo decisório e seus efeitos na forma de atitude empreendedora para fazê-lo acontecer e mudar a realidade. Assim, a AO deve estar presente em todos os momentos, espaços e oportunidades: nas pessoas, nas equipes, em todos os executivos, nas seções, divisões, departamentos, unidades estratégicas, em toda a organização. Hoje, sabe-se que a vantagem competitiva se baseia na flexibilidade, na adaptabilidade, na responsividade, na agilidade, na criatividade e na capacidade de aprendizagem de cada organização.

TENDÊNCIAS EM GTH

Aprendizagem organizacional

Geus afirma que a organização bem-sucedida é aquela que aprende eficazmente. A habilidade de aprender mais rápido que os concorrentes é a única vantagem competitiva sustentável. Para incrementar a aprendizagem, as pessoas tornam-se capazes de:[9]

- **Desenvolver novas competências:** para compreender o negócio e as causas e os efeitos de certas decisões estratégicas.
- **Adquirir novos *insights*:** sobre como a missão organizacional influencia as decisões cotidianas na organização.
- **Visualizar novos horizontes:** combinando novos *insights* e competências para ver mais claramente o que devem alcançar e como alcançar.
- **Sentir-se recompensadas no seu trabalho:** aprendendo e desenvolvendo suas habilidades e competências, as pessoas se sentem mais satisfeitas e realizadas com o que fazem. Quando se sentem recompensadas por seu trabalho, tendem a se tornar excelentes e comprometidas com os objetivos da organização – um fator que contribui para o desenvolvimento e o sucesso no longo prazo das organizações.

PARA REFLEXÃO

Obsolescência programada

No passado, a obsolescência programada era uma prática comum, principalmente em produtos como automóveis. A cada ano, fabricantes lançavam novos modelos com pequenas melhorias, levando os consumidores a trocá-los por versões mais recentes. Essa estratégia, conforme discutido por Schumpeter,[10] exemplificava a "destruição criativa", em que o novo modelo tornava o anterior obsoleto, assegurando vendas contínuas.

Hoje, no entanto, a dinâmica muda radicalmente com a ascensão dos *smartphones*. Eles se tornaram os novos ícones da inovação rápida, com as empresas competindo ferozmente para lançar atualizações frequentes e atraentes. A obsolescência programada, que antes era uma estratégia deliberada, agora se transforma em uma corrida sem fim para acompanhar a evolução tecnológica.

Os *smartphones* são atualizados quase anualmente, não só em termos de *design*, mas principalmente de *software* e funcionalidades. Isso cria um ciclo de demanda contínua, uma pressão constante sobre os consumidores para que adquiram o último modelo. As empresas sabem que, assim que um novo *smartphone* é lançado, a versão anterior, ainda que útil, rapidamente perde valor e relevância no mercado.

Entretanto, essa corrida frenética também traz um dilema: à medida que os ciclos de inovação se aceleram, a obsolescência não é apenas programada, mas quase inevitável. As atualizações de *software* frequentemente deixam dispositivos antigos incapazes de rodar novos aplicativos, forçando os usuários a se adaptarem ou a abandonarem os aparelhos em favor dos mais novos.

Assim, os consumidores se veem diante de uma escolha: seguir a maré de mudanças incessantes ou resistir, sabendo que, ao fazer isso, podem estar se afastando dos benefícios da tecnologia que transforma suas vidas cotidianas.

Há várias maneiras de maximizar os efeitos da aprendizagem organizacional:

1. A **AO** não deve se limitar a uma sala de aula nem a programas mensais, periódicos ou anuais de apenas algumas horas. E nem à responsabilidade única de lideranças ou universidades corporativas. Ela deve ser uma prioridade estratégica, que merece todo o tempo de cada colaborador, líder, executivo e do próprio presidente. Deve ser um sistema integrado, dinâmico e continuado.
2. A **AO** não deve se limitar a conceitos, teorias ou conhecimentos abstratos. Ela precisa basear-se em aprender pela ação, utilizando habilidades e competências que tenham aplicação prática na organização. Isso significa aprender fazendo e experimentando. Em outras palavras, transformar problemas empresariais do mundo real em exercícios de aprendizagem de equipe e criar mecanismos de *feedback* para produzir aprendizagem de *loop* duplo para aprender sobre o que e como eles realmente aprenderam para que possam fazer melhor da próxima vez.
3. A **AO** deve se estender a toda a cadeia de valor da empresa e de suas imediações, envolvendo universidades, escolas públicas, fornecedores, clientes e consumidores, abrindo horizontes e quebrando barreiras corporativas.
4. A **AO** deve ser incentivada por meio do *benchmarking* externo das melhores práticas do mercado, não somente de concorrentes diretos, mas de qualquer organização da qual se possa aprender ou adaptar algo útil.
5. **Treinamento e desenvolvimento das equipes** de linha de frente da empresa, que mantêm contato e interação permanente com o entorno – como venda, entrega, assistência técnica, caixa, secretaria, como fontes de informação e *feedback* do cliente e informações do mercado. É preciso reunir e construir inteligência estratégica.
6. **Rodízio, mobilidade e designações temporárias dos colaboradores**, não só entre departamentos ou localidades, mas também com fornecedores, parceiros e clientes, em alianças estratégicas para aprender e compartilhar lições.
7. **Programas internos de treinamento** para reforçar a atitude da empresa quanto ao aprendizado vitalício e fortalecer as experiências de aprendizagem.
8. **Mudança de foco nos programas internos de treinamento**, privilegiando as habilidades "suaves" relacionadas com a gestão da mudança, da aprendizagem e da inovação, em vez do conhecimento factual, cuja vida é menor e rápida.
9. **Ajudar as pessoas a serem bem-sucedidas na construção de sua própria base de conhecimento**, bem como a de seus colegas, fazendo com que isso resulte na sua remuneração ou promoção. O esforço de aprender ou de ajudar colegas a aprender traz um impacto direto na remuneração e na promovabilidade.
10. **Democratização de informações na empresa** constitui uma importante fonte interna. Para tanto, devem-se eliminar barreiras verticais – entre níveis hierárquicos – e horizontais – entre áreas funcionais e departamentos –, para que experiências, informações e conhecimentos possam fluir livremente dentro da organização.
11. **Fontes externas de conhecimento**, como clientes, parceiros, fornecedores, podem constituir meios importantes de conhecimentos aos talentos.
12. **Todo conhecimento depende de informação** e constitui um avanço dela. Quando se combina *empowerment*, equipes funcionais, horizontalização, equipes multifuncionais, a variedade e a disponibilidade de informações dentro da empresa se multiplicam.

13. **Incluir a AO tanto na gestão do desempenho quanto na sua avaliação:** os talentos somente farão a diferença enquanto estiverem aprendendo continuamente.

Todos esses aspectos oferecem oportunidades de progresso na curva da AO da empresa. É preciso saber como utilizá-los em seu conjunto. Na verdade, a AO é muito mais do que apenas adquirir informações, conhecimentos, percepções ou aprender coisas novas. É preciso também desaprender as antigas que se foram. O esquecimento organizacional constitui a parte mais difícil e tão importante quanto a AO. Antigos hábitos psicológicos e culturais arraigados na memória precisam ser desenterrados para que se enfrentem as discrepâncias da nova realidade e da sua depreciação e então preencher as lacunas.

14.5.2 Organizações de aprendizagem

São organizações que criam uma infraestrutura capaz de construir, reunir, organizar e disseminar o conhecimento entre todos os seus colaboradores. O primeiro passo para isso é a construção de uma cultura organizacional que incentive a mentalidade e a necessidade de aprender constantemente, encorajando o trabalho em equipe interdisciplinar e a colaboração intensiva. Para Galvin, "uma organização que aprende é uma organização habilitada na criação, na aquisição e na transferência de conhecimento e em modificar seu comportamento para reflexão de novos conhecimentos e percepções".[11]

Estamos na era da AO: as organizações aprendem por meio de pessoas, valores e sistemas, que as habilitam a mudar e melhorar continuamente o seu desempenho mediante lições da experiência. As molas mestras da AO são a criatividade e a inovação. As organizações e seus gestores devem adaptar-se constantemente às novas situações para sobreviver e prosperar. Isso requer a gestão progressiva: nas organizações que aprendem, as pessoas estão expandindo continuamente sua capacidade de aprender e criar os resultados desejados, ao mesmo tempo que absorvem novas maneiras de pensar, aumentam suas ambições e aprendem umas com as outras.

Senge descreveu cinco disciplinas que, no conjunto, constituem os ingredientes principais de uma organização que aprende:[12]

1. **Pensamento sistêmico:** é a quinta disciplina, porque faz com que todas as demais disciplinas funcionem juntas para o benefício da empresa. Oferece um meio de entender a complexidade do negócio e entrever o inter-relacionamento das partes, em vez de cadeias lineares de causa e efeito. A base fundamental dessa disciplina é o *feedback*, isto é, como as ações causam, reforçam ou cancelam umas às outras. As pessoas devem descartar seus velhos modos de pensar e rotinas padronizadas para resolver problemas ou desempenhar seus cargos para adotar novas maneiras de pesquisar, testar, melhorar e inovar.
2. **Domínio pessoal:** refere-se à habilidade de esclarecer e aprofundar a visão pessoal, focalizar a energia, desenvolver o foco e a realidade objetiva. É o autodescobrimento que leva ao autoentendimento. As pessoas expandem suas habilidades de criar e inovar, comunicam-se abertamente com as outras (por meio das fronteiras verticais e horizontais) sem temer críticas ou punições.
3. **Modelos mentais:** são pressuposições a respeito de como conhecemos o mundo exterior. Definem como devemos interagir com o mundo com sucesso. Recebem o nome de *paradigmas*. São sistemas de pensamento. As pessoas devem pensar em termos de processos, padrões e inter-relações da empresa com o ambiente como um sistema de relações mutável e não estático.
4. **Visão compartilhada:** emerge de visões pessoais, derivando energia e alimentando o comprometimento na medida em que evolui. Quanto mais as pessoas compartilham a visão ou se associam a ela, tanto maior a probabilidade de sentirem que ela é realizável. As pessoas devem ter uma visão comum e compartilhada daquilo que pretendem criar.
5. **Aprendizado em equipe:** exige a disciplina de suspender as pressuposições pessoais e pensar juntos, sobre aprender a reconhecer padrões de interação e como eles podem tanto prejudicar quanto acentuar o aprendizado. Senge faz uma diferenciação entre diálogo e discussão. No diálogo, há uma exploração livre e criativa de questões complexas e sutis, e na discussão, a apresentação e defesa de perspectivas e opiniões diferentes em busca da melhor resposta para um problema. Ambas são potencialmente complementares, embora a maioria das equipes não consiga distinguir entre elas. As pessoas devem trabalhar juntas para intercambiar experiências e conhecimentos da equipe, a fim de tornar a ação coordenada e inovadora e engajar no diálogo.

A organização que aprende é, no fundo, um conceito abstrato, mas altamente inspirador em sua essência, princípios e práticas, como no Quadro 14.4.

Quadro 14.4 Cinco disciplinas da organização que aprende[13]

Disciplina	Essência	Princípios	Práticas
Pensamento sistêmico	Holismo Interconectividade	Estrutura influencia o comportamento Resistência à política Alavancagem	Arquétipos de sistema Simulação
Domínio pessoal	Ser Capacidade de gerar concatenação	Visão Tensão criativa *versus* emocional Subconsciente	Esclarecer a visão pessoal Manter a tensão criativa com foco nos resultados e observando a realidade atual
Modelos mentais	Amor pela verdade Franqueza	Teoria *versus* aplicação Escada de inferências Equilíbrio de inquirição e defesa	Dados e abstrações dos dados Testes de pressuposições Coluna esquerda
Visão compartilhada	Propósito comum Parceria	Visão compartilhada Comprometimento em vez de obediência	Visualização pelo compartilhamento da visão, escuta e escolha livre
Aprendizado em equipe	Inteligência coletiva Alinhamento	Diálogos e discussões complementares Rotinas defensivas	Suposições suspensivas Agir como colegas Trazer à tona a própria capacidade de defesa Pondo em prática

A aprendizagem é a principal vantagem competitiva da organização. Ela conduz à criatividade e à inovação. Embora possa parecer um produto, a aprendizagem organizacional é um processo. Ela não é um fim, mas um começo sem fim.

E os processos da AO não se revelam facilmente para que todos os vejam. Assim, é necessário desenvolver nas organizações uma mentalidade de aprendizagem contínua, como sua principal vantagem competitiva.[14] A cultura de inovação – tão importante nas organizações vencedoras – só pode acontecer por meio de uma cultura de aprendizagem.

O conhecimento é o conceito fundamental para uma organização que aprende, ainda mais em um contexto em que as organizações adquirem um grau cada vez mais elevado de conhecimento. O primeiro passo para aprimorar o aprendizado organizacional é criar um forte entendimento e consciência da necessidade do aprendizado organizacional. Um diagnóstico da capacidade de aprendizado da organização aumenta esse entendimento e essa consciência. Além disso, o próprio diagnóstico cria um fundamento para a ação.[15] Sprenger e Ten Have salientam que a organização que aprende precisa juntar quatro competências de aprendizado:[16]

1. **Absorção** de conhecimento de fora da organização.
2. **Difusão** do conhecimento dentro da organização.
3. **Geração** de conhecimento dentro da organização.
4. **Utilização** do conhecimento na inovação em produtos e serviços.

As competências que a organização combina para absorver, difundir, gerar e utilizar o conhecimento é que garantem a sua verdadeira vantagem competitiva.[17] Há uma diferença entre a abordagem de perfil e a de competência para criar uma organização que aprende. A abordagem de perfil tenta criar tanto uma nova estrutura organizacional quanto sistemas para habilitar os processos de aprendizado.[18] Contudo, isso conduz a um comportamento consumista e de uso e aplicação, em vez de um comportamento de aprendizado. A abordagem de competência da AO é muito mais ampla e sustentável.

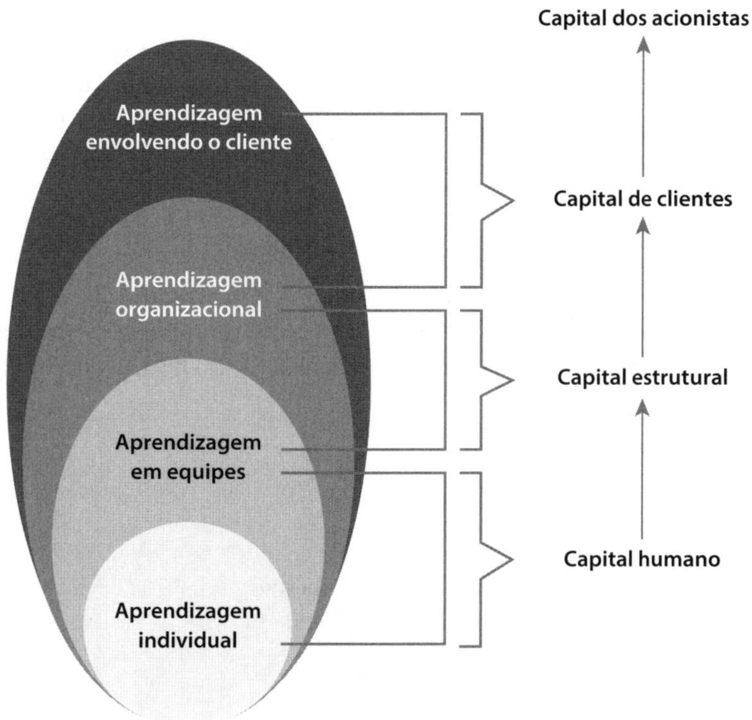

Figura 14.4 Aprendizagem organizacional como meio de criar e exponenciar valor aos *stakeholders*.

Absorção	Difusão	Geração	Utilização
• Educação • Conferências • Contato com clientes • Análise competitiva • Fornecedores • Aquisição • Pesquisa • Cenários criativos • Redes profissionais	• Manuais • Regulamentos • Procedimentos • Sistemas de informação • Estudos de melhor prática • Intercâmbio interno • *Coaching* • Aconselhamento • *Mentoring* • Redes informais • Rodízio de cargos	• Projetos • Programas • Produtos finais • Simulações • Diálogo • Discussão • Autoavaliação • Medição de desempenho • Recompensas • Reengenharia • Retroalimentação	• Equipes de projetos • Uso do *know-how* • Pesquisa de mercado • Aperfeiçoamento de produtos • Consulta a clientes • Criação de protótipos • Alcance de objetivos • Quebra de barreiras

Figura 14.5 Competências de aprendizado das organizações.[19]

14.5.3 Tipos de conhecimento

Nonaka e Takeuchi desenvolveram um modelo que mostra como o processo de inovação depende da reunião do conhecimento tácito e do explícito:[20]

1. **Conhecimento tácito:** é altamente subjetivo, difícil de comunicar, registrar, documentar ou ensinar aos outros, pois está entranhado no indivíduo e na maneira como ele interpreta a realidade. É o resultado do processamento de informações e aproveitamento dos *insights* subjetivos e das intuições dos colaboradores amplamente aceitos. No modelo japonês, é a partida do processo de inovação na organização.
2. **Conhecimento explícito:** quando é objetivo, descritível e codificável em documentos, práticas e treinamento, como documentação, modelos de negócios, procedimentos, projetos e métodos. O conhecimento explícito é aquele que se pode comunicar e transmitir. No modelo ocidental, é o conhecimento útil que pode ser formalizado, sistematizado e facilmente comunicável.

O conhecimento explícito (objetivo) é fácil de se expressar, enquanto o conhecimento tácito (subjetivo) está no fundo do *iceberg* da Figura 14.6.

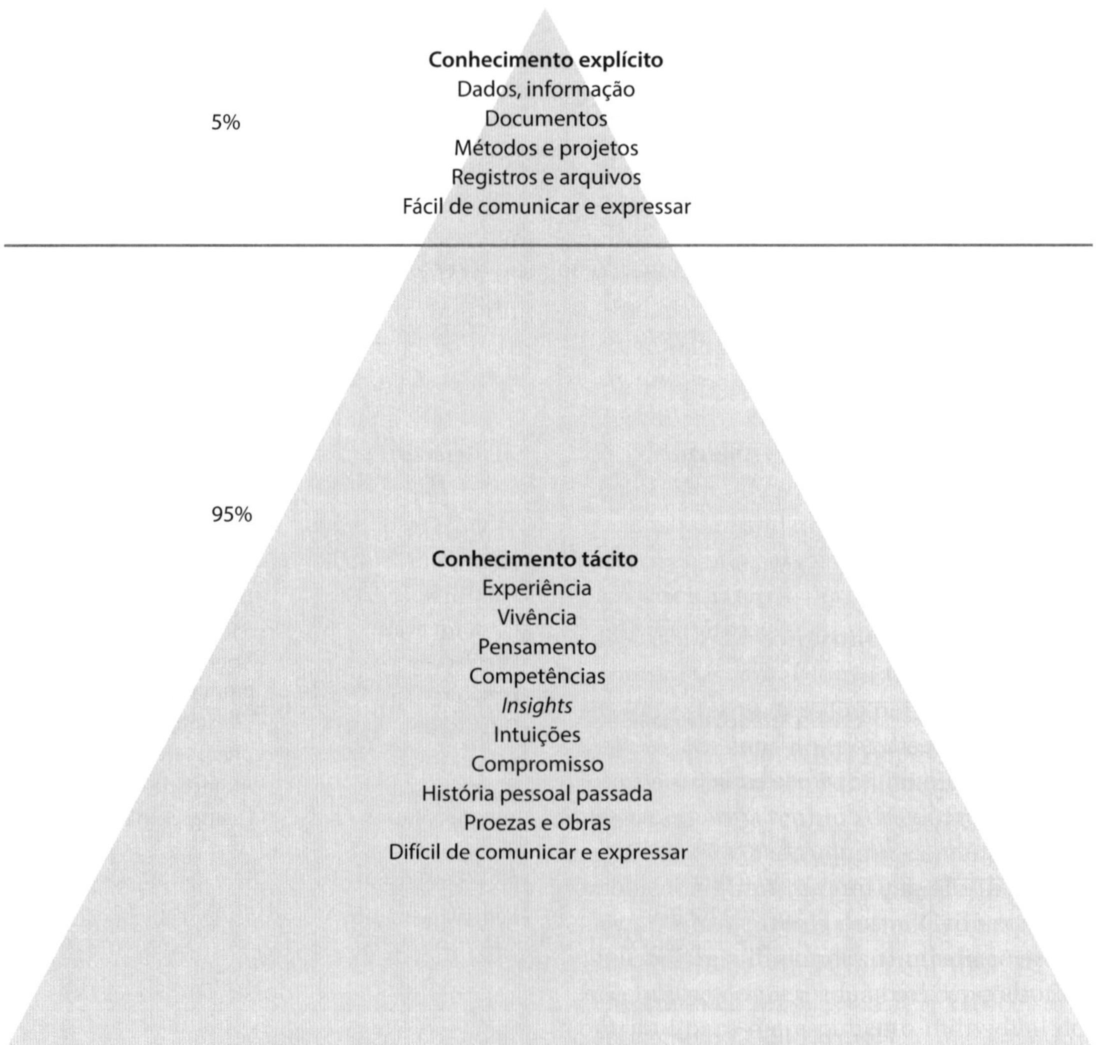

Figura 14.6 *Iceberg* do conhecimento tácito.

O significado tácito (o porquê) com o *know-how* tácito (o como) proporcionam a base do conhecimento explícito (o quê).

O conhecimento das pessoas e organizações - seja tácito ou implícito - não pode ser isolado, pois ambos interagem entre si, gerando uma exponenciação.

Tendo por base o conhecimento tácito e o explícito, surgem modelos de conversão do conhecimento, como na Figura 14.9.[21]

Com o cruzamento de ambos, as empresas criam sistematicamente novos conhecimentos, os disseminam por toda a organização e os incorporam a novas tecnologias e produtos por meio de uma espiral baseada em processos de conversão do conhecimento implícito em explícito, envolvendo desde os talentos, as equipes, a organização e o ambiente externo. Daí os quatro modelos de conversão do conhecimento:[22]

1. **Socialização:** é o processo pelo qual experiências são compartilhadas entre as pessoas e, a partir delas, conhecimentos tácitos ou modelos mentais e habilidades técnicas são criados. É o caso do treinamento no local de trabalho, sessões informais, interações com clientes. Na tradição ocidental, esse conceito aproxima-se do conceito da cultura organizacional.
2. **Externalização:** é o modo de conversão mais importante, pois permite a criação de novos conceitos explícitos. Na tradição japonesa, envolve a articulação do conhecimento tácito em explícito pelo uso de metáforas, analogias, conceitos, hipóteses e modelos. Segundo Takeuchi e Nonaka, esse conceito está ausente da teoria organizacional ocidental.
3. **Combinação:** baseia-se na troca de informações explícitas e no paradigma da TI. É o modelo mais frequente no ocidente. Envolve o uso de mídias como documentos, reuniões formais, conversas telefônicas, redes computadorizadas. A educação formal se inclui nesse tipo. É por meio desse processo que surgem os protótipos e os modelos reais.
4. **Internalização:** processo equivalente ao aprender fazendo (*learning by doing*), em que os membros da organização vivenciam o resultado prático do novo conhecimento. Isso significa conhecimento operacional que os autores identificam com o conceito das organizações que aprendem.

Quadro 14.5 Diferenças entre o conhecimento tácito e explícito no conhecimento corporativo

Conhecimento tácito	Conhecimento explícito
Conhecimento estruturado Compreensível e inteligente, riqueza intelectual	**Dados e informação** Números e fatos estruturados e não estruturados
Pessoas Talentos, processos e focados na gestão	**Tecnologia** Baseada em técnicas internas
Conhecimento tácito Não articulado, difícil de identificar e de compartilhar	**Conhecimento explícito** Articulado, bem definido, fácil de identificar e compartilhar
Know-how, know why* e *know who Constituído por ação, experiência e inovação	***Know what*** Constituído por fatos, estatísticas etc.
Difícil de copiar Mais focado em levar à inovação	**Fácil de copiar** Útil, mas com menos substância, fácil de replicar

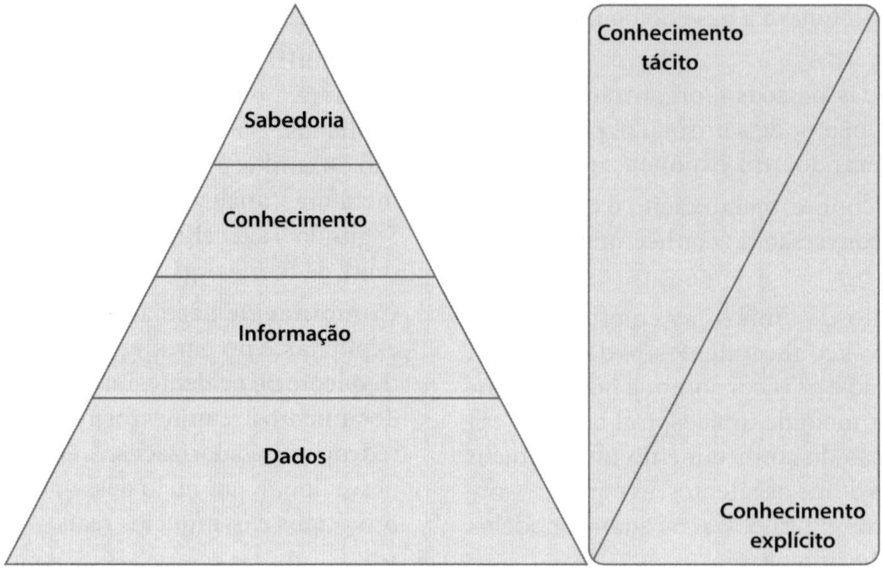

Figura 14.7 Conhecimento tácito (subjetivo) e conhecimento explícito (objetivo).

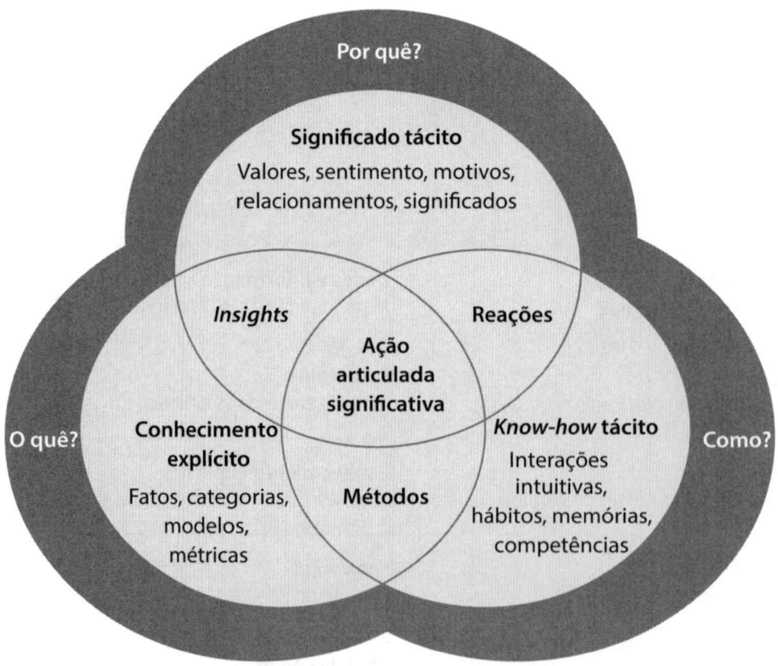

Figura 14.8 Interconexão do conhecimento tácito e explícito.[23]

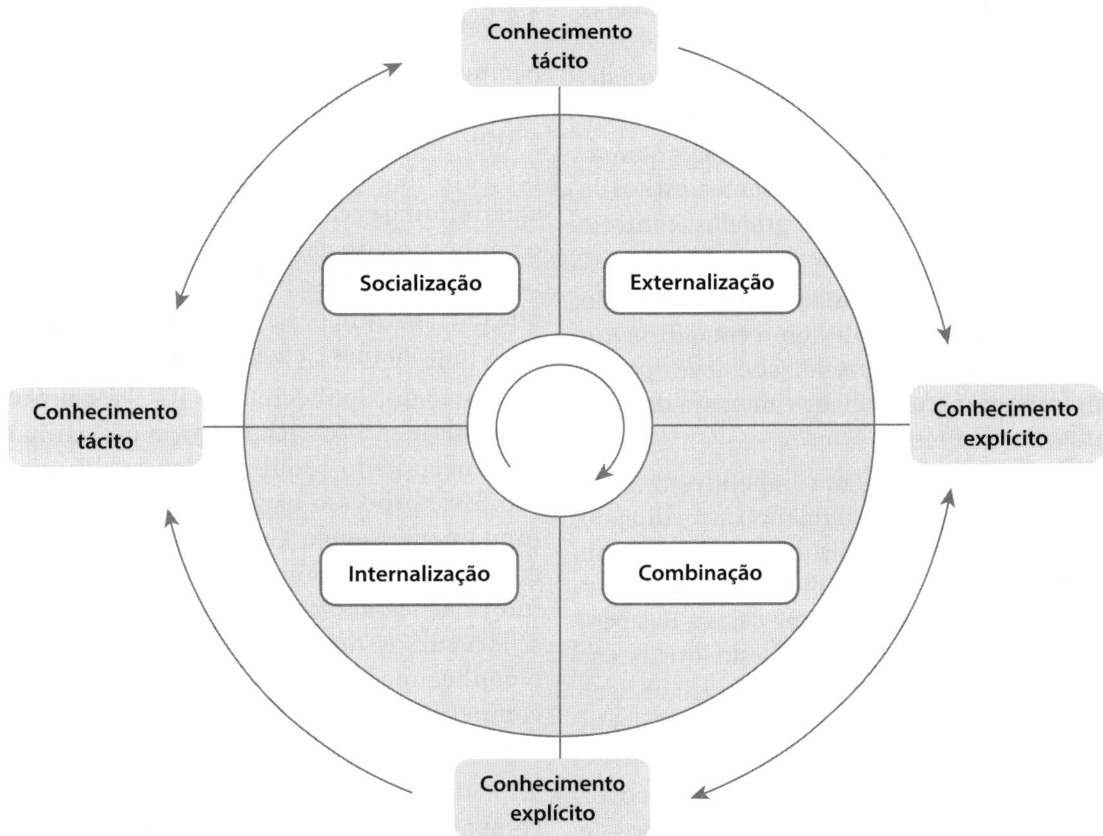

Figura 14.9 Modelos de conversão de conhecimento.[24]

Os processos de conversão do conhecimento requerem certas condições habilitadoras, como intenção, autonomia, flutuação e caos criativo, redundância e variedade. Essas condições habilitadoras se resumiriam nas seguintes práticas que a alta administração deveria garantir.[25]

1. Conceitualização de uma visão sobre o tipo de conhecimento que deve ser desenvolvido na organização.
2. Uso constante de metáforas, analogias e modelos para direcionar os esforços das pessoas.
3. Verbalização de conceitos, até certo ponto ambíguos, que permitam o aparecimento de novos significados e maneiras de se pensar as coisas.
4. Criação de um constante senso de urgência para aumentar a tensão criativa.
5. Estímulo à variedade por meio de frequentes mudanças da estrutura organizacional, por exemplo.
6. Estímulo ao compartilhamento de informações baseado no apoio ao trabalho em equipes multidisciplinares com alto grau de autonomia.

Em outra linha de pensamento, Itami define quatro tipos de conhecimento organizacional:[26]

1. **Conhecimento ou especialização:** em determinada disciplina ou indústria.
2. **Conhecimento metodológico:** como abordar tipos de projetos ou problemas.
3. **Conhecimento social:** para entender a interação humana e facilitar os processos comunicativos, particularmente o intercâmbio de conhecimentos.
4. ***Know-how*:** colocar o conhecimento em ação com base na prática e na experiência.

Além disso, o conhecimento é armazenado de quatro maneiras diferentes:[27]

1. **Na cabeça das pessoas:** por meio de educação formal, experiência, intercâmbio de informações etc.

2. **Em sistemas técnicos:** através dos anos, por coletas de dados, análises, codificação, reestruturação e redesenho. Alguns exemplos são: manuais, procedimentos de trabalho e estruturas de banco de dados.
3. **Em sistemas administrativos:** tanto formais quanto informais, como em regras, procedimentos, estilos de administração, gerenciamento de projetos, controle de qualidade e gerenciamento de informações.
4. **Em normas e valores:** para manter o conjunto do que foi descrito anteriormente como entendimento compartilhado de como o aprendizado deve ocorrer e também franqueza, curiosidade e maneira de lidar com conflitos de interesses.

Sem dúvida, a maior vantagem competitiva de uma organização se baseia no capital humano, ou melhor, no conhecimento tácito que seus colaboradores possuem. Esse é realmente difícil de ser imitado ou copiado. E é, ao mesmo tempo, invisível, pois reside na cabeça das pessoas. A Gestão do Conhecimento (GC) está intrinsecamente ligada à capacidade das organizações em utilizar e combinar as várias fontes e os tipos de conhecimento organizacional para desenvolver competências específicas e capacidade inovadora, que proporcionam novos produtos, processos, sistemas gerenciais e liderança de mercado.[28] Para tanto, a GC pressupõe como base a gestão da informação, que proporciona o *hardware* e o *software* necessários para capturar, organizar, formalizar, disseminar e compartilhar a informação para a educação corporativa.

14.5.4 Gestão do Conhecimento (GC)

No mundo atual, em que a inovação e a agilidade dominam o cenário empresarial, o conhecimento torna-se o ativo mais valioso de uma organização. É ele que fundamenta a capacidade de pensar, analisar, decidir e agir de forma eficaz. Conforme destacou Peter Drucker, o conhecimento vai além da simples informação; é a transformação dessa informação em capacidade prática que leva instituições e indivíduos a realizarem ações mais impactantes e eficientes.[29]

Gestão do Conhecimento (GC) é o processo estratégico de identificar, capturar, compartilhar e utilizar o conhecimento adquirido dentro de uma organização. Esse processo não pode ser deixado ao acaso; é fundamental que a GC seja gerida ativamente para maximizar seu valor. Ao estruturar e sistematizar as informações, as empresas não apenas agregam valor a seus recursos, mas também criam condições para que o conhecimento gere riqueza, inovação e vantagens competitivas.

Em um ambiente no qual as mudanças ocorrem em velocidade sem precedentes, a capacidade de acessar, compartilhar e aplicar o conhecimento disponível torna-se essencial para a sobrevivência e o crescimento. A implementação de práticas eficazes de GC transforma o potencial teórico em resultados tangíveis, capacitando equipes a inovar e a superar desafios com agilidade e eficiência.

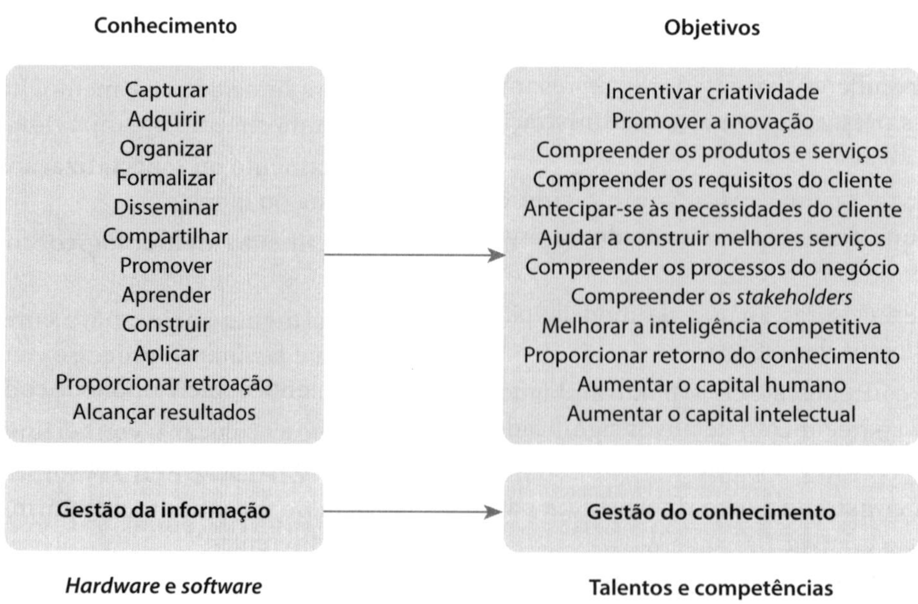

Figura 14.10 Transformação do conhecimento em riqueza organizacional.

A GC envolve três níveis de integração, conforme a Figura 14.11.

O conhecimento é muito mais do que uma pessoa ou equipe sabe e conhece. Aliás, nós conseguimos expressar apenas uma pequenina parte dele. Ele é também o que a organização sabe e conhece e é continuamente agregado e ampliado a partir de fontes internas e externas por anos ou décadas de história.

Nem toda organização utiliza tudo aquilo que ela conhece. O conhecimento precisa ser planejado, organizado, dirigido, incentivado e monitorado. A GC é o processo pelo qual as organizações geram valor a partir do seu capital intelectual e de seus ativos intelectuais. Quando se fala em geração de valor, isso significa compartilhar e aproveitar os ativos intelectuais entre colaboradores, gestores e dirigentes para transformá-los em resultados concretos. Representa o esforço para descobrir e aprender novas e melhores práticas, novas e melhores soluções, novos produtos e serviços. Conhecimento é a principal base do capital intelectual das organizações. Uma enorme riqueza que tem altíssimo valor de mercado.

Capital intelectual representa o inventário de relacionamentos e conhecimentos gerados pela organização e expressos nos seguintes aspectos:[30]

1. **Tecnologia:** patentes, processos, produtos e serviços.
2. **Informação:** conhecimento dos clientes, fornecedores, concorrência, entorno, oportunidades e pesquisas.
3. **Habilidades e competências:** desenvolvidas pelos colaboradores.
4. **Inovação:** e solução de problemas em equipe, comunicação, gestão de conflitos, desenvolvimento de inteligência competitiva.
5. ***Stakeholders*:** envolvidos de maneira sistêmica no negócio da organização.

Tudo isso unido, conjugado e orientado para criar valor agregado de forma contínua, por meio de todos os membros da organização. Em poucas palavras, é a soma do que sabem todos em uma organização e que proporciona a ela uma vantagem competitiva no mercado e em relação ao seu futuro.

Apesar da sua base tecnológica (*hardware* e *software*), a GC é mais sobre pessoas, relações de trabalho e comunicação. Na verdade, é uma filosofia administrativa que combina as melhores práticas em tecnologia de GC com uma cultura de AO, no sentido de melhorar o desempenho e a competitividade dos negócios.

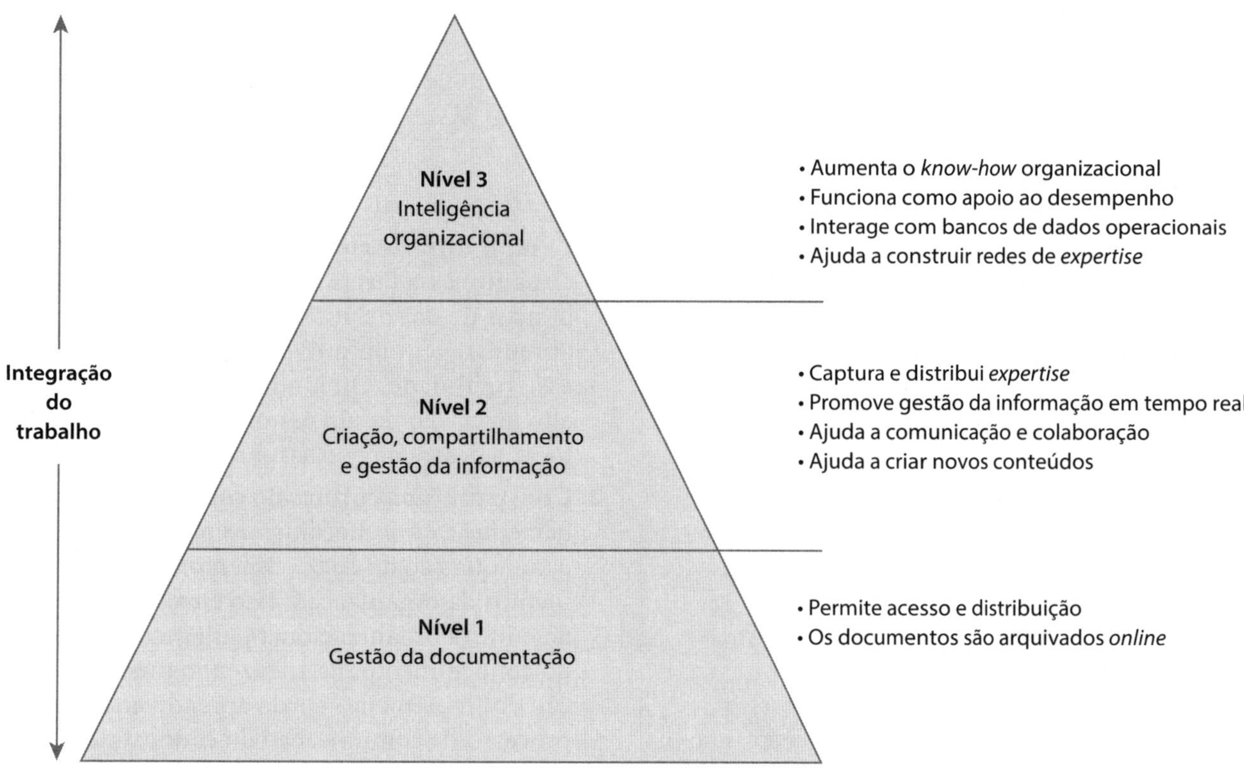

Figura 14.11 Pirâmide dos três níveis da GC.[31]

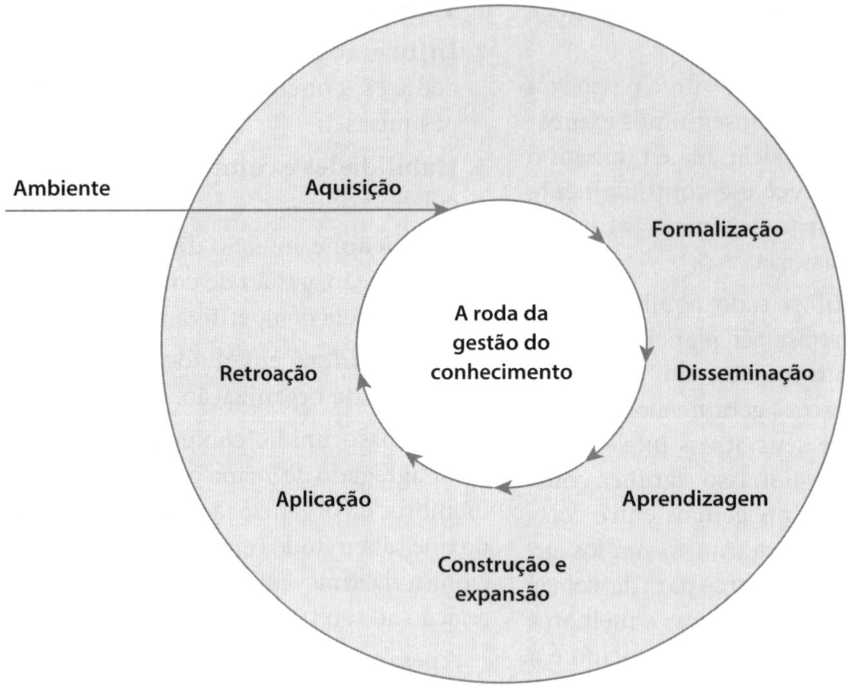

Figura 14.12 A incessante roda da gestão do conhecimento.[32]

> **SAIBA MAIS**
> **Sobre Gestão do Conhecimento (GC) e seus desafios**
>
> A GC refere-se a criação, identificação, integração, recuperação, compartilhamento e utilização do conhecimento dentro da empresa. Está voltada para a criação e organização de fluxos de informação dentro e entre os vários níveis organizacionais, para gerar, incrementar, desenvolver e partilhar o conhecimento na organização, sobretudo para incentivar trocas espontâneas de conhecimento entre as pessoas. Ao contrário do que acontecia antigamente – quando as empresas guardavam e escondiam o conhecimento a sete chaves por meio da confidencialidade –, a GC (*knowledge management*) procura orientar a empresa inteira para produzir o conhecimento, aproveitá-lo, disseminá-lo, aplicá-lo e lucrar com ele. Cada pessoa precisa agregar valor aos processos e produtos da empresa. E esse valor é alcançado mediante o compartilhamento do conhecimento e representa a essência da inovação. O segredo não mais está em deter o conhecimento nas mãos de poucos, mas divulgá-lo em toda a organização para criar sinergias, distribuí-lo e disseminá-lo, e não retê-lo ou escondê-lo.

Os três principais desafios da GC são:[33]

1. **Criar a infraestrutura administrativa do conhecimento:** essa tarefa envolve a construção de redes, bancos de dados, estações de trabalho, centros de aprendizagem ou universidades corporativas para essa finalidade. Ou ainda definir um executivo de alto nível – como um gestor do conhecimento – para tocar e desenvolver o assunto.
2. **Construir uma cultura do conhecimento:** derrubar barreiras e criar mecanismos para desenvolvimento e manutenção do conhecimento nos vários departamentos da organização. Isso envolve uma mudança da cultura organizacional para incrementar o valor do conhecimento. Está trazendo uma nova concepção do treinamento – e do aprendizado –, como um processo de comunicação do conhecimento. Assim, os profissionais de GP tornam-se agentes de aprendizado e consultores em desempenho.

3. **Administrar resultados:** para saber qual é a melhor forma de gerir o conhecimento que ajude a fazer ou economizar dinheiro e documentar o impacto econômico.

14.5.5 Desenvolvimento organizacional (DO)

DO é uma abordagem de mudança organizacional planejada, na qual os próprios colaboradores, em equipe e com a ajuda de seus gestores, formulam e planejam a mudança necessária e a implementam por meio da assistência de um consultor interno ou externo. O **DO** apresenta as seguintes características:[34]

1. **Baseado na pesquisa e ação:** significa coletar dados sobre uma unidade organizacional, departamento ou a organização inteira e alimentar os colaboradores com esses dados, a fim de que eles possam analisar e desenvolver hipóteses sobre como essa unidade deveria ser se ela fosse excelente. Assim, o DO utiliza um diagnóstico da situação (pesquisa) e uma intervenção para alterar essa situação (ação) e um reforço positivo para estabilizar e manter a nova situação. A metodologia de pesquisa-ação é utilizada por especialistas em treinamento das Nações Unidas, em empresas do setor público e privado de países em desenvolvimento, como a estratégia mais abrangente de mudança organizacional.
2. **Aplica os conhecimentos das ciências comportamentais:** com o propósito de melhorar o comportamento eficaz da organização.
3. **Muda atitudes, valores e crenças dos colaboradores:** para que eles próprios possam identificar e implementar as mudanças – sejam técnicas, procedurais, comportamentais, estruturais ou outras – necessárias para melhorar o funcionamento da organização.
4. **Muda a organização rumo a uma certa direção:** como a melhoria na solução dos problemas, flexibilidade, reatividade, agilidade, incremento da qualidade do trabalho, aumento da eficácia e mudança cultural etc.

14.5.6 Processo de DO

O DO utiliza um processo dinâmico composto de três fases distintas:[35]

1. **Diagnóstico:** feito a partir da pesquisa sobre a situação atual da organização. O diagnóstico é uma percepção sobre a necessidade de mudança na organização ou em parte dela. É obtido por meio de entrevistas ou pesquisas com os colaboradores, gestores ou equipes envolvidas.
2. **Intervenção:** ação para alterar a situação atual de maneira planejada. Ela é definida e planejada por meio de *workshops* e discussões entre colaboradores e equipes para determinar e planejar ações e rumos adequados para a mudança.
3. **Reforço:** esforço para estabilizar, manter e reforçar a nova situação mediante constante retroação. É obtido por meio de reuniões e avaliações periódicas, que servem de retroinformação a respeito da mudança já alcançada.

Na realidade, o DO funciona como um processo planejado e negociado de mudança organizacional, com base no conceito de Lewin:[36] a mudança como um processo contínuo de descongelamento, mudança e recongelamento, que vimos no Capítulo 13.

14.5.7 Técnicas de DO

O DO utiliza variadas técnicas, tais como:[37]

1. **Treinamento da sensitividade:** ou treinamento da sensibilidade, constitui a técnica mais antiga de DO. Consiste em reunir grupos chamados *T-groups* (grupos de treinamento), que são orientados por um líder treinado para aumentar sua sensibilidade quanto às suas habilidades e dificuldades de relacionamento interpessoal. O objetivo é maior criatividade (menos temor dos outros e menos posição de defesa), menor hostilidade quanto aos outros (melhor compreensão dos outros) e maior sensitividade às influências sociais e psicológicas sobre o comportamento em trabalho.[38] Isso favorece a flexibilidade do comportamento das pessoas em relação aos outros. É aplicado de cima para baixo, começando pela cúpula da organização e descendo para melhorar a colaboração.
2. **Análise transacional (AT):** visa ao autodiagnóstico das relações interpessoais. Elas ocorrem por meio de transações. Uma transação significa qualquer forma de comunicação ou relação com os demais. A AT é uma técnica destinada a indivíduos e se concentra nos estilos e conteúdos das comunicações entre as pessoas. Ela ensina as pessoas a enviarem mensagens que sejam claras e ágeis e a dar respostas que sejam naturais e razoáveis. O objetivo é reduzir hábitos destrutivos de comunicação – os chamados "jogos" –, nos quais a intenção ou o significado das comunicações fica obscuro ou distorcido. A AT assemelha-se a uma terapia psicológica para melhorar o relacionamento interpessoal, permitindo a cada indivíduo autodiagnosticar sua inter-relação com os outros, para modificá-la e melhorá-la gradativamente.[39]

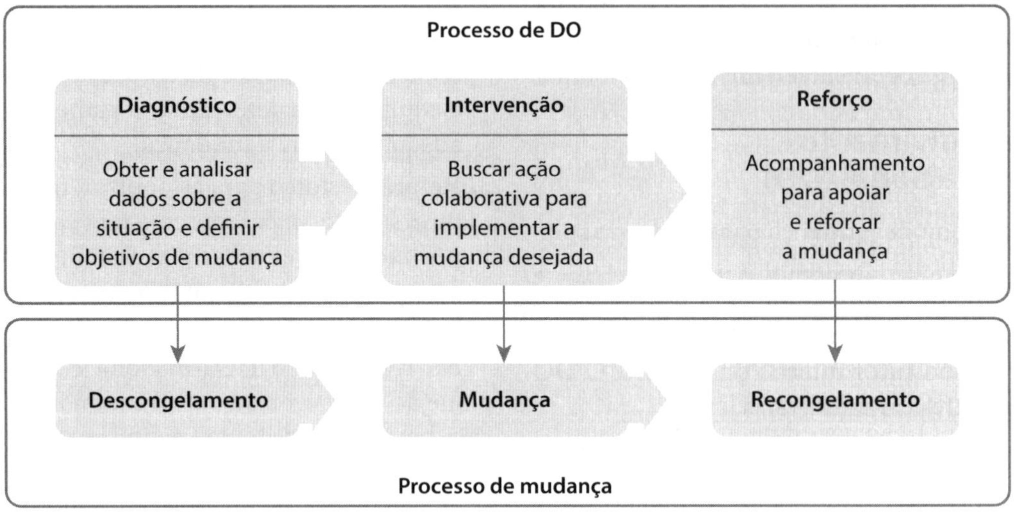

Figura 14.13 Processo de DO como um processo de mudança.[40]

3. **Desenvolvimento de equipes:** técnica de alteração comportamental na qual vários colaboradores de vários níveis e áreas da organização se reúnem em uma equipe sob a coordenação de um consultor ou líder e criticam-se mutuamente, procurando um ponto de encontro em que a colaboração seja mais frutífera, eliminando-se as barreiras interpessoais de comunicação pelo esclarecimento e compreensão de suas causas. Cada equipe autoavalia o seu comportamento, são eliminadas as diferenças hierárquicas e os interesses específicos de cada área ou departamento, para proporcionar uma predisposição sadia para a interação e, consequentemente, para a criatividade e a inovação. A ideia é construir equipes por meio da abertura de mentalidade das pessoas.[41]

As organizações estão migrando de uma estrutura organizacional com base na departamentalização funcional para redes integradas de equipes, na busca de flexibilização, inovação e mudança.[42] Equipes eficazes requerem uma definição clara da filosofia e missão da organização, uma estrutura flexível e participativa, políticas organizacionais que favoreçam o comprometimento das pessoas e o treinamento de habilidades técnicas e competências interpessoais.

1. **Consultoria de procedimentos:** cada equipe é coordenada por um consultor, cuja atuação varia. Sua coordenação permite intervenções para tornar a equipe mais sensível aos seus processos internos de estabelecer metas e objetivos, participação, liderança, tomada de decisões, confiança e criatividade. O consultor ajuda os membros da equipe a compreenderem a dinâmica de suas relações de trabalho em situações de grupo e a desenvolver o diagnóstico de habilidades de solução de problemas para fortalecer o senso de unidade entre os membros, incrementar relações interpessoais, derrubar barreiras e aumentar sua eficácia.
2. **Reunião de confrontação:** técnica de alteração comportamental com a ajuda de um consultor interno ou externo (terceira parte). Duas equipes antagônicas e em conflito (por discordância, antagonismo, desconfiança recíproca, hostilidade etc.) são defrontadas em uma reunião de confrontação que dura um dia e na qual cada equipe se autoavalia como se fosse colocada diante de um espelho, bem como avalia o comportamento da outra. Cada equipe apresenta à outra os resultados de suas avaliações e é interrogada no que se refere às suas percepções. Segue-se uma

discussão, inicialmente acalorada, tendendo a uma posição de compreensão e entendimento recíprocos quanto ao comportamento das partes envolvidas. O consultor facilita a confrontação, com total isenção de ânimo, ponderando críticas, moderando os trabalhos, orientando a discussão para a solução construtiva do conflito e eliminando barreiras intergrupais. É uma técnica de enfoque socioterapêutico para melhorar a saúde da organização, incrementar as comunicações e relações entre diferentes departamentos ou equipes e planejar as ações corretivas ou profiláticas.

3. **Retroação de dados (*feedback* de dados):** técnica de mudança de comportamento que parte do princípio de que, quanto mais dados cognitivos o indivíduo recebe, tanto maior será sua possibilidade de organizar os dados e agir criativamente. A retroação de dados oferece aprendizagem de novos dados a respeito de si mesmo, dos outros, da equipe ou da dinâmica da organização – dados que nem sempre são levados em consideração. A retroação refere-se às atividades e processos que refletem a maneira pela qual uma pessoa é percebida ou visualizada pelas demais pessoas.[43] Requer intensa comunicação e um fluxo adequado de informações para atualizar os membros e permitir que eles próprios possam conscientizar-se das mudanças e explorar oportunidades que geralmente se encontram encobertas dentro da organização.

O ponto de partida do DO é melhorar a sensibilidade intrapessoal das pessoas, para posteriormente melhorar e incentivar os seus relacionamentos interpessoais. A seguir, iniciam-se a formação e o desenvolvimento de equipes com técnicas intraequipes, às quais se seguem as técnicas interequipes, necessárias para integrar as diferentes equipes entre si e, mais adiante, as técnicas intraorganizacionais, para definir os objetivos organizacionais desejados mediante o trabalho conjunto e coordenado das diferentes equipes envolvidas. As evidências mostram que as mudanças que enfatizam as pessoas e a organização como um todo são mais profundas e eficazes.

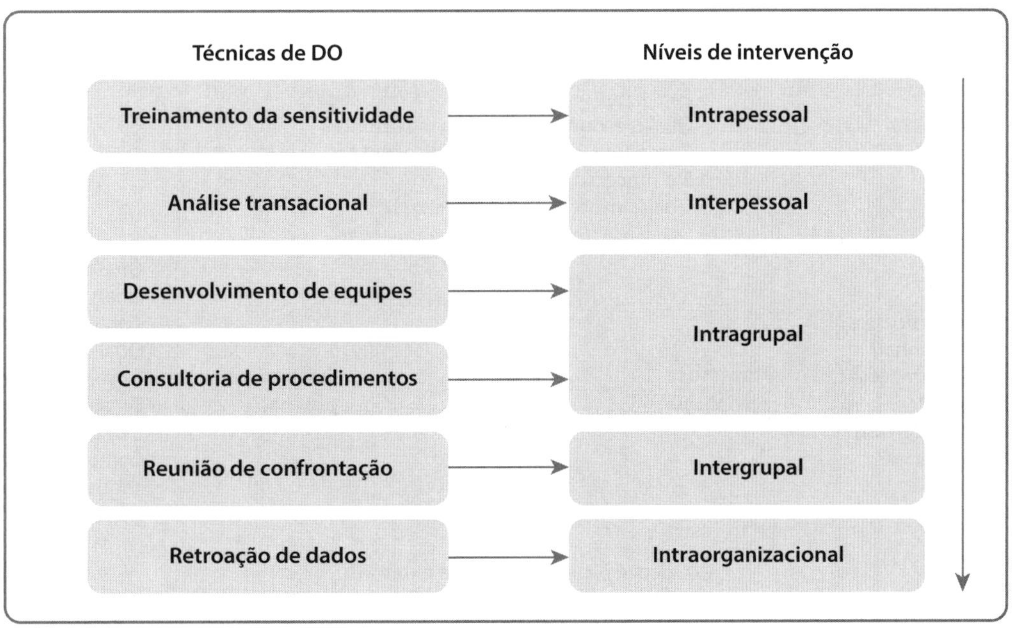

Figura 14.14 Diferentes técnicas de DO.[44]

14.5.8 Aplicações de DO

A variedade de aplicações do DO – chamadas de intervenções ou técnicas de DO – aumentou nos últimos anos. O DO começou com intervenções em processos humanos para ajudar as pessoas a modificarem suas próprias atitudes, valores, crenças e, consequentemente, melhorar a organização. A amplitude de aplicações do DO é impressionante, em função da variedade das mudanças necessárias. Todas elas estão voltadas para proporcionar aos colaboradores a coleta de dados, a fim de criar e implementar as soluções necessárias e a retroação e criar condições de autoavaliação do progresso efetuado.

O DO está intimamente relacionado com mudanças que buscam agregar valor ao negócio da organização, às pessoas e aos clientes. No fundo, o DO pode ser utilizado para uma reavaliação da estrutura organizacional, dos processos e tecnologias utilizados, dos produtos e serviços produzidos e da cultura organizacional. A Figura 14.15 mostra as possibilidades de aplicação do DO.

As principais características do DO são:[45]

1. Focaliza a organização como um todo integrado.
2. Utiliza processos grupais.
3. Tem orientação abrangente e sistêmica.
4. Tem orientação contingencial diante da mudança.
5. Utiliza agentes de mudança dentro da organização.
6. Proporciona retroação imediata dos dados.
7. Enfatiza a solução de problemas.
8. Estimula a aprendizagem experiencial.
9. Acelera o desenvolvimento de equipes de trabalho.
10. Focaliza as relações sociais e interativas.

14.5.9 Limitações do DO

Embora seja um forte impulsionador da mudança e da inovação organizacional, o DO apresenta algumas limitações, como:[46]

1. A eficácia dos programas de DO é difícil de ser avaliada.

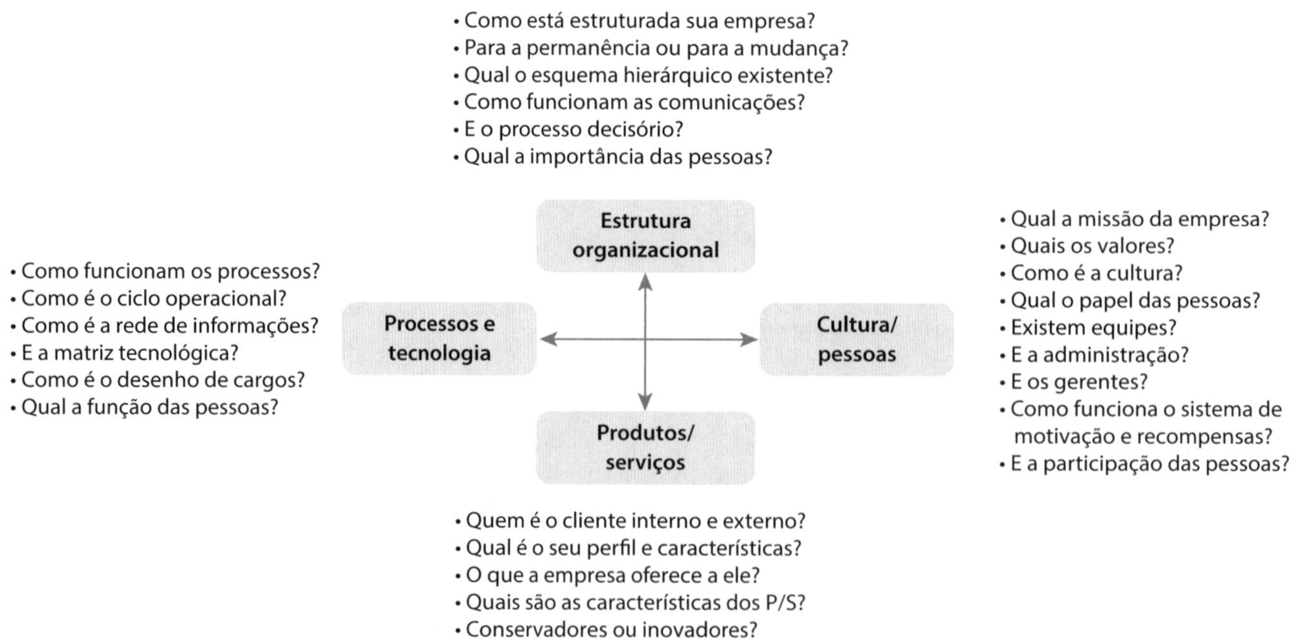

Figura 14.15 Mudanças para agregar valor ao negócio.[47]

2. Os programas de DO demandam muito tempo de implementação.
3. Os objetivos de DO são geralmente muito vagos.
4. Os custos totais de um programa de DO são difíceis de avaliar.
5. Os programas de DO são geralmente muito caros.

Essas limitações não significam que se devam eliminar os esforços de DO, apenas indicam áreas em que o programa precisa ser aperfeiçoado. Os gestores melhoram a qualidade dos esforços de DO por meio das seguintes ações:[48]

1. Ajustar sistematicamente os programas de DO às necessidades da organização.
2. Ensinar como as pessoas podem mudar seus comportamentos como parte do programa de mudança organizacional.
3. Modificar os sistemas de recompensas da organização para premiar os membros que mudam seu comportamento de acordo com o programa.

O papel da GTH e dos gestores de linha pode ser ampliado por meio de esforços de DO como meio de atuação na melhoria das organizações e das pessoas.

No fundo, o DO representa um mutirão de esforços conjuntos para mudar a organização por meio da mudança de atitudes e comportamentos dos talentos que nela trabalham. Uma mudança de mentalidade como o meio mais eficaz de mudar a organização inteira.

14.6 CRIATIVIDADE E INOVAÇÃO

A criatividade é a centelha que acende a chama da inovação. Sem a imaginação e a originalidade, as organizações correm o risco de se tornarem obsoletas em um mercado em rápida evolução. Criatividade se refere à capacidade de utilizar a imaginação para gerar novas ideias, abordagens inovadoras e soluções eficazes para os desafios contemporâneos. Com um ambiente de trabalho em constante mudança, a criatividade torna-se um recurso vital. Líderes devem, portanto, fomentar a participação, o envolvimento e o empoderamento dos colaboradores para estimular tanto a criatividade individual quanto a coletiva.

Um exemplo recente dessa abordagem pode ser visto na gigante de tecnologia Google, que mantém uma cultura de inovação e criatividade por meio de seus famosos "20% do tempo". Essa política dá aos funcionários a liberdade para dedicar até 20% de seu tempo a projetos pessoais que não estão necessariamente relacionados às suas funções específicas. Essa estratégia resultou em inovações significativas, como o Gmail e o Google News, mostrando que oferecer espaço para a criatividade pode levar à criação de produtos revolucionários.

Além disso, a *startup* de tecnologia de saúde Peloton exemplifica a inovação em produtos ao integrar sua plataforma de *fitness* com experiências sociais. Ao permitir que usuários compartilhem seus treinos em tempo real e compitam em desafios, a Peloton não apenas criou uma nova categoria de produto, mas também construiu uma comunidade engajada que valoriza a interação e o apoio mútuo (*The Ultimate Fitness Experience*).

Na prática, a inovação desdobra-se em duas vertentes principais: a inovação de processos, que busca novas maneiras de realizar tarefas e otimizar operações; e a inovação de produtos, que resulta na criação de bens ou serviços novos ou aprimorados. Um exemplo notável de inovação de processos ocorreu na empresa de entrega DoorDash, que desenvolveu o "DashPass", um serviço de assinatura que simplifica e reduz o custo das entregas. Isso não apenas melhorou a experiência do cliente, mas também garantiu maior eficiência operacional.

No contexto atual, fomentar um ambiente em que a criatividade e o erro saudável são bem-vindos torna-se uma das principais responsabilidades dos líderes. Tolerar os erros permite que as equipes experimentem e aprendam rapidamente, culminando em um ciclo de inovação contínua. Dessa forma, as organizações podem não apenas se adaptar às mudanças, mas também liderar, promovendo uma cultura de aprendizado e evolução constante.

A mensagem é clara: organizações que abraçam a combinação de criatividade e inovação estão mais bem posicionadas para prosperar em um cenário competitivo e dinâmico. Como suas equipes estão sendo incentivadas a explorar o novo e a transformar ideias em realidade?

A gestão da inovação, tanto de processos como de produtos ou serviços, inclui o apoio intensivo à invenção – o ato de descobrir – e à aplicação – o ato de usar. A invenção relaciona-se com o desenvolvimento de novas ideias. Os gestores estão sendo solicitados a criar ambientes de trabalho, que estimulam a criatividade e o surgimento de novas ideias por meio das pessoas. A aplicação refere-se à utilização das invenções para extrair e tirar vantagem de seu valor. Aqui, os gerentes devem assegurar a implementação de boas ideias para novos ou diferentes processos de trabalho. Eles devem assegurar que o potencial comercial de ideias de novos produtos ou serviços seja totalmente realizado.

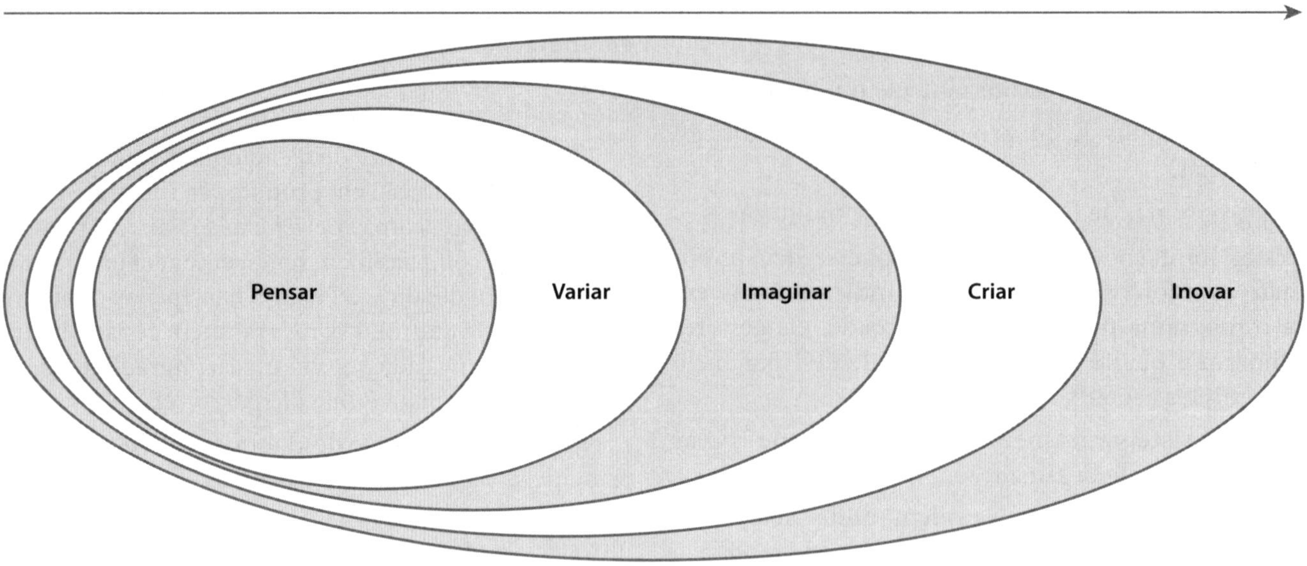

Figura 14.16 Caminhos da inovação.[49]

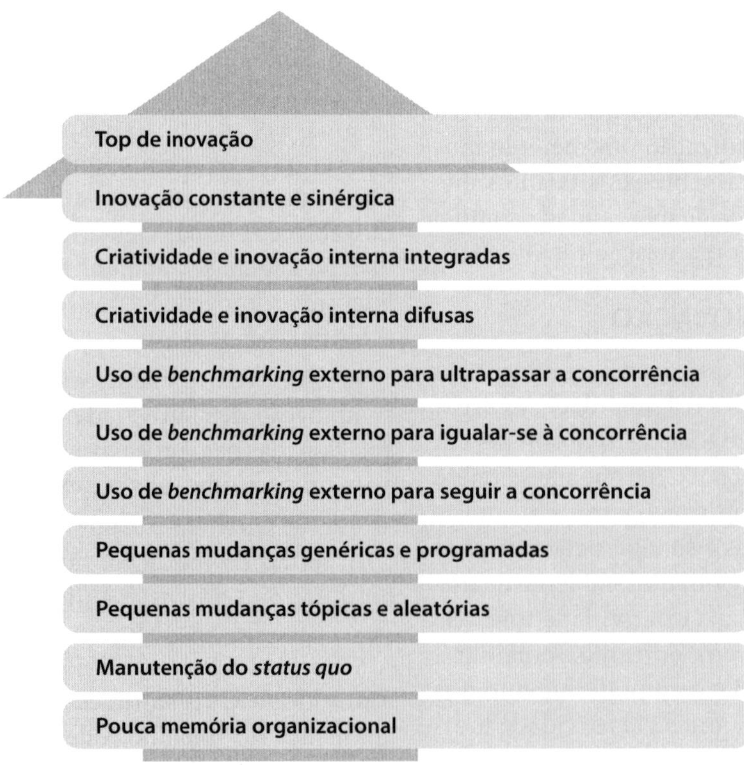

Figura 14.17 Níveis gradativos de inovação nas organizações.

DICAS

Como criar uma estrutura de criatividade na organização

Para criar um ambiente de criatividade na organização, é preciso:

1. Implantar e incentivar um programa de sugestões na organização.
2. Desenvolver grupos de geração de ideias (*brainstorming*).
3. Criar oficinas de criação ou de gerenciamento de conceitos.
4. Criar centros de criatividade na organização.
5. Desenvolver círculos de qualidade e criatividade.
6. Elaborar programas de treinamento em criatividade.
7. Implantar um programa de melhoria contínua e incremento da inovação.
8. Fazer pesquisa e desenvolvimento de ideias com as pessoas.
9. Criar sessões criativas regulares.
10. Desenvolver pessoas que atuem como facilitadores da criatividade.

14.6.1 Processo inovador

As profundas mudanças e transformações tecnológicas, econômicas, políticas e sociais constituem as principais características do mundo atual. E influenciam fortemente as organizações. Nelas, os gerentes devem ser incumbidos de estimular, apoiar e alcançar a inovação por meio das pessoas.

O processo de inovação ocorre em cinco etapas:[50]

1. **Criação de ideias:** proporciona novas formas de conhecimento mediante descobertas, extensões de conhecimentos atuais ou criatividade espontânea pela inventividade das pessoas e comunicação com as outras.
2. **Experimentação inicial:** as ideias são inicialmente testadas em seus conceitos por meio de discussões com outras pessoas, clientes, consumidores ou técnicos e/ou na forma de protótipos ou amostras.
3. **Determinação da viabilidade:** a praticidade e o valor financeiro das ideias são examinados em estudos formais de viabilidade, que identificam custos e benefícios potenciais, assim como mercados e aplicações potenciais.
4. **Aplicação final:** ocorre quando o novo produto é finalmente comercializado e posto à venda no mercado aberto, ou o novo processo é implementado como parte da rotina operacional normal.
5. **Avaliação dos resultados:** aferição do sucesso na empreitada e retroação para possíveis melhorias.

SAIBA MAIS

Sobre como derrubar barreiras e incentivar a inovação

Mesmo em negócios em que ainda predominam certos aspectos rotineiros, repetitivos e burocráticos, as organizações foram oxigenadas e renovadas para focar totalmente no cliente externo e incentivar o trabalho em equipe. Paredes e velhos símbolos hierárquicos (como salas de executivos, estacionamento privativo, restaurantes e banheiros separados) foram derrubados para aproximar todos os colaboradores e conectá-los entre si. Conectividade: esse é o primeiro passo para incentivar uma cultura de aprendizado para chegar a uma cultura de inovação. Quase sempre foi a GTH que ajudou nessas providências iniciais.

A criatividade e a inovação constituem um modo de vida em muitas organizações. Isso significa que elas dependem da cultura organizacional. A 3M – uma das empresas americanas mais inovadoras e bem-sucedidas do mundo – atribui seu êxito à criatividade de seus colaboradores. E como ela consegue isso? Por meio de uma cultura organizacional extremamente aberta e participativa, que privilegia as pessoas, a criatividade e a inovação. Liberdade e franqueza imperam dentro da organização. Para incentivar a criatividade das pessoas, a 3M dá um tempo livre para o colaborador fazer o que bem entende no horário de trabalho, o tradicional cafofo dos colaboradores. Essa liberdade faz com que a 3M consiga a proeza de lançar um produto novo no mercado a cada semana.

A seguir, elencamos sugestões para incentivar a **criatividade organizacional.**[51]

1. **Desenvolva a aceitação da mudança:** as pessoas devem acreditar que a mudança trará benefícios a elas e à empresa. Pode-se incrementar essa crença quando as pessoas participam na tomada de decisões e nos assuntos relacionados com elas, com segurança no emprego quando as mudanças são planejadas e implementadas. Isso remove possíveis resistências pessoais às mudanças.
2. **Encoraje novas ideias:** os executivos, desde o topo até os supervisores de primeira linha, devem assumir claramente em palavras e atos que estão abertos a novas ideias. Para encorajar a criatividade, devem estar prontos a ouvir sugestões dos subordinados, a implementar as boas ideias ou levá-las a seus superiores.
3. **Permita maior interação:** pode-se promover um clima permissivo e criativo dando às pessoas a oportunidade de interagir com outros membros do próprio grupo de trabalho ou de outros grupos. Essa interação encoraja o intercâmbio de informações úteis, o livre fluxo de ideias e novas perspectivas na resolução dos problemas.
4. **Tolere os erros:** muitas ideias novas podem ser inúteis ou sem praticidade. Os gerentes eficazes aceitam o fato de que tempo e recursos devem ser investidos na experimentação de novas ideias, mesmo que não conduzam a qualquer solução.
5. **Defina objetivos claros e dê liberdade para alcançá-los:** as pessoas devem ter um propósito e direção para sua criatividade. Os gerentes devem apontar linhas de orientação e limites razoáveis para terem algum controle sobre o volume de tempo e dinheiro investidos no comportamento criativo.
6. **Ofereça reconhecimento:** pessoas criativas trabalham motivadas, mesmo em tarefas duras ou que não lhes interessam, quando são recompensadas por um trabalho bem-feito. Ao oferecer reconhecimento de maneira tangível e clara, como prêmios financeiros ou não financeiros, os gerentes devem demonstrar em tempo real que o comportamento criativo e inovador é valorizado na organização.

Quadro 14.6 Características das pessoas e organizações criativas[52]

A pessoa criativa	A organização criativa
1. Fluência conceitual Abertura mental	1. Canais abertos de comunicação. Interação com fontes externas. Territórios sobrepostos. Sistemas de sugestões, técnicas grupais (*brainstorming*).
2. Originalidade	2. Atribuição de problemas a não especialistas. Atribuições excêntricas. Utilização intensiva de equipes.
3. Menor autoridade Maior independência	3. Descentralização. Posições pouco definidas. Controle frouxo. Aceitação de erros. Normas para assumir riscos.
4. Alegria no trabalho Curiosidade Exploração não disciplinada	4. Liberdade de escolha e busca de problemas. Cultura descontraída e pouco rígida. Liberdade para discutir ideias.
5. Persistência Comprometimento Abordagem focalizada	5. Recursos alocados ao pessoal criativo e a projetos sem retorno imediato. Sistema de recompensas para a inovação. Atribuição de responsabilidades periféricas.

DICAS

Como colocar barreiras e impedir a inovação[53]

Como impedir a inovação em sua empresa? É muito fácil! Basta seguir estas regras para eliminar qualquer tentativa de inovar ou criar:

1. **Isolamento da administração de topo:** promover o desentendimento entre as pessoas e criar um clima de aversão aos riscos e às responsabilidades.
2. **Intolerância para as diferenças:** negar a diversidade, criar homogeneidade e rotular como problemáticas todas as pessoas que questionam o *status quo*.
3. **Focalizar as partes e não o todo:** enfatizar a defesa de interesses pessoais contra os interesses gerais e dos clientes.
4. **Encurtar os horizontes de tempo:** enfatizar os objetivos de curto prazo e não o potencial de novas ideias capazes de gerar ganhos de longo prazo.
5. **Impor o pensamento racional:** tentar tornar a criatividade um processo burocrático e enfatizar os programas em si e não os resultados.
6. **Incentivos inadequados:** utilizar recompensas e controles para reforçar as rotinas, desencorajar as surpresas e as diferenças ligadas à inovação.
7. **Excessiva burocracia:** dar força às regras, à rotina, aos procedimentos e à eficiência, frustrando a imaginação, a criatividade e a inovação.

14.7 UNIVERSIDADES CORPORATIVAS

À medida que as organizações evoluem, a forma como abordam a educação e o desenvolvimento profissional também se transforma. Em vez de limitar-se a departamentos ou centros de treinamento isolados, muitas empresas estão adotando o conceito de universidades corporativas (UC) como uma estratégia abrangente para a gestão do conhecimento. Uma UC não se resume a um espaço físico; é uma filosofia que permeia toda a organização, especialmente potenciada pela Era Digital.

Nas universidades corporativas, o aprendizado é visto como uma contínua e vital jornada, promovendo uma cultura organizacional que prioriza a aprendizagem, a inovação e a adaptação às mudanças rápidas do mercado. A UC atua como um catalisador que gera resultados concretos para a empresa, utilizando tecnologia avançada para oferecer experiências de aprendizado acessíveis a qualquer hora e em qualquer lugar.

Essas instituições estão se tornando essenciais na Era do Conhecimento, onde o saber tem um papel central na criação de valor e riqueza, tanto em nível individual quanto organizacional. A rápida obsolescência do conhecimento na Era Digital exige que as empresas sejam ágeis e proativas em sua abordagem educacional.

Os principais objetivos de uma universidade corporativa incluem:

1. **Cultivar uma cultura de aprendizado contínuo:** promover um ambiente que valorize a formação constante e a inovação.
2. **Fomentar a inclusão no aprendizado:** envolver *stakeholders* internos e externos, abrangendo toda a cadeia de valor, para criar um ecossistema colaborativo de conhecimento.
3. **Promover o autodesenvolvimento:** facilitar atividades que incentivem a responsabilidade individual pelo crescimento pessoal e profissional.
4. **Identificar competências essenciais:** diagnosticar e desenvolver continuamente as habilidades críticas necessárias para o sucesso da organização.
5. **Alinhar programas ao negócio:** concentrar-se em iniciativas educacionais que estejam diretamente ligadas aos objetivos empresariais.
6. **Reduzir custos e aumentar a eficiência:** otimizar investimentos em treinamento enquanto se maximiza a produtividade.
7. **Oferecer serviços educacionais a terceiros:** posicionar-se como um centro de resultados, estendendo conhecimentos a outras organizações.

Marisa Éboli indica as práticas mais comuns desenvolvidas pelas UCs:[54]

1. Ações e programas educacionais com base nas competências críticas da organização, as quais devem:
   - Oferecer reais benefícios a todos os *stakeholders*.
   - Ser difíceis de imitar, embora não sejam eternas.

- Não se limitar às paredes da organização.
- Não se limitar aos produtos ou serviços oferecidos.

2. O sistema de GC estimula o compartilhamento de conhecimentos e a troca de experiências: o desafio das empresas não é mais só produzir bens e serviços, mas também desenvolver atividades que gerem soluções integradas para toda a cadeia de valor, envolvendo todos os *stakeholders*. Gerar e disseminar conhecimento constitui um processo de aprendizagem organizacional que oferece desafios, como:
   - Lidar com a rápida obsolescência do conhecimento em razão da contínua redução do seu prazo de validade.
   - Incorporar ritmo, rapidez e precisão à gestão do conhecimento.
   - Entender que conhecimento não é coleção, é conexão. Gerar novos conhecimentos e fazer novas conexões entre eles com foco no negócio.
   - Estimular a criatividade coletiva.
   - Descobrir formas de estimular e intensificar a aprendizagem.
   - Gerenciar o conhecimento organizacional para viabilizar a estratégia do negócio por meio do desenvolvimento das competências críticas.
   - Ampliar a rede de relacionamentos internos e externos da organização.

O sistema de GC deve favorecer a inteligência organizacional e seu elevado desempenho por meio das seguintes etapas do ciclo de GC, a saber:

- **Geração:** é o processo de pesquisa, procura e validação de conhecimentos.
- **Assimilação:** é o processo de educar as pessoas para que assimilem os conhecimentos essenciais, principalmente aqueles relacionados com conceitos e técnicas de executar determinadas atividades.
- **Comunicação:** é o processo de divulgar o conhecimento organizacional para que ele se transforme em inteligência organizacional.
- **Aplicação:** são as ações e processos que estimulam o desenvolvimento de habilidades e atitudes, para que as pessoas possam atuar aplicando o conhecimento assimilado, gerando resultados e agregando valor ao negócio. Nesse momento é que o conhecimento se transforma em competência.

O sistema de GC exige a participação de pessoas envolvidas e comprometidas com ele. Ela é uma responsabilidade de todos.

3. Intensiva utilização da tecnologia aplicada à educação para facilitar o aprendizado virtual. É a chamada aprendizagem mediada pela tecnologia (AMT).
4. Forte compromisso da organização com a cidadania empresarial em função da ética e responsabilidade social pregadas por meio de seus currículos. Segundo Éboli, não é acaso o fato de que as empresas pioneiras na implantação de projetos de educação corporativa o são também no que se refere a programas de cidadania organizacional.
5. A educação corporativa é veículo de fortalecimento e disseminação da cultura organizacional, ao integrar, reproduzir ou mesmo transformar valores e pressupostos básicos de uma organização.
6. Líderes e gestores se responsabilizam pelo processo de aprendizagem, assumem seu papel de educadores em suas equipes e se tornam agentes de disseminação, consolidação e transformação da cultura organizacional, por meio de uma liderança educadora. Como diz a autora, trabalhar, aprender e educar se integram na vida corporativa.
7. Considerar os objetivos do negócio na avaliação dos resultados dos investimentos em educação, enfatizando o aumento da *performance*, a parceria com os gestores e a vinculação com as necessidades do negócio.
8. Formação de parcerias com instituições de ensino superior nacionais ou estrangeiras, para agregar valor aos programas personalizados de ensino aos executivos e programas de graduação. Uma intensa cooperação entre escola e empresa na busca da competitividade.

14.7.1 Influência das UCs sobre as pessoas

As consequências das UCs sobre as pessoas são profundas e variadas.

Por meio delas, as pessoas precisarão desenvolver certas competências individuais para atuarem nos novos ambientes de negócios, a saber:[55]

1. **Aprender a aprender:** as pessoas precisam contribuir construtivamente em tudo, desde como assegurar qualidade dos produtos até como melhorar os processos organizacionais. Para tanto, elas precisam ter condições de utilizar um conjunto de técnicas, como analisar situações, questionar, procurar conhecer o que não compreendem e pensar criativamente para gerar opções. O objetivo é fazer com que a atitude

de aprender a aprender faça parte natural do modo como as pessoas pensam e comportam-se no trabalho. O conhecimento das pessoas constitui um ativo intangível. Elas não são mais consideradas um elemento de custo no balanço patrimonial, mas parte integrante do seu capital intelectual.

2. **Comunicação e colaboração:** antigamente, o bom desempenho significava a execução de um conjunto de tarefas que eram repetitivas, e a qualificação profissional era associada com cada tarefa específica. Agora, as equipes constituem o fundamento das organizações flexíveis, e a eficiência das pessoas está cada vez mais vinculada com sua habilidade interpessoal de comunicação e colaboração.
3. **Raciocínio criativo e solução de problemas:** no passado, a administração paternalista assumia a responsabilidade de desenvolver os meios de aumentar a produtividade do trabalhador. Ela centralizava o pensar e o planejar. Hoje, espera-se que as pessoas no nível operacional descubram por si próprias como melhorar e agilizar seu trabalho. Para isso, elas precisam pensar criativamente, desenvolver habilidades de resolução de problemas e analisar situações, indagar, esclarecer o que não sabem e sugerir melhorias.
4. **Conhecimento tecnológico:** no passado, conhecer tecnologia significava saber como operar o computador pessoal para processar textos ou análises financeiras. Agora, a ênfase está em usar o equipamento de informação que o conecte com membros de suas equipes ao redor do mundo. As pessoas devem usar computadores não apenas em suas tarefas relacionadas com o trabalho, mas, sobretudo, para contatos com profissionais em todo o mundo, compartilhando melhorias e recomendando melhorias em seus processos de trabalho. O computador é a principal plataforma de trabalho das empresas.
5. **Conhecimento global dos negócios:** cada vez mais, as pessoas deverão aprender novas habilidades técnicas e comerciais que levem em conta o ambiente competitivo global, que não permite prever com nenhuma certeza o que virá no futuro para a organização ou para o mercado. Nesse ambiente global e volátil, a capacidade de ver o todo sistêmico (*gestalt*) em que a organização opera torna-se indispensável para cumprir a exigência de se agregar continuamente mais valor à organização.
6. **Liderança**: o novo imperativo é o desenvolvimento da liderança nas empresas. A identificação e o desenvolvimento de pessoas excepcionais, capazes de levar a organização para o futuro, será fundamental. A criação de líderes será vital. E o segredo do sucesso estará cada vez mais nas pessoas.
7. **Autogestão da carreira:** as organizações estão transferindo para as pessoas o autodesenvolvimento e o autogerenciamento, para que elas possam assumir o controle de suas carreiras e gerenciar seu próprio desenvolvimento pessoal. Como as qualificações necessárias continuam a mudar e a evoluir, as pessoas de todos os níveis da organização assumem o compromisso de assegurar que possuem as qualificações, o conhecimento e as competências exigidas tanto na atividade atual, como nas futuras. Assim, a capacidade de gerenciar a própria vida profissional passa a ser considerada uma competência adquirida e necessária para deslanchar todas as outras competências exigidas no novo ambiente de negócios.

Nessa visão, as organizações do novo milênio precisarão reunir cinco características simultâneas e fundamentais, os cinco **Fs** – *fast, focused, flexible, friend* e *fun* (veloz, focada, flexível, amigável e divertida) –, para incentivar a aprendizagem e o conhecimento organizacional.[56]

Em resumo, é fazer a mudança acontecer, viver a mudança e encarar a complexidade e a incerteza. Simplificar e descomplicar as organizações para desamarrá-las do entulho burocrático que tolhe seu funcionamento. Dar liberdade e autonomia às pessoas, para que elas possam utilizar seu recurso mais importante: o conhecimento, a inteligência e o talento.[57] Isso tudo indica a presença de algo maior e amplo na organização: a educação corporativa.

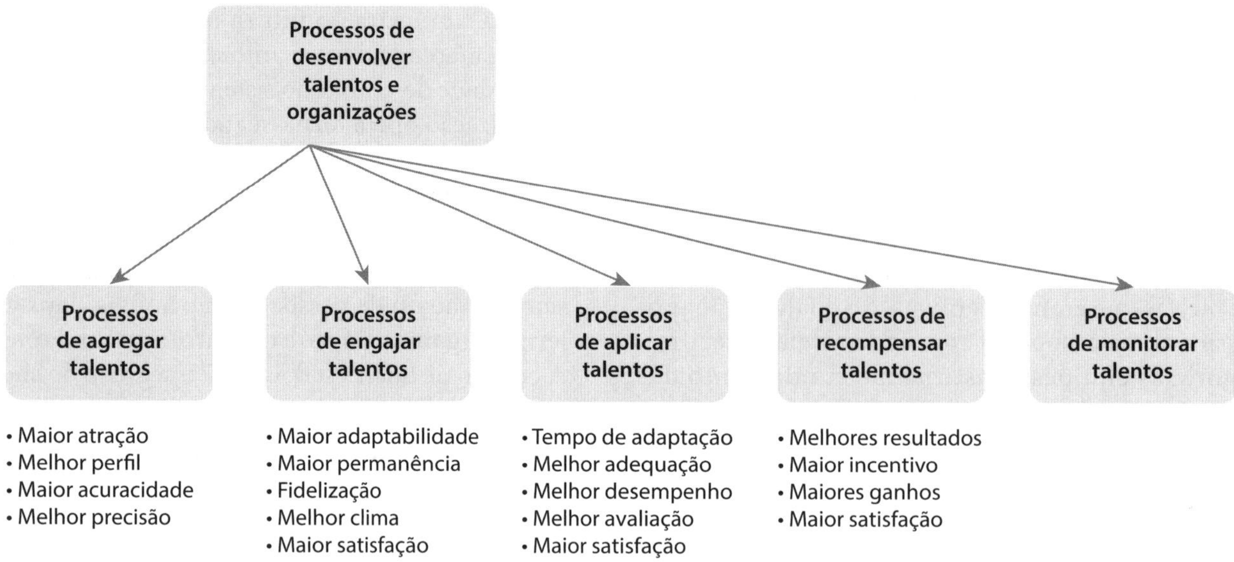

Figura 14.18 Influência dos processos de desenvolver talentos sobre os demais processos de GTH.

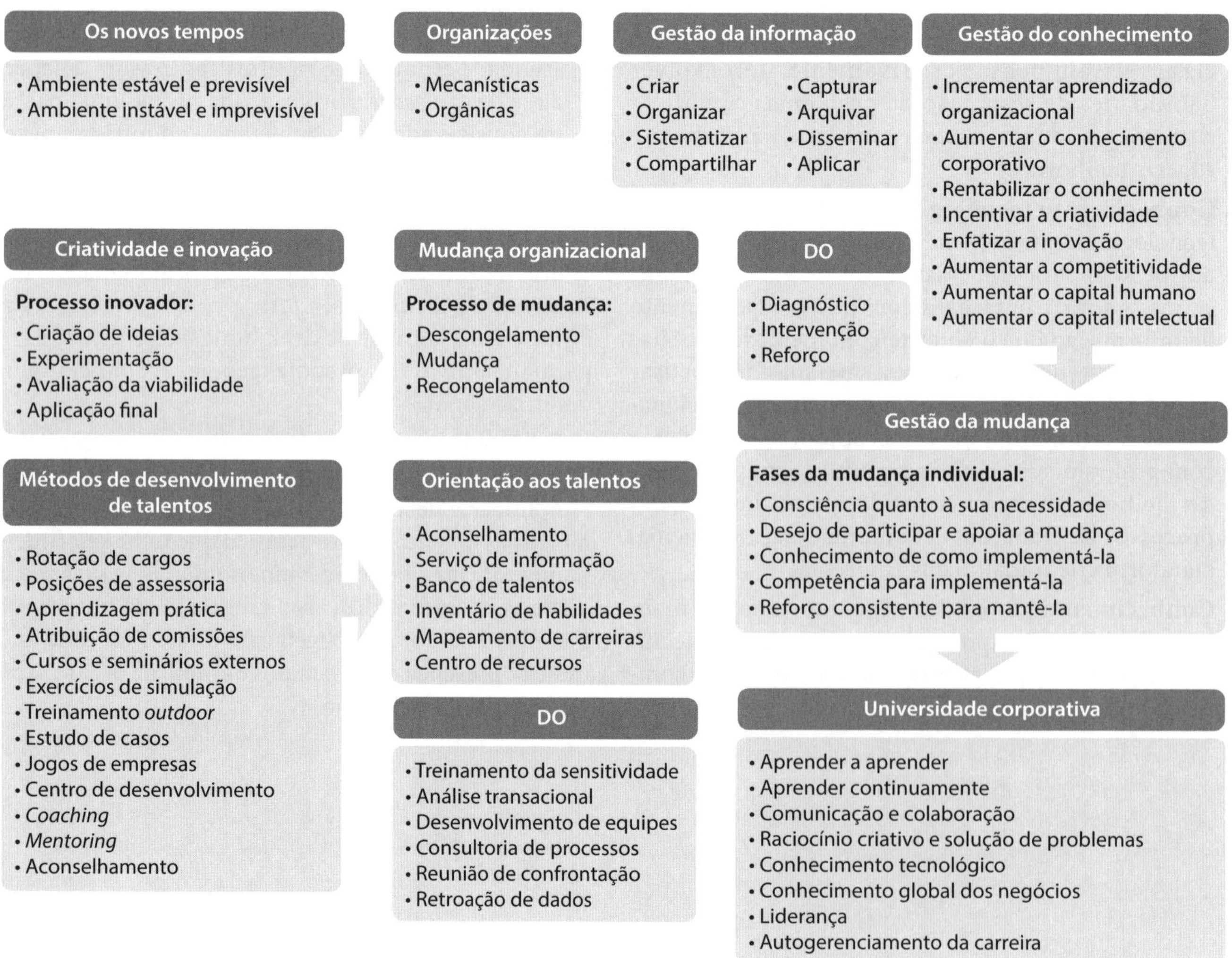

Figura 14.19 Mapa mental do Capítulo 14: Desenvolvimento de talentos, equipes e organizações.

REFERÊNCIAS

1. Adaptado de: BURNS, T.; STALKER, G. M. *The management of innovation.* Londres: Tavistock, 1961. p. 119-122.
2. GUTTERIDGE, T. G.; LEIBOWITZ, Z. B.; SHORE, J. E. *Organizational career development:* benchmarks for building a world-class workforce. San Francisco: Jossey-Bass, 1993.
3. CHIAVENATO, I. *Como transformar RH (de um centro de despesa) em um centro de lucro.* São Paulo: Pearson/Makron Books, 1996. p. 97.
4. Disponível em: www.ciee.org.br. Acesso em: 13 dez. 2019.
5. HOW WINNING TEAMS WORK. *MIT Sloan Management Review,* Aug. 1, 2018. Disponível em: https://shop.sloanreview.mit.edu/store/how-winning-teams-work/?utm_source=responder&utm_medium=email&utm_campaign=BlackFriday18.
6. KIERMAN, M. J. *11 mandamentos da administração do século XXI:* o que empresas de ponta estão fazendo para sobreviver e prosperar no turbulento mundo dos negócios da atualidade. São Paulo: Makron Books, 1998. p. 196-217.
7. GEUS, A. de. Planning as learning. *Harvard Business Review,* Marc./Apr. 1988. p. 71.
8. NONAKA, I. The knowledge-creating company. *Harvard Business Review,* July/Aug. 1991. p. 96.
9. GEUS, A. de. *The living company.* New York: Doubleday, 1997.
10. SCHUMPETER, J. A. *The theory of economic development.* Cambridge, MA: Harvard University Press, 1934.
11. GALVIN, D. Building a learning organization. *Harvard Business Review,* July/Aug. 1993. p. 80.
12. SENGE, P. *The fifth discipline: the art and practice of the learning organization.* New York: Doubleday, 1990.
13. SENGE, P.; ROBERTS, C.; ROSS, R.; SMITH, B.; KLEINER, A. *The fifth discipline fieldbook.* Londres: Nicholas Brealey, 1994.
14. DUMAINE, B. Mr. learning organization. *Fortune,* Oct. 17, 1994, p. 147-157.
15. HAVE, S. T.; HAVE, W. T.; STEVENS, F.; ELST, M. van der. *Modelos de gestão:* o que são e quando devem ser usados. São Paulo: Pearson Prentice Hall, 2005. p. 80-84.
16. SPRENDER, C.; HAVE, S. Ten. Kennisnmanagement als Moter van de Lerende Organizatie. *Holland Management Review,* Sept./Oct. 1996, p. 73-89. *Vide*: SPRENDER, C.; HAVE, S. Ten. The role of knowledge management in the learning organization. *Holland Management Review,* Sept./Oct. 1996, p. 73-89.
17. POLANYI, M. The tacit dimension. Gloucester: Peter Smith, 1996. *Vide* também: GRUBER, T. R. The acquisition of strategic knowledge. San Diego, CA: Academic Press, 1989.
18. HOWARD, R. *The learning imperative:* managing people for continuous innovation. Boston: Harvard Business School Press, 1993.
19. SPRENDER, C.; HAVE, S. Ten. Kennisnmanagement als Moter van de Lerende Organizatie. *Holland Management Review,* Sept./Oct. 1996, p. 73-89.
20. NONAKA, I.; TAKEUCHI, H. *Criação do conhecimento:* como as empresas japonesas geram a dinâmica da inovação. Rio de Janeiro: Campus, 1997.
21. NONAKA, I.; TAKEUCHI, H. *Criação de conhecimento na empresa:* como as empresas japonesas geram a dinâmica da inovação, *op. cit.*
22. NONAKA, I.; TAKEUCHI, H. *Criação de conhecimento na empresa:* como as empresas japonesas geram a dinâmica da inovação, *op. cit.*
23. Disponível em: https://villasophiasalon.wordpress.com/2014/01/08/exploring-the-relationship-between-tatic-knowledgeand-explicit-knowledge/. Acesso em: 13 dez. 2019.
24. NONAKA, I.; TAKEUCHI, H. *Criação de conhecimento na empresa:* como as empresas japonesas geram a dinâmica da inovação, *op. cit.*
25. TERRA, J. C. C. *Gestão do conhecimento:* o grande desafio empresarial. Rio de Janeiro: Negócio /Elsevier, 2005. p. 82-84.
26. ITAMI, H. *Mobilizing invisible assets.* Cambridge, MA: Harvard University Press, 1967.
27. QUINN, J. B. *Intelligent enterprise:* a knowledge and service based paradigm for industry. New York: The Free Press, 1992.
28. TERRA, J. C. C. *Gestão do conhecimento:* o grande desafio empresarial, *op. cit.*, p. 82-84.
29. DRUCKER, P. F. *The new relatives.* New York: Knopf, 1983.
30. DAVENPORT, T.; PRUSAK, L. *Conhecimento empresarial:* como as organizações gerenciam o seu capital intelectual. Rio de Janeiro: Campus, 1998.
31. Adaptada de: ROSENBERG, M. J. *E-learning:* building succesful online learning organization. New York: McGraw-Hill, 2001. p. 70.
32. NONAKA, I.; TAKEUCHI, H. *Criação de conhecimento na empresa:* como as empresas japonesas geram a dinâmica da inovação, *op. cit.*
33. NONAKA, I.; TAKEUCHI, H. *Criação de conhecimento na empresa:* como as empresas japonesas geram a dinâmica da inovação, *op. cit.*
34. CUMMINGS, T.; WORLEY, C. *Organization Development and Change.* Minneapolis: West Publishing Co., 1993. p. 3.
35. ROBBINS, S. P. *Organizational behavior:* concepts, controversies, applications. Englewood Cliffs, NJ: Prentice Hall, 1996. p. 736.
36. LEWIN, K. Frontiers in group dynamics: concept, method, and reality in social science. *Human Relations,* nº 1, 1947. p. 542.
37. CHIAVENATO, I. *Os novos paradigmas:* como as mudanças estão mexendo com as empresas. Barueri: Manole, 2008.
38. KORMAN, A. *Industrial and organizational psychology.* Englewood Cliffs, NJ: Prentice Hall, 1971. p. 22.
39. CHIAVENATO, I. *Introdução à teoria geral da administração.* Barueri: Manole, 2015.
40. Adaptada de: SCHERMERHORN JR., John R. *Management for productivity.* New York: John Wiley & Sons, 1993. p. 672.
41. CHIAVENATO, I. Os novos paradigmas: como as mudanças estão mexendo com as empresas, *op. cit.*
42. SHONK, J. *Team-based organizations.* Chicago: Irwin, 1997. p. 35-38 e 133-140.

43. BENNIS, W. G. *Changing organizations.* New York: McGraw-Hill, 1966.

44. CHIAVENATO, I. *Administração nos novos tempos:* os novos horizontes em administração. Rio de Janeiro: Elsevier/Campus, 2004. p. 188.

45. BRADFORD, D. L.; COHEN, A. R. *Managing for excellence.* New York, Wiley & Sons, 1984.

46. HEISLER, W. J. "Paterns of OD in Practice", *Business Horizons*, fevereiro de 1975. p. 77-84.

47. CHIAVENATO, I. *Os novos paradigmas:* como as mudanças estão mexendo com as empresas, *op. cit.*

48. EVANS, M. G., "Failures in OD Programs – What Went Wrong", *Business Horizons*, april 1974. p. 18-22.

49. CHIAVENATO, I. *Os novos paradigmas:* como as mudanças estão mexendo com as empresas, *op. cit.*

50. SCHERMERHORN JR., J. R. *Management*. New York: John Wiley & Sons, 1996. p. 440.

51. STONER, J. A.; FREEMAN, R. E.; GILBERT JR., Daniel R. *Management*. Englewood Cliffs, NJ: Prentice Hall, 1995. p. 429.

52. Fonte: DAFT, R. *Management*. Orlando, Fl: Dryden Press, 1994. p. 366.

53. SCHERMERHORN JR., J. R. *Management*. New York: John Wiley & Sons, 1996.

54. ÉBOLI, M. O desenvolvimento das pessoas e a educação corporativa. *In*: FRANÇA, Ana Cristina Limongi et al. *As pessoas na organização*. São Paulo: Gente, 2002. p. 194-195.

55. ÉBOLI, M. Educação corporativa: panorama e perspectivas. *In*: BOOG, Gustavo G.; BOOG, Magdalena T. (Org.). *Manual de treinamento e desenvolvimento: gestão e estratégias*. São Paulo: Pearson Prentice Hall, 2006. p. 57-68.

56. KANTER, R. M. *Quando os gigantes aprendem a dançar.* Rio de Janeiro: Campus, 1992.

57. CHIAVENATO, I. *Introdução à teoria geral da administração, op. cit.*

PARTE VII

MONITORANDO TALENTOS E EQUIPES
Criando plataformas e redes conectadas

Capítulo 15 – Banco de dados e *People Analytics* • **Capítulo 16** – Avaliação da Gestão do Talento Humano

Chegamos ao último processo de Gestão do Talento Humano (GTH), no qual a integração da inteligência artificial transforma a maneira como monitoramos talentos e equipes dentro das organizações. Monitorar, nesse contexto, vai além de simplesmente observar; trata-se de acompanhar, guiar e nutrir o desenvolvimento dos colaboradores dentro de um ambiente colaborativo e inovador. Abandonamos a ideia de controle rígido e supervisionado, optando por uma abordagem que promove a autonomia e o autocontrole.

À medida que o ambiente de negócios se torna mais dinâmico e a tecnologia avança, as empresas precisam se adaptar para não apenas sobreviver, mas prosperar também. Uma visão clara e uma estratégia de planejamento devem estar alinhadas aos objetivos organizacionais, considerando as inovações tecnológicas que podem ser incorporadas à GTH. Com a adoção de ferramentas de *People Analytics*, por exemplo, gestores podem acessar informações em tempo real que ajudam a tomar decisões mais informadas sobre o desempenho e o desenvolvimento das equipes.

Hoje, essa abordagem moderna para a monitoração de talentos centraliza-se em dados e *feedback* contínuo, utilizando a inteligência artificial para oferecer *insights* valiosos sobre o comportamento e as necessidades dos colaboradores. Em vez de um modelo de gestão baseado na supervisão direta, a GTH atual foca em equipes autônomas e empoderadas, nas quais cada membro tem a responsabilidade de contribuir ativamente para o sucesso coletivo.

No entanto, muitos sistemas de informações em GTH ainda estão desatualizados e precisam passar por um processo de modernização para se adequarem à nova realidade digital. Organizações devem buscar adotar novas tecnologias que não apenas aumentem a produtividade, mas também promovam um ambiente de trabalho mais transparente e confiável, em que as diferentes gerações de talentos possam colaborar efetivamente.

A implementação de processos integrados e simplificados é, portanto, essencial. Isso requer uma visão estratégica ampla, capaz de abranger todos os dados pertinentes e as competências necessárias para garantir que a força de trabalho esteja pronta para atender às constantes mudanças do mercado. Proporcionar uma GTH otimizada e inovadora em suas práticas será um diferencial que permitirá às empresas oferecerem resultados efetivos e sinérgicos.

Em um mundo no qual a tecnologia está em evolução constante, a GTH deve também se comprometer com a aprendizagem contínua, tanto para seus colaboradores quanto para suas próprias práticas. Esse foco na inovação e adaptação não só melhora a experiência de trabalho dos talentos, mas também aproxima a GTH dos gestores e dos líderes, criando um espaço colaborativo que favorece resultados significativos e um futuro promissor. A Era Digital é uma oportunidade para transformar radicalmente a maneira como trabalhamos e gerenciamos o talento, e essa transformação deve ser abraçada com criatividade e ousadia.

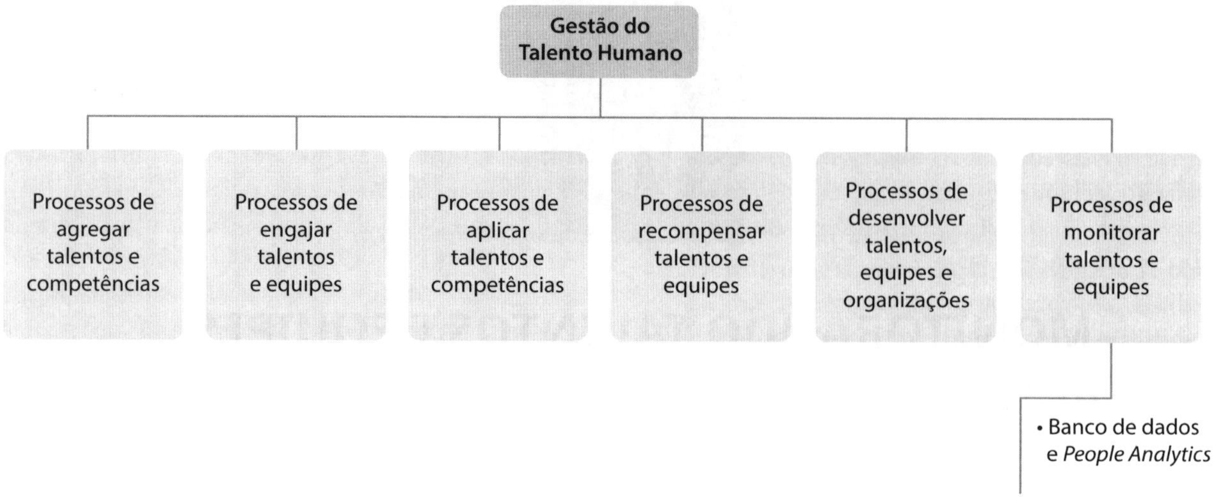

Figura VII.1 Os seis processos de Gestão do Talento Humano.

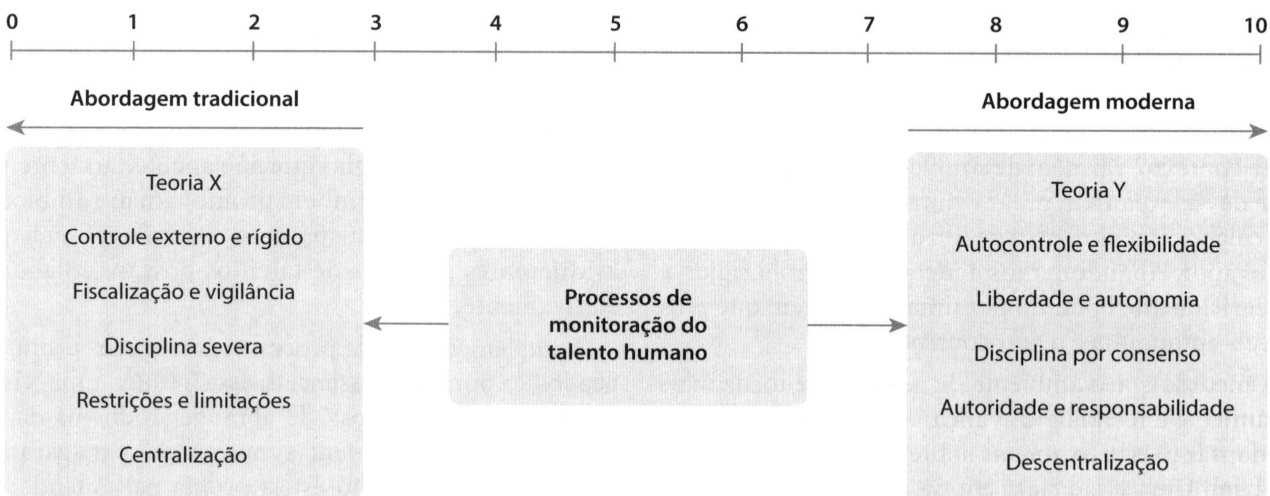

Figura VII.2 Que nota você daria para os processos de monitorar talentos e equipes em sua organização?[1]

As tecnologias disruptivas e emergentes que estão mudando radicalmente o trabalho são as tecnologias disruptivas e emergentes, que continuam a revolucionar a forma como trabalhamos, impactando a eficiência, a produtividade e a interação nas organizações. A seguir, são apresentadas as principais tecnologias que estão mudando radicalmente o cenário do trabalho:

1. **Automação:** sistemas automatizados estão sendo amplamente adotados, permitindo que processos repetitivos sejam realizados com maior precisão e eficiência, liberando os colaboradores para se concentrarem em tarefas mais estratégicas.
2. **Robotização:** o uso de robôs em ambientes industriais e até em setores como logística e atendimento ao cliente está aumentando. Esses robôs não apenas executam tarefas físicas, mas também podem interagir de forma básica com os humanos.
3. **Plataformas digitais:** ferramentas que facilitam a colaboração, a comunicação e a gestão de projetos, como Slack, Trello e Asana, são vitais para o trabalho em equipe, especialmente em ambientes remotos ou híbridos.
4. **Sensores:** a Internet das Coisas (IoT) utiliza sensores para coletar dados em tempo real, permitindo

monitoramento contínuo de condições de trabalho, produtividade e eficiência.

5. **Drones:** cada vez mais utilizados para entregas e monitoramento em setores como logística, agricultura e construção, os drones oferecem novas maneiras de explorar e otimizar operações.
6. **Aprendizado de máquina:** essa tecnologia permite que sistemas aprendam com dados e experiências, perfeccionando processos e oferecendo *insights* preditivos que podem aprimorar a tomada de decisões.
7. **Inteligência Artificial Avançada:** IA não só automatiza tarefas, mas também oferece análise avançada de dados, suporte em tomadas de decisões e personalização de interações com clientes e colaboradores.
8. **Algoritmos:** o uso de algoritmos complexos para análise de dados e previsão de tendências está se tornando fundamental, impactando desde o marketing até o gerenciamento de talentos.
9. **Internet das Coisas (IoT):** conecta dispositivos e objetos à Internet, permitindo a coleta e análise de dados para melhorar operações e eficiência.
10. **Impressão 3D:** essa tecnologia está transformando a produção ao permitir a fabricação de produtos sob demanda, reduzindo custos de inventário e aumentando a personalização.
11. ***Blockchain*:** oferece uma forma segura e transparente de registrar transações e dados, sendo especialmente útil em setores que requerem rastreabilidade e confiança.
12. ***Big data* e *analytics*:** a análise de grandes volumes de dados permite que as organizações extraiam *insights* valiosos, ajudando a identificar oportunidades e otimizar operações.
13. **Realidade Aumentada (RA) e Realidade Virtual (RV):** essas tecnologias estão sendo usadas para treinamento, simulações e melhorias na experiência do cliente, criando ambientes de aprendizado envolventes e interativos.
14. **Plataformas de trabalho remoto:** com o aumento do trabalho remoto, plataformas como Zoom e Microsoft Teams têm desempenhado papel fundamental na comunicação e na colaboração, permitindo que equipes distribuídas trabalhem juntas de forma eficaz.

Essas tecnologias não apenas melhoram a eficiência operacional, mas também redefinem a natureza do trabalho, a interação entre colaboradores e a experiência do cliente. À medida que essas inovações evoluírem, as organizações que abraçam e adaptam tais tecnologias estarão mais bem posicionadas para prosperar em um futuro cada vez mais digital e interconectado.

TENDÊNCIAS EM GTH

Integrando *People Analytics* e Inteligência Artificial na Gestão do Talento Humano

A integração de *People Analytics* com Inteligência Artificial (IA) na Gestão do Talento Humano (GTH) marca uma transformação significativa no modo como as organizações operam e tomam decisões. Visualize um cenário em que algoritmos de IA não apenas filtram currículos em frações de segundo, mas também analisam dados históricos e tendências comportamentais para prever quais candidatos não só possuem as habilidades necessárias, mas também se alinham perfeitamente à cultura organizacional.

No que diz respeito ao treinamento, a IA potencializa o uso de *People Analytics* ao oferecer experiências de aprendizado personalizadas, ajustando os conteúdos e métodos em tempo real com base nas necessidades e preferências de cada colaborador. Isso significa que, em vez de uma abordagem única, cada colaborador participa de um treinamento moldado especificamente para otimizar seu crescimento profissional.

A avaliação de desempenho transforma-se com o uso inteligente de dados. Com *People Analytics*, a IA consegue monitorar e analisar o desempenho dos colaboradores continuamente, oferecendo *feedback* construtivo e *insights* preditivos. Isso ajuda os líderes a tomarem decisões mais informadas sobre desenvolvimento de carreira e estratégias de retenção de talentos, criando um ambiente propício ao crescimento interno.

Esse conúbio entre *People Analytics* e Inteligência Artificial não apenas aumenta a eficiência operacional, mas também cria uma cultura organizacional mais adaptável e centrada nas pessoas. As empresas que adotam esse modelo não estão apenas se preparando para os desafios do futuro; elas estão também moldando uma força de trabalho mais inovadora e engajada. Ao equilibrar dados precisos com a experiência humana, as organizações tornam-se mais resilientes, capazes de navegar nas complexidades do mercado contemporâneo e prontas para capitalizar sobre as oportunidades emergentes.

No Capítulo 15, abordaremos os fundamentos dos bancos de dados e *People Analytics* na GTH.

REFERÊNCIA

1. Adaptada de: CHIAVENATO, I. *Recursos humanos:* o capital humano das organizações. Rio de Janeiro: Elsevier, 2015. p. 131.

Capítulo

15 Banco de dados e *People Analytics*

Objetivos de aprendizagem

Após estudar este capítulo, você deverá estar capacitado para:

- Definir a necessidade de informações sobre GTH.
- Compreender os fundamentos do *People Analytics*.
- Reconhecer a importância dos sistemas de informação de talento humano.
- Interpretar dados e indicadores de desempenho.
- Avaliar o impacto dos dados na cultura organizacional.
- Planejar para o futuro com análise preditiva.
- Promover a adoção de tecnologia entre colaboradores.

O que veremos adiante

- Fundamentos de *People Analytics*
- Necessidade de informações.
- Banco de dados de GTH.
- Sistemas de informações de GTH.
- Sistemas de monitoração de GTH.
- Passo a passo para implementar o *People Analytics*.

Na dinâmica atual das organizações, os gestores de linha estão constantemente tomando decisões críticas sobre seus colaboradores e equipes, enquanto os próprios colaboradores têm acesso a informações sobre seus desempenhos e resultados. Essa realidade destaca a importância de um trabalho colaborativo entre especialistas em Gestão do Talento Humano (GTH) e gestores, que se dedicam a analisar dados e informações sobre a força de trabalho, identificando características, necessidades, pontos fortes, áreas de melhoria e trajetórias futuras dos colaboradores.

Para que essa análise seja eficaz, é imprescindível contar com um sistema de informações robusto, holístico e integrado, que possibilite a descentralização do processo decisório de forma ágil e eficiente. É nesse contexto que entra em cena o conceito de *People Analytics*, que utiliza tecnologia e dados para transformar a maneira como as decisões são tomadas na gestão de talentos. Na Seção 15.1, vamos explorar os fundamentos de *People Analytics*, destacando como essa abordagem pode capacitar as organizações a tomar decisões informadas e estratégicas sobre seu capital humano.

15.1 FUNDAMENTOS DE *PEOPLE ANALYTICS*

People Analytics refere-se ao uso de dados e análises para entender, gerenciar e otimizar o capital humano dentro de uma organização. O conceito baseia-se na ideia de que um gerenciamento eficaz do talento humano deve ser fundamentado em fatos e dados, e não apenas em intuições ou experiências passadas. À medida que as tecnologias digitais avançam, o acesso a dados sobre colaboradores, seu desempenho e suas interações torna-se mais acessível, permitindo que as empresas implementem práticas mais informadas e estratégicas na gestão de suas equipes.

People Analytics pode ser definido como a aplicação de análises quantitativas e qualitativas para entender o comportamento e o desempenho dos colaboradores, e para tomar decisões mais embasadas sobre contratação, treinamento, desenvolvimento e retenção de talentos. O objetivo é construir uma comunidade colaborativa de talentos mais eficiente e engajada, capaz de responder rapidamente às demandas do mercado.

O *People Analytics* deve ser integrado a todos os processos da Gestão do Talento Humano (GTH) para maximizar a eficiência e a eficácia no gerenciamento de colaboradores. As aplicações do *People Analytics* são diversas e podem incluir:

1. **Recrutamento e seleção:** análise de dados para identificar as características de candidatos bem-sucedidos e otimizar os processos de contratação.
2. **Desempenho e avaliação:** monitoramento e análise do desempenho dos colaboradores em tempo real, permitindo intervenções quando necessário.
3. **Desenvolvimento de talentos:** identificação de lacunas de habilidades e planejamento de programas de treinamento personalizados.
4. **Engajamento de colaboradores:** análise de dados de engajamento para detectar problemas de satisfação antes que resultem em alta rotatividade.
5. **Planejamento de sucessão:** identificação de talentos internos com potencial para assumir posições de liderança, preparando a organização para o futuro.

A estrutura típica de um programa de *People Analytics* pode incluir os seguintes componentes:

1. **Coleta de dados:** reúne dados de múltiplas fontes, incluindo *software* de gestão de talentos, questionários de engajamento e *feedback* contínuo.
2. **Definição de objetivos claros:** esse componente é crucial e deve estabelecer as metas a serem alcançadas com as práticas de *People Analytics.* As organizações precisam definir questões específicas que desejam responder por meio da análise de dados, como: "Qual é a taxa de rotatividade e os fatores que a impactam?" ou "Quais habilidades são necessárias para atender às futuras demandas de mercado?". Ter objetivos claros ajuda a direcionar os esforços de coleta e análise de dados.
3. **Coleta de dados:** um programa de *People Analytics* bem-sucedido depende da coleta abrangente de dados. Isso inclui informações de diversas fontes, como sistemas de Recursos Humanos (HRIS), sistemas de gestão de desempenho, *feedback* dos colaboradores, métricas de engajamento e dados de recrutamento. A coleta deve ser sistemática e considerar tanto dados qualitativos quanto quantitativos para uma visão holística do capital humano.
4. **Integração de tecnologias:** a utilização de ferramentas de *software* para análise de dados é fundamental para o sucesso do programa. As tecnologias de *People Analytics* variam de sistemas de BI (*Business Intelligence*) a plataformas de visualização de dados, como Power BI e Tableau, que ajudam a interpretar e apresentar dados de maneira compreensível. Essa integração é crucial para transformar dados em *insights* acionáveis.
5. **Análise de dados:** após a coleta, a análise dos dados é o passo seguinte. Esse processo envolve a aplicação de métodos estatísticos, tecnológicas de *machine learning* e algoritmos para identificar padrões, tendências e correlações. A análise pode ajudar a descobrir, por exemplo, quais fatores estão relacionados ao engajamento ou desempenho dos colaboradores.
6. **Visualização e comunicação de resultados:** apresentar os dados de maneira clara e acessível é essencial para que as partes interessadas possam compreender os *insights* gerados. *Dashboards* e relatórios visualmente atraentes, que sintetizem as informações de forma eficaz, facilitam a comunicação dos resultados e ajudam na tomada de decisões.
7. **Ações e intervenções:** a partir da análise e visualização dos dados, é fundamental que as organizações elaborem ações concretas baseadas nos *insights* obtidos. Isso pode incluir programas de treinamento direcionados, ajustes nas práticas de recrutamento ou iniciativas de engajamento que visem melhorar a cultura organizacional.
8. **Monitoramento e avaliação contínua:** um ambiente de aprendizado contínuo exige que o programa de *People Analytics* seja monitorado e avaliado regularmente. Isso implica revisar e ajustar os dados coletados, as ferramentas usadas e as métricas de sucesso, garantindo que o programa se mantenha relevante e eficaz em face de novas necessidades e desafios.
9. **Cultura de dados:** fomentar uma cultura organizacional que respeite e valorize a tomada de decisões baseada em dados é crucial. Isso requer treinamento e conscientização sobre a importância do *People Analytics* em todas as áreas da organização, incentivando os colaboradores a utilizarem dados nas suas práticas diárias.

O *People Analytics* tem se destacado como uma ferramenta essencial nas organizações modernas, representando uma abordagem baseada em dados para a gestão de pessoas. Ao utilizar análises quantitativas e qualitativas, as empresas podem obter *insights* valiosos sobre seu capital humano, aprimorando decisões relacionadas a contratação, retenção e desenvolvimento de talentos. Contudo, apesar das inúmeras vantagens, como a melhoria da eficiência operacional e a promoção de um ambiente de trabalho mais alinhado às necessidades dos colaboradores, o *People Analytics* também enfrenta desafios significativos. Questões relacionadas à privacidade dos dados, resistência cultural dentro da organização e a interpretação adequada de métricas complexas podem dificultar sua implementação eficaz. Nesse contexto, é crucial que as empresas equilibrem os benefícios potenciais com uma abordagem ética e estratégica.

As vantagens do *People Analytics* são:

- **Decisões informadas:** facilitam uma abordagem baseada em dados para a gestão de talentos, minimizando decisões subjetivas.
- **Melhoria contínua:** permite monitorar o impacto das decisões em tempo real, possibilitando ajustes rápidos.
- **Engajamento aumentado:** ajuda a identificar o que motiva os colaboradores, permitindo que as empresas criem um ambiente de trabalho mais satisfatório.
- **Eficiência operacional**: pode levar a uma melhor alocação de recursos e a processos mais eficazes, reduzindo custos.

São desafios do *People Analytics*:

- **Implementação:** a adoção de sistemas de *People Analytics* pode encontrar resistência organizacional e desafios técnicos.
- **Privacidade e ética:** a coleta e a análise de dados pessoais levantam questões de privacidade e éticas que devem ser cuidadosamente geridas.
- **Dependência de dados:** confiar excessivamente em dados pode levar a decisões que desconsideram a experiência e a intuição humana.
- **Análise errônea:** a interpretação incorreta dos dados pode resultar em estratégias inadequadas, que não atendem realmente às necessidades da organização ou de seus colaboradores.

15.2 NECESSIDADE DE INFORMAÇÕES

A Gestão do Talento Humano (GTH) exige o processamento de uma complexa variedade de dados e informações sobre os colaboradores, permitindo que especialistas de *staff* e gestores de linha tomem decisões eficazes e bem fundamentadas. Nesse contexto, o *People Analytics* torna-se uma ferramenta fundamental, pois não apenas fornece *insights* valiosos sobre o desempenho e as habilidades dos talentos, mas também promove uma cultura de transparência, na qual os colaboradores têm acesso a informações relevantes sobre seu próprio desenvolvimento e posição na organização. O sucesso de um programa integrado de GTH está intrinsecamente ligado à forma como os sistemas de informação são projetados, garantindo que todos os envolvidos – desde gestores até os próprios colaboradores – consigam interagir em tempo real com dados acessíveis e significativos.

PARA REFLEXÃO

Informações necessárias sobre os colaboradores

1. Quais os tipos de decisão sobre pessoas que você toma regularmente?
2. Quais tipos de informações você necessita para essas decisões?
3. Quais tipos de informações você recebe regularmente?
4. Quais tipos de estudos especiais você solicita regularmente?
5. Quais tipos de informações você gostaria de receber e não vem recebendo?
6. Quais informações você precisa em base diária? Semanal? Mensal? Anual?
7. Quais tópicos específicos em que você gostaria de manter-se informado?
8. Quais as melhorias mais úteis a serem implantadas no atual sistema de informações de pessoal?

15.3 BANCO DE DADOS DE GTH

A base de um sistema eficaz de GTH é um banco de dados moderno e dinâmico, que integra e conecta informações diversas em uma plataforma unificada. Esses bancos de dados funcionam como um ecossistema complexo de armazenamento e cruzamento de dados, que, por meio de técnicas de *People Analytics*, algorítmica e inteligência artificial, possibilitam a geração de *insights* poderosos, previsões e simulações que impactam diretamente a tomada de decisão. Em um cenário no qual dados brutos podem representar somente registros fragmentados sobre colaboradores, cargos e *performances*, sua verdadeira utilidade emerge apenas quando são processados, organizados e interconectados, transformando-se em informações significativas e acionáveis. A integração de dados em tempo real e a utilização de *softwares* avançados garantem que as informações sejam atualizadas e inter-relacionadas, minimizando inconsistências e eliminando redundâncias.

Na prática, a GTH implica a gestão de múltiplos bancos de dados interligados, que armazenam desde cadastros de talentos e vagas até informações sobre remuneração, benefícios, treinamentos e saúde ocupacional. Essa arquitetura permite um gerenciamento mais eficiente das interações entre gestores, colaboradores e o próprio sistema de GTH, promovendo uma colaboração contínua na atualização e manutenção das informações. A democratização dos dados, acessível a todos os usuários – profissionais de GTH, gestores e colaboradores –, destaca o papel de cada um na manutenção da precisão e relevância do banco de dados. Embora a centralização em um único sistema possa proporcionar controle, ela também requer esforços regulares de recadastramento e atualização de informações, já que dados desatualizados podem gerar desinformação e afetar negativamente a tomada de decisões. Assim, o processamento e a análise eficaz dos dados não apenas aumentam a eficiência operacional, mas também possibilitam um ambiente de trabalho mais responsivo e alinhado às necessidades dos talentos.

A GTH requer a utilização de vários bancos de dados interligados e integrados que permitam obter e armazenar dados a respeito de diferentes estratos ou níveis de complexidade, como por exemplo:

1. Cadastro de talentos:
   - Dados de habilidades e competências técnicas.
   - Informações sobre *feedback* recebido em avaliações de desempenho.
   - Históricos de promoções e mudanças de função.
2. Cadastro de trabalhos:
   - Descrições detalhadas de funções e responsabilidades.
   - Requisitos e qualificações necessárias para a posição.
   - Histórico de *turnover* por cargo.
3. Cadastro de seções:
   - Desempenho da seção em métricas-chave (KPIs) e relatórios de produtividade.
   - Estruturas de equipe e organogramas atualizados.
   - Projetos em andamento e impacto no desempenho da seção.
4. Cadastro de remuneração:
   - Informações sobre tendências de mercado salarial.
   - Avaliação de equidade salarial dentro da organização.
   - Agregação de dados de bônus, comissões e outros incentivos.
5. Cadastro de benefícios:
   - Adoção e utilização de diferentes tipos de benefícios pelos colaboradores.
   - Dados sobre a satisfação dos colaboradores em relação aos benefícios oferecidos.
   - Informações sobre programas de bem-estar e saúde mental.
6. Cadastro de treinamento:
   - Eficácia dos programas de treinamento por meio de avaliações pós-treinamento.
   - Certificações obtidas e cursos concluídos.
   - Histórico de participação em conferências e eventos externos.
7. Cadastro de candidatos externos:
   - Históricos de candidaturas e *status* dos processos seletivos.
   - Quais fontes de recrutamento geram os melhores resultados.
   - Análise demográfica de dados para promoção da diversidade.
8. Cadastro de candidatos internos:
   - Interesses e aspirações de carreira dos colaboradores.
   - Resultados de avaliações de desempenho e competências.
   - *Feedback* psicológico e emocional sobre as oportunidades de desenvolvimento.
9. Cadastro médico:
   - Histórico de licenças médicas e seus motivos.
   - Participação em programas de saúde e segurança do trabalho.
   - Dados de saúde ocupacional e sua relação com o desempenho.
10. Cadastro de acidentes:
    - Análise de causas de acidentes e medidas corretivas implementadas.

- Relatórios de segurança e auditorias internas.
- Dados sobre treinamentos de segurança realizados.

11. Cadastro de engajamento:
    - Resultados de pesquisas de clima organizacional.
    - Participação em iniciativas de responsabilidade social e corporativa.
    - Indicadores de engajamento e rotatividade.
12. *Feedback* contínuo:
    - Dados coletados em *feedbacks* constantes entre pares e gestores.
    - Registro de conversas de desenvolvimento individual e planos de carreira.

Esses novos dados, quando integrados em tempo real a um sistema de *People Analytics*, não apenas ampliam a capacidade de análise, mas também permitem às empresas terem uma visão holística sobre seus talentos, facilitando a tomada de decisões estratégicas e a personalização de iniciativas de desenvolvimento e retenção.

Os dados precisam ser processados para serem transformados em informação

O processamento de dados é uma etapa crucial na transformação de dados brutos em informações significativas e acionáveis. Esse conceito compreende um conjunto abrangente de atividades que ocorrem transversalmente em organizações, grupos sociais e na interação entre indivíduos. À medida que o volume de dados gerados cresce de forma exponencial, tanto de fontes internas (como registros em arquivos e bancos de dados) quanto externas (como interações sociais e *feedbacks*), torna-se imperativo integrar continuamente essas informações em um sistema coerente. O processamento de dados não é uma tarefa isolada, mas uma atividade dinâmica e iterativa que envolve a coleta, agregação, análise e cruzamento de dados, permitindo não apenas a extração de novos *insights*, mas também a criação de um entendimento mais profundo sobre padrões e tendências.

A gestão e atualização desse banco de dados é uma responsabilidade compartilhada entre todos os usuários – especialistas em GTH, gestores de linha e colaboradores – que participam ativamente da inclusão, exclusão e modificação de informações. Essa interatividade é fundamental para a eficácia do sistema, garantindo que todos os envolvidos contribuam para a manutenção da precisão e da relevância dos dados. Em cenários nos quais os dados são centralizados na GTH, é necessário implementar processos regulares de recadastramento e revalidação para assegurar a atualização contínua das informações pessoais dos colaboradores, como novas experiências, competências, mudanças de estado civil ou endereço e participação em eventos. A desatualização desses registros pode acarretar lacunas informativas, levando a dificuldades na tomada de decisões e na formulação de estratégias organizacionais. Portanto, a mobilização coletiva e o emprego de tecnologias avançadas para automatização de processos são essenciais para garantir a integridade e a relevância dos dados ao longo do tempo.

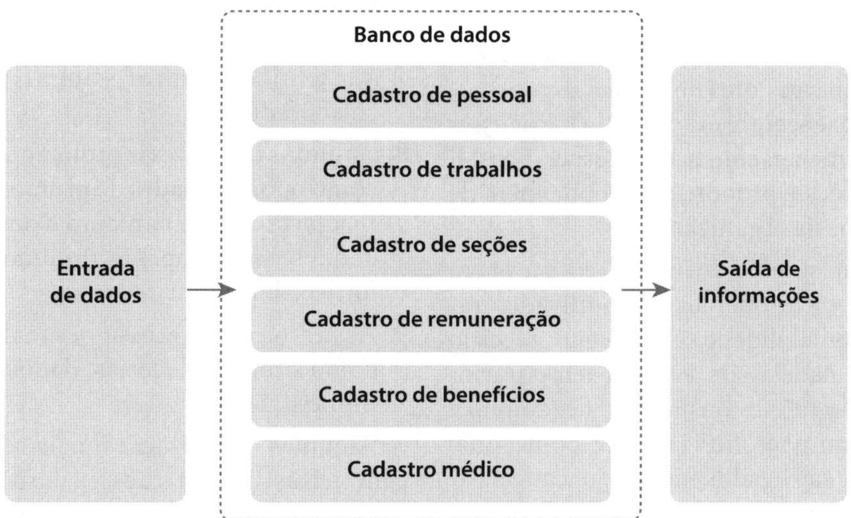

Figura 15.1 Exemplo de um banco de dados simples de GTH.

15.4 SISTEMAS DE INFORMAÇÕES DE GTH

Os sistemas de informações de GTH são fundamentais para o funcionamento eficaz das organizações, atuando como uma rede estruturada que conecta as diversas necessidades de informação envolvidas nos processos decisórios. De acordo com a teoria das decisões, cada organização é composta por múltiplos sistemas de informações interconectados, que asseguram a integração e a fluidez das informações necessárias em tempo real. Os bancos de dados formam a espinha dorsal desses sistemas, fornecendo a infraestrutura essencial para o armazenamento e a recuperação de dados.

Na Era Digital, o conceito de sistema de informações evoluiu para abarcar tecnologias da informação (TI), englobando tanto *hardware* quanto *software*. Isso implica a utilização de redes de computadores equipadas com *softwares* específicos projetados para processar, analisar e intercambiar dados de maneira eficiente. A tendência atual é a criação de redes locais que permitem autonomia a cada unidade organizacional, ao mesmo tempo que garantem a interconexão com a rede corporativa maior. Essa abordagem não só promove a preservação da independência operacional, mas também facilita o acesso a grandes volumes de dados e conecta todos os usuários em tempo real, otimizando a colaboração e a tomada de decisões estratégicas dentro da organização.

Existem dois objetivos básicos para o sistema de informação de GTH. Um deles é administrativo, ou seja, reduzir custos e tempo de processamento da informação. O outro é proporcionar suporte *online* para decisão, ou seja, assistir os gestores de linha e os colaboradores a tomarem melhores decisões. Assim, o sistema de informação de GTH pode estar dedicado aos profissionais de GTH, à alta direção, aos gestores de linha e aos colaboradores em geral. Quase sempre é dedicado a todos esses usuários, simultaneamente, com acessos específicos. E o acesso às informações é proporcionado por meio de terminais distribuídos na organização.

A montagem de um sistema de informações leva em conta o conceito de ciclo operacional, utilizado tradicionalmente em contabilidade. O conceito de ciclo operacional localiza cadeias de eventos temporários dentro da organização (meses ou anos, por exemplo) e permite identificar um ponto inicial e um ponto final (ciclo do sistema), que são ligados entre si por cadeias de eventos. Especificados os pontos inicial e final, evita-se o risco de projetar um sistema de informação apenas para uma parte dos fluxos de informações, uma vez que a dimensão do processo decisório é perfeitamente definida e estendida para os ciclos seguintes.

15.4.1 Sistema de informação para a GTH

O sistema de informação de GTH constitui a abordagem mais abrangente a respeito da comunidade colaborativa de talentos e que serve para análises, ações e decisões por parte dos profissionais de GTH e gestores de linha. Portanto, deve atender às necessidades de todos os usuários e servir também de base de informações específicas aos colaboradores. O primeiro passo consiste em saber exatamente quais as necessidades de informação que cada tipo de usuário tem. Em geral, o sistema de informação para a GTH cobre os seguintes aspectos:

1. Total alinhamento com o planejamento estratégico de GTH como base informacional para que ele possa ser implementado com sucesso.
2. Formulação de objetivos básicos e programas de ação e práticas de GTH.
3. Registros e controles de pessoal para efeito operacional de folha de pagamento, gestão de férias, 13º salário, faltas e atrasos, disciplina etc.
4. Relatórios sobre remuneração, incentivos salariais, benefícios, dados de recrutamento e seleção, plano de carreiras, treinamento e desenvolvimento, higiene e segurança do trabalho, área médica, como base para o processo decisório gerencial.
5. Relatórios sobre trabalhos e seções, custos envolvidos, análises e comparações.
6. Banco de dados de talentos (internos ou externos) e de competências disponíveis e necessárias para o sucesso organizacional.
7. Outras informações gerenciais relevantes para a organização, profissionais de GTH, gestores e colaboradores.
8. Assuntos de interesse profissional dos colaboradores, como oportunidades de promoção, ofertas de carreira, ofertas de treinamento e desenvolvimento, novidades sobre a empresa, produtos e serviços, clientes, fornecedores etc.
9. Assuntos de interesse pessoal dos colaboradores, como situação de férias, dados sobre benefícios, remuneração etc.

Algumas organizações mais conservadoras restringem certas informações exclusivamente ao órgão de GTH e aos gestores, enquanto outras mais inovadoras abrem totalmente as informações para todos os usuários, inclusive os colaboradores.

Figura 15.2 Exemplo de banco de dados em um sistema de informação de GTH.

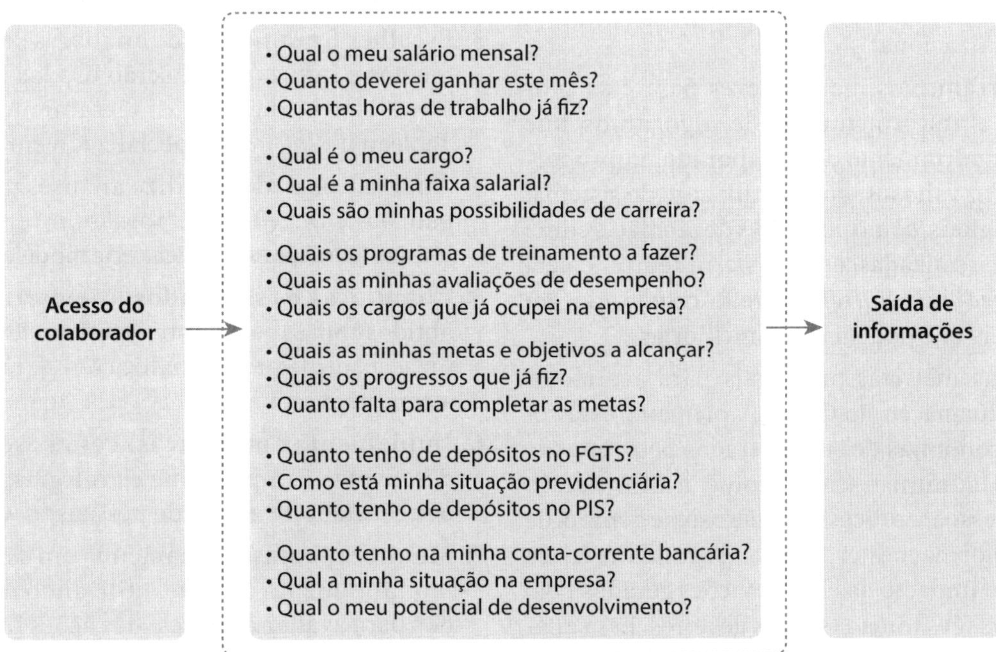

Figura 15.3 Sistema de informação de GTH.

15.4.2 Avaliação dos sistemas de informação de GTH

A avaliação dos sistemas de informação de GTH é um investimento significativo que abrange *software*, *hardware*, infraestrutura, treinamento e custos de manutenção. Dada a abundância de informações que devem ser coletadas, processadas e disponibilizadas sobre os colaboradores, é vital que os profissionais de GTH realizem uma análise crítica do valor de cada dado a ser incorporado ao sistema. A questão central é determinar quais informações são essenciais e como devem ser organizadas para maximizar sua utilidade.

A tecnologia aumentou consideravelmente o valor da informação para os usuários, tornando seu acesso mais fácil, rápido, relevante e significativo. Muitas organizações adotam abordagens modernas para avaliar formalmente o impacto de seus sistemas de informação em GTH. Essas avaliações frequentemente se baseiam em *feedbacks* diretos de gestores e colaboradores, além da análise de métricas de uso do sistema. A frequência de uso de diversas partes do sistema indica sua eficácia e alinhamento com os objetivos de eficiência organizacional.

Uma das ferramentas mais eficazes para essa monitorização é a implementação de algoritmos que analisam o comportamento dos colaboradores, proporcionando *insights* valiosos sobre a utilização do sistema. Ferramentas digitais, como pesquisas de opinião e clima organizacional realizadas *online*, permitem a coleta contínua de *feedback* em tempo real, resultando em dados acionáveis que podem guiar melhorias.

Existem duas métricas principais para avaliar os sistemas de informação de GTH. A primeira está relacionada às economias de custo geradas pela redução das atividades administrativas, como a diminuição de níveis de pessoal, processos onerosos e tempo de espera para informações críticas. A segunda métrica é a avaliação do impacto das informações geradas pelo sistema nas decisões tomadas pelos gestores. Essa análise ilustra os reais benefícios do sistema, destacando que as organizações podem ser divididas em duas categorias: aquelas que investem na construção de ativos de conhecimento, utilizando sistemas ágeis que incorporam técnicas eficazes de resolução de problemas, e aquelas que simplesmente automatizam funções de apoio, como a folha de pagamento. Os retornos das organizações que priorizam ativos de conhecimento tendem a ser três vezes maiores ou mais, comparados com aqueles que apenas buscam eficiência operacional. Dessa forma, a GTH evolui para uma função cada vez mais integrada e colaborativa, estreitando a conexão entre gestores e colaboradores em um ambiente virtual dinâmico e interativo.

15.4.3 Passo a passo para implementar o *People Analytics*

Em um mundo corporativo cada vez mais orientado por dados, a implementação do *People Analytics* oferece uma oportunidade transformadora para as organizações que desejam maximizar o potencial de seu capital humano. Você está pronto para direcionar sua equipe rumo a um futuro mais estratégico e eficaz?

1. **Definir objetivos claros:** comece estabelecendo quais objetivos específicos você deseja alcançar com *People Analytics* (ex.: reduzir a rotatividade, melhorar a satisfação no trabalho etc.).
2. **Coletar dados relevantes:** identifique quais dados são necessários para a análise. Isso pode incluir informações de desempenho, *feedback* de colaboradores, dados demográficos e muito mais.
3. **Escolher ferramentas de análise:** selecione as ferramentas e *softwares* que serão usados para processar e analisar os dados (ex.: ferramentas de BI como Tableau ou *software* especializado em RH).
4. **Analisar os dados:** realize análises para identificar padrões e *insights* que possam informar decisões. Utilize técnicas estatísticas e de modelagem preditiva.
5. **Comunicar os resultados:** compartilhe os *insights* obtidos com as partes interessadas relevantes da organização, utilizando visualizações claras para facilitar a compreensão.
6. **Implementar mudanças:** com base nos *insights*, desenvolva e implemente estratégias para melhorar os processos de gestão de pessoas.
7. **Monitorar e ajustar:** mantenha um ciclo contínuo de monitoramento e ajuste, utilizando dados atualizados para avaliar a eficácia das ações implementadas.

Em conclusão, o *People Analytics* emerge como uma abordagem inovadora e estratégica para a gestão do capital humano nas organizações contemporâneas. Ao adotar um processo estruturado que envolve a definição de objetivos claros, coleta criteriosa de dados, uso de ferramentas analíticas sofisticadas e comunicação efetiva de *insights*, as empresas não apenas melhoram a eficiência de suas operações, mas também se posicionam para uma tomada de decisão mais embasada e proativa.

A implementação de mudanças fundamentadas em análises rigorosas permite que as organizações respondam de maneira ágil às necessidades de seus colaboradores, promovendo um ambiente de trabalho mais satisfatório e engajado. Além disso, o ciclo contínuo de monitoramento e ajuste garante que as estratégias de gestão de pessoas permaneçam relevantes e eficazes ao longo do tempo. Assim, o *People Analytics* não é apenas uma tendência passageira, mas um imperativo organizacional que, quando aplicado corretamente, transforma a maneira como as empresas valorizam e potencializam seu talento humano.

15.4.4 Dados e indicadores de desempenho na GTH

Na atual Era da Informação, o capital intelectual tornou-se um dos ativos mais valiosos para as organizações, representando o conhecimento, as habilidades e as competências que os colaboradores trazem para a empresa. Para gerenciar efetivamente esse capital, vimos que as corporações têm adotado uma série de dados e indicadores de desempenho que não apenas ajudam a compreender o desempenho dos colaboradores, mas também informam estratégias que promovem o desenvolvimento e a retenção de talentos. A utilização desses indicadores permite que os líderes organizacionais tomem decisões fundamentadas, identifiquem áreas de melhoria e alinhem as iniciativas de pessoas com os objetivos estratégicos da empresa. A seguir, apresentamos 30 exemplos de indicadores de desempenho que têm se mostrado essenciais na Gestão do Talento Humano.

Indicadores de desempenho estratégicos na GTH:

1. Taxa de rotatividade de colaboradores.
2. Índice de satisfação dos colaboradores (eNPS).
3. Nível de engajamento dos funcionários.
4. Tempo médio de contratação.
5. Custo por contratação.
6. Taxa de retenção de talentos-chave.
7. Percentual de cargos críticos preenchidos internamente.
8. Índice de diversidade e inclusão.
9. Percentual de colaboradores com desenvolvimento de carreira estruturado.
10. Número de horas de treinamento por colaborador.
11. Efetividade das ações de treinamento (avaliação pós-treinamento).
12. Taxa de promoção interna.
13. Tempo médio de permanência na organização.
14. Percentual de colaboradores que atingem suas metas de desempenho.
15. Indicadores de saúde e bem-estar dos funcionários.
16. Nível de *feedback* positivo em 360 graus.
17. Taxa de absenteísmo.
18. *Score* de desempenho coletivo de equipes.
19. Retorno sobre investimento (ROI) em programas de desenvolvimento de talentos.
20. Análise de competências (*gap analysis*).
21. Taxa de participação em iniciativas de formação.
22. Percentual de escritórios com mentalidade de aprendizado.
23. Avaliação de cultura organizacional.
24. Taxa de adesão a programas de diversidade e inclusão.
25. Efetividade de liderança (*feedback* de equipes).
26. Tempo médio de resposta a *feedbacks* de colaboradores.
27. Quantidade de ideias implementadas por colaboradores (inovação).
28. Nível de colaboração interdepartamental.
29. Indicadores de desempenho por unidade de negócio.
30. Monitoramento de tendências de mercado em relação a políticas de gerenciamento de talentos.

Algumas das empresas globais que aplicam esses indicadores são:

1. **Google:** utiliza análises avançadas de dados para entender melhor o engajamento, bem como para identificar talentos e promover a diversidade dentro de suas equipes.
2. **IBM:** adotou uma abordagem robusta ao *People Analytics*, focando na retenção de talentos e na avaliação de desempenho agregada.
3. **Deloitte:** estabeleceu um forte foco em análise de dados para medir o engajamento dos colaboradores e o impacto de suas iniciativas de treinamento e desenvolvimento.
4. **Unilever:** implementa métricas de diversidade e inclusão, além de utilizar pesquisas de clima para identificar o nível de satisfação dos colaboradores.
5. **Salesforce:** utiliza indicadores de desempenho para mensurar a eficácia dos programas de treinamento e para monitorar a saúde da cultura organizacional.

Esse conjunto de indicadores e sua aplicação nas grandes corporações ilustram a importância de uma abordagem orientada por dados na gestão do capital intelectual, permitindo que as organizações se tornem mais ágeis, inovadoras e eficientes.

15.4.5 Como avaliar o impacto dos dados na cultura organizacional

A implementação do *People Analytics* nas organizações tem um impacto significativo na cultura organizacional, uma vez que amplia a capacidade de entender e moldar comportamentos, atitudes e dinâmicas de trabalho dentro da empresa. A cultura organizacional é, em essência, o conjunto de valores, crenças e práticas que definem como os colaboradores interagem entre si e com a missão da empresa. Ao integrar dados relacionados ao desempenho, engajamento, satisfação e *feedback* contínuo, as empresas podem identificar quais aspectos de sua cultura estão fomentando um ambiente positivo e quais áreas precisam ser aprimoradas para alinhar a cultura à estratégia organizacional.

Interpretar os dados coletados por meio do *People Analytics* requer uma análise cuidadosa e contextualizada. As métricas de engajamento, por exemplo, podem revelar não apenas o nível de satisfação dos colaboradores, mas também como esses níveis se correlacionam com valores culturais específicos, como inovação, colaboração e inclusão. Se os dados mostrarem alta rotatividade em determinado departamento, é crucial não apenas investigar o que está causando essas saídas, mas também entender como a cultura daquela equipe particular se relaciona com as expectativas e comportamentos dos colaboradores. Assim, ferramentas de análise de sentimento e pesquisas de clima podem ser usadas para descortinar as percepções dos colaboradores sobre a cultura vivenciada no dia a dia, permitindo ajustes proativos que reflitam os valores desejados pela liderança.

Além disso, a intersecção entre *People Analytics* e cultura organizacional promove uma comunicação mais aberta e uma relação de confiança na organização. Quando os colaboradores percebem que seus *feedbacks* são analisados e utilizados para fazer mudanças tangíveis, eles se sentem mais valorizados e conectados à missão da empresa. Isso não apenas fortalece a cultura organizacional, mas também impulsiona o engajamento e a motivação. A transparência nas análises e decisões que emergem do *People Analytics* pode ser transformada em um diálogo contínuo sobre como a cultura da empresa deve evoluir, criando um ciclo virtuoso no qual dados informam ações, que, por sua vez, impactam na cultura de forma positiva e sustentável. Assim, o *People Analytics* não é apenas uma ferramenta de medição, mas também um catalisador para o desenvolvimento de uma cultura organizacional robusta e alinhada aos objetivos estratégicos da empresa.

TENDÊNCIAS EM GTH

Cultura organizacional orientada por dados (*data-driven*)

Uma empresa onde a cultura organizacional é orientada por dados, ou *data-driven*, é aquela que prioriza o uso de dados e análises para embasar decisões em todos os níveis da organização. Nessa configuração, a coleta, a análise e a interpretação de dados tornam-se práticas comuns que influenciam desde a formulação de estratégias até as operações diárias. Aqui estão algumas características-chave de como essa empresa se comporta e se organiza:

- **Tomada de decisão baseada em dados:** em uma cultura *data-driven*, as decisões não são baseadas apenas em intuições ou suposições; em vez disso, são fundamentadas em análises rigorosas de dados disponíveis. Isso significa usar métricas relevantes para avaliar o desempenho de iniciativas, prever resultados e identificar oportunidades de melhoria, acessando dados históricos e tendências.
- **Transparência e acessibilidade dos dados:** os dados são amplamente compartilhados e acessíveis a todos os colaboradores, não apenas à alta gestão ou ao departamento de TI. A empresa investe em tecnologias que permitem que os funcionários tenham acesso a *dashboards*, relatórios e ferramentas de visualização de dados, promovendo uma cultura de transparência e responsabilidade.
- **Educação e capacitação:** os colaboradores são capacitados para entender e utilizar dados em seu trabalho cotidiano. Isso pode incluir treinamentos em ferramentas analíticas, interpretação de dados e habilidades

estatísticas. A educação contínua sobre a importância dos dados e como eles podem ser usados para melhorar processos e resultados é uma norma cultural.

- **Experimentação e interação:** uma empresa *data-driven* cultiva uma mentalidade de experimentação, onde hipóteses são testadas por meio de análises de dados. Isso significa que as iniciativas podem ser ajustadas continuamente com base nos resultados obtidos, promovendo um ambiente que valoriza a aprendizagem e a adaptação.
- **Foco em resultados e *performance*:** indicadores-chave de desempenho (KPIs) são estabelecidos e monitorados regularmente. As equipes são incentivadas a alcançar resultados específicos usando dados como um guia para avaliar seu progresso e sucesso. O desempenho é frequentemente revisado com base em dados, com reconhecimento e recompensas para aqueles que utilizam análises para gerar resultados positivos.
- **Integração de dados em todos os departamentos:** dados não são restritos a um único departamento, mas são integrados em todas as áreas da empresa, desde marketing e vendas até recursos humanos e finanças. Essa integração promove uma visão holística e interconectada, onde todas as equipes têm um entendimento compartilhado das métricas e objetivos organizacionais.
- **Cultura de *feedback*:** o *feedback* é coletado e analisado continuamente, permitindo que a empresa se ajuste rapidamente às necessidades dos colaboradores e do mercado. Pesquisas de satisfação, análise de sentimentos e outros mecanismos são utilizados para entender a percepção dos funcionários e impactar positivamente a cultura organizacional.

Os sistemas de avaliação de ativos intangíveis[1]

A Suécia foi o país pioneiro nos demonstrativos de talentos, com números e referências que não aparecem nos relatórios anuais das empresas de outros países. O relatório de ativos intangíveis da Skandia AFS chamou a atenção mundial. A Skandia tem um diretor de capital intelectual, e seu relatório sobre o capital intelectual – o *Business Navigator* – tem 30 indicadores-chave distribuídos em cinco áreas: foco financeiro, no cliente, no processo, foco humano e foco no desenvolvimento/renovação.

Cada foco possui seus próprios indicadores-chave:

- **Foco no cliente:** equivale à categoria de estrutura externa. É avaliado por número e qualidade de clientes, nível de satisfação dos clientes, oferta de soluções ao cliente, reputação e imagem da empresa.
- **Foco no processo:** equivale à categoria de estrutura interna. É avaliado por excelência operacional, qualidade, produtividade e processos internos.
- **Foco humano:** equivale à categoria da competência. É avaliado por desempenho humano, habilidades, conhecimentos e competências disponíveis, atitudes dos colaboradores e como eles contribuem para o sucesso organizacional.
- **Foco no desenvolvimento/renovação:** equivale à categoria da inovação. É avaliado por desenvolvimento de competências organizacionais, funcionais, gerenciais e individuais e sua aplicação. Mede também a gestão da mudança organizacional, criatividade e inovação no negócio.
- **Foco financeiro:** refere-se à receita financeira e ao resultado operacional do negócio como decorrência do conjunto de focos anteriores.

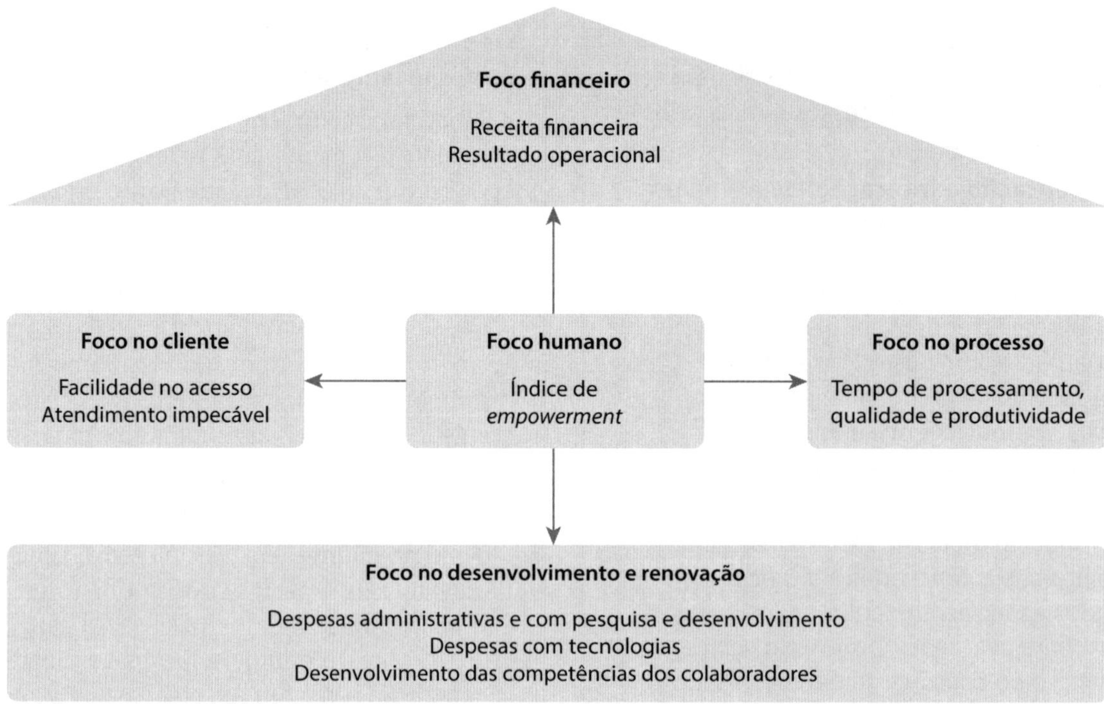

Figura 15.4 *Business Navigator* da Skandia.[2]

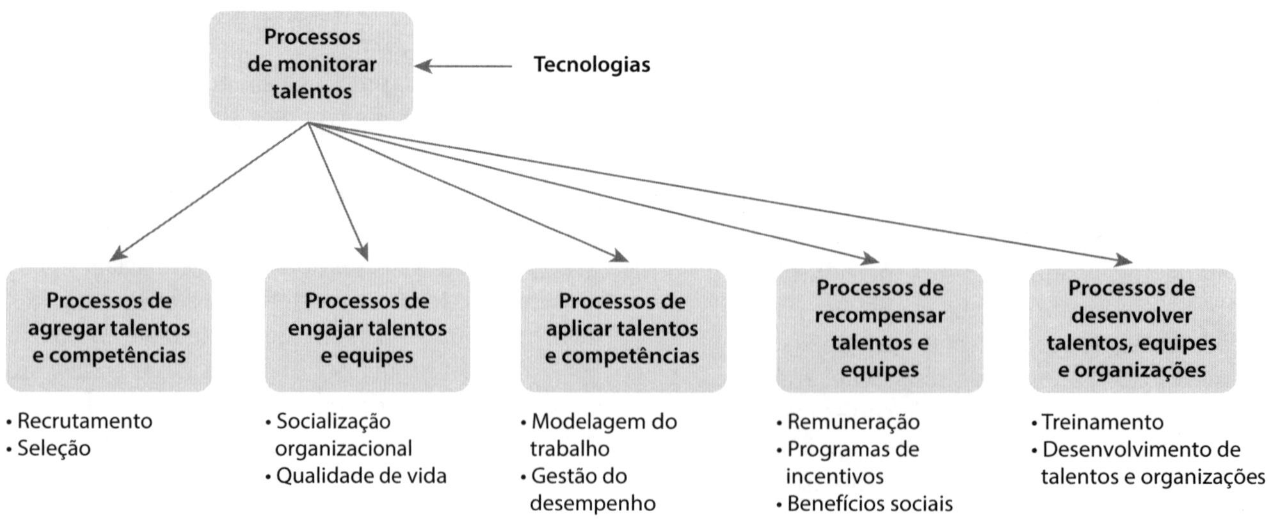

Figura 15.5 Influência dos processos de monitorar talentos sobre os demais processos de GTH.

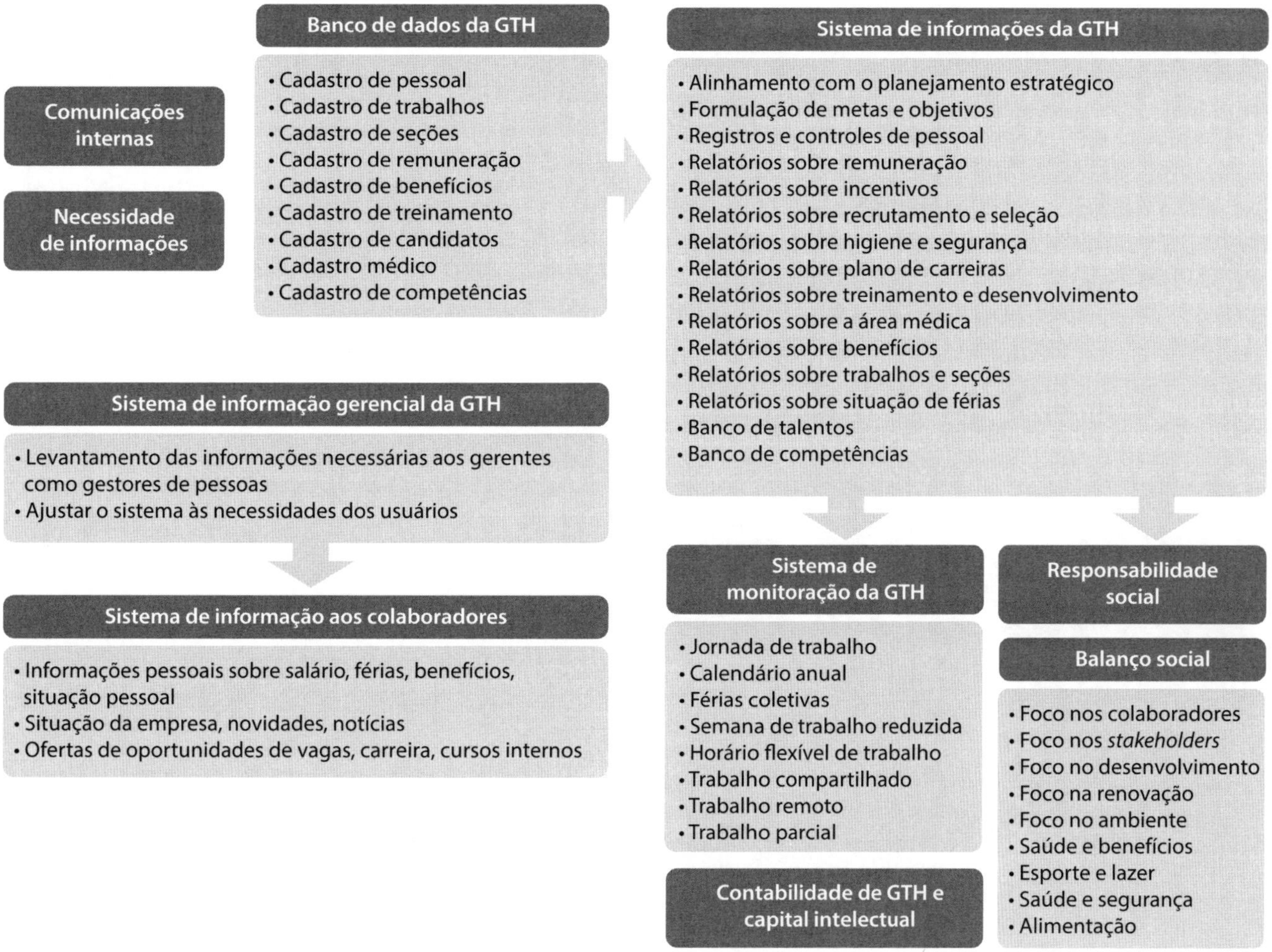

Figura 15.6 Mapa mental do Capítulo 15: Banco de dados e *People Analytics*.

REFERÊNCIAS

1. Citado em: SVEIBY, K. E. *A nova riqueza das organizações:* gerenciando e avaliando patrimônios de conhecimento. Rio de Janeiro: Campus, 1997. p. 225-226.
2. Fonte: Relatório Anual de 1995 da Skandia AFS, Suplemento sobre Capital Intelectual.

Capítulo

16

Avaliação da Gestão do Talento Humano

Medindo a criação de valor e a entrega de resultados da GTH

Objetivos de aprendizagem

Após estudar este capítulo, você deverá estar capacitado para:

- Definir os meios de avaliação da função de GTH.
- Avaliar como uma organização pode utilizar seus talentos.
- Avaliar a qualidade dos serviços e assessoria oferecidos pela GTH.
- Definir a atuação dos gerentes de linha como líderes.
- Estimar os custos e os benefícios dos programas de GTH.
- Aprender a utilizar dados para tomar decisões mais inteligentes sobre os colaboradores.

O que veremos adiante

- Necessidade de indicadores de desempenho e de resultados.
- Auditoria da função de GTH.
- Critérios de avaliação da GTH.
- Métodos de avaliação da GTH.
- Pesquisas internas de avaliação.
- Pesquisas externas de avaliação.

Qual é, de fato, a função da Gestão do Talento Humano (GTH) nos dias de hoje? Limita-se a gerenciar processos como atração, engajamento, aplicação, recompensa, desenvolvimento e monitoramento de talentos? Embora isso possa parecer um escopo abrangente, a verdade é que vai muito além. A GTH também deve atuar como uma parceira de suporte que capacita os gestores a se tornarem verdadeiros líderes de pessoas.

A expansão da área de Gestão do Talento Humano para uma atuação mais estratégica reflete uma transformação necessária no atual cenário corporativo, em que a agilidade e a inovação são cruciais para a competitividade organizacional. A GTH não deve ser vista apenas como uma função de suporte, mas como um parceiro estratégico que está no centro das decisões empresariais. Isso implica uma mudança de paradigma, na qual a gestão de talentos deve estar alinhada com a missão, a visão e os objetivos estratégicos da organização.

Nesse novo modelo, a GTH atua como um catalisador que conecta a estratégia de negócios e a cultura da empresa às necessidades e aspirações dos colaboradores. Para cumprir essa função, é vital que os profissionais de GTH adotem uma abordagem proativa, utilizando dados e análises para realizar a avaliação da função de GTH. Essa abordagem permite que as organizações não apenas respondam a desafios imediatos, mas também se preparem para as incertezas do futuro, criando uma comunidade colaborativa de talentos resiliente e adaptável.

A Figura 16.1 ilustra essa magnífica expansão de papéis e responsabilidades na GTH. A adaptação a um papel estratégico, alinhado aos objetivos da organização, demanda também um entendimento claro de como medir os processos da GTH e como essas iniciativas estão realmente contribuindo para aumentar a sinergia entre a organização e seus colaboradores.

É imprescindível que os resultados advindos da atuação da GTH sejam continuamente avaliados e mensurados, permitindo melhorias sistemáticas no alinhamento e foco estratégico. Em termos práticos, a gestão estratégica do talento humano deve ser um processo que favorece a organização na consecução de seus objetivos fundamentais.

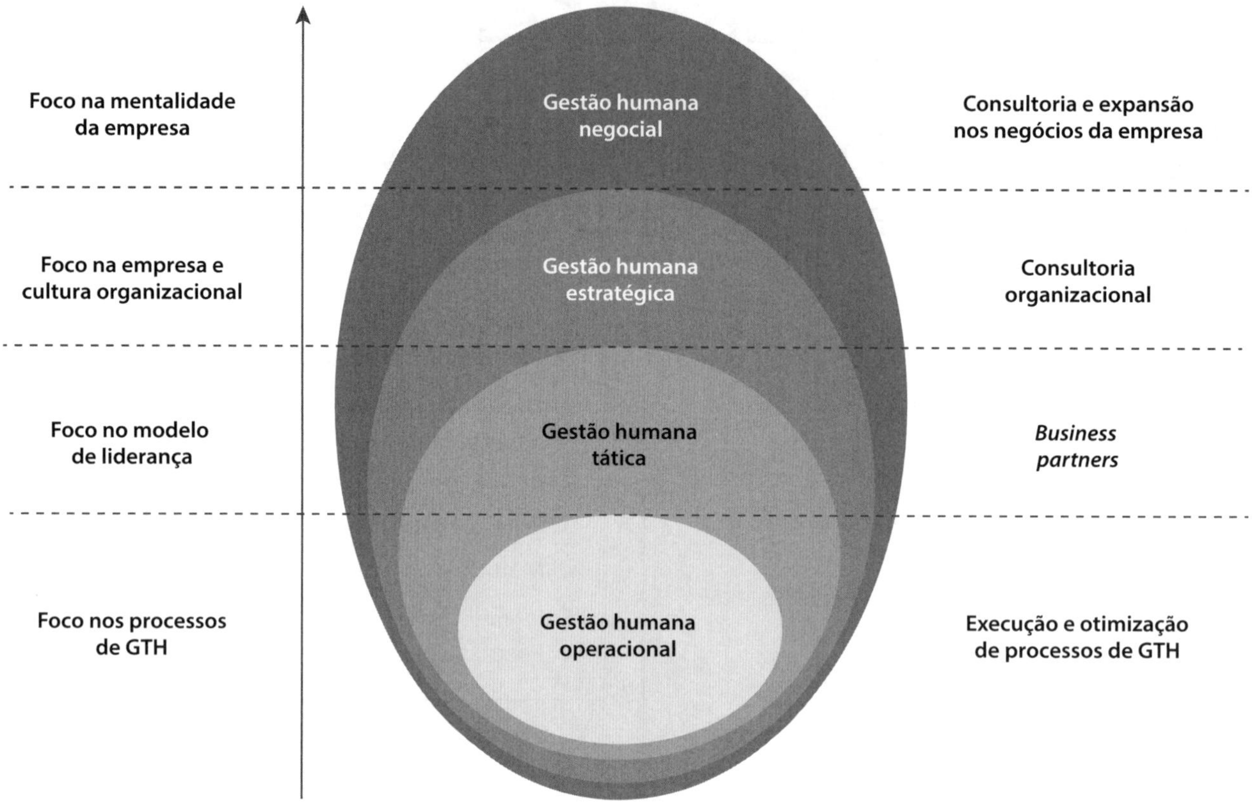

Figura 16.1 As gradativas áreas de atuação da GTH.

Figura 16.2 A GTH estratégica e negocial com foco em resultados organizacionais.

Assim, a GTH está ampliando sua atuação envolvendo seus *stakeholders* internos e indo ao encontro de seus *stakeholders* externos.

Para atuar simultaneamente e com sucesso em todos esses vários estratos de atuação, a GTH precisa adotar métricas e indicadores para mensurar seu impacto na organização e no seu negócio (Figura 16.3). Isso envolve a adoção de um modelo de relações causais entre os valores gerados pelos colaboradores e os resultados finais do negócio em um quadro de referências que permita a criação de sistemas de mensuração da área. Essa arquitetura estratégica da GTH requer:[1]

1. Alinhar-se intimamente com a estratégia organizacional.
2. Construir um *business case* da GTH como um componente estratégico.
3. Criar um mapa estratégico que apresente indicadores tangíveis e intangíveis.
4. Identificar os "produtos" da GTH no mapa estratégico.
5. Alinhar a estrutura da GTH com os "produtos" da GTH.
6. Desenhar sistemas de mensuração em *scorecards* (que veremos adiante).
7. Implementar a GTH com indicadores e métricas.
8. Monitorar e revisar continuamente a mensuração dos resultados e compará-los com o mapa estratégico.

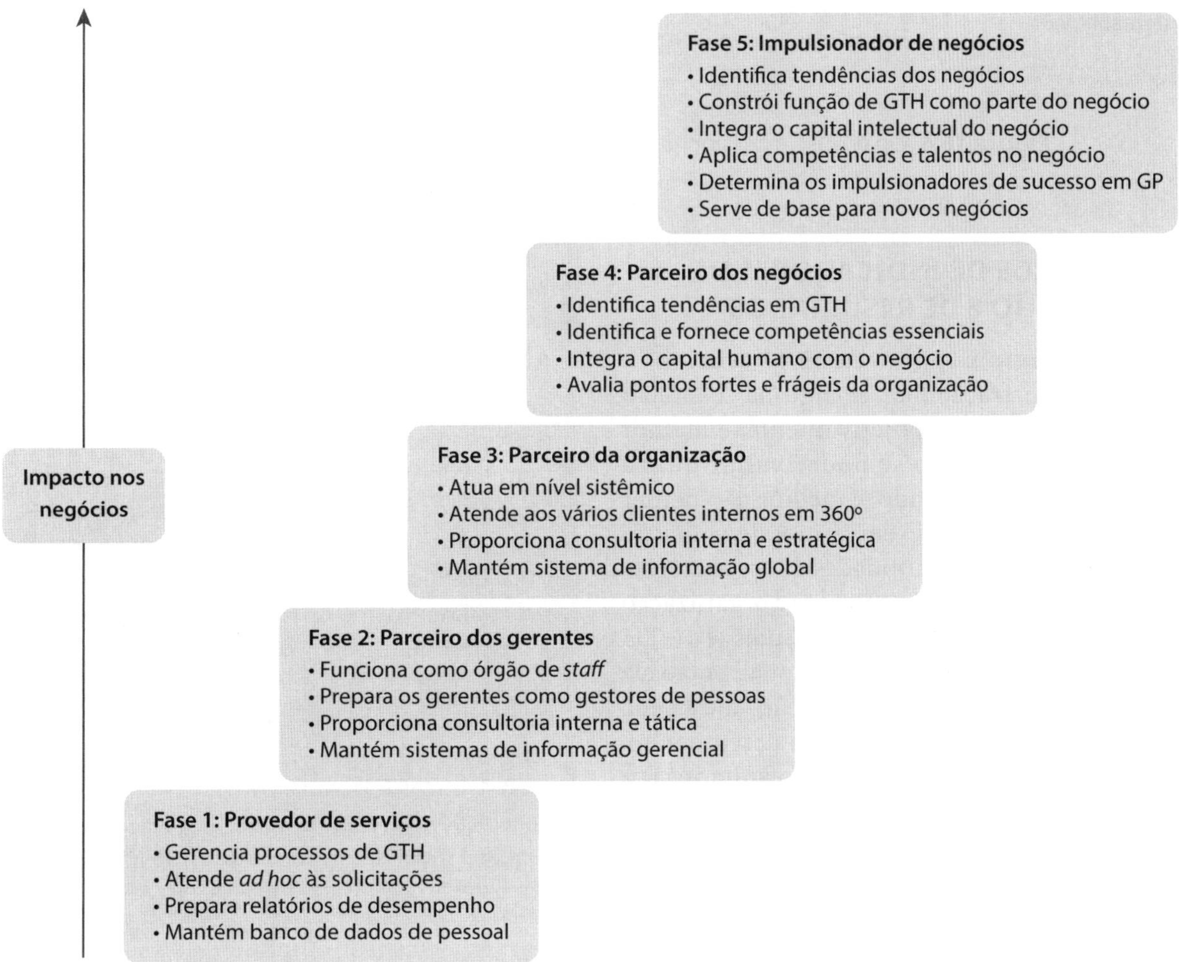

Figura 16.3 Os vários estratos de atuação à frente da GTH.

Figura 16.4 Objetivos, impulsionadores e métricas da GTH do Saratoga Institute.[2]

16.1 NECESSIDADE DE INDICADORES DE DESEMPENHO E DE RESULTADOS

Diz um velho adágio popular entre os teóricos e práticos em administração que, se alguma coisa não pode ser medida e avaliada objetivamente, é melhor esquecer o assunto.[3] Se não se pode avaliar qual a contribuição que se está fazendo, é melhor não perder tempo com isso. A mensuração em termos de avaliação é uma prioridade em todas as unidades da organização: demonstrar qual é sua contribuição para a organização está se tornando uma prioridade de topo, pois se a GTH não contribui para o sucesso organizacional, então ela não serve para muita coisa e, portanto, não vale a pena investir nela. Não basta medir apenas o desempenho. É preciso medir o resultado. Gestão é resultado! E o resultado deve ser claro e firme, para que gestores e colaboradores acreditem que a GTH mexe realmente com os resultados do negócio.

PARA REFLEXÃO

A necessidade de indicadores e métricas

Quase sempre, os profissionais de GTH se defrontam com questões fundamentais que nem sempre são respondidas com objetividade. Qual é o desempenho atual da área? Quais os resultados que ela oferece à empresa? Qual é o valor que agrega ao negócio? As políticas e os procedimentos de GTH ajudam a organização a cumprir seus objetivos de longo prazo? Qual é o papel da GTH no alcance da missão da organização? Qual sua contribuição para o sucesso do negócio? Há também questões mais práticas e visíveis, como: qual é o nível de satisfação dos colaboradores? Qual o absenteísmo e qual o índice de rotatividade? Os investimentos em seleção e treinamento trazem retornos? A GTH oferece consultoria interna e serviços de suporte de acordo com as necessidades dos gestores e colaboradores? Em resumo: a GTH está cumprindo bem o seu papel? Mas, afinal de contas, qual é o seu papel?

16.2 AVALIAÇÃO DA FUNÇÃO DE GTH

A avaliação da função de GTH – também conhecida como auditoria de GTH – é uma revisão sistemática e formal desenhada para medir custos e benefícios do programa global de GTH (área de gestão de pessoas, cultura, treinamento e desenvolvimento etc.) e comparar sua eficiência e eficácia atual com o desempenho passado, com o desempenho em outras organizações comparáveis e sua contribuição para os objetivos da organização. Trata-se, na verdade, de avaliar o desempenho da GTH na organização.

A avaliação das atividades e programas de GTH tem os seguintes propósitos:[4]

1. Justificar a existência e o orçamento de despesas de GTH e o seu retorno.
2. Melhorar continuamente a função de GTH proporcionando meios para decidir quando adicionar ou suprimir atividades, alterar rumos e práticas.
3. Proporcionar retroação para os executivos de GTH, executivos de linha e colaboradores a respeito dos graus de eficácia da GTH e sua importância e impacto no negócio da organização.
4. Ajudar a GTH a oferecer uma contribuição expressiva para os objetivos da organização e as necessidades e expectativas dos diferentes *stakeholders*.

Auditoria de GTH é a análise sistemática das políticas e práticas de pessoal e a avaliação do seu funcionamento, tanto para a correção dos desvios como para a sua melhoria contínua. A auditoria é um sistema de controle e se baseia na determinação de padrões de quantidade, qualidade, tempo e custo. Esses padrões permitem a avaliação e o controle por meio da comparação do desempenho com os resultados daquilo que se pretende controlar. As organizações que adotam fortemente o uso de *People Analytics* têm demonstrado resultados impressionantes, com um aumento de produtividade dos negócios. Essa melhoria não é apenas um reflexo do uso de tecnologias avançadas, mas também da compreensão aprofundada dos dados relacionados à gestão de talentos. A jornada bem-sucedida em *People Analytics* inicia-se com um conhecimento sólido das métricas de GTH, que são fundamentais para orientar as decisões estratégicas.

Ter domínio sobre métricas como rotatividade, engajamento, desempenho e diversidade permite que as empresas não apenas identifiquem áreas que necessitam de melhoria, mas também desenvolvam intervenções direcionadas que catalisem o potencial humano. Por exemplo, ao analisar os dados de engajamento dos colaboradores, uma organização pode detectar padrões que indiquem a necessidade de mudanças na cultura ou nas políticas de reconhecimento. Isso, por sua vez, gera um ciclo virtuoso em que as melhorias na gestão de pessoas se traduzem em maior eficácia operativa e resultados financeiros.

As fontes de informação para a auditoria residem nos próprios sistemas ou processos de GTH (agregar, engajar, aplicar, recompensar, desenvolver e monitorar). A auditoria de GTH pode ser aplicada a um, a alguns ou a todos os processos e possíveis níveis de abordagem, como filosofias, missões, objetivos, estratégias, políticas, programas e resultados. Preferimos a avaliação que cubra todos os processos e programas de GTH.

A auditoria de GTH deve contar com a participação da administração de cúpula, a fim de garantir que todos os aspectos da organização sejam criticamente avaliados e rever a filosofia geral de avaliação. A área de GTH deve ser envolvida no desenho da auditoria. Os dados para a auditoria devem provir dos estudos de custo-benefício de todas as atividades de GTH. Há uma variedade de métodos para conduzir auditorias, incluindo entrevistas, questionários, observações ou uma combinação deles. O papel dos gestores de linha é ajudar a obter os dados e a avaliar a função de GTH, da mesma forma que outras funções ou usuários de recursos são avaliados na organização. Um programa de avaliação deve ter por finalidade a gradativa adequação e melhoria da qualidade dos programas e serviços oferecidos pela GTH.

16.2.1 19 Exemplos de métricas de GTH: tomando decisões baseadas em dados

As métricas de GTH oferecem uma abordagem fundamentada em dados para a administração do capital humano, proporcionando informações valiosas sobre a eficácia das práticas de GTH e permitindo previsões sobre o futuro. Essas métricas não apenas ajudam a identificar problemas e oportunidades dentro da organização, mas também têm um impacto direto no sucesso organizacional. Ao implementar uma estratégia de *People Analytics* baseada em métricas, as empresas podem constituir uma base sólida para tomadas de decisão que aprimoram o desempenho e a satisfação dos colaboradores.

Nesse contexto, apresentamos uma seleção de 19 métricas de GTH que todo negócio deveria acompanhar.

Essas métricas são essenciais para entender melhor o ambiente de trabalho e o engajamento dos colaboradores, além de orientar os gestores em suas decisões. Com tais informações, sua organização poderá estabelecer um direcionamento estratégico que favoreça não apenas o crescimento individual dos talentos, mas também o desempenho coletivo da equipe. É importante ressaltar que essa lista não é exaustiva; representa um ponto de partida fundamental para quem deseja explorar e implementar uma gestão de pessoas orientada por dados.

1. **Tempo para contratação**: mede o número de dias entre a aplicação de um candidato e a aceitação da oferta de emprego, proporcionando ***insights*** sobre a eficiência do recrutamento.
2. **Custo por contratação**: refere-se ao total investido para contratar um novo colaborador, incluindo custos diretos e indiretos, vital para avaliação da eficácia do processo de recrutamento.
3. **Qualidade da contratação**: avalia o valor que um novo colaborador traz para a organização, baseado em desempenho, adequação cultural e contribuição para os objetivos.
4. **Taxa de rotatividade inicial**: percentual de novos contratados que deixam a empresa no primeiro ano. Essa métrica é fundamental para identificar possíveis desajustes entre o colaborador e a organização.
5. **Rotatividade**: medida percentual de colaboradores que deixam a empresa em um determinado período. Permite análise de como a organização mantém seus talentos.
6. **Tempo desde a última promoção**: indica o tempo médio que os colaboradores permanecem em um cargo antes de serem promovidos, podendo apontar problemas de retenção.
7. **Receita por empregado**: reflete a eficiência organizacional, calculando a receita total da empresa dividida pelo número total de funcionários.
8. **Desempenho e potencial**: compreende avaliações qualitativas e quantitativas sobre o desempenho dos colaboradores, incluindo *feedback* de 360 graus e *ranking* forçado.
9. **Horas trabalhadas faturáveis por empregado**: medida crucial em empresas de serviços, que relaciona o tempo gasto em tarefas faturáveis com o engajamento e a produtividade.
10. **Custo de recursos humanos por empregado**: total de custos operacionais de RH dividido pelo número de colaboradores, fornecendo uma visão clara sobre a eficiência do setor.
11. **Relação HR para empregados**: indica a quantidade de profissionais de RH em relação ao total de colaboradores, refletindo a capacidade de suporte estratégico.
12. **Relação de parceiros de negócios de RH por empregado**: mostra quantos parceiros de negócios de RH existem em relação ao número total de colaboradores, essencial para entender o suporte estratégico disponível.
13. **Eficácia do *software* de RH**: avalia a eficácia das ferramentas tecnológicas utilizadas, com base em métricas como número de usuários ativos e tempo médio de uso.
14. **Taxa de absenteísmo**: percentual de dias em que os colaboradores faltam ao trabalho, um indicativo importante de satisfação e engajamento.
15. **Despesas com treinamento por empregado**: média do investimento que a organização faz em treinamento e desenvolvimento por colaborador em um período definido.
16. **Despesas com horas extras**: refere-se aos custos adicionais quando colaboradores trabalham além de suas horas regulares, essencial para a gestão de custo e carga de trabalho.
17. **Avaliação de engajamento**: mede o quão comprometidos os colaboradores estão com seu trabalho e com a organização, frequentemente utilizando o Net Promoter Score (NPS) de colaboradores.
18. **Satisfação do colaborador**: avalia o quão satisfeitos e felizes os colaboradores estão com seus papéis e com a organização, normalmente abordada por meio de pesquisas.
19. **Eficácia de liderança**: mede o impacto do comportamento dos líderes sobre o desempenho e a moral dos colaboradores, comumente avaliada por meio de *feedback* 360 graus.

Figura 16.5 Métricas de GTH: tomada de decisões com base em dados.

16.2.2 Quem deve avaliar a GTH?

A GTH deve agregar valor à organização e a todos os seus *stakeholders* internos e externos. Quando ela realmente o consegue, ela será bem-sucedida. Para verificar se realmente cumpre o seu papel, a GTH deve ser avaliada por todos os seus *stakeholders* em um modelo de 360º para envolver diferentes facetas de contribuições. O agente de auditoria pode ser um especialista, consultor externo ou uma equipe interna. Em todas as alternativas, a auditoria de GTH provoca forte impacto educacional sobre a organização e os *stakeholders*.

16.3 CRITÉRIOS DE AVALIAÇÃO DA GTH

Para que seja objetiva, toda avaliação deve se basear em critérios e indicadores previamente estabelecidos. Pode-se avaliar cada um dos processos ou programas de GTH separadamente ou na totalidade, como um conjunto sistêmico e unificado. Contudo, o sucesso ou insucesso da GTH deve ser considerado em termos de totalidade, e não como um fenômeno separado e fragmentado. Um excelente processo de agregar novos colaboradores pode ser totalmente neutralizado por um precário processo de aplicação que o acompanha a seguir. Isso significa que a avaliação da GTH deve ser feita sistemicamente, levando em conta todo o conjunto de processos e programas, como mostra a Figura 16.6.

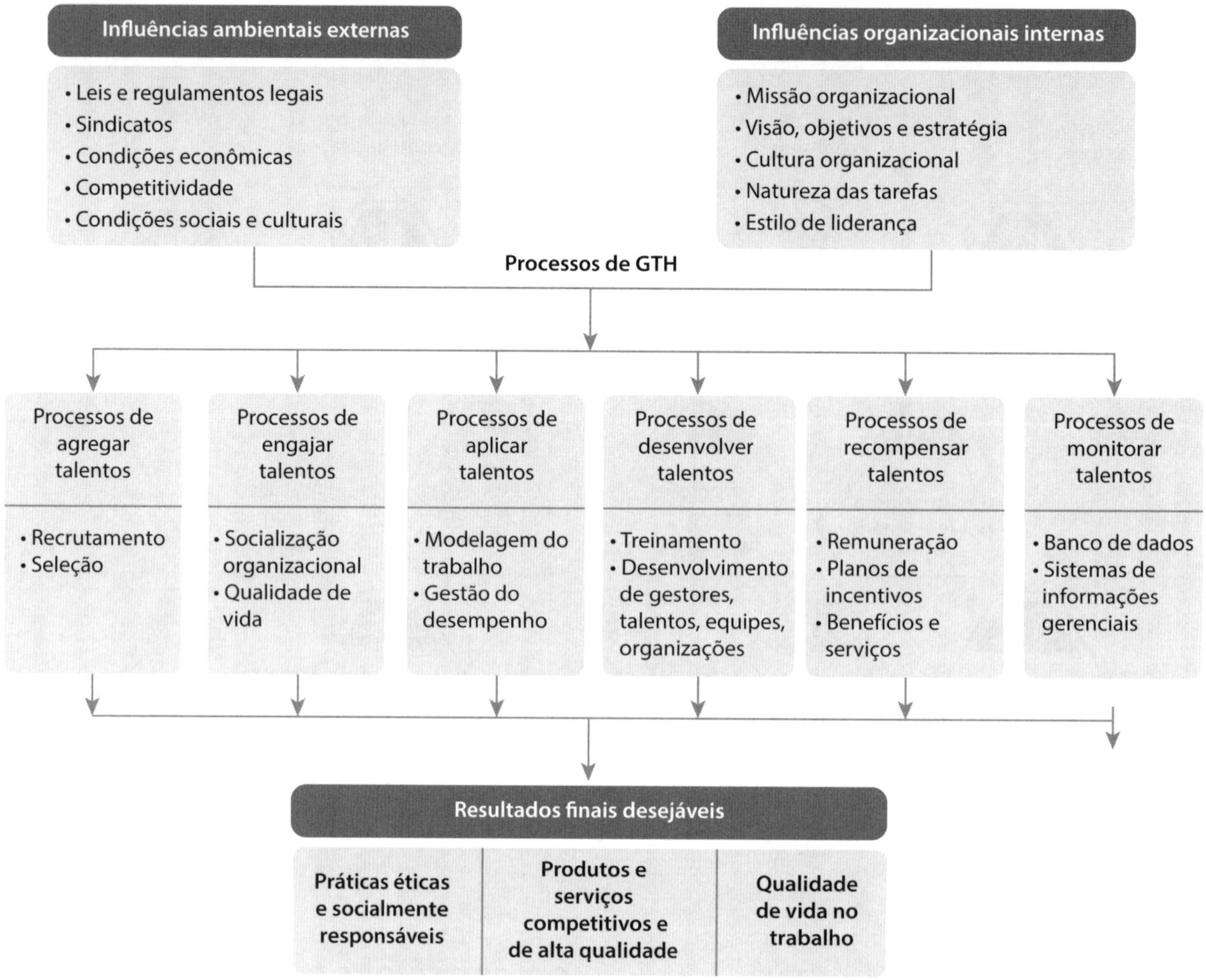

Figura 16.6 Modelo de diagnóstico de GTH.

Os critérios para avaliação da eficácia da GTH podem ser subjetivos ou objetivos.

16.3.1 Critérios subjetivos de avaliação

Os principais critérios subjetivos para a avaliação da GTH são:

1. Nível de cooperação do órgão de GTH com os demais da organização.
2. Opinião dos gestores de linha sobre a eficácia da GTH.
3. Grau de abertura e disponibilidade da GTH para todos os colaboradores para lidar com problemas ou explicar políticas da organização.
4. Atitude e confiança dos colaboradores na GTH.
5. Rapidez e eficácia das respostas para as questões encaminhadas à GTH.
6. Avaliação da qualidade do serviço oferecido pela GTH aos gestores de linha.
7. Avaliação da qualidade da informação e assessoria oferecida à gestão de topo.
8. Satisfação ou insatisfação dos clientes – gestores de linha e colaboradores.
9. Filosofia e políticas de GTH.
10. Resultados finais desejáveis alcançados, como práticas éticas e socialmente responsáveis, produtos e serviços competitivos e de alta qualidade e qualidade de vida no trabalho.
11. Valor agregado à organização e às pessoas pelo GTH.

Na prática, existem critérios apriorísticos que também podem ser utilizados para a avaliação genérica da GTH, como mostra o Quadro 16.1.

Quadro 16.1 Avaliação genérica das práticas de GTH

Desempenho fraco	Desempenho bom	Desempenho excelente
Pessoas como mão de obra	Pessoas como recursos	Pessoas como parceiras
Orientação para o serviço	Orientação para a empresa	Orientação para o cliente
Orientação para a mediana	Orientação para segmentos	Diferenças individuais
Oferta de serviços	Serviços ampliados	Soluções para o cliente
Orientação para a função	Orientação para o processo	Orientação para resultados
Reage à concorrência	Compara-se à concorrência	Supera a concorrência
Tira vantagem das pessoas	Participação das pessoas	Empodera as pessoas
Orientada para custo/preço	Orientada para qualidade	Orientada para agregar valor
Hierarquizada	Estruturada em rede	Equipes de trabalho
Integrada verticalmente	Organizada horizontalmente	Alianças estratégicas
Orientada para o acionista	Orientada para os processos	Socialmente orientada

16.3.2 Critérios objetivos de avaliação

Os principais critérios objetivos para avaliação da GTH são:

1. Grau em que a estratégia de GTH alavanca a estratégia global da organização.
2. Ação afirmativa e impulsionadora no alcance dos objetivos.
3. Tempo de resposta para atender às solicitações.
4. Relação de custos-benefícios dos processos da área de GTH.
5. Eficiência, ou seja, orçamento da GTH dividido pela população servida.
6. Eficácia, isto é, alcance das metas propostas por critérios objetivos.

16.3.3 Retorno do investimento (ROI)

Todo investimento – inclusive em GTH – deve provocar um retorno igual ou maior como compensação. O retorno do investimento (ROI = *return on investment*) representa o benefício obtido em relação ao custo do investimento. É a análise dos benefícios colhidos com o investimento, programa ou projeto. Requer uma tabulação de todos os custos no programa ou projeto, a saber:[5]

1. Os custos para desenhar e desenvolver o programa de gestão de pessoas e cultura, considerando sua duração (normalmente por ano) e a projeção de investimentos dos próximos anos.
2. Os custos de todas as pessoas que fazem parte da organização.
3. Os custos das facilidades: materiais, equipamentos, instalações para o programa.
4. Demais custos administrativos e operacionais do programa.
5. Custos de treinamento e desenvolvimento de pessoas
6. Programas de evolução e fortificação da cultura organizacional
7. Eventuais custos de *consultoria* e avaliação podem ser incluídos.

O cálculo do ROI é feito utilizando os benefícios, como, por exemplo, aumento do faturamento, lucratividade ou retenção de talentos e os custos do programa. O índice de benefício-custo segue a fórmula:

$$\text{Índice de benefício-custo} = \frac{\text{Benefícios do programa}}{\text{Custos do programa}}$$

O ROI utiliza os benefícios líquidos divididos pelos custos do programa. Tais benefícios são calculados pelos benefícios do programa menos os seus custos:

$$\text{ROI} = \frac{\text{Benefícios do programa}}{\text{Custos do programa}}$$

Muitos benefícios e custos do programa são intangíveis e até não monetários. O cálculo do ROI é baseado na conversão de dados *hard* e *soft* em valores monetários. Alguns benefícios intangíveis são:

1. Aumento da satisfação no trabalho.
2. Aumento do comprometimento das pessoas na organização.
3. Melhoria do trabalho em equipe.
4. Melhoria do serviço ao cliente interno e externo.
5. Redução de conflitos e reclamações.

Ao lado de critérios, métricas e indicadores, o ROI é importantíssimo na avaliação de resultados da GP.

16.3.4 Avaliação por meio de técnicas contábeis

Existem técnicas contábeis para calcular custos e benefícios da função de GTH, como o dinheiro investido em treinamento, o custo da rotatividade de pessoal ou dos benefícios sociais concedidos aos colaboradores. São técnicas que permitem calcular quantitativamente a contribuição da GTH. O passo inicial é definir quais medidas ou critérios de eficácia.

Cada uma dessas medidas – ou combinações delas – permite avaliar eficiência e/ou eficácia dos esforços de GTH. Como os critérios são variados, eles devem ser integrados em conjunto. A decisão seguinte é determinar qual a abordagem que se pretende utilizar na avaliação da GTH. As duas abordagens mais importantes são: a avaliação por listas de verificação e por critérios estatísticos.

16.3.5 Avaliação por listagens de verificação (*checklists*)

A avaliação da Gestão do Talento Humano (GTH) deve evoluir conforme as demandas do mundo moderno, onde a transformação digital e a inovação desempenham um papel central nas organizações. Atualmente, a GTH não se limita a avaliar procedimentos; a auditoria deve refletir uma abordagem integrada que considere a eficácia das práticas de gestão de talentos em um ambiente de trabalho dinâmico e multifacetado. Um *checklist* será essencial para garantir que todos os aspectos da GTH sejam diagnosticados e medidos de forma abrangente e estratégica. Os itens listados são agrupados por área de atividade, a saber:

Quadro 16.2 Lista de verificação para a auditoria da GTH com os gestores[6]

1. Cultura organizacional

- Como você descreveria a cultura organizacional de sua empresa? Quais valores são mais priorizados no dia a dia?
- De que maneira os rituais e símbolos da organização reforçam os elementos centrais da cultura? Como a liderança influencia e molda a cultura organizacional? Existem comportamentos específicos que são reconhecidos e recompensados?

2. Atração e recrutamento

- Quais estratégias estão sendo utilizadas para atrair talentos? Essas estratégias estão alinhadas com a marca empregadora da empresa?
- Você está utilizando tecnologia e plataformas digitais para otimizar o recrutamento? Se sim, quais ferramentas estão sendo eficazes?

3. *Onboarding* e integração

- Como é o processo de integração de novos colaboradores? Quais medidas estão sendo tomadas para garantir que o *onboarding* seja acolhedor e informativo?
- Você realiza acompanhamento durante o período de adaptação? Quais *feedbacks* os novos contratados oferecem sobre essa experiência?

4. Desenvolvimento e capacitação

- Quais programas de treinamento e desenvolvimento estão disponíveis para os colaboradores? Como você mensura a eficácia desses programas?
- Você oferece oportunidades de aprendizado contínuo, como cursos *online* ou *workshops*? Qual o nível de participação dos colaboradores?

5. Engajamento e satisfação

- Como você mede o engajamento dos colaboradores? Que ferramentas ou pesquisas são utilizadas para coletar dados sobre a satisfação no trabalho?
- Como o *feedback* dos colaboradores é coletado e utilizado? Existem ações visíveis que resultam desse *feedback*?

6. *Performance* e avaliações

- Qual é o sistema de avaliação de desempenho adotado? Ele é transparente e percebido como justo pelos colaboradores?
- Você realiza avaliações regulares com base em objetivos? Como é feito o acompanhamento de resultados?

7. Promoções e retenção

- Quais critérios são utilizados para as promoções? Os colaboradores têm clareza sobre esses critérios?
- Qual a taxa de rotatividade em sua organização? Há um plano de ação para reter talentos críticos?

(continua)

(continuação)

8. Tecnologia e ferramentas de GTH

- Que sistemas de gestão de talentos com inteligência artificial você utiliza? Essas plataformas são acessíveis e fáceis de usar para gestores e colaboradores?
- Qual é a eficácia do uso de *People Analytics* na tomada de decisões? Os dados são utilizados ativamente para melhorar a gestão de talentos?

9. Saúde e bem-estar no trabalho

- Que iniciativas estão em vigor para promover a saúde mental e o bem-estar dos colaboradores? Há programas de apoio psicológico?
- Como a empresa lida com os desafios de *work-life balance*? Quais políticas foram implementadas para apoiar isso?

10. Conexão com a estratégia organizacional

- Como a GTH se alinha com os objetivos de longo prazo da organização? Existem métricas que vinculem diretamente o capital humano aos resultados de negócios?
- Os líderes de equipe estão engajados em promover a gestão de talentos em suas unidades? Como essa conexão se reflete nas práticas diárias?

Um *checklist* de auditoria atualizado para a GTH deve incorporar práticas que refletem as necessidades e expectativas do mercado de trabalho contemporâneo. As perguntas definitivas e os tópicos abordados aqui visam fornecer uma visão abrangente de como a GTH está operando dentro da organização e sua relevância para alcançar os objetivos estratégicos. Essa abordagem não só melhora a coleta e a análise de dados, mas também garante que a GTH esteja em sintonia com as demandas de um ambiente de trabalho em constante mudança, promovendo uma cultura organizacional que valoriza e desenvolve seu capital humano de forma eficaz.

16.4 PESQUISAS INTERNAS DE AVALIAÇÃO

A pesquisa interna constitui um excelente instrumento para avaliar a função de GTH. Ela permite coletar dados e informações, opiniões e atitudes de todas as pessoas envolvidas por meio de técnicas de questionário para obtenção de informações e análise de dados mediante critérios estatísticos. O ideal seria envolver o máximo de *stakeholders* e cobrir vários tipos de aspectos, como: alinhamento estratégico, cultura, mentalidade, clima organizacional, atitude e opinião, satisfação no trabalho, cada qual com a sua finalidade específica. As áreas cobertas por tais pesquisas nem sempre são bem definidas, pois quase sempre extrapolam seu campo de avaliação e invadem aspectos colaterais, trazendo superposição de resultados.

É óbvio que as atitudes dos colaboradores são fortemente influenciadas pelas práticas e políticas de GTH da organização. As pesquisas de atitudes são desenhadas para obter informações a respeito de como os colaboradores percebem e interpretam as políticas e programas de GTH da organização e como reagem a eles.

16.4.1 Pesquisa de clima organizacional

O conceito de clima organizacional foi criado originalmente para descrever a atmosfera social reinante na organização e as percepções, sentimentos e atitudes das pessoas a respeito de processos sociais. Posteriormente, foram agregados três aspectos para caracterizar o clima: exposição dos colaboradores à mesma estrutura organizacional, processos e práticas que tornam o grupo um conjunto homogêneo e compartilhamento de significados por meio da interação social.[7] A eficiência da organização pode ser aumentada por meio da criação de um clima organizacional que satisfaça às necessidades de seus membros e, ao mesmo tempo, canalize esse comportamento motivado na direção dos objetivos organizacionais. A percepção sobre o clima organizacional afeta a conduta dos colaboradores e pode servir como um instrumento administrativo eficaz para integrar a motivação pessoal com os objetivos da organização.[8] O clima organizacional depende do estado motivacional dos colaboradores, pois constitui a percepção compartilhada da maneira como as coisas funcionam no ambiente de trabalho e afeta o comportamento e as atitudes das pessoas nesse ambiente. Depende do campo psicológico das pessoas: a maneira como elas veem, sentem e percebem a realidade de seu contexto de trabalho. No mercado de trabalho moderno, caracterizado por mudanças rápidas e pela busca constante por inovação, a pesquisa de clima se torna ainda mais relevante, pois ajuda a identificar pontos fortes e fracos da cultura organizacional, além de contribuir para o engajamento e retenção de talentos e o aumento da produtividade.

Quadro 16.3 Algumas dimensões do clima organizacional[9]

Dimensões	Definição
Conformismo	Sentimento de limitações por regras, procedimentos, políticas e práticas da organização.
Responsabilidade	Grau em que os colaboradores sentem que podem tomar decisões e resolver problemas sem consultar superiores.
Padrões	Sentimento sobre como a organização enfatiza a qualidade do desempenho e a produtividade das pessoas e como ela define objetivos que estimulam seu comprometimento.
Recompensas	Como os colaboradores percebem que estão sendo reconhecidos e recompensados por um bom trabalho e como são criticados e punidos quando erram.
Clareza organizacional	Sentimento a respeito da organização interna e de como os objetivos são definidos claramente.
Calor e apoio	Reconhecimento da amizade como norma do grau de confiança que as pessoas têm em relação às outras e como elas se apoiam mutuamente.
Liderança	Disposição para aceitar direção e liderança e assumi-la quando necessária com base na perícia.

As pesquisas de clima organizacional procuram coligir informações sobre o campo psicológico que envolve o ambiente de trabalho das pessoas e qual a sua sensação pessoal nesse contexto. O clima organizacional reflete como as pessoas interagem umas com as outras, com os clientes e fornecedores internos e externos, bem como o grau de satisfação com o contexto que as cerca. O clima organizacional pode ser agradável, receptivo, caloroso e envolvente, em um extremo, ou desagradável, agressivo, frio e alienante, em outro extremo.

16.5 PESQUISAS EXTERNAS DE AVALIAÇÃO

A avaliação dos processos e programas de GTH pode também envolver uma comparação externa com aquilo que fazem outras organizações excelentes, sejam ou não do mesmo ramo de atividades. O *benchmarking* é a principal técnica utilizada para as pesquisas externas de GTH.

O *benchmarking* constitui um acervo de ideias para melhorar a qualidade e o desempenho competitivo.

Quadro 16.4 Principais aspectos cobertos pela pesquisa de atitude[10]

Atitudes quanto às condições de trabalho	Atitudes quanto à remuneração	Atitudes quanto ao gestor	Atitudes quanto à organização
■ Condições físicas de trabalho ■ Planejamento e programação do trabalho ■ Requisitos do trabalho e habilidades pessoais ■ Especificações do trabalho ■ Segurança no emprego ■ Segurança no trabalho ■ Horário de trabalho ■ Relações interpessoais no trabalho ■ Adequação do treinamento	■ Salários ■ Benefícios ■ Promoções ■ Reconhecimento e *status* ■ Oportunidades de promoção	■ Habilidades de comunicação ■ Qualificações e conhecimentos dos gerentes ■ Estilo de gestão ■ Habilidades de: ■ Liderança ■ Negociação ■ Motivação	■ Políticas de GTH ■ Comunicações ■ Imagem e prestígio ■ Imagem global ■ Atitude quanto: ■ Ao meio ambiente ■ À sociedade ■ À comunidade ■ Às pessoas ■ Aos clientes

E está sendo intensamente utilizado pela área de GTH para conhecer o que as melhores empresas estão fazendo para aprender a fazer melhor do que elas. Imitar e copiar o melhor do melhor para depois servir de modelo de excelência. Aprender com elas para depois ensinar a elas e dar exemplo das melhores práticas de GTH. E ser a elite da elite.

16.6 BENEFÍCIOS DA AVALIAÇÃO DA FUNÇÃO DE GTH

A avaliação da GTH deve ser objetiva e funcionar como uma espécie de diagnóstico completo. Sua finalidade é preventiva e profilática, pois, quando diagnosticados precocemente, os problemas ou disfunções podem ser mais facilmente resolvidos ou controlados antes que produzam resultados negativos.

Os benefícios que a avaliação de GTH pode trazer à organização são:

1. **Alinhamento estratégico:** a avaliação da GTH permite que as empresas alinhem suas práticas de gestão de pessoas com os objetivos estratégicos da organização. Isso assegura que as competências e as habilidades dos colaboradores estejam diretamente relacionadas às metas e direções da empresa, favorecendo um desempenho mais coeso e eficaz.
2. **Promover a ideia de que todos os gerentes são gestores de pessoas:** a GTH é uma responsabilidade de linha e função de *staff*. Uma das funções de *staff* é desenvolver políticas e programas e proporcionar assessoria para os gestores, a fim de que possam liderar seus colaboradores. Trata-se de verificar o que a GTH oferece aos gestores como prestadora de serviços e consultora interna. Há também o reverso da medalha: verificar como os gestores estão utilizando esse suporte e desempenhando seu papel de gestores de pessoas.
3. **Colocar a área de GTH em perspectiva como fornecedora de serviços, consultora interna e parceira do negócio:** em vez de atuar isoladamente, o órgão de GTH deve funcionar como fonte de orientação e apoio para os gestores de linha. A avaliação da GTH deve identificar como os membros do *staff* de GTH estão ajudando os gestores de linha. Em muitas organizações, mede-se o número de horas que o órgão de GTH dedica aos serviços solicitados pelos gestores de linha. Esses são avaliados pelos seus superiores e subordinados (360°) a respeito de sua implementação das políticas de GTH na organização. Essa avaliação do desempenho reforça a noção de que a GTH é o negócio básico e fundamental de todo gestor.
4. **Examinar o valor das práticas de GTH vigentes:** os procedimentos de GTH surgem por meio de ensaios e erros para lidar com certos problemas ou assuntos específicos que surgem e que mudam com o passar do tempo. Essas práticas permanecem inalteradas e inflexíveis. Daí a necessidade de revisões periódicas e regulares para verificar quais delas ainda fazem sentido. Essa revisão crítica encoraja os gestores de linha e o *staff* de GTH a focalizar sua atenção sobre o que precisa ser melhorado, modificado ou substituído. Verificar por que fazemos o que estamos fazendo.
5. **Identificar as lacunas de competências:** na Era Digital, as demandas de habilidades estão em constante mudança. Avaliar a GTH ajuda a identificar lacunas nas competências existentes entre os colaboradores e as necessárias para a operação eficiente no ambiente digital. Isso possibilita o desenvolvimento de programas de treinamento e capacitação direcionados.
6. **Proporcionar suporte para os esforços de qualidade total na organização:** muitas organizações criam uma cultura focalizada na qualidade. Como os programas de qualidade total se assentam em coletas e análises de dados, a avaliação da GTH pode proporcionar dados para a avaliação das melhorias obtidas. A autoavaliação da GTH costuma fazer parte integrante do processo de melhoria da qualidade, com indicadores sobre o potencial dos colaboradores, rapidez e acuracidade do sistema de informações e relatórios da GTH, qualidade do treinamento, adequação da remuneração etc. A maioria das organizações que possuem a certificação ISO 9000-2000 considera que a auditoria da qualidade suplementa, mas não substitui a avaliação da GTH.
7. **Avaliar a contribuição das práticas de GTH para o negócio da organização:** as práticas de GTH devem apoiar as estratégias organizacionais. Sua avaliação permite examinar se elas estão contribuindo para o alcance dos objetivos estratégicos da organização. Muitas empresas, em vez de investirem no cliente, fazem-no indiretamente, investindo nos colaboradores que o atendem. E ganham muito mais com isso. A satisfação dele e o retorno são maiores.
8. **Melhorar a experiência dos colaboradores:** a avaliação contínua das práticas de GTH, como recrutamento, integração e desenvolvimento de carreira, contribui para aprimorar a experiência do colaborador. Em um mercado no qual a retenção de talentos é crucial, entender o que funciona e o que não funciona

pode resultar em um ambiente de trabalho mais satisfatório e engajador.

9. **Tomar decisões com base em dados:** avaliar a função de GTH com base em dados concretos permite que líderes tomem decisões informadas sobre todos os processos da GTH. Isso não só aumenta a eficiência operacional, mas também melhora a resposta a desafios emergentes.
10. **Catalisar a inovação e criatividade:** uma gestão de talentos humanos eficaz fomenta um ambiente de inovação e criatividade. Avaliar como a GTH estimula a inovação pode revelar *insights* valiosos sobre a cultura organizacional e a disposição da empresa em adotar novas ideias e tecnologias. Isso é crucial em um mundo onde a rápida adaptação e inovação são necessárias para a sobrevivência.
11. **Aprimorar a diversidade e a inclusão:** com a crescente valorização de equipes diversas, entender como a organização está se saindo nesse aspecto e quais melhorias podem ser feitas é vital para criar um ambiente de trabalho mais inclusivo e representativo.
12. **Aumentar a agilidade organizacional:** em um cenário amplamente digital e dinâmico, a agilidade organizacional é essencial. A avaliação da função de GTH ajuda a identificar como as práticas de gestão de talentos podem ser aprimoradas para que a organização responda rapidamente a mudanças no mercado, mantendo sua competitividade e relevância.

A avaliação da função de GTH na Era Digital não é apenas uma formalidade; é uma prática estratégica que traz benefícios significativos para a organização. Ao entender e aprimorar como os talentos são gerenciados, as empresas podem criar um ambiente mais produtivo, inovador e adaptável, fundamental para enfrentar os desafios contemporâneos e prosperar no futuro.

16.7 TRANSPARÊNCIA ESG E A GESTÃO DO TALENTO HUMANO

Em um mundo no qual as demandas sociais e ambientais se entrelaçam com o desempenho empresarial, surgiu um novo conceito que promete redefinir a forma como as empresas operam: ESG. Esse acrônimo, que significa "Ambiental, Social e Governança", emergiu como uma luz orientadora para organizações que buscam não apenas o lucro, mas também um impacto positivo no mundo.

1. **Ambiental**: refere-se ao compromisso da empresa com práticas sustentáveis. Isso inclui a gestão de resíduos, a eficiência energética e a responsabilidade sobre a emissão de carbono. As empresas que adotam práticas ambientais adequadas não apenas protegem o planeta, mas também atraem consumidores que valorizam a sustentabilidade.
2. **Social:** envolve a interação da empresa com a sociedade e suas partes interessadas. Isso abrange desde as condições de trabalho, a diversidade e inclusão até a transparência nas relações comunitárias. As empresas que priorizam o aspecto social cultivam um ambiente de trabalho gratificante, que valoriza cada colaborador e traz diversidade de pensamentos e experiências.
3. **Governança**: diz respeito à forma como a empresa é estruturada e gerida, englobando práticas de ética, *compliance* e transparência nas decisões. Uma governança sólida inspira confiança entre colaboradores, investidores e clientes, criando um ciclo de responsabilidade e respeito.

A área de GTH desempenha um papel crítico nessa transição, pois é responsável pela formação, desenvolvimento e retenção de talentos que possam contribuir para a realização dos objetivos ESG. Algumas práticas de transparência que podem ser adotadas pela GTH incluem:

1. Transparência nas políticas de recrutamento e seleção

A transparência começa nas etapas iniciais do ciclo de vida do colaborador. As organizações devem adotar práticas de recrutamento que reflitam os valores necessários para uma sociedade melhor.

2. Avaliação e desenvolvimento contínuo

A avaliação de desempenho deve ser uma prática transparente e contínua, que não apenas avalie a *performance* dos colaboradores, mas também os ajude a entender como suas funções contribuem para os objetivos ESG da organização. O *feedback* deve ser estruturado de forma a incluir conversas sobre desenvolvimento de competências relacionadas às iniciativas ambientais e sociais. Além disso, ao estabelecer programas de capacitação, as organizações podem proporcionar treinamentos focados em competências ESG, como gestão sustentável e responsabilidade social.

3. Comunicação aberta e corporativa

Uma comunicação eficaz é fundamental para a construção de confiança e engajamento entre colaboradores. A GTH deve implementar canais de comunicação que permitam a disseminação de informações sobre iniciativas ESG, metas e resultados. Isso pode incluir relatórios anuais sobre o desempenho em ESG, que sejam acessíveis e compreensíveis para todos os colaboradores. A condução de fóruns e reuniões abertas, em que os colaboradores podem discutir e sugerir melhorias em relação às práticas ESG, também fortalece essa transparência.

4. Engajamento e responsabilidade social

A GTH deve incentivar a participação dos colaboradores em iniciativas de responsabilidade social. Programas de voluntariado corporativo, nos quais os funcionários têm a oportunidade de se envolver em projetos comunitários, não apenas refletem o compromisso da empresa com as práticas sociais, mas também criam um senso de propósito entre os colaboradores. A transparência nesse processo implica relatar o impacto dessas iniciativas e compartilhar histórias de sucesso que demonstrem a contribuição dos colaboradores para o bem-estar da comunidade.

5. Ética e governança

As políticas relacionadas a ética e conduta, bem como os procedimentos de denúncias de comportamentos inadequados, devem ser divulgadas de forma transparente. A GTH pode implementar treinamentos regulares sobre ética e *compliance* que enfatizem a importância de uma cultura corporativa baseada na transparência e na responsabilidade. Os colaboradores devem ser encorajados a relatar preocupações sem medo de retaliação, o que fortalece a governança e a integridade organizacional.

Processos de GTH:	Fatores críticos de sucesso:	Indicadores:
Agregar talentos	• Imagem externa da organização • Receptividade da organização • Proposta de valor ao candidato	• Aumento do capital humano • Menor rotatividade • Menor absenteísmo
Engajar talentos	• Flexibilidade organizacional • Cultura participativa • Espírito de equipe	• Melhor desempenho • Maior produtividade • Melhor qualidade
Aplicar talentos	• Reconhecimento e confiança • Ênfase em metas e objetivos • Desafios e oportunidades	• Satisfação das pessoas • Comprometimento • Menor rotatividade • Menor absenteísmo
Recompensar talentos	• Aprendizagem organizacional • Valor do conhecimento • Liderança de lideranças	• Aumento do capital humano • Maior produtividade • Melhor qualidade
Desenvolver talentos	• Engajamento das pessoas • Clima organizacional • Qualidade de vida no trabalho	• Satisfação das pessoas • Cidadania organizacional • Comprometimento
Monitorar talentos	• Tecnologia da informação • Sistema de informação gerencial • Fluxo informacional	• Retroação • Autonomia e liberdade • Avaliação holística

Figura 16.7 Os processos de GTH, fatores críticos e indicadores e métricas de desempenho e resultados.

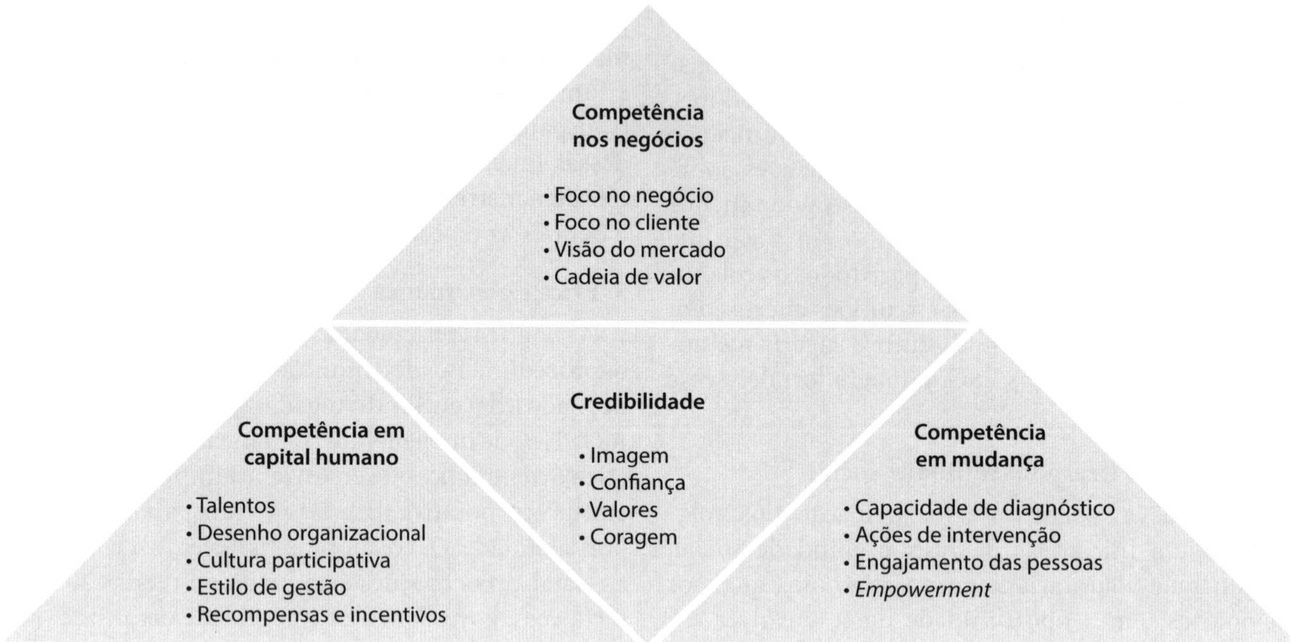

Figura 16.8 Modelo de competências da GTH.

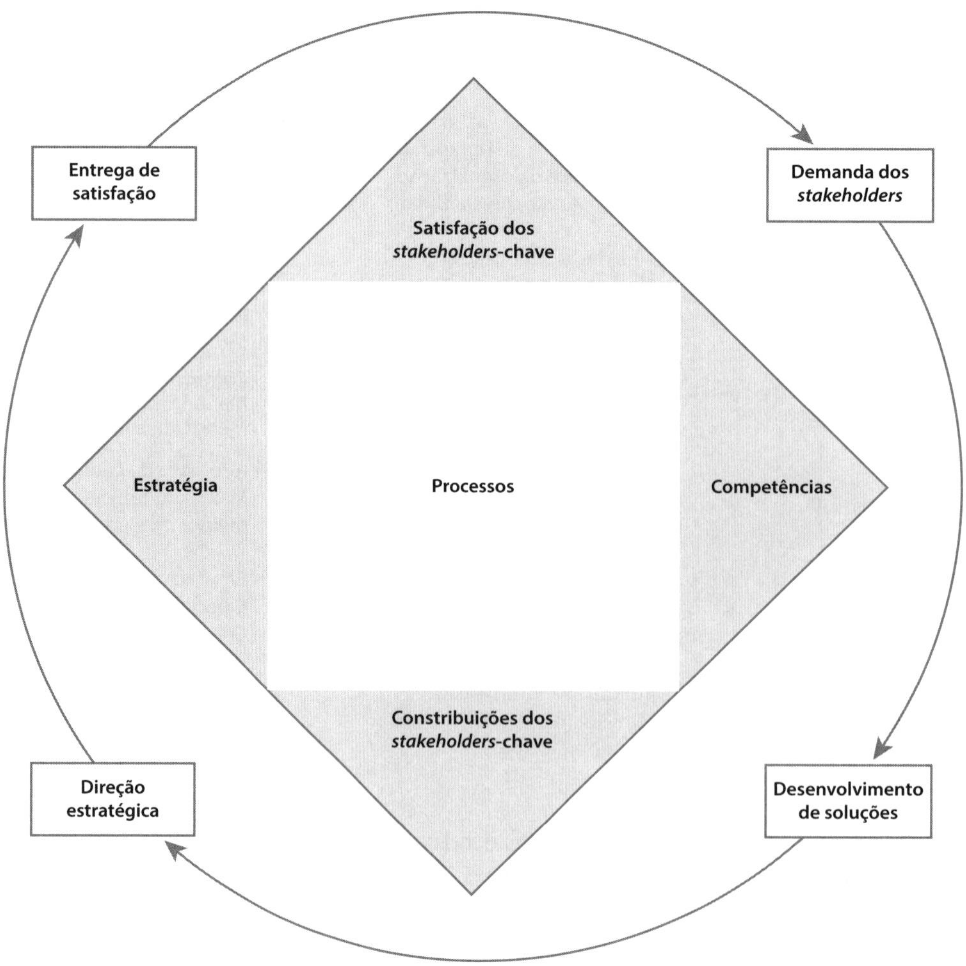

Figura 16.9 Conexões das cinco fases do prisma de desempenho.[11]

16.7.1 Avaliação da gestão humana[12]

A McKinsey, uma das maiores consultorias do mundo, salienta que tudo pode e deve ser melhorado. E é isso que leva as organizações rumo à excelência. A empresa elaborou um modelo de ferramentas para melhorar a gestão do sistema de talentos a partir de uma pesquisa cuja conclusão foi de que as práticas de gestão de talentos melhoram a atração, o desenvolvimento e a retenção das melhores pessoas. O modelo parte de *insights* sobre o que realmente impulsiona valor em um sistema de gestão e permite um diagnóstico das práticas e resultados de uma organização e sobre onde focalizar as possíveis melhorias. O modelo da McKinsey baseia-se em sete impulsionadores:

1. **Conectando a estratégia de talentos com as necessidades do negócio:** as organizações podem antecipar e endereçar mudanças no ambiente e no orçamento.
2. **Recrutando e integrando:** os melhores processos utilizam busca inovadora e otimizam a experiência do candidato.
3. **Reconhecendo e recompensando o desempenho:** quando desempenho, avaliações e consequências são forte e consistentemente ligados, a motivação dos colaboradores se eleva.
4. **Construindo lideranças:** a organização pode acelerar o desenvolvimento de líderes, criando uma visão cruzada entre áreas, para *match* líderes prospectivos com oportunidades, sempre que possível.

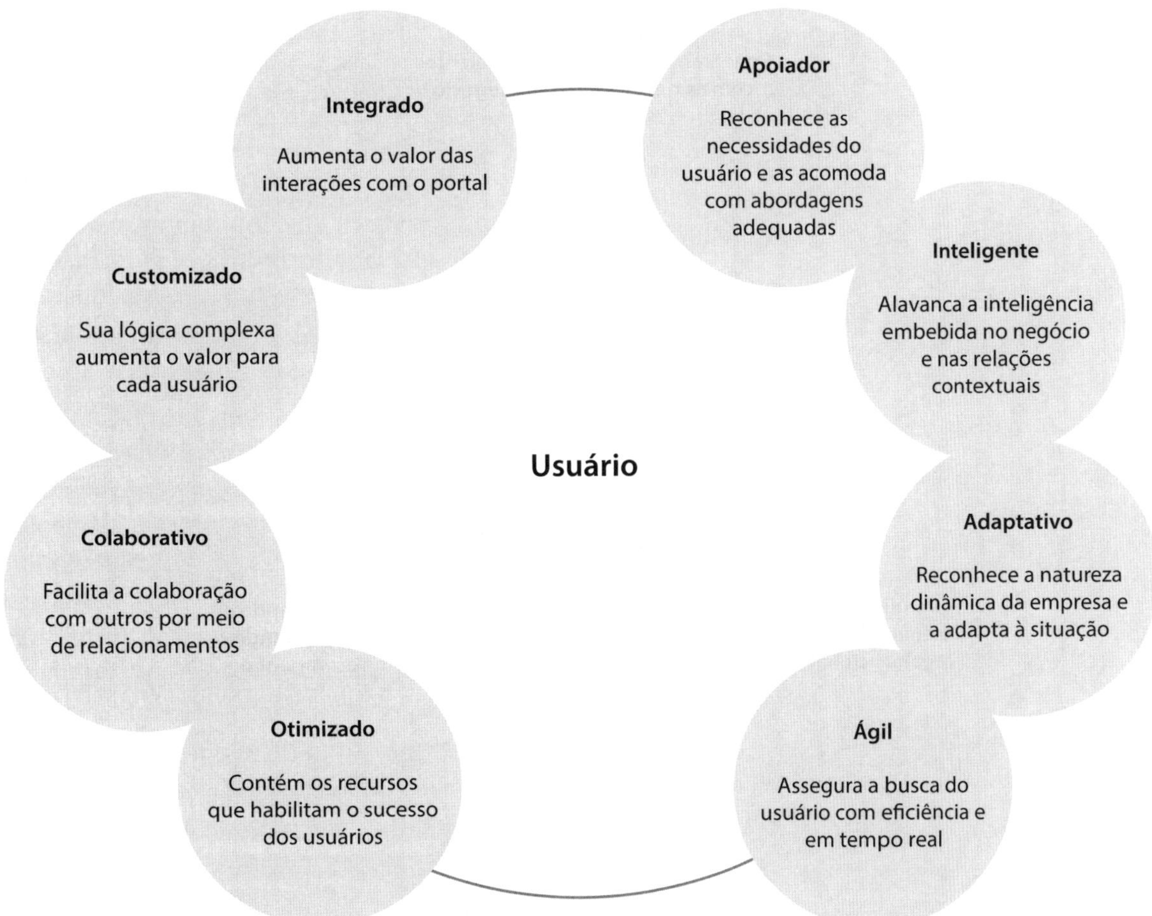

Figura 16.10 Características da GTH como um ambiente virtual otimizado?

5. **Aprendizagem e desenvolvimento organizacional:** os melhores programas de aprendizagem e desenvolvimento fazem parte de uma ampla jornada, integrada com aprendizagem experiencial e desenhos de trabalho inovadores.
6. **Engajando e conectando:** redes fortes e coesivas socialmente podem dissolver as barreiras e silos estruturais, criando conexões entre todos os gestores, equipes e talentos.
7. **Criando uma cultura de talentos:** uma cultura de talentos requer tanto dos executivos como do *staff* um *mindset* e comportamentos corretos.

A Figura 16.11 dá uma ideia desse conjunto de medidas.

Em suma, o mantra que sempre nos acompanha: a missão da função de GTH é ser um respeitável *stakeholder* do negócio, que ajuda a organização a alcançar seus objetivos mediante significativo suporte para ajudar gestores a gerenciar seu mais importante ativo: as pessoas e suas competências. A missão da GTH é aumentar o sucesso da organização por meio da melhoria das decisões que dependam da influência e do impacto das pessoas.[13] Mas isso ainda é tático. O importante é que a GTH venha a constituir um elemento de ampla e permanente consultoria organizacional e negocial que permita incrementar a competitividade e a sustentabilidade da organização. É muito? Claro! Mas é perfeitamente possível e depende da visão e da atitude dos executivos e gestores! Nossos sinceros votos de que isso venha a acontecer rapidamente.

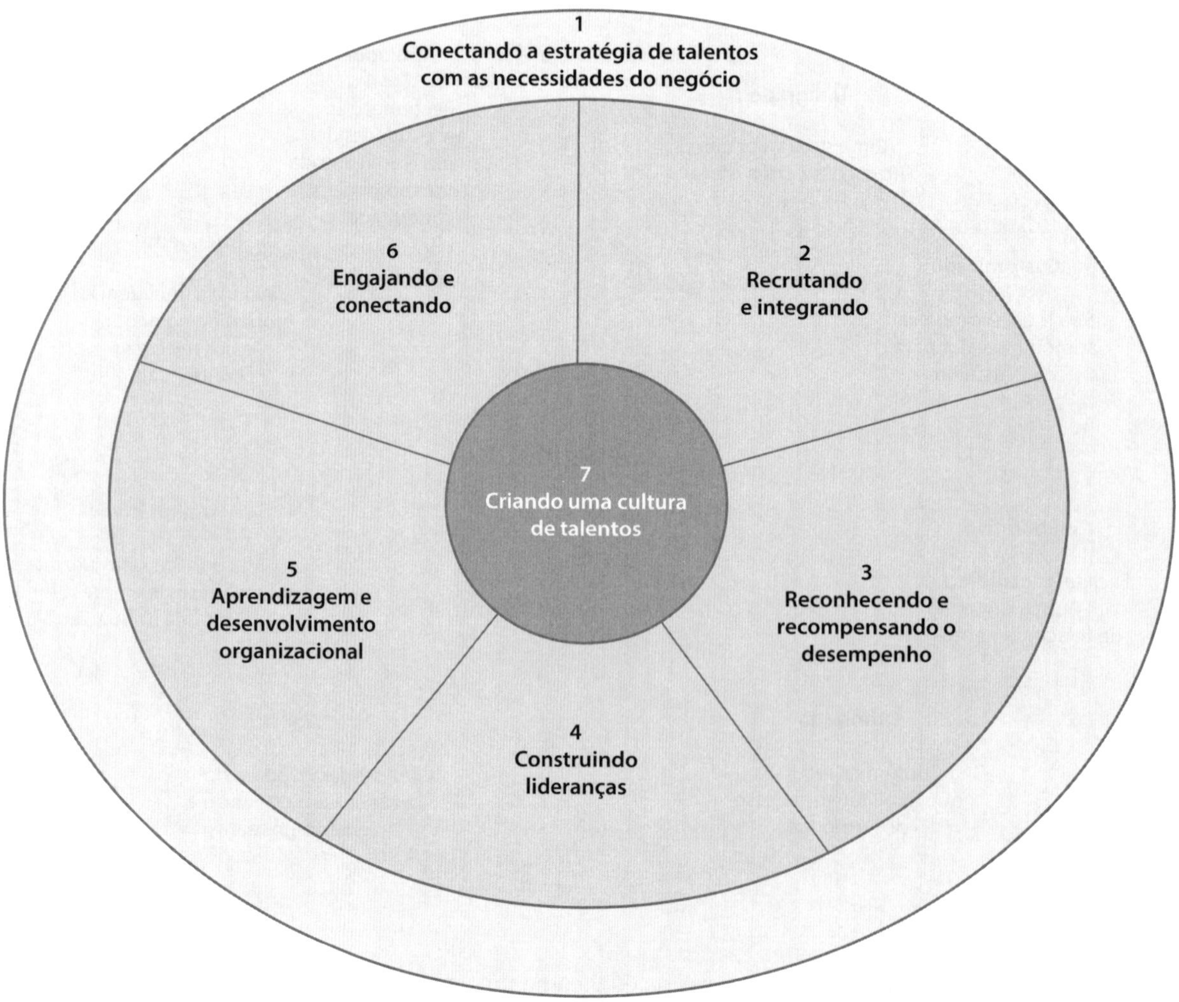

Figura 16.11 Ferramenta de avaliação do sistema de gestão de talentos.[14]

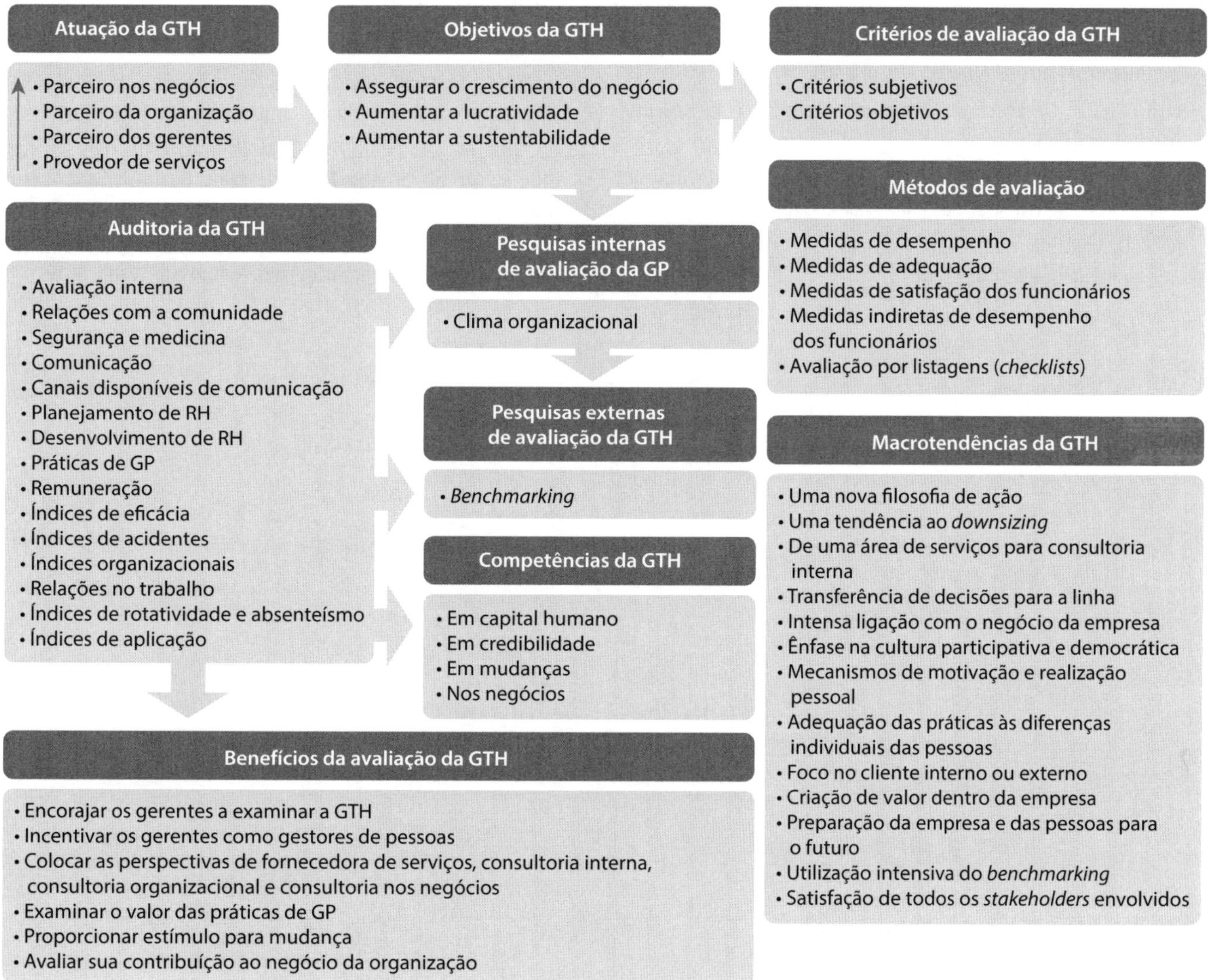

Figura 16.12 Mapa mental do Capítulo 16: Avaliação da Gestão do Talento Humano.

REFERÊNCIAS

1. *Vide*: BECKER, B.; HUSELID, E.; MARK, A. Strategic human resource management in five leading firms. *Human Resource Management*, v. 38, nº 4288, Winter 1999. ULRICH, D. *The human resource scorecard:* linking people and strategic performance. Boston: Harvard Business School Press, 2001.
2. Sobre o Saratoga Institute: *vide* o *site* da PriceWaterhouse Coopers: www.pwc.com.
3. KAPLAN, R. S.; NORTON, D. P. *Organização orientada para a estratégia:* como as empresas que adotam o Balanced Scorecard prosperam no novo ambiente de negócios. Rio de Janeiro: Campus, 2001.
4. IVANCEVICH, J. M. *Human resource management*. New York: Richard D. Irwin, 1995. p. 657.
5. PHILLIPS, J. J. *HRD trends worldwide:* shared solutions to compete in a global economy. Houston Texas, Gulf Publ., 1999. p. 175-177.

6. Adaptado de: MAHLER, W. R. Auditing PAIR. *In*: YODER, D.; HENEMAN, H. *ASPA Handbook of personnel and industrial relations*. Washington, CD: The Bureau of National Affairs, 1979. p. 2-103.
7. SCHNEIDER, B. *Organizational climate and culture*. San Francisco, CA: Jossey-Bass, 1900.
8. KOLB, D. A.; RUBIN, I. M.; McINTYRE, J. M. P*sicologia organizacional:* uma abordagem vivencial. São Paulo: Atlas, 1978. p. 83.
9. KOLB, D. A.; RUBIN, I. M.; McINTYRE, J. M. *Psicologia organizacional:* uma abordagem vivencial, *op. cit*.
10. IVANCEVICH, J. M. *Human resource management*, *op. cit.*, p. 673.
11. ADAMS, C.; NEELY, A. *The performance prism*, *op. cit.*, p. 181.
12. Extraído de: McKinsey: Talent System Assessment Tool (TSAT). Disponível em: www.mckinsey.com. Acesso em: 14 dez. 2019.
13. BOUDREAU, J. W.; RAMSTAD, P. M. *Beyond HR:* the new science of human capital. Boston, Mass.: Harvard Business School Press, 2007. p. 9.
14. Extraído de: McKinsey: Talent System Assessment Tool (TSAT). Disponível em: www.mckinsey.com. Acesso em: 14 dez. 2019.

PARTE VIII

O FUTURO DA GESTÃO DO TALENTO HUMANO
Os novos caminhos da Gestão Humana

Capítulo 17 – Para onde vai a Gestão do Talento Humano?

Ao longo deste livro, exploramos a complexa dinâmica da Gestão do Talento Humano (GTH), destacando a integração de seis processos organizacionais essenciais. A interconexão e a abordagem sistêmica desses processos são cruciais para agregar valor à organização e gerar sinergia entre suas diversas partes. Não se trata apenas da eficácia de cada processo isolado, mas sim da maneira como eles se conectam e funcionam harmoniosamente como um todo. A visão do estrategista é o que realmente faz a diferença nesse contexto, em que o holismo se impõe como uma necessidade premente.

Esse futuro da GTH, como discutido até aqui, está intimamente ligado ao papel que a área desempenha dentro de cada organização, visando oferecer valor a todos os seus *stakeholders*. Para isso, é fundamental avaliar continuamente o desempenho da GTH em suas dimensões estratégica, tática e operacional, exigindo uma nova abordagem na gestão da área.

Desenhar e implementar um sistema integrado de GTH que articule processos de agregar, engajar, aplicar, recompensar, desenvolver e monitorar pessoas na organização é um desafio complexo e intrigante. Contudo, fazer com que esse sistema funcione de maneira equilibrada, coerente, eficiente e eficaz é um desafio ainda maior. Como garantir que a integração dos processos seja efetiva e sistemática? A resposta está em avaliação, monitoramento e auditoria contínuos. Portanto, o planejamento desse sistema deve ser estruturado em torno de objetivos claros e concretos, servindo como indicadores para medir a criação de valor e a entrega de resultados. Tais objetivos não apenas mensurarão a eficiência e eficácia do sistema, mas também garantirão que o negócio se mantenha competitivo e sustentável em um ambiente em constante transformação.

Com essa ampliação de foco, a GTH caminha para um período caracterizado pela fusão entre pessoas, cultura e tecnologia. O conceito de *Employee Experience*, inspirado no *design thinking* e formalizado por Jacob Morgan,[1] revolucionou a abordagem centrada no colaborador. A pesquisa "Future of Work" do World Economic Forum (2016-2025), mapeou as transformações nas competências necessárias frente à 4ª Revolução Industrial. A inteligência artificial transformou radicalmente os processos de RH, com sistemas preditivos de *performance*, recrutamento algorítmico e análise de sentimento em tempo real. O surgimento do *People Analytics* como disciplina científica permitiu decisões baseadas em dados, enquanto a pandemia de 2020 acelerou a adoção de modelos híbridos e flexíveis de trabalho. A partir de 2023, a integração entre bem-estar holístico (físico, mental, financeiro e social) e produtividade sustentável consolidou-se como novo paradigma, com o RH assumindo papel central na construção de organizações regenerativas e adaptativas.

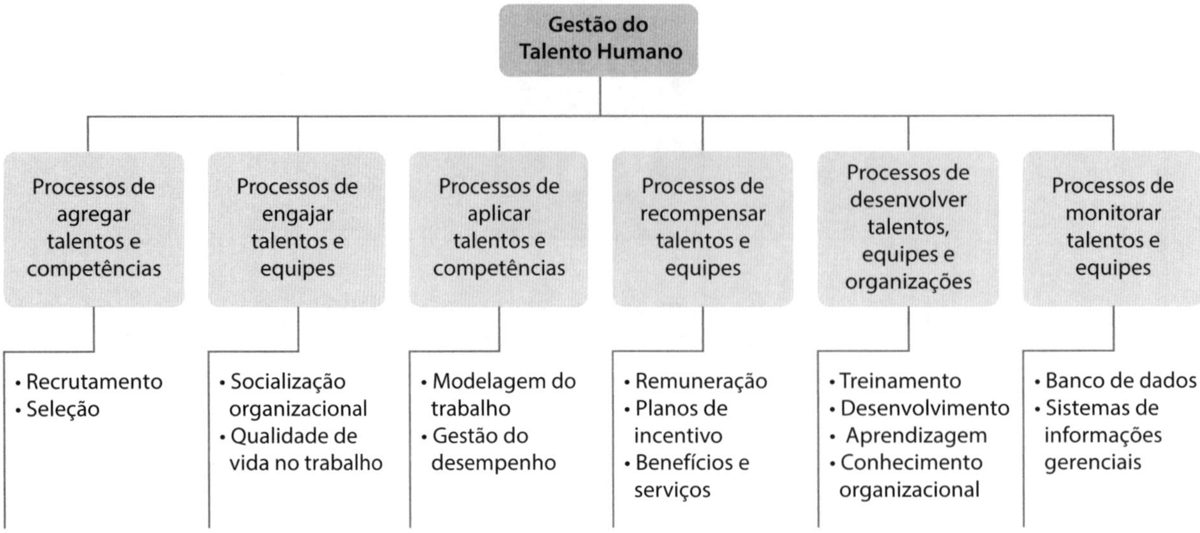

Figura VIII.1 Os seis processos da GTH.

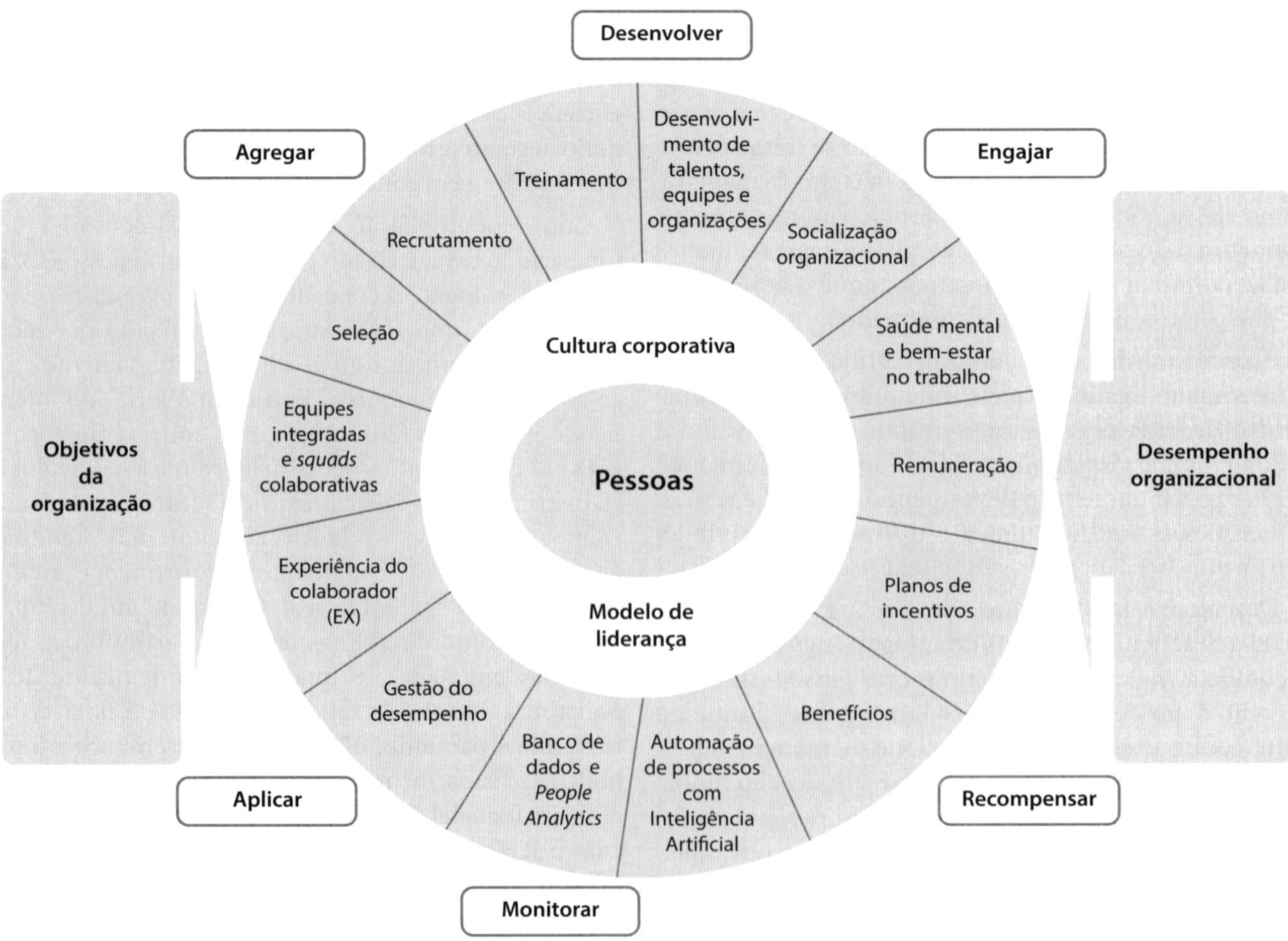

Figura VIII.2 Nova visão da GTH.[2]

PARA REFLEXÃO

Quem vale mais

A empresa mais valiosa do mundo não é a maior empresa do mundo em tamanho, como se poderia esperar pelo extraordinário valor de seus patrimônios contábeis ou tangíveis. A dinâmica de valor das empresas tem evidenciado que o capital humano é um dos ativos mais valiosos em um ambiente de negócios em constante evolução. Embora empresas como Apple e Microsoft continuem a liderar em valor de mercado, outras organizações de tecnologia, como Tesla e Nvidia, estão emergindo como potências, não apenas pelo tamanho físico ou faturamento, mas também pelo potencial de inovação que seus colaboradores são capazes de gerar. A Nvidia, por exemplo, viu seu valor de mercado disparar devido à crescente demanda por inteligência artificial e computação gráfica, demonstrando que o conhecimento especializado e a criatividade dos funcionários são fatores cruciais para o sucesso. Essas empresas sabem transformar o capital humano em capital intelectual que gera resultados concretos para o negócio.

COISAS DO PASSADO

As organizações estão se afastando de modelos tradicionais focados na propriedade física e no patrimônio contábil, empreendendo uma jornada na qual a valorização do capital intelectual e a gestão eficaz do talento humano tornam-se essenciais para a competitividade e sustentabilidade nos negócios. Exemplos contemporâneos mostram que as empresas que investem em desenvolvimento contínuo, cultura de aprendizado e tecnologias que promovem a colaboração tendem a se destacar.

Batemos sempre firme nesta tecla: pessoas não são recursos organizacionais nem empregados. Isso já se foi no tempo e no espaço. E nem devem ser administradas como coisas inertes e passivas, mas lideradas, desenvolvidas, empoderadas e impulsionadas como talentos. O conceito de RH que vem desde a Era Industrial precisa ser urgentemente atualizado. Pessoas como talentos. Mais respeito com elas. E o conceito de força de trabalho anda carregado de velhas e arcaicas presunções, desde os idos do século 18. Desde lá, muita coisa mudou, mas o conceito permanece o mesmo de tempos atrás, como se ainda tivéssemos um enorme caldeirão de indivíduos paupérrimos e incultos. Esse universo humano que atua nas organizações de hoje também mudou e mudou muito. Desde a Era Industrial, passando pela Era da Informação e chegando à Era Digital, muita mudança aconteceu. As pessoas cresceram, se desenvolveram e mudaram de atitudes, comportamentos, aspirações, expectativas, relacionamentos e exigências. Hoje, têm o privilégio de serem as proprietárias do capital intelectual das organizações modernas.

Além disso, a digitalização e a transformação do trabalho reforçam a ideia de que as competências e habilidades dos colaboradores são a verdadeira diferença. A Era do Conhecimento e a Era Digital não são apenas conceitos; elas são a base sobre a qual as empresas inovadoras do presente se estabelecem. A capacidade de atrair, desenvolver e engajar talentos, assim como a habilidade de adaptá-los às novas tecnologias e ao ambiente em constante mudança, se torna um diferencial competitivo. Em suma, a GTH deve ser vista como uma prioridade estratégica, na qual entender onde e como alavancar as competências dos colaboradores é imperativo para o sucesso organizacional em um mercado cada vez mais desafiador.

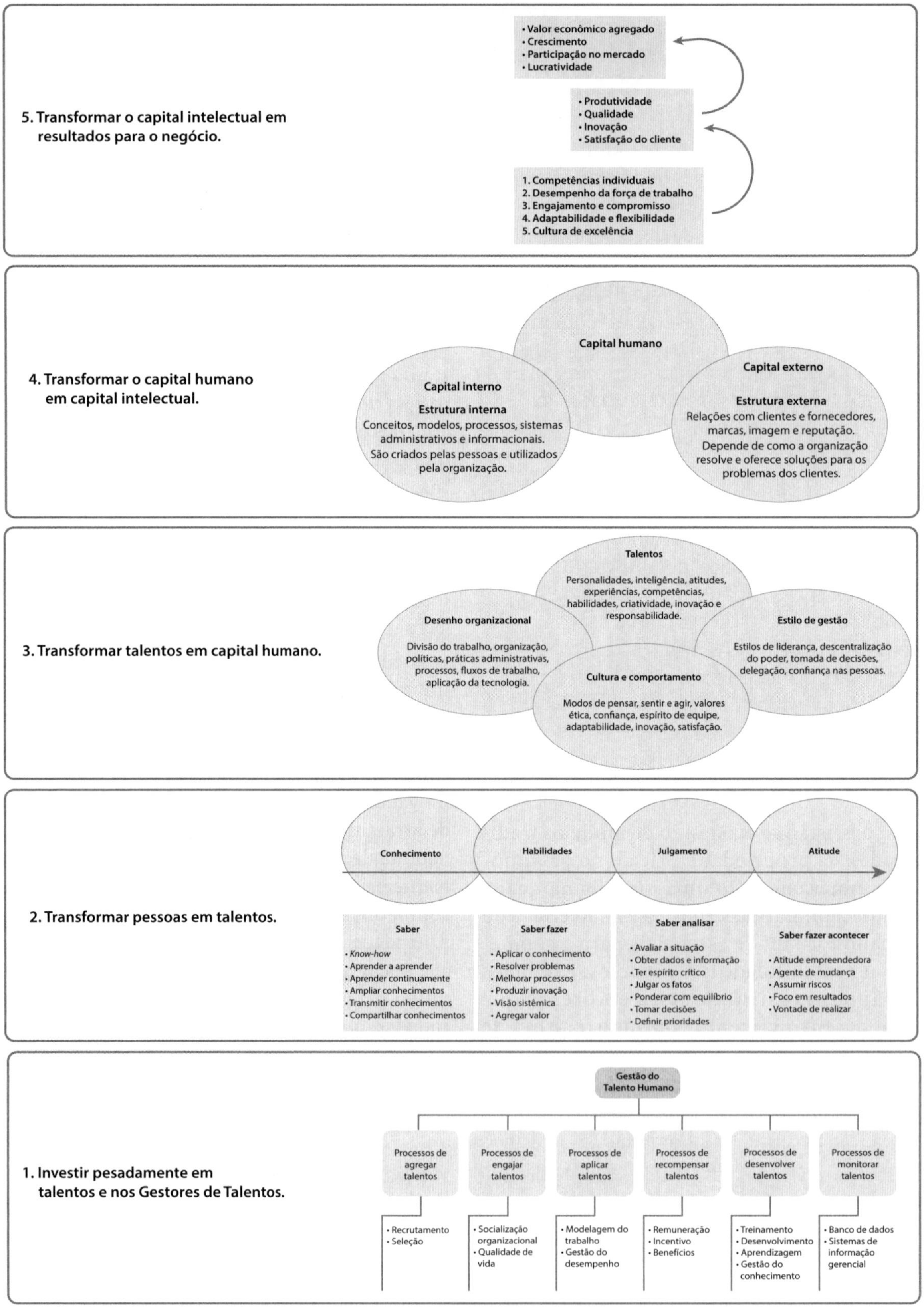

Figura VIII.3 Avanços da nova agenda da GTH.

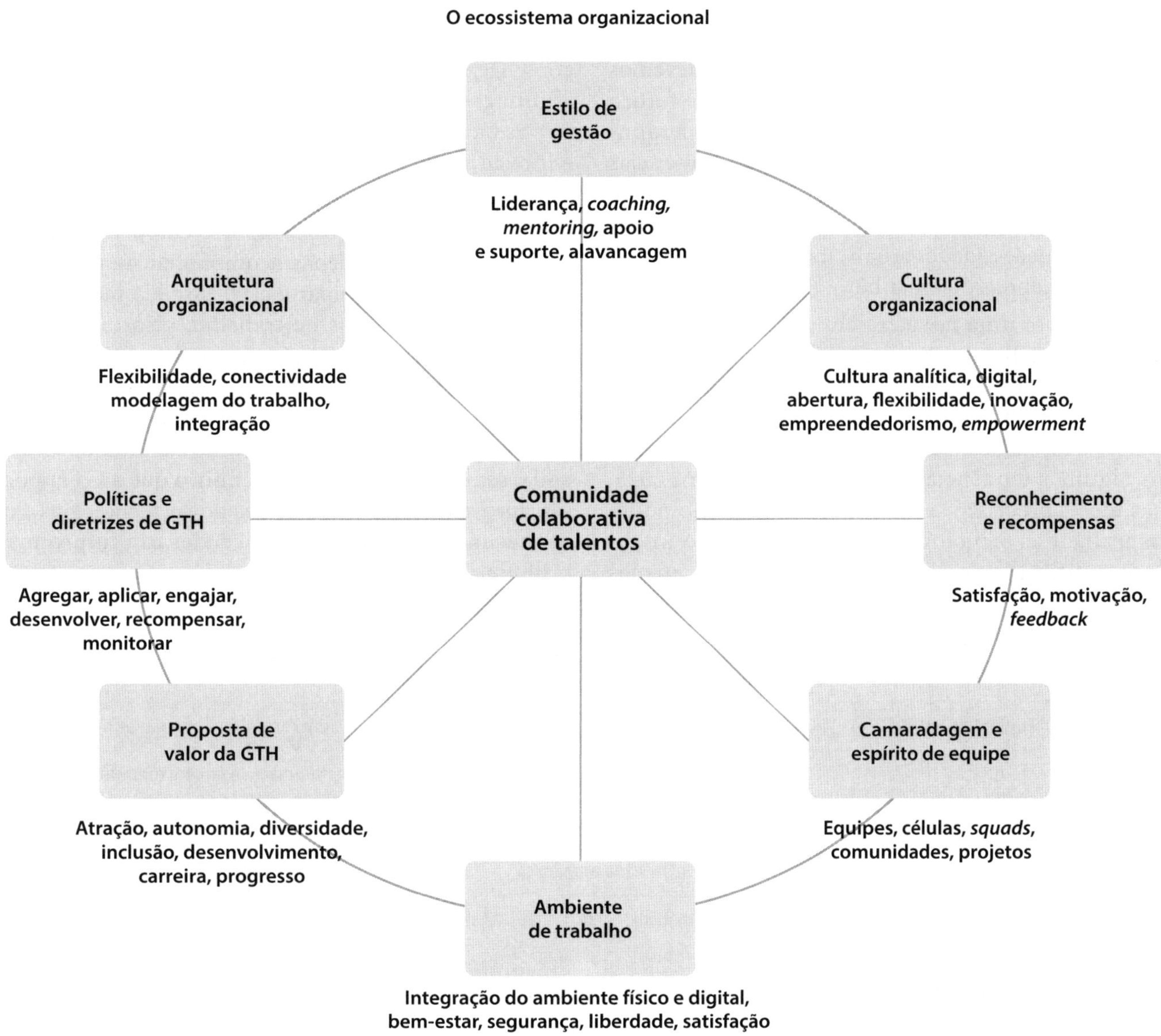

Figura VIII.4 Ecossistema organizacional necessário para envolver e alavancar a comunidade colaborativa de talentos.

Essa força de trabalho transformou-se progressivamente em uma poderosa comunidade colaborativa de talentos baseada em equipes colaborativas com talentos diversos. Ela constitui o patrimônio intelectual para a organização: o seu capital humano. E como tal deve ser encarada e tratada com todo o respeito. E porque também fazemos parte integrante dela. O capital humano é um fenômeno organizacional e holístico que só existe em organizações mais desenvolvidas. Com educação e desenvolvimento na base. Essa comunidade colaborativa de talentos constitui o principal conteúdo da organização. E a organização precisa ser o seu continente e oferecer um ecossistema composto de estratégia, arquitetura, cultura organizacional, estilo de gestão e tecnologia adequada para apoiar e alavancar essa poderosa inteligência coletiva em elevado grau de consistência.

O FUTURO DA GTH

Refletir sobre o futuro é explorar um terreno repleto de incertezas, esperanças e possibilidades transformadoras. Em um mundo exponencial, no qual as mudanças ocorrem em um ritmo sem precedentes, é cada vez mais desafiador prever os desdobramentos da Gestão do Talento Humano (GTH). No entanto, mais do que simplesmente tentar adivinhar o que está por vir, devemos nos concentrar em como podemos moldar esse futuro por meio de inovações e práticas disruptivas. A pergunta que devemos fazer não é apenas "Quais tendências estão se formando?", mas também "Como podemos ser agentes ativos na criação de uma GTH que não apenas responda às necessidades atuais, mas que também antecipe as demandas do amanhã?".

Estamos em uma nova era em que a tecnologia, a diversidade e o bem-estar dos colaboradores serão temas centrais na redefinição do papel da GTH. Em um dos meus antigos livros, *Como transformar o RH de um centro de custo em um centro de lucro*, já discutíamos algumas tendências relevantes; agora, em 2025, essas ideais precisam ser reimaginadas. Como podemos utilizar as tecnologias emergentes, como inteligência artificial e análise preditiva, para não apenas otimizar processos, mas também realmente entender e valorizar o potencial humano dentro das organizações? De que forma a cultura analítica e inclusiva e as abordagens centradas no colaborador podem se tornar as bases para a construção de equipes resilientes e inovadoras?

À medida que avançamos, é imperativo que cada profissional de GTH se comporte como um visionário, buscando não apenas acompanhar as mudanças, mas também se antecipar a elas. Esse é o momento de repensar as estruturas de trabalho, priorizar a experiência do colaborador e integrar práticas sustentáveis que proporcionem um impacto positivo não apenas no desempenho organizacional, mas também na comunidade e no planeta. Estamos diante de uma oportunidade, sem precedentes, de redefinir o que a GTH pode ser, aproveitando a potência das novas tecnologias e do conhecimento humano para acender um futuro mais brilhante e equitativo para todos.

Quadro VIII.1 Comparativo das macrotendências da GTH em 1997, 2014 e 2025[3]

Macrotendências em 1997	Macrotendências em 2014	Macrotendências a partir de 2025
1. Uma nova filosofia de ação	1. Transformar pessoas comuns em talentos	1. Transformar talentos em competências por meio do aprendizado contínuo
2. Transformação de uma área de serviço em consultoria interna	2. Transformação de uma área de consultoria interna em parceria estratégica	2. Integração dos objetivos de GTH com a estratégia corporativa
3. Gradativa transferência de decisões e ações de GTH para gestores de linha	3. Transformar líderes em gestores de pessoas	3. Transição para modelos de liderança colaborativa e inclusiva
4. Intensa ligação com o negócio da empresa	4. Construção de competências organizacionais	4. Valorização das competências interpessoais no ambiente de trabalho
5. Ênfase em uma cultura participativa e democrática	5. Ênfase no compromisso e engajamento das pessoas	5. Ênfase na cultura organizacional e na mentalidade colaborativa dos talentos
6. Utilização de mecanismos de motivação e realização pessoal	6. Construção do melhor lugar para se trabalhar	6. Criação de ambientes de trabalho flexíveis e integrados, que promovam bem-estar e saúde mental
7. Adequação das práticas e políticas de GTH às diferenças individuais das pessoas	7. Adequação das práticas e políticas de GTH às expectativas dos *stakeholders*	7. Adequação das práticas e políticas de GTH às expectativas da experiência do colaborador
8. Forte preocupação com a criação de valor dentro da empresa	8. Ênfase no capital humano como o principal componente do capital intelectual	8. Consolidando a integração do capital humano no capital intelectual
9. Preocupação em preparar a empresa e as pessoas para o futuro	9. Ênfase na visão de futuro da organização e no planejamento estratégico	9. Ênfase na transformação digital dentro do planejamento da GTH
10. Utilização do *benchmarking* como estratégia para melhoria organizacional	10. Busca da excelência, competitividade e sustentabilidade	10. Avaliação em tempo real da *performance* por meio de ferramentas analíticas

Muita coisa mudou e continua mudando com velocidade cada vez maior.

PARA ONDE VAI A GESTÃO DO TALENTO HUMANO?

Há uma pergunta que sempre paira no ar em reuniões acadêmicas e em agradáveis tertúlias sociais de profissionais da área. Uma indagação que retrata um estado de perplexidade e de incerteza que predomina em situações ambíguas que a mudança rápida e imprevista cria no mundo dos negócios. É uma pergunta que pode ser formulada clara ou fugidiamente, mas que persiste de maneira compulsiva e frequente. Para onde vai a área de GTH? Qual é o seu futuro e qual o seu destino? Quais são as tendências para a frente?

Essa indagação tem lá as suas razões mais profundas. O mundo mudou. E como. As empresas também estão nessa onda de mudanças. Algumas delas vão disparadas na frente, outras seguem atrás na sua esteira, enquanto algumas outras ainda vão na lanterninha, quase paradas no tempo e confusas, sem entender exatamente para onde ir ou o que está acontecendo ao redor.

Não é de estranhar que a área de GTH também passe por mudanças. Aspectos como globalização, integração com a tecnologia, cultura de aprendizado contínuo, foco no bem-estar e na saúde mental, diversidade e inclusão, experiência do colaborador, colaboração e trabalho híbrido, inovação disruptiva, competição acirrada, necessidade de reduzir custos, ênfase no cliente trazem impactos que a área não pode ignorar. Assim, se o mundo mudou e as empresas também, a área de GTH precisa acompanhar essas mudanças. Em muitas organizações, a área de GTH vai na frente, como o carro-chefe das mudanças organizacionais. Em outras, representa o obstáculo que impede esse ajustamento às novas condições do mundo moderno.

Hoje, tendo em vista o passado e o presente da gestão humana e das expectativas do futuro que está se abrindo pela frente, as alternativas estratégicas da área são:

1. **Adoção intensiva de tecnologias emergentes e de ferramentas analíticas:** quando juntas e concentradas com a integração e conectibilidade por meio de sensores e algoritmos avançados, a automação, a robotização, a inteligência artificial, a inteligência de máquinas, a impressão em três dimensões etc. deverão eliminar empregos simples e repetitivos, de um lado, enquanto criam outros empregos mais sofisticados, de outro. Trata-se de automatizar estrategicamente. Isso não representa nenhum afastamento da ação humana da parceria no negócio. Humanos e máquinas inteligentes trabalharão em equipe em uma dupla com resultados exponenciados. A gestão humana será intensamente pressionada por novos resultados, mas ela terá mais tempo para se concentrar nos colaboradores, equipes e organizações de modo mais estratégico e com um papel gradativamente ampliado no negócio da organização. E vai ter de criar um ambiente de trabalho em que os talentos gostarão de estar e não se possam imaginar em outro lugar. Contudo, a área terá a responsabilidade social de preparar intensivamente os colaboradores para que estejam plenamente preparados e capacitados para o novo mundo digital com as novas competências, atitudes e mentalidades necessárias.
2. **Transformação digital da área de gestão humana:** a nova Era Digital proporcionará mudanças exponenciais à gestão humana que serão sentidas em todas as organizações, algumas mais rapidamente e outras vagarosamente, dependendo de sua evolução nesse campo. Com a ajuda da inteligência artificial, a GTH mais avançada poderá oferecer enormes vantagens competitivas ao negócio. Contudo, a tecnologia sempre dependerá das pessoas, e estas deverão estar intensamente preparadas para utilizá-la adequadamente. A inteligência artificial (IA) está emergindo como uma força transformadora na GTH, porém sua percepção varia drasticamente entre o curto e o longo prazo. No curto prazo, a AI é muitas vezes superdimensionada, com algumas organizações acreditando que a implementação de soluções baseadas em IA resolverá instantaneamente todos os desafios relacionados a engajamento, recrutamento e retenção de talentos. Por exemplo, uma empresa pode implementar um sistema de recrutamento com algoritmos avançados que prometem selecionar os melhores candidatos em um clique, mas pode se deparar com problemas de viés algorítmico e falta de compreensão da cultura organizacional que esses sistemas não conseguem capturar completamente. Já no longo prazo, a IA pode parecer subdimensionada. Apesar das promessas de personalização e otimização em que a tecnologia se baseia, muitas organizações ainda não estão aproveitando plenamente seu potencial. Apostar na IA como uma mera ferramenta para automatizar processos pode resultar em uma abordagem superficial. Por exemplo, uma plataforma que usa IA para análise de desempenho pode oferecer dados detalhados, mas sem uma interpretação adequada dos gestores,

e esses dados podem não ser utilizados de forma estratégica para fomentar diálogos significativos de *feedback* ou desenvolvimento profissional.

Esses contrastes indicam que a verdadeira eficácia da transformação digital na GTH não reside apenas na adoção de novas tecnologias e ferramentas, mas também na disposição das empresas em integrar essas tecnologias à cultura organizacional, ao desenvolvimento contínuo e à adaptação às necessidades dos colaboradores. A conjugação entre tecnologia e humanos será o diferencial na construção de ambientes de trabalho inovadores e engajadores, desafiando a visão simplista de que a IA sozinha pode solucionar as complexidades da gestão de pessoas.

3. **A força de trabalho terá uma nova dimensão:** ela será constituída por talentos e por máquinas inteligentes conectadas por plataformas e *softwares* inteligentes: uma parceria entre humanos e máquinas robotizadas em uma incrível produtividade. A parte humana da comunidade colaborativa de talentos terá inicialmente a participação de várias gerações trabalhando (diversidade) simultaneamente lado a lado com o aparato tecnológico (*hardware* + *software* avançados). Para tanto, a GTH deverá avaliar as tarefas gradativa e rapidamente envolvidas pela automação e lidar com inteligência de dados, digitalização e extrair o máximo da inteligência artificial para aplicar adequadamente os talentos. Para tanto, a GTH deverá garantir uma integração bem-sucedida entre talentos e tecnologia. E, como se não bastasse, os trabalhadores remotos serão mais remotos ainda, altamente diversificados e em elevada mobilidade.
4. **A comunidade colaborativa de talentos deverá estar envolta em um ecossistema com amplo portfólio de habilidades e competências:** a organização como um todo fará parte integrante desse ecossistema. E a GTH estará mais próxima dos gestores, equipes e talentos. Tanto física como virtualmente. A tecnologia oferecerá um nível de conectibilidade, agilidade e inteligência que alavanca e impulsiona a GTH para alcançar um papel cada vez mais amplo e decisivo no negócio da organização. Principalmente no que tange ao contato mais próximo e intenso por meio de *coaching* e *mentoring*, continuamente oferecidos aos gestores, equipes e talentos para ajudá-los em suas atividades e, ao mesmo tempo, desenvolvê-los intensamente utilizando todos os meios possíveis com tecnologias inteligentes.
5. **A GTH estará atuando em verdadeiras organizações adhocráticas:** as antigas lucubrações de Toffler estão acontecendo no horizonte do futuro. Para acompanhar o mundo exponencial, mutável, movediço e disruptivo, onde produtos e serviços se tornarão instáveis, mutáveis e provisórios, a maioria das organizações se converterá em verdadeiros sistemas abertos e móveis dotados de plataformas virtuais, com equipes multidisciplinares de elevado desempenho cuidando de projetos de curta duração que se revezam interminavelmente.
6. **O trabalho colaborativo e solidário em equipe será ampliado e intensificado cada vez mais:** as equipes multidisciplinares serão construídas em conjuntos provisórios de vários talentos, dotados de diferentes competências, que em seu conjunto atendam às necessidades e objetivos de cada projeto coletivo que envolva múltiplas competências simultâneas. Ao término de cada projeto, os talentos se dispersam e serão escolhidos e selecionados continuamente para novos e diferentes projetos. Nesse contexto organizacional provisório e mutável, profissionais de GTH se tornarão verdadeiros arquitetos do trabalho – para definir e redefinir equipes provisórias – e se tornarão também verdadeiros corretores de talentos – para posicioná-los nessas equipes que surgem e que, terminando o projeto, se dispersam, e selecionar soluções adequadas de tecnologia para impulsionar a estratégia em plataformas virtuais para navegar em inovações e rupturas pela frente. Claro, com tanta mudança interna e externa, a conexão direta com o(s) negócio(s) da organização levará a GTH a dois outros desafios: de um lado, definir a estratégia de comprar, construir, tomar emprestado ou emprestar talentos quando necessário e definir como e quando fazê-lo e, de outro lado, treinar gestores e talentos para serem autogestores para gerenciarem a si mesmos com total empoderamento em uma comunidade colaborativa de talentos.
7. **A GTH mais próxima do negócio da organização:** profissionais de gestão humana precisarão conhecer mais profundamente o negócio da empresa e se adaptar a ele e à sua linguagem para serem levados a sério, não somente internamente frente à direção, aos gestores e aos colaboradores, mas também em relação ao mercado de candidatos que deverão ser recrutados, selecionados e treinados. Deverão participar diretamente da estratégia organizacional, conhecer o negócio e o macro e microambiente que o

envolvem, contribuir para a missão, visão de futuro, valores sociais e sucesso econômico para atraírem e engajarem os talentos certos. Além disso, oferecer subsídios para o marketing, finanças, produção/operações e participar ativamente da condução estratégica do negócio.

8. **Atrair, engajar, aplicar, recompensar, desenvolver e monitorar talentos como nunca:** em um verdadeiro *pipeline* de talentos, tanto como os talentos, a GTH sempre terá muito o que aprender, pois os tempos serão outros. É o aprendizado vitalício. Oferecer novas soluções para lidar com talentos e atender às complexas e mutáveis necessidades do negócio da organização envolve a necessidade de buscar sempre a criatividade e a inovação. Esse será o preço da competitividade e sustentabilidade em um mundo exponencial.

Essas macrotendências não ocorrem gratuitamente nem ao acaso. Refletem a necessidade de competitividade e sustentabilidade das organizações em um mundo turbulento e cheio de desafios e a necessidade de contar com o apoio e suporte dos *stakeholders* internos na consecução dos negócios e no alcance de resultados. Uma visão que conta com a enorme capacidade de desenvolvimento e criação de valor que talentos podem aportar para o sucesso organizacional.

Estamos nos referindo ao elemento mais intrigante, fascinante e essencial de toda organização. É por meio das pessoas que toda organização nasce, vive e se desenvolve. Tudo o que falamos somente faz sentido se tudo girar em torno das pessoas.

O objetivo desta parte é mostrar como a área de GTH pode ser abordada e melhorada rumo à excelência e no seu futuro. No Capítulo 16, foi discutida a avaliação da função de GTH e seu papel na estratégia das organizações. No Capítulo 17, discutiremos as macrotendências e para onde vai a GTH.

REFERÊNCIAS

1. MORGAN, J. *Employee experience advantage*. New York: Wiley, 2017.
2. CHIAVENATO, I. *Planejamento, recrutamento e seleção de pessoal:* como agregar talentos à empresa. Barueri: Manole, 2014. p. 7.
3. CHIAVENATO, I. *Como transformar RH de um centro de despesa em um centro de lucro*. São Paulo: Makron Books, 1997. p. 15-23; e CHIAVENATO, I. *Gestão de pessoas:* o novo papel dos recursos humanos nas organizações. Barueri: Manole, 2014. p. 481-485.

Capítulo

17

Para onde vai a Gestão do Talento Humano?

GTH em um mundo exponencial

Objetivos de aprendizagem

- Identificar as macrotendências da Gestão do Talento Humano.
- Contextualizar as macrotendências e as ações esperadas.
- Analisar o impacto nas organizações.
- Promover o alinhamento das mudanças com as estratégias organizacionais.

O que veremos adiante

- Visão geral da evolução da GTH e a relevância das macrotendências.
- Definição e contextualização das macrotendências.
- Desafios e oportunidades associadas.
- Reflexões sobre o futuro da GTH.

Ao longo das décadas, eu venho refletindo e compartilhando minhas ideias sobre a Gestão do Talento Humano (GTH), reconhecendo que prever o futuro dessa área é um exercício desafiador, mas extremamente necessário. Desde minha primeira obra em 1976, busquei entender como as dinâmicas sociais, econômicas e tecnológicas influenciam o comportamento humano nas organizações. Para mim, a gestão de pessoas não é um campo estático; ela está em constante evolução, impulsionada pelas necessidades cambiantes das empresas e dos colaboradores. Acredito firmemente que o sucesso da GTH reside na capacidade de adaptação e na visão holística que os gestores precisam ter. Ao olhar para o futuro, vejo uma jornada repleta de oportunidades para reinventar a forma como trabalhamos, aprendemos e nos relacionamos dentro das organizações. Essa visão é o que me motiva a continuar contribuindo para o debate e a formação no campo da gestão de talentos, sempre acreditando que as pessoas são, e continuarão sendo, o verdadeiro diferencial competitivo das empresas.

17.1 AS MACROTENDÊNCIAS DA GESTÃO DO TALENTO HUMANO

A GTH está passando por uma transformação significativa, influenciada por mudanças sociais, tecnológicas e econômicas que afetam as organizações e a vida das pessoas. Para entendermos sua trajetória e projetar seu futuro, é imprescindível identificar e analisar as macrotendências que têm se projetado no presente e além. Ao longo deste capítulo, examinaremos as principais tendências que foram apresentadas no livro, contextualizando um pouco mais sobre suas origens, implicações e desenvolvimentos esperados.

Quadro 17.1 Comparativo das macrotendências da GTH em 1997, 2014 e 2025[1]

Macrotendências em 1997	Macrotendências em 2014	Macrotendências a partir de 2025
1. Uma nova filosofia de ação	1. Transformar pessoas comuns em talentos	**1. Transformar talentos em competências por meio do aprendizado contínuo**
2. Transformação de uma área de serviço em consultoria interna	2. Transformação de uma área de consultoria interna em parceria estratégica	**2. Integração dos objetivos de GTH com a estratégia corporativa**
3. Gradativa transferência de decisões e ações de GTH para gestores de linha	3. Transformar líderes em gestores de pessoas	**3. Transição para modelos de liderança colaborativa e inclusiva**
4. Intensa ligação com o negócio da empresa	4. Construção de competências organizacionais	**4. Valorização das competências interpessoais no ambiente de trabalho**
5. Ênfase em uma cultura participativa e democrática	5. Ênfase no compromisso e engajamento das pessoas	**5. Ênfase na cultura organizacional e na mentalidade colaborativa dos talentos**
6. Utilização de mecanismos de motivação e realização pessoal	6. Construção do melhor lugar para se trabalhar	**6. Criação de ambientes de trabalho flexíveis e integrados, que promovam bem-estar e saúde mental**
7. Adequação das práticas e políticas de GTH às diferenças individuais das pessoas	7. Adequação das práticas e políticas de GTH às expectativas dos *stakeholders*	**7. Adequação das práticas e políticas de GTH às expectativas da experiência do colaborador**
8. Forte preocupação com a criação de valor dentro da empresa	8. Ênfase no capital humano como o principal componente do capital intelectual	**8. Consolidação da integração do capital humano no capital intelectual**
9. Preocupação em preparar a empresa e as pessoas para o futuro	9. Ênfase na visão de futuro da organização e no planejamento estratégico	**9. Ênfase na transformação digital dentro do planejamento da GTH**
10. Utilização do *benchmarking* como estratégia para melhoria organizacional	10. Busca da excelência, competitividade e sustentabilidade	**10. Avaliação em tempo real da performance por meio de ferramentas analíticas**

Já faz algum tempo que o setor de GTH deixou de ser um mero executor de recrutamento e seleção. Agora muito mais estratégico, sua atuação se estende às demais áreas das empresas. E, com esse novo perfil, os gestores precisam estar atentos às tendências que vão conduzir o futuro da GTH.

17.1.1 Transformar talentos em competências por meio do aprendizado contínuo

O aprendizado contínuo, frequentemente associado ao termo *lifelong learning*, refere-se ao processo de aprendizado que ocorre ao longo da vida de forma intencional e sistemática. Esse conceito de *lifelong learning* (aprendizado ao longo da vida) é muitas vezes associado ao trabalho do educador e filósofo americano John Dewey. Embora Dewey não tenha sido o único a defender a ideia de aprendizado contínuo, sua influência e suas abordagens práticas ao ensino foram fundamentais na formação desse conceito.

John Dewey nasceu em 1859 e destacou-se como um defensor da educação progressiva, enfatizando a necessidade de métodos educacionais que se adaptassem às mudanças sociais e econômicas. Ele acreditava que a educação não deve se limitar a um período específico da vida, mas deve ser um processo contínuo que se estende ao longo da vida, dando aos indivíduos a capacidade de se adaptar e se desenvolver em um mundo em constante mudança. Dewey via a educação como uma experiência de aprendizado significativa, onde os alunos se envolvem ativamente com o material, aprendendo não apenas fatos, mas também habilidades críticas necessárias para a vida prática. Para ele, o verdadeiro aprendizado vai além da sala de aula e se estende para todas as experiências de vida que moldam um indivíduo. Ele defendia que cada experiência é uma oportunidade para aprender e que a curiosidade natural das pessoas deve ser nutrida ao longo de suas vidas.

A partir das ideias de Dewey, o conceito de aprendizado ao longo da vida começou a ganhar força na Educação e na Psicologia, especialmente a partir do final do século 20. Com o avanço da tecnologia e as mudanças rápidas nas demandas sociais e profissionais, ficou claro que o aprendizado deve continuar para que os indivíduos permaneçam relevantes e adaptáveis.

No século 21, o conceito de *lifelong learning* tornou-se ainda mais prevalente, impulsionado pela rápida evolução tecnológica e pela necessidade de aprendizado contínuo para lidar com novas situações e desafios no mundo do trabalho. Organizações e instituições educacionais começaram a implementar programas que incentivam os colaboradores e alunos a se engajar em oportunidades de aprendizado ao longo de suas vidas.

Transformar talentos em competências por meio do aprendizado contínuo envolve uma série de práticas e abordagens que promovem o desenvolvimento pessoal e profissional dos colaboradores. Algumas estratégias eficazes para alcançar esse objetivo são:

1. **Avaliação e identificação de talentos**

- **Identificar habilidades e potenciais:** realize uma avaliação das habilidades atuais dos colaboradores, identificando seus talentos individuais. Isso pode incluir entrevistas, avaliações de desempenho e *feedback* de colegas e gestores.
- **Mapear lacunas:** uma vez identificados os talentos, mapeie as lacunas de competências necessárias para atingir os objetivos organizacionais.

  Daí a necessidade de dados concretos a respeito do comportamento e da avaliação do desempenho de cada talento, bem como naquilo que ele pode almejar ao seu líder. O papel das lideranças nesse aspecto é fundamental, tanto nas lacunas, como nas situações de excelência.

2. **Implementação de programas de capacitação**

- **Treinamentos formais:** desenvolva programas de capacitação que abordem as lacunas de competências identificadas. Esses programas podem incluir *workshops*, cursos *online* e treinamentos presenciais.
- **Aprendizado no trabalho:** incentive o aprendizado prático oferecendo experiências de trabalho desafiadoras que ajudem os colaboradores a aplicar e aprimorar suas habilidades.

3. **Promoção de uma cultura de aprendizado**

- **Liderança inspiradora:** os líderes devem modelar uma mentalidade de aprendizado contínuo, participando de treinamentos e buscando a atualização de suas habilidades.
- **Incentivar a curiosidade:** crie um ambiente em que a curiosidade e a vontade de aprender sejam valorizadas. Reconheça e recompense iniciativas de aprendizado autônomo.
- **Oferecer oportunidades de crescimento a cada colaborador e sempre:** dando a cada colaborador uma visão pessoal das suas possibilidades futuras na empresa. Ou seja, mostrar a cada colaborador uma abertura para um futuro melhor.

4. **Mentoria e *coaching***

- **Programas de mentoria:** estabeleça programas de mentoria onde líderes e colaboradores mais experientes orientem os mais novos (e vice-versa, conhecida como mentoria reversa). Essa intensa troca de conhecimento pode acelerar o desenvolvimento de competências essenciais para a sustentabilidade da organização.
- ***Coaching* personalizado:** ofereça sessões de *coaching* que abordem necessidades específicas de desenvolvimento e ajudem os colaboradores a traçarem planos de crescimento.

5. ***Feedback* contínuo e avaliação**

- ***Feedback* regular:** implemente um sistema de *feedback* contínuo que permita que os colaboradores recebam orientações sobre seu desempenho e progresso em relação às suas competências.
- **Avaliação de competências:** realize avaliações periódicas para medir o desenvolvimento das competências ao longo do tempo, ajustando os planos de aprendizado conforme necessário.

6. **Uso de tecnologias de aprendizado**

- **Plataformas de *e-learning*:** utilize tecnologias educacionais, como plataformas de *e-learning*, para facilitar o acesso a cursos e materiais de aprendizado em qualquer lugar e a qualquer hora.
- **Comunidades de aprendizado:** crie comunidades internas nas quais os colaboradores possam compartilhar conhecimentos, recursos e melhores práticas, promovendo o aprendizado colaborativo.

7. **Incentivo à aprendizagem autônoma**

- **Estímulo à autonomia:** incentive os colaboradores à busca ativa por cursos, certificações e outras oportunidades de aprendizado fora da organização.
- **Tempo para aprendizado:** considere a possibilidade de conceder tempo durante a jornada de trabalho para que os colaboradores se dediquem ao aprendizado contínuo.

Ao promover uma cultura de aprendizado, oferecer apoio por meio de treinamentos e mentorias e utilizar tecnologias adequadas, as empresas podem não apenas desenvolver as habilidades de seus colaboradores, mas também prepará-los para desafios futuros, garantindo um ambiente de trabalho inovador e adaptável.

17.2 INTEGRAÇÃO DOS OBJETIVOS DE GTH COM A ESTRATÉGIA CORPORATIVA

A integração dos objetivos da GTH com a estratégia corporativa é uma das práticas mais poderosas para garantir o alinhamento e a eficácia dentro de uma organização. Em um ambiente de negócios em constante mudança, onde a dinâmica do mercado e as necessidades dos colaboradores evoluem rapidamente, a capacidade de unificar os objetivos de GTH com as metas estratégicas da empresa se torna essencial para a sustentabilidade e o crescimento. Como vimos ao longo do livro, a GTH não deve ser vista como uma função isolada, mas como um componente essencial da estratégia organizacional. Quando os objetivos de GTH são alinhados às metas corporativas, a organização se beneficia de várias maneiras:

1. **Alinhamento de propósitos:** quando os colaboradores entendem como seu trabalho contribui para os objetivos maiores da organização, isso promove um senso de propósito e de engajamento. Cada pessoa torna-se mais consciente de seu papel no sucesso da empresa.
2. **Otimização de recursos:** integrar GTH e estratégia corporativa permite que as organizações identifiquem e priorizem as habilidades e capacidades necessárias para alcançar seus objetivos. Isso resulta em uma alocação mais eficiente de recursos e investimentos em desenvolvimento.
3. **Cultura de desempenho:** a fusão dos objetivos de GTH com a estratégia promove uma cultura de desempenho, em que a ênfase está no desenvolvimento contínuo e na melhoria de resultados. As equipes tornam-se mais motivadas a alcançar e superar metas de desempenho.
4. **Adaptação e inovação:** em mercados dinâmicos, as organizações que alinham suas estratégias de GTH com objetivos empresariais possuem uma base de talentos mais bem preparada para se adaptar a mudanças, testar novas ideias e inovar.

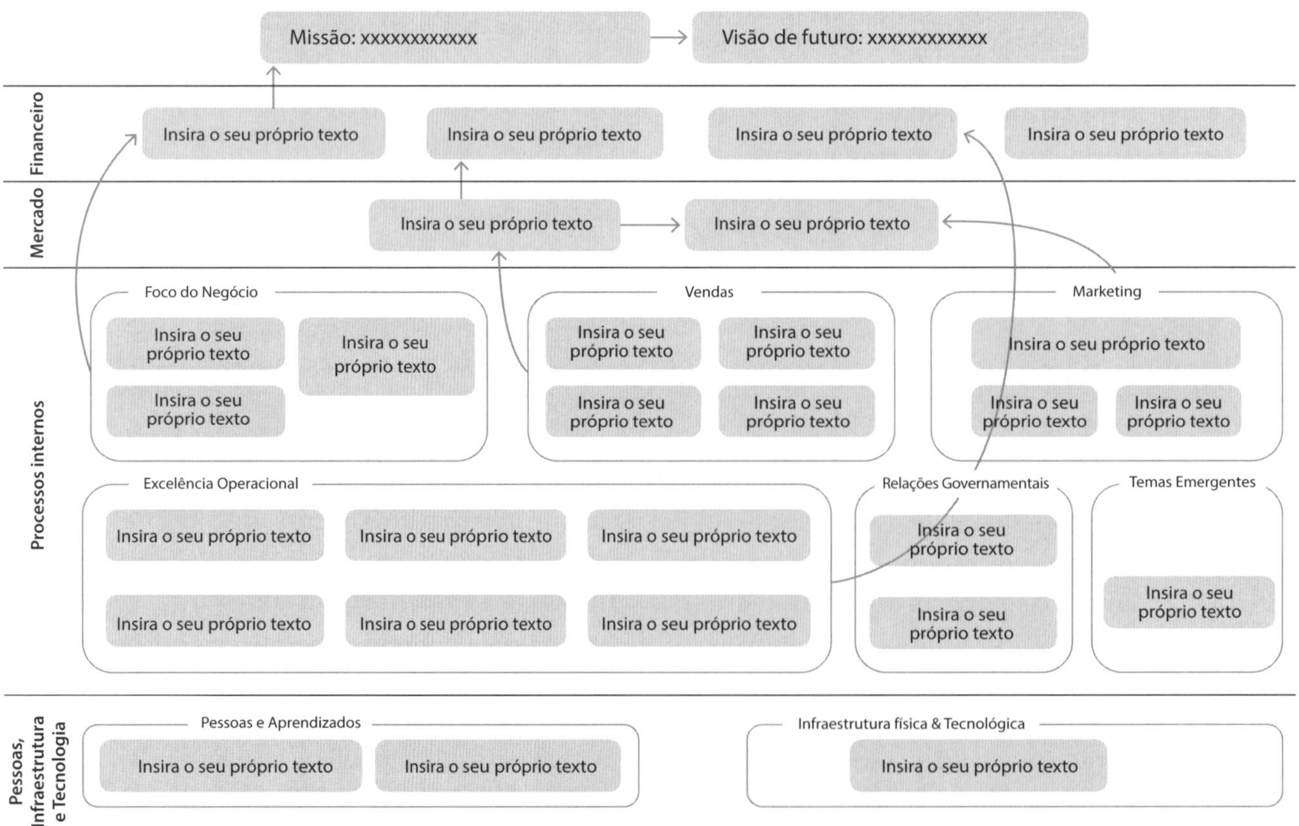

Figura 17.1 Exemplo visual de um mapa estratégico integrado com pessoas e aprendizado na base organizacional.

As empresas estão cada vez mais percebendo a necessidade de alinhar suas estratégias organizacionais com a GTH, especialmente para lidar com a crescente lacuna de talentos qualificados, que se tornou uma problemática séria e urgente. Estima-se que o setor de tecnologia, por exemplo, terá pelo menos 500.000 vagas abertas até 2025, sem pessoas com as competências necessárias para ocupá-las. Essa lacuna pode ser atribuída a diversos fatores, incluindo a rápida evolução das tecnologias, a inadequação entre o que é ensinado nas instituições de ensino e as demandas reais do mercado atual, e a dificuldade das empresas em reter talentos em um ambiente altamente competitivo. O alinhamento entre a GTH e a estratégia organizacional é crucial para enfrentar essa lacuna. Quando as empresas não conseguem identificar e desenvolver as habilidades necessárias em seus colaboradores, correm o risco de se tornarem obsoletas ou incapazes de competir. Para que a GTH se torne uma função realmente estratégica, é essencial que as organizações adotem uma abordagem proativa em relação ao desenvolvimento de talentos, alinhando suas necessidades de competências com os objetivos de negócios.

O alinhamento estratégico entre a GTH e a estratégia organizacional é fundamental para a eficácia e a sustentabilidade de uma empresa. No entanto, frequentemente, os objetivos estratégicos estabelecidos pelas organizações podem entrar em conflito com a cultura existente, criando desafios significativos na implementação das iniciativas de GTH. Essa desconexão pode resultar em resistência à mudança, baixo moral entre os colaboradores e, em última análise, na falha em atingir as metas organizacionais. Toda mudança cultural do topo até a base organizacional deve ser ampla e total. E envolve uma nova e aberta mentalidade dentro de toda organização, de cima para baixo e com muita comunicação.

17.2.1 Desafios de alinhamento estratégico

Objetivos de resultados rápidos *vs.* cultura de aprendizado

Muitas organizações estabelecem metas para crescimento acelerado ou aumento da produtividade que exigem resultados imediatos. Esses objetivos podem entrar em conflito com uma cultura que prioriza o aprendizado contínuo e o desenvolvimento a longo prazo.

A pressão por resultados rápidos pode desencorajar a transformação e a inovação, promovendo uma mentalidade de curto-prazo e fazendo com que os colaboradores evitem riscos ou experimentações.

Objetivos de diversidade e inclusão *vs.* cultura estabelecida

Organizações que se comprometeram com objetivos de diversidade e inclusão podem encontrar resistência em uma cultura que prioriza os antigos modos de operação ou que tem um histórico de homogeneidade.

A resistência cultural pode tornar difícil a implementação de novas políticas e práticas que promovam um ambiente diversificado e inclusivo, resultando em falta de engajamento dos colaboradores.

Torna-se necessária uma mudança cultural, o que leva tempo para criar nova mentalidade na organização. Isso deve vir de cima para baixo.

Objetivos de flexibilidade de trabalho *vs.* práticas tradicionais

O movimento em direção a um local de trabalho mais flexível e remoto pode colidir com uma cultura organizacional que valoriza a presença física e a supervisão direta.

Isso pode levar a um choque entre as expectativas de gerenciamento e as preferências dos colaboradores, resultando em desconfiança e desconexão.

Para superar esses desafios e garantir que os objetivos de GTH estejam alinhados com a estratégia organizacional, as empresas podem adotar algumas abordagens:

1. **Comunicação e envolvimento:** promover uma comunicação clara e aberta sobre os objetivos estratégicos e como eles se conectam à cultura organizacional. Envolver os colaboradores nas discussões sobre a meta e ouvir suas preocupações pode ajudar a criar um sentido de pertencimento e aceitação. Realizar sessões de *feedback* e *workshops* onde os colaboradores podem expressar suas opiniões e sugestões, garantindo que suas vozes sejam ouvidas na formulação e no alcance de objetivos.
2. **Alinhamento cultural com a estratégia:** reavaliar os valores e práticas culturais da organização para garantir que eles apoiem, em vez de serem um obstáculo, aos objetivos estratégicos. Quando os valores corporativos estão em sincronia com as metas, a resistência diminui e a aceitação aumenta. Adotar uma abordagem participativa para a revisão cultural, envolvendo colaboradores de diferentes níveis, para criar um conjunto de valores que se harmonizem com a estratégia organizacional.
3. **Desenvolvimento de competências:** investir em programas de desenvolvimento que equipem os colaboradores com as habilidades necessárias para

atingir os novos objetivos, especialmente em áreas que precisam de mudanças e transformação. Implementar treinamentos práticos e interativos focados nas habilidades necessárias para a execução eficiente da estratégia organizacional, além de proporcionar oportunidades para a aplicação real do aprendizado.

4. **Flexibilidade em políticas e práticas:** avaliar as políticas de trabalho existentes para garantir que suportem uma cultura de flexibilidade, ao mesmo tempo em que promovam a produtividade e o engajamento. Realizar testes-piloto de opções de trabalho flexível e reunir dados sobre desempenho e satisfação dos colaboradores para ajustar as políticas de acordo com as necessidades reais da equipe.

O alinhamento estratégico da GTH com a estratégia organizacional é um desafio que, se não for abordado, pode levar a disfuncionalidades significativas dentro da empresa. Ao enfrentar diretamente as lacunas culturais que podem surgir, as organizações têm a oportunidade de não apenas alcançar seus objetivos estratégicos, mas também de criar um ambiente mais coeso, inclusivo e inovador. A chave para o sucesso está na disposição para ouvir, adaptar e desenvolver tanto a estratégia quanto a cultura organizacional em conjunto.

17.3 TRANSIÇÃO PARA MODELOS DE LIDERANÇA COLABORATIVA E INCLUSIVA

A liderança tradicional, muitas vezes caracterizada por estruturas hierárquicas rígidas e estilos autocráticos, está gradualmente dando lugar a modelos de liderança colaborativa e inclusiva. Em um mundo em constante transformação, no qual as dinâmicas do mercado e as expectativas dos colaboradores evoluem rapidamente, as organizações precisam adotar esses novos modelos para garantir um ambiente de trabalho mais engajado e inovador, especialmente pensando na diversidade geracional presente nas organizações e na necessidade de atrair e engajar talentos com outras crenças e comportamentos. A liderança colaborativa promove o envolvimento de todos os membros da equipe na tomada de decisões e na definição de objetivos, enquanto a liderança inclusiva assegura que todas as vozes, independentemente de origem, experiência ou perspectiva, sejam ouvidas e valorizadas. Os benefícios dessa abordagem incluem:

1. **Engajamento aumentado:** quando os colaboradores são incluídos nas decisões, eles se sentem mais valorizados e comprometidos com o sucesso da organização.
2. **Inovação e criatividade:** a diversidade de pensamentos e experiências leva a soluções mais criativas e inovadoras. Lideranças inclusivas incentivam a troca de ideias, estimulando um ambiente propício à inovação.
3. **Resiliência organizacional:** organizações que adotam modelos colaborativos são mais ágeis e adaptáveis às mudanças, pois possuem uma força de trabalho proativa e engajada, pronta para responder rapidamente a novos desafios.

17.3.1 Desafios na transição dos modelos de liderança

A transição para modelos de liderança colaborativa e inclusiva não é isenta de desafios. Algumas das barreiras comuns incluem:

1. **Cultura organizacional resistente:** em muitas organizações, uma cultura de liderança autocrática pode ter sido estabelecida por anos, dificultando a aceitação de um novo estilo mais colaborativo e inclusivo.
2. **Falta de habilidades de liderança:** nem todos os líderes possuem as habilidades necessárias para implementar práticas colaborativas, como comunicação eficaz, empatia e habilidade para ouvir ativamente.
3. **Medo da mudança:** mudanças podem gerar resistência. Colaboradores e líderes podem temer a perda de controle ou a desorganização que pode surgir de uma estrutura mais horizontal.

17.3.2 Práticas para fomentar a liderança colaborativa e inclusiva

Para fazer essa transição, as organizações podem adotar várias práticas que promovem a liderança colaborativa e inclusiva:

1. Treinamento e desenvolvimento de líderes

Investir em programas de treinamento que ensinem as habilidades necessárias para a liderança colaborativa e inclusiva é crucial. Isso inclui:

- **Comunicação eficaz:** capacitar os líderes a se comunicarem de maneira clara e aberta, incentivando a troca de ideias.
- **Escuta ativa:** ensinar técnicas de escuta que permitam que os líderes compreendam verdadeiramente as preocupações e sugestões de suas equipes.

- **Facilitação de grupos:** desenvolver habilidades para facilitar discussões em grupo e promover a colaboração entre os membros.

2. Estabelecimento de canais de comunicação

Criar canais que incentivem a comunicação aberta e honesta é vital e pode incluir:

- **Reuniões regulares:** instituir reuniões periódicas para discutir objetivos, desafios e *feedback*, permitindo que todos tenham a oportunidade de contribuir.
- **Plataformas de colaboração:** utilizar ferramentas digitais que facilitem a colaboração entre equipes, permitindo a troca de ideias em tempo real.

3. Promoção de uma cultura inclusiva

Fomentar uma cultura que valoriza a diversidade e a inclusão é fundamental. Práticas recomendadas incluem:

- **Treinamentos de conscientização:** oferecer programas que abordem preconceitos inconscientes sobre diversidade e inclusão, sensibilizando os colaboradores para a importância do tema no ambiente de trabalho.
- **Políticas de reconhecimento:** implementar políticas que reconheçam e celebrem a diversidade, assegurando que todas as contribuições sejam valorizadas.

4. Empoderamento da equipe

Permitir que os colaboradores tomem decisões e assumam responsabilidades é essencial para fomentar um ambiente colaborativo. Isso pode ser feito por meio de:

- **Delegação de autoridade:** incentivar os líderes a delegarem responsabilidades e a darem autonomia às suas equipes, promovendo um senso de propriedade e confiança.
- **Projetos colaborativos:** criar equipes multifuncionais para trabalhar em projetos que requeiram *input* de diversas áreas, promovendo colaborações que vão além dos velhos silos organizacionais.

A transição para modelos de liderança colaborativa e inclusiva é uma jornada desafiadora, mas altamente recompensadora. Ao adotar esses novos modelos, as organizações não apenas se preparam para enfrentar os desafios do futuro, mas também criam um ambiente de trabalho no qual todos se sentem valorizados e motivados a contribuir para o sucesso coletivo. A liderança colaborativa e inclusiva não é apenas uma mudança de estilo; é uma transformação cultural que pode resultar em maior inovação, engajamento e resiliência organizacional.

À medida que as organizações se movem em direção a essa nova era de liderança, é crucial que cada membro da equipe, desde os executivos até os colaboradores de linha de frente, esteja alinhado e comprometido com esse novo paradigma. A liderança de sucesso no século 21 é aquela que não apenas dirige, mas também inspira, integra e envolve todos os colaboradores em um esforço conjunto para o crescimento e a excelência organizacional. Implementar um modelo de liderança colaborativa e inclusiva não apenas beneficia a organização; também é um investimento no futuro de cada colaborador e em uma cultura que promove o aprendizado contínuo e a adaptabilidade. Por meio dessa transformação, as empresas podem não apenas superar seus desafios, mas realmente prosperar em um ambiente em constante evolução.

Alguns estilos de liderança que exemplificam esses princípios, junto com suas características, são:

1. Liderança servidora

Características:

- **Empatia:** líderes servidores colocam as necessidades de seus colaboradores em primeiro lugar, demonstrando forte compreensão e preocupação com o bem-estar da equipe.
- **Desenvolvimento de talentos:** focam no crescimento e na capacitação individual dos membros da equipe, ajudando-os a alcançar todo o seu potencial.
- **Escuta ativa:** incentivam *feedback* e estão sempre dispostos a ouvir as preocupações de seus colaboradores.

2. Liderança transformacional

Características:

- **Inspiração:** líderes transformacionais inspiram e motivam a equipe a alcançar metas mais elevadas, promovendo um senso de propósito compartilhado.
- **Inovação:** estimulam a criatividade e a inovação, encorajando os colaboradores a pensar fora da caixa e a contribuir com novas ideias.
- **Apoio emocional:** proporcionam apoio emocional, criando um ambiente no qual os indivíduos se sentem seguros para expressar suas opiniões e perspectivas.

3. Liderança participativa

Características:

- **Tomada de decisão conjunta:** os líderes participativos envolvem a equipe no processo de tomada de decisão, assegurando que diferentes opiniões sejam consideradas.
- **Colaboração:** promovem um ambiente de trabalho colaborativo, onde todos trabalham juntos para alcançar objetivos comuns.

- **Valorização da diversidade:** reconhecem e valorizam a diversidade de ideias e *backgrounds* dos membros da equipe.

4. Liderança inclusiva

Características:

- **Consciência e sensibilidade:** líderes inclusivos têm forte consciência das diferenças individuais e são sensíveis às necessidades de todos os membros da equipe.
- **Promoção da diversidade:** ativamente buscam promover a diversidade e garantir que todas as vozes sejam ouvidas e valorizadas.
- **Ambiente acolhedor:** criam um ambiente no qual todos se sentem bem-vindos, respeitados e têm espaço para se expressar.

17.3.2.1 Características comuns de um líder colaborativo e inclusivo

Além das características específicas de cada estilo de liderança, alguns traços comuns e essenciais em líderes colaborativos e inclusivos incluem:

- **Adaptabilidade:** capacidade de ajustar seu estilo de liderança conforme as necessidades da equipe e as circunstâncias do ambiente.
- **Empatia:** habilidade de compreender e compartilhar os sentimentos dos outros, promovendo uma cultura de cuidado e apoio.
- **Comunicação eficaz:** capacidade de se comunicar de forma clara e aberta, promovendo um diálogo bidirecional com a equipe.
- **Respeito:** trata todos os membros da equipe com respeito e dignidade, independentemente de suas origens, experiências ou opiniões.
- **Visão compartilhada e orientação para resultados:** cria e comunica uma visão clara que alinha os esforços da equipe com os objetivos organizacionais e resultados-chave, inspirando engajamento e comprometimento.

Estilos de liderança colaborativa e inclusiva são essenciais para criar ambientes de trabalho dinâmicos e inovadores. Esses líderes não apenas promovem a entrada de todas as vozes nas decisões, mas também desenvolvem uma cultura que valoriza a colaboração, a diversidade e o crescimento pessoal. Ao cultivar essas características e estilos, as organizações podem maximizar o potencial de suas equipes, resultando em maior satisfação no trabalho e melhores resultados organizacionais.

17.4 VALORIZAÇÃO DAS COMPETÊNCIAS INTERPESSOAIS NO AMBIENTE DE TRABALHO

Em um mundo empresarial cada vez mais complexo e interconectado, as competências interpessoais tornaram-se tão cruciais quanto as habilidades técnicas. A capacidade de se comunicar de forma eficaz, colaborar com colegas e entender as dinâmicas emocionais em um ambiente de trabalho são fatores determinantes para o sucesso de uma empresa. As competências interpessoais referem-se às habilidades que permitem que os indivíduos interajam de maneira eficaz e harmoniosa com os outros.

As principais competências interpessoais incluem comunicação, empatia, escuta ativa, resolução de conflitos, inteligência emocional, colaboração e negociação. Essas competências são essenciais por diversas razões:

1. **Colaboração eficaz:** em ambientes de trabalho que dependem de equipes multidisciplinares, a capacidade de trabalhar em conjunto é vital. Habilidades interpessoais ajudam a construir relações de confiança e a promover um espírito de equipe.
2. **Resolução de conflitos:** conflitos são inevitáveis em qualquer ambiente de trabalho. Colaboradores com sólidas habilidades interpessoais podem abordar e resolver problemas de forma construtiva, minimizando tensões e mantendo a produtividade.
3. **Comunicação clara:** a capacidade de se comunicar de forma clara e eficaz é fundamental para garantir que todos os membros da equipe entendam as expectativas, as metas e as diretrizes. A comunicação interpessoal ajuda a evitar mal-entendidos e a garantir que informações críticas sejam compartilhadas adequadamente.
4. **Empatia e relações humanas:** as competências interpessoais permitem que os colaboradores se coloquem no lugar dos outros, promovendo um ambiente de trabalho mais inclusivo e respeitoso. A empatia contribui para o bem-estar emocional e psicológico dos indivíduos dentro da organização, impactando positivamente a cultura organizacional.
5. **Inovação e criatividade:** ambientes que valorizam as interações interpessoais são mais propensos a estimular ideias novas e soluções criativas. A troca de ideias entre colegas com diferentes perspectivas pode levar a inovações significativas.

Apesar da clara importância das competências interpessoais, muitos ambientes de trabalho ainda as subestimam. Organizações frequentemente priorizam habilidades técnicas em processos de recrutamento e avaliação de desempenho, negligenciando competências interpessoais que são igualmente importantes. Por outro lado, uma cultura organizacional que não promove a colaboração e o diálogo pode sufocar o desenvolvimento das habilidades interpessoais, mantendo os colaboradores isolados e desconectados. E ainda, muitos colaboradores não recebem treinamento adequado em habilidades interpessoais, o que limita seu crescimento e a capacidade de se envolver de maneira eficaz com os outros.

Essas habilidades não apenas melhoram a dinâmica da equipe, mas também fortalecem a cultura organizacional, promovem a inovação e melhoram o bem-estar dos colaboradores. Ao investir no desenvolvimento e na promoção das competências interpessoais, as organizações não só aumentam a produtividade, mas também criam um ambiente de trabalho mais coeso e colaborativo, em que todos os indivíduos se sentem respeitados e valorizados.

A transição para uma cultura que valoriza as competências interpessoais pode ser desafiadora, mas é fundamental para garantir que a organização esteja bem equipada para enfrentar os desafios do futuro. Em última análise, a promoção dessas habilidades interpessoais é um investimento no capital humano que resultará em benefícios duradouros para a organização e para seus colaboradores. Aquele que entende e pratica a colaboração, a empatia e a comunicação eficaz está bem posicionado para liderar e prosperar em um mundo de trabalho que valoriza cada vez mais a interconexão e a diversidade.

Historicamente, as organizações frequentemente não valorizaram as competências interpessoais por uma série de razões que estão interligadas tanto à forma como os negócios eram conduzidos quanto às normas sociais e culturais predominantes ao longo dos anos. Essa desvalorização teve profundas implicações na dinâmica do ambiente de trabalho e na sociedade como um todo.

Tradicionalmente, as organizações estavam mais preocupadas com as habilidades técnicas e com a capacidade de obter resultados quantitativos. O sucesso era definido em termos de produção, eficiência e metas financeiras. As competências interpessoais eram vistas como *soft skills*, menos essenciais e, muitas vezes, difíceis de medir. Inclusive, o uso do termo *soft* pode ser enganoso e diminutivo, sugerindo que essas habilidades são secundárias ou menos importantes em comparação com as *hard skills*, que são frequentemente associadas a capacidades técnicas e quantitativas. Por que as *soft skills* foram rotuladas como *soft*? Em muitas culturas organizacionais, as habilidades técnicas e analíticas foram historicamente priorizadas, definindo o sucesso profissional. Esse foco reduziu a percepção de habilidades interpessoais como sendo meramente "desejáveis", quando na verdade são fundamentais para a criação de ambientes de trabalho saudáveis e produtivos. Essa desvalorização talvez tenha suas raízes na forma como as organizações detectam e medem o desempenho, onde números, resultados e métricas tangíveis são mais facilmente quantificáveis do que aspectos intangíveis como empatia, comunicação e colaboração.

A crescente complexidade dos ambientes de trabalho modernos, marcada pela digitalização, pela diversidade geracional e pela interconexão global, acentua a necessidade de *soft skills*. A transformação digital exige que as equipes colaborem de forma eficaz, comuniquem-se claramente e resolvam conflitos de maneira eficaz. No entanto, as pesquisas indicam uma escassez alarmante dessas habilidades. Muitas organizações relatam dificuldades em encontrar trabalhadores qualificados que não apenas possuam as *hard skills* necessárias, mas também as competências interpessoais fundamentais para o trabalho em equipe e o sucesso organizacional.

A falta de *soft skills* pode ter um impacto negativo significativo no desempenho organizacional. Equipes que não se comunicam efetivamente tendem a experimentar mal-entendidos, conflitos e uma diminuição da produtividade. A ausência de empatia pode levar à insatisfação do colaborador, contribuindo para a rotatividade e custos elevados com recrutamento e treinamento. Um ambiente de trabalho que não valoriza ou não promove as *soft skills* pode se transformar em um local tóxico, onde o engajamento e o moral dos colaboradores são comprometidos.

A nomenclatura de *soft skills* não reflete a verdadeira natureza e importância dessas competências. Elas são essenciais para o sucesso no ambiente de trabalho moderno e estão em falta em muitas organizações. Para que as empresas possam prosperar em um mundo dinâmico e em constante mudança, é imperativo que as *soft skills* sejam valorizadas, desenvolvidas e integradas à estratégia organizacional de forma robusta e contínua. Colocar as habilidades interpessoais no centro das práticas de gestão de talentos não só melhorará o desempenho organizacional, mas também promoverá um local de trabalho mais saudável e inclusivo, em que todos os colaboradores possam se sentir valorizados e motivados a contribuir.

17.4.1 Análise da necessidade de competências interpessoais e da diversidade geracional nas empresas

No ambiente corporativo contemporâneo, a valorização das competências interpessoais e a gestão da diversidade geracional emergem como temas críticos para o sucesso organizacional. Com uma força de trabalho cada vez mais diversificada, composta por diferentes gerações que trazem suas próprias experiências, valores e perspectivas, as empresas enfrentam o desafio de integrar e maximizar essa diversidade. Com equipes cada vez mais multidisciplinares e diversas, as habilidades interpessoais ganham ainda mais relevância, pois permitem que as diferenças sejam valorizadas e que todos os colaboradores se sintam incluídos.

A diversidade geracional nas empresas refere-se à presença de várias gerações na força de trabalho, geralmente incluindo *Baby boomers*, Geração X, *Millennials* (Geração Y) e a Geração Z. Cada uma dessas gerações traz consigo experiências e características únicas:

1. ***Baby boomers*:** geralmente, valorizam a lealdade e a ética de trabalho forte, com uma tendência a preferir comunicação face a face e discussões diretas.
2. **Geração X:** conhecidos por sua independência e adaptabilidade, os profissionais dessa geração possuem uma perspectiva pragmática e valorizam o equilíbrio entre vida profissional e pessoal.
3. ***Millennials*:** esta geração é caracterizada pela busca de propósito, valoriza a flexibilidade e é fluente em tecnologia. Eles tendem a preferir ambientes de trabalho colaborativos e inovadores.
4. **Geração Z:** a geração mais jovem no local de trabalho, que se destaca por sua fluência digital e desejo de diversidade e inclusão, frequentemente busca rapidamente *feedback* e oportunidades de desenvolvimento.
5. **Geração Alfa:** composta por crianças nascidas a partir de 2010, atualmente está nas escolas e se tornará a próxima geração a entrar no mercado de trabalho. Espera-se que a Geração Alfa comece a entrar no mercado profissional por volta de 2027 ou 2028, dependendo de como os ciclos educacionais se desenrolam. Com o contexto de um mundo digital cada vez mais integrado, as habilidades que essa geração possui, como a fluência em tecnologia e a facilidade com questões sociais, terão um impacto significativo no ambiente de trabalho.

A combinação de competências interpessoais e diversidade geracional pode trazer diversos benefícios para as organizações:

1. **Inovação aumentada:** a colaboração entre gerações diversas, facilitada por fortes competências interpessoais, pode resultar em soluções criativas. Cada geração oferece uma nova perspectiva, contribuindo para o desenvolvimento de produtos e serviços inovadores que atendem a uma base de consumidores mais ampla.
2. **Melhoria da retenção de talentos:** um ambiente que valoriza a diversidade e promove habilidades interpessoais pode aumentar a satisfação dos colaboradores, levando a uma menor rotatividade.
3. **Cultura organizacional positiva:** valorizar as competências interpessoais e a diversidade geracional contribui para a criação de uma cultura organizacional positiva, na qual os colaboradores se sentem respeitados e valorizados.

A valorização das competências interpessoais e a gestão eficaz da diversidade geracional são cruciais para o sucesso organizacional no ambiente de trabalho moderno. À medida que as diferentes gerações, incluindo a emergente Geração Alfa, se juntam à força de trabalho, é imperativo que as organizações desenvolvam estruturas que promovam a colaboração e integrem as diferentes perspectivas.

Investir na formação de competências interpessoais e na valorização da diversidade geracional é um passo estratégico que pode levar a melhorias significativas na inovação, produtividade e, em última análise, na satisfação geral dos colaboradores. Em um mundo em que a mudança é a única constante, construir uma cultura que valorize tanto as habilidades interpessoais quanto a diversidade é um investimento no futuro, preparando as organizações para prosperar em um mercado global em evolução.

17.5 ÊNFASE NA CULTURA ORGANIZACIONAL E NA MENTALIDADE COLABORATIVA DOS TALENTOS

À medida que as dinâmicas do mercado e as expectativas sociais evoluem, a ênfase na cultura organizacional e na mentalidade colaborativa se torna cada vez mais crítica para o sucesso das empresas modernas. Cultura organizacional refere-se ao conjunto de valores, crenças, comportamentos e normas que moldam a maneira como os funcionários interagem e trabalham dentro da organização. Essa cultura influencia não só a satisfação e o engajamento dos colaboradores, mas também os resultados financeiros e a reputação da empresa. Uma cultura forte é um ativo valioso que pode proporcionar vantagem competitiva, enquanto uma cultura fraca ou tóxica pode levar a conflitos, alta rotatividade e baixo moral. A mentalidade colaborativa é a disposição de trabalhar em conjunto, compartilhando informações e se unindo para alcançar objetivos comuns. Essa mentalidade é um componente-chave da cultura organizacional, pois fomenta um ambiente que promove inovação, tomada de decisão eficaz e resiliência organizacional. Para promover uma mentalidade colaborativa, as organizações devem empregar várias práticas e abordagens como comunicação aberta e transparente, valorização de diversidade, treinamentos e desenvolvimento de habilidades, reconhecimento e recompensas.

Cultivar uma mentalidade colaborativa na organização é um esforço contínuo que exige o envolvimento de todos os níveis da hierarquia. Com um ambiente que promove a confiança, a abertura e o respeito mútuo, as organizações podem aproveitar ao máximo o potencial coletivo de seus colaboradores.

É absolutamente possível mudar a cultura organizacional, embora a transformação cultural seja um processo complexo e desafiador que exige tempo, dedicação e comprometimento de todos os níveis da organização. O futuro da GTH passa pela transformação cultural. Aqui estão algumas considerações importantes para facilitar essa mudança:

1. Compreender a cultura atual

Antes de realizar qualquer mudança, é essencial entender a cultura existente. Isso pode incluir a realização de diagnósticos culturais, entrevistas com colaboradores, questionários e observação das práticas diárias. Identificar os valores, crenças e comportamentos predominantes é o primeiro passo para saber onde e como a mudança deve ocorrer.

2. Definir a cultura desejada

Compreender como se deseja que a cultura se comporte é crucial. A nova cultura deve ser claramente definida em termos de comportamentos, práticas e valores esperados. Ter uma visão clara ajuda a orientar as iniciativas de mudança e fornece aos colaboradores uma direção específica.

3. Envolvimento da liderança

A liderança desempenha papel fundamental na mudança da cultura organizacional. Os líderes devem estar igualmente comprometidos com a implementação das mudanças e devem exemplificar os comportamentos que desejam ver na organização. Quando os líderes atuam como modelos, é mais provável que os colaboradores se sintam inspirados a seguir o exemplo.

4. Comunicação clara e transparente

Manter uma comunicação aberta em todos os níveis da organização é essencial. Os colaboradores devem ser informados sobre o porquê das mudanças, como elas serão implementadas e como isso afetará seu trabalho. A transparência ajuda a construir confiança e a reduzir resistências.

5. Treinamento e desenvolvimento

A implementação de programas de treinamento pode ajudar os colaboradores a desenvolver as habilidades e comportamentos que são desejáveis na nova cultura. Isso pode incluir formação em competências interpessoais, colaboração e outras habilidades alinhadas com os novos valores.

6. Reforçar a nova cultura

Mudanças culturais devem ser reforçadas por meio de políticas, processos e sistemas que apoiem essa nova cultura. Isso inclui:

- Avaliação de desempenho: integrar os novos valores e comportamentos nas avaliações de desempenho.
- Reconhecimento e recompensas: celebrar e reconhecer comportamentos que exemplifiquem a cultura desejada para incentivar a adesão.

7. Dar o tempo necessário

Mudanças culturais não acontecem da noite para o dia. É um processo gradual que requer paciência e persistência. É importante ter expectativas realistas e celebrar pequenas vitórias ao longo do caminho.

8. *Feedback* e ajustes contínuos

Implementar mecanismos para coletar *feedback* contínuo e avaliar o progresso em direção à nova cultura é fundamental. Isso pode incluir reuniões de *feedback*, pesquisas e espaço para sugestões. Ajustar as abordagens com base nas respostas dos colaboradores pode tornar a mudança mais eficaz.

Mudar a cultura organizacional é um desafio, mas é definitivamente possível com um plano bem estruturado, liderança forte e envolvimento de todos os colaboradores. Ao focar na construção de uma cultura alinhada aos objetivos e valores desejados, as organizações podem não apenas melhorar o ambiente de trabalho, mas também alcançar maior eficiência e desempenho no longo prazo.

17.6 CRIAÇÃO DE AMBIENTES DE TRABALHO FLEXÍVEIS E INTEGRADOS, QUE PROMOVAM BEM-ESTAR E SAÚDE MENTAL

Nos últimos anos, a natureza do trabalho tem se transformado de maneira significativa, promovendo uma reavaliação da configuração tradicional dos ambientes de trabalho. O advento da transformação digital, combinado com a necessidade de adaptação às mudanças sociais e econômicas, levou à ascensão de modelos de trabalho flexíveis que integram o presencial e o remoto. Um ambiente de trabalho flexível é aquele que se adapta às necessidades e preferências dos colaboradores, permitindo que eles escolham as melhores condições para desempenhar suas funções. Essa flexibilidade pode se manifestar em diversas formas, como horários de trabalho variáveis, opções de trabalho remoto, espaços de trabalho abertos, além de áreas de descanso e lazer.

A flexibilidade no local de trabalho refere-se à possibilidade de os colaboradores escolherem onde realizar suas tarefas. Isso pode incluir o trabalho em casa, em um espaço de *co-working* ou no escritório. O modelo híbrido, que combina o trabalho remoto e o presencial, tem se mostrado particularmente eficaz, pois permite que os colaboradores desfrutem dos benefícios de ambos os mundos. Colaboradores têm a liberdade de escolher ambientes que melhor atendam ao seu estilo de trabalho, o que pode levar a um aumento na produtividade. A flexibilidade no local de trabalho está associada a um maior nível de satisfação e engajamento, pois permite que os colaboradores se adaptem às suas responsabilidades pessoais e profissionais.

A flexibilidade de horário permite que os colaboradores escolham seus horários de início e término do dia. Em vez de uma jornada fixa, os colaboradores podem adaptar seus horários de trabalho de acordo com suas preferências pessoais, demandas familiares e horários de pico de produtividade. Essa flexibilidade ajuda os colaboradores a equilibrarem responsabilidades profissionais com exigências pessoais, como cuidado de crianças ou compromissos pessoais, promovendo um maior bem-estar. A possibilidade de ajustar horários pode diminuir o estresse relacionado ao transporte e à rigidez dos horários tradicionais.

Além da flexibilidade, a criação de ambientes de trabalho que promovam o bem-estar e a saúde mental é crucial. Isso envolve o *design* dos espaços de trabalho para que sejam agradáveis e convidativos, com áreas destinadas ao relaxamento e à colaboração. Incorporar espaços abertos que incentivem a colaboração, bem como áreas tranquilas onde os colaboradores possam relaxar ou meditar, contribui para um ambiente mais equilibrado. A ergonomia dos equipamentos, como cadeiras ajustáveis e mesas de trabalho, junto à qualidade do ar, iluminação e decoração, pode impactar significativamente o conforto e a saúde mental dos colaboradores.

Para garantir que os ambientes de trabalho flexíveis promovam efetivamente o bem-estar e a saúde mental, é vital que as organizações integrem políticas de saúde mental e bem-estar nas práticas do dia a dia. Isso pode incluir:

1. **Programas de bem-estar:**
   - **Iniciativas de saúde mental:** implementar programas que incluam serviços de aconselhamento psicológico, *workshops* sobre gerenciamento do estresse e atividades de *mindfulness*.
   - **Exercícios físicos e atividades recreativas:** promover atividades físicas, como aulas de ioga ou caminhadas em grupo, que incentivem o exercício e a descontração.
2. **Treinamento de liderança em saúde mental:**
   - **Capacitação dos líderes:** preparar líderes e gerentes para reconhecer sinais de estresse e problemas de saúde mental entre os colaboradores e oferecer suporte adequado.
   - **Criação de uma cultura de apoio:** encorajar os líderes a falarem abertamente sobre saúde mental e a normalizarem as conversas sobre o tema, reduzindo o estigma associado.
3. ***Feedback* contínuo e avaliação:**
   - **Monitoramento do bem-estar:** implementar ferramentas de avaliação de bem-estar, como pesquisas de clima e bem-estar, que ajudem a obter *feedback* sobre como os colaboradores se sentem em relação ao ambiente de trabalho e às políticas de saúde.
   - **Ajustes baseados em dados:** utilize os resultados das avaliações para ajustar e melhorar continuamente as estratégias de bem-estar e saúde mental, garantindo que as iniciativas atendam às reais necessidades dos colaboradores.

Uma tendência é oferecer plataformas em que os colaboradores possam acessar informações sobre bem-estar, recursos de saúde mental e opções de suporte disponíveis. Incentivar um canal de comunicação no qual os colaboradores possam discutir suas preocupações e necessidades de forma confidencial e segura.

A criação de ambientes de trabalho flexíveis e integrados que promovam o bem-estar e a saúde mental é uma necessidade para as organizações contemporâneas. Ao adotar modelos de trabalho flexíveis e integrar políticas de saúde ao dia a dia da empresa, as organizações não apenas melhoram o desempenho de suas equipes, mas também contribuem para um ambiente mais saudável e inclusivo. Essa abordagem não apenas atende às necessidades atuais dos colaboradores, mas também os prepara para enfrentar os desafios futuros, garantindo uma comunidade de talentos resiliente e engajada.

A criação desses ambientes flexíveis e integrados também, contribui para a chamada felicidade organizacional. A felicidade no trabalho surge como um tema central para a construção de ambientes que promovem o bem-estar dos colaboradores e a eficácia organizacional. Inspirando-se nos conceitos abordados anteriormente, podemos definir um novo conceito inovador de felicidade no trabalho que integra a cultura organizacional, a mentalidade colaborativa e o foco em competências interpessoais.

17.6.1 A tríade da felicidade organizacional

A felicidade no trabalho é uma experiência multifacetada que resulta da interseção de três pilares fundamentais: **cultura organizacional positiva, colaboração efetiva** e **desenvolvimento de competências interpessoais**. Essa tríade cria um ambiente em que os colaboradores se sentem valorizados, engajados e motivados a contribuir para o sucesso coletivo.

17.7 ADEQUAÇÃO DAS PRÁTICAS E POLÍTICAS DE GTH ÀS EXPECTATIVAS DA EXPERIÊNCIA DO COLABORADOR

No ambiente de trabalho moderno, a experiência do colaborador (do inglês *employee experience*) tornou-se um elemento central na estratégia de GTH. À medida que as expectativas e necessidades dos colaboradores evoluem e a escassez de talentos qualificados se acentua, torna-se fundamental que as práticas e políticas de GTH sejam adaptadas para não apenas atender, mas também superar essas expectativas. O alinhamento entre as práticas organizacionais e as necessidades dos colaboradores não só influencia a satisfação e o engajamento, como também afeta a retenção de talentos e a produtividade geral da organização.

A experiência do colaborador abrange todas as interações que um indivíduo tem com a organização ao longo de seu ciclo de vida profissional, desde o processo de recrutamento e seleção até a integração, o desenvolvimento, a avaliação de desempenho e, em alguns casos, a saída da empresa. Cada uma dessas etapas representa uma oportunidade de moldar a experiência do colaborador e, assim, impactar os níveis de satisfação e comprometimento.

Um dos principais aspectos na adequação das práticas de GTH é a compreensão de que os colaboradores não são apenas recursos produtivos, mas também indivíduos com necessidades, aspirações e expectativas próprias. À medida que a comunidade de talentos se torna mais diversificada, com diferentes gerações e

Pilares	Características	Benefícios
Cultura Organizacional Positiva	• Valorização do ser humano • Ambiente de confiança e respeito • Diversidade e inclusão	• Aumento da satisfação dos colaboradores • Maior engajamento e lealdade
Colaboração Efetiva	• Trabalho em equipe • Comunicação aberta • Liderança inclusiva	• Melhoria na inovação e na criatividade • Decisões mais informadas e inclusivas
Desenvolvimento de Competências Interpessoais	• Treinamento contínuo em habilidades interpessoais • Programas de mentoria e apoio • Reconhecimento e valorização de contribuições interpessoais	• Promoção da saúde mental • Aumento da resiliência e adaptabilidade

Figura 17.2 A tríade da felicidade organizacional segundo Chiavenato.

experiências de vida, as organizações devem estar atentas a essas nuances para criar um ambiente de trabalho que valorize cada colaborador.

A primeira etapa na adequação das práticas e políticas de GTH às expectativas da experiência do colaborador é realizar um diagnóstico cuidadoso das necessidades e desejos dos colaboradores. Isso pode ser feito por meio de pesquisas de clima organizacional, entrevistas e grupos focais. Tais métodos fornecem *insights* valiosos sobre o que os colaboradores realmente valorizam em suas interações com a organização. As informações coletadas devem ser utilizadas para identificar áreas de melhoria e para ajustar as políticas de GTH que podem não estar mais alinhadas com as expectativas atuais dos colaboradores.

A integração do *feedback* dos colaboradores nas práticas de GTH é fundamental. Quando os colaboradores sentem que suas opiniões são válidas e consideradas, isso gera um aumento na confiança e no engajamento. Participar da formulação de políticas e práticas também proporciona aos colaboradores uma sensação de propriedade sobre seu ambiente de trabalho, resultando em uma experiência mais positiva.

Além de envolver os colaboradores no processo, as práticas de GTH devem ser contextualizadas à medida que as necessidades mudam ao longo do tempo. Políticas como flexibilidade no trabalho, apoio à saúde mental e desenvolvimento de habilidades são cada vez mais esperadas. Organizações que oferecem opções de trabalho remoto ou horários flexíveis atendem às expectativas contemporâneas dos colaboradores, que buscam um equilíbrio melhor entre vida pessoal e profissional. Promover um ambiente no qual a saúde mental é priorizada também deve ser uma preocupação central. Programas de bem-estar, acesso a recursos de saúde mental e uma cultura que normaliza o cuidado emocional se tornaram imperativos nas organizações modernas.

O desenvolvimento contínuo é outro aspecto essencial que deve ser adequadamente abordado nas práticas de GTH. Os colaboradores esperam oportunidades de crescimento e aprendizado ao longo de sua carreira. Organizações que investem em programas de capacitação e treinamento não apenas atendem a essa expectativa, mas também demonstram um compromisso com o desenvolvimento profissional de seus colaboradores. Isso, por sua vez, resulta em maior lealdade e retenção de talentos, bem como em um colaborador mais engajado e motivado.

A experiência do colaborador deve ser vista como uma jornada, e as organizações devem ser proativas na identificação de pontos de dor nessa jornada. Isso envolve monitorar continuamente as práticas de GTH e fazer ajustes conforme necessário. Ter um sistema de *feedback* regular e um canal aberto para sugestões permite que as organizações se tornem mais responsivas às necessidades de seus colaboradores.

É importante reconhecer que a experiência do colaborador não se limita ao ambiente interno da organização. Fatores externos, como a reputação da empresa e o ambiente econômico, também desempenham papel importante nas percepções e expectativas dos colaboradores. Por isso, as práticas de GTH devem não apenas focar no que acontece internamente, mas também estar atentas ao contexto mais amplo em que a organização está inserida.

A adequação das práticas e políticas de GTH às expectativas da experiência do colaborador é um aspecto essencial para a construção de organizações ágeis, inovadoras e resistentes. Ao ouvir e envolver os colaboradores em um diálogo contínuo, as organizações podem criar um ambiente de trabalho que promove o bem-estar e fortalece o engajamento. A implementação de políticas que atendam às necessidades contemporâneas dos colaboradores resulta não apenas em um aumento da satisfação e da produtividade, mas também no fortalecimento da cultura organizacional e no aumento da capacidade de atrair e reter talentos em um mercado cada vez mais competitivo. A experiência do colaborador deve ser proativa e alinhada com as dinâmicas em constante mudança que permeiam o ambiente de trabalho moderno, assegurando que cada colaborador se sinta valorizado e motivado a contribuir para o sucesso coletivo da organização.

17.7.1 Plataformas de experiência do colaborador

O ambiente de trabalho de hoje exige novas ferramentas para que sua organização seja bem-sucedida. As conhecidas plataformas de experiência do funcionário (EPXs) oferecem suporte a pessoas e equipes, ajudando organizações a oferecerem mais conexão, percepção, propósito e crescimento. As EXPs são projetadas para melhorar a experiência e a produtividade do funcionário por meio de oportunidades de conexão, crescimento e aprendizado, melhores *insights* e alinhamento com as metas de negócios.

As EXPs aplicam tecnologia em GTH para ajudar a transformar o local de trabalho, melhorando a comunicação, aumentando a produtividade e o engajamento, personalizando a experiência do funcionário, promovendo o equilíbrio entre vida profissional e pessoal e melhorando a cultura da empresa.

As EXPs são criadas para o trabalho híbrido e geralmente incluem os principais componentes de comunicação, engajamento, personalização, bem-estar, construção de cultura e análise.

1. 94% dos funcionários ficariam mais tempo em uma empresa se ela investisse no aprendizado e desenvolvimento deles.[2]
2. Os funcionários podem ter um aumento de 11 a 14% na produtividade diária com ferramentas corretamente implantadas de descoberta de conhecimento.[3]
3. As organizações com funcionários altamente engajados têm um lucro 23% maior.[4]

Nesse novo mundo, o que pode ser mais transformador do que um ambiente no qual todos prosperam, onde a cultura organizacional não é só uma frase na parede, mas um cartão de visitas que mostra a realidade vivida por todos?

17.8 CONSOLIDANDO A INTEGRAÇÃO DO CAPITAL HUMANO NO CAPITAL INTELECTUAL

A ênfase no capital humano como o principal componente do capital intelectual refletia uma mudança significativa na percepção do valor das pessoas dentro das organizações. Nesse período, as empresas começaram a reconhecer que o verdadeiro diferencial competitivo não estava apenas em suas tecnologias ou processos, mas nas habilidades, nos conhecimentos e nas experiências dos seus colaboradores. Essa tendência era impulsionada por várias forças, incluindo a globalização, a rápida evolução tecnológica e as mudanças nas expectativas dos colaboradores. Com a ascensão da economia do conhecimento, as organizações começaram a perceber que a retenção e o desenvolvimento de talentos eram cruciais para a inovação e o sucesso sustentável. O foco deslocou-se para a criação de culturas que valorizavam a aprendizagem contínua, o engajamento e o bem-estar dos funcionários.

A partir de 2025, a ênfase no capital humano deverá evoluir para uma abordagem ainda mais integrada e estratégica. As organizações começarão a ver o capital humano como parte fundamental de um ecossistema mais amplo que inclui a diversidade, a inclusão e a saúde mental como componentes essenciais do desempenho organizacional. A evolução pode incluir:

1. **Desenvolvimento de talentos como estratégia central:** as empresas irão adotar estratégias de gestão de talentos que não apenas abranjam a identificação e o recrutamento, mas também enfoquem o desenvolvimento contínuo das habilidades, com programas personalizados de formação e oportunidades de *mentoring*.
2. **Bem-estar e saúde mental:** as políticas de GTH se expandirão para incluir a saúde mental e o bem-estar como componentes centrais da gestão do capital humano. Organizações que promovem ambientes de trabalho onde o bem-estar emocional é da maior prioridade não apenas retêm talentos, mas também impulsionam a produtividade.
3. **Inteligência artificial e análise de dados:** a utilização de ferramentas de análise de dados e inteligência artificial para avaliar e compreender as necessidades de desenvolvimento de capital humano em tempo real se tornará padrão, permitindo que as organizações respondam rapidamente às mudanças nas demandas do mercado.
4. **Colaboração intergeracional:** a interação entre várias gerações no local de trabalho será maximizada, com a promoção de uma cultura que valoriza a diversidade de pensamentos e experiências, aproveitando a sabedoria dos mais velhos e a inovação dos mais jovens.

17.8.1 2030 e além: transformando capital humano em capital relacional

À medida que avançamos para 2030 e além, a ênfase no capital humano deverá levar a uma transformação que o consolida como capital relacional. Esse avanço será caracterizado por:

1. **Culturas de inovação abertas:** as organizações implementarão estruturas que promovam a inovação aberta, permitindo que colaborem não apenas internamente, mas também em redes externas. O capital humano será visto como uma extensão das redes sociais e profissionais, em que colaboradores geram valor por meio de relacionamentos.
2. **Flexibilidade extremada:** modelos de trabalho híbridos ou completamente remotos transformarão a

lógica da gestão, permitindo que o capital humano se adapte de maneira cada vez mais flexível. As empresas que adotarem esses modelos estarão preparadas para atender às expectativas de uma força de trabalho que busca equilíbrio entre a vida pessoal e profissional.

3. **Educação dinâmica e aprendizagem ao longo da vida:** o conceito de aprendizado ao longo da vida se tornará intrínseco ao capital humano, com empresas que não apenas promovem, mas também financiam as experiências educacionais e o desenvolvimento de carreira de seus colaboradores, criando um ciclo de melhoria contínua.
4. **Maior ênfase nas relações e nas conexões:** o capital humano também será abordado em termos de redes e conexões, enfatizando a importância das relações interpessoais e da colaboração interdepartamental. As empresas que fomentarem um sentido de comunidade e pertencimento alcançarão melhores resultados em termos de inovação e comprometimento.

A ênfase contínua no capital humano como componente essencial do capital intelectual evoluirá de uma simples valorização dos talentos para uma integração profunda com as redes sociais, o bem-estar e a colaboração. À medida que as organizações se adaptam às novas realidades do mercado, elas precisarão investir em seus colaboradores de maneira a construir um ambiente de trabalho dinâmico, inclusivo e saudável. Essa transformação não apenas assegurará a competitividade, mas também contribuirá para uma comunidade colaborativa de talentos humanos mais engajada e satisfeita, preparada para enfrentar os desafios do futuro.

O capital relacional refere-se ao valor que as organizações obtêm a partir de suas relações internas e externas, incluindo as interações entre colaboradores, clientes, fornecedores, parceiros e a comunidade em geral. A compreensão e a valorização desse capital relacional serão cruciais para o sucesso organizacional na próxima década.

No contexto de GTH, o capital relacional não se limita a relações interpessoais dentro da organização, mas se estende a todas as conexões que podem impactar o desempenho e a reputação da empresa. Em 2030, as organizações reconhecerão que cultivar e gerenciar essas relações é tão importante quanto desenvolver habilidades e competências.

Com a crescente digitalização, as organizações utilizarão tecnologias avançadas, como inteligência artificial, análise de dados e plataformas de colaboração digital, para mapear, construir e gerenciar seu capital relacional. Isso permitirá que as empresas identifiquem rapidamente oportunidades para melhorar relações com *stakeholders* e personalizar interações para aumentar a satisfação e o engajamento. No (presente) futuro, a cultura organizacional será moldada com ênfase na colaboração e na cocriação. As empresas promoverão ambientes abertos nos quais a comunicação multidirecional é incentivada, permitindo que as ideias fluam livremente entre todas as partes interessadas. A experiência de trabalho será valorizada, reforçando a importância de cada colaborador como um embaixador da cultura empresarial.

Em 2030, a GTH será indissociável do conceito de capital relacional. À medida que as organizações se adaptam a um mercado de trabalho cada vez mais dinâmico e interconectado, promover e gerenciar relacionamentos se tornará fundamental para o sucesso. A integração da tecnologia, uma cultura colaborativa, foco no desenvolvimento de habilidades interpessoais e um compromisso com a responsabilidade social criarão uma nova era de GTH, na qual o valor humano e as conexões serão considerados os principais ativos de uma organização.

Assim, ao preparar o caminho para essa nova realidade, as empresas que investirem na construção e na manutenção de uma cultura de capital relacional estarão mais bem posicionadas para enfrentar desafios futuros e prosperar em um mundo em constante mudança.

17.9 ÊNFASE NA TRANSFORMAÇÃO DIGITAL DENTRO DO PLANEJAMENTO DA GTH

A transformação digital tem sido uma força disruptiva em todos os setores, e a GTH não é exceção. À medida que as tecnologias avançam e as expectativas dos colaboradores evoluem, as organizações enfrentam a necessidade crítica de se adaptar a essas mudanças. A integração digital na GTH não apenas amplia a eficiência operacional, mas também transforma a experiência do colaborador, aprimorando a forma como as empresas atraem, desenvolvem e retêm talentos.

A transformação digital na GTH envolve o uso de tecnologias para otimizar processos, melhorar a comunicação e aumentar o engajamento dos colaboradores. Entre os principais aspectos que ilustram essa mudança estão:

1. **Recrutamento e seleção:** a digitalização revolucionou o processo de recrutamento, permitindo às empresas utilizarem plataformas de recrutamento *online*, ferramentas de triagem automatizadas e inteligência artificial (IA) na seleção de candidatos.

Isso não apenas acelera o processo, mas também melhora a qualidade das contratações, ao permitir uma análise mais precisa das competências e experiências dos candidatos.

2. ***Onboarding* virtual:** o *onboarding* digital tem se tornado uma prática comum, permitindo que novos colaboradores sejam integrados de maneira mais eficaz e eficiente, independentemente de sua localização. Plataformas de *e-learning* e vídeos interativos ajudam a fornecer as informações necessárias para que os novos funcionários se sintam bem-vindos e preparados para suas funções.
3. **Aprendizado e desenvolvimento contínuos:** com as novas tecnologias, o aprendizado tornou-se mais acessível e flexível. Organizações podem oferecer cursos *online*, *webinars* e plataformas de *e-learning* que permitem aos colaboradores aprenderem em seu próprio ritmo. A personalização do aprendizado, com a utilização de algoritmos que recomendam cursos com base nas habilidades e interesses, torna-se uma ferramenta poderosa no desenvolvimento profissional.
4. **Gestão de desempenho e *feedback*:** a transformação digital também impacta no modo como as organizações gerenciam o desempenho de seus colaboradores. Ferramentas digitais de avaliação e *feedback* em tempo real permitem um acompanhamento contínuo, facilitando conversas sobre desempenho e desenvolvimento. Isso diminui a burocracia associada a avaliações tradicionais, criando um ciclo de feedback mais ágil e construtivo.
5. **Engajamento e comunicação:** o uso de plataformas de comunicação digital, como Google Meet, Slack, Microsoft Teams ou outras ferramentas de colaboração, facilita a comunicação entre equipes, independentemente de sua localização física. Isso não só melhora a colaboração, mas também promove um ambiente de trabalho mais transparente e conectado, alimentando o engajamento dos colaboradores.
6. **Análise de dados e inteligência artificial:** a coleta e a análise de dados tornam-se fundamentais na GTH contemporânea. A análise preditiva pode identificar tendências, como a rotatividade de funcionários, e ajudar a desenvolver intervenções antes que os problemas se tornem críticos. Além disso, a IA pode ser utilizada para mapear as habilidades dos colaboradores e oferecer recomendações personalizadas de desenvolvimento.

Para garantir uma transformação digital bem-sucedida na GTH, as organizações podem adotar as seguintes práticas:

1. **A transformação digital deve ser apoiada pela alta liderança**, que deve promover uma visão clara e unificada da mudança. Líderes devem estar prontos para modelar o comportamento digital desejado e apoiar seus colaboradores durante a transição.
2. **Promover uma cultura organizacional que valorize a inovação, a flexibilidade e a aprendizagem contínua** facilita a aceitação das tecnologias digitais e prepara os colaboradores para a mudança de maneira positiva.
3. **As empresas devem estabelecer um processo de revisão regular das tecnologias e ferramentas digitais em uso.** Isso permitirá que a organização identifique rapidamente quais ferramentas são eficazes, quais precisam ser avançadas ou substituídas e se estão sendo ampliadas de modo abrangente.
4. **Investir em programas de treinamento que capacitem os colaboradores a usar novas tecnologias de maneira eficaz e produtiva é essencial.** Oferecer suporte contínuo, como tutoriais e oficinas, ajuda a aliviar a resistência ao novo e a aumentar a confiança no uso das ferramentas digitais.
5. **Ao implementar tecnologias digitais, as organizações devem manter um foco constante na experiência do colaborador.** Isso envolve garantir que as soluções tecnológicas atendam às necessidades dos colaboradores, melhorem seu dia a dia no escritório e fomentem um ambiente de trabalho mais integrado e satisfatório.

A transformação digital na GTH não é apenas uma tendência passageira e muito menos está no futuro da GTH. É algo que está no presente, acontecendo agora; é uma necessidade fundamental que moldará o futuro das organizações. À medida que as tecnologias continuam a evoluir, a adaptação das práticas de GTH torna-se crucial para garantir que empresas possam não apenas sobreviver, mas prosperar em um ambiente de trabalho em rápida mudança. Ao integrar as tecnologias de forma consciente e focada no colaborador, as organizações têm a oportunidade de melhorar a eficácia, o engajamento e a satisfação dos funcionários, construindo assim um futuro mais brilhante e inovador. O sucesso na Era Digital dependerá da capacidade das organizações de não apenas implementar tecnologia, mas também de incentivar uma verdadeira cultura digital, na qual o capital humano e as ferramentas digitais funcionam em sinergia para alcançar objetivos comuns. A GTH, portanto, deve evoluir em direção a um modelo que reconhece a interdependência entre a tecnologia, o bem-estar e as competências interpessoais, criando uma base sólida para um ambiente de trabalho flexível e focado no sucesso mútuo.

17.9.1 Automação de processos de GTH

A automação nos processos de GTH é uma tendência cada vez mais predominante que está transformando a forma como as organizações administram suas equipes. De acordo com a Deloitte, 56% dos líderes de GTH estão reformulando seus processos para integrar ferramentas digitais. Isso indica uma mudança significativa do modelo tradicional em busca de inovações.

Adotar a automação em GTH vai além de simplesmente aderir a uma moda tecnológica; trata-se de uma estratégia essencial para aprimorar a eficiência, diminuir a margem de erros e permitir que a equipe de GTH se concentre em atividades mais estratégicas, ao invés de funções meramente operacionais. Os principais benefícios incluem: aumento da eficiência e produtividade, redução de erros e conformidade, melhoria na experiência dos colaboradores, tomada de decisão baseada em dados, economia de custos, agilidade e flexibilidade, otimização da competitividade.

Automação de processos de GTH significa o avanço da tecnologia e diminuição do trabalho manual. Em geral, estamos falando de tarefas mais burocráticas e repetitivas, visto que elas demandam um bom tempo dos gestores e impedem que eles foquem outros pontos importantes, como o relacionamento com a equipe de trabalho. Dentre as principais tarefas que podem ser automatizadas, é possível destacar:

1. Relatórios, dados e gráficos.
2. Recrutamento e seleção.
3. Admissão digital.
4. Gestão da folha de pagamento.
5. Monitoramento de indicadores-chave.
6. Controle de ponto.

A automação de processos em GTH tem se tornado uma prioridade para muitas organizações, facilitando a gestão e aprimorando a eficiência operacional. Diversos processos, que antes exigiam uma quantidade significativa de tempo e esforço manual, estão sendo otimizados por meio da tecnologia, permitindo que as equipes se concentrem em iniciativas mais estratégicas:

1. **Relatórios, dados e gráficos:** a geração de relatórios e a análise de dados são processos cruciais que podem ser automatizados para fornecer *insights* em tempo real. Ferramentas de *Business Intelligence* (BI) permitem que as equipes de GTH criem gráficos dinâmicos e relatórios detalhados com apenas alguns cliques, facilitando a identificação de tendências e a tomada de decisões informadas.
2. **Recrutamento e seleção:** sistemas de rastreamento de candidatos (ATS) facilitam a triagem de currículos, permitindo pares automáticos com as necessidades do cargo. Além disso, entrevistas virtuais e testes de habilidades *online* são integráveis, acelerando todo o processo e melhorando a experiência tanto para candidatos quanto para recrutadores.
3. **Admissão digital:** a digitalização do processo de admissão permite uma integração mais rápida e eficiente de novos colaboradores. Formulários eletrônicos e assinaturas digitais simplificam a coleta de documentos necessários, enquanto portais de *onboarding* digitais ajudam os novos funcionários a se familiarizarem com a cultura da empresa e as expectativas de suas funções.
4. **Gestão da folha de pagamento:** a automação da folha de pagamento reduz significativamente o risco de erros e assegura o cumprimento de regulamentações. Sistemas de gestão de folha de pagamento conectam-se diretamente a bancos de dados de tempo e absenteísmo, garantindo que as informações sejam atualizadas em tempo real e que o cálculo dos salários, bônus e deduções ocorra automaticamente.
5. **Monitoramento de indicadores-chave:** com a automação, o monitoramento de indicadores-chave de desempenho (KPIs) torna-se uma tarefa contínua e dinâmica. *Softwares* especializados coletam dados a partir de diversas fontes, permitindo que as áreas de gestão de talentos avaliem métricas como *turnover*, engajamento e produtividade com facilidade, possibilitando ajustes imediatos quando necessário.
6. **Controle de ponto:** a automação do controle de ponto, por meio de sistemas digitais, garante uma gestão eficaz das horas trabalhadas pelos colaboradores. Aplicativos de ponto eletrônico permitem que os funcionários registrem suas entradas e saídas de forma simples, enquanto os dados são enviados automaticamente para a equipe de GTH, facilitando a gestão de tempo e a conformidade legal.

Em conjunto, a automação desses processos não apenas otimiza a eficiência operacional, mas também melhora a experiência do colaborador dentro da organização, promovendo um ambiente de trabalho mais ágil, transparente e colaborativo.

17.9.2 O uso da inteligência artificial na GTH

A inteligência artificial (IA) está rapidamente se tornando uma ferramenta crucial na GTH, contribuindo para a eficiência dos processos, melhorando a tomada de decisões e aprimorando a experiência do colaborador. A integração da IA nas práticas de GTH automatiza tarefas repetitivas, permite uma análise de dados mais eficaz e oferece *insights* que auxiliam na gestão do capital humano de maneira mais estratégica. Um dos principais usos da IA na GTH é na área de recrutamento e seleção. Ferramentas de IA conseguem analisar currículos e perfis de candidatos, identificar padrões e prever o *match* com as vagas disponíveis, minimizando o tempo gasto nesse processo e aumentando a qualidade das contratações. Além disso, *chatbots* alimentados por IA podem atender a perguntas frequentes de candidatos, guiando-os pelo processo de seleção e garantindo uma experiência mais fluida e acolhedora.

Outra aplicação importante é o mapeamento e gestão de talentos. Sistemas de inteligência artificial podem analisar o desempenho dos colaboradores, identificando habilidades, pontos fortes e áreas de desenvolvimento. Isso permite que as organizações façam ajustes nas estratégias de formação e desenvolvimento, tornando-as mais personalizadas e eficientes. A IA também facilita o monitoramento do engajamento e da satisfação do colaborador, utilizando análises preditivas para identificar potenciais problemas antes que se tornem críticos.

A gestão da folha de pagamento e dos dados de desempenho é outra área em que a IA tem se mostrado altamente eficaz. Com a automatização, as empresas podem garantir precisão no cálculo salarial, controle de ponto e conformidade com as regulamentações. Além disso, a análise de dados em tempo real permite que as equipes de GTH ajam rapidamente para resolver problemas e fazer ajustes necessários nas políticas e práticas de GTH.

À medida que nos dirigimos para 2030 e além, é esperado que a inteligência artificial desempenhe um papel ainda mais central na GTH. As organizações do futuro utilizarão IA não apenas como uma ferramenta de suporte, mas como um elemento integrado e estratégico em todas as suas operações de GTH. Nesse cenário, espera-se que a personalização da experiência do colaborador se torne um novo padrão. A IA será capaz de criar jornadas individualizadas, adaptando-se em tempo real às necessidades e preferências de cada colaborador. As tecnologias de IA integrarão dados de desempenho, *feedbacks* e objetivos profissionais, gerando recomendações personalizadas para desenvolvimento de carreira que serão ajustadas conforme os interesses e as mudanças no mercado de trabalho. Além disso, a relação entre humanos e máquinas na GTH se tornará mais sinérgica. Os colaboradores não serão apenas usuários das ferramentas de IA; em vez disso, a IA atuará como um parceiro estratégico, ajudando a tomar decisões e a desenvolver soluções inovadoras para desafios organizacionais. Essa colaboração poderá elevar a produtividade e a eficácia, promovendo culturas mais ágeis e inovadoras.

Com a evolução da IA, a importância das competências interpessoais não desaparece, mas se torna ainda mais valorizada. A capacidade de um colaborador de se conectar e se comunicar eficazmente com outros humanos permanecerá essencial, especialmente em funções que exigem criatividade, empatia e pensamento crítico, qualidade que as máquinas não conseguem replicar. As organizações que reconhecerem e honrarem essa dualidade entre tecnologia e habilidades humanas estarão na vanguarda da competitividade no mercado.

Por fim, a ética na utilização da inteligência artificial se tornará uma prioridade nas organizações. Os desafios relacionados à privacidade de dados, preconceitos algorítmicos e o impacto social da automação exigirão uma abordagem responsável. Expectativas sociais em relação à transparência e à justiça nas decisões impulsionadas por IA levarão as organizações a adotarem práticas éticas robustas, tornando-se líderes não apenas em *performance*, mas também em responsabilidade social.

A inteligência artificial em GTH, até 2030 e além, será uma força transformadora que redefinirá as práticas de gestão de talentos, criando ambientes de trabalho mais personalizados, inclusivos e responsivos às necessidades humanas. A integração bem-sucedida dessa tecnologia com a inteligência emocional e interpessoal dos colaboradores será a chave para alcançar o sucesso sustentável das organizações no futuro.

17.10 AVALIAÇÃO EM TEMPO REAL DA *PERFORMANCE* POR MEIO DE FERRAMENTAS ANALÍTICAS

A evolução da tecnologia e o aumento da quantidade de dados disponíveis em ambientes corporativos começaram a transformar a maneira como as organizações gerenciam e avaliam a *performance* de seus colaboradores. Dentre as abordagens mais inovadoras nesse cenário está o conceito de *People Analytics*, que se refere ao uso de análises de dados e ferramentas analíticas para entender e prever o comportamento dos colaboradores dentro da organização.

People Analytics vai além da administração tradicional dos recursos humanos, utilizando dados para orientar decisões estratégicas e operacionais em relação a colaboradores. Esse conceito baseia-se na premissa de que, ao coletar e analisar dados relacionados aos colaboradores, as organizações podem obter *insights* valiosos sobre os seus talentos, incluindo produtividade, engajamento, potencial de liderança e até questões relacionadas à saúde mental.

O *People Analytics* é frequentemente categorizado em três níveis de análise: descritiva, preditiva e prescritiva. A análise descritiva avalia o que aconteceu no passado, como as taxas de *turnover* e os resultados de desempenho. A análise preditiva envolve o uso de dados históricos para prever futuros comportamentos, como a probabilidade de um funcionário deixar a empresa. Por fim, a análise prescritiva oferece recomendações sobre o que deve ser feito para melhorar a *performance*, permitindo que os gestores tomem decisões baseadas em dados concretos.

A avaliação em tempo real da *performance* é um dos aspectos mais transformadores que o *People Analytics* trouxe para a gestão de talentos. Ferramentas analíticas modernas permitem o monitoramento contínuo do desempenho dos colaboradores, o que facilita uma abordagem mais dinâmica e responsiva.

Por meio de sistemas que integram *feedback* em tempo real, os colaboradores e suas lideranças conseguem identificar rapidamente áreas de melhoria, adaptando estratégias e ações eficientes conforme necessário. Essa abordagem, ao contrário dos métodos tradicionais de avaliação de desempenho que acontecem em ciclos anuais ou semestrais, promove um ambiente de desenvolvimento contínuo. É um modelo que se alinha mais com as expectativas da comunidade colaborativa de talentos contemporânea, que busca *feedback* frequente e oportunidades constantes de crescimento.

O conceito de *People Analytics* e a prática da avaliação em tempo real da *performance* estão na vanguarda da evolução da GTH, e espera-se que sua importância cresça exponencialmente até 2030 e além. As organizações que adotarem essas práticas estarão mais bem posicionadas para enfrentar os desafios de um ambiente de trabalho em constante evolução.

Com o avanço da tecnologia, espera-se que a coleta de dados se torne ainda mais sofisticada, com a integração de ferramentas inteligentes que utilizam inteligência artificial e *machine learning* para analisar e prever comportamentos de colaboradores. Em 2030, será comum que as organizações utilizem algoritmos para personalizar a experiência do colaborador, oferecendo *feedback* em tempo real que não apenas se baseia em dados de desempenho, mas também considera fatores como engajamento emocional e bem-estar.

Além disso, a capacidade de interagir e colaborar em ambientes digitais se tornará uma competência central, e o *People Analytics* ajudará a modelar a colaboração em equipes distribuídas. As organizações terão acesso a análises que não apenas examinam o que acontece dentro da empresa, mas também como as interações externas influenciam a *performance* e o engajamento do colaborador.

17.11 O CONCEITO DE *DESIGN THINKING* APLICADO À GTH

O *design thinking*, uma abordagem centrada no ser humano para a resolução de problemas, pode ganhar destaque na GTH como uma maneira inovadora de redesenhar a área de pessoas e cultura nas organizações. Essa metodologia baseia-se em um profundo entendimento das necessidades e experiências dos colaboradores, promovendo a criatividade e a colaboração para desenvolver soluções que realmente impactem o ambiente de trabalho.

17.11.1 Redesenhando a área de pessoas e cultura

O primeiro passo do *design thinking* na GTH é a fase de empatia, que consiste em ouvir ativamente e entender as necessidades dos colaboradores. Isso pode ser feito por meio de entrevistas, grupos focais e pesquisas qualitativas que investiguem as experiências e os desafios dos funcionários. O objetivo é obter uma compreensão holística do que é necessário para melhorar a experiência do colaborador, desde o recrutamento até o desenvolvimento e a retenção.

Com base nas informações coletadas, as equipes de GTH podem articular problemas claramente definidos que precisam ser abordados. Por exemplo, a empresa pode identificar que a cultura de *feedback* é deficiente ou que o processo de integração de novos funcionários não é efetivo. Uma definição clara do problema permite que as equipes se concentrem em soluções específicas que atendam às necessidades identificadas.

Na fase de ideação, as equipes devem gerar uma variedade de ideias sem restrições. O ambiente deve ser aberto à criatividade, permitindo que todos os colaboradores se sintam à vontade para compartilhar sugestões. Por meio de *brainstormings* e *workshops* colaborativos, as equipes podem explorar soluções inovadoras para os problemas definidos. Isso pode incluir o desenvolvimento de novos programas de treinamento, plataformas de *feedback* em tempo real ou iniciativas voltadas para promover o bem-estar.

A prototipagem envolve a criação de versões simples e experimentais de soluções propostas. Por exemplo, uma equipe pode desenvolver um programa-piloto de integração para novos colaboradores, implementando-o em um pequeno grupo antes de uma adoção em larga escala. Essa abordagem permite que a GTH teste soluções em um ambiente controlado, coletando *feedback* e ajustando as iniciativas com base nas respostas dos colaboradores.

Após os testes e ajustes, a implementação das soluções deve ser feita de forma cuidadosa e planejada. O *design thinking* enfatiza a importância de uma abordagem iterativa, na qual a GTH deve continuar a coletar *feedback* e realizar melhorias contínuas nas práticas e políticas. Essa evolução constante garante que a área de pessoas e cultura permaneça relevante e eficaz em um ambiente de trabalho em mudança.

17.12 PROMOVENDO UMA NOVA MENTALIDADE NA EMPRESA

Para realmente integrar o *design thinking* na GTH, é essencial promover uma nova mentalidade dentro da organização. Isso requer um compromisso não apenas da equipe de GTH, mas de toda a liderança e dos colaboradores.

17.12.1 *Agile HR*

Inspirado nas metodologias ágeis, o *Agile HR* incentiva um ambiente de trabalho mais flexível e adaptável. Em vez de processos rígidos e burocráticos, as equipes de GTH podem trabalhar em iterações rápidas, ajustando constantemente suas abordagens com base no *feedback* dos colaboradores. Isso permite que as iniciativas de gestão de talentos respondam rapidamente às mudanças do mercado e às necessidades da força de trabalho.

Uma conexão estratégica inovadora pode ser estabelecida com a integração de *Agile HR*, experiência do colaborador e *People Analytics*. Em vez de funcionarem como silos, essas abordagens podem se complementar, criando um ciclo de *feedback* dinâmico e contínuo.

Imagine uma organização que implementa *Agile HR* para gerenciar seus processos de recrutamento e desenvolvimento. Ao adotar uma estrutura ágil, a equipe de GTH pode realizar avaliações trimestrais em vez de anuais, permitindo que os colaboradores ofereçam *feedback* rapidamente e que as práticas sejam ajustadas de acordo.

Simultaneamente, a organização investe em técnicas de *People Analytics* para acompanhar as métricas de desempenho e engajamento dos colaboradores. Com os dados gerados, a equipe pode identificar quais áreas da experiência do colaborador precisam de atenção, como a eficácia da comunicação interna ou a satisfação com os programas de treinamento.

Com essas informações, a GTH pode realizar iterações rápidas de suas práticas, integrando *feedback* dos colaboradores na definição de novas estratégias. Por exemplo, se os dados indicarem que os colaboradores sentem falta de oportunidades de aprendizado, a organização pode rapidamente lançar um programa de desenvolvimento de habilidades.

Além disso, a aplicação de gamificação nesse contexto pode tornar tanto o *feedback* quanto a formação mais interessantes e envolventes, incentivando a participação ativa dos colaboradores.

Em última análise, essa integração promove um ambiente de trabalho que não apenas se adapta rapidamente às mudanças, mas também valoriza a voz de cada colaborador. Os resultados serão uma equipe mais engajada, maior retenção de talentos e uma cultura organizacional que está em constante evolução, alinhando-se às necessidades e expectativas de um mercado em rápida transformação.

Ao adotar essa abordagem integrada, as organizações estarão mais bem posicionadas para enfrentar os desafios do futuro, cultivando uma força de trabalho que é tanto resiliente quanto inovadora. Essa conexão estratégica não apenas transforma a GTH, mas também posiciona a organização como líder em um panorama corporativo em mudança.

À medida que exploramos as várias dimensões e inovações na GTH neste livro, é impossível ignorar a verdade fundamental de que o futuro dessa área está intrinsecamente ligado ao engajamento e à proatividade de cada pessoa dentro das organizações. Cada colaborador não é apenas um executor de tarefas, mas um agente de mudança que possui a capacidade de influenciar e moldar a cultura organizacional.

O futuro da GTH será moldado por aqueles que se dispõem a participar ativamente do processo. Se você é um líder, sua capacidade de inspirar e empoderar suas equipes é crucial. Se você é um colaborador, sua iniciativa em buscar oportunidades de aprendizado e desenvolvimento, bem como sua disposição para compartilhar conhecimentos e *feedback*, desempenha um papel vital. As interações diárias, as decisões tomadas e o compromisso com valores colaborativos e inclusivos tornam-se os tijolos que construirão o alicerce de uma gestão de talento mais eficaz.

A transformação digital, a valorização das competências interpessoais, a inclusão da diversidade e o foco no bem-estar são tendências que exigem não apenas a adaptação das organizações, mas também a colaboração ativa de seus membros. Esse é um chamado à ação para todos nós: em um mundo em constante mudança, onde as expectativas estão em evolução, cada colaborador tem o poder de influenciar positiva e significativamente a GTH em sua organização.

Portanto, ao olharmos para o futuro da GTH, lembre-se de que você tem um papel fundamental. Suas ideias, sua determinação e seu engajamento são essenciais para criar ambientes em que a inovação floresce, os resultados são atingidos, as vozes são ouvidas e cada indivíduo se sente valorizado. O futuro da GTH não é um destino fixo; é uma jornada coletiva que está em suas mãos. Juntos, podemos transformar desafios em oportunidades, construindo organizações que não apenas se adaptam, mas que prosperam em um novo paradigma de trabalho. O futuro da GTH é cocriado por todos nós, e a mudança começa agora, com cada um de nós. Foi um prazer tê-lo nesta jornada conosco!

As macrotendências da Gestão de Pessoas

- Transformar talentos em competências
- *Upskilling/reskilling* como imperativos do aprendizado contínuo
- A transição paradigmática dos modelos de liderança
- A ascensão das competências interpessoais (*soft skills*) como diferencial estratégico
- Ênfase na cultura organizacional e na mentalidade da empresa
- Adequação das políticas de GTH à Experiência do Colaborador (EX)
- Integração do capital humano no capital intelectual
- Transformação digital da GTH
- Automação de processos operacionais de GTH
- Uso de Inteligência Artificial (IA) em todos os subsistemas de GTH
- Avaliação em tempo real do engajamento e da *performance*
- Abordagem centrada no ser humano para resolução de problemas
- Promoção de uma nova mentalidade na empresa
- Capital Relacional: novos conceitos e desdobramentos

Pessoas

Foco: desenvolvimento humano, competências e experiência do colaborado

1. Transformação de talentos em competências críticas
2. Liderança como facilitadora de crescimento
3. *Soft skills* como *core business*
4. *Employee Experience* (EX) personalizada
5. Capital relacional como vantagem competitiva

Cultura

Foco: valores, mentalidade coletiva e ambiente organizacional

1. Cultura ágil e experimental
2. Propósito individual + organizacional
3. Cultura inclusiva e psicologicamente segura
4. *Employer Branding* autêntico
5. Cultura *data-driven* em Gestão de Pessoas

Tecnologia

Foco: ferramentas digitais, automação e inteligência artificial aplicada à Gestão de Pessoas

1. Digitalização total dos processos de Gestão de Pessoas
2. Uso de Inteligência Artificial (IA) preditiva em Gestão de Pessoas
3. Experiência do colaborador com tecnologia imersiva
4. Automação de processos burocráticos
5. *People Analytics* em tempo real

Figura 17.3 Mapa mental do Capítulo 17: Para onde vai a Gestão do Talento Humano?

REFERÊNCIAS

1. CHIAVENATO, I. *Como transformar RH de um centro de despesa em um centro de lucro*. São Paulo: Makron Books, 1997. p. 15-23; e CHIAVENATO, I. *Gestão de pessoas:* o novo papel dos recursos humanos nas organizações. Barueri: Manole, 2014. p. 481-485.
2. LinkedIn 2019 Workplace Learning Report (Relatório de Aprendizagem no Local de Trabalho de 2019 do LinkedIn). Artem Chelovechkov, Benjamin Spar, Rachel Lefkowitz. Amanda Van Nuys. 2019
3. Knowledge Sharing in a Changing World. Spiceworks/Ziff Davis, encomendado pela Microsoft. 2021.
4. HARTER, J. K. *et al*. *The powerful relationship between employee engagement and team performance*. Gallup, 2020.

ÍNDICE ALFABÉTICO

C

D

E

F

G

H

I

J

K

L

Q

R

1 2 3 4 5 6 7 8 9 10
2025